Tombstone Inscriptions of Upper Accomack County Virginia

Compiled by
Mary Frances Carey
with
Moody K. Miles, III
and
Barry W. Miles

HERITAGE BOOKS
2006

IHERITAGE BOOKS
AN IMPRINT OF HERITAGE BOOKS, INC.

Books, CDs, and more—Worldwide

For our listing of thousands of titles see our website
at
www.HeritageBooks.com

Published 2006 by
HERITAGE BOOKS, INC.
Publishing Division
65 East Main Street
Westminster, Maryland 21157-5026

Copyright © 1995 Mary Frances Carey
Moody K. Miles, III and Barry W. Miles

Other books by the author:

Abstracts of the Wills and Administrations of Accomack County, Virginia, 1800-1860
Barry W. Miles and Moody K. Miles, III

Marriage Records of Accomack County, Virginia, 1854-1895
(Recorded in Licenses and Ministers' Returns)
Barry W. Miles and Moody K. Miles, III

Cemeteries of the City of Hampton, Virginia, Formerly Elizabeth City County
Barry W. Miles

Cemeteries of the City of Newport News, Formerly Warwick County, Virginia
Barry W. Miles and Gertrude Stead

All rights reserved. No part of this book may be reproduced or transmitted in any form or by any means, electronic or mechanical, including photocopying, recording or by any information storage and retrieval system without written permission from the author, except for the inclusion of brief quotations in a review.

International Standard Book Number: 978-0-7884-1446-1

Table of Contents

Introduction v

Location Descriptions of Grave Sites 1

Grave Sites Numbers/Abbreviations Listing 25

Map Numbering Guide 29

Abbreviations 31

Caucasian Tombstone Inscriptions 33

Index of Caucasian Surnames (embedded in text) 305

African-American Tombstone Inscriptions 317

Addendum 373

Tombstone Location Map (Fold-out) .... Inside Back Cover

Introduction

Before 1885, most people in upper Accomack County, Virginia, buried their dead in family plots, on land where they lived. A high spot or hill was chosen for the graveyard. Many times the tract was enclosed with an iron fence and when the land was sold the graveyard was excepted or reserved. After a period of time and several generations had passed, the families forgot or lost records showing where their ancestors were buried. Consequently, the upkeep of the family plots became a problem for later land owners. If the land was passed down in the family the plots have been cared for, but others have not fared so well. Some landowners have bulldozed graveyards into a convenient gut or branch, damaged stones by confining cows or hogs on plots, and gradually eliminated burial grounds by plowing closer each year to the stones. Other landowners have respected the graveyards and kept them intact. However, many have let the plots grow up in bushes or even small trees and some have periodically burned such growth, which is also damaging to the tombstones. Cases are known in which family graveyards disappeared when a business moved onto the land. A few plots have been completely covered in concrete for protection. There seems little doubt that family burial plots will gradually cease to exist. Being aware of this, a number of people who remember their ancestors and where they are buried have had them moved to public cemeteries that have perpetual care.

The largest family plot in upper Accomack County still being tended by family members is Brittingham's Cemetery at the Maryland-Virginia line. The late John L. Brittingham, Sr., told the compiler that lots had never been sold and all those buried there are related to the Brittingham family. The oldest tombstone is that of Mary S. Brittingham, who died in 1849, long before the present US route 13 was constructed through the family farm, cutting the cemetery off from the main farm. This cemetery is still active, a burial was held there in 1985.

Another large family burial ground that has apparently been cared for over the years is that of the Fletcher family. It is located on Holdens Creek, northwest of Jenkins Bridge, in the woods near a sand pit. The oldest stone is for Thomas Fletcher (1776-1844) and the latest burial was in 1957.

Some of the large cemeteries in upper Accomack County grew around small family plots. Downing's Church Cemetery now surrounds the old Colburn plot. Nelson's Cemetery at the Maryland-Virginia contains the tombstone of James Melvin (1765-1826). The surrounding land was purchased as two acres "for burying grounds" by James R. Nelson in 1907. Mechanics Cemetery on Chincoteague spread southward to abut the Reynolds family plot and eastward to include a Daisey family plot. It is thought that when Joshua N. Williams sold this land to the Junior Order of United American Mechanics in 1902, it already contained the unmarked graves of his parents, Littleton T. Williams (c.1806-c.1880)and Elizabeth Birch Williams (c.1805-1884). There is a lot near the road with no tombstones which is near the tombstones of two of their other children. Also Bloxom, Grotons and Wessells Cemeteries all began as family plots.

The oldest church cemeteries appears to be where the old Ebenezer Methodist Church (1849) once stood, north of Modest Town, and the Chincoteague Baptist Church (1853) at New Church.

Due to the non-availability of native stone on the Eastern Shore, there were few tombstones before 1850. Only the wealthier families were able to import them. The oldest site contains the tombstones of William Taylor (d. 1740) and his wife Elizabeth (d. 1709) which is in Arbuckles Neck near Assawoman Creek on the sea-side. Elizabeth, the daughter of Reverend Thomas Teackle, died at the age of 21. Mary Kitson's tombstone near Gargatha Landing shows that she died in 1726. Her husband Richard died in 1740, but their joint tombstone was already in place and his death date was never added. Another old site is at Corbin Hall, on Chincoteague Bay, containing the tombstones of Conventon Corbin (d. 1778), his wife Barbary (d. 1756) and their daughter, Leah (d. 1742). Since the stones show they were erected at the request of a son, George Corbin, they were likely set in place after the death of George Corbin in 1793. This Corbin family is believed to be descended from Ensign Thomas Savage, the 13 year old boy in Jamestown, Virginia, in 1607, who was sent to the Eastern Shore to be an interpreter with the Accomack Indians.

A noteworthy grave site is that of Francis Makemie (1658-1708), the founder of the Presbyterian religion in America. It is located on Holdens Creek on the bay-side and contains a memorial stone to honor his burial site. According to the plaque, also buried at the site are his father-in-law, William Anderson (d. 1698), his wife Naomi (d.c. 1730), his daughters Elizabeth (d.c. 1710) and Madam Anne Holden (d. 1788), John Milligan (d. 1839) and others. The memorial plaque is embedded in bricks gathered from the ruins of table-tombs, the cemetery wall and the Makemie house which once stood on this site. His statue also stood on this site until 1984 when it was moved to the grounds of the Francis Makemie Presbyterian Church at Accomac, VA.

Another old site contains the tombstones of Robert Foreman, who died in 1790 at age 50, and his wife Ann Foreman, who died in 1804. They are buried on land Ann Foreman owned at Miona, on Pitts Creek, that was once part of the original 1000-acre patent to Robert Pitt in 1663. Ann Foreman and her brother, Robert Pitt, inherited what was then 900 acres of the patent, from their brother, John Pitt, in 1779. Ann was the fourth generation of Pitts who lived on the Pitts Creek grant and indications are that she and her husband were buried in what had been a Pitt family plot for many years.

The likely burial plot of Captain William Downing, the founder of Downing's Methodist Church, is in a field in the southeastern sector of Oak Hall on the old Dr. Horsey farm. It contains the tombstones of Margaret Downing (20 Aug 1777-15 Nov 1797) and Ann Smith (d. 15 Aug 1825, aged 43), both show they are daughters of William and Ann Downing. Neither his stone nor those of his two wives was found.

In a field northwest of the main intersection at Horntown are the tombstones of William Welbourne, Senr (11 Oct 1762-11 Oct 1839) and his brother, Drummond Welbourne (d. 11 Aug 1818). The inscription on Drummond Welbourne's tombstone is unusual in that it gives his last recorded expressions, but no date of birth.

Another old family plot containing the tombstones of Crippen Taylor (d. 15 Dec 1826) and his wife Sinah (d. 17 Apr 1831, age 70) was found at Guilford. Crippen Taylor gave the land for Guilford Methodist Church in 1799.

Many older tombstones of Accomack County were recorded by the National Youth Administration (NYA) in 1937, under the sponsorship of Mrs. Sally K. Buchanan. A copy of this work was placed in the Accomack County Circuit Clerk's office for the use of the public. A large number of those tombstones are no longer standing and their inscriptions cannot be verified. These inscriptions are included in this book and have been marked with a star "*". If the tombstone was located, but the inscription is no longer legible, the inscriptions have been double starred "**". Apparently, NYA did not read all the tombstones in a graveyard, only the older ones, for a number of tombstones have been found in the same plots with death dates before 1937. Tombstones on Tangier, Chincoteague and Saxis Islands were not included in the NYA project.

An interest in collecting a more complete record of the tombstones in upper Accomack County started in 1980, when the compiler first became interested in genealogy as a full-time hobby. The results printed here have been collected over a fifteen-year period. The larger public and church cemeteries that were read initially in the early 1980s were updated during 1994. Some of the tombstones recorded in the early 1980s are no longer standing, leading one to believe that others, unrecorded in 1937, are now gone. Approximately one-fifth of the family plots visited had no tombstones at all. Some of these are marked on maps as cemeteries, but have not been included here, except for a very few where names and dates were supplied by relatives. It seems likely there are other family plots with tombstones, that have still not been located by the compiler.

The area covered by this book is the Island, Atlantic, and Metompkin Districts of Accomack County, once called Accomack Parish, which includes Tangier Island. The southern tip of Smith Island is also in Accomack County, but no tombstones were reported to have been found there. Graven Stones of Lower Accomack County, Virginia, by Mihalyka and Wilson, first printed in 1986, included Parksley and Liberty Cemeteries, the two large cemeteries in the town of Parksley, and a few tombstones on Watts Island, which are all in upper Accomack County. No attempt was made to duplicate them or to update them in this publication. However, Union Franklin City and Union Greenbackville Cemeteries, both in Worcester County, Maryland, have been included, as they are burial grounds for Accomack County people who live in these two towns just south of the Virginia-Maryland border. Cemetery Records of Worcester County, Maryland, by Ruth T. Dryden, printed in 1988, included inscriptions from Union Franklin City, but not Union Greenbackville. African-American tombstones are included, but in a separate section to avoid confusion and to aid all those tracing their ancestors.

While the title indicates the inscriptions herein are all from tombstones, this is not entirely true. Where a grave had no tombstone, but was identified by a funeral director's marker, or by home-made wood or concrete markers, the information from these temporary markers has been included. An attempt was made to note which information came from these temporary markers by placing "(temp)" after the inscription, but this effort was not totally consistent. Information enclosed in parenthesis is not from the tombstone itself, but either from this tombstone's proximity to another or from information found elsewhere.

Distances given in locating a graveyard are approximate and the descriptions of the locations are given in the present 911 street names, with route numbers shown in parenthesis. Plotted positions on the enclosed location map are as close to the actual position as possible, considering the scale of the map and an effort to not plot locations over existing map labels. In cases where two or more plots were very close together, plotted positions may be inaccurate in an attempt to show each site separately.

There were two burial plots recorded in 1937 that have not been found and, therefore, were not included in the listing in this book. One contained the tombstone of George William Bloxom, who died 14 Aug 1866, aged 91 years, "located on the L.J. McCready Farm." The other, the stone of Percy L. Kelly, born 22 May 1887, died 8 Nov 1897, and Jennings B. Kelly, son of Elmer T. and Mollie S. Kelly, born 3 Feb 1897, died 21 Sep 1899, "located on the farm of W.C. Groton leading from Skin Point to Poulson, VA." The compiler has been told that a John McCready is buried in Cattail Neck, northeast of Poulson, with no stone. There are stones for Thomas McCready and wife Elizabeth east of Mearsville. It is uncertain if George William Bloxom was buried in either of these locations. The compiler has also been told that the Kelly boys, on W.C. Groton land,

Introduction ix

were buried at the old Northam Place. Joe Justice of Chincoteague, who now owns the old Northam Place, reports there was once a graveyard near the house, but no stones are now standing. This home is near Skin Point, but on the road to Messongo, not to Poulson.

This book is being published at this time only with the collaboration of two individuals. Barry W. Miles, of Williamsburg, Virginia, who recorded most of the larger African-American cemeteries during the last six months, and Moody K. Miles, III, of Woodbridge, Virginia, who entered all the records (almost 15,000) into his computer and prepared the camera ready copy of this book, including the location map. He also read one of the larger African-American cemeteries and helped in updating the largest two cemeteries. In addition, he tramped through marshes and briars to find isolated family plots inaccessible to the compiler. Barry Miles also recorded the tombstones on Saxis some years ago and supplied a copy for comparison with those read in 1984 by the compiler. Barry and M.K. also updated all the Saxis Island cemeteries in 1994.

A number of other people have made substantial contributions. Jean M. Mihalyka and Faye D. Wilson have given permission to include their recordings of tombstones on Tangier Island. Gail M. and Frank V. Walczyk and Allen Smith have provided their recordings from the "Upperds," which is on Tangier Island north of the Tangier North Channel. Rosalie Savage, by her determination to preserve the old stones on the ridge behind her home on Chincoteague Island, has helped to record these graves. She also updated the larger cemeteries on Chincoteague Island. Ralph F. Young spent two days in early 1986 taking us to the Whites Neck area of Metompkin District and to the Hopeton area to find family plots. Since then he has recorded a number of additional ones and passed them on to the compiler. Kirk Mariner recorded the inscriptions in the Old Messongo Baptist Church Cemetery in November of 1977, before this cemetery became overgrown by a dense thicket. Al Duncan drew a map of the Hunting Creek area in April of 1981, marking family burial plots. In March 1990, Larry Mears took us to two Byrd burial grounds, deep in the woods north of Muddy Creek, and also located a Mears plot. Bennie Justis recorded the tombstones on Jacks Island, while Mason Annis helped locate those in the Guilford area. William H. West found and recorded stones in the Modest Town area. Mrs. Richard Taylor recorded a family plot in the woods behind her home at Messongo and Mrs. Aileen H. Hopkins has helped in the Cattail Neck area, as has Granville Ross. Mrs. Alula W. Marshall shared her recordings in Wallops Neck. James N. Fox, funeral director, and his son, J. Dennis Fox, have called to report the moving of graves. Edgar K. Wharton, another funeral director, has helped to name and locate African-American cemeteries.

Others who have contributed include: Brent Davis and his uncle, William A. Davis, Jr., Thomas Dix, Terry English, Carolyn Jones, Janice and Duane Williams, Mrs. Nora Miller Turman, Terry Thomas, Wayne

Simpson, Fred Taylor, Olive T. Dailey, Gerald Coulbourne, Mr. and Mrs. Duane O. Williams, Sr., and numerous other people from sea to bay.

Several people who gave helpful information are now deceased. These include: Mrs. Nettie Bull, Mrs. Josephine Justice, Carl Peterson, Adrian Wessells, Walter R. Tappen, and the late John Denues, II. If a dedication of a book of this nature were appropriate, it would be to the memory of these, but most especially to that of Kready Sandifer Brown, Sr. (1964-1994), a first cousin twice removed, who recorded and shared a number of Bundick tombstones at Modest Town in 1983.

Dr. Brooks Miles Barnes, of the Eastern Shore Public Library, has extended interest, advice, and encouragement through the years of compilation and in preparing for publication.

My sincere thanks is extended to all who have helped, including my husband, William C. Carey. While affecting a complete disinterest in this project, he has spent many Sunday afternoons driving down long field roads, through mud holes, and back into surrounding woods, as we searched for elusive tombstones. He was most appreciated when we found tombstones surrounded by fences that also contained goats, for he entered these areas alone to read the inscriptions.

The compiler realizes that a work of this nature will contain errors and, therefore, advises anyone doing a serious genealogical study to reread their family tombstones. It should be noted also that some stones have been placed at grave sites long after the person was buried and that some of these do not give the correct information. Likewise, an obituary could give a burial in a graveyard different from where the tombstone has been found, if the remains have been moved.

Mary Frances Carey
Certified Genealogist #237
31415 Horntown Road
New Church, VA 23415

January 1995

Location Descriptions of Grave Sites

The abbreviated name of the grave site where each burial is located is listed after each entry in this book. These abbreviations are listed here in alphabetical order, followed by their map location number, full name, detailed location descriptions, and surnames of all families buried at each site. Family surnames are not listed for the large public cemeteries and churchyards as the list would be too extensive. Since most African Americans are buried in separate large public cemeteries, African-American is listed after those sites. The names of many of the small family sites were unavailable to the compiler. In these cases, a name was selected based on either the predominate surname at the site, the oldest tombstone at the site, or the nearest placename. To distinguish between multiple sites having the same family name, a nearby placename was added to the family surname.

Abbo   (169) Abbott Cemetery - 1.0m east of Mappsville, in a field west of the intersection of Mappsville Road (route 689) and Metompkin Road (route 679). (Abbott, Laws, Rayfield)

Adam   (321) Adams Church Cemetery - Southwest of Parksley, on the southwestern corner of the intersection of Lee Mont Road (route 669) with Marina Road (route 763). Also referred to as Wharton Cemetery #1. (African-American)

Aswm   (100) Assawoman United Methodist Church Cemetery - At Assawoman, across Atlantic Road (route 679) from the western end of NASA's Causeway Road (route 802) to Wallops Island.

AtBp   (112) Atlantic Baptist Church Cemetery - At Atlantic, on the western side of and adjacent to Atlantic Road (route 679), in back of the church.

AtMt   (111) Atlantic Methodist Church Cemetery - At Atlantic, in the northeast sector of Atlantic, among the homes there. (Bunting, Davis, Miles, Trader, Tunnell, Tyndall, Waterfield, Winder)

Bail   (277) Bailey Cemetery - South of Mearsville, on the eastern side of Winterville Road (route 658), between its intersection with Gladding Landing Road (route 658) and Payne Road (route 683). (Andrews, Bailey, Day)

Bake   (229) Baker Cemetery - At Rew, northwest of the intersection of Dennis Drive (route 676) with U.S. 13. (Baker, Savage, Wright)

BarnC   (332) Barnes Plot near Calvery Church - At Hunting Creek in a yard northwest of Calvary Church, northwest of Hopkins Road

BarnG	(route 669). (Barnes) (289) Barnes Plot at Guilford - In the southwestern sector of Guilford, north of Rig Road (route 658). (Barnes)
BarnH	(300) Barnes Cemetery west of Hopeton - On the northern side of Matthews Road (route 676). (Barnes, Matthews, Walker, Wessells)
BarnK	(204) Barnes Cemetery near Kinsey Road - Near Metomkin, east of the intersection of Kinsey Road and Metompkin Road (route 679), in a field south of the eastern end of Mason Farm Lane. (Barnes, Powell)
BarnL	(326) Barnes Cemetery near Lee Mont - Between Lee Mont and Hunting Creek - South of Lee Mont Road (route 669), west of Evergreen Way. (Barnes, Lewis, Willet)
BarnM	(166) Barnes Plot near Mappsville - 1.5m northeast of Mappsville, on Assawoman Creek, at the end of Pierce Taylor Road. (Barnes)
BarnN	(243) Barnes Cemetery near Nelsonia - 0.5m south of Nelsonia, back in the woods on the western side of U.S. 13. (Barnes, Miles)
BarnP	(314) Barnes near Parksley - Northwest of Parksley, in a field north of St. Thomas Road (route 674) about half way between its intersection with Big Road (route 658) and Justisville Road (route 675). (Barnes, Taylor)
Bell	(57) Bell Cemetery - 1.0m north of Withams, east side of Neal Parker Road (route 693), back in edge of woods. (Bell, Gladding, Taylor)
Belo	(189) Belote - On Gargathy Creek, 1.5m south of Modest Town, between Metompkin Road (route 679) and Kegatank Road (route 681). (Belote)
Bens	(264) Benson - Southwest of Messongo Bridge, in a field north of Cattail Road (route 688), 0.5m from its intersection with Whites Crossing Road (route 690). (Benson, Bird, Hart)
Beth	(251) Bethel Baptist Church Cemetery - Southeast of Mears Station, on the western side of Bethel Church Road (route 687), just south of its intersection with Gladding Road (route 688).
Bloo	(133) Bloodgood Plot - 0.5m northeast of Horntown, east of Fleming Road (route 679), north of Corbin Hall Lane, on Chincoteague Bay. (Bloodgood)
BloxB	(250) Bloxom Cemetery on Bethel Church Road - On the eastern side of Bethel Church Road (route 687), north of its intersection with Fletcher Road (route 688).
BloxM	(253) Bloxom Cemetery near Mappsville - Southwest of Mappsville, across a field east of the end of Finney Mason Lane (route 729). (Bloxom, Bull, Dix)
Brit	(65) Brittingham Cemetery - At the Maryland-Virginia line on the east side of U.S. 13, west of Marva Road (route 780).
Brod	(72) Brodwater Cemetery - 1.25m south of New Church, in a

Location Descriptions of Grave Sites 3

field on east side of U.S. 13, slightly south of its intersection with Coardtown Road (route 704). (Brodwater, Feddman, White)

BullH (79) Bull Cemetery east of Horsey - Between Horsey and Atlantic, 0.75m east of Johnsons Corner on a farm on the north of Nocks Landing Road (route 702). (Bull, Tyndall)

BullN (249) Bull Plot near Nelsonia - 0.7m north of Nelsonia, west of U.S. 13, at the end of Sherwood Drive. (Bull)

BundG (191) Bundick Cemetery near Gargatha - 0.25m east of U.S. 13, in a field north of Gargatha Landing Road (route 680). (Bundick, Hope, Mears)

BundM (187) Bundick Cemetery near Modest Town - 0.5m southeast of Modest Town, on the eastern side of Metompkin Road (route 679), south of its intersection with Nelsonia Road (route 187). (Bundick, West)

BundP (220) Bundick Plot near Parksley - North of Parksley Road (route 176), near the road, between Seymore Lane and Parksley. (Bundick)

BundQ (178) Bundick Plot at Quail Circle - 0.5m north of Modest Town, east of Metompkin Road (route 679), across from Quail Circle. (Bundick)

BundZ (208) Bundick Plot near Zion Church - 0.5m behind Zion Church, on the western side of a vacant field, to the north of Fox Grove Road (route 666). (Bundick)

Bunt (46) Bunting Cemetery - At Parker's Corner, at the southwest corner of intersection of Neal Parker Road (route 693) and Saxis Road (route 695). (Brittingham, Bunting)

ByrdB (267) Byrd Plot near burned house - Northeast of Mearsville, 0.5m east of Winterville Road (route 658) down a field road near the remains of a house that burned. (Bayard, Byrd, Cutler, Ewell, Green, Marshall, Mears)

ByrdC (270) Byrd Plot near Cattail - West of Mearsville, on the northern side of Cattail Road (route 688), near the road in a yard. (Byrd)

ByrdD (274) Byrd Cemetery near Dividing Road - West of Mearsville, back in woods west of Dividing Road (route 666). (Byrd, Chase, Mears)

ByrdG (257) Byrd Cemetery near Groton Town - Approximately half way between North Accomack School and Groton Town, north of Groton Town Road (route 691), near the road. (Byrd, Onley)

ByrdL (273) Byrd Plot near Gladding Landing Road - West of Mearsville, back in woods north of Gladding Landing Road (route 685), opposite the turn of this road from northwest to southeast. (Byrd, Duncan)

ByrdM (278) Byrd Monument Plot - West of Mearsville, back in the woods south of Gladding Landing Road (route 685), between its intersection with Dividing Road (no route #) and its termination on Muddy Creek. (Byrd, Fisher)

ByrdN	(68) Byrd Cemetery at New Church - At New Church, on the north side of the intersection of Horntown Road (route 709) with U.S. 13. (Byrd, Waters)
ByrdR	(261) Byrd Cemetery near railroad track - Northeast of Mearsville, on the northern side of Whites Crossing Road (route 690) between its intersection with Winterville Road (route 658) and the railroad track, in a grown-up thicket. (Baker, Byrd, Chesser, Kelley, Miles)
ByrdW	(266) Byrd Plot near Whites Crossing Road - Northeast of Mearsville, on the southern side of Whites Crossing Road (route 690) between its intersection with Winterville Road (route 658) and the railroad track, near the road in a yard. (Byrd)
Chan	(225) Chandler Cemetery - Northeast of Parksley, in a field east of County Road (route 678). (Chandler, Wright)
ChAn	(154) Andrews Cemetery on Chincoteague - Behind a home at 3344 South Main Street, south of Andrews Street and opposite Dockside Pier. (Andrews, Bowden, Colona, Daisey, Jester, Thornton, Watson)
Chas	(265) Chase Cemetery - West of Messongo Bridge, on the northern side of Cattail Road (route 688), back in the woods up a dirt drive. (Chase, Godwin)
ChBo	(148) Boothe Cemetery on Chincoteague - South of the southern end of Accomack Street, on a ridge across a field. (Aydelotte, Bloxom, Booth, Fish, Gall, Hopkins, Kallock, Lacy, Mason, Merritt, Peters, Thornton, Whealton)
ChBp	(67) Chincoteague Baptist Church Cemetery - 1.0m northeast of New Church, at the intersection of Kelly Road (route 720) and Sign Post Road (route 712). (Coloney, Dennis, Harris, Matthews, Savage, Taylor)
ChBr	(158) Birch Plot on Chincoteague - Back of a home on the north side of Tarr Lane. (Birch)
ChBu	(150) Beulah Baptist Church Cemetery on Chincoteague - On the western side of South Willow Street at the site of the Beulah Baptist Church, which burned in 1973.
ChCa	(160) Carter Plot on Chincoteague - Between Highland Park and Deep Hole Road, in a front yard. (Carter)
ChCh	(141) Chandler Plot on Chincoteague - At the "turntable" at the north end of Main Street. (Chandler)
ChCl	(147) Clark Cemetery on Chincoteague - On the northwest corner of the intersection of Burton Avenue and Willow Street. (Cherrix, Clark, Fox, Russell, Young)
ChCu	(149) Christ's Union Baptist Church Cemetery on Chincoteague - On the western side of Willow Street, back from the road, north of Odd Fellows Cemetery, where Christ's Union Baptist Church once stood. (African-American)
ChDa	(155) Daisey Cemetery on Chincoteague - On the western side

Location Descriptions of Grave Sites

of Ridge Road and north of Beebe Road, set back from the road.

ChesA (101) Chesser Cemetery near Assawoman - 0.75m west of Assawoman, in a field to north of Chesser Road (route 692). (Chesser, Thornton)

ChesJ (78) Chesser Plot near Johnsons Corner - Between Johnsons Corner and Atlantic on a farm, 0.5m northeast of Johnsons Corner, near a field road running north from Paige Fisher Road (route 703). (Chesser)

ChGn (152) Greenwood Cemetery on Chincoteague - On the south side of Bunting Road, at its intersection with Willow Street.

ChHi (162) Hill Cemetery on Chincoteague - In a field at the north end of Deep Hole Road, northeast of its intersection with Tim Hill Lane. (Deschenaux, Hill, Reed)

ChJo (157) Jones Plot on Chincoteague - West of Ridge Road, at its intersection with Mason Drive. (Jones)

ChMc (159a) Mechanics Cemetery on Chincoteague - On the south side of Church Street Extended. The eastern part of this cemetery is now called Daisey Cemetery on Church Street. The back or southern section has been labeled Reynolds Cemetery.

ChMd (159b) Mechanics/Daisey Cemetery on Chincoteague - The eastern part of Mechanics Cemetery.

ChMe (153) Merritt Cemetery on Chincoteague - Behind homes on South Main Street, at the end of Cliffs Lane. (Daisey, Merritt, Potts, Tatem, Taylor)

ChMr (159c) Mechanics/Reynolds Cemetery on Chincoteague - The back or southern section of Mechanics Cemetery.

ChOd (151) Odd Fellows Cemetery on Chincoteague - On the western side of Willow Street, north of and adjacent to Beulah Baptist Church Cemetery. (African-American)

ChRd (142) Ridge Cemetery on Chincoteague - On a ridge in back of homes to the south of Christ Sanctified Holy Church, on North Main Street.

ChRe (161) Reed Plot on Chincoteague - East of Deep Hole Road, south of Martin Lane. (Reed)

ChRm (144) Red Mens Cemetery on Chincoteague - On the north side of Taylor Street, east of its intersection with Main Street.

Chrn (323) Churn Cemetery - In Lee Mont, back of homes on the eastern side of Bayside Road (route 658). (Churn, Johnson, Lewis)

ChRs (146) Risley Cemetery on Chincoteague - Behind the Catholic Church, on the south side of Church Street. (Risley, Roberts, Sharpley, Smith, Timmons)

ChTa (145) Taylor Cemetery on Chincoteague - On the west side of School Street, near its intersection with Smith Street. (Birch, Taylor)

ChTh (156) Thornton Cemetery on Chincoteague - On the eastern side

Tombstone Inscriptions of Upper Accomack County, VA

	of Ridge Road, near its intersection with Bunting Road.
ChWa	(163) Watson Cemetery east of Chincoteague - On Assateague Island, north of the eastern end of the bridge from Chincoteague. (Jones, Watson)
ChWh	(143) Whealton Cemetery on Chincoteague - Adjacent and south of Chincoteague High School property, on North Main Street. (Clayville, Lewis, Whealton)
Clay	(306) Clayton Cemetery - West of Hopeton, on the eastern side of Big Road (route 658), south of its intersection with Matthews Road (route 676). (Annis, Clayton, Mason, Young)
Colo	(129) Colona Cemetery - At Horntown, on a hill south of Justice Road (route 709). (Colona, Pennewell)
Conn	(73) Conner Cemetery - 0.25m north of T's Corner, on the eastern side of U.S. 13, behind the old home between the Peace Token and the Decoy Factory. (Conner, Hargis, Matthews)
ConqH	(96) Conquest Chapel Church Cemetery near Hallwood - On the southwest corner of the intersection of U.S. 13 and Hallwood Road (route 692). (Broughton, Burroughs, Byrd, Conquest, Corbin, Coryell, Dixon, Grinnalds, James, Oldham, Savage, Stevenson, Taylor, Wilson, Witham)
ConqP	(93) Conquest Plot - 1.25m south of Temperanceville, in the woods at end of Parks Farm Road. (Conquest)
ConqT	(91) Conquest Cemetery near Temperanceville - 1.5m south of Temperanceville, in woods on east side of U.S. 13. (Broughton, Conquest, Taylor)
Cope	(38) Copes Cemetery - At Messongo in field north of Knights Cemetery, on the east side of Messongo Road (route 700). (Copes, Hall)
CorbG	(259) Corbin Cemetery near Groton Town - Between Hallwood and Groton Town, north of Bethel Church Road (route 687). (Bailey, Corbin)
CorbH	(134) Corbin Hall - 0.5m northeast of Horntown, east of Fleming Road (route 679), at end of Corbin Hall Lane, on Chincoteague Bay. (Corbin)
CorbJ	(48) Corbin Cemetery near Jenkins Bridge - Between Horsey and Jenkins Bridge, north of Horsey Road (route 702), in the field east of Fletcher Drive, across the road from a house. (Adkins, Corbin, Swift, Taylor)
CorbS	(23) Corbin Cemetery at Sanford - North of Saxis Road (route 695), between Belinda Road (route 692) and Hammock Road (route 788), behind chicken houses back in woods about 100 yards. (Corbin, Godwin)
Crop	(199) Cropper Cemetery - At Cedar Grove in Gargathy Neck, 0.7m SE of the intersection of Bloxom Road (route 812) and Metompkin Road (route 679). (Cropper, Savage)
Cros	(40) Croswell Cemetery on Holden's Creek - Near the mouth and

Location Descriptions of Grave Sites

on the south side of Holdens Creek, at the north end of Holdens Creek Road (route 689). (Bloxom, Croswell, Hall, Johnson)

Cust   (230) <u>Cust</u>is Plot - Between Hopeton and Rew, in a field southeast of the intersection of Dennis Drive (route 676) with County Road (route 678). (Custice, Custis)

Cutl   (82) <u>Cut</u>ler Plot - Between Johnsons Corner and Atlantic, south of Greta Road (route 703), at the end of Cutler Lane. (Cutler)

Davi   (234) <u>Davi</u>s Plot - West of Gargatha, southeast to the intersection of Berry Road (route 680) and Chandler Road (route 753). (Davis)

Deas   (136) <u>Deas</u> Chapel United Methodist Church Cemetery - North of Horntown, on the eastern side of Fleming Road (route 679). (African-American)

DixB   (58) <u>Dix</u> Plot at <u>B</u>ullbegger - At Bullbegger Creek near the road, on the west side of Bullbegger Road (route 701). (Dix)

DixM   (200) <u>Dix</u> Plot near <u>M</u>etomkin - In a field southwest of the intersection of Metompkin Road (route 679) and Whites Neck Road (route 677). (Dix)

DixP   (219) <u>Dix</u> Plot near <u>P</u>arksley Road - North of Parksley Road (route 176), in a field at the end of Seymore Lane. (Dix)

DrumJ   (39) <u>Drum</u>mond Cemetery near <u>J</u>enkins Bridge - Between Jenkins Bridge and Messongo on the eastern side of Wessells Farm Road (route 701), back in the field. (Cullen, Drummond, Godwin, Hall, Smith)

DrumS   (29) <u>Drum</u>mond Cemetery at <u>S</u>anford - North of Saxis Road (route 695) and west of Flag Pond Road (route 770). (Ayres, Broadwater, Drummond, Justis, McCready, Miles, Ryan, Stant)

Dunc   (61) <u>Dunc</u>an Plot near Wagram - To the west of Holland Road (route 705), approximately half way between its intersection with Slocomb Farm Road (route 707) and Farlow Road (route 709). (Duncan)

Dwng   (74) <u>Dwng</u>'s Cemetery - Downing's United Methodist Church Cemetery at Oak Hall, east of and adjacent to U.S. 13.

East   (116) <u>East</u> Cemetery - North of Atlantic on the western side of Atlantic Road (route 679), back of a farm house, 0.25m south of the intersection of Atlantic Road with Fleming Road (route 679). (East, Evans)

Ebzr   (179) <u>Ebzr</u>ezer Chruch Cemetery - 0.5m north of Modest Town, west of Metompkin Road (route 679), at old Ebenezer Methodist Church location. (Brimer, Dennis, Fedderean, Gillespie, Lasw, Mayo, Pancost, Pettit)

EwelM   (172) <u>Ewel</u>l Plot south of <u>M</u>appsville - 2.25m southeast of Mappsville, on a hill east of the end of Mappsville Road (route 689). (Ewell)

EwelT   (302) <u>Ewel</u>l Plot near St. <u>T</u>homas Road - North of Clam, back from the road on the western side of St. Thomas Road (route

	675), north of its intersection with Youngs Creek Road (route 676). (Ewell)
EwelY	(304) Ewell Cemetery near Youngs Creek Road - Northwest of Clam, north of Youngs Creek Road (route 676), in the woods. (Bundick, Ewell)
FeddJ	(80) Feddeman Plot near Johnsons Corner - In a field, north of Jerusalem Church Road (route 694). (Feddeman)
FeddS	(28) Feddeman Cemetery at Sanford - East of Shad Landing Road (route 719), back in the woods. (Anderton, Bell, Bonnewell, Bunting - Feddeman at one time)
Fish	(173) Fisher Plot - 1.0m southeast of Mappsville, west of Metompkin Road (route 679), in a field opposite First Baptist Church of Mappsville. (Fisher)
Fitc	(248) Fitchett Plot - Northwest of Nelsonia, in a field on the east side of Fletcher Road (route 688). (Fitchett)
FletB	(235) Fletcher Plot south of Bloxom - 1.7m west of U.S. 13, on the southern side of Mason Road (route 681). (Fletcher)
FletE	(50) Fletcher Plot at Emmanuel Episcopal Church - At Jenkins Bridge in the yard of Emmanuel Episcopal Church. (Fletcher)
FletJ	(44) Fletcher Cemetery near Jenkins Bridge - Near Jenkins Bridge, 0.5m northwest of intersection of Jenkins Bridge Road (route 701) with Saxis Road (route 695), on Holdens Creek. (Drummond, Fletcher)
FletM	(236) Fletcher Plot near Mason Road - South of Bloxom, 1.9m west of U.S. 13, on the southern side of Mason Road (route 681). (Fletcher, Hope)
FletP	(246) Fletcher Plot near Payne Road - Northeast of Bloxom, in a field on the eastern side of Bethel Church Road (route 687), between Payne Road (route 683) and Nelsonia Road (route 187). (Fletcher)
Fore	(59) Foreman Plot - Near Miona, northwest of the intersection of Pitts Creek Road (route 709) with Miles Road (route 708), down a long farm lane to Pitts Creek. (Foreman)
Fox	(241) Fox Plot - 0.9m south of Nelsonia, on the western side of U.S. 13. (Hickman, Fox, Parkes)
Frnk	(140) Union Franklin Cemetery - Northeast of Franklin City, in Worcester Co, MD, on the western side of Greenbackville Road.
FsBp	(171) First Baptist Church of Mappsville - On the eastern side of Metompkin Road (route 679), between Mappsville Road (route 689) and Beartown Road (route 769). (African-American)
Fshp	(121) Friendship United Methodist Church Cemetery - West of Wattsville, on the north side of Chincoteague Road (route 175). (African-American)
Gard	(177) Gardner Cemetery - 0.5m north of Modest Town, in a field north of Metompkin Road (route 679) between Quail Circle and Society Drive. (Fisher, Gardner)

Location Descriptions of Grave Sites

Gask (34) <u>Gask</u>ins Cemetery - At Grotons, east of Holdens Creek Road (route 698), north of Saxis Road (route 695), at the end of Hickman Lane in clump of trees in a field. (Gaskins, Godwin, Taylor, Thomas, Wessells)

GibbM (205) <u>Gibb</u>ons Cemetery near <u>M</u>etomkin - Southeast of Metomkin in Big Whites Neck, on Crippen Creek, at the end of last unnamed lane running south from Whites Neck Road (route 677). (Gibbons, Steveson, White)

GibbZ (201) <u>Gibb</u>in Plot near <u>Z</u>ion Church - On the eastern side of U.S. 13, between the Owl Restaurant and Zion Church, south of Young's Meat Barn. (African-American)

GillE (167) <u>Gill</u>aspie Plot <u>e</u>ast of Mappsville - 1.0m east of Mappsville, west of the intersection of Metompkin Road (route 679) and Mappsville Road. (Gillaspie)

GillS (175) <u>Gill</u>espie <u>s</u>outh of Mappsville - On the north side of Gillespie Lane and behind Temple of Faith Church. (Gillespie)

Glfd (286) <u>Guilf</u>ord Church Cemetery - Northeast of Guilford, on the southern side of Guilford Road (route 187), east of its intersection with Winterville Road (route 658).

Gnbk (139) Union <u>Gee</u>n<u>b</u>ackville Cemetery - Near Greenbackville on the north side of State Line Road (route 679) as it runs from Fleming Road (route 679) to Greenbackville, in Worcester Co, MD.

Gray (309) <u>Gray</u> Plot - In Clam, on the western side of Saint Thomas Road (route 675) between its intersection with Clam Road (route 675) and Youngs Creek Road (route 676). (Gray)

Gree (165) <u>Gree</u>n Plot - On Assawoman Creek, south of the home at the eastern end of John Taylor Road (route 691). (Green)

Grin (313) <u>Grin</u>nalds Plot - Northwest of Parksley, in the field north of the intersection of Saint Thomas Road (route 674) and Big Road (route 658). (Grinnalds)

GrMs (35) <u>Gr</u>otons/<u>Me</u>ssongo Cemetery - At Grotons, north and west of Saxis Road (route 695), just off Broadwater Drive. This is a joint cemetery of two Jenkins Bridge churches, Mount Olive Baptist and St. John's Methodist. (African-American)

Grtn (256) <u>Grotn</u>s Cemetery - Between North Accomack School and Groton Town, on the southern side of Groton Town Road (route 691).

Gunt (127) <u>Gunt</u>er Plot - Between New Church and Horntown, in field southwest of intersection of Horntown Road (route 709) and Webbs Lane. (Gunter)

Guy (113) <u>Guy</u> Plot - Between Johnsons Corner and Atlantic, south of Nocks Landing Road (route 702), west of Southwind Road, west of a grading shed. (Guy)

HallH (260) <u>Hall</u> near <u>H</u>allwood - 0.5m west of Hallwood, north of Savannah Road (route 692). (Hall)

HallM (36) <u>Hall</u> Cemetery at <u>M</u>essongo - Back in the woods west of

Marsh Market Road (route 698), between its intersection with Savannah Road (route 692) and Marsh Market Road. (Hall, Rue, Wilkerson)

HallS (25) Hall Plot at Sanford - About 200 yards southeast of the Williams Plot at Sanford near the remains of a house foundation. Also can be reached by going several hundred yards westerly from Myrtlewood Cemetery on Shad Landing Road into the woods. (Hall, no stones)

HallW (53) Hall Plot near Withams - 1.0m south of Withams, west of Neal Parker Road (route 693), near the road and across from a house. (Hall)

Harg (63) Hargis Cemetery - 1.0m west of New Church, in field north of Slocomb Farm Road (route 707), slightly west of the Slocomb plot. (Gillett, Hargis)

Hend (95) Henderson Cemetery - Near Hallwood, 0.25m from U.S. 13 and south of Hallwood Road (route 692) behind a house. (Henderson, Parks)

HickB (238) Hickman Plot near Bloxom - South of Bloxom, 1.8m west of U.S. 13, on the northern side of Mason Road (route 681). (Hickman)

HickH (232) Hickman Plot near Hopeton - Between Hopeton and Bloxom, beside a house in a field east of Hopeton Road (route 316) and east of the railroad track. (Hickman)

HickP (213) Hickman Plot west of Pastoria - North of John Kane Road (route 661), west of a home back from the road between Bailey Road (route 668) and Evans Road (route 661). (Hickman)

Hinm (245) Hinman Cemetery - At Bloxom, beside a home northeast of the intersection of Nelsonia Road (route 187) and Bethel Church Road (route 687). (Bell, Clayton, Hinman, Mason, Russel)

HnTb (128) Horntown Tabernacle Baptist Church Cemetery - 0.5m south of Horntown on the northeastern side of Fleming Road (route 679). (African-American)

Holl (102) Holland Cemetery - East of Assawoman and north of NASA's Causeway Road to Wallops Island (route 803). (Conquest, Holland)

HopeG (196) Hope Cemetery southeast of Gargatha - In a field northwest of the intersection of Mutton Hunk Road (route 676) and Metompkin Road (route 679). (Gibbons, Hope)

HopeP (224) Hope Plot northeast of Parksley - In a field west of County Road (route 678), under overhead power lines. (Hope)

Hous (60) Houston - On Pitts Creek, 1.5m west of Wagram. This plot can be reached by crossing into Maryland at Wagram, proceeding west on Cedar Hall Road and then south down a field road. (Houston)

Hurl (135) Hurley Cemetery - 2.0m east of Horntown on Chincoteague Bay. The two stones in this family plot were read by the NYA in

Location Descriptions of Grave Sites 11

John	1937, but were not found by the compiler. (Cropper, Hurley) (122) Johnson Cemetery - Between Wattsville and Horntown, 0.25m west of Fleming Road (route 679), back in the woods behind Matthews Plant World. (Johnson, Marshall)
Jone	(71) Jones Cemetery - 1.25m south of New Church, west side of U.S. 13 at the old Green Hill Dairy. (Covington, Jones)
Jslm	(84) Jerusalem Baptist Church Cemetery - Between Johnsons Corner and Temperanceville, east of Jerusalem Church Road (route 694). (African-American)
JustG	(258) Justice Plot near Groton Town - Approximately half way between North Accomack School and Groton Town, north of Groton Town Road (route 691), in a field 2/3 of distance to woods. (Justice)
JustH	(330) Justis Plot at Hunting Creek - South of Hopkins Road (route 669), back from the road in a woods between Parks Lane and the intersection of Lee Mont Road (route 669) and Johnson Landing Road (route 669). (Justis)
JustJ	(333) Justis Plot onn Jacks Island - Due west of Clam, south of Little Back Creek. (Justis)
JustP	(315) Justis Plot northwest of Parksley - In a field across from the intersection of St. Thomas Road (route 675) and Justisville Road (route 675). (Justis)
JWTa	(108) J.W. Taylor Memorial Cemetery - Between Temperanceville and Atlantic on the north side of and adjacent to Temperanceville Road (route 695) (lots sold by the Greenwood Corporation).
Kell	(282) Kelley Plot - Near Muddy Creek, behind a house east of Winterville Road (route 658) and between its intersection with Payne Road (route 683) and Muddy Creek Road (route 683). (Kelley)
Kits	(198) Kitson Plot - In a field on the south side of Gargatha Landing Road (route 680), 1.5m east of its intersection with Metompkin Road (route 679). (Kitson)
Kngt	(37) Knight's Cemetery - Near Messongo, east of and adjacent to Messongo Road (route 700) and north of the intersection of Messongo Road and Savannah Road (route 692).
KngtH	(42) Knight Plot on Holdens Creek - Near Makemie Monument on the farm east of Monument Road on Holdens Creek, in field east of Makemie Monument. (Knight)
LangS	(90) Lang Plot South of Temperanceville - Across U.S. 13 from Tyson's Holly Farms processing plant, in field on a hill on the east side of U.S. 13. (Lang)
LangT	(89) Lang Plot at Temperanceville - Behind homes in southern sector of Temperanceville, east of U.S. 13. (Lang)
Lank	(293) Lankford Plot - On Guilford Creek, to the east of Ewell Road (route 675). (Lankford)
Laws	(184) Laws Cemetery - Between Nelsonia and Modest Town, in

a field north of Nelsonia Road (route 187). (Laws, Lucas, Townsend, Williams)

LewiB (170) Lewis Plot near Mappsville Baptist Church - 0.5m east of Mappsville, in the woods east of Mappsville Baptist Church, on the south side of Mappsville Road (route 689). (Lewis)

LewiH (329) Lewis Plot at Hunting Creek - Near the road on the northwest of the first turn of Johnson Landing Road (route 669). (Lewis)

LewiJ (327) Lewis Plot near Johnson Landing Road - At Hunting Creek, southeast of Johnson Landing Road (route 669), 0.5m below its intersection with Lee Mont Road (route 669). (Lewis)

LewiL (324) Lewis Plot at Lee Mont - Enclosed in a solid block fence on the western side of Bayside Road (route 658). (Lewis)

LewiM (43) Lewis Cemetery near Makemie Monument - Near Makemie Monument on the farm east of Monument Road on Holdens Creek, in field east of Makemie Monument and slightly east of the Knight plot. (Lewis, Thomas)

Litt (185) Littleton Plot - 0.5m southwest of Modest Town, in the northwest corner of the intersection of Metompkin Road (route 679) and Nelsonia Road (route 187). (Littleton)

Loga (126) Logan Plot - 2.0m south of Horntown, on west side of Fleming Road (route 679), back in field. (Field, Gibb, Henderson, Logan, Otwell)

LongM (180) Long Plot at Modest Town - In the northern sector of Modest Town, in the front yard of a house east of Metompkin Road (route 679) and north of Hopeland Road (route 772). (Long)

Luca (272) Lucas Plot - On the western side of Cattail Road (route 688), between Poulson and the intersection of Cattail Road with Dividing Road (no route #). (Lucas)

Make (41) Makemie Monument Cemetery - Between Jenkins Bridge and Grotons, at end of Monument Road, on Holdens Creek, a memorial stone. (Anderson, Holden, Makemie, Milligan)

Mari (322) Marina Road Cemetery - Southwest of Parksley, on the eastern side of Marina Road (route 763), between Adams Church and Marina Lane. Also referred to as Wharton #2. (African-American)

Marn (119) Mariner Plot - 0.5m south of Wattsville, on west side of Fleming Road (route 679), on a hill south of Bridge Hill Road. (Mariner)

MarsC (70) Marshall Plot near New Church - 0.75m east of New Church, in a field on the south of Horntown Road (route 709). (Marshall)

MarsH (132) Marshall Plot near Horntown - Between Horntown and Chincoteague Bay, in woods north of Justice Road (route 709). (Marshall)

MarsJ (45) Marshall Plot near Jenkins Bridge - Between Makemie Park

Location Descriptions of Grave Sites

and Jenkins Bridge, north of Saxis Road (route 695), at the end of Tompson Lane. (Marshall)

MarsN   (69) <u>Mars</u>hall Cemetery at <u>N</u>ew Church - 0.25m east of New Church, on the north side of Horntown Road (route 709). (East, Marshall, Trader)

MasoB   (239) <u>Maso</u>n Plot near <u>B</u>loxom - South of Bloxom, 1.4m west of U.S. 13, on the northern side of Mason Road (route 681). (Mason)

MasoC   (310) <u>Maso</u>n Plot near <u>C</u>lam - Between Parksley and Clam, in a field on the western side of Big Road (route 658), about half way between its intersection with St. Thomas Road (route 674) and Clam Road (route 676). (Mason)

MasoG   (285) <u>Maso</u>n Cemetery near <u>G</u>uilford - Between Guilford and Winterville, down a lane running northwest from Winterville Road (route 658) to an old house. (Jones, Mason)

MasoH   (231) <u>Maso</u>n Cemetery at <u>H</u>opeton - At Hopeton, southeast of the intersection of Dennis Drive (route 676) with the railroad track. (Mason, Shreaves)

MasoL   (325) <u>Maso</u>n Plot near <u>L</u>ee Mont - Between Parksley and Hunting Creek, east of Big Road (route 658), south of W.W. Building Supplies. (Mason)

MasoM   (317) <u>Maso</u>n Cemetery on <u>M</u>axwell Street - West of Parksley, in a field on the south side of Maxwell Street (route 674). (Belle, Mason, Sprague, Wright, Young)

MasoP   (316) <u>Maso</u>n Plot near <u>P</u>arksley - West of Parksley, in a field east of Big Road (route 658), between Maxwell Street (route 674) and Airport Road (route 673). (Mason)

MasoS   (240) <u>Maso</u>n Cemetery <u>s</u>outh of Bloxom - Southeast of Bloxom, 1.0m west of U.S. 13, the northern side of Mason Road (route 681), back in a field in the woods. (Goin, Mason)

MattM   (269) <u>Matt</u>hews Plot near <u>M</u>earsville - 0.5m north of Mearsville, on the western side of Winterville Road (route 658), near the road and in a yard. (Davis, Matthews)

MattO   (77) <u>Matt</u>hews Plot at <u>O</u>ak Hall - 0.25m south of Oak Hall Post Office, west side of U.S. 13. (Matthews)

MattT   (87) <u>Matt</u>hews Plot near <u>T</u>emperanceville - In a field on the western side of U.S. 13, 0.5m north of Temperanceville. No stones. (Matthews)

McBp   (244) <u>Mac</u>edonia <u>Bap</u>tist Church Cemetery - Between Nelsonia and Bloxom on the northern side of Nelsonia Road (route 187). (African-American)

McCr   (275) <u>McCr</u>eady Plot - West of Mearsville, south of Cattail Road (route 688), back in field behind large chicken houses. (McCready)

Mdst   (182) <u>M</u>o<u>d</u>e<u>st</u> Town Baptist Church Cemetery - On the western end of Modest Town on the north side of route 187.

MearG (194) Mears Plot near Gargatha - Near Gargatha, 0.25m east of U.S. 13, in a front yard of a house south of Gargatha Landing Road (route 680). (Mears)

MearJ (49) Mears Cemetery at Jenkins Bridge - At Jenkins Bridge, 0.25m east of Emmanuel Episcopal Church, south of Jenkins Bridge Road (route 702). (Byrd, Forrest, Godwin, Harrison, Marshall, Mears, Russell, Shields, Smith, Waters, Young)

MearM (188) Mears Plot near Modest Town - South of Modest Town in the woods west of Metompkin Road (route 679), approximately 0.5m southwest of its intersection with Nelsonia Road (route 187). (Mears)

MearN (247) Mears Plot near Nelsonia - Northeast of Nelsonia, up a ditch bank and in a field on the west side of Fletcher Road (route 688). (Mears)

MearT (86) Mears Cemetery at Temperanceville - At Temperanceville, northeast of the present intersection of Temperanceville Road (route 695) with U.S. 13. (Mears, Watson)

MearW (268) Mears Plot east of Winterville Road - Northeast of Mearsville, in the woods east of Winterville Road (route 658) and north of Gladding Road (route 688). (Mears)

MileA (110) Miles Plot at Atlantic - At Atlantic, behind a home to east of Atlantic Road (route 679) and opposite its intersection with Greta Road (route 703). (Miles)

MileJ (83) Miles Cemetery near Johnsons Corner - Between Johnsons Corner and Temperanceville, northeast of Jerusalem Church, down a field road east of Jerusalem Church Road (route 694). (Bunting, Miles)

MileS (31) Miles Cemetery near Sanford - Between Sanford and Grotons, to the north of Saxis Road (route 695) and west of Tall Pines Lane, in the front yard of a house. (Ewell, Hinman, Miles, Moore)

Mitc (193) Mitchell - Southeast of the intersection of Metompkin Road (route 679) and Mitchell Drive (route 795). (Mitchell)

MsBp (262) Old Messongo Baptist Chruch Cemetery - 0.5m south of Messongo Bridge, on the eastern side of Whites Crossing Road (route 690).

MtBp (203) Metompkin Baptist Church Cemetery - Adjacent to Wharton Cemetery on the north, across a branch, in the woods. (African-American)

Mulb (30) Mulberry Hill Cemetery - At Sanford, north of Saxis Road (route 695) and slightly east of Flag Pond Road (route 770). (Anderton, Ball, Corbin, Hinman, Hussey, Smith, Stant, Williams)

Myrt (27) Myrtlewood Cemetery - At Sanford west of Shad Landing Road (route 719), behind the last home (formerly that of Ann Smith) on Shad Landing Road leading to Pocomoke Sound. Also referred to as Lewis Cemetery. (Broadwater, Drummond, Fisher,

Godwin, Hall, Lewis, McCready, Russell, Stant, Trader, Webster)

Nels (66) Nelson's Cemetery - At the Maryland-Virginia line on the east side of U.S. 13, east of Marva Road (route 780).

NockM (183) Nock Cemetery near Modest Town - East of Modest Town, behind a house at the eastern end of Hopeland Road (route 772). (Nock, Northam, Taylor)

NockN (255) Nock Plot near North Accomack School - Between North Accomack School and Mappsville, west of U.S. 13, in a field back from the road. (Nock)

NockT (92) Nock Cemetery near Temperanceville - 1.25m south of Temperanceville, south of Parks Farm Road, in field west of U.S. 13. (Duncan, Nock)

Onio (288) Onions Cemetery - In the southeastern sector of Guilford, beside a home on the northern side of Big Road (route 658), a large cemetery with only a few tombstones. (Beasley, Onions, Wessels)

Onle (181) Onley Cemetery - 0.25m north of Modest Town, back in a field west of Metompkin Road (route 679). (Onley, Warner)

Pakr (124) Parker Cemetery - 2.5m south of Horntown, east of Fleming Road (route 679), on the Parker farm at the edge of woods down a winding field road to Little Mosquito Creek. (Blades, Colonna, Cross, Parker)

ParkB (237) Parks Plot near Bloxom - Just south of Bloxom, 2.0m west of U.S. 13, on the northern side of Mason Road (route 681). (Parks)

ParkC (303) Parks Plot near Clam - North of Clam, back from the road on the western side of St. Thomas Road (route 675), north of its intersection with Youngs Creek Road (route 676). (Parks)

ParkF (221) Parkes Cemetery near Fisher Road - South of Parksley, east of Greenbush Road (route 316) on northern side of Fisher Road (route 669). (Bundick, Parkes)

ParkG (287) Parks Cemetery east of Guilford - Back in woods behind houses on Ward Lane. (Parks, Riggs)

ParkH (331) Parks Plot on Hunting Creek - South of Hopkins Road (route 669), behind a house at the end of Parks Lane. (Parks)

ParkJ (319) Parks Plot at Justisville - At Justisville, back in the woods east of the intersection of Justisville Road (route 675) and Wonney Rew Road (route 673). (Parks)

ParkL (206) Parks Cemetery on Lang Lane - In Parkers Neck, at the end of Lang Lane, a branch of Alicato Road (route 786). (Parkes, Parks, White)

ParkN (186) Parks Plot near Nelsonia - Between Nelsonia and Modest Town, in a field on the south side of Nelsonia Road (route 187). (Parks)

ParkP (311) Parks Cemetery northwest of Parksley - West of Big Road (route 658), near the road, just south of its intersection with

16   Tombstone Inscriptions of Upper Accomack County, VA

ParkS	Clam Road (route 675). (Barnes, Kilmon, Mason, Parks) (212) Parkes Cemetery on Shultz Landing Road - Southeast of Pastoria, south of Johnson Road (route 661), in the yard of a brick home at the end of Shultz Landing Road (route 665). (Hickman, Moore, Parkes, Savage)
Parr	(103) Parramore Cemetery - Between Assawoman and Atlantic, east of Atlantic Road (route 679), at the end of Mount Wharton Road, on Bogues Bay. (Parramore, Taylor)
Pett	(137) Pettit Cemetery - At Sign Post, north of Sign Post Road (route 712), up a field road between homes on the east of the village. (Marshall, Pettit)
PoGr	(125) Popular Grove Cemetery - 2.0m south of Horntown, east of Fleming Road (route 679), down a long field road to Popular Grove, on Little Mosquito Creek. (Bayly, Miller)
Poul	(271) Poulson Cemetery - Between Mearsville and Poulson, east of Cattail Road (route 688) in a thicket. (Bayles, Byrd, Chase, Godwin, Mears, Poulson)
Rayf	(284) Rayfield Cemetery - Southwest of Bloxom, on the northern side of Guilford Road (route 187), in the field on a high bank near the road. (Mears, Rayfield)
RewC	(209) Rew Cemetery at Centerville - At Centerville, south and adjacent to Accomack Wayside, in a field on the east of U.S. 13. (Boggs, Crockett, Killmon, Olive, Rew, White)
RewJ	(318) Rew Plot at Justisville - At Justisville, on the western side of Justisville Road (route 675). (Rew)
RewP	(218) Rew Plot near Parksley - North of Parksley Road (route 176), back in a field opposite the intersection of Parksley Road and Old County Road. (Rew)
RewR	(228) Rew Plot at Rew - At Rew, southwest of the intersection of Dennis Drive (route 676) with U.S. 13. (Rew)
Rigg	(290) Riggs Cemetery - At Guilford, behind a house east of the intersection of Winterville Road (route 658) and Ward Lane. (Riggs, Taylor)
Rile	(281) Riley Cemetery - South of Muddy Creek Road (route 683), 0.5m west of its intersection with Winterville Road (route 658), enclosed in iron fence. (Riley, Savage, Topping, Tunnell)
Robi	(52) Robins Plot - Approximately half way between Withams and Jenkins Bridge, in field on the east of Withams Road (route 703). (Robins)
Ross	(192) Ross Cemetery - Southwest of the intersection of Metompkin Road (route 679) and Mitchell Drive (route 795). (Bundick, Ross)
Rowl	(75) Rowley Cemetery - At Oak Hall, in the front yard of a home on Downings Church Road (route 728). (Darbie, Matthews, Rowley)
Russ	(301) Russell Cemetery - Southwest of Guilford, in woods east

Location Descriptions of Grave Sites 17

	of Ann's Cove Road (route 682). (Johnson, Russell, Taylor)
SavaH	(233) Savage Plot near Hopeton - Between Hopeton and Bloxom, in a field east of Hopeton Road (route 316) and east of the railroad track. (Savage, but no stones).
SavaM	(280) Savage Plot on Muddy Creek Road - South of Muddy Creek Road (route 683), 1.0m west of intersection with Winterville Road (route 658), near the road. (Savage)
Selb	(123) Selby Cemetery - Between Wattsville and Horntown, to the east of Fleming Road (route 679), across the road and south of Matthews Plant World. (Matthews, Selby)
Shay	(47) Shay Cemetery - At Parker's Corner, at the northeast corner of intersection of Neal Parker Road (route 693) and Saxis Road (route 695). (Parker, Shay)
ShBp	(107) Shiloh Baptist Church Cemetery - South of Atlantic, north of Temperanceville Road (route 695), near its intersection with Atlantic Road (route 679). (African-American)
Shre	(217) Shreaves Plot - On the western side of U.S. 13, across from Zion Church. (Shreaves, Shrieves)
SilvH	(131) Silverthorn Cemetery at Horntown - Behind the Post Office. (Berry, Brimer, Pilchard, Silverthorn)
SilvS	(138) Silverthorn Plot near Sign Post - North of Sign Post, near the Maryland line, in a field west of Silverthorn Road (route 714). (Silverthorn)
Simp	(242) Simpson Cemetery - 0.6m south of Nelsonia, on the western side of U.S. 13. (Bundick, Petitt, Simpson)
Sloc	(64) Slocomb Plot - 1.0m west of New Church, in field north of Slocomb Farm Road (route 707). (Slocomb)
SmitC	(215) Smith Cemetery at Centerville - At Centerville, on the western side of U.S. 13, in the yard of a home south of its intersection with Parksley Road (route 176). (Hall, Parks, Smith, Walden)
SmitJ	(51) Smith Cemetery north of Jenkins Bridge - North of Jenkins Bridge, in field southeast of intersection of Jenkins Bridge Road (route 701) and Withams Road (route 703). (Smith, Fletcher)
SmitO	(76) Smith Cemetery at Oak Hall - At Oak Hall, in a field behind buildings in the southeast sector of the village. (Downing, Smith)
Some	(279) Somers Plot - South of Muddy Creek Road (route 683), 0.75m west of its intersection with Winterville Road (route 658), back at edge of Woods. (Somers)
Spar	(22) Sparrow Cemetery - Near Sanford, south of Saxis Road (route 695), between Belinda Road (route 692) and Hammock Road (route 788). (Marshall, Sparrow, others at one time)
Stan	(32) Stant Cemetery - Between Grotons and Sanford, north of and back from Saxis Road (route 695), approximately half way between Broadwater Drive and Tall Pines Lane. (Cutler, Onley, Smith, Stant, Trader, Williams)

Ster	(81) Sterling Plot - Near Johnsons Corner behind a home where Jerusalem Church Road (route 694) turns from east to south. (Sterling)
StJn	(105) St. Johns United Methodist Church Cemetery - South of Atlantic, on the eastern side of Atlantic Road (route 679), south of its intersection with Wisharts Point Road (route 695). (African-American)
StJo	(106) St. Joseph Holiness Church Cemetery - South of Atlantic, south of Wisharts Point Road (route 695), near its intersection with Atlantic Road (route 679). (African-American)
Stra	(320) Stran Cemetery - On the Stran Farm between Parksley and Lee Mont, near the road on the western side of Hart Road (route 671). (Custis, Horsey, Stran)
Summ	(328) Summers Cemetery - Due south of Justisville, back in a dense thicket. Entrance on Wonney Rew Road (route 673). (Hinman, Summers)
SxBp	(7) Baptist Church Yard Cemetery on Saxis Island - Adjacent to and on the northeast side of Saxis Road between the Post Office and the Free School Lane in front of the Fire House. (Evans, Furniss, Knight, Marshall, Martin, Moore)
SxCu	(14) Cutler Plot on Saxis Island - Adjacent to Lee's Circle at its northern intersection with Saxis Road. (Cutler)
SxDe	(19) Dennis Cemetery on Saxis Island - Adjacent to Larry's Circle and behind the house at 20030 Saxis Road. (Brown, Dennis, Derby, Evans, Linton, Martin)
SxDr	(15) Drewer Cemetery on Saxis Island - Adjacent to Lee's Circle near its southern intersection with Saxis Road, behind the house at 20118 Saxis Road. (Bonawell, Drewer, Evans, Hall, Lewis, Linton, Marshall, Rhodes)
SxEl	(16) Ellis Cemetery on Saxis Island - On the eastern side and back from Saxis Road between Sonny's Drive and Mary's Drive, behind the house at 20072 Saxis Road. (Anderton, Bailey, Chesser, Clark, Collins, Crockett, Drewer, Ellis, Evans, Fluheart, Hutchinson, Lewis, Linton, Marshall, Martin, McCready, Miles, Mister, Nielsen, Onley, Porter, Rhodes, Smith, Spence, Stanley, Stant, Stevens, Taylor, Trader, Weaver, White)
SxEv	(12) Evans Cemetery on Saxis Island - On the eastern side and back from Saxis Road between Rob's Lane and Guy's Drive, behind the house at 20224 Saxis Road. (Bonawell, Chance, Evans, Fisher, Hall, Lewis, Linton, Marshall, Martin, McCready, McKee, Miles, Mister, Young)
SxEy	(13) Evans Plot on Saxis Island - In the northeast corner of the intersection of Saxis Road and Bobby's Lane, in the front yard of the house trailer at 20196 Saxis Road. (Evans)
SxGl	(17) Glenn Cemetery on Saxis Island - Just south of the eastern end of Mary's Drive behind the house at 20054 Saxis Road.

Location Descriptions of Grave Sites 19

	(Bonawell, Dennis, Glenn, Linton, Porter)
SxJu	(5) Justice Cemetery on Saxis Island - On the northwest side of Saxis Road between the houses at 20411 and 20425 Saxis Road. (Bailey, Ewell, Furniss, Lewis, Linton, McCready, Reed, Thomas)
SxLe	(8) Lewis Cemetery on Saxis Island - Directly behind the Post Office and on the northwest side and adjacent to the Miles Cemetery (north). (Lewis, Martin, Miles, Weaver, Wessells)
SxLn	(11) Linton Cemetery (north) on Saxis Island - On the southern side of and at the eastern end of Kirk's Lane. (Linton, Martin)
SxLs	(20) Linton Plot (south) on Saxis Island - Adjacent to Larry's Circle and southeast of the house at 20024 Saxis Road. (Linton)
SxMa	(18) Marshall Plot on Saxis Island - On the northeastern side of and across Larry's Circle from the Dennis Plot, northeast of the house at 20030 Saxis Road. (Marshall)
SxMn	(9) Miles Cemetery (north) on Saxis Island - Adjacent to and on the northeast side of the Post Office. (Brustedt, Corbin, Ennis, Evans, Hall, Hurley, Miles, Rhodes, Young)
SxMs	(21) Miles Cemetery (south) on Saxis Island - Between the harbor of refugee and Saxis Road, behind the house at 19484 Saxis Road. (Evans, Lewis, Miles, White)
SxSe	(6) Selby Cemetery on Saxis Island - In the front yard of the house at 20397 Saxis Road. (Selby, Martin)
SxTa	(10) Taylor Cemetery on Saxis Island - On the southeastern side of Saxis Road across from the Post Office. (Linton, Marshall, Taylor)
Tath	(109) Tatham Plot - 0.75m west of Atlantic, in a field to the south of Greta Road (route 703). (Tatham)
TaylA	(99) Taylor Cemetery on Arbuckle Neck Road - 1.0m southeast of Assawoman, down a long field road on the southeast of Arbuckle Neck Road (route 692). (Parramore, Taylor)
TaylB	(104) Taylor Cemetery on Bogues Bay - Between Assawoman and Atlantic, east of Atlantic Road (route 679) at the end of Taylor Farm Road (route 781), on Bogues Bay. (Broadwater, Taylor)
TaylC	(294) Taylor Cemetery on Guilford Creek - In woods west of Ewell Road (route 675). (Annis, Killmon, Taylor, Thorns)
TaylE	(297) Taylor Plot near Ewell Road - Between Guilford and Guilford Creek, south of Ann's Cove Road (route 682) and west of its intersection with Ewell Road (route 675). (Crockett, Fisher, Taylor, Thornes)
TaylG	(291) Taylor Plot at Guilford - In the northeastern sector of Guilford, back at the edge of woods behind houses and trailers on the east side of Winterville Road (route 658). (Taylor)
TaylH	(308) Taylor Cemetery near Hopeton - Approximately half way between Parksley and Hopeton, west of Hopeton Road (route

	316), back in woods at the end of a field road. (Annis, Taylor)
TaylI	(292) Taylor Plot - North of Guilford, behind a pond east of the Intersection of Guilford Road (route 187) and Winterville Road (route 658). (Taylor)
TaylJ	(164) Taylor Plot near John Taylor Road - On Assawoman Creek, at the end of an unnamed lane. 0.5m north of the intersection of John Taylor Road (route 691) and Metompkin Road (route 679). (Taylor)
TaylM	(263) Taylor south of Messongo Bridge - West of Whites Crossing Road (route 690), behind an old house directly across the road from the old Messongo Baptist Church Cemetery. (Taylor, Poulson)
TaylN	(295) Taylor Plot north of Ann's Cove Road - Between Guilford and Guilford Creek, north of Ann's Cove Road (route 682), west of its intersection with Ewell Road (route 675), back in a field behind a home. (Taylor)
TaylP	(98) Taylor Plot west of Arbuckle Place - At Assawoman on the western side of the Arbuckle Place, south of Atlantic Road (route 679). (Taylor)
TaylS	(296) Taylor Plot south of Ann's Cove Road - Between Guilford and Guilford Creek, south of Ann's Cove Road (route 682) and west of its intersection with Ewell Road (route 675). (Taylor)
TaylT	(85) Taylor Plot near Temperanceville - Between Temperanceville and Johnsons Corner, in a field east of U.S. 13, slightly north of Earl's Grill. (Taylor)
TaylW	(216) Taylor Plot near Accomack Wayside - On the western side of U.S. 13, north of Accomack Wayside, across from Metomkin Church. (Taylor)
TaylX	(33) Taylor Plot near Saxis Road - Between Sanford and Grotons, 0.25m north of Saxis Road (route 695), beside and at the end of an unnamed lane east of Broadwater Lane. (Taylor)
TaylY	(305) Taylor Plot near Youngs Creek Road - Northwest of Clam, north of Youngs Creek Road (route 667), in an open field. (Taylor)
Teag	(190) Teagle Plot - Unable to find this Plot. It seems to have disappeared since the NYA read it in 1937, when it was located at Kegatank, somewhere along today's Kegatank Road (route 681) which runs from Modest Town to Gargathy Creek. (Teagle)
TgCa	(4) Canton Ridge on Tangier Island - Various sites along Canton Ridge.
TgMa	(3) Main Ridge on Tangier Island - Various sites along Main Ridge.
TgUp	(1) Upperds on Tangier Island - Various sites on Upperds, which is just to the north of the Tangier North Channel. (Bowden, Eskridge, Parks, Pruitt)
TgWe	(2) West Ridge on Tangier Island - Various sites along West Rdge.

Location Descriptions of Grave Sites 21

Thor (97) Thornton Plot - Near Assawoman, on the eastern side of Atlantic Road (route 679), slightly southeast of its intersection with Chesser Road (route 672). (Thornton)

TradH (94) Trader Cemetery near Hallwood - Approximately half way between U.S. 13 and Hallwood, in field north of Hallwood Road (route 692). (Rue, Trader)

TradM (254) Trader near Mappsville - East of Mappsville, in a field north of Turkey Run Road (route 689). (Trader)

TradS (24) Trader Plot at Sanford - At Sanford, on a hill on the northwest corner of the intersection of Saxis Road (route 695) and Shad Landing Road (route 719). (Traders, but no stones)

Treh (298) Trehern Cemetery - In the southwestern sector of Guilford, back in the field behind a house on the east side of Ann's Cove Road (route 682). (Annis, Trehern)

TullW (62) Tull Cemetery at Wagram - At Wagram, on the southeast side of Holland Road (route 705). (Bevans, Collins, Hickman, Tull)

TunnA (115) Tunnell Cemetery near Atlantic - Northeast of Atlantic, east of Atlantic Road (route 679), at the end of Waterfield Lane on Watts Bay. (Revell, Tunnell, Warner)

TunnP (211) Tunnell Plot at Pastoria - At Pastoria, in a field northwest of intersection of U.S. 13 and Johnson Road (route 661). (Tunnell)

Twyf (214) Twyford Plot - At Pastoria, on the western side of U.S. 13, in a field north of Evans Road (route 661). (Twyford)

Tynd (88) Tyndall Plot - At Temperanceville, between U.S. 13 and the old Temperanceville High School, on the south side of Saxis Road (695). No legible stones. (Tyndall)

Wall (118) Wallop Plot - Near Wattsville, 1.25m southeast of the intersection of Chincoteague Road (route 175) and Atlantic Road (route 798), at the end of Wallops Neck Road. (Wallop)

Watv (120) Wattsville United Methodist Church Cemetery - Near Wattsville, between Chincoteague Road (route 175) and Fleming Road (route 679), on the north side of Dream Road (route 704).

Wdby (195) Woodbury Church Cemetery - On the eastern side of U.S. 13, between Gargatha and Rue.

Welb (130) Welbourne Cemetery - At Horntown, in a field northwest of the intersection of Horntown Road (route 709) and Fleming Road (route 679). (Rowley, Welbourne, Welburn)

WessA (222) Wessells Cemetery near Adelaide Street - East of Parksley, in a field east of County Road (route 678), opposite its intersection with Adelaide Street (route 674). (Parks, Wessells, Wessels)

WessG (299) Wessells Plot near Guilford - Southeast of Guilford, on the southern side of Big Road (route 658), in an open field down a lane through woods. (Wessels)

WessN	(223) Wessells Plot northwest of Parksley - Northwest of Parksley and north of Parksley Cemetery, at the edge of the woods across a field, north of the turn in County Road (route 678) from north to east. (Taylor, Wessells)
WessP	(312) Wessels Plot near Parksley - Northwest of Parksley, in a field on the western side of Big Road (route 658), about half way between its intersection with St. Thomas Road (route 674) and Clam Road (route 676). (Wessells, Wessels)
WessR	(226) Wessells Cemetery near Rew - Between Rew and Zion Church, on the western side of U.S. 13, across from the Owl Restaurant. (Gillespie, Hope, Wessels, White)
West	(176) West Plot - 0.5m north of Modest Town, far back in a field north of Metompkin Road (route 679) between Quail Circle and Society Drive. (West)
WharM	(168) Wharton Cemetery near Mappsville - 1.0m east of Mappsville, east of the intersection of Metompkin Road (route 679) and Pettit Road (route 762), on Wharton Farm at end of Wharton Drive. (Bayne, West, Wharton)
WharS	(197) Wharton Plot at Sunderland Hall - At Sunderland Hall (which is no longer standing), north of Gargatha Landing Road (route 680), back from the road, between North Drive and Seaside Circle. (Wharton)
Whit	(114) White Plot - Northeast of Atlantic, east of Atlantic Road (route 679), at the end of Waterfield Lane, on Watts Bay. (White)
Whtn	(202) Wharton Cemetery - Near Metomkin, at the northwest corner of the intersection of Kinsey Road (no route number) with Metompkin Road (route 679). (African-American)
Will	(26) Williams Plot at Sanford - On the northwest side of Sanford past the east end of Old Shad Landing Road (now named Whites Road). Proceed beyond the end of the pavement, following the old road bed into and across a marshy area until it turns to the right, then go left in a northwesterly direction and follow the ditch bank which separates the Virginia Game Commission marsh (signs posted on trees) to the left and the woodland to the right. About 200 yards before the end of the ditch bank follow the right fork as it turns to the northeast and into the woods and follow it to the end and continue in the same direction about another 75 yards to the graves, which are about 50 feet west of the remains of a brick house foundation. (Williams)
Wind	(117) Winder Cemetery - South of NASA's Wallop Island Station Visitor's Center, east of Chincoteague Road (route 175), near the curve as the road turns from southeast to northeast. (Winder, Chesser)
Wise	(210) Wise Plot east of Pastoria - In a field north of the intersection of Orchard Road (route 665) and Johnson Road

Location Descriptions of Grave Sites

	(route 661). (Wise)
WrigH	(307) Wright Plot near Hopeton - 0.5m west of Hopeton, back in a field on the southern side of Matthews Road (route 672). (Wright)
WrigM	(174) Wright Plot near Mappsville - 1.0m southeast of Mappsville, west of Metompkin Road (route 679) and south of Beartown Road (route 769). (McLaughlin, Wright)
WrigR	(227) Wright Cemetery at Rew - At Rew, southwest of the intersection of Dennis Drive (route 676) with U.S. 13. (Bundick, Dix, Wright)
Wssl	(252) Wessells Cemetery - Near Mears Station, southwest of the intersection of Bethel Church Road (route 687) and Turkey Run Road (route 689).
Wth1	(54) Withams 1 Cemetery - East of Withams, directly across Withams Road (route 703) from Delmarva Power's Oak Hall Substation, down a field road in the edge of the woods. (African-American)
Wth2	(56) Withams 2 Cemetery - 0.3m north of Withams, about 300 feet west of Neal Parker Road (route 693) behind a thicket. (African-American)
Wth3	(55) Withams 3 Cemetery - 0.3m north of Withams, near the road on the western side of Neal Parker Road (route 693). (African-American)
YounB	(283) Young Plot at Bloxom - In the southwestern sector of Bloxom, in a yard east of Shoremain Drive, north of the southern entrance to Circle Drive. (Young)
YounM	(276) Young Plot at Mearsville - At Mearsville, southeast of the intersection of Gladding Road (route 688) and Winterville Road (route 658). (Young)
Zion	(207) Zion Baptist Church Cemetery - on the south side of Metompkin Road (route 679), east of its intersection with U.S. 13. (Bull, Colona, Parker, Shockley, Shreaves)

Grave Site Numbers/Abbreviations Listing

001	TgUp	042	KngtH	083	MileJ
002	TgWe	043	LewiM	084	JsIm
003	TgMa	044	FletJ	085	TaylT
004	TgCa	045	MarsJ	086	MearT
005	SxJu	046	Bunt	087	MattT
006	SxSe	047	Shay	088	Tynd
007	SxBp	048	CorbJ	089	LangT
008	SxLe	049	MearJ	090	LangS
009	SxMn	050	FletE	091	ConqT
010	SxTa	051	SmitJ	092	NockT
011	SxLn	052	Robi	093	ConqP
012	SxEv	053	HallW	094	TradH
013	SxEy	054	Wth1	095	Hend
014	SxCu	055	Wth3	096	ConqH
015	SxDr	056	Wth2	097	Thor
016	SxEl	057	Bell	098	TaylP
017	SxGl	058	DixB	099	TaylA
018	SxMa	059	Fore	100	Aswm
019	SxDe	060	Hous	101	ChesA
020	SxLs	061	Dunc	102	Holl
021	SxMs	062	TullW	103	Parr
022	Spar	063	Harg	104	TaylB
023	CorbS	064	Sloc	105	StJn
024	TradS	065	Brit	106	StJo
025	HallS	066	Nels	107	ShBp
026	Will	067	ChBp	108	JWTa
027	Myrt	068	ByrdN	109	Tath
028	FeddS	069	MarsN	110	MileA
029	DrumS	070	MarsC	111	AtMt
030	Mulb	071	Jone	112	AtBp
031	MileS	072	Brod	113	Guy
032	Stan	073	Conn	114	Whit
033	TaylX	074	Dwng	115	TunnA
034	Gask	075	Rowl	116	East
035	GrMs	076	SmitO	117	Wind
036	HallM	077	MattO	118	Wall
037	Kngt	078	ChesJ	119	Marn
038	Cope	079	BullH	120	Watv
039	DrumJ	080	FeddJ	121	Fshp
040	Cros	081	Ster	122	John
041	Make	082	Cutl	123	Selb

124	Pakr	168	WharM	214	Twyf
125	PoGr	169	Abbo	215	SmitC
126	Loga	170	LewiB	216	TaylW
127	Gunt	171	FsBp	217	Shre
128	HnTb	172	EwelM	218	RewP
129	Colo	173	Fish	219	DixP
130	Welb	174	WrigM	220	BundP
131	SilvH	175	GillS	221	ParkF
132	MarsH	176	West	222	WessA
133	Bloo	177	Gard	223	WessN
134	CorbH	178	BundQ	224	HopeP
135	Hurl	179	Ebzr	225	Chan
136	Deas	180	LongM	226	WessR
137	Pett	181	Onle	227	WrigR
138	SilvS	182	Mdst	228	RewR
139	Gnbk	183	NockM	229	Bake
140	Frnk	184	Laws	230	Cust
141	ChCh	185	Litt	231	MasoH
142	ChRd	186	ParkN	232	HickH
143	ChWh	187	BundM	233	SavaH
144	ChRm	188	MearM	234	Davi
145	ChTa	189	Belo	235	FletB
146	ChRs	190	Teag	236	FletM
147	ChCl	191	BundG	237	ParkB
148	ChBo	192	Ross	238	HickB
149	ChCu	193	Mitc	239	MasoB
150	ChBu	194	MearG	240	MasoS
151	ChOd	195	Wdby	241	Fox
152	ChGn	196	HopeG	242	Simp
153	ChMe	197	WharS	243	BarnN
154	ChAn	198	Kits	244	McBp
155	ChDa	199	Crop	245	Hinm
156	ChTh	200	DixM	246	FletP
157	ChJo	201	GibbZ	247	MearN
158	ChBr	202	Whtn	248	Fitc
159a	ChMc	203	MtBp	249	BullN
159b	ChMd	204	BarnK	250	BloxB
159c	ChMr	205	GibbM	251	Beth
160	ChCa	206	ParkL	252	Wssl
161	ChRe	207	Zion	253	BloxM
162	ChHi	208	BundZ	254	TradM
163	ChWa	209	RewC	255	NockN
164	TaylJ	210	Wise	256	Grtn
165	Gree	211	TunnP	257	ByrdG
166	BarnM	212	ParkS	258	JustG
167	GillE	213	HickP	259	CorbG

Grave Sites Numbers/Abbreviations Listing

260	HallH	306	Clay
261	ByrdR	307	WrigH
262	MsBp	308	TaylH
263	TaylM	309	Gray
264	Bens	310	MasoC
265	Chas	311	ParkP
266	ByrdW	312	WessP
267	ByrdB	313	Grin
268	MearW	314	BarnP
269	MattM	315	JustP
270	ByrdC	316	MasoP
271	Poul	317	MasoM
272	Luca	318	RewJ
273	ByrdL	319	ParkJ
274	ByrdD	320	Stra
275	McCr	321	Adam
276	YounM	322	Mari
277	Bail	323	Chrn
278	ByrdM	324	LewiL
279	Some	325	MasoL
280	SavaM	326	BarnL
281	Rile	327	LewiJ
282	Kell	328	Summ
283	YounB	329	LewiH
284	Rayf	330	JustH
285	MasoG	331	ParkH
286	Glfd	332	BarnC
287	ParkG	333	JustJ
288	Onio		
289	BarnG		
290	Rigg		
291	TaylG		
292	Tayll		
293	Lank		
294	TaylC		
295	TaylN		
296	TaylS		
297	TaylE		
298	Treh		
299	WessG		
300	BarnH		
301	Russ		
302	EwelT		
303	ParkC		
304	EwelY		
305	TaylY		

Map Numbering Guide

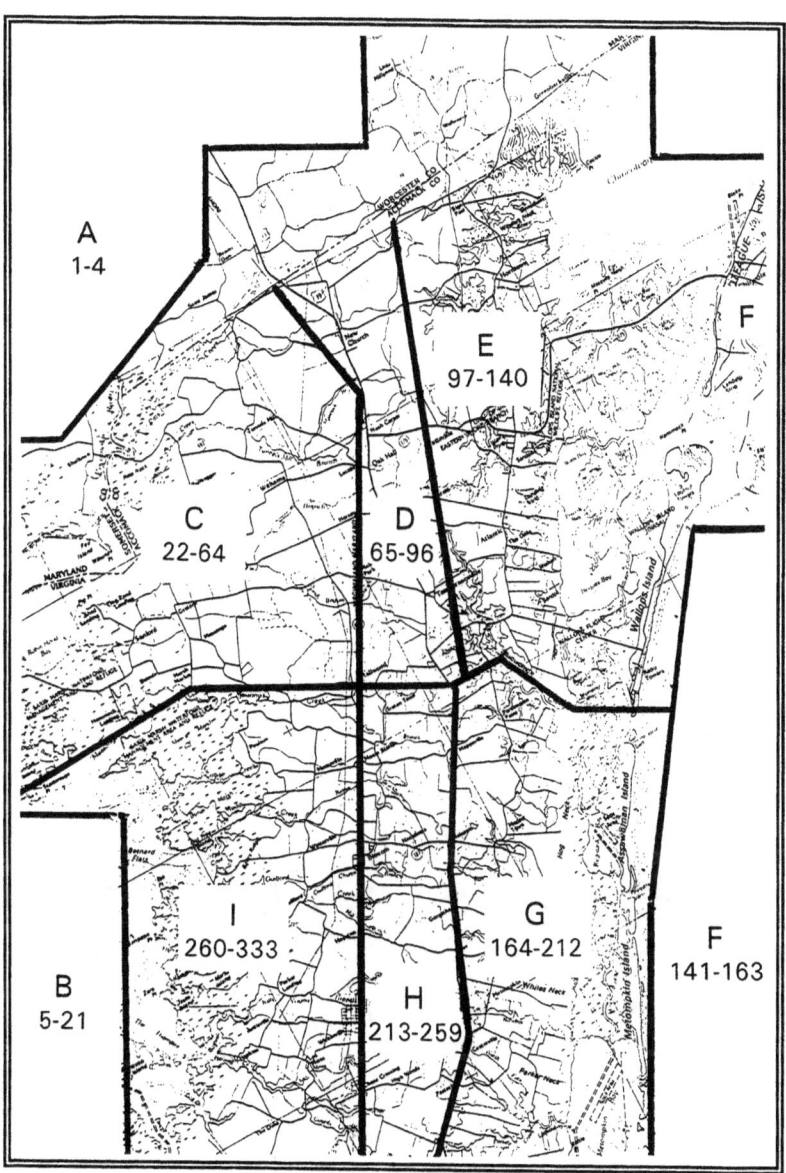

Note: A larger fold-out map, showing the individually numbered grave sites, is located inside the back cover of this book.

Abbreviations

b	born	ggd/o	great-grand-daughter
b&d	born and died	gs/o	grandson of
Balt	Baltimore	h/o	husband of
Bn	Battalion	Hq	Headquarters
br	burried	inf/o	Infant of
Brig	Brigade	inf	Infant and Infantry
Btry	Battery	Jas	James
btw	between	Jos	Joseph
BWI	British West Indies	Jr	Junior
c	circa, about	Kath	Katherine
c/o	child of	LCpl	Lance Corporal
Capt	Captain	Lt	Lieutenant
Cass	Cassandra	LTC	Lieutenant Colonel
Cath	Catherine	m/o	mother of
CBM	Chief Bos. Mate	m	married
Char	Charlotte	Maj	Major
Chas	Charles	Marg	Margaret
Cmbt	Combat	MD	Medical Doctor
Col	Colonel	Mont	Montcalm
Cpl	Corporal	mos	Months
CSA	Confederate States of America	MP	Military Police
		ms	Months
d/o	daughter of	Msk	Meshack
d	died	ns	no stone
Danl	Daniel	PFC	Private First Class
Div	Division	Ph	Purple Heart
Dr	Doctor	Pvt	Private
Drum	Drummond	QM	Quartermaster
ds	Days	QMC	Quartermaster Corps
dys	Days	Rev	Reverend
Edm	Edmond, Edmund	Rich	Richard
Edw	Edward	s/o	son of
Eliz	Elizabeth	Saml	Samuel
Engr	Engineers	Spen	Spenser
Est	Estelle	Sr	Senior
f/o	father of	Sus	Susannah
Gen	General	Thos	Thomas
Geo	George	USA	United States Army

USAF	United States Air Force
USCG	United States Coast Guard
USMC	United States Marine Corps
USMM	United States Merchant Marines
USN	United States Navy
USNR	United States Navy Reserve
Viet	Vietnam
Vir	Virginia
w/o	wife of
w.p.	will probated
wid/o	widow of
Wm	William
WO	Warrent Officer
WWI	World War I
WWII	World War II
yrs	Years
ys	Years
Zep	Zephorah

Caucasian Tombstone Inscriptions

ABBOTT, David D. (h/o Mary W) 11 Nov 1839 (no other date)　Abbo
Lenora w/o David D. Jr 27 Mar 1875-23 Mar 1901　Abbo
Lillie W. d/o David D. & Mary W. 25 May 1878-2 May 1899　Abbo
Mary W. w/o David D. 11 Feb 1840-14 Jul 1916　Abbo
ABRAMS, Alice V. w/o Cecil L. 1918-____　Dwng
Cecil L. h/o Alice V. 1920-____　Dwng
ACKERMANN, Elizabeth C. w/o Henry C. 1899-1980　Dwng
Henry C. h/o Elizabeth C. 1894-1961　Dwng
ADAM, Virginia White (d/o James F. & Sallie E. White?) 1918-1988　JWTa
ADAMS, (No given names or dates)　Nels
Alfred Dukes (s/o Wilfred & Maude) 12 Dec 1939-16 Feb 1940　ChRm
Alice w/o Preston 1900-1988　Dwng
Andrew "Pete" (h/o Faye C) 27 Mar 1917-16 Jul 1982　JWTa
Andrew K. s/o Wm J. & Sudie Z. 22 Feb 1906-16 Apr 1906　ChRm
Archie J. 1907-1961　Dwng
Dewey McKinley USA WWII 8 Dec 1922-20 Jun 1986　Mdst
Elizabeth (w/o Joseph) 1925-1989　ChRm
Elva 1880-1962　Dwng
Everett s/o Wm J. & Sudie Z. 10 Sep 1909-11 Nov 1912　ChRm
Ezera T. (h/o Matilda) 4 Jul 1842-18 May 1924　ChGn
Faye C. (w/o Andrew) 19 Apr 1925-28 May 1984　JWTa
Freddie (s/o Preston & Alice) 1929-1945　Dwng
Grover (no dates)　ChBu
Hattie D. w/o William T. 1885-1973　Dwng
Hettie C. w/o William T. d. 6 Oct 1915 aged 97yrs　ChBu
Joana Marie 2 Mar 1972-30 May 1994　Dwng
John Wilfred (s/o Wilfred & Maude) 16 Oct 1928-15 Aug 1929　ChRm
John Wilfred 16 Oct 1928-15 Aug 1929　ChRm
Martha A. (w/o W.J) 1856-1937　ChRm
Matilda (w/o Ezera T) 28 Feb 1855-1 Feb 1937　ChGn
Maude E. w/o Winfred A. 1910-____　Dwng
Preston h/o Alice 1902-1968　Dwng
Sadie Z. (w/o William J) 1875-____　ChRm
Terri Lynn 23 Sep 1958-24 May 1959　ChMc
Vera S. (Sharpley?) 1906-____　Dwng
W.J. (h/o Martha A) 18 Jul 1843-25 Jan 1911　ChRm
W.T. (h/o Hettie C) (no dates)　ChBu
William J. (h/o Sudie Z) 1873-1949　ChRm

ADAMS (Con't), William (no dates) — ChBu
William T. h/o Hattie D. 1884-1969 — Dwng
Winfred A. h/o Maude E. 1907-1960 — Dwng
ADDISON, Thomas J. 7 Aug 1870-31 Dec 1956 — Grtn
ADKINS, Carlton R. 10 Aug 1905-2 Oct 1932 — Gnbk
Clarence E. (h/o Ronie E) 1879-1956 — Gnbk
James E. s/o C.E. & Ronie E. 1924-1961 — Gnbk
Ronie E. (w/o Clarence E) 1881-1954 — Gnbk
Sarah A. 18 Sep 1829-Aug 1891 — CorbJ
AILSWORTH, (No given names or dates) — Nels
AILWORTH, Ann (w/o Lenox) 24 Mar 1820-23 Dec 1893 — AtBp
Charles W. (h/o Ida) 1872-1961 — Aswm
Elizabeth G. w/o William 1 Jun 1847-17 May 1913 — Aswm
Ida (w/o Charles W) 1874-1934 — Aswm
Infant d/o G.W. & Ida d. 12 Oct 1912 — Aswm
Lenox (h/o Ann) 20 Apr 1806-23 Oct 1890 — AtBp
Mary E. (w/o Mitchell D) 1871-1907 — Aswm
Mitchell D. (h/o Mary E) 1874-1957 — Aswm
ABLERT, Dorothy W. 1925-1966 — ChMd
ALBERTSON, Katherine M. 1921-1976 — AtBp
ALLEN, Alton Thomas "Tony" 16 Jan 1907-1 Nov 1971 — Nels
Edward Thomas (h/o Eva Elizabeth) 24 Apr 1872-26 Mar 1952 — Nels
Estelle L. (w/o Norman F) 1886-1971 — JWTa
Eva Elizabeth (w/o Edward T) 16 Sep 1882-14 Aug 1971 — Nels
Norman Fristoe (h/o Estelle E) 1878-1954 — JWTa
ALVORD, Nellie T. (Townsend) 1904-1933 — Nels
ANDERSON, Emma w/o James A. d. 13 Jun ___ — Frnk
James A. (h/o Emma) 1850-1926 — Frnk
John E. d. 23 Jan 1946 — ChMd
William (f/o Naomi Makemie) (no dates) — Make
ANDERTON, Clara H. w/o John L. 28 Sep 1855-23 May 1933 — Dwng
Elizabeth J. w/o J.T. 4 Oct 1870-1 Mar 1923 — FeddS
Harley E. (s/o J.T. & Elizabeth J) 1907-1912 — FeddS
James E. 8 Oct 1841-13 Mar 1907 — Mulb
John L. 28 Sep 1877-30 Oct 1907 — Dwng
John L. h/o Clara H. 23 Feb 1850-19 Dec 1921 — Dwng
Lillie S. (w/o Henry & d/o Edward T. & Nettie Stant) 1878-1949 — SxEl
Ralph H. 24 Apr 1888-18 Aug 1942 — Dwng
Sarah H. (d/o J.T. & Elizabeth) 1895-1912 — FeddS
Sewell E. 20 Sep 1868-28 Apr 1910 — Mulb
ANDREW, Nancy d. 8 Nov 1881 — Beth
ANDREWS, Agnes K. w/o Milford 9 Feb 1922-3 Mar 1986 — Dwng
Albert T. (h/o Bertie H) 1881-19__ — ChGn
Allie C. (w/o James W) 1865-1932 — Grtn
Annie (w/o Joshua) 1867-1961 — ChMc
Annie L. (w/o Selby J) 1874-1954 — ChGn

Caucasian Tombstone Inscriptions 35

ANDREWS (Cont), Ansley (h/o Rebecca) 1889-1954 — ChTh
Archie (h/o Ethel L) 12 Aug 1889-7 Jan 1974 — ChGn
Bertie C. (h/o Louis L) 1891-1939 — ChRm
Bertie C. 1896-1985 — Dwng
Bertie H. (w/o Albert T) 1884-1940 — ChGn
Charles s/o Mardica & Mary L. 5 Apr 1880-8 Oct 1889 — ChAn
David 4 Sep 1866-13 Jun 1935 — ChAn
Ellen d. 29 Jan 1906 aged 63yrs — Glfd
Ernest M. 1914-1937 — ChGn
Essie V. (twin) d/o John H. & Essie 8 Aug 1919-13 Oct 1919 — ChGn
Essie w/o John H. 9 May 1901-15 Aug 1919 — ChGn
Ethel L. (w/o Archie) 27 Oct 1896-22 Mar 1985 — ChGn
Eva Mae (w/o Mardica) 1882-1957 — ChGn
Florence M. (w/o William P) 13 Oct 1881-23 Jun 1944 — ChGn
Flossie T. (w/o Ralph W) 31 Oct 1905-____ — ChGn
Francis E. (w/o Raymond A?) 22 Nov 1918-8 Mar 1968 — ChGn
George R. 25 Dec 1873-15 Jul 1945 — ChAn
Henry (h/o Susie) 1888-1972 — ChGn
Henry Jr 1912-1969 — ChGn
Isaac (h/o Sarah E) 12 Apr 1830-24 Mar 1924 — ChGn
James d. 31 Dec 1851 aged 49yrs 2mos — Bail
James W. (h/o Allie C) 1861-1935 — Grtn
Jesse (h/o Sarah A?) PFC WWII 1 Dec 1907-27 Jun 1958 — ChTh
Jessie 14 Aug 1875-18 Aug 1906 — ChAn
John Henry (h/o Essie) 1898-1958 — ChGn
John W. h/o Rachel A. 28 Jun 1870-6 Jul 1900 — Kngt
Joshua (h/o Annie) 1862-1903 — ChMc
Joyce Lee 7 Jul 1944-19 Jul 1944 — Dwng
Julia B. w/o Walter K. 1892-1952 — Dwng
Lillian J. (w/o William) 1906-____ — ChMc
Loretta d/o Ira & Bertie 17 Nov 1924-19 Nov 1924 — ChGn
Louis L. (h/o Bertie C) 1884-1962 — ChRm
Mardica (h/o Mary L) 7 Mar 1851-22 Aug 1904 — ChAn
Mary 29 Jan 1875-19 Dec 1918 — ChAn
Mary L. w/o Mardica 24 Nov 1854-17 Dec 1915 — ChAn
Mary w/o Wm D. d. 19 Sep 1902 aged 70 years — ChAn
Milford h/o Agnes K. S1 USCG WWII 26 Nov 1916-23 Jun 1975 — Dwng
Mordica (h/o Eva M) 1872-1937 — ChGn
Nancy Maria 25 Jul 1863-5 Apr 1928 — ChGn
Nellie (twin) d/o John H. & Essie 8 Aug 1919-____ (unclear) — ChGn
Nelson 1910-1983 — ChGn
Rachel Ann w/o John W. 10 Mar 1848-22 Oct 1908 — Kngt
Ralph William (h/o Flossie T) USCG WWII 29 Jan 1902-18 Mar 1976 — ChGn
Raymond A. (h/o Frances E) 12 Nov 1913-18 Jun 1981 — ChGn
Rebecca (w/o Ansley) 1889-1977 — ChTh
Rebecca Jane Pruitt (w/o Thomas H. Pruitt?) 15 Jul 1869-1 Jul 1950 — ChGn

ANDREWS (Con't), Sarah A. 1879-1972 — ChTh
Sarah E. (w/o Isaac) 1 Jun 1842-24 Oct 1925 — ChGn
Sarah M. (w/o Wm Louis) 1884-1953 — ChGn
Selby J. (h/o Annie L) 1868-1953 — ChGn
Susie (w/o Henry) 1893-1974 — ChGn
Thalia Virginia d/o Ira & Bertie b&d 28 Mar 1919 — ChGn
Virginia M. 10 Jan 1927-26 Sep 1990 — ChGn
Walter K. h/o Julia B. 1893-1931 — Dwng
William (h/o Lillian J) 1904-1974 — ChMc
William D. (h/o Mary) 16 May 1826-3 Oct 1913 — ChAn
William Louis (h/o Sarah M) 1895-1955 — ChGn
William P. (h/o Florence M) 16 Dec 1876-2 Jul 1953 — ChGn
Wm Jr 11 Mar 1861-1 Feb 1909 — ChAn
ANGLE, Charlie H. 1887-1964 — TgMa
Olevia J. 1888-19__ — TgMa
ANNIS, Addie Mrs. 1902-1964 — Glfd
Amanda C. 1912-1961 — Glfd
Arithbald 23 Jun 1831-13 Jan 1872 — Theh
Cessie w/o John D. d. 1904 (temp) — TaylC
Della Y. (w/o Herman T) 1906-1983 — Wssl
Delvert 1913-1926 — Glfd
Ethel d/o John D. & Cessie d. 1890 (temp) — TaylC
Frankie Jr (h/o Lula T) 1897-1969 — Glfd
Herman T. (h/o Della Y) 1905-1964 — Wssl
Howard T. 1896-1981 — Glfd
Infant s/o Upshur & L.J. 1949 — Glfd
John D. h/o Cessie d. 19 Feb 1931 (temp) — TaylC
John T. 13___ 1856-9 Jun 1874 — Clay
Larry d. 1922 (temp) — TaylC
Lemuel 1902-1984 — Glfd
Lula T. (w/o Frankie Jr) 1904-___ — Glfd
Major H. (h/o Maude M) 1887-1976 — Glfd
Marguerite 1928-1930 — Glfd
Mary O. 1883-1936 — Glfd
Maud M. 1892-1962 — Glfd
Maude M. (w/o Major H) 1896-1992 — Glfd
Melvin H. 1915-1952 — Glfd
Nancy 1759-6 Apr 1817 — TaylH
Pearlie L. (w/o William H) 1887-1977 — Glfd
Vinston W. S1 USN WWII 11 Jun 1924-6 Aug 1981 — Glfd
William H. (h/o Pearlie L) 1887-1966 — Glfd
ANTHONY, George Conquest Dr. 2h/o Almarine Pilchard 1872-1947 — Gnbk
Almarine Pilchard (w/o Wm D. Pilchard & Dr. George Conquest Anthony) 1886-1972 — Gnbk
APPLEGATE, Mary Anna 1928-1991 — Grtn
ARCHIE, Annie Elizabeth 30 Sep 1866-26 Mar 1944 — ChRd
John T. (h/o Annie E) 13 Oct 1861-6 Feb 1931 — ChRd

ARDIS, Cleveland s/o C.P. & Harriett W. & h/o Lottie 10 Dec 1885-21 Jul 1908   Gnbk
Eliza G. w/o James W. 18 Mar 1832-2 Sep 1900   Dwng
George W. 1858-1940   Gnbk
Harry W. (h/o Hattie H) 1881-1964   Nels
Hattie H. (w/o Harry W) 1882-1954   Nels
Jacky T. 1935-1978   Nels
James W. h/o Eliza G. 28 Jun 1832-4 May 1910   Dwng
John William d. 27 Apr 1947 aged 52yrs 5mos 20dys   Dwng
Maggie C. (w/o Martin W) 1892-1979   Gnbk
Mamie M. 1894-1986   Nels
Martin V. (h/o Maggie C) 1888-1977   Gnbk
Myrtle S. d/o Harry W. & Hattie H. 29 Oct 1903-8 Feb 1921   Nels
Sallie T. w/o Thomas D. 1871-1962   Dwng
Thomas D. h/o Sallie T. 1858-1924   Dwng
ARGABRIGHT, Charles Falcon h/o Florence 1Lt WWI 1 Jun 1884-1 Dec 1952   Dwng
Florence Gertrude w/o Charles 1886-1970   Dwng
ARMSTRONG, Jack Ott USN 21 Aug 1930-28 Dec 1963   TgMa
ARN, Mary R. 1908-1994   JWTa
ASHBRIDGE, Ashbridge Gregory P. 5 Mar 1960-9 Mar 1985   JWTa
AYDELOTTE, Aaron H. (h/o Bessie J) 1892-1945   ChMc
Annie E. w/o James E. Sr 24 Jul 1865-29 Sep 1899   ChBo
Annie K. d/o James & Annie E. 12 Jul 1887-9 Jul 1901   ChBo
Bertie Mae 1892-1958   ChBo
Bessie J. (w/o Aaron H) 1898-____   ChMc
Carlton H. (s/o Bessie J. & Aaron H) 1 Apr 1917-22 Aug 1927   ChMc
James E. Sr (h/o Annie E) 28 Jul 1860-12 Aug 1951   ChBo
AYERS, Annie May Inf d/o T. & J. d. 10 Mar 1918 aged 3 yrs   Wssl
James E. (h/o Margaret A) 5 Oct 1848-15 Oct 1911   Wssl
Lennie D. (h/o Lydia F) 1890-1974   Wssl
Lennie James (h/o Eliz M) Pvt USA WWII 15 Apr 1911-23 Dec 1972   Wssl
Lydia F. (w/o Lennie D) 1892-1987   Wssl
Margaret A. (w/o James E) 4 Mar 1849-23 May 1924   Wssl
William D. (h/o Willie V) 12 Sep 1868-26 Feb 1947   Mdst
William L. VA PFC 350 Inf WWII 25 Mar 1917-12 Feb 1972   DrumS
Willie V. (w/o William D) 12 Mar 1871-22 Apr 1949   Mdst
AYRES, Edward S. (h/o Emma T) 27 Apr 1906-12 Jan 1975   JWTa
Elizabeth M. (w/o Lennie J) 1924-1985   Wssl
Emma T. (w/o Edward S) 1910-1982   JWTa
Eva F. 1912-1957   Dwng
Grace L. d/o Robert & Eveline 24 Jul 1863-12 Aug 1885   Mdst
Howard T. 1899-1938   Dwng
Julia E. w/o Thomas D. 1876-1948   Wssl
Mabel C. (w/o Samuel L) 1902-1988   JWTa
Mary J. (w/o Warren L) 3 Feb 1910-____   Mdst
Otho W. 1901-1927   Mdst
Samuel L. (h/o Mabel C) 1904-1980   JWTa

AYRES (Con't), Sherman s/o William D. & Willie V. 10 Apr 1898-7 Feb 1899   Beth
Sherman W. s/o Edward S. & Emma 24 Aug 1935-8 Sep 1946   JWTa
Thomas D. (h/o Julia E) 1873-1948   Wssl
Warren L. (h/o Mary J) 18 Apr 1902-17 Feb 1984   Mdst
BADGER, Meredith W. 1910-1977   Dwng
BAERECKER, Gustav Harco Dr. (h/o Mela E.B) 28 May 1884-12 Jun 1916   Brit
Mala Eliz w/o Dr Gustav H & d/o Lloyd & Ida Brittingham 31 Oct 1888-24 Oct 1924   Brit
BAGWELL, Evelyn C. (w/o George E) 5 Nov 1853-28 Dec 1929   Glfd
George A. (h/o Rachel L) 1882-1955   Glfd
George E. (h/o Evelyn C) 16 Mar 1851-13 Jul 1926   Glfd
Rachel L. (w/o George A) 1885-1972   Glfd
BAILEY, Alvin Ray 1927-1970   Dwng
Baby c/o Herman & Blanch ____-____   SxEl
Bessie J. Corbin w/o Lewis R. 1898-1986   Grtn
Billy Wayne (s/o Herman & Ella Blanche) 1941-1959   SxJu
C. Nevitte (h/o Emma B) 1914-1976   Nels
Clarsie w/o Sewell H. 1861-1925   Gnbk
Drucilla S. (w/o Julius S) 1869-1940   Nels
Earnest H. (h/o Winnie K) 12 Aug 1893-17 Nov 1943   Grtn
Elizabeth K. w/o Thomas 8 Dec 1823-5 Dec 1908   Bail
Elva Mae (w/o Wallace P) 16 Feb 1923-9 Sep 1978   Frnk
Erma B. (w/o C. Nevitte) 1916-____   Nels
Geroge Washington 22 Feb 1875-7 Jun 1952   Dwng
Hattie V. (w/o John N) 1886-1979   Gnbk
Herman Sr (h/o Ella Blanche) 1898-1960   SxJu
Isaac T. 22 Feb 1828-4 Oct 1891   Gnbk
John N. (h/o Hattie V) 1883-1960   Gnbk
John W. h/o Rena M. 1876-1952   Dwng
Julius L. (h/o Drucilla S) 1864-1938   Nels
Kate D. w/o William J. 1862-1944   Dwng
L. Paige 1926-____   Brit
Lewis R. (h/o Bessie J.C) 1895-1954   Grtn
Linda Beth d/o L.L. & Linda D. 1967-1968   SxJu
Louise D. 1900-1985   Brit
Mary Ann Pecar w/o Lewis R. 7 Nov 1869-1 Dec 1936   Grtn
Mary T. 18 Oct 1839-1 Mar 1927   Gnbk
R. Brooks PFC Co D 400 MP WWII 13 Mar 1912-27 Nov 1965   Gnbk
Rena M. w/o John W. 1885-1922   Dwng
Roy Lee Sr 4 Sep 1904-31 Dec 1959   Dwng
Roy T. (h/o Sallie G) 1886-1965   Gnbk
Rufus (h/o Marjorie B. Stant) 1892-1938   Dwng
Rupert L. 1907-1971   Gnbk
Sallie G. (w/o Roy T) 1887-1970   Gnbk
Sewell H. (h/o Clarsie) 1857-1929   Gnbk
Teagle 1929-1992 (temp)   SxJu
Thomas 20 Dec 1808-25 Apr 1883   CorbG

BAILEY (Con't), Wallace Paxton (h/o Elva M) Pvt USA WWII 1919-1978 — Frnk
William H. VA S1 USNR WWII 26 Nov 1921-30 Sep 1969 — Dwng
William J. h/o Kate D. 1856-1935 — Dwng
William R. 1902-1949 — Brit
Winnie Kelley (w/o Earnest H) 1901-1982 — Grtn
Woodroe 1925-1934 — Dwng
BAKER, Alicia M. (w/o E. Americus) 1853-1929 — Mdst
C.W. s/o Samuel & Esther Oct 1859-Sep 1912 — Bake
Chester W. 1885-1956 — ByrdR
E. Americus (h/o Alicia M) 1852-1940 — Mdst
Edmond (h/o Sally) & s/o Solomon & Leey 24 Oct 1798-10 Jul 1871 — Bake
Edward s/o Edmond & Sally 8 Oct 1823-10 Jun 1899 — Bake
Elizabeth (w/o Josiah P) 10 Aug 1845-23 Oct 1922 — ChRm
Ella 23 Aug 1867-10 Dec 1917 — TgMa
Ella V. (w/o Joseph J) 1872-1965 — ChRm
Esther A. w/o Samuel 9 Apr 1839-31 Mar 1899 — Bake
Isaac s/o Edmond & Sally 23 Jan 1829-24 Dec 1891 — Bake
John S. s/o Edmond & Sally 26 Jul 1831-30 Dec 1900 — Bake
Joseph A. 18 Jun 1857-3 Nov 1896 — TgMa
Joseph J. (h/o Ella V) 1861-1933 — ChRm
Josiah P. (h/o Elizabeth) 1839-1915 — ChRm
Josiah S. (h/o Priscilla C) 1878-1935 — ChGn
Liddie (m/o Billie Jo Marshall?) 1893-1984 (temp) — Dwng
Little Ruth 29 Sep 1894-18 Jul 1895 — TgMa
Maggie E. 29 Sep 1889-16 Aug 1890 — TgMa
Mildred W. (w/o Stewart G) 1903-1988 — Dwng
Nora P. d/o Joseph J. & Ella V. 14 Nov 1892-21 Nov 1908 — ChRm
Pollie A. 1862-1927 — Grtn
Priscilla C. (w/o Josiah S) 1880-1952 — ChGn
Rhetta Hill (w/o William G) 1889-1965 — JWTa
Sallie S. (w/o William T) 1868-1951 — JWTa
Sally w/o Edmond 22 May 1799-10 Jan 18_1 — Bake
Samuel (h/o Esther A) & s/o Edmond & Sally 17 Jan 1831/4(?)-6 May 1901 — Bake
Stewart G. (h/o Mildred W) 1904-1953 — Dwng
Thomas Jan 1828-Mar 1907 — Bake
William G. Capt. (h/o Rhetta H) 1886-___ — JWTa
William T. (h/o Sallie S) 1863-1924 — JWTa
BALL, Beatrice T. (w/o Willard D) 1923-___ — Grtn
Bernetta E. (w/o Edward T) 1866-1924 — Nels
Cincinnatti w/o Benjamin T. 15 Oct 1849-18 Jun 1885 — Mulb
D. Maurice (h/o Hattie E) 1885-1946 — Nels
Daniel W. (h/o Lucy M) 5 Sep 1903-11 Sep 1957 — Grtn
Dulaney (h/o Janie C. & Edith P?) 1894-1951 — Grtn
Edith P. (2w/o Dulaney?) 1902-1974 — Grtn
Edward T. (h/o Bernetta E) 1861-1943 — Nels
Finnie C. (h/o Jane G) 1908-1967 — Wssl

BALL (Con't), George P. 1899-1984 — Grtn
Hattie E. (w/o D. Maurice) 1888-1967 — Nels
Infant s/o E.T. & Nettie b&d 4 May 1903 — Brit
Jane G. (w/o Finnie C) 1893-___ — Wssl
Janie C. Killmon (1w/o Dulaney) 1894-1935 — Grtn
John Bradley (h/o Lola M) 1895-1989 — Grtn
John S. (h/o Sarah P) 1865-1938 — Grtn
Lola May (w/o John B) 1897-1947 — Grtn
Lottie Mae 1914-1989 — Grtn
Lucy M. (w/o Daniel W) 4 May 1907-13 Aug 1988 — Grtn
Luther T. (1h/o Amelia B. Smith) 1876-1919 — Kngt
Martha J. (w/o Richard F) 1868-1947 — Wssl
Mary J. (w/o William D) 1861-1936 — Grtn
Nealie 1901-1962 — Wssl
Richard F. (h/o Martha J) 1864-1933 — Wssl
Ronie L. (w/o Roy T) 1896-1993 — Nels
Roy T. (h/o Ronie L) 1888-1936 — Nels
Sarah P. (w/o John S) 1868-___ — Grtn
Willard D. (h/o Beatrice T) 1917-1978 — Grtn
William D. (h/o Mary J) 1855-1935 — Grtn
BALLARD, J. Edward PFC USA WWII 17 Jan 1918-24 Sep 1989 — JWTa
BANKS, Tankard L. (h/o Alma) 1914-1986 — Dwng
Alma Hill (w/o Howard L. Hill & Tankard L. Banks) 1917-1994 — Dwng
BARBOUR, Bertie (m/o Louis Ennis) (no dates) — JWTa
Louis Ennis USA Korea 1936-1978 — JWTa
BARCH, Earl s/o William F. & Mahilda 7 Jan 1893-13 Aug 1893 — ChTh
Rebecca d/o Wm F. & Mahilda 1889 — ChTh
BARFIELD, Nancy Lackey (w/o Zeb B) 27 Feb 1934-___ — JWTa
Zeb Bowman (h/o Nancy L) 15 Dec 1933-___ — JWTa
BARGER, Alonzo T. (h/o Elizabeth A) 1872-1940 — Watv
Elizabeth Ann (w/o Alonzo T) 1874-1964 — Watv
William G. VA EM1 USCG WWII 30 Sep 1897-13 Jan 1963 — Watv
BARNARD, Nancy Jane 1946-1994 (temp) — Dwng
BARNES, Arthur J. (h/o Margaret L) 1867-1934 — BarnH
Amanda E 2w/o Oscar (d/o John & Arinthia Bloxom Byrd) 10 Sep 1877-26__1910 — BarnN
Arthur M. s/o Arthur J. & Maggie L. 11 Nov 1891-4 Jul 1892 — BarnH
Blanche C. d/o J.W. & Mary E. 24 Dec 1884-1 Feb 1899 — Mdst
Daniel Webster (h/o Mollie M) s/o Wm G. & Mary Jane 22 Apr 1871-4 Feb 1931 — Wdby
Edna P. (w/o Samuel J) 1894-1984 — Mdst
Ella C. w/o E.W. 21 Sep 1864-27 Mar 1920 — Wdby
Ella d/o Arthur J. & Maggie L. 6 Mar 1908-20 Jun 1908 — BarnH
Emma D. 1889-1967 — BarnG
Eugene W. (h/o Ella C) 20 Mar 1859-27 Oct 1943 — Wdby
George P. s/o Parker & Leach 15 Oct 1778-4 Sep 1850 — BarnK
Georgeanna A. w/o William T. 30 Nov 1851-19 Mar 1908 — BarnL
Hadd 1w/o Oscar L. 16 Jul 1872-19 Jan 1900 — BarnN

Caucasian Tombstone Inscriptions

BARNES (Con't), Hanson P (h/o Maude H & Olive P) 1864-1935 — Wdby
Harry S. 1908-1935 — BarnH
Harry Sleele s/o Oliver T. & Mary A. 11 Sep 1905-25 Dec 1906 — BarnH
Isora 1860-1947 — BarnH
J. (John) P. b. 13 Mar 1831 — BarnM
J.W. (h/o Mary E) 24 Jun 1857-29 Dec 1936 — Mdst
Jane S. (w/o Parker?) d. 6 Jun 1911 aged 77yrs — BarnP
John P. s/o George P. & Mary (no dates) — BarnK
John S. s/o George P. & Mary (no dates) — BarnK
John W. (s/o William T. & Julia F?) 1874-1965 — Wssl
John William Jr PFC USA Korea 1925-1980 — Dwng
Julia F. (w/o William T) 1847-1929 — Wssl
Leah w/o Parker d. 20 Jan 1821 aged 64yrs 8mos 20dys — BarnK
Lincie E. (w/o Paul T) 1877-1967 — Nels
Lizzie d/o J.W. & Mary E. 21 Mar 1888-1 Sep 1899 — Mdst
Luley M. d/o E.T. & Susan A. 1 Oct 1877-16 Jun 1878 — BarnC
Margaret C. w/o Rupert C. 1897-1984 — Aswm
Margaret J. (w/o Raymond E) 1900-1992 — Nels
Margaret L. (w/o Arthur J) 1872-1946 — BarnH
Mary A. (w/o Oliver T) 1886-1956 — BarnH
Mary d/o George P. & Mary (no dates) — BarnK
Mary E. w/o J.W. 21 Nov 1860-3 Nov 1927 — Mdst
Mary J. w/o William G. 28 Mar 1835-21 Apr 1915 — Wdby
Mary w/o George P. 1 Dec 1786-19 Mar 1822 — BarnK
Maude Hickman (2w/o Hanson P) 1867-1950 — Wdby
Mollie M. w/o Danl W & d/o Msk & Eliz West Mears 21 Dec 1875-1 May 1946 — Wdby
Nancy E. w/o Thomas H. 28 Nov 1834-20 Nov 1920 — BarnN
Olive P. 1w/o H.P. 30 Nov 1870-9 Mar 1905 — Wdby
Oliver T. 1 Dec 1850-23 Jul 1903 — BarnH
Oliver T. (h/o Mary A) 1884-1947 — BarnH
Olivia S. w/o J.A. 9 Nov 1857-26 Jul 1913 — ParkP
Oscar L. (h/o Hadd V., Amanda E. Byrd, & Lillie) 2 Jan 1875-19 Sep 1940 — BarnN
Parker (h/o Jane S?) 19 Sep 1825-30 Jan 1893 — BarnP
Parker (h/o Leah) & s/o William & Susan 1 Feb 1752-1 Jul 1820 — BarnK
Paul T. (h/o Lincie E) 1872-1958 — Nels
Polly S. d/o J.P. & Sally 1866-1947 — Mdst
Raymond E. (h/o Margaret J) 1891-1964 — Nels
Robert E. Cpl USA WWII 1921-1992 — JWTa
Rosalie "Sis" 13 Apr 1862-11 Dec 1933 — Mdst
Rose A. w/o Wm P. d. 3 Jul 1885 aged 72yrs — BarnK
Rupert C. h/o Margaret C. 1905-1966 — Aswm
Sally w/o J.P. 4 Jul 1830-14 Feb 1900 — BarnM
Samuel J. (h/o Edna P) Pvt USA 11 May 1896-7 Nov 1974 — Mdst
Sophie E. 8 Oct 1893-6 Apr 1961 — Wdby
Tommie 1904-1924 — BarnH
Thomas H. (h/o Nancy E) 29 Dec 1838-26 Oct 1892 — BarnN

BARNES (Con't), William T. (h/o Julia F) 1845-1921 — Wssl
William G. (h/o Mary J) 2 Dec 1832-14 Aug 1903 — Wdby
William P. s/o George P. & Mary d. 26 Oct 1872 aged 66yrs 28dys — BarnK
William T. (h/o Georgeanna A) 29 Dec 1851-27 Aug 1908 — BarnL
Willie J. s/o Wm T. & G.A. d. 5 Jun 1878 aged 1yr 5mos 1dys — BarnL
Willie S.W. s/o John P. & Sallie 7 Feb 1869-18 Jul 1874 — BarnM
BARRETT, Aaron G. s/o R.G. & Barbara L. 16 Apr 1977-31 Jul 1977 — JWTa
Abram B. h/o Annie M. 8 Apr 1894-18 Sep 1920 — ChMc
Anna C. w/o A.P. 17 Apr 1842-29 Jul 1914 — ChTh
Annie L. 29 Jun 1878-25 Nov 1907 — ChDa
Ceola (w/o Wink) (no dates) — ChMc
Christine T. (w/o William E) 1899-1984 — ChTh
Christine T. (w/o Wm E) 1899-____ m. 1916 — ChTh
Elwood (h/o Mary E) 1902-1989 — ChDa
Lizzie E. w/o Mark S. ____(unclear)-31 Aug 1901 — ChMc
Mark S. (h/o Lizzie E) 14 Sep 1874-13 May 1915 — ChMc
Mary E. (w/o Elwood) 1901-1990 — ChDa
Raymond USN WWII 18 Jan 1923-1 Aug 1993 — ChDa
Rebecca J. 1 Apr 1876-27 Jul 1899 — ChDa
William E. (h/o Christine) 1896-1982 — ChTh
William E. (h/o Christine T) 1896-1982 m. 1916 — ChTh
Wink (h/o Ceola) (no dates) — ChMc
BARRS, Dorothy M. (w/o John R) 10 Jul 1922-17 Nov 1991 — JWTa
John R. (h/o Dorothy M) 9 Mar 1929-____ — JWTa
BARRY, Virginia w/o Robert M. 1911-1971 — Dwng
Robert M. h/o Virginia Cpl USA WWII 18 Dec 1909-22 Dec 1981 — Dwng
BARTELL, Wilbert W. 14 Jun 1913-6 Apr 1971 — JWTa
BASS, Daisy Nischwitz (w/o Andy L) 1897-1984 — Mdst
Andy L. (h/o Daisy N) PFC USA WWI 1 Mar 1893-28 May 1989 — Mdst
BAULL, Naomi Virginia 1905-1937 — ChMc
George Allen s/o Naomi Va Baull 24 Jun 1934-5 Jan 1981 — ChMc
BAUMLIN, Georgianna Merritt 1897-1950 — ChMc
BAYARD, Corbin* 26 Oct 1887-18 May 1889 — ByrdB
Jas* 24 Dec 1864-20 May 1884 — ByrdB
BAYLES, William F. 10 Nov 1856-8 Aug 1898 — Poul
BAYLIS, Bessie A. w/o George C. 1891-1963 — Dwng
Charles B. (h/o Tabitha) 1878-1953 — Nels
Elizabeth 1851-1926 — Nels
Etta M. (w/o Wm Henry) 1875-1941 — Gnbk
George C. h/o Bessie A. 1886-1956 — Dwng
Henry C. 1843-1926 — Nels
Joe F. 1890-1908 — Nels
Margaret A. 7 Feb 1903-18 Jun 1919 — Gnbk
Pansy E. 1915-1962 — Dwng
Phylis Jean d/o Vernon & Bessie 4 Jul 1924-20 Nov 1924 — Gnbk
Tabitha B. (w/o Charles B) 1880-1966 — Nels

Caucasian Tombstone Inscriptions 43

BAYLIS (Con't), William Henry (h/o Etta M) 1866-1944 — Gnbk
BAYLY, Margaret M. d. 26 Feb 1855 aged 70yrs 26dys — PoGr
BAYNARD, Gladys Matthews (w/o Oram T) 1885-1950 — Nels
Oram Thomas Rev. (h/o Gladys M) 1875-1950 — Nels
Sue 9 Feb 1917-30 Jan 1985 — Nels
BAYNE, George C.D. h/o Sallie A. & s/o Colmore 3 Jan 1830-26 Jan 1911 — Dwng
John F.W. nep/o Eliz. Wharton 10 Jun 1818-17 Apr 1819 — WharM
Sallie A. w/o George C.D. 15 Nov 1829-5 Dec 1907 — Dwng
BEASLEY, Margaret A. 12 Oct 1846-29 Mar 1891 — Onio
W. Glynn 4 Jun 1955-29 Aug 1990 — ChMd
BEAUCHAMP, Bertie Taylor (w/o Lacy C) (no dates) — JWTa
John F. (h/o Mary A) 1879-1933 — ChMd
Lacy C. (h/o Bertie T) Pvt WWI 23 Jul 1887-12 Oct 1952 — JWTa
Mary A. (w/o John F) 1878-1970 — ChMd
Mary E. 20 Mar 1910-8 Nov 1981 — JWTa
BEEBE, Alice T. w/o William H. 1875-1959 — Dwng
Albert L. VA BM1 USCG WWII 9 Jul 1901-22 Apr 1964 — ChMc
Andrew (h/o Maggie E) 1869-1952 — ChGn
Annie B. (w/o Horace) 29 Apr 1904-27 Jun 1978 — JWTa
Archie (h/o Della) 8 Oct 1889-19 Nov 1948 — ChBu
Arinthia (w/o Silas B) 1854-1915 — ChGn
Bertie P. (w/o Thomas Jr) 1885-1920 — ChGn
Bettie 2 Nov 1905-9 Jul 1987 — ChGn
Carl VA PFC USA WWII 19 Apr 1916-21 Sep 1964 — ChGn
Charles H. (h/o Fannie L) 1896-1943 — ChGn
Clarence (h/o Ida W) 1884-1957 — ChGn
Clarence W. s/o Ida W. & Clarence 8 Jul 1914-17 Oct 1914 — ChGn
Daniel Burton (s/o Ida W. & Clarence) 17 Aug 1922-17 Oct 1922 — ChGn
Daniel J. (h/o Lizzie) 1870-1941 — ChGn
David B. (h/o Mollie B) 1888-1963 — ChGn
Delmas (h/o Elsie T) 24 Oct 1909-2 Feb 1968 — ChRm
Delores w/o John 1889-1961 — Dwng
Dennie O. 4 Apr 1948-24 Sep 1969 — JWTa
Earl VA Pvt USA WWII 19 Apr 1916-21 Sep 1964 — ChGn
Elsie T. (w/o Delmas) 29 Jun 1907-11 Mar 1993 — ChRm
Emma (w/o Ray) 1896-1973 — ChGn
Eula Rae (d/o Roy & Emma?) 21 Aug 1920-16 May 1936 — ChGn
Fannie L. (w/o Charles H) 1894-1988 — ChGn
Harold Lee VA BM2 USN WWII 9 Sep 1914-15 Apr 1973 — JWTa
Horace (h/o Annie B) USCG WWII Korea 20 Sep 1899-2 Jan 1971 — JWTa
Ida Whealton (w/o Clarence) 1888-1960 — ChGn
Irene T. (w/o Albert) 21 May 1901-4 Apr 1987 — ChMd
John B. (h/o Retta) 1874-1944 — ChMc
John h/o Delores USCG WWII 2 Apr 1898-2 Apr 1989 — Dwng
John L. Pvt 397 Inf 100 Inf Div WWII 2 Apr 1921-16 Mar 1945 — Dwng
Lawrence D. BM1 USCG Korea Vietnam 8 Apr 1930-9 Apr 1987 — JWTa

BEEBE (Con't), Lizzie (w/o Daniel J) 1877-1966 — ChGn
Lloyd Whealton (s/o Ida W. & Clarence) 3 Jun 1911-17 Oct 1948 — ChGn
Lola R. d/o Ida & Clarence 29 Apr 1913-9 Sep 1913 — ChGn
Maggie E. (w/o Andrew) 1874-1939 — ChGn
Mary A. (w/o Thomas S) 23 Dec 1849-31 May 1940 — ChTh
Milton R. h/o Pansy L. 1903-1959 — Dwng
Mollie B. (w/o David B) 1889-1967 — ChGn
Myrtle (w/o Robert) 1896-1965 — ChGn
Myrtle B. w/o Philip C. 1915-____ — Dwng
Pansy L. w/o Milton R. 1904-____ — Dwng
Patricia W. (w/o Ronald L) 1934-____ — JWTa
Paul 1936-1957 — ChGn
Philip C. h/o Myrtle B. 1908-1974 — Dwng
R. Rick 23 Jan 1943-6 Apr 1991 — JWTa
Ralph M. VA PFC USA WWII 14 Nov 1919-29 Dec 1973 — JWTa
Ray (h/o Emma) 1894-1961 — ChGn
Retta (w/o John B) d. 7 Jun 1925 aged 50yrs 3mos — ChMc
Robert (h/o Myrtle) Cpl QMC WWI 4 May 1895-24 Aug 1962 — ChGn
Robin Jacqueline 1960-1961 — Dwng
Roie E. d/o J.B. & Retta 7 Jun 1893-7 Feb 1911 — ChMc
Ronald L. (h/o Patricia W) 1933-1992 m. 5 Apr 1957 — JWTa
Roy W. SSgt 116 Inf 29 Div WWII Ph 23 Sep 1912-20 Apr 1947 — ChGn
Silas Burton (h/o Arinthia) 1840-1909 — ChGn
Thomas Jr (h/o Bertie P) 1881-19__ — ChGn
Thomas S. (h/o Mary A) 5 Feb 1845-1 Oct 1922 — ChTh
William H. h/o Alice T. 1875-1955 — Dwng
William s/o Archie & Della 4 May 1910-10 Sep 1910 — ChBu
BEEKMAN, Nancy 18 Mar 1902-2 Aug 1985 — ChMc
BELLE, Ann Eliza w/o James ___e 12 Feb 1828-1 Dec 1912 — MasoM
BELL, Annie May 11 Mar 1877-7 Sep 1880 — Gnbk
Beatrice Jones 15 Jun 1890-21 Aug 1988 — Dwng
Bettie C. d/o Thomas & Mary Hinman 12 Sep 1847-15 Aug 1921 — Hinm
Edward F. (h/o Ida V) 1878-1964 — ChMc
Elwyn V. 1876-1877 — Bell
Emma Taylor (d/o Asa Taylor & Rosa A. Justice) 1872-1969 — JWTa
Fannie M. 1878-1886 — Bell
Ida V. (w/o Edward F) 1882-1959 — ChMc
Infant s/o H.F. & Viola 1927 — Bell
James Co G 5 MD Inf (no dates) — Gnbk
James F. 1929-1989 — JWTa
M. Jane w/o James 16 Jan 1845-21 Aug 1917 — Gnbk
Mittie C. (w/o Seth E) 1848-1893 — Bell
Pattie G. 1937-1963 — JWTa
Seth E. (h/o Mittie C) 1849-1925 — Bell
Susan Churn (w/o Edw T. Churn & Geo W. Bell) 1 Sep 1868-8 Oct 1939 — JWTa
William Greenleif VA CBM USNRF 22 Oct 1918 — FeddS

BEEBE (Con't), Willie E. 1874-1977 — Bell
BELOATE, J.W. (s/o Nathaniel Beloate?) 20 Apr 1865-28 Feb 1888 — Belo
Nathaniel h/o Susan S. 1 Mar 1840-2 Jul 1899 — Belo
W. Pearl d/o J.W. & Alice L. Beloate 3 Nov 1887-12 Apr 1888 — Belo
BELOTE, A. Paige Jr USCG 1928-1990 — Dwng
Claude (h/o Dorothy F) 1884-1967 — Mdst
Dorothy F. (w/o Claude) 1885-1960 — Mdst
BENDER, John (h/o Thelma B) 1921-1973 — JWTa
Thelma B. (w/o John Bender) ___-___ — JWTa
BENNETT, Dolly K. w/o Edgar L. 1899-1989 — Dwng
Edgar Lee h/o Dolly K. MM1 USN WWI 2 Feb 1891-3 Feb 1977 — Dwng
BENSON, Alfred L. h/o Theresa A. 1893-1963 — TgMa
Delia w/o P.H. d. 11 Jun 1930 aged 72yrs — TgMa
Eli d. 29 Apr 1797 aged 26 years — Bens
Frances A. 17 May 1841-23 May 1914 — ChRm
James d. 6 May 1797 aged 28yrs — Bens
James Sr 3 Mar 1735-30 Oct 1797 — Bens
Julia Pruitt 1867-1950 — TgCa
P.H. Oct 1856-Dec 1940 — TgMa
Theresa A. w/o Alfred L. 1897-1957 — TgMa
William J. 10 Mar 1810-28 Dec 1908 — ChMc
BERGEN, Susan 1961-1961 — Dwng
BERRY, Eugene B. h/o Hilda Q. 4 Feb 1906-12 Jun 1986 — Dwng
Hilda Q. w/o Eugene B. 10 Nov 1915-___ — Dwng
James E. h/o Mabel E. 1877-1937 — Dwng
James Henry 1883-1943 — Nels
James Wm (h/o Mary L) 13 Mar 1920-1 Sep 1989 — ChGn
Mabel E. w/o James E. 1888-1960 — Dwng
Madalyn C. w/o Milton Y. 14 Mar 1903-1 Mar 1991 — Dwng
Marian d/o G.R. & Rosa L. 3 Aug 1915-10 Jul 1916 — Wdby
Mary L. (w/o James W) 23 May 1922-4 Apr 1988 — ChGn
Mary L. 1876-1955 — Nels
Milton Lloyd Pvt USA Korea 11 Jul 1927-19 Mar 1975 — Dwng
Milton Y. h/o Madalyn C. 6 Apr 1910-28 Mar 1991 — Dwng
Robert L. 1885-1942 — Nels
William P* d. 20 May 1885 aged 56yrs — SilvH
BESECKER, Lori Ann d. 1 Dec 1961 (temp) — JWTa
BETTS, Billie L. w/o Harry C. 1937-1968 — Dwng
Harry C. h/o Billie L. 1932-___ — Dwng
Madeline T. 1903-___ — ChTh
Madeline T. 1903-1985 — ChTh
Naomi A. (w/o Norris L) 1909-1946 — ChGn
Norris L. (h/o Naomi A) 1902-1963 — ChGn
BEVANS, Annie F. w/o J.W. d. 12 Oct 1910 aged 22yrs — TullW
BIRCH, Alice I. w/o John T. 7 May 1919-___ — Dwng
Alice S. (w/o Floyd W) 1904-1972 — ChMd

BIRCH (Con't), Alice T. (w/o Archie T?) 1898-1987 — ChGn
Andrew J. (h/o Harriet L) 1867-1961 — ChMc
Annie (w/o Joshua) 1858?-1944 — ChBr
Annie E. (w/o Wm J) 1883-1953 — ChTh
Ansley L. (h/o Lenora J) 1891-1971 — ChMc
Archie D. (h/o Alice T?) 1894-1967 — ChGn
Bernice H. (w/o John E) 1919-1983 — JWTa
Bertie W. (w/o Burton C) 1887-1917 — ChRm
Burton C. (h/o Bertie W) 1880-1942 — ChRm
Carlton L. S1 USN WWII 19 Sep 1924-29 Oct 1981 — Dwng
Carrie W. (w/o Wm F) 1889-1969 — ChMc
Cecil R. (w/o Leo) 1904-1972 — ChMc
Charles E. h/o Dorothy M. 1902-1973 — Dwng
Charles H. (h/o Miner) 17 Nov 1876-no death date — ChMc
Claud S. Infant s/o Wm F. & Carrie W. b&d 29 Apr 1933 — ChMc
Daniel J. h/o Maggie M. 1868-1950 — Dwng
Daniel S. (h/o Lucinda) 1866-1923 — ChRm
David Co A 1 Loyal Eastern Va Inf (no dates) — ChMc
David R. h/o Mary A. 13 Apr 1907-12 Sep 1987 — Dwng
Dorothy M. w/o Charles E. 1903-1955 — Dwng
Earl (h/o Elsie B) USCG WWI 16 Oct 1894-18 May 1967 — ChGn
Eba R. (h/o Sussie) 1872-1950 — ChMc
Eba R. (h/o Olie) 1882-1961 — ChMc
Edwin C. 1925-1978 — Dwng
Eliz Derrickson d/o Andrew & Lillian 19 Aug 1929-3 Nov 1973 — ChMc
Elizabeth w/o John B. 15 Sep 1835-11 Apr 1915 — ChRm
Ellen Mumford 1845-1926 — ChRm
Elsie Ayres 1890-1964 — Dwng
Elsie B. (w/o Earl) 1899-1987 — ChGn
Emma D. (w/o John W) 1881-1968 — ChGn
Ervin T. (h/o Luella) USCG WWII 20 Sep 1905-29 Oct 1987 — JWTa
Eunice (d/o Mary D. & James T) 1922-1951 — ChTh
Evelyn P. (w/o Grayson W. Sr) 1900-1971 — ChMc
Everett Carl 1945-1947 — Dwng
Everett L. 1912-1933 — ChMc
Floyd W. (h/o Alice S) 1906-___ — ChMd
Frank (h/o Mary E) 1883-1962 — ChMc
Gary W. 1945-1977 — JWTa
George C s/o Geo & Traney d. 8 Nov 1870 aged 2ys 11ms 13ds — ChRd
George C Capt (h/o Traney M s/o Thomas & Mary) 16 Sep 1837-3 May 1918 — ChRd
George Irvin 1929-1987 (temp) — Dwng
George P. h/o Hester A. 17 Mar 1860-3 Apr 1903 — ChBr
Grayson W. Sr (h/o Evelyn P) 1897-1972 — ChMc
H. Glenn s/o H.L. & Minnie L. 1926 — ChGn
H. Glenn s/o H.L. & Minnie L. 1929-1934 — ChGn
Hallie Morris (d/o Simeon & Linda?) 1914-1916 — ChGn

Caucasian Tombstone Inscriptions 47

BIRCH (Con't), Harold s/o Frank 20 Sep 1922-27 Feb 1923   ChMc
Harold s/o Neal R. & Mattie 20 Mar 1915-12 Nov 1916   ChMc
Harriet L. w/o Andrew J. 14 Feb 1872-17 Oct 1918   ChMc
Harry h/o Imogene R. 7 Oct 1921-___   Dwng
Harry S. Pvt. 12 Mar 1884-16 Dec 1918   ChMc
Harvey G. BMC USCG Vietnam 11 May 1937-15 Mar 1974   Dwng
Harvey L. h/o Minnie L. 1902-1956   Dwng
Helen M. (w/o Reginald W) 1926-___   JWTa
Herman W. Jr 17 Jan 1935-___   ChGn
Herman W. (h/o M. Eliz) USCG WWII 30 Sep 1912-8 May 1992   ChMd
Hillary W. (h/o Lyda M?) 1897-1961   ChGn
Howard (h/o Janie) 1878-1954   ChMc
Howard E. 1904-1953   JWTa
Ida Hopkins (w/o Winfred E) 1872-1932   ChMc
Imogene R. w/o Harry 16 Jul 1923-27 Feb 1994   Dwng
Ismer (s/o Wise & Mariah) 1885-1951   ChGn
James M. (h/o Louisa A) 18 Jun 1849-19 Apr 1914   ChMc
James T. (h/o Mary D) 1886-1954   ChTh
James W. s/o Thomas B. & Sarah E. 22 Jun 1876-13 Oct 1877   ChMc
Jane C. (Savage) w/o James T. 20 Mar 1840-31 Aug 1912   ChTa
Janie (w/o Howard) 1883-1937   ChMc
Jerry Wayne (s/o Grayson & Anne) b&d 30 Nov 1949   ChMc
John E. (h/o Lettuce D) 1894-1962   ChMc
John Edward (h/o Bernice H) 1916-1983   JWTa
John F. (h/o Mary A) 1865-1945   ChMc
John T. h/o Alice I. 6 Oct 1913-30 Nov 1988   Dwng
John W. (h/o Emma D) 1882-1946   ChGn
Joseph F. (h/o Mary A) 1851-1927   ChMc
Joseph T. 28 Oct 1851-14 Mar 1926   ChGn
Joseph T. (h/o Ruth C) 1890-1964   ChGn
Joshua W. (h/o Annie) 1887?-1929   ChBr
Joshua W. (h/o Lillie L) 1887-1960   ChMc
Juanita d/o Earl & Elsie 21 Feb 1920-4 Oct 1920   ChGn
Julia J. (d/o Eba R. & Olie) 1 May 1917-13 Nov 1921   ChMc
Kay C. (w/o Simon P) 1938-___   ChGn
Laurence C. (s/o Eba R. & Olie) 24 May 1913-17 Aug 1918   ChMc
Lenora J. (w/o Ansley L) 1893-1967   ChMc
Leo (h/o Cecil R) 1892-1973   ChMc
Lester (s/o Wm J. & Annie) 1908-1969   ChTh
Lettuce D. (w/o John E) 1901-1984   ChMc
Lillie L. (w/o Joshua W) 1888-1921   ChMc
Linda R. (w/o Simeon P) 1899-1966   ChGn
Louisa A. w/o James B. 22 Dec 1849-18 Mar 1913   ChMc
Lucinda (w/o Daniel S) 1882-1920   ChRm
Luella (w/o Ervin T) 1907-1935   JWTa
Lula M. (d/o Porter) 27 Dec 1900-9 Jul 1901   ChBu

48   Tombstone Inscriptions of Upper Accomack County, VA

BIRCH (Con't), Lyda M. (w/o Hillary W?) 1901-1978	ChGn
M Elizabeth (w/o Herman W) 17 Mar 1917-____	ChMd
Maggie M. w/o Daniel J. 1872-1957	Dwng
Mariah (w/o Wise) 1860-1934	ChGn
Marvin (s/o Wm J. & Annie) 1906-1916	ChTh
Marvin 6 Jan 1920-9 Nov 1969	ChTh
Mary A. (w/o John F) 1872-1930	ChMc
Mary A. (w/o Joseph F) 1857-1938	ChMc
Mary A. w/o David R. 15 Aug 1911-22 Nov 1982	Dwng
Mary D. (w/o James T) 1888-1969	ChTh
Mary E. (w/o Frank) 1896-1960	ChMc
Mary Frances 1852-1939	ChMc
Mary M. w/o Raymond D. 17 Oct 1934-30 Dec 1988 m. 16 Sep 1958	Dwng
Matilda (w/o Wm F) 5 Jun 1865-18 Jan 1921	ChGn
Mattie S. (w/o Neal R) 1898-1981	ChMc
Miner w/o Charles H. 4 Aug 1881-12 Oct 1918	ChMc
Minnie L. w/o Harvey L. 1907-1980	Dwng
Neal R. (h/o Mattie S) 1891-1945	ChMc
Nealie A. (w/o Oscar) 1890-1977	ChMc
Olie (h/o Eba R) 1888-1975	ChMc
Oscar (h/o Nealie A) 1890-1969	ChMc
Peter R. (h/o Sarah M) 16 Jun 1859-6 Dec 1927	ChGn
Phebe T. 15 Feb 1830-18 Mar 1896	ChBr
Porter 12 Feb 1873-6 Mar 1925	ChBu
Randel (s/o Porter) 22 Sep 1907-10 May 1908	ChBu
Randy Wayne 1959-1962	JWTa
Raymond D. h/o Mary M. 27 Apr 1936-____	Dwng
Reginald W. (h/o Helen M) 1926-____	JWTa
Roeha G. d/o Thomas B. & Sarah E. 21 Jan 1873-27 Jan 1888	ChMc
Ruth C. (w/o Joseph T) 1903-1956	ChGn
Sallie B. 28 Dec 1846-3 Feb 1914	ChMc
Sarah Bradford 1867-1952	ChMc
Sarah E. Burton w/o Thomas B. 28 Dec 1845-3 Feb 1914	ChMc
Sarah M. (w/o Peter R) 14 Feb 1856-5 Nov 1928	ChGn
Selby 1888-1962	ChMc
Simeon P. (h/o Linda R) 1892-1944	ChGn
Simon P. (h/o Kay C) 1930-1987	ChGn
Sussie (w/o Eba R) 1881-1969	ChMc
Thomas B. s/o Geo C. & Traney M. d. 11 Nov 1861 aged 3mos 7dys	ChRd
Thomas C. d. 10 Oct 1859 aged 55yrs 11mos 6dys	ChRd
Traney M. w/o Capt George C. 18 Nov 1833-7 Oct 1891	ChRd
Virginia (d/o Neal R. & Mattie) 1914	ChMc
Virginia T. 1912-1981	JWTa
William Dodd 31 Jan 1937-21 Nov 1974	ChBu
William F. Sr 21 Aug 1815-9 Apr 1897	ChBr
William F. (h/o Matilda) 17 May 1862-1 Dec 1918	ChGn

Caucasian Tombstone Inscriptions 49

BIRCH (Con't), William F. (h/o Carrie W) 1883-1974 — ChMc
William J. (h/o Annie E) 1882-1961 — ChTh
William P. Capt. 2 Aug 1838-28 Jul 1890 (drowned) — ChBr
Winfred A. (s/o Archie D. & Alice T?) 19 Apr 1921-20 Jun 1923 — ChGn
Winfred E. (h/o Ida H) 27 Nov 1861-22 May 1905 — ChMc
Wise (h/o Mariah) 1855-1939 — ChGn
BIRKENBACK, Estella (w/o William E) 1903-1981 — JWTa
William E. (h/o Estella) 1903-1983 — JWTa
BISHOP, Evelyn L. (w/o William W) 1891-1972 — ChMc
John D. 18 Aug 1926-21 Mar 1980 — Nels
Margaret E. (w/o Ruben W) 1857-1918 — ChMc
Ruben W. (h/o Margaret E) 1834-1912 — ChMc
Vernon R. (s/o Evelyn & William) 1917-1940 — ChMc
William W. (h/o Evelyn L) 1887-1954 — ChMc
BITLER, Ronald E. Jr Sgt T65 AC&W SqAF Korea 9 Jun 1932-18 Mar 1971 — JWTa
BLACKWELL, Asher J. (h/o Mary O) 1861-1922 — JWTa
Emma w/o James M. 1829-1872 — JWTa
James M. (h/o Emma) 1833-1911 — JWTa
Mary O. w/o Asher J. 1858-1939 — JWTa
William W. s/o Asher J. & Mary O. 1890-1936 — JWTa
BLADES, Florence Parker 1899-1953 — Pakr
Mary S.P. 1867-1951 — Gnbk
BLAKE, Preston J. (h/o Willyeanna H) 7 Jul 1899-8 Sep 1993 — JWTa
Willyeanna H. (w/o Preston J) 23 Jan 1905-22 Sep 1992 — JWTa
BLOCKSOM, Elizabeth 25 Jun 1814-5 Jan 1871 — ChRd
BLOODGOOD, Abram s/o Wm & Ida d. 15 Feb 1867 aged 10mos 28dys — Bloo
Arthur Roy s/o Wm & Ida 2 Apr 1874-15 Mar 1883 — Bloo
BLOXOM, A. Lizzie Townsend w/o Thos 30 Jan 1870-30 Jun 1908 — Mdst
A.F. (h/o Mary W) 21 Oct 1859-15 Jun 1926 — Blxm
Addie H. w/o Elijah S. 1886-1968 — Dwng
Alvah B. s/o Brantley & Roxie (h/o Mildred W) 1904-1953 — JWTa
Anna Lee 24 May 1862-26 Aug 1921 — ChRm
Anna M. w/o Wm T. 22 Jun 1838-14 Nov 1905 — Cros
Annie A. w/o John F. 1878-1941 — Dwng
Annie C. 8 Apr 1889-25 May 1934 — Beth
Ara Belle (Wilgus) w/o Curtis J. 1901-1984 — Dwng
Asher C.H. (h/o Ruth T) Apr 1858-Nov 1933 — Mdst
Bertha M. (w/o John W) 1891-1970 — ChMc
Bessie Groton w/o Wm T. 1891-1979 — Dwng
Brantley S. (h/o Roxie & Nannie M) s/o Osha B(Bundick) & John M 1881-1945 — Mdst
Carl (h/o Ruth) 1906-1982 — ChRm
Carlton S. 13 Sep 1913-18 Dec 1984 — JWTa
Cecil 1901-1935 — Grtn
Charlie C. s/o Wm T. & Ella 30 Jan 1891-21 Nov 1897 — Dwng
Charles F. (h/o Laura B. Walker?) 1871-1910 — Blxm
Charles C. h/o Magdalene N. 1904-1994 — Dwng

BLOXOM (Con't), Clairville W. h/o Mamie L. (Tull) 1893-1939   JWTa
Clifton Lee USNR WWII 29 Mar 1904-13 Nov 1969   ChRm
Clifton R. (h/o Georgie B) 1908-1967   Beth
Curtis E. (h/o Lula M) 1872-1950   ChRm
Curtis J. h/o Ara B. 1897-1958   Dwng
Damye R. (w/o Perry L) 1865-1954   Beth
David (h/o Lucretia) 1818-1852   BloxM
David F. (h/o Sarah E) 19 Aug 1858-27 Jun 1930   Mdst
Della L. (w/o William W) 5 Oct 1883-16 Jul 1965   Mdst
Edith F. (w/o Major J) 17 Apr 1888-9 Jan 1960   Grtn
Edward R. (h/o Mary A) 1878-1949   Beth
Elias H. (h/o Margaret F) 16 Oct 1864-12 Jul 1934   JWTa
Elijah S. Jr h/o Addie H. 1899-1956   Dwng
Elijah S. h/o Ora Annie 12 Sep 1875-26 May 1962   Dwng
Elizabeth D. 1886-1968   Mdst
Elizabeth E. (w/o Sealmore C) 1889-1977   ChBu
Elizabeth Parkes w/o John M. Jr 1894-1963   JWTa
Elizabeth Sarah (w/o William L) 1870-1940   Blxm
Ella H. w/o Wm T. Sr 1868-1951   Dwng
Ellen B. (w/o Harris M) 1914-1994 (temp)   Gnbk
Elmer Courtlyn "Courty" (h/o Georgie) USCG WWII 29 Jun 1917-23 Nov 1990   ChMd
Ernest L. 9 Jun 1911-5 Jun 1985   ChMd
Estel G. s/o Elias H. & Margaret F. Co H 318 Inf 1 Oct 1892-4 Oct 1918   JWTa
Estel George VA TMC USN WWII 21 Jun 1921-2 Mar 1969   JWTa
Esther A. (w/o William L) 1885-1953   ChRm
Eula R. (w/o Frank F) 1899-____   JWTa
Evalene L. w/o William L. 1916-____   Dwng
Frank F. (h/o Eula R) 1897-1950   JWTa
George W. 16 Oct 1875-26 Jan 1947   Blxm
Georgie (w/o Elmer C) 1924-____   ChMd
Georgie B. (w/o Clifton R) 1907-1978   Beth
Gordon (h/o Minnie M) 1885-1982   Mdst
Granville S. 1899-1963   Dwng
Harris M. (h/o Ellen B) 1916-1981   Gnbk
Helen Taylor 1899-1921   JWTa
Hillary (h/o Nelda M) 1903-1967   ChMc
Howard W. "Hick" (h/o Margaret W) 1909-1980   JWTa
Infant s/o B.S. & Roxie b&d 7 Feb 1906   Mdst
Infants of E.R. & M.A. d. 1901 & d. 1907   Beth
Irving T. (h/o Margaret E) USCG WWII Korea 11 Jun 1921-20 Jan 1974   Gnbk
J.M. (h/o Osha A) 23 Dec 1855-23 Sep 1917   Blxm
Janie B. (w/o John W) 1895-1980   JWTa
Jemima w/o Capt Sealmore 15 Mar 1827-5 Dec 1892   ChRm
John F. h/o Annie A. 1876-1920   Dwng
John J. (h/o Mary A) 9 Apr 1824-23 Dec 1910   Beth
John Madison Jr s/o John M & Osha A. (h/o Eliz P) 1888-1957   JWTa

BLOXOM (Con't), John W. (h/o Bertha M) 1885-1946	ChMc
John W. (h/o Janie B) 1894-1970	JWTa
Lee 1911-1994 (temp)	Dwng
Lillian L. d/o J.M. & Osha A. 8 Aug 1886-1 Sep 1917	Blxm
Lillian M. 1915-1979	Dwng
Lucretia (w/o David) 1825-1860	BloxM
Lula May (w/o Curtis E) 1877-1943	ChRm
Mabel R. (no dates)	Beth
Mae E. 1898-1971	Dwng
Magdalene N. w/o Charles C. 1904-1984	Dwng
Major J. (h/o Edith F) 24 Nov 1887-15 Mar 1959	Grtn
Manie H. 1876-1956	JWTa
Margaret E. (w/o Irving T) 1924-___	Gnbk
Margaret F. (w/o Elias H) 1871-1947	JWTa
Margaret W. (w/o Howard W) 1921-___	JWTa
Martha J. w/o Wesley A. 1861-1932	JWTa
Martin M. (h/o Susan) 18 Mar 1843-12 Jun 1914	Beth
Mary A w/o John J. 1 Apr 1825-2 May 1900	Beth
Mary A. (w/o Edward R) 1876-1954	Beth
Mary Booth 6 Nov 1908-20 Jan 1951	ChBo
Mary W. w/o A.F. 17 Dec 1863-5 Oct 1928	Blxm
Mattie M. (w/o Selby G) 1898-1962	Grtn
Maude W. (d/o Elizabeth S. & William L?) 1892-1957	Blxm
Maurice s/o Wm P. & Roie 6 Mar 1910-8 Dec 1916	ChGn
Mildred Waples w/o Alvah B. 1900-1968	JWTa
Minnie M. (w/o Gordon) 1886-1948	Mdst
Nannie M. (2 w/o Brantley S) 1904-1982	Mdst
Nelda M. w/o Hillary (no dates)	ChMc
Nettie (w/o Perry?) 3 Jun 1832-10 Dec 1886(?)	BloxM
Nettie L. 28 Nov 1886-16 Jun 1893	Beth
Nona V. Smith 26 May 1894-___	Beth
Norman J. (no dates)	Beth
Ora Annie w/o Elijah S. 2 May 1879-31 Oct 1950	Dwng
Osha A. w/o J.M. 10 May 1856-25 Jun 1935	Blxm
Perry (h/o Nettie?) 1 Jun 1829-22 Jan 1906	BloxM
Perry Lee (h/o Demye R) 1863-1948	Beth
Perry W. 1899-1980	JWTa
Preston K. 27 Oct 1901-___	Beth
Roger W. 1924-1974	Dwng
Roie (w/o William P) 1890-1964	ChGn
Roxie Mason 1 w/o Brantley S. 1881-1933	Mdst
Ruth (w/o Carl) 1912-1982	ChRm
Ruth E. (w/o Woodrow W) 1918-1991	JWTa
Ruth T. (w/o Asher C.H) 6 May 1860-8 Nov 1939	Mdst
Sallie E. 18 Aug 1908-___	Beth
Samuel J. 3 Jan 1875-25 Jan 1922	Wdby

BLOXOM (Con't), Sarah E (w/o David F) 18 Sep 1857-20 Jan 1949   Mdst
Sealmore Capt. 19 Sep 1838-11 Oct 1902   ChBu
Sealmore C. (h/o Eliz E) USA WWI 5 Apr 1892-4 Mar 1972   ChBu
Selby G. (h/o Mattie M) 1898-1971   Grtn
Skylar Reed b&d 12 May 1989   Dwng
Spurgeon A. h/o Winnie G. 1888-1942   JWTa
Steven VA Pvt Co D 2 Dev Bn WWI 4 Aug 1893-18 Feb 1961   ChRm
Susan w/o Martin M. 6 May 1848-14 Dec 1930   Beth
Walter C. VA F1 USCG RES WWII 10 Sep 1914-18 Apr 1967   ChRm
Wesley A. h/o Martha J. 1862-1933   JWTa
William Carl SSgt USAF Vietnam 6 Nov 1937-13 Dec 1979   ChRm
William H. (s/o William L. & Elizabeth S?) 1904-1920   Blxm
William H. s/o J.M. & Osha A. 4 Sep 1884-6 Apr 1909   Blxm
William L. (h/o Elizabeth S) 1866-1952   Blxm
William L. (h/o Esther A) 1873-1925   ChRm
William Lee h/o Evalene L. 1911-1994   Dwng
William P. (h/o Roie) 1885-1941   ChGn
William P. 11 Mar 1861-21 May 1921   ChGn
William T. (h/o Anna M) 5 Aug 1835-17 Mar 1925   Cros
William Thomas h/o Bessie G. 1891-1945   Dwng
William Thomas Sr h/o Ella H. 1866-1952   Dwng
William W. (h/o Della L) 28 May 1884-18 Jul 1949   Mdst
Winnie G. w/o Spurgeon A. 1892-1921   JWTa
Woodrow W. (h/o Ruth E) 1915-1986   JWTa
BLYTH, James 1902-1957   JWTa
BODLEY, Avalon Drummond w/o Milton D. 1899-1975   Dwng
Belle Cherricks (w/o Major Cherricks?) 19 Aug 1877-28 Jun 1971   ChMd
Beulah Dennis w/o Charles E. 1878-1967   Dwng
C.W. 3 Sep 1888-29 May 1920   Dwng
Charles E. h/o Beulah D. 1868-1916   Dwng
Harvey W. h/o Mary K. 1897-1961   Dwng
Keith Dennis s/o H.W. & Mary C. 1928   Dwng
Mary K. w/o Harvey W. 1898-1990   Dwng
Milton Dennis h/o Avalon D. 1899-1967   Dwng
BOGGESS, Hay L. VA Pvt USA WWI 15 Jun 1895-5 Dec 1964   Grtn
BOGGS, Alma Taylor w/o E. Duncan 1912-1986   Aswm
Arthur W* s/o Henry J. & Elizabeth 26 Nov 1814-22 Sep 1853   RewC
E. Duncan h/o Alma T. 1906-1980   Aswm
Henry J* s/o Arthur & Susanna 26 Jan 1814-20 Aug 1858   RewC
BOGUSH John Penn Pvt USA WWII 23 Jun 1913-12 Oct 1972   ChMc
BONAPARTE, Claude A. USA 18 Oct 1927-26 Apr 1993   JWTa
BONAWELL, Cornelious h/o Mollie D. 1864-1916   Dwng
Amanda (w/o Samuel Marshall & Peter Bonawell) 6 Mar 1846-21 Mar 1909   SxGl
Elmer T. 1877-1949   SxEv
H. Larry s/o Hillis & Daphine D. 2 May 1936-13 Oct 1952   SxDr
Mary C. (w/o Elmer T) 1878-1961   SxEv

Caucasian Tombstone Inscriptions 53

BONAWELL (Con't), Mollie D. w/o Cornelius 1873-1965 — Dwng
Sallie 11 Sep 1820-2 Aug 1911 — Blxm
William T. PFC 10 Infantry WWII 25 Sep 1896-23 Aug 1967 — Dwng
BONNEWELL, Bettie S. (w/o Elidall) 1861-1952(?) — Blxm
Elidall F. (h/o Bettie S?) 1859-1942 — Blxm
George (h/o Matilda) 1859-1924 — FeddS
George T. h/o Mabel S. 1882-1953 — Dwng
Hyland T. VA GM2 USNR WWII 17 Dec 1905-19 Jun 1969 — Dwng
Jesse S. s/o J.W. & Mary 21 Jul 1901-25 Oct 1918 — Blxm
John N. h/o Madolla W. 20 Mar 1890-6 Jul 1948 — Dwng
Mabel Stant w/o George T. 1889-1982 — Dwng
Madolla W. w/o John N. 25 Mar 1895-12 Jun 1950 — Dwng
Mitilda (w/o George) 1861-1923 — FeddS
Norman T. USA 1919-1985 — Dwng
BONNIWELL, Betty Colonna (w/o Andrew Colonna?) 1887-1977 — Mdst
BOOKER, John E. (h/o Patricia A) 6 Jun 1930-___ — Dwng
Patricia A. (w/o John E) 6 Apr 1939-___ — Dwng
BOOTH, Adaline w/o John d. 16 Sep 1901 aged 62yrs — ChBu
Alfred T. Sr (h/o Elizabeth H) 1860-1918 — ChGn
Alfred T. (Jr) (h/o Laura E) 1895-1964 — ChGn
Catherine M. w/o Roland C. Jr 3 Oct 1912-2 Dec 1992 — Dwng
Charles L. VA BM2 USNR WWII 5 May 1903-4 Sep 1943 — ChBo
Clara A. (w/o David L) 1875-1949 — ChGn
Daniel G. Sr (h/o Nancy) d. 7 Feb 1906 aged 72yrs — ChBo
David L. (h/o Clara A) 1863-1929 — ChGn
David W. 12 Oct 1868-30 Mar 1934 — ChGn
Edna J. w/o Roland C. 1894-1965 — Dwng
Elizabeth H. (w/o Alfred T. Sr) 1867-1942 — ChGn
Ella Bloxom 1870-1940 — ChBu
Ephamie w/o Burton 15 Apr 1847-15 Sep 1901 — ChBo
Frank H. (h/o Ida V) 1882-1958 — ChGn
George H. (h/o Rebecca J) 1861-1948 — ChBo
Harry 1915-1917 — ChRm
Harvey L. s/o Levin & May 14 Feb 1899-21 Sep 1899 — ChBu
Ida V. (w/o Frank H) 1885-1942 — ChGn
Janie/Jennie? 1w/o Levin M. 27 Oct 1872-14 Aug 1896 — ChBu
Janie w/o William B. 17 Dec 1875-18 Apr 1904 — ChBo
John Henry s/o Levin & Jennie 21 Dec 1894-22 Oct 1895 — ChBu
Laura E. (w/o Alfred T. Jr) 1895-1987 — ChGn
Leroy J. 1913-1917 — ChRm
Levin M. (h/o Janie/Jennie? & Mae) 19 Oct 1867-19 Jul 1929 — ChBu
Mae (2w/o Levin) 1873-1960 — ChBu
Mary E. (w/o Wm T) 1878-___ — ChBo
Nancy w/o Daniel G. Sr 27 Sep 1840-22 Jan 1898 — ChBo
Phin 1877-1937 — ChGn
Rebecca J. (w/o George H) 1870-1900 — ChBo

Tombstone Inscriptions of Upper Accomack County, VA

BOOTH (Con't), Roland C. h/o Edna J. 1891-1962 — Dwng
Roland C. Jr h/o Catherine M & s/o Roland & Edna 20 Aug 1911-___ — Dwng
William Burton (h/o Janie) USCG WWI 28 Jan 1877-25 Nov 1950 — ChBo
William T. (h/o Mary E) 1875-1940 — ChBo
BOOTHE, Charles F. (Cubby) (h/o Lillie C) 1907-1979 — ChMc
Boothe Daniel (h/o Mary A) 1863-1941 — ChMc
Boothe Lillie C. (w/o Charles F) (no dates) — ChMc
Boothe Mary A. (w/o Daniel) 1866-1954 — ChMc
Boothe Preston 1910-1981 — ChMc
BORGWALD, John (h/o Lillian) USMC WWI/II 2 Jan 1900-18 Mar 1975 — JWTa
Lillian H. (w/o John) 14 May 1900-11 Oct 1990 — JWTa
BOSTON, Lillian T. (w/o William C) 1898-___ — ChMc
William C. (h/o Lillian T) 1898-1963 — ChMc
BOWDEN, A.T. (Aaron Thomas) 12 Jun 1861-2 Sep 1894 — ChRd
Aaron D. (h/o Nancy R) 1878-1944 — ChRm
Ada J. (w/o Oliver H) 1883-1961 — ChMc
Ada J. (w/o Maurice E) 1894-1975 — ChRm
Alfred P. (h/o Winnie M) 1902-1972 — Frnk
Alice E. (w/o Robert W) 1910-1989 — ChMc
Amanda D. (w/o Elton) 1899-1989 — ChGn
Ammie E. (w/o Irving W) 1885-1949 — ChGn
Annie A. (w/o Joseph R) 1870-1962 — ChGn
Annie L. w/o Thomas S. 15 Jul 1879-29 Apr 1901 — ChAn
Annie Lee (w/o Isaac R) 1912-___ — ChMc
Ansley L. (h/o Ida M) 1889-1940 — ChRm
Arlette P. (w/o Walter L) 1917-___ — ChMd
Arthur T. (h/o Irene S) 1919-___ — Mdst
Baby boy (s/o Kathleen S. & Harold) b&d 23 Jul 1928 — ChMc
Bertie C. w/o Ralph J. 1905-1991 — Dwng
Bertie V. 1909-1925 — ChGn
Betty L. 1937-1968 (d/o Oliver H. & Oneida M) — Dwng
Betty Lou 1927-1971 — Dwng
Burton J. Sr (h/o Lucy R) 1870-1927 — ChMc
Burton Jr 23 Jun 1911-26 Feb 1952 — Dwng
Caleb H. 1869-1897 — ChRm
Calvin (h/o Gladys S) 1928-1971 — JWTa
Calvin (s/o Nancy M. & Louis H) 29 Dec 1908-16 Nov 1929 — ChGn
Calvin Co E 318 Infantry WWI 8 Feb 1894-21 Sep 1963 — Dwng
Carl E. 1903-1968 — ChMc
Carolyn S. (w/o Jack D) 1936-___ — ChMc
Catherine d/o J.B. 16 Feb 1925-17 Mar 1925 — ChMc
Charles H (h/o Rae Smith & Lillie M Daisey) 8 Mar 1892-10 Jun 1929 — ChGn
Clara E. (w/o Louis) 1885-1917 — ChRm
Clarence B. (h/o Nettie S) 1902-1952 — Dwng
Clarence N. h/o Martha M. 1896-1950 — Dwng
Cleora (w/o Preston) 1898-1955 — JWTa

Caucasian Tombstone Inscriptions

BOWDEN (Con't), Comfort 4 June 1857-9 Aug 1915	ChGn
Crippen (h/o Sarah) 1839-1920	ChGn
Crippen (h/o Nancy) 31 May 1814-11 Mar 1888	ChTh
Crippen J. (h/o Elizabeth A) 1868-1952	ChGn
D.J. 22 Jun 1866-26 Feb 1909	ChRd
Daniel (h/o Mary M) 1857-1932	ChMc
Daniel H. (h/o Ida M) 1880-1967	ChMc
Daniel J. (Danie) 11 Oct 1909-20 Jun 1965	Dwng
Delia M. (w/o William T) 1881-1914	ChRm
Delmas Wildon SURF USCG 8 Oct 1906-2 Nov 1976	ChGn
Earl (h/o Gladys) 1892-1956	ChTh
Ebe T. Jr 1914-1965	ChGn
Ebe T. (h/o Lula H) 1884-1979	ChGn
Edna M. (w/o Ralph W) 5 Mar 1906-12 Feb 1982	JWTa
Eliza R. (w/o Paul) 1887-1973	ChMr
Elizabeth Ann w/o Crippen J. 1873-1938	ChGn
Elmer L. (h/o Lida J) 1886-1965	ChMd
Elmer L. S1 USN WWII 12 Jan 1913-7 May 1988	Dwng
Elodie B. w/o Harry M. 1907-1990	Dwng
Elton (h/o Amanda D) 1893-1956	ChGn
Emma F. (w/o Wm I) 1879-1960	ChGn
Emory VA Pvt USA WWI 1 Dec 1899-8 Apr 1963	ChMc
Evelyn 16 Jun 1904	Dwng
F.M. 20 Mar 1900-26 Mar 1900	ChRd
Fiega 4 Aug 1923-15 Feb 1992	ChMd
Fred (h/o Marion L?) 1 Mar 1895-25 Nov 1945	ChGn
Frisby R. 18 Feb 1882-1 Oct 1918	ChGn
G.G. 31 Jul 1901-3 Mar 1904	ChRd
Garland 1910-1991	ChRm
George E. 1902-1960	TgMa
George J. 2 May 1894-5 Sep 1894	ChRd
George J. 14 Mar 1864-17 Apr 1920	ChRm
Gladys (w/o Earl) 1894-1971	ChTh
Gladys S. (w/o Calvin) 1930-____	JWTa
Gloria Lee w/o Herbert H. Sr 5 Jul 1935-____	Dwng
Goldie V. (w/o John D) 1913-____	JWTa
Hallie M. d/o Joseph & Anne 2 Sep 1881-9 Apr 1882	ChGn
Hallie M. 21 Nov 1875-19 May 1881	ChGn
Harold (h/o Kathleen S) 20 Feb 1903-30 Jun 1957	ChMc
Harold E. (h/o Ida C) USA WWII 10 Sep 1926-6 May 1972	ChMd
Harry M. h/o Elodie B. 1903-1984	Dwng
Harry O. (h/o Nellie D) 1896-1952	ChGn
Herbert H. Sr h/o Gloria Lee 29 Aug 1929-____	Dwng
Herbert Jr 2 Nov 1952-27 Jul 1993	Dwng
Horace W. (h/o Lillian C) 1894-1947	ChRm
Howard F. (h/o Janice L) 1926-____	ChMc

BOWDEN (Con't), Ida C. (w/o Harold E) 1918-____   ChMd
Ida M. (w/o Daniel H) 1881-1977   ChMc
Ida McGee w/o Ansley L. 1884-1951   ChRm
Ida McGee (w/o Ansley) 1884-1951   ChRm
Infant s/o Charles H. & Lillie M. b&d 5 Feb 1913   ChGn
Infant s/o George J. & Manie 17 Jan 1896-19 Jul 1896   ChRd
Irene S. (w/o Arthur T) 1921-____   Mdst
Irving G. 8 Feb 1925-27 Jun 1992   Dwng
Irving W. (h/o Ammie E) 1890-1953   ChGn
Isaac Ralph (h/o Annie L) 1907-1971   ChMc
J. Daniel 1880-1915   ChBu
J. Parker (h/o Muriel R) 1889-1972   ChMr
Jack D. (h/o Carolyn S) 1931-1978   ChMc
James Parker BM1 USCG 9 Mar 1907-31 Jan 1975   ChRm
Janice L. (w/o Howard E) 1932-____   ChMc
Janie 6 Sep 1890-16 Jan 1917   ChRm
John B. (h/o Mary E) 1880-1954   ChMc
John D. "Baby John" (h/o Goldie V) 1909-1970   JWTa
John G. 3 Nov 1916-2 May 1960   ChGn
John G. 1876-1952   ChGn
John Selby 7 Feb 1858-24 Sep 1914   ChRm
John W. 16 Jul 1870-30 Sep 1921   ChRm
John W. 9 Nov 1874-____ (too deep to read)   TgUp
Joseph R. (h/o Annie A) 1863-1944   ChGn
Joshua J. 24 Nov 1831-3 May 1911   ChRm
Joshua P. (h/o Mary E) 1864-1936   ChRm
June Katherine (d/o Harold & Kathleen S) 12 Feb 1932-29 May 1934   ChMc
Kathleen S. (w/o Harold) 4 Mar 1909-28 Dec 1992   ChMc
Kennie H. 1917-1973   ChMc
Laura d/o Thomas S. 13 Jul 1897-15 Sep 1898   ChAn
Lenora (w/o William L) 1880-1959   ChGn
Leroy (h/o Sarah L) 11 Feb 1894-15 Jan 1920   ChRm
Lida J. (w/o Elmer L) 1896-1970   ChMd
Lillian C. (w/o Horace W) 1896-1965   ChRm
Lillian d/o W.T. & Delia 18 Jun 1898-23 Aug 1900   ChRm
Lillie May Daisey 1w/o Charles H. 14 Feb 1891-9 Feb 1913   ChGn
Louis (h/o Clara E) 1884-1959   ChRm
Louis H. (h/o Nancy M) 1869-1945   ChGn
Lucy R. (w/o Burton J. Sr) 1874-1961   ChMc
Lula D. (2w/o Paul Jr?) 1917-1994   Dwng
Lula H. (w/o Ebe T) 1887-1963   ChGn
Lydia A. (w/o William T?) 1850-1913   ChRm
Mabel C. w/o Paul Jr 1909-1935   Dwng
Madeline T. (w/o Maurice L) 1912-____   ChGn
Mariah C. (w/o Parker?) 2 Jan 1840-20 Jan 1911   ChRd
Marion (Baby) d/o Leroy & Sarah L. (no dates)   ChRm

Caucasian Tombstone Inscriptions 57

BOWDEN (Con't), Martin T. 1916-1954 — JWTa
Marion Lee (w/o Fred?) 7 Jan 1887-8 Dec 1972 — ChGn
Martha M. w/o Clarence N. 1888-1966 — Dwng
Mary A. w/o Rev. Parker 6 Jan 1807-28 Mar 1873 — ChRd
Mary Carter 1890-1967 — Dwng
Mary E. (w/o John B) 1885-1967 — ChMc
Mary E. w/o Frank B. 6 Jan 1875-11 Sep 1891 — ChRd
Mary E. (w/o Joshua P) 1869-1937 — ChRm
Mary Elizabeth 18 Dec 1868-8 Jun 1931 — ChMc
Mary W. (w/o Daniel) 1962-1943 — ChMc
Maurice E. (h/o Ada J) 1889-1951 — ChRm
Maurice E. "Jack" BM1 USCG WWII 3 Jan 1921-30 Sep 1966 — Dwng
Maurice L. (h/o Madeline T) 1912-1963 — ChGn
Morris Lee s/o William L. & Lenora 9 Oct 1906-14 Jan 1910 — ChGn
Muriel R. (w/o J. Parker) 1892-1961 — ChMr
Nancy (w/o Crippen) d. 30 Jan 1894 aged 72yrs — ChTh
Nancy M. w/o Louis H. 30 Mar 1877-3 Jun 1920 — ChGn
Nancy R. (w/o Aaron D) 1884-1957 — ChRm
Nancy T. 1854-1940 — ChRm
Nellie D. (w/o Harry O) 1899-1942 — ChGn
Nettie S. (w/o Clarence B) 1905-1983 — Dwng
Norris Lee 28 Mar 1942-11 Apr 1984 — JWTa
Norwood L. 10 Apr 1926-11 Feb 1927 — ChGn
Oliver H. (h/o Ada J) 1883-1939 — ChMc
Oliver H. h/o Oneida M. 1912-1964 — Dwng
Oneida M. w/o Oliver H. 1914-___ — Dwng
Parker (h/o Mariah C?) 10 Dec 1834-13 Mar 1891 — ChRd
Parker Rev. (h/o Mary A) d. 20 Mar 1878 aged 73yrs 2mos 1dy — ChRd
Paul (h/o Eliza R) 1888-1960 — ChMr
Paul Jr h/o Mabel C. 1908-___ — Dwng
Paul W. (h/o Roie) SF3 USN WWII 30 Oct 1912-17 Jul 1991 — ChMd
Preston (h/o Cleora) BM2 USCG WWII 6 Dec 1898-2 May 1991 — JWTa
Ralph J. h/o Bertie C. 1899-1977 — Dwng
Ralph William (h/o Edna M) 1 Jul 1903-29 Jan 1957 — JWTa
Randy Dean s/o H.E. & Janice S. 1959-1961 — ChMc
Richard h/o Ruth E. 20 Apr 1929-___ — Dwng
Robert N. VA BMC USCG WWII 12 May 1924-9 Mar 1966 — ChRm
Robert W. (h/o Alice) 1920-___ — ChMc
Rodney S2 USN WWII 5 Dec 1926-7 Apr 1983 — ChMr
Roie (w/o Paul W) 9 Sep 1911-___ — ChMd
Roxanna T. (w/o William T) 1862-1945 — ChGn
Roy J. (h/o Thelma L) USCG WWII 26 Nov 1920-14 Nov 1991 — JWTa
Ruth E. w/o Richard 7 Nov 1927-___ — Dwng
Sam Dr. 1951-1988 — Dwng
Sarah (w/o Crippen) 1837-1921 — ChGn
Sarah E. (Sadie) (w/o Thomas S) 1894-1972 — ChGn

BOWDEN (Con't), Sarah M. 28 Jan 1874-14 Feb 1941 — Dwng
Sarah Lewis (w/o Leroy) 26 May 1897-24 Feb 1914 — ChRm
Stella F. (d/o William T. & Lydia A?) 1874-1910 — ChRm
Thelma L. (w/o Roy J) 20 Feb 1921-____ — JWTa
Thomas S. (h/o Sarah E) 1874-1959 — ChGn
Thomas S. 1850-1927 — ChMc
V.C. 18 Mar 1894-12 Aug 1895 — ChRd
Vernon L. 24 Nov 1891-28 Aug 1893 — ChRd
Viola V. 1902-1985 — ChRm
Walter L. (h/o Arlette P) 1914-1965 — ChMd
William 19 Aug 1898-23 Dec 1904 — TgUp
William H. Pvt USA WWII 2 Sep 1927-28 Sep 1985 — ChRm
William I. (h/o Emma F) 1877-1941 — ChGn
William Lee (h/o Lenora) 1878-1939 — ChGn
William T. s/o W.T. & Lydia A. 18 Oct 1871-17 Sep 1876 — ChRm
William T. (h/o Lydia A?) 1848-1908 — ChRm
William T. (h/o Delia M) 1876-1932 — ChRm
WIlliam L. (s/o Nancy M. & Louis H) 26 Jul 1903-14 Feb 1933 — ChGn
WIlliam T. (h/o Roxanna T) 1853-1920 — ChGn
Winnie M. (w/o Alfred P) 1906-____ — Frnk
BOWDOIN, Bernice Killmon 1918-1992 — Wssl
Elizabeth E. (2w/o Dr. John R) 13 Oct 1839-24 May 1899 — Mdst
John R. Dr. (h/o Elizabeth E) 30 Jul 1819-6 Jul 1894 — Mdst
BOWEN, Catherine B. (w/o George W) 1913-1979 — JWTa
George W. (h/o Catherine B) USAF WWII Korea 1921-1991 — JWTa
BOWMAN, Catherine 1901-1981 — JWTa
BOWMANN, Charles (h/o Lucille J) 1925-____ — Gnbk
Lucille J. (w/o Charles) 1926-1991 — Gnbk
BOYCE, Norman Watson USA WWII 9 Oct 1915-13 May 1969 — Dwng
BOYD, Robert Chester Jr S1 USN WWII 1926-1977 — Mdst
BRADFORD, ____ d/o Thomas & wife 6 Jan 1906-27 Feb 1907 — ChMc
Amanda L. w/o Henry C. 1897-1978 — Dwng
Annie Thomas w/o John J. 21 Jul 1899-26 Jan 1944 — Dwng
Charles Wesley Sr (h/o Oneita E) 1909-1970 — ChMc
Elizabeth A. w/o Henry C. 2 Nov 1899-17 Dec 1917 — ChRm
Emory (twin) s/o Henry C. 1924-1924 — ChRm
George W. 1 Nov 1861-10 May 1913 — ChMc
Henry C. h/o Amanda L. 1894-1976 — Dwng
Hillman G. 1897-1967 — ChMc
John J. h/o Annie T. 31 Mar 1898-15 Apr 1978 — Dwng
Lewis (twin) s/o Henry C. 1924-1924 — ChRm
Oneita E. (w/o Charles W. Sr) 1911-____ — ChMc
Sally (w/o William H) 1893-1959 — ChMc
Virginia K. d/o Henry C. 1923-1923 — ChRm
William C. s/o Henry C. 1927-1927 — ChRm
William H. (h/o Sally) 1886-1968 — ChMc

BRADLEY, M.W. 22 Dec 1847-25 Feb 1913	ChMc
BRADSHAW, Chares W. Capt. 1887-1943	TgMa
Clara E. 1889-1964	TgMa
Elisha T. 14 May 1850-5 Mar 1902	TgMa
James C. 1894-1939	TgMa
Lillian Inez 1912-1960	TgMa
Robert J. 12 Sep 1892-15 Sep 1934	TgMa
Robert W. s/o P.J. & Mamie E. 18 Jun 1925-5 Jun 1926	TgMa
S. Theresa M. w/o Elisha T. 23 Mar 1852-13 Jun 1882	TgCa
BRANHAM, Bessie R. (w/o Jacob A.S) 1928-___	Grtn
Jacob A.S. (h/o Bessie R) USN WWII 18 Feb 1917-2 Apr 1988	Grtn
BRASURE, Clarence J. (h/o Florence T) 1898-1954	ChTh
Elijah D. 13 Nov 1858-30 Mar 1940	ChRm
Elizabeth S. (w/o Harold L) 4 Dec 1923-___	JWTa
Florence T. (w/o Clarence J) 1899-1977	ChTh
Floyd A. 1904-1984	JWTa
Harold L. (h/o Elizabeth S) 25 Sep 1923-___	JWTa
Jacob A. (h/o Laura A) 1869-1938	ChRm
Jake S. s/o Mr. & Mrs. C.J. 1925-1931	ChRm
Joshua E. (h/o Lula) 1892-1963	JWTa
Joshua Edward Jr (h/o Ruby Q) USCG WWII 2 Dec 1914-27 Apr 1983	JWTa
Laura A. (w/o Jacob A) 1874-1941	ChRm
Lula (w/o Joshua E) 1896-1986	JWTa
Ruby Q. (w/o Joshua E. Jr) 14 Sep 1918-___	JWTa
BRAUER, George 15 Sep ___-3 Mar ___	TgMa
BRAWLEY, John R. (h/o Shirley L) 1927-___	ChGn
Shirley L. (w/o John R) 1926-1991	ChGn
BRIMER, Airy Jane 30 Mar 1856-22 Dec 1929	SilvH
Alfred F. (h/o Mary E) 19 Aug 1851-8 Jul 1930	Nels
Alice G. w/o William H. 5 Aug 1855-17 Jun 1893	Brit
Annie G. (w/o Perry A) 31 Jul 1896-9 Oct 1983	Dwng
Annie T. (w/o Sealmore) 1879-1921	Brit
Baby Girl d/o Perry & Annie 15 Dec 1921	Dwng
Boston S. 3 Jan 1862-3 Feb 1903	SilvH
Claude W. 24 Jan 1917-14 Jul 1972	Nels
John F. Jr USA WWII 22 Jan 1917-3 May 1982	Nels
John F. Sr 1879-1968	Nels
John H. (h/o Martha A) 1839-1915	Nels
Joseph A* 7 Jan 1665-12 May 1738	Ebzr
Joseph R. VA S1 USN WWI 1 Mar 1897-6 Sep 1972	Nels
Lora W. (h/o Stella M) 1897-1972	Frnk
Lula B. (w/o Maurice G) 1876-1975	Nels
Martha A. (w/o John H) 1849-1939	Nels
Mary Elizabeth* (w/o Joseph A) 10 Jun 1671-16 Aug 1745	Ebzr
Mary Ella (w/o Alfred F) 27 Feb 1874-2 Nov 1957	Nels
Maurice G. (h/o Lula B) 1872-1950	Nels

BRIMER (Con't), Odis L. s/o Sealmore & Annie 21 Apr 1915-28 Jul 1915   Brit
Perry A. (h/o Annie G) 2 May 1895-7 Apr 1959   Dwng
Roy W. s/o M.G. & L.B. b&d 11 Jan 1913   Nels
Sealmore "Seal" (h/o Annie T) 1882-1966   Brit
Stella M. (w/o Lora W) 1898-1978   Frnk
William E. s/o Sealmore & Annie 22 Apr 1906-17 Aug 1906   Brit
William H. (h/o Alice G) 27 Mar 1834-16 Aug 1894   Brit
BRITTINGHAM, Annie Bancroft 1895-1954   JWTa
Carl Merrill Pvt HQ Co 38 Infantry WWI 28 Dec 1892-7 Feb 1961   Brit
Carrie Smith w/o Maurice J. 1912-____   Dwng
Charlotte (w/o William) d. 22 Aug 1912 aged 80yrs   Bunt
Claude Tull h/o Jeannette B. 1906-1981   Dwng
Cora A. 1870-1953   JWTa
Edward Thomas 1865-1931   Watv
Ella J. 1w/o Lloyd & d/o E.H. Conquest 31 May 1851-27 Feb 1881   Brit
Esther A. (Marshall) 2w/o John 23 Apr 1831-11 Sep 1915   Brit
Franklin Pvt 49 Inf WWI h/o Mary A. 2 Sep 1892-19 Oct 1965   Dwng
Henrietta m/o John (w/o James & d/o Wm Massey) 30 Nov 1788-7 Feb 1866   Brit
Hiram 6 Dec 1856-12 Jul 1925   Brit
Ida V. (Merrill) 2w/o Lloyd 14 Nov 1860-12 May 1904   Brit
Jeannette Bailey w/o Claude T. 1917-1988   Dwng
John (h/o Mary S & Esther A & s/o James & Henrietta) 28 Feb 1823-13 Aug 1898   Brit
John L. Jr (8 May 1940-14 Dec 1994)   Nels
John Lloyd s/o Lloyd & Sallie Tull 1912-1985   Nels
John Walton s/o Lloyd & Ida V. 25 Dec 1897-23 Feb 1900   Brit
Levin G. (h/o Ruth P) 1906-1976   Gnbk
Lloyd s/o John & Esther A. (h/o Ella J, Ida V, & Sally Tull) 1854-1937   Brit
Lorenzo s/o Wm & Charlotte (no dates)   Bunt
Mary Alice w/o Franklin 9 Dec 1895-1993 (temp)   Dwng
Mary S. (1w/o John & d/o Solomon Marshall) 28 Oct 1830-7 Jul 1849   Brit
Maurice James h/o Carrie S. 1903-1976   Dwng
Paul Manning s/o John L. & Ruth M. 1851-1976   Nels
Ruth P. (w/o Levin G) 1906-____   Gnbk
Sallie Tull (3w/o Lloyd) 1874-1975   Nels
Sarah L. (w/o William T) 1896-1979   JWTa
Victor S. STM1 USCG WWII 5 May 1915-15 Jan 1975   Watv
Warren M. 1903-1971   JWTa
William (h/o Charlotte) d. 12 Feb 1889 aged 74yrs   Bunt
William T. (h/o Sarah L) 1888-1959   JWTa
BROADWATER, Amos (h/o Mary T) 1829-1898   Myrt
Amos K. (h/o Malissa F) 1860-19__ (52)   Myrt
Charolette d/o Savage & Nancy 20 Mar 1829-23 Jul 1899   Dwng
Douglas D. h/o Laura E. 1876-1966   Dwng
Edward Emory s/o Dr. Joseph & Eliz W. (dates underground)   TaylB
Eliz Wharton 2w/o Jos E & d/o Edw W & Mary Taylor 12 Apr 1845-15 Feb 1866   TaylB
Ethel Moore 17 Jun 1880-19 Feb 1940   Dwng

BROADWATER (Con't), Laura E. w/o Douglas D. 1880-1940	Dwng
Lloyd N. (h/o Marinia S) 1856-___	Myrt
Malissa F. (w/o Amos K) 1859-1941	Myrt
Marilyn P. 1935-1936	Dwng
Marinia S. (w/o Lloyd N) 1863-___	Myrt
Mary T. (w/o Amos) 1831-1915	Myrt
Page Russell WWII Veteran 30 Jan 1908-24 Oct 1987	Dwng
Randall D. Jr (s/o Randall D. & Vallie M) 1927-1930	Dwng
Randall D. h/o Vallie M. (b/o Page) 1904-1984	Dwng
Vallie M. (Miles) w/o Randall D. 1907-1990	Dwng
Walter F. 14 Nov 1846-18 Mar 1891	DrumS
Willard M. 1910-1967	Dwng
BRODWATER, Carrie Proctor d/o Jos E & Mary E 15 Mar 1872-6 Feb 1922	JWTa
David (h/o Mary A) 25 Mar 1799-20 Feb 1857	Brod
David Wharton s/o Jos E & Eliz Wharton 5 Aug 1865-25 Apr 1924	JWTa
Eliz "Lizzie A" 1w/o Jos E & d/o Jas & Susan Justis 29 Aug 1839-28 Aug 1862	Brod
James White s/o David & Mary A. 24 Feb 1842-30 Jan 1863	Brod
Joseph Emory s/o Mary White & David 29 Apr 1837-24 Feb 1899	JWTa
Joseph R. (s/o Joseph E. & Mary E) 7 Aug 1882-26 Feb 1926	JWTa
Mary E 3w/o Jos d/o Mont Oldham & Maria Harmonson 6 Aug 1839-16 Dec 1917	JWTa
Mary w/o David 27 Dec 1808-18 Oct 1864	Brod
Sylvester White s/o David & Mary 20 Nov 1834-27 Aug 1854	Brod
BROMLEY, Bessie A. w/o George H. 14 Mar 1879-5 Jan 1970	Dwng
Elmer T. h/o Eloise S. 1888-1965	Dwng
Eloise S. w/o Elmer T. 1904-1990	Dwng
George H. h/o Bessie A. 9 Mar 1875-20 Apr 1935	Dwng
BROOKS, Josephine Tull 1888-1989	Dwng
BROUGHTON, James 28 Aug 1811-15 Nov 1867	ConqH
Bernice Fitzgerald w/o Max C 31 Aug 1887-22 Mar 1977	ConqT
Evelyn Jane w/o James W. 20 May 1846-30 Jun 1916	ConqT
James Wilson (h/o Evelyn J) 16 May 1844-9 Apr 1930	ConqT
Mary Weber w/o Max C. 11 Aug 1876-21 Dec 1908	ConqT
Max C. (h/o Mary W. & Bernice F) 9 Jul 1871-9 Nov 1944	ConqT
BROWN, Annie Benson (w/o William T) 14 Nov 1896-27 Nov 1969	Frnk
Annie E. (w/o Charlie E) 1876-1960	Frnk
Britan Mrs. 10 Oct 1844-2 Sep 1903	TgMa
Ceola R. (w/o Milton L) 1895-___	ChRm
Charles E. (h/o Hilda T) 1911-1981	Frnk
Charlie E. (h/o Annie E) 1874-1942	Frnk
Clinton M. "Jim" (h/o Elsie T) 1902-1978	Frnk
Cynthia E. d/o C.E. & Hilda T. 22 Nov 1942-13 Aug 1943	Frnk
Daisy H. (w/o W. Leonard) 1933-___	Frnk
Donald Frank (s/o Mabel H) 1938-1993 (temp)	SxDe
Elsie Tarr (w/o Clinton M) 1905-___	Frnk
George E. (h/o Lola E) 1905-1987	Frnk
George Thomas (s/o William T Jr & Annie B) 26 Jan 1919-13 Mar 1919	Frnk

BROWN (Con't), Harriett S. 6 Feb 1847-27 May 1921 — Blxm
Hilda T. (w/o Chas E) 1913-1987 — Frnk
Lewis S. 16 Feb 1915-28 Oct 1915 — Frnk
Lola E. (w/o George E) 1908-1991 — Frnk
Mabel H. 1900-1991 (temp) — SxDe
Margaret Cherrix 1905-1994 — ChGn
Margaret E. ____-____ — Frnk
Milton (h/o Ceola) 1895-____ — ChRm
Milton L. Jr 1923-____ — ChRm
Preston P. Pvt USA WWII 12 Oct 1925-30 Nov 1978 — ChMd
Roger Allen BM2 USCG 13 Jul 1934-13 Mar 1978 — Frnk
Sarah W. (h/o William T) 7 Sep 1871-24 May 1936 — Frnk
Virgil D. "Brownie" 1902-1969 — Frnk
W. Bryan 1899-1952 — Frnk
W. Leonard (h/o Daisy H) 1927-____ — Frnk
William T. (w/o Sarah W) 8 Jul 1866-24 Jul 1931 — Frnk
William Thomas Jr (h/o Connie B) 7 Nov 1888-9 Oct 1959 — Frnk
BROWNE, Carlton s/o J.R. & Lola G. 24 Jul 1910-8 Aug 1911 — Blxm
Charles H. (h/o Sadie C) 1877-1959 — Blxm
Sadie C. (w/o Charles H) 1879-1954 — Blxm
BRUSTEDT, May (d/o Jno D & Matilda Marshall) 14 Sep 1888-26 Dec 1910 — SxMn
BUCK, Elizabeth 25 May 1819-17 Sep 1903 — ChMc
BUDD, Budd Earl 1917-1945 — ChTh
Chatherine Virginia (d/o Milford F. & Sadie B) 10 Aug 1920-1 Jul 1921 — ChGn
Edna D. (w/o Judson) 1900-1989 — ChGn
Eibbie (w/o Warren) 1891-1961 — ChTh
Harvey Warren (h/o Helen M) USNR WWII 17 Apr 1913-10 Oct 1972 — ChMc
Helen M. (w/o Harvey W) 1918-____ — ChMc
Judson (h/o Edna D) 1894-1972 — ChGn
Milford F. (h/o Sadie B) Pvt USA 15 Sep 1897-13 Jan 1975 — ChGn
Nellie D. (w/o Oneal W) 1900-1982 — ChGn
Oneal W. (h/o Nellie D) 1898-1941 — ChGn
Sadie B. (w/o Milford F) 1897-1983 — ChGn
Warren (h/o Ebbie) 1883-1939 — ChTh
Wm Clifton S1 USCG RES WWII 13 Sep 1910-5 Jun 1956 — ChTh
BULL, A. Prentiss (h/o Bernice T) 23 Aug 1896-30 Aug 1939 — JWTa
Alice W. (w/o R. Floyd) 1874-1921 — JWTa
Alice W. w/o William S. 31 Jul 1871-31 Aug 1895 — BloxM
Alma W. (w/o G. Frank) 1910-1986 — ChMc
Almer R 7 Aug 1907-17 Mar 1982 — Wssl
Anna J. (w/o Arcemus Sr) (no dates) — Kngt
Anne B. (w/o William R. Sr) 1924-____ — Mdst
Arcemus Sr (h/o Anna J) (no dates) — Kngt
Arcemus Thomas h/o Estelle Pvt USA WWI 26 Nov 1896-25 Jan 1974 — Dwng
Audrey E. (d/o Wallace K. & Dorothy T) 1936-1936 — Dwng
Bernice T. (w/o A. Prentiss) 4 Mar 1894-13 Feb 1988 — JWTa

Caucasian Tombstone Inscriptions

BULL, Bettie W. w/o John F. 1883-1959	Dwng
Clara 1869-1962	Grtn
Dorothy T. (w/o Wallace K) 1901-1988	Dwng
Drusilla M. (w/o John D) 1866-1934	Grtn
Edward Clinton (h/o Ethel H) 1891-1975	JWTa
Elizabeth* w/o George W. 27 Apr 1838-18 Feb 1922	Zion
Estelle M. w/o Arcemus T. 1904-___	Dwng
Ethel Holland (w/o Edward C) 1896-1948	JWTa
G. Edward (h/o Ida F) 1865-1949	JWTa
G. Frank (h/o Alma W) 1908-___	ChMc
George E. 16 Nov 1828-14 Sep 1915	AtBp
George W* (h/o Elizabeth) 8 May 1833-8 Feb 1907	Zion
Harold Prentiss (s/o A. Prentiss) 14 Dec 1918-14 Aug 1920	JWTa
Hattie M. w/o Winfred J. 24 Mar 1901-24 May 1974	Dwng
Henry A. h/o Cora 14 Jul 1876-15 May 1913	Dwng
Ida F. (w/o G. Edward) 1869-1972	JWTa
Infant (s/o G. Edward & Ida F?) 1904-1904	JWTa
John C. (s/o John F. & Bettie W?) USA 1914-1989	Dwng
John Carlton (s/o E.C & Ethel H?) PFC WWII 10 Apr 1917-10 Mar 1961	JWTa
John D. (h/o Drusilla M) 1862-1922	Grtn
John F. h/o Bettie W. 1876-1958	Dwng
Kitty T. w/o William H. d. 7 Mar 1931 aged 79yrs	BullN
Lida B. (w/o William S?) 1882-1947	Blxm
Maizie E. (d/o G. Edward & Ida F?) 1899-1908	JWTa
Marvin R. (h/o Nettie D) 20 Jan 1894-22 Feb 1967	Wssl
Mary E. w/o George E. 4 May 1833-5 Oct 1873	BullH
Minnie M. w/o Roy D. 31 Mar 1884-17 Nov 1928	Beth
Nettie D. (w/o Marvin R) 26 May 1899-18 Mar 1983	Wssl
Norbert J. h/o Winnie M. 1909-1974	Dwng
Preston Lee Co M 116 Infantry Ph WWII 21 Jun 1918-23 Aug 1966	Wssl
R. Floyd (h/o Alice W) 1868-1943	JWTa
Raymond W. (s/o G. Edward & Ida F?) 1897-1901	JWTa
Reggie* s/o Southy & Maggie A. 31 Mar 1895-11 Sep 1895	Zion
Robert F. s/o R.F. & Nona 27 Feb 1919-6 Aug 1920	Dwng
Robert F. 8 Oct 1891-11 Oct 1918	Dwng
Roy D. (h/o Minnie M) 1883-1963	Beth
Russell Allen 1937-1938	Dwng
Tabitha B. 1849-1928	AtBp
Upshur J. VA TEC 5 10 Inf WWII 14 Oct 1925-12 Dec 1949	Grtn
Wallace K Jr s/o Wallace & Dorothy USA WWII 15 Jul 1921-24 Jan 1989	Dwng
Wallace K. (h/o Dorothy T) 1897-1975	Dwng
William A. s/o S. & Lydia F. 3 Oct 1904-29 ___ 1909	BloxM
William H. d. 15 Jun 1903 aged 63yrs	BullN
William R. Sr (h/o Anne B) 1923-1992	Mdst
William S. (h/o Lida B?) d. Oct 1946 aged 77yrs 6mo	Blxm
Willie T. (no dates)	Kngt

BULL (Con't), Winfred J h/o Hattie M 9 Dec 1895-24 Jun 1959   Dwng
Winnie M. w/o Norbert J. 1913-____   Dwng
BUNDICK, Andrew J. "Dude" (h/o Lillie M) 1872-1935   Mdst
Annie C. (w/o Samuel E) 1894-1977   Frnk
Annie w/o John A & d/o Thomas & Zep Hickman 6 Mar 1838-18 Aug 1875   BundZ
Asa J. (h/o Carrie L, Olive T, & Blanche Davis) 3 Dec 1857-1 Aug 1927   Mdst
Asa T. (h/o Sue A) 1853-1935   Wssl
Bertha Shields (w/o William L) 31 Jan 1876-7 May 1964   Mdst
Bryan (h/o Wilda) 12 Jan 1897-____   JWTa
C. Eldon (Bug) (h/o Helen B) 1901-1971   Wssl
Calvin T. (h/o Sadie R) 1875-1952   Aswm
Carrie H. (w/o Norman L) 1888-1973   Mdst
Carrie L 1w/o Asa J. 17 Nov 1863-26 Jul 1912   Mdst
Charles H. h/o Marie M. 1910-1984   Aswm
Clinton C. s/o Edward T. & Nana A. 7 Mar 1891-1 Oct 1918   BundM
David T. 3 Mar 1872-22 Dec 1942   Mdst
Dolly S. (Stant) w/o Edward T. 10 Feb 1872-27 May 1948   Dwng
Doris Bloxom (w/o Emmett A) 10 Aug 1921-5 Jan 1976   Mdst
Doris W. (w/o R. Fillmore) 1914-1981   Mdst
Dorothy T. (w/o Harvey T) 1905-1992   Mdst
Dorsey (h/o Flora) 1885-1965   Mdst
Drusilla H. w/o George T. 22 Nov 1830-7 Dec 1908   BundM
Edward J. (h/o Elizabeth G) 1861-1958   Gnbk
Edward T. h/o Dolly S. 20 Jun 1867-13 Dec 1943   Dwng
Edward T. (h/o Nana A) 7 Apr 1861-16 Feb 1935   BundM
Edwin H. 1900-1963   Mdst
Eliza w/o William of R. 23 May 1811-26 Jun 1869   BundQ
Eliz B. w/o John A & d/o John D & Sally H Parkes 26 Nov 1826-28 Mar 1859   ParkF
Elizabeth d/o William & Nancy d. 10 May 1816 aged 25yrs   BundG
Elizabeth G. (w/o Edward J) 1870-1956   Gnbk
Elizabeth w/o George G. (no dates)   Aswm
Emma J. (w/o John W) 1858-1928   Mdst
Emmett Adams (h/o Doris B) 12 Apr 1918-____   Mdst
Flora (w/o Dorsey) 1888-1920   Mdst
Frank P. (h/o Hattie S) 1877-1946   Mdst
Fred A. 22 Jan 1885-4 Sep 1921   Mdst
G.E. (h/o Lina S) 16 May 1880-21 Feb 1960   Blxm
Garland S. 8 Jun 1908-7 Mar 1985   Mdst
George H. (h/o Maggie E) 13 Jan 1872-26 Apr 1929   Aswm
George H. (h/o Margaret H) 1848-1884   Aswm
George T. (h/o Nona D) 1886-1951   JWTa
George T. (h/o Drusilla H) d. 16 Feb 1905 aged 86yrs   BundM
George W. (h/o Theola S) 1903-1962   JWTa
Gladys G. (w/o Ryland M) 1903-____   Mdst
Grace M. (w/o Paul R) 1901-1981   Mdst
Harvey T. (h/o Dorothy T) 1905-1983   Mdst

BUNDICK (Con't), Hattie S. (w/o Frank P) 1883-1967	Mdst
Helen B. (w/o C. Eldon) ___-___	Wssl
Horace N. (h/o Manie P) 1861-1935	JWTa
Infant (d/o Norman L. & Carrie H) b&d 19 Jan 1911	Mdst
Infants s/o A.J. & Carrie L. b&d 19 Sep 1888	Mdst
James R. 28 Aug 1903-22 Mar 1915	Simp
Jennie T. (2w/o William H) 1876-1966	Mdst
John A. (h/o Annie) & s/o Geo W & Eliz d. 9 Nov 1872 aged 55ys 9ms 7ds	BundZ
John G. s/o John & Elizabeth Ewell 15 Dec 1867-16 Dec 1903	EwelY
John W. (h/o Emma J) 1850-1930	Mdst
Kate B. d/o John A. & Anna W. 17 Sep 1867-11 Nov 1868	BundZ
Kathryn G. (d/o Dorothy T. & Harvey T) 1924-1972	Mdst
Katie A. 29 Sep 1898-25 Feb 1972	Mdst
L. Shirlie d/o Asa T & Susan T (Sue A?) 6 Dec 1882-9 Sep 1884	Wssl
Lester B s/o Asa T & Susan T (Sue A?) 11 Nov 1885-17 Jun 1887	Wssl
Lewis J. (s/o Asa J. & Carrie L) 17 Dec 1900-26 Feb 1938	Mdst
Lillian M. (d/o Asa J. & Carrie L) 5 Jun 1886-15 Jul 1886	Mdst
Lillie M. w/o Andrew J. 1877-1942	Mdst
Lina S. (w/o G.E) 29 Nov 1881-25 Jul 1925	Blxm
Louise Mumford 3 Sep 1891-4 Jan 1980	ChBu
Madline R. d/o W.H. & J.T. 13 May 1902-4 Mar 1907	Mdst
Maggie E. (w/o George H) 17 Sep 1872-4 Aug 1921	Aswm
Malcolm ODell (h/o Pauline Drewer) 1903-1974	JWTa
Manie P. (w/o Horace N) 1864-1937	JWTa
Margaret A. 1w/o William H. 17 Jan 1868-18 Jan 1899	Mdst
Margaret A. w/o W.H. 17 Jan 1868-18 Jan 1899	Ross
Margaret C. d/o Calvin T. & Sadie R. 1906-1906	Aswm
Margaret H. (w/o George H) 1853-1927	Aswm
Marie M. w/o Charles H. 1909-___	Aswm
Mary Anna 28 Jan 1875-16 Jun 1923	Mdst
Mary T. w/o W.P. 1 Feb 1848-5 May 1929	Mdst
Mary Virginia (d/o William L & Bertha S?) 3 Mar 1898-13 Jan 1978	Mdst
Minnie L. w/o Raymond W. 1904-1967	Dwng
Minnie L. (w/o R.J) 4 Jan 1883-6 Mar 1973	Mdst
Moreland H. (h/o Sylvia G) 1910-1981	Glfd
Nana A w/o Edward T. 17 May 1866-1 Apr 1920	BundM
Nancy w/o Wm d. 25 May 1832 aged 62yrs	BundG
Nannie E. 26 May 1900-7 Feb 1924	JWTa
Nona D. (w/o George T) 1889-1959	JWTa
Norman L. (h/o Carrie H) 1887-1978	Mdst
Olive Thomas 2w/o Asa J. 21 Nov 1872-28 Dec 1924	Mdst
Paul R. (h/o Grace M) 1901-1988	Mdst
Polly (w/o William) d. 1861 (age is under ground)	BundP
Polly Anne (w/o William T) 1870-1964	Mdst
R. Fillmore (h/o Doris W) 1912-1984	Mdst
R.J (h/o Minnie L) 17 Apr 1880-17 Oct 1935	Mdst

Tombstone Inscriptions of Upper Accomack County, VA

BUNDICK (Con't), Raymond W. h/o Minnie L. 1906-1966 — Dwng
Rita Jayne 1927-1988 (temp) — Dwng
Rita J. (w/o Roy J) 22 May 1927-14 Jan 1988 — JWTa
Roy J. (h/o Rita J) 24 Sep 1926-___ — JWTa
Ryland M. (h/o Gladys G) 1897-1991 — Mdst
Sadie R. (w/o Calvin T) 1879-1962 — Aswm
Sally d/o William & Nancy d. 20 Oct 1828 aged 29yrs — BundG
Samuel E. (h/o Annie C) 1894-1968 — Frnk
Seymour (w/o W.J) d. 20 Jun 1904 aged 67yrs 9mos 25dys — Mdst
Sue A. (w/o Asa T) 1864-1949 — Wssl
Sylvia Gay (w/o Moreland H) 1926-1967 — Glfd
Theola S. (w/o George W) 1905-1978 — JWTa
Thomas W. Co F 59 VA Infantry C.S.A. (no dates) — Glfd
Vera B. (w/o William A) 1905-1994 — Mdst
W.J. (h/o Seymour) 26 Jan 1829-6 Apr 1907 — Mdst
W.P. (h/o Mary T) 15 Mar 1849-24 Jul 1906 — Mdst
Wilda (w/o Bryan) 13 Sep 1903-17 Sep 1986 — JWTa
William (h/o Polly) d. Aug 1860 aged 80yrs — BundP
William (h/o Nancy) 28 Nov 1768-1 Feb 1815 — BundG
William A. (h/o Vera B) 1901-1974 — Mdst
William H. (h/o Margaret A. & Jennie T) 1864-1950 — Mdst
William J. (s/o William A. & Vera B) 1934-___ — Mdst
William Lee (h/o Bertha S) 13 Aug 1873-15 Nov 1918 — Mdst
William of R. (h/o Eliza) 24 Dec 1820-26 Jan 1869 — BundQ
William R. 13 Aug 1880-26 Dec 1908 — Aswm
William Ray s/o Calvin T. & Sadie R. 1909-1909 — Aswm
William T. (h/o Polly A) 1866-1944 — Mdst
Willie C.W. d/o Wm T & Mary Carey Wright 13 Jul 1869-6 Jul 1932 — WrigR
BUNTING, Alonzo s/o A.L. & E.S. 15 Sep 1902-16 Sep 1902 — Beth
Armenda (w/o Shepard) d. Oct 1886 aged 67yrs — Bunt
Armriet S. w/o William E. 1895-1987 — Dwng
Attie C. (w/o G. Henry) 1977-1957 — Nels
Axie Taylor (w/o Loyd U) 1882-1960 — JWTa
Benjamin F. (h/o Manie P) 1886-1962 — JWTa
Bertie c/o A.L. & E.S. 9 Feb 1900-3 Apr 1900 — Beth
Charles S. h/o Cora D. 16 Dec 1866-27 Jun 1922 — Dwng
Cora D. w/o Charles S. 13 May 1869-13 Jan 1944 — Dwng
Dewitt C. (h/o Nellie E. & Virginia D) 1873-1929 — AtBp
E.J. Mrs. 8 May 1841-7 Jan 1901 — AtMt
Earl s/o G. & Theodosia 9 Oct 1899-4 Jun 1902 — AtBp
Elizabeth A. d/o Capt John W & Susan E d. 7 Sep 1872 aged 11mos 7dys — ChBu
Elizabeth d/o Capt John W & Susan E 27 Oct 1867-26 Feb 1871 — ChBu
Ellen H. (w/o George R) 1850-1917 — Nels
Emily S. d/o A.L. & E.S. 2 Oct 1892-27 Sep 1893 — Beth
Emma S.B. (w/o John S. Sr?) 1881-1941 — JWTa
Eugenie B. (w/o William C) 11 Feb 1890-19 Feb 1950 — ChBu

Caucasian Tombstone Inscriptions 67

BUNTING (Con't), Emory G. (h/o Willye D) 1893-1955 — ChBu
G. Henry (h/o Attie C) 1871-1958 — Nels
G.T. (Gillet) (h/o Theodosia) 14 Aug 1845-19 Dec 1928 — AtBp
George O. PFC Co L13 Inf 8 Inf Div WWII 20 Sep 1918-9 Feb 1966 — Nels
George R. (h/o Ellen H) 1846-1927 — Nels
George W. s/o Capt John W & Susan E 1 Feb 1870-20 Aug 1870 — ChBu
George W. (h/o Mary W) 1849-1908 — Grtn
Harry C. (s/o Wm C. & Mary A?) 2 Jan 1889-29 Dec 1951 — ChBu
Hattie Mumford (1w/o W.C. Sr) 1864-1934 — ChBu
Ida W. 1871-1967 — Aswm
Inez Thornton (w/o William T) 1893-1963 — JWTa
Infant d/o D.C. & N.E. 10 Apr 1899 — AtBp
Jane H. w/o Walter H. 1895-1972 — Dwng
John D. s/o K.T. & Mary 26 Jan 1887-3 Apr 1902 — ChBu
John H. s/o Capt John W & Susan E d. 15 May 1878 aged 10ys 4ms 5ds — ChBu
John S. (h/o Mary L) 1914-1979 — JWTa
John S. Sr (h/o Emma S.B?) 1867-1955 — JWTa
John W. Capt. (h/o Susan E) 5 Apr 1836-12 Mar 1907 — ChBu
Kendall J. (h/o Nellie M) 1891-1950 — ChBu
Kendall J. (h/o Mary A) 1860-1947 — ChBu
L. Brooks 1905-1944 — AtBp
Laura B. (w/o William E) 1920-____ — Mdst
Lena 28 Oct 1880-19 Jul 1913 — FeddS
Lidian (Ledia M?) d/o George W & Mary A 24 May 1885-28 Jun 1885 — Beth
Lloyd Upshur (h/o Axie T) 1882-1958 — JWTa
Lula B. (d/o Mary W. & George W?) 1887-1952 — Grtn
Manie P. (w/o Benjamin F) 1888-1981 — JWTa
Margery 1893-1894 — Gnbk
Marvin J. 1st Lt USA WWII 1906-1941 — Nels
Mary 1890-1922 — Dwng
Mary A. (2w/o Wm C Sr d/o Wm&Henrietta Williams) 12 Mar 1868-26 Jun 1952 — ChBu
Mary A. (w/o Kendall J) 1864-1955 — ChBu
Mary Ann w/o George W. 23 Apr 1850-30 May 1885 — Beth
Mary B. (w/o Arthur J) 1900-____ — ChBu
Mary L. (w/o John S) 1913-____ — JWTa
Mary W. (h/o George W) 1859-1935 — Grtn
Maurice N. (h/o Ruth D) 1893-1972 — ChBu
Nellie E. 1w/o D.C (d/o Geo T & Georgianna Gladding) 11 Nov 1875-15 Apr 1899 — AtBp
Nellie M. (w/o Kendall J) 1893-1971 — ChBu
Nettie A. 25 May 1859-20 Oct 1918 — ChRm
Olivia w/o J.S. 19 Oct 1872-9 Jan 1901 — MileJ
Raymond James 28 May 1932-2 Jun 1932 — ChRm
Rodney D (s/o Geo&Patsey) LCpl USMC Persian Gulf 9 Jun 1970-24 Aug 1991 — Dwng
Ruth C. (w/o T. Letcher) 7 Jun 1892-4 Mar 1972 — Aswm
Ruth D. (w/o Maurice N) 1916-1964 — ChBu
Sallie F d/o A.L. & E.S. 9 Feb 1900-8 Mar 1900 — Beth

BUNTING, (Con't), Shepard (h/o Armenda) d. Mar 1887 aged 84yrs — Bunt
Susan E. (w/o Capt John W) 16 Oct 1840-21 Jun 1908 — ChBu
T. Letcher (h/o Ruth C) 26 Jan 1888-9 Oct 1945 — Aswm
Theodosia w/o G.T. 30 Mar 1868-23 Jul 1918 — AtBp
Virginia D. (2w/o Dewitt C) 1877-1942 — AtBp
W. Haynes VA Pvt 1773 S.C. Unit WWII 1921-1969 — Dwng
Walter H. MD Pvt 315 Field Hospital WWI 1893-1962 — Dwng
William C. (h/o Eugenie B) 26 Jul 1889-20 Sep 1952 — ChBu
William C. Sr (h/o Mary A & Hattie M) 13 May 1865-5 Dec 1935 — ChBu
William E. h/o Armriet S. 1885-1960 — Dwng
William E. (h/o Laura B) 1919-___ — Mdst
William Thomas (h/o Inez T) 1893-1973 — JWTa
Willye D. (w/o Emory) 1898-1972 — ChBu
BUPP, Agnes K. w/o Russell I. 1916-___ — Dwng
Russell I. h/o Agnes K. 1912-___ — Dwng
BURCH, Eva (w/o Odell) 1885-1966 — ChRm
Mary C. (w/o Thomas) 15 Dec 1811-15 Jul 1866 — ChRd
Odell (h/o Eva) 1884-1960 — ChRm
Rebecca w/o Wm D. 15 Apr 1856-22 May 1916 — ChRm
Stephen R. (h/o Susie S) 1906-1958 — Dwng
Susie S. (w/o Stephen R) 1902-1992 — Dwng
Thomas (h/o Mary C) d. 10 Oct 1859 aged 55yrs 11mos 9dys — ChRd
William DeCatur (h/o Rebecca) 15 Jan 1845-14 Feb 1916 — ChRm
BURGESS, Paul 1922-1994 — Dwng
Rufus D. h/o Virginia W. 1892-1960 — Dwng
Virginia W. w/o Rufus D. 1897-1988 — Dwng
BURKHEAD, Louise L. "Tillie" 31 Jan 1962-22 Dec 1990 — Gnbk
BURLAND, Minerva L. 27 Nov 1942-3 Dec 1988 — Dwng
BURNS, Clement J. USA WWII 1917-1980 — Dwng
BURR, Charles W. 1877-1950 — Mdst
Worthington C. 18 May 1905-5 Apr 1957 — Mdst
BURROUGHS, Caroline E. Cook w/o Ralph 20 Aug 1835-22 Feb 1908 — ConqH
Florence R. (w/o Fred H) 1890-1982 — Aswm
Fred H. (h/o Florence R) 1890-1961 — Aswm
George K. s/o Ralph & Carrie E. 15 Sep 1867-15 Mar 1897 — ConqH
Harry T. s/o W.G. & T.J. 26 Nov 1808-25 Dec 1814 — ConqH
J. Lambert 20 Jan 1899-20 Sep 1899 — ConqH
Laura J. (w/o William C) 1867-1945 — Aswm
P.E. Jr SSgt USA WWII 5 Jul 1922-11 Aug 1990 — Mdst
Ruth Norma d/o F.H. & Florence R. 1924 — Aswm
William C. (h/o Laura J) 1860-1925 — Aswm
BURTON, Archie S. h/o Fannie M. 1890-1949 — Dwng
Catherine T. w/o Roger O. ___-___ — Dwng
Clarence D. h/o Esther A. 1900-1962 — Dwng
Dora Virginia w/o Wm F. 1863-1949 — Dwng
Esther A. w/o Clarence D. 1901-1969 — Dwng

Caucasian Tombstone Inscriptions 69

BURTON (Con't), Fannie M. w/o Archie S. 1892-1949	Dwng
Jeanne S. w/o Orville H. ____-____	Dwng
John Wesley h/o Mary E. & Melissa H. 1854-1939	Dwng
Kelly Thomas 1978-1991	Dwng
Leonard L. "Buddy" (h/o Norma W) 1925-1979	Dwng
Mary Elizabeth 2w/o John W. 1860-1944	Dwng
Melissa Hall 1w/o Jon W & d/o Thos & Sallie E Hall 8 Jan 1849-15 Sep 1891	Dwng
Nancy J. (2w/o Woolsey) 1859-1928	ChMc
Norma W. (w/o Leonard L) 1923-____	Dwng
Orville H. h/o Jeanne S. ____-____	Dwng
Rachel M. w/o Stewart D. 6 Mar 1845-12 Nov 1887	Nels
Roger O. h/o Catherine T. 1909-1977	Dwng
Stwart D. (h/o Rachel) 2 Dec 1836-18 Sep 1910	Nels
William E. 1887-1950	Dwng
William Frank h/o Dora V. 1848-1921	Dwng
Woolsey (h/o Nancy J) 1854-1927	ChMc
BUTLER, Elizabeth M. 1905-1983	ChRm
Iona Jester (w/o Ray J. Sr) 1905-1943	ChMc
Lillie Tull (w/o Walter M) 1900-1965	Dwng
Minnie S. (w/o Walter L) 1884-1969	ChRm
Ray J. Sr (h/o Iona J) 1904-1958	ChMc
Walter L. (h/o Minnie S) 1877-1960	ChRm
Walter L. Jr VA S2 USCG RES WWII 31 Aug 1921-10 Jan 1972	ChRm
Walter M. (h/o Lillie T) 1893-1983	Dwng
BYRD, Aaron S. Jr (1h/o Helen Conquest Byrd) 1917-1945	JWTa
A. Frank (h/o Charlotte E) & s/o Colmore S & Hetty 30 Jun 1835-28 Oct 1901	Dwng
Alanta H˙ 4 Dec 1860-10 Feb 1874	BrydN
Alma Ray d/o G.F. & Julia A. 22 Jul 1901-29 Jul 1903	MearJ
Anmeriah d/o Wm S. & Sallie E. 7 Aug 1870-12 Aug 1870	ByrdR
Arthur W. (h/o Rebecca J) 23 Dec 1867-14 Apr 1955	JWTa
Baby Boy s/o G.F. & Julia A. 22 Jul 1897-16 Sep 1897	MearJ
Benjamin T.W. (Bird) (h/o Elitha A) 1 Jan 1821(?)-28 May 1885	Bens
Bettie A. (w/o John L) 17 May 1865-23 Mar 1934	Wssl
Blanche Richards (w/o Oscar F) 24 Feb 1873-1 Nov 1960	JWTa
C. Francis 3 May 1906-18 Oct 1969	JWTa
C. Jacob (h/o Rebecca J) 3 Mar 1860-7 Jun 1918	JWTa
Carrie L. d/o T.L. & Mary E. 15 Aug 1880-26 Oct 1881	ByrdG
Charlote Emory w/o A Frank d/o Wm&Susan Matthews 22 Aug 1833-6 May 1900	Dwng
Chlora Braden w/o Harold J. 1889-1933	Grtn
Clara H. (w/o Daniel H) 1877-1964	Grtn
Clara J. (w/o Staton F) 27 Jun 1863-8 Jul 1897	ByrdB
Clarence Alvin Sr USA WWII 17 Nov 1923-1 Feb 1994	Wssl
Colmore E (h/o Mary) s/o A Frank&Charlotte Matthews 22 Jan 1868-9 Mar 1952	JWTa
Custis W. (h/o Mary) d. 18 Jul 1844 aged 50yrs	BrydC
Daniel H. (h/o Clara H) 1859-1939	Grtn
Delana˙ w/o Johannas 2 Jan 1792-18 Oct 1842	ByrdB

BYRD (Con't), Ebron* (h/o Meriah) 6 Oct 1802-4 Apr 1864 ByrdL
Edith Lee 11 Nov 1863-5 Jan 1921 Dwng
Edna S. d/o A.D. & Florence 1898-1901 Beth
Elitha Ann (Bird) w/o Benjamin T.W. 12 Apr 1819-5 Jul 1892 Bens
Eliza S. (w/o Littleton J) 1862-1924 Grtn
Elizabeth 1912-1928 ByrdG
Elizabeth M. (w/o John W) 13 May 1854-7 Dec 1934 ByrdR
Elizabeth Parks w/o Johannes 1858-1930 Dwng
Ernest M. (h/o Reta C?) 1903-1978 JWTa
Eunice T. (w/o Walter H) 1906-1990 Grtn
Evelyn G. (w/o T. Milton) 1905-1988 Wssl
Fannie H. w/o Jesse M. 1930-____ Dwng
Finney Chase (w/o T. Lee) 1889-1980 Wssl
Frank Mears VA SMC USA WWII 27 Feb 1915-14 Jun 1963 MearJ
G. Frank (h/o Julia A) 1868-1943 MearJ
Georgia A. d/o Wm T. & B.N. Byrd 14 Aug 1855-11 Jan 1885 ByrdR
Harold J. 1889-1977 JWTa
Henry E. h/o Martha J. 29 Jan 1841-14 Oct 1911 Dwng
Henry R. 17 Jul 1855-5 Feb 1907 ByrdB
Hettie A. w/o William T. 2 Mar 1830-16 Jan 1880 ByrdR
Hetty C w/o Obed (d/o Thos & Cath Justice Mears) 19 Sep 1829-3 Feb 1900 ByrdD
Ida S. (w/o Warren S) 1873-1949 Blxm
Infant d/o O.L. & M.C. b&d 15 Oct 1912 Dwng
Infant d/o Johannas B. & Mary A. 11 Sep 1870-18 Sep 1870 ByrdR
Infant s/o J.W. & E.M. 10 Feb 1881-17 Feb 1881 ByrdR
Infant s/o Staten E. & Polly D. b&d 8 Aug 1899 Poul
Infant s/o Johannas B. & Mary A. b&d 9 Feb 1879 ByrdR
Iona 1892-1959 ByrdR
Jacob K. h/o Susan 29 Apr 1809-19 Sep 1881 ByrdR
James J. (h/o Maggie D. & ____) 1853-1933 Wssl
James O. (h/o Mae P) 5 Nov 1905-14 Jul 1985 Grtn
Jefferies D. 1910-1982 Grtn
Jefferson D. (h/o Lizzie J) 4 Apr 1861-6 Jun 1935 ByrdW
Jesse Merrill h/o Fannie H USCG WWII 7 Jul 1917-28 Apr 1993 Dwng
Johannas F. (h/o Mary A) 31 Aug 1849-17 Nov 1925 MsBp
Johannas* (h/o Delana) 2 Dec 1777-27 Sep 1853 ByrdB
Johannes L. h/o Elizabeth P. 1855-1934 Dwng
John Lewis (h/o Bettie A) 1 Jan 1853-18 Mar 1935 Wssl
John W. (h/o Elizabeth M) 23 May 1857-3 Mar 1924 ByrdR
John W. (s/o George P & 2w Mary E) 9 Aug 1859-26 Jan 1883 ByrdD
Julia A. (w/o G. Frank) 1875-1925 MearJ
Laura M. w/o William R. 1897-1981 Dwng
Lealier N. (w/o Orris W) 1883-1945 Wssl
Leonard H. (h/o Virginia B) PFC AAF WWII 28 Mar 1911-21 Feb 1966 Wssl
Leonard F. (h/o Mattie W) 1889-1962 Wssl
Lillian Olevia d/o Henry E & Martha J d. 21 Sep 1872 aged 3yrs 20dys Dwng

Caucasian Tombstone Inscriptions

BYRD (Con't), Littleton J. (h/o Eliza S) 1863-1939 — Grtn
Lizzie J. (w/o Jefferson D) 30 Jul 1861-23 Mar 1898 — ByrdW
Lovie J. d/o W.W. & Arrener J. 8 Oct 1882-20 Dec 1895 — Beth
Luzie T. (w/o Jefferson D) 24 Sep 1876-17 Dec 1931 — Wssl
Lydia P. (m/o Madeline J. Ryan) 8 Jun 1862-31 Aug 1935 — JWTa
Mae P. (w/o James O) 16 Feb 1906-29 Nov 1982 — Grtn
Maggie D. w/o James J. 8 Oct 1855-15 Nov 1893 — ByrdM
Major J. 3 Aug 1867-3 Jul 1921 — ByrdB
Manie C. w/o Thomas W. 22 Jan 1874-31 Jul 1907 — Beth
Marie Duncan w/o Orris S. 25 Mar 1894-9 Jul 1941 — Dwng
Martha J. w/o Henry E. 1843-1935 — Dwng
Martin T. s/o Wm S. & Sallie E. 24 Jul 1871-31 Aug 1878 — ByrdR
Mary A. w/o Johannas F. 8 Sep 1855-24 Mar 1911 — MsBp
Mary A.C. (Bird) (w/o Parker) 4 Jan 1828-10 Jul 1874 — ByrdB
Mary Ann w/o Thomas H. d. 15 Sep 1904 aged almost 80yrs — ByrdR
Mary E. (d/o Thos & Catherine Justice Mears) 7 Jul 1824-19 Apr 1899 — ByrdD
Mary E. w/o Teackle L. 1858-1955 — ByrdG
Mary Frances** w/o Wm S & d/o Saml & Eliz R Bloxom (m 1846 d before 1854) — Dwng
Mary V w/o Colmore d/o Albert & Kate Dix Gillespie 2 Nov 1865-29 May 1943 — JWTa
Mary w/o Custis W. d. 14 Aug 1810/40? aged 40yrs — BrydC
Mattie W. (w/o Leonard F) 1894-1980 — Wssl
Melissa d/o T. Lee & Dawn T. 11 Apr 1978 — Wssl
Meriah A* (w/o Ebron) 6 Mar 1806-20 Nov 1883 — ByrdL
Nannie E. 1893-1980 — Dwng
Narcissie E. (w/o Royal P) 1882-1967 — Grtn
Nestle 1886-1930 — ByrdG
Nolan H. 1900-1984 — Grtn
Obed S. h/o Hetty C. 1 Sep 1819-25 Aug 1876 — ByrdD
Orlan Merritt 1902-1984 — Dwng
Orris O. (h/o Sophia S) 15 Mar 1882-20 May 1959 — Grtn
Orris s/o James J. & Maggie 8 May 1876-14 Aug 1879 — ByrdM
Orris S. h/o Marie D. 23 Jun 1886-2 Mar 1950 — Dwng
Orris W. (h/o Lealier N) 1881-1955 — Wssl
Oscar Franklin (h/o Blanche R) 4 Mar 1870-12 Nov 1942 — JWTa
Otho Littleton 1883-1947 — Dwng
Parker (h/o Mary A.C) 8 Feb 1821-5 Apr 1895 — ByrdB
Parker* d. 18 Oct 1820 aged 51yrs — BrydC
Preston S. Dec 1906-Aug 1943 — Wssl
R.O. "Ella" (w/o Thomas W) 1893-1969 — Dwng
Rebeca J. (w/o Arthur W) 10 Feb 1865-30 Nov 1949 — JWTa
Rebecca J. (w/o C. Jacob) 1 Aug 1859-22 Aug 1920 — JWTa
Rennie Mae 1893-1985 — Wssl
Reta C. (w/o Ernest M?) 1901-1975 — JWTa
Royal P. (h/o Narcissie E) 1882-1973 — Grtn
Sallie E w/o William S 22 Mar 1848-5 Aug 1926 — ByrdR
Sally J. w/o Danl H (he s/o Obed S. & Hetty C. Byrd) 9 Jun 1864-22 Apr 1892 — ByrdD

BYRD (Con't), Samuel G. 30 Oct 1822-15 Mar 1895 — Beth
Sewell A. 26 Oct 1830-9 Jul 1891 — ConqH
Sophia S. (w/o Orris O) 4 May 1883-26 Jan 1964 — Grtn
Staton F. (h/o Clara J) 17 Nov 1857-7 Sep 1941 — ByrdB
Susan w/o Jacob K. 5 Jan 1819-31 Dec 1898 — ByrdR
T. Lee (h/o Finney C) 1885-1955 — Wssl
T. Milton (h/o Evelyn G) 1906-1956 — Wssl
Teackle L. (h/o Mary E) 31 Mar 1853-22 Jun 1925 — ByrdG
Thomas (s/o Major) 15 Mar 1821-9 Sep 1874 — BrydN
Thomas J. s/o J.W. & E.M. 12 Jun 1882-28 Nov 1888 — ByrdR
Thomas W. (h/o R.O) 1875-1957 — Dwng
Thomas* 6 Oct 1802-19 Jul 1868 — ByrdL
Tommie our little brother 23 Mar 1895-8 Mar 1901 — Beth
Virginia B. (w/o Leonard B) 1915-1952 — Wssl
Walter H. (h/o Eunice T) 1901-1968 — Grtn
Walter W. d. Mar 1918 aged 64yrs — Beth
Warren S. (h/o Ida S) 1864-1950 — Blxm
William Harry 4 Aug 1946-26 Jan 1987 — ChMc
William R. h/o Laura M. 1894-1976 — Dwng
William S. h/o Sallie E. 19 Jan 1848-24-Sep 1917 — ByrdR
William T. h/o Hettie A. 29 May 1824-31 May 1897 — ByrdR
Winfred L. (s/o Thomas W. & R.O) 1914-1919 — Dwng
CADIEU, William Hampton III 1906-1967 — Mdst
CALDWELL, Donald 1929-___ — Wssl
CALE, John F. 1879-1943 — Dwng
CALLOWAY, Jewell T. 18 Dec 1894-1990 — Wssl
CAMPBELL, Anna Young w/o William J. 1881-1947 — Dwng
Bernice Annis (w/o Lewis F?) ___-___ — Grtn
Bobbie Faye (d/o George Y & Reva A Johnson) 23 Apr 1945-___ — Grtn
Dorothy White (w/o Lewis F. Jr?) ___-___ — Grtn
Edwin 1915-1989 — JWTa
Geraldine Estelle d/o James L & Eleanor M 19 Jul 1941-12 Oct 1946 — JWTa
James L. Sr 1905-1979 (temp) — JWTa
James Lee Jr USAF Vietnam 12 Jun 1937-15 Aug 1993 — JWTa
Jay T. (b&d?) 8 Nov 1928 — JWTa
Lewis F. Jr (h/o Dorothy W) 21 Jun 1943-18 Aug 1969 — Grtn
Lewis F. (h/o Bernice A?) 29 Jul 1919-24 Sep 1982 — Grtn
Lucy Kanode 1884-1949 — Dwng
William J. h/o Anna Y. 31 Oct 1882-8 Oct 1968 — Dwng
CAPPS, Helen W. (w/o Thomas H) 24 Aug 1925-___ — JWTa
Thomas H. (h/o Helen W) 6 Dec 1924-17 Oct 1993 — JWTa
CAREY, Infant d/o Wm C. Jr & Mary F. 10 Dec 1964 — Dwng
Minnie Porter (w/o Lawrence J. Porter & ___ Carey) 1898-1970 — Frnk
Myrtle Tull (w/o William C) 1890-1988 — Dwng
William C. (h/o Myrtle T) 1893-1949 — Dwng
CARMEAN, Cecil J. h/o Mary R. 1904-1979 — Dwng

Caucasian Tombstone Inscriptions

CARMEAN (Con't), Harry M. (h/o Henrietta M) 1883-1965	Watv
Henrietta M. (w/o Harry M) 1889-1962	Watv
Mary R. w/o Cecil J. 1907-___	Dwng
CARPENTER, Bertha Mae (d/o Clarence & Bertie) 1918-1978	ChMd
Bertie H. (w/o Clarence W) 1899-1970	ChMd
Blanche Mae Bowden w/o William H. 4 Sep 1902-23 Sep 1926	ChMc
Bruce Henry (s/o M.H. & Olgab) 1944	ChMc
Catherine A. "Kitty" w/o Elmer C. 1921-1990	Dwng
Charles H. (h/o Dema A) 10 Jan 1843-25 Dec 1910	ChMc
Clarence W. (h/o Bertie H) 1899-1967	ChMd
Curtis (h/o Thalia C) USCG WWII 27 Jul 1906-25 Mar 1989	JWTa
Dema A. (w/o Charles H) 18 Feb 1852-30 May 1920	ChMc
Elizabeth (w/o John) d. 8 Dec 1913	ChMc
Elmer C. 29 Jul 1886-8 Jan 1911	ChMc
Elmer C. h/o Catherine A. 1914-1992	Dwng
Emma J. (w/o Walter S) 1913-___	JWTa
Harry W. 1922-1952	Dwng
Harvey Lee 7 Mar 1898-15 Apr 1947	ChMc
Henry L. (h/o Sudie M) 1872-1944	ChMc
John 4 Jan 1911-___ (temp)	ChMc
John Ellis 10 Jan 1898-27 Sep 1975	JWTa
Lillie R. (w/o Thomas C) 1876-1965	ChMc
Marvin H. (h/o Olga B) 1907-1972	ChMd
Mary (w/o Richard) 11 Apr 1834-26 Mar 1882	ChMc
Mary Ellen (w/o Richard) 1872-1936	JWTa
Mary J. 26 Jan 1870-17 Feb 1896	ChMc
Maude (w/o Selby) 1896-1983	ChMc
Mollie W. w/o Richard 1895-1975	Dwng
Nora B. 2 Jun 1900-2 May 1983	JWTa
Olga B. (w/o Marvin H) (no dates)	ChMd
Retta Watson w/o Curtis 1905-1932	ChMc
Richard (h/o Mary) 7 Apr 1834-2 Aug 1916	ChMc
Richard (h/o Mary E) 1868-1951	JWTa
Richard h/o Mollie W. 1891-1951	Dwng
Romel D. 1955-1963	JWTa
Sealmore (1h/o Lillian Irene Williams) 16 Jun 1880-4 Mar 1911	ChMc
Selby (h/o Maude) 1892-1940	ChMc
Sudie M. (w/o Henry L) 1879-1966	ChMc
Thalia C. (w/o Curtis) 22 Jan 1912-18 Feb 1994	JWTa
Thomas C. (h/o Lillie R) 1871-1919	ChMc
Walter S. (h/o Emma J) 1909-1979	JWTa
William H. 6 Mar 1895-11 Nov 1986	JWTa
William T. 14 Jan 1861-22 Aug 1910	ChMc
William T. 1906-1973	Dwng
CARROW, Blanche B. 25 Oct 1917-19 Dec 1988	ChGn
CARTER, A. Buist 1912-1985	Dwng

CARTER, (Con't), Agnes Smith w/o Frank T. 1910-1994 — Dwng
Charles 1902-1984 — ChMc
Clarence W. (Lewis?) 1892-1954 — Dwng
Etta S. (Sis) 1917-___ — Dwng
Frank Tarr h/o Agnes S. 1907-___ — Dwng
Manie 1877-1959 — ChMc
Mary E. w/o Zadock 16 Jun 1842-6 Feb 1914 — ChRm
Theodore N. 1886-1918 — Dwng
Theodore N. Jr 1911-___ — Dwng
Zedock 3 Apr 1831-11 Aug 1907 — ChCa
CARTWRIGHT, Ella F. w/o John W. 12 Jun 1900-10 Jun 1926 — Nels
Jennie J. (w/o Robert W) 1885-1924 — Nels
Robert W. (h/o Jennie J) 1914-1931 — Nels
CASKEY, Maggie w/o Richard E. 1919-1990 — Dwng
Richard E. h/o Maggie 1922-1988 — Dwng
CATHELL, Annie M. (w/o Levi N) 1883-1965 — ChGn
Henry Washington (h/o Janie C) 1868-1950 — ChBu
Hillary S. (h/o Lillian K) 1905-1987 — JWTa
Janie Clayville (w/o Henry W) 1870-1960 — ChBu
Levi N. (h/o Annie M) 1878-1919 — ChGn
Lillian Krak (w/o Hillary S) 1913-___ — JWTa
Mary Ann w/o Showell 1873-1956 — Dwng
Peter H s/o Hillary & Lillian Major USMC 22 Mar 1935-12 Jul 1974 — JWTa
Sherwood J. 2 Mar 1915-14 Aug 1968 — Dwng
Showell h/o Mary A. 1869-1960 — Dwng
CHAMBERS, Edward S. 1887-1933 — TgMa
Charles A. s/o John & Leah 18 Oct 1882-11 Apr 1901 — TgMa
John A. (h/o Leah W) 1 Apr 1852-24 Oct 1926 — TgMa
John A. Jr 9 Jul 1916-13 May 1918 — TgMa
Leah W. w/o John A. 12 Oct 1855-14 Oct 1901 — TgMa
Lizzie M. 13 Feb 1905-18 Apr 1905 — TgMa
CHANCE, Colie L. (h/o Vivian) 1896-1969 — SxEv
Chance Edward C (1h/o Vir L Marshall) USN WWII 24 Jan 1922-20 Mar 1975 — SxEv
CHANDLER, Evelyn B. w/o Dewey L. 1910-1987 — Dwng
Dewey Lee h/o Evelyn USCG WWII 19 Sep 1903-20 Mar 1991 — Dwng
Frederich G. Jr b&d 1956 — Dwng
James 7 Aug 1819-30 Aug 1857 — Chan
John B. 22 Jun 1810-29 Feb 1860 — Chan
Joshua L. Capt. Oct 1827-21 Oct 1877 — ChCh
Leah d/o James & Peggy 19 Oct 1803-29 Aug 1888 — Chan
Martha W. 1 Jan 1850-1 Feb 1938 — Wdby
Peggy 23 Aug 1781-3 Oct 1867 — Chan
Sadie A. w/o Wm J. 26 Mar 1873-29 Mar 1909 — ChMc
William J. (h/o Sadie A) 20 Oct 1872-3 Nov 1910 — ChMc
Zorrobable 26 Dec 1813-17 Dec 1860 — Chan
CHAPMAN, Avery 22 Dec 1888-2 Aug 1907 — Gnbk

CHAPMAN (Con't), Charlie B. 1885-1946	Gnbk
Bessie May Army Nurse Corps WWI 10 Jan 1889-2 Jun 1978	Gnbk
Clifford T. (h/o Laura E) 1875-1946	Nels
d/o Edwin F. & Emma M. (no given name or dates)	Gnbk
E. Jane w/o Samuel J. 1845-1934	Gnbk
Edwin F (h/o Emma M. & Margaret V) 1921-___	Gnbk
Edwin F. (h/o Emma L) 25 Sep 1849-20 Nov 1918	Gnbk
Emma L. w/o Edwin F. 1 Apr 1851-9 Jun 1902	Gnbk
Emmerson Cord (h/o Sallie E) 9 Nov 1846-6 Nov 1919	Nels
George I. (h/o Lewano P) 1872-1939	Gnbk
Helen S. (w/o Herman J) 1894-1977	Gnbk
Herman J. (h/o Helen S) 1900-1977	Gnbk
Hugh Lee (h/o Lola K) 1892-1960	Gnbk
John (h/o Mary E.P) 1876-1964	Gnbk
Joshua A. (h/o Mary F) 28 Feb 1837-23 Sep 1897	Gnbk
Laura E. 17 Jan 1881-25 May 1935	Nels
Laura V. (w/o Lloyd E) 12 Jan 1875-26 Jun 1948	Gnbk
Lewano P. (w/o George I) 1878-1969	Gnbk
Lloyd E. (h/o Laura V) 17 Jan 1871-4 Jan 1951	Gnbk
Lola K. (w/o Hugh L) 1893-1967	Gnbk
Madeline M d/o Lewis H & Ella Corbin McCready 1 Mar 1913-25 Sep 1982	Dwng
Margaret V. (w/o Edwin F) 1922-1979	Gnbk
Mary E. (w/o Samuel C) 1868-1944	Gnbk
Mary Elizabeth P. (w/o John) 1880-1964	Gnbk
Mary F. (w/o Joshua A) 24 Apr 1840-8 Oct 1913	Gnbk
Nettie Tull (w/o William S) 1883-1950	Gnbk
Sallie E. (w/o Emmerson C) 28 Mar 1853-8 Dec 1912	Nels
Samuel C. (h/o Mary E) 1867-1967	Gnbk
Samuel J. (h/o E. Jane) 16 Mar 1839-31 Oct 1928	Gnbk
Walter R. 1909-1941	Nels
William S. (h/o Nettie Tull) 1875-1958	Gnbk
CHARNOCK, Amanda Williams sis/o Charles H. d. 1973	TgMa
Charles H. 1898-1972	TgMa
Charles Wesley 26 Sep 1856-17 Feb 1926	TgMa
Della F. Pruitt w/o Wesley d. 9 Dec 1930	TgMa
Dora E. 1895-1966	TgMa
Edith Mae 1901-1942	TgMa
Eufamy w/o Edward d. 1 Jun 1893 aged 65yrs	TgMa
Howard 1898-1933	TgMa
John E. 2 Oct 1860-25 Aug 1889	TgMa
John Ed. 16 Nov 1923-10 Oct 1960	TgMa
John O. 25 Dec 1854-2 Mar 1932	TgMa
John W. 1896-1952	TgMa
Johnnie P. s/o Wm & Catherine 8 Apr 1888-19 Mar 1900	TgMa
Joseph L. 1886-1961	TgMa
Lewis A. 19 Dec 1870-8 Aug 1904	TgMa

CHARNOCK (Con't), Lyda F. w/o A.B. 1894-1939	TgMa
Mary A. w/o John 4 Mar 1854-8 Jun 1886	TgMa
Mary J. w/o John A. 1871-1935	TgMa
Ray Halmon s/o J.W. & Esther 1922-1942	TgMa
Redell W. 19 Apr 1920-8 Jun 1950	TgMa
Sylvia W. 17 Apr 1933-__ Jul 1933	TgMa
Will C. 26 Jan 1893-16 Apr 1951	TgMa
CHASE, A. Frank (h/o Janie M) 1861-1945	Grtn
A.J. (h/o Eliz Byrd she d/o Geo P Byrd) 19 Oct 1854-19 Aug 1909	ByrdD
Alfred C. (s/o Teagle & Annie E?)	Chas
Alfred P* s/o Teagle & Annie E. 4 Mar 1870-27 Aug 1881	Poul
Alice F. w/o Cleopas C. 1882-1962	Dwng
Alma Davis (w/o Walden W) 1903-1967	Beth
Alsavader (h/o Sallie A) 13 Jan 1831-23 Sep 1914	Wssl
Amelia F. (w/o Emory J) 1864-1952	Poul
Anna (footstone only)	Wssl
Annie E. (w/o Columbus) 28 Feb 1862-16 May 1937	Grtn
Annie Eliza w/o Teagle R 8 Mar 1832-10 Jul 1913 aged 81yrs 4mos 2dys	Chas
Carrie Mae w/o H.L. 3 May 1892-6 Jul 1917	Wssl
Charlie M. (h/o Cincinnati & Maggie B) 1887-1976	Grtn
Cininnati 1w/o Charlie M. 17 Jan 1893-29 Jul 1910	Grtn
Cleopas C. h/o Alice F. 1875-1934	Dwng
Columbus (h/o Annie E) 25 Feb 1863-15 Jun 1950	Grtn
Edward D. (h/o Frennie L) 1888-1965	Grtn
Emory J. (h/o Amelia F) s/o Teagle R & Annie E 19 May 1861-21 Feb 1896	Poul
Frennie L (w/o Edward D) 1890-1985	Grtn
Gaston W. (h/o Hazel K) 1897-1982	Wssl
Hannah (w/o Webster) 4 Mar 1869-27 Sep 1935	Grtn
Hazel K. (w/o Gaston W) 1915-1990	Wssl
Hennie E. (w/o William K) 1848-1925	Wssl
Henry R. (h/o Marzella G) 1863-1940	Wssl
Infant s/o Spurgeon & Nora M. 23 Jul 1910-26 Jul 1910	Beth
Infant s/o A.J. & Bettie S. (d/o George P. Byrd) d. 1 May 1890	ByrdD
Ivy (w/o O.W) 17 Dec 1874-20 Jan 1958	Wssl
Janie M. (w/o A. Frank) 1862-1956	Grtn
L. Kellam (h/o Rozena T) 1872-1961	Wssl
Lillie V. w/o William C. 20 Nov 1906-___	Dwng
Lula Byrd (w/o Robert J) 1876-1956	Wssl
Madura F. (d/o Teagle & Annie E?) (no dates)	Chas
Maggie B. (2w/o Charlie M) 1894-1935	Grtn
Marzella G. (w/o Henry R) 1870-1953	Wssl
Matilda d/o Teagle & Annie E? (no dates)	Chas
Matilda* d. 21 Nov 1852	Poul
Nora Byrd (w/o Spurgeon L. Sr) 15 Oct 1884-18 Jul 1974	Wssl
O.W. (h/o Ivy) 9 Jul 1871-10 Feb 1941	Wssl
Perlis Franklin 1887-1971	Grtn

CHASE (Con't), Robert J. (h/o Lula B) 1870-1961	Wssl
Rozena T. (w/o L. Kellam) 1875-1964	Wssl
Sallie A. w/o Alsavader 24 Mar 1837-25 Mar 1905	Wssl
Spurgeon Lee Sr (h/o Nora B) 18 Jul 1876-26 Apr 1947	Wssl
T.W.C (footstone only)	Wssl
Teagle R. (h/o Annie E) 2 Jul 1829-11 Jun 1916	Chas
Teagle T. (s/o Teagle & Annie E) (no dates)	Chas
Waldon Webster (h/o Alma D) 1902-___	Beth
Warren (footstone only)	Wssl
Webster (h/o Hannah) 13 Apr 1865-2 Feb 1947	Grtn
William C. h/o Lillie V. 20 Jun 1900-16 Dec 1991	Dwng
William K. (h/o Hennie E) 1845-1922	Wssl
William Norrie 26 Jul 1857-25 Mar 1927	Wssl
Winnie (d/o Robert J. & Lula B) 1913-1931	Wssl
CHELTON, Howard F. USA WWII 18 Aug 1924-11 Jul 1994	Dwng
Lee Sr 1893-1974 (temp)	Dwng
CHERRICKS, A. Mrs. d. 5 Aug 1933 aged 61yrs	ChRm
Albert P. s/o J.T. & M.A. 1 Sep 1888-23 Dec 1911	ChMc
Alvin Lawrence (h/o Annie H) 8 Mar 1903-15 Jul 1983	JWTa
Annie Holeston (w/o Alvin L) 30 Aug 1903-___	JWTa
Audry d/o George A. & M.E. 9 May 1907-3 Feb 1908	ChMc
Beulah W. 1900-1957	ChGn
Eleanor R. w/o George D. 1901-1936	ChGn
Ella M. (d/o Geroge C. & Gazella T) 7 Aug 1883-26 Jan 1893	ChGn
Eslie Lee 11 May 1895-15 Jul 1919	ChGn
Gazella T. (w/o George C) 1856-1944	ChGn
George C. (h/o Gazella T) 1855-1915	ChGn
George C. (h/o Susan B) 1878-1963	ChGn
George D. (h/o Eleanor R) 1899-1972	ChGn
Harry B. 1903-1979	ChGn
Homer L. 24 Aug 1914-16 Aug 1962	ChGn
J. Allen (h/o Lula D) USCG WWII 9 Apr 1894-10 Feb 1974	ChGn
James H. PFC 190 Aero Sq WWII 30 Sep 1898-11 Sep 1953	Dwng
John T. (h/o Mary A) 6 Sep 1848-8 Oct 1906	ChMc
Lula D. (w/o J. Allen) 1900-1933	ChGn
Major (h/o Belle Cherricks Bodley?) 14 Jul 1874-18 May 1905	ChMc
Mary Ann (w/o John T) 1849-1941	ChMc
Mary w/o George A. 1 Jan 1874-21 Dec 1915	ChMc
Preston s/o George A. & M.E. 1911-1912	ChMc
Susan B. (w/o George C) 1882-1968	ChGn
William 28 Dec 1923-20 Mar 1924	ChMc
CHERRIX, Allen Wayne 9 Sep 1948-30 Jul 1949	ChMc
Arthur W. (h/o Geneva M) 21 Dec 1914-___	ChMc
Baby 1952	ChGn
Baby 30 Nov 1896-24 Dec 1896	ChRm
Baynard s/o Ella L. & Charles H. 18 Nov 1908-27 Nov 1913	ChRm

CHERRIX (Con't), Bernice M. (w/o Major W) 1906-1980 — Frnk
Bertha 1896-1966 — ChMc
Charles H. (h/o Ella L) 1868-1934 — ChRm
Daisey w/o Etman J. 1908-1971 — Dwng
Donald Ray SP5 USA Vietnam 21 Jul 1946-17 Jun 1986 — Dwng
Edna E. (w/o Jesse L) 1917-____ — ChMc
Eldred James "Flick" (s/o Major & Belle?) 17 Jun 1897-16 May 1969 — ChMc
Ella L. (w/o Charles H) 1869-____ — ChRm
Elmer (h/o Viola H) 1915-1939 — JWTa
Elva (h/o Roena) 1893-1966 — ChTh
Estelle B. 11 Sep 1904-4 Aug 1971 — ChBu
Etman J. h/o Daisey 1905-1976 — Dwng
Geneva M. (w/o Arthur W) 27 Apr 1914-1994 — ChMc
Hillman P. 6 May 1906-11 Jul 1924 — ChMc
Janie M. 1907-1973 — JWTa
Jesse L. (h/o Edna E) 1917-1986 — ChMc
John J. 7 Aug 1887-29 Jun 1923 — ChMc
John W. 1911-1991 (temp) — Dwng
Lawrence (h/o Louise L) 1918-____ — JWTa
Louise (w/o Lawrence) 1924-____ — JWTa
Major W. (h/o Bernice M) 1902-1974 — Frnk
Mary d/o Ella L. & Charles H. 30 Nov 1890-24 Dec 1896 — ChRm
Robert E. 12 Feb 1944-____ — Gnbk
Roena (w/o Elva) 1896-1965 — ChTh
Rowena V. (w/o Homer) 25 Dec 1916-7 Jun 1987 — ChGn
Sadie Linder (2w/o J. Allen) 1905-1971 — ChGn
Stanley Lee Capt USA Vietnam 12 Sep 1947-30 Jan 1979 — Dwng
Terry Lee 1934-1957 — Dwng
Vernon T. VA MM2 USCG WWII 21 Dec 1900-26 Dec 1973 — JWTa
Viola H. (w/o Elmer) 1897-1974 — JWTa
Wilhemina 1927-1993 — Dwng
William B. 8 Jan 1878-4 Feb 1916 — ChGn
William Etman BM1 USA WWII 6 Dec 1924-5 Feb 1890 — Dwng
William H. 1861-1898 — ChCl
William L. 1890-1964 — ChMc
William Tracy 1907-1956 — ChGn
CHESSER, Annie C. (w/o Lawrence L) 1899-1984 — JWTa
Annie d/o John W. & Clara F. 4 Jan 1892-12 Jan 1892 — Wind
Annie Savage (w/o Sewell W) 1866-1940 — Aswm
Broadus L. USA 18 Jun 1917-12 Jul 1988 — Grtn
C.V. Jr s/o C.V. & Daisy 2 Jul 1917-7 Aug 1920 — AtBp
Caroline E. w/o Marcellus W. 13 Oct 1840-29 Aug 1875 — ChesJ
Charles K. s/o Keith 1951-1967 — Dwng
Charles S. h/o Laura M. 17 May 1870-22 Jan 1939 — Dwng
Clara C. 1895-1978 — JWTa
Clara Winder (w/o John W) 19 Mar 1870-15 May 1940 — Nels

CHESSER (Con't), Claude V. 4 Nov 1889-7 Jun 1976	AtBp
Donald 1925-1986	Aswm
Elizabeth T. 1892-1980	Grtn
Erastus P. 17 Feb 1827-17 Aug 1901	ChesA
Ethel P. w/o Frank F. 1913-___	Dwng
Etta F. w/o Harry C. 1887-1977	Dwng
F. Rhodes h/o Ruth E. 1900-1960	Aswm
Frank F. h/o Ethel P. 1908-1985	Dwng
Fred S. (h/o Rebecca J?) 1888-1959	Aswm
G.C. (Cleveland) (h/o Maggie Y) 1884-1969	Grtn
George D. 1955-1957	Dwng
Gertrude Davis (d/o Lawrence B. & Annie F. Davis) 1911-1933	Nels
Gertrude L. w/o Obed W. 1861-1954	Dwng
Grace M. 6 Sep 1879-1 Dec 1970	AtBp
Grayson C. (h/o Pauline M) 1916-1970	JWTa
H. Carlton (s/o Fred S?) 1908-1923	Aswm
Harriet P. w/o Erastus P. 28 May 1828-30 Jan 1910	ChesA
Harry C. h/o Etta F. 1883-1970	Dwng
Henry T. (h/o Ruth A) 7 Feb 1856-30 Oct 1922	AtBp
Herman E. s/o H.T. & Ruth 29 Sep 1885-19 Sep 1910	AtBp
Hester A. (w/o Lemuel H) 1862-1938	Aswm
Infant d/o C.V. & D.W. d. 15 Nov 1915	AtBp
John William (h/o Clara W) 7 Sep 1861-14 Nov 1912	Nels
L.H. (h/o Mary E.W) 25 Nov 1840-21 Jan 1930	Beth
Laura May w/o Charles S. 5 May 1880-23 Feb 1964	Dwng
Lawrence Jr (s/o Lawrence L. & Annie C) 1924-1990	JWTa
Lawrence L. (h/o Annie C) 1897-1969	JWTa
Lemuel H. (h/o Hester A) 1857-1931	Aswm
Lillie M. d/o John W. & Clara F. 3 Sep 1894-18 Oct 1894	Wind
Maggie Y. (w/o Milo T Jester & G.C. Chesser & d/o Alfred D. Young) 1891-1941	Grtn
Manie F. 1884-1954	Grtn
Marcellus W. h/o Caroline E. 10 Feb 1836-7 Jan 1908	ChesJ
Mary E.W. Nock w/o L.H. 4 Feb 1856-17 Nov 1916	Beth
Mary J. w/o Samuel J. 1874-1962	Dwng
Minnie w/o William R. 1875-1962	Dwng
Mollie F. w/o Oliver J. 8 Jan 1851-24 Jun 1927	ByrdR
Muriel E. (d/o Jennings Evans) 1927-1981	SxEl
Obed W. h/o Gertrude L. 1858-1938	Dwng
Oliver J. h/o Mollie F. 6 Jan 1838-11 Feb 1886	ByrdR
Paul 1885-1956	Beth
Pauline M. (w/o Grayson C) 1919-___	JWTa
Rachel w/o William 22 Dec 1804-22 Jul 1895	Beth
Rebecca J. (w/o Fred S?) 1888-1983	Aswm
Richard F. 1922-1983	Grtn
Ruth E. w/o F. Rhodes 1902-1986	Aswm
Ruth A. w/o Henry T. 21 Aug 1862-13 Mar 1948	AtBp

CHESSER (Con't), Samuel L. 1900-1968 — Grtn
Sarah E. w/o Thomas H. 1877-1954 — Dwng
Sewell W. (h/o Annie S) 1863-1950 — Aswm
Thomas E. 28 Oct 1881-22 Nov 1970 — AtBp
Thomas H. h/o Sarah E. 1884-1968 — Dwng
Vesta M. 17 Jun 1910-4 Sep 1953 — AtBp
Violet 1899-1978 — Dwng
Ward T. (h/o Carrie Taylor Chesser?) 1903-1980 — AtBp
William P. (1h/o Bettie Nock Chesser Taylor) 1860-1891 — AtBp
William Robert h/o Minnie 1874-1947 — Dwng
CHESSMAN, Frederick h/o Lottie R. 1902-1994 — JWTa
Lottie R. w/o Frederick 1904-1983 — JWTa
CHRASTINA, Ann C. 1903-1987 — Dwng
CHRISTIE, Margaret 1901-1984 — ChMd
CHURCH, Mary Davis (w/o Robert J) 14 Jun 1917-____ — Nels
Robert James (h/o Mary D) 1Lt USMC WWII 2 Mar 1919-9 Jul 1981 — Nels
CHURN, Bertha I. (w/o Norris E) 1898-1961 — Grtn
Blanche M. (w/o William M) 1893-1966 — Grtn
Dorothy Chase 1892-1983 — Grtn
Edward C. (h/o Mollie H) 6 Apr 1891-20 Sep 1979 — JWTa
Infant s/o Edward C. & Mollie H. b&d 27 Aug 1923 — JWTa
Jewel M. 6 Jan 1896-2 Apr 1898 — Beth
John E. (h/o Katherine) s/o Wm W & Sallie A 1 Jul 1832-20 Feb 1892 — Chrn
Katherine T. w/o John E. 8 Jan 1843-9 Jul 1907 — Chrn
Mary F. w/o Samuel J. 1871-1962 — Dwng
Mollie H. (w/o Edward C) 27 Dec 1885-15 Sep 1978 — JWTa
Norris E. (h/o Bertha I) 1894-1964 — Grtn
Sallie A. w/o William W. __ __ 1806-16 May 1876 — Chrn
Samuel J. h/o Mary F. 1869-1943 — Dwng
Sarah A d/o Jno&Kath w/o Jas E Lewis, R.W Matthews 25 Sep 1864-9 Mar 1930 — Chrn
William M. (h/o Blanche M) 1889-1964 — Grtn
William W. (h/o Sallie A) d. 1 Apr 1861 aged 57yrs 10mos 7dys — Chrn
CITRO, Louis Lawrence 1921-1961 — Dwng
CLARK, (-----) (s/o Samuel & Jennie) 8 Sep 1908-18 Jul 1913 — ChMc
Adford (h/o Alice V) 1895-1957 — ChMd
Alice M. (w/o Kedrick V. Sr) 1922-1985 — ChMd
Alice V. (w/o Adford) 1903-1972 — ChMd
Annie M. w/o Capt Thomas 11 Jan 1860-7 Dec 1891 — ChCl
Audrey B. (w/o Hillary E) 1906-____ — ChGn
C. Thomas (h/o Chattie B?) 1892-1935 — ChGn
Charles H. USCG WWII 23 Apr 1909-28 Mar 1992 — ChMc
Charles S. (h/o Mary L) 1869-1947 — ChGn
Charles S. Jr S2 USNRF 1895-8 Mar 1938 — ChGn
Charlotte w/o Lanor 1855-1932 — ChRm
Chattie B. (w/o C. Thomas?) 1896-1959 — ChGn
Clarence L. (h/o Mildred B) 1906-____ — ChMc

Caucasian Tombstone Inscriptions 81

CLARK (Con't), Clarence P. Infant s/o Clarence L. & Mildred B. (no dates) — ChMc
Cora Lee (w/o Jeremiah C) 1890-1951 — ChRm
David L. 17 Feb 1940-30 Aug 1954 — TgMa
Edward (h/o Josephine) 1906-1975 — ChMc
Edward F. (h/o Laura W) 1882-1962 — ChMc
Elias Corp. 1 Loyal Eastern Va Vols (no dates) — ChMc
Elodie (d/o John S. & Lizzie J) 4 Jan 1906-13 Oct 1908 — ChMc
Emma (w/o George H) 1883-1970 — ChMc
Floyd W. h/o Pansy W. Co K 47 Inf WWII 24 Sep 1914-8 Jan 1956 — Dwng
George h/o Martha E. 1883-22 Jun 1951 — TgMa
George Henry (h/o Emma) 1873-1945 — ChMc
George T. (s/o Hilton & Lula?) PFC USA WWII 11 Jul 1924-4 Apr 1987 — Dwng
Gloria H. (w/o Norman) 24 Jul 1929-___ — JWTa
Hillary E. (h/o Audrey E) BM2 USCG 10 Feb 1902-13 Sep 1974 — ChGn
Hilton h/o Lula M. 1899-1956 — Dwng
James 1886-1961 — Dwng
James R. h/o Laura J. 1903-1950 — Dwng
Jennie K. (w/o Samuel F) 1887-1973 — ChMc
Jeremiah C. (h/o Cora L) 1887-1944 — ChRm
John Leon h/o Norma B. PFC MP USA WWII 18 May 1927-19 May 1984 — Dwng
John S. (h/o Lizzie J) 1873-1945 — ChMc
Johnie (s/o John S. & Lizzie J) 21 Mar 1903-25 May 1905 — ChMc
Josephine (w/o Edward) 1912-1959 — ChMc
Keddrick V. Jr 1945-1969 — ChMc
Kedrick V. Sr (h/o Alice M) 1919-___ — ChMd
Lanor (h/o Charlotte) 1849-1937 — ChRm
Laura J. w/o James R. 1887-1977 — Dwng
Laura W. (w/o Edward F) 1886-1963 — ChMc
Lizzie J. (w/o John S) 1875-1950 — ChMc
Lula M. w/o Hilton 1901-1991 — Dwng
Lulu M. (w/o William) 1885-1963 — ChMc
Malcom (s/o Charlie) (no dates)(temp) — SxEl
Martha (d/o John S. & Lizzie J) 15 Aug 1914-17 Oct 1917 — ChMc
Martha E. w/o George 1888-1961 — TgMa
Mary (d/o John S. & Lizzie J) 15 Aug 1914-16 Sep 1917 — ChMc
Mary H. (w/o Norman L) 1933-___ — JWTa
Mary L. (w/o Charles S) 1875-1962 — ChGn
Mildred B. (w/o Clarence L) 1906-1968 — ChMc
Norma B. w/o John Leon 24 Jun 1930-___ — Dwng
Norman "Dink" (h/o Gloria H) 7 Jan 1918-___ — JWTa
Norman L. "Chattie" h/o Mary H. 1929-1993 — JWTa
Owen Cpl Co E 318 Inf 80 Div WWI Ph 10 Jul 1897-18 Oct 1953 — ChMc
Pansy W. (w/o Floyd W) 1915-1987 — Dwng
R. Russell USN WWII 13 Sep 1922-20 Dec 1986 — ChMc
Roland S2 USCG WWII 31 Oct 1911-15 Apr 1982 — ChTh
Royce Lee Infant s/o Clarence L. & Mildred B. (no dates) — ChMc

CLARK (Con't), Roger S. 1943-1981 — Dwng
Samuel F. (h/o Jennie K) 1876-1960 — ChMc
Sewell Ray s/o G.W. & Martha E. 1930-1942 — TgMa
Somers 1881-1950 — Dwng
Somers C. 8 May 1859-25 Feb 1880 — ChCl
Susie (m/o Elva or Melissa Clark) 1864-1940 — ChRm
Virginia F. (w/o Wilmer) 1907-1967 — ChMc
Virginia S. 23 Jan 1925-3 May 1986 — JWTa
Walter Donald 1940-1975 — ChMd
William (h/o Lulu M) 1871-1960 — ChMc
Wilmer (h/o Virginia F) USCG WWII 29 Jan 1905-19 Dec 1978 — ChMc
Wilmer R. Pvt Infantry WWII 10 Mar 1927-29 Nov 1945 — ChMc
CLARKE, Frank E. Rev. (h/o Ruth H) 1893-1965 — JWTa
Ruth H. (w/o Rev. Frank E) 1898-1972 — JWTa
William (h/o Mary Ellis) 15 Jan 1900-26 Dec 1931 — SxEl
CLAYTON, Hannah w/o John 11 Sep 1818-12 Apr 1871 — Hinm
Jesse D. 9 Nov 1847-26 Jun 1874 — Clay
Maggie B. (w/o Thomas E) 1886-1962 — Glfd
Susan P. d/o John & Hannah 27 Jan 1841-18 Apr 1861 — Hinm
Susan R. w/o John W. 5 Oct 1836-24 Oct 1855 — Clay
Thomas E. (h/o Maggie B) 1885-1954 — Glfd
CLAYVILLE, Bertie E. (w/o Harry W) 1891-1968 — ChMc
Elizabeth w/o James R. 8 May 1851-13 Jan 1920 — ChRm
Ellen J. w/o George O. 20 Jan 1843-6 Apr 1896 — ChBu
Elwood J. 1909-1980 — Dwng
George A. (h/o Josephine) 30 Apr 1866-30 Sep 1947 — ChGn
Harry W. (h/o Bertie E) 1885-1945 — ChMc
James R. (h/o Elizabeth) 1849-1925 — ChRm
Josephine w/o George A. 26 May 1879-7 Dec 1925 — ChGn
Mary A. 28 Feb 1818-18 May 1890 — ChBu
Robert w. s/o John H. 21 Feb 1907-31 Dec 1928 — ChGn
Sallie E. d/o Wm J. & Vesta E. 9 Nov 1858-20 Dec 1900 — ChWh
Vesta E. w/o Wm J. 18 Oct 1839-26 Dec 1922 — ChWh
William J. (h/o Vesta E) 19 Oct 1827-1 Oct 1898 — ChWh
Willie H. s/o Fhicy(?) & John H. 2 Feb 1888-____ (below ground) — ChBu
CLEAR, George T. (h/o S. Edith) 1885-1947 — ChMc
S. Edith (w/o George T) 1892-1970 — ChMc
CLINE, Bessie B. (w/o Frank) 1919-1971 — Glfd
Frank (h/o Bessie B) 1917-1983 — Glfd
CLOUD, Delmarva (w/o John F) 14 Oct 1902-1 May 1962 — ChRm
John F. (h/o Delmarva) 8 Jan 1896-20 Jun 1959 — ChRm
CLUFF, Elton C. (s/o Sadie E. & H. Curtis) 1891-1971 — ChMc
H. Curtis (h/o Sadie E) 1869-1955 — ChMc
James Co A 1 Loyal Easter Va Inf (no dates) — ChMc
Sadie E. (w/o H. Curtis) 1874-1956 — ChMc
COALE, Dennis S. (h/o Estelle G) 1893-1990 — JWTa

Caucasian Tombstone Inscriptions

COALE, (Con't), Estelle G. (w/o Dennis S) 1896-1977	JWTa
COARD, Nellie Bloxom 1895-1972	Blxm
COBB, Warren Burr 8 Sept 1921-19 Feb 1984	Dwng
COCKNELL Clara Lucas 1887-1968	Wssl
COCKRAN, Willard M. SFC WWII 19 Jun 1913-22 Jan 1960	Dwng
COFFEY, Marion Douglas 1943-1992	Nels
Marion Otis TEC 5 Btry B 805 Fa Bn WWII 19 Feb 1915-18 Apr 1963	Nels
COFFIN, Andrew M. (h/o Georgie N) 1887-1960	Gnbk
Georgie N. (Nock) (w/o Andrew M) 1888-1967	Gnbk
Marie Tull (w/o Marvin A) 1913-1974	Gnbk
Marvin A. (h/o Marie T) 1909-1985	Gnbk
Richard A. 1937-1992	Gnbk
Victor C. 1933-1983	Gnbk
COLBOURN, Elizabeth A.C. w/o J.W. 18 Aug 1849-2 Nov 1912	Dwng
Emily E. 24 Sep 1874-10 Nov 1929	Dwng
J.W. h/o Elizabeth 24 Oct 1840-20 Jun 1921	Dwng
COLBURN, Hester C. w/o William J. 17 Aug 1823-28 Apr 1888	Brit
Eliz R (d/oWm Downing w/o S Bloxom & Jno Colburn) 26 Feb 1810-11 Oct 1873	Dwng
COLEY, Able D. (h/o Nina J) 1922-___	ChMc
Nina J. (w/o Able D) 1923-___	ChMc
COLLINS, Alberta M. (d/o Wm T. & Gleaner C) 1906-1928	ChGn
Allen F. 1916-1993	Gnbk
Carlton h/o Frances 1921-___	Dwng
Carrie Tull (w/o Harry N. Sr) 1872-1940	Gnbk
Charles (h/o Hester) 28 Jan 1828-15 Jun 1906	ChRm
Charles W. (h/o Julia C) 22 Mar 1915-___	JWTa
Charlie W. (h/o Lottie T) 1890-1956	ChRm
Earl Woodrow (h/o Elnora) 1912-1988 (temp)	Dwng
Edith M. w/o Lynwood A. 1923-1972	SxEl
Elmer F. (h/o Myrtle W) 1885-1932	Gnbk
Elnora (w/o Earl W) 1921-1989 (temp)	Dwng
Elton W. (h/o Louise V) 1905-1992	Kngt
Frances w/o Carlton 1925-___	Dwng
Gleaner C. (w/o Wm T) 1877-1922	ChGn
Harriett T. 25 May 1819-24 Oct 1890	TullW
Harry N. Jr (h/o Lillian P) 21 Mar 1906-31 Oct 1946	Gnbk
Harry N. Sr (h/o Carrie Tull) 1875-1961	Gnbk
Hester w/o Charles 4 Feb 1831-26 Apr 1892	ChRm
Hillary T. (h/o Mildred L) 29 Jan 1905-12 May 1978	JWTa
Horace E. (h/o Rubie E) 1891-1961	JWTa
James T. (h/o Willie A) 1866-1941	Grtn
Jency L. (w/o Robert L) 1886-1971	Grtn
John E. Jr (h/o Martha A) 1927-___	JWTa
John E. Sr 1888-1965	Watv
Julia C (w/o Charles W) 28 Mar 1913-21 May 1994	JWTa
Laura Elizabeth w/o Thomas J. 25 Sep 1868-20 Feb 1927	JWTa

COLLINS (Con't), Leah Ellen (w/o Peter R.W) 24 Sep 1851-7 May 1906　Gnbk
Lillian P. (w/o Harry N. Jr) 1 Jun 1909-14 May 1981　Gnbk
Lottie T. (w/o Charlie W) 1896-____　ChRm
Louise V. (w/o Elton W) 1906-____　Kngt
Lynwood A. h/o Edith M. 1916-1973　SxEl
Madeline C. (w/o Vernon T) 1908-1992　Grtn
Maria C. (w/o William J) 1869-1937　ChRm
Martha A. (w/o John E. Jr) 1932-1976　JWTa
Mary A. (w/o Nelson P) 1893-1986　Gnbk
Mildred L. (w/o Hillary T) 6 Dec 1916-16 Jul 1987　JWTa
Mollie S. (w/o Thomas U) 1892-1974　Grtn
Myrtle W. (w/o Elmer F) 1879-1961　Gnbk
Nan L. d/o Lewis & Zanie Spence 9 Feb 1911-29 Mar 1934　SxEl
Nellie 1914-1949　ChMc
Nelson P. (h/o Mary A) 1892-1958　Gnbk
Peter R.W. (h/o Leah E) 25 Dec 1843-6 Jul 1920　Gnbk
Preston T. 1907-1958　Grtn
Robert L. (h/o Jency L) 1885-1922　Grtn
Robert Lee s/o Nan L. 25 Mar 1934-26 Apr 1934　SxEl
Rubie E. (w/o Horace E) 1890-1974　JWTa
Thomas Jackson (h/o Laura E) 2 Oct 1861-13 Dec 1923　JWTa
Thomas U. (h/o Mollie S) 1884-1955　Grtn
Vernon T. (h/o Madeline C) 1903-1941　Grtn
Vernon T. 1942-1975　Kngt
William E. 1888-1960　Nels
William J. (h/o Maria C) 1865-1939　ChRm
William T. (h/o Gleaner C) 1873-1946　ChGn
Willie A. (w/o James T) 1865-1948　Grtn
COLONA, Alice Ida w/o Robert W. 10 Aug 1866-17 Jan 1894　ChTh
Annie D. w/o Ever? 10 Apr 1869-27 Apr 1908　ChAn
Annie D. (w/o George R) 1885-1955　ChMc
Billy s/o Robert & Mary b&d 11 Oct ____ (unclear)　ChGn
Ceola d/o Robert W. & Alice I. 12 Jan 1888-12 Jul 1888　ChTh
Charles W. s/o Wm H. & Patience A. 22 Apr 1894-13 Jun 1894　ChBu
Clara L. d/o Wm H. & Patience A. 27 Sep 1889-9 Jun 1900　ChBu
Elder W. s/o Robert W. & Alice I. 21 Jan 1891-21 Mar 1891　ChTh
Elmer VA PFC Hq Btry 43 Ca Bn WWII 12 Sep 1910-3 May 1959　ChGn
Everette J. 1917-1936　ChCn
Francis D. (h/o Mary E) 6 Sep 1848-14 Dec 1911　Gnbk
George R. (h/o Annie D) 1887-1967　ChMc
Harvey (h/o Helen E) 1904-1994 (temp)　JWTa
Helen E. (w/o Harvey) 1 Feb 1908-16 Jun 1985　JWTa
Irene B. w/o Lee 19 Dec 1899-8 Dec 1970　Dwng
J. Edward s/o J.K. & Mary M. 3 May 1907-19 Jan 1924　ChBu
J. Edward d. 3 Dec 1898 aged 27yrs 9mos 5dys　Zion
John K. (h/o Mary M) 1877-1963　ChBu

Caucasian Tombstone Inscriptions 85

COLONA (Con't), L.V. c/o J.K. & Mary M. (footstone only) — ChBu
Lee h/o Irene B. CBM USNRF WWI 19 Apr 1899-6 Oct 1968 — Dwng
Mary A. (w/o Wm C) 28 Jul 1832-4 Jul 1920 — Colo
Mary E. w/o Francis D. 1855-1930 — Gnbk
Mary M. (w/o John K) 1882-1957 — ChBu
Norman (h/o Roena D) 1891-1939 — ChGn
Olevia T. 1839-1925 — JWTa
Patience A. w/o William H. 8 Sep 1856-29 Jun 1917 — ChBu
Robert (h/o Mary) 30 Mar 1900-10 Jun 1929 — ChGn
Robert s/o Robert & Mary b&d 11 Oct ____ (unclear) — ChGn
Robert W. d. 24 Jun 1898 aged 39yrs — ChBu
Roena Daisey (w/o Norman) 1893-1939 — ChGn
Sarah K. d/o H.W. & Lily 1889-1924 — AtBp
Virginia C* w/o G.F. (no dates) — Zion
Willam H. (h/o Patience A) 22 Apr 1853-7 May 1928 — ChBu
William C. (h/o Mary A) 28 Jul 1830-10 Mar 1911 — Colo
COLONEY, Elizie A. w/o John R. d. 24 Sep 1870 aged 45yrs — ChBp
COLONNA, Andrew W (h/o Betty Colonna Bonniwell?) 1876-1940 — Mdst
Agusta M. 1w/o George W & d/o N.W & E.J Nock 1873-1909 — JWTa
George D.H. (h/o Sally A) 15 Oct 1833-7 Feb 1885 — Pakr
George W. (h/o Agusta M. & Lydia N) 10 Jul 1864-2 Feb 1924 — JWTa
Laura F. (w/o Lee D. & sis/o Horace Kelley) 1870-1942 — Brit
Lee D. (h/o Laura F) 1865-1907 — Brit
Lydia N. 2w/o George W. 12 Sep 1882-12 Dec 1935 — JWTa
Mattie J. w/o Walter K. 1902-1988 — Dwng
Mildred Est (w/oWm N) d/oJno W & Mary P Taylor 24 Nov 1900-14 Jun 1963 — JWTa
Nita Grace d/o Walter K. & Mattie J. 1933-1937 — Dwng
Sally A. 1 Feb 1833-19 Apr 1909 — Pakr
Walter K. h/o Mattie J. 1902-1963 — Dwng
Walter Kelley Jr 1926-1982 — Dwng
William Nock (h/o Mildred E) s/o G.W. & A. Midora 10 Jan 1903-3 Mar 1947 — JWTa
COLVIN, Alula Speight (w/o 1897-1992 — JWTa
Richard A. (h/o Alula S) 1884-1955 — JWTa
CONANT, Asa L. (h/o Viola F) 1891-1954 — JWTa
Frances (w/o Newman M) 1900-1991 — JWTa
Gracie T. (w/o William T?) 1880-1956 — JWTa
H. Warren (h/o Pauline E) 1904-1975 — JWTa
Henry W. (h/o Sarah F) 1879-1947 — JWTa
Margaret M. (w/o Newell R?) 1910-____ — JWTa
Newell R. (h/o Margaret M?) 1906-1979 — JWTa
Newman M. (h/o Frances) 1902-1979 — JWTa
Pauline E. (w/o H. Warren) 1910-1990 — JWTa
Sarah E. (w/o William N) 1861-1934 — JWTa
Sarah F. (w/o Henry W) 1884-1969 — JWTa
Viola F. (w/o Asa L) 1896-1985 — JWTa
William N. (h/o Sarah E) 1853-1935 — JWTa

CONANT (Con't), William T. (h/o Gracie T?) 1881-1958 — JWTa
CONKLIN, Christine B. w/o Louis F. ____-____ — Dwng
H. Winfred 1904-1953 — ChRm
Lillie M. 1881-1952 — ChRm
Louis F. h/o Christine B. 1900-1973 — Dwng
Mary E. 1908-1945 — ChRm
Scott Allen baby (no dates) — ChMc
CONLEY, Gladys F. (w/o Roy J) 1904-1973 — Grtn
Roy J. (h/o Gladys F) 1889-1960 — Grtn
CONNER, Edward Foster USCG WWII 16 Dec 1912-3 Oct 1985 — JWTa
Flora (w/o Floyd) 1907-1992 — ChMc
Floyd W. 1907-1964 — ChMc
Frederick Sr 15 Jan 1787-8 Jul 1868 — Conn
George W. (h/o Margaret J) 1857-1918 — ChRm
Indianna T. (w/o Reginald J) 1909-1983 — ChRm
Iona B. (Birch) (w/o R. Fulton) 1903-1978 — JWTa
James M. (h/o Lottie K) 1881-1972 — JWTa
Lottie K. (w/o James M) 1883-1957 — JWTa
Louis 1914-1992 (temp) — JWTa
Margaret J. (w/o George W) 1863-1939 — ChRm
R. Fulton (1h/o Iona B) 1910-____ — JWTa
Reginald J. (h/o Indianna T) 1904-1975 — ChRm
Stanley ENC USCG WWII 11 Mar 1904-5 Jul 1985 — Dwng
Wilfred S. s/o James M. & Lottie K. 30 Dec 1915-27 Dec 1920 — JWTa
William L. 1883-1947 — ChRm
CONQUEST, Baby (no dates) — JWTa
Alice Lee w/o J.F. d/o E.T.B. & Mary A Holland d 8 May 1905 aged 34y 7m 24d — Holl
Belle Stokes 2w/o Edward H. 29 Apr 1871-3 Mar 1941 — Dwng
Byard F. h/o Clara B. 1890-1956 — Dwng
Clara B. w/o Byard 1892-1976 — Dwng
Courtland K. 1906-1970 — JWTa
Delilah w/o Alfred E. 1 Oct 1830-2 Aug 1913 — Aswm
Earl W. (1h/o Kathryn Hatton Conquest Nock) 1898-1941 — JWTa
Edward H. (h/o Mary A) & s/o Jos & Mary 23 Mar 1816-15 Apr 1889 — ConqP
Edward H. h/o Mary V.B. & Belle S. 4 Sep 1853-23 Oct 1935 — Dwng
Edward T. (h/o Nellie D) 1895-1949 — Aswm
Eva W. (w/o Woodlon K) 1895-1978 — JWTa
Harriet D w/o Rich D d/o Geo & Eliz Lilliston 23 Nov 1808-25 Jul 1886 — ConqT
Hetty w/o William 25 Mar 1779-12 Jun 1860 — ConqT
Ida T. (w/o William H) 1874-1962 — Aswm
Infant d/o Joseph A. & Meta G. b&d 4 Aug 1913 — JWTa
John William s/o R.L. & Rosa T. 26 Sep 1925-15 Aug 1974 — JWTa
Joseph (h/o Mary) 13 Jun 1772-31 Dec 1860 — ConqP
Josephine S(Shields) (w/o Nathaniel B) 11 Jan 1857-31 Oct 1948 — AtBp
Joseph A. (h/o Meta T) 1886-1964 — JWTa
Maggie A. w/o Wm H & d/o Jeter & Mary M Savage 7 May 1861-6 Nov 1886 — AtBp

Caucasian Tombstone Inscriptions

CONQUEST (Con't), Meta T.(Thornton) (w/o Joseph A) 1890-1975	JWTa
Mary A. Broadwater w/o Edw H d. 27 Jul 1899 aged 81y 7ms	ConqP
Mary A.C. d/o Richard & Harriet 26 Apr 1835-22 Feb 1857	ConqT
Mary V. 1w/o Edw H d/o G.C.D. & Sallie A Bayne 19 Jan 1860-10 Jan 1900	Dwng
Mary w/o Joseph d/o 29 Apr 1849 aged 72yrs 3mos 17dys	ConqP
Nathaniel B. (h/o Josephine S) 26 Aug 1850-6 Jun 1925	AtBp
Nellie D. (w/o Edward T) 1899-1965	Aswm
Rebel LeCato s/o Ida T & Wm H (h/o Rosa T) 6 Jan 1901-23 May 1966	JWTa
Richard D. 23 Feb 1808-25 Aug 1858	ConqT
Robert H. 1935-1986	JWTa
Rosa Taylor (w/oRebel) d/o Mary P & Jno W Taylor 15 Sep 1897-26 Aug 1985	JWTa
Sarah R. 29 Feb 1844-13 Mar 1923	ConqT
Serena B. w/o Joseph 21 Oct 1816-22 May 1897	ConqH
William H. (h/o Ida T) 1864-1934	Aswm
Woodlon K. (h/o Eva W) 1889-1978	JWTa
CONTINO, John 1925-1977 (temp)	JWTa
Tony Pvt USA WWI 2 May 1897-28 May 1985	JWTa
COOK, Everett Eugene (h/o Patricia A) 3 Mar 1939-4 May 1991	Gnbk
Patricia Ann (Collins) (w/o Everett E) 12 Apr 1935-11 Jan 1972	Gnbk
COOPER, A.C. (foot stone only)	TgCa
Addie Mrs. (no dates)	TgCa
Edwin L. d. 25 Apr 1977 aged 57yrs 6mos 8dys	TgCa
Jackie Jr s/o Jackie & Edna 2 Nov 1954-14 Oct 1955	TgMa
John Allen (no dates)	TgCa
Joseph L. 29 Mar 1839-14 Jul 1917	TgCa
COPE, Dorothy Curtis (w/o Lewis E) 1912-1980	JWTa
Lewis Edw (h/o Dorothy C) USA WWII 8 Mar 1907-18 Apr 1976	JWTa
Thomas Alvarado "Vardo" 1942-1976	JWTa
COPES, Thomas S. (h/o Elizabeth) d. 22 Feb 1899 aged 68yrs	Cope
Elizabeth w/o Thos S (d/o Henry Hall?) aged 84yrs (no dates)	Cope
Henrietta S* 2d/o Thos S & Elizabeth 5 Jun 1848-19 Apr 1872	Cope
CORBIN, Amanda F. (w/o Ralph J?) 1 Jan 1837-22 Aug 1837	CorbJ
Annie L. (w/o Covington V) 1864-1944	Dwng
Barbary w/o Conventon d. 25 Sep 1756 aged 53yrs	CorbH
Bessie Miles (w/o Wm Fletcher King Corbin) 24 July 1895-15 Oct 1984	Dwng
C. Dale (h/o Virginia B) 1884-1948	AtBp
C. Hobson "Hob" h/o Clara L. 1898-1965	Dwng
Carrie Massey w/o Littleton J. 1867-1958	Brit
Charles R. (h/o Etta R) 1888-1981	Grtn
Charlotte T. (w/o Peter D?) 16 Sep 1806-26 Aug 1884	CorbJ
Clara L. "Sissy" w/o C. Hobson 1902-1987	Dwng
Conventon (h/o Barbary) 30 Aug 1778 aged 67yrs	CorbH
Corbin F. h/o Mary M. 1864-1943	Dwng
Cornelius (h/o Arinthia Corbin Greene) 29 Apr 1847-23 May 1920	JWTa
Covington V. (h/o Annie L) 1858-1949	Dwng
Daniel Dennis (h/o Marcie Lean) 28 Dec 1845-26 May 1927	JWTa

CORBIN (Con't), Daisy S. (w/o Nile J) 1883-1949	Grtn
Ellin w/o J.H. 26 Sep 1828-14 Feb 1911	CorbS
Etta R. (w/o Charles R) 1897-____	Grtn
Eva w/o Ralph D. 1890-1955	Mdst
Fannie B.(Bundick?) (w/o George T) 1885-1940	JWTa
George E. (h/o Lena N) 1881-1942	AtBp
George W. (h/o Missouri T) 1845-1920	JWTa
H.A.W (Henry A Wise Corbin b/o T.H.B bc 1847 moved from Vernon Miles farm)	JWTa
Helen Byrd (w/o Warner F Young Sr & Donald M Corbin) 1910-1994 (temp)	Dwng
Hortnese Hall w/o Robert J. 1863-1942	Grtn
Infant s/o Stephen & Florence 1 Aug 1924	JWTa
James C. h/o M. Marie & Nellie F. 25 Feb 1884-8 Mar 1940	Dwng
James H. (h/o Ellin) 25 Jun 1817-3 Mar 1890	CorbS
James W. 26 Jan 1849-12 Nov 1920	CorbS
John L. s/o L.J. & Carrie M. 6 Nov 1895-14 Sep 1905	Brit
Leah d/o Coventon & Barbary 1742	CorbH
Lena Nock (w/o George E) 1886-1970	AtBp
Littleton D. (h/o Mary C) 6 Dec 1810-28 Sep 1885	ConqH
Littleton J. (h/o Carrie M) 1 Mar 1851-19 Jan 1900	Brit
M. Marie w/o James C. 23 Dec 1894-3 Aug 1989	Dwng
Marcie Lena w/o Danl d/o Saml & Polly Philips Nock 23 Feb 1864-20 Dec 1950	JWTa
Mary C. (w/o Littleton D) 30 Jan 1820-18 Feb 1895	ConqH
Mary M. w/o F. 8 Dec 1872-2 Apr 1965	Dwng
Missouri F. (w/o Stphen) 3 Jan 1863-(1933)	SxMn
Missouri T. (w/o George W) 1847-1922	JWTa
Nellie F. w/o James C. 24 Feb 1889-1 Jan 1919	Dwng
Nile J. (h/o Daisy S) 1883-1945	Grtn
P.E. (Peggy E Parker Corbin w/o T.H.B. from Vernon Miles farm)	JWTa
Peter D. (h/o Charlotte T?) 25 May 1807-30 Sep 1875	CorbJ
Ralph D. (h/o Eva) 1887-1930	Mdst
Ralph J. (h/o Amanda F? & s/o Peter & Charlotte?) 26 Nov 1834-21 May 1863	CorbJ
Robert E. h/o Ruby V. 1891-1925	Dwng
Robert J. (s/o Charles R. & Etta R) 1931-____	Grtn
Robert J. (h/o Hortense H) 1863-1943	Grtn
Robert S. (s/o George W. & Missouri T?) 1890-1962	JWTa
Ruby V. w/o Robert E. 1892-1950	Dwng
Sallie A. w/o Joseph W. 14 Nov 1843-19 Jan 1920	CorbG
Sandra Marie 24 Jul 1984-4 Sep 1984 (temp)	JWTa
Seth M. s/o Daniel D. & Marcie L. 7 Oct 1883-15 Jan 1892	JWTa
Stephen (h/o Missouri) 7 May 1853-10 Nov 1923	SxMn
Stephen 28 Mar 1815-2 Oct 1884	Mulb
Sylvester B. 19 Aug 1856-9 Sep 1878	CorbS
T.H.B. (Thos H Bayly Corbin h/o P.E. b.c. 1847 d. 1917 from Vernon Miles farm)	JWTa
V. Fay 1928-1929	Mdst
Virginia B. (w/o C. Dale) 1891-1975	AtBp
CORBITT, Charles W. 21 Jun 1879-31 Jan 1894	TgMa

CORBITT (Con't), Mary M. w/o Richard d. 28 Jan 1899	TgMa
Richard h/o Mary M. d. 21 Sep 1902	TgMa
CORNPROPST, Margaret Shields 1889-1971	JWTa
CORWIN, Elizabeth D. 20 Jan 1865-16 Feb 1947	Dwng
CORYELL, A.G. 1876-28 Feb 1893	ConqH
Cornelius 1834-19 Feb 1894	ConqH
Eli C. (h/o Mary E) 1860-1928	Aswm
Emma J. w/o E.C. & d/o Ralph & Carrie Burrough 24 Apr 1864-12 Feb 1898	ConqH
Martha Florence w/o William A. 15 Dec 1867-13 Feb 1960	Grtn
Mary E. (w/o Eli C) 1863-1931	Aswm
Sarah 8 Jul 1830-4 Dec 1902	ConqH
Walter F. Sgt USA WWII 26 Jan 1906-8 Jul 1994	Aswm
William A. (h/o Martha F) 3 Aug 1869-15 Dec 1929	Grtn
COULBOURN, David Brian 1 May 1963-20 Jun 1982	Nels
George Calvin (h/o Mary M) 27 Dec 1916-23 Nov 1960	Nels
George R. (h/o Ida V) 11 Apr 1849-27 Jan 1932	ChRm
Ida V. 13 Dec 1871-25 Jun 1957	ChRm
Mary Matthews (w/o George C) 13 May 1918-29 Mar 1976	Nels
COULBOURNE, Agnes T. (w/o Louis P) 1923-____	JWTa
Albert T. 23 May 1926-____	Nels
Bertie W. w/o Herman W. 30 Jun 1887-12 Mar 1979	Dwng
David Jester (b&d?) 9 Jun 1944	JWTa
Edna L. w/o Karl T. 21 Jan 1912-____	Dwng
Elizabeth W. (w/o J.E) 1880-1948	Nels
Frederick W. (s/o J.E. Sr & Eliz W) USAF Korea 23 Mar 1925-2 Jan 1981	Nels
Herman W. h/o Bertie W. 27 Mar 1880-29 Jul 1959	Dwng
J.E. Sr (h/o Elizabeth W) 1881-1949	Nels
Karl T. h/o Edna L. 18 Jul 1908-29 Jul 1994	Dwng
Louis P. (h/o Agnes T) Hq Tri Cav Brig WWII 3 April 1923-3 Aug 1968	JWTa
Minos J. (h/o Rosa R) 13 Sep 1853-11 Jan 1942	Nels
R. Frances E. 1914-1915	Nels
Ralph S. (h/o Ruby T) 1902-1965 (temp)	Dwng
Rosa R. (w/o Minos J) 13 Jun 1851-20 Nov 1928	Nels
Ruby Tapman (w/o Ralph S) 1907-1992 (temp)	Dwng
Sonny W. USA 1947-1990	Dwng
COVERDALE, Bertie M. 6 Jan 1906-19 May 1979	ChGn
COVINGTON, Araminta P(Payne) (w/o Jacob H) 27 Jun 1870-4 Jun 1941	Brit
Bettie A. w/o G.W. 6 Oct 1848-3 Apr 1885	Brit
Catherine (w/o William R) 1854-1937	Brit
Charlotte M. 25 Jan 1851-17 Dec 1907	Brit
Farnk A. (h/o Mary E) 1863-1928	Nels
Florence F. 1887-1967	Brit
G.W. (h/o Bettie A) 28 Sep 1848-20 Nov 1911	Brit
John B. (h/o Lucy J) 1900-____	Brit
John W. s/o W.H. & Mary M. 27 Sep 1917	Brit
Jacob H. (h/o Araminta P) 11 May 1861-24 Nov 1932	Brit

COVINGTON (Con't), Lucy J. (w/o John B) 1896-1972 — Brit
Martha J. Hargis w/o Royston 15 Sep 1825-24 Aug 1893 — Brit
Mary E. (w/o Frank A) 1871-1963 — Nels
Royston (h/o Martha J) 23 Sep 1816-11 Jun 1880 — Brit
Royston Truitt 8 Oct 1894-4 Sep 1952 — Brit
W.R. (twin s/o G.W) 24 Mar 1885-4 Jul 1885 — Brit
William R. (h/o Catherine) 1854-1926 — Brit
Willie A* d. 4 Mar 1895 aged 23yrs — Jone
Willie E. (twin s/o G.W) 24 Mar 1885-1 Dec 1891 — Brit
COYNE, Richard E. h/o Pauline G. 28 Oct 1915-11 Nov 1989 — Dwng
Pauline G Parks w/o Edw T Parks & Rich E Coyne 27 Nov 1922-1 Mar 1987 — Dwng
CRAIGMILE, William E. (h/o Hilda H) New York USN ____-17 Aug 1939 — JWTa
Hilda Hall w/o Wm E (d/o Amanda & W Finney Hall) 26 Feb 1901-10 Dec 1976 — JWTa
Jean d/o William E. & Hilda H. 1925-1973 (she had been married) — JWTa
CRAMER, John N. (h/o Sara M) 12 Dec 1849-15 Jan 1929 — Frnk
Sara Martha w/o John N. 30 Apr 1858-5 May 1937 — Frnk
CREWE, Bamah E. 1928-1987 — Grtn
CROCKETT, (no given name) 1725-1802 — TgCa
Aggie M.(Myers) (w/o Severn J) 1867-1937 — JWTa
Alfred A. h/o Hazel L. 1893-____ — TgMa
Alfred L. h/o Nina Bradshaw & s/o Jno L & Lillie M. USMM WWII 1916-1949 — TgMa
Amanda D. 20 Jun 1863-26 Oct 1888 — TgMa
Amber Marie d/o Rodger & Shelia 21 Jan 1983 (only date) — TaylE
Amelia W. w/o P.S. 18 May 1870-27 Nov 1916 — TgCa
Andrew L. 29 May 1857-3 Jun 1923 — TgCa
Arabella 10 May 1846-27 May 1908 — TgMa
Asbury 10 Jan 1868-10 Mar 1925 — TgMa
Baby Martin s/o John Wesley & Sarah Emma (no dates) aged 9mos — TgCa
Barney B. s/o John M. & Emma R. 12 Jul 1873-23 Jan 1893 — TgMa
Beatrice E. 1911-1970 — TgMa
Betsy* 15 Feb 1839-15 Jan 1865 — RewC
Bettie L. 1871-1956 — TgMa
C. Hastings 1923-1924 — SxEl
Carroll W. s/o George M. & Matilda J. 21 May 1895-6 May 1900 — TgWe
Cecile 28 Apr 1904-3 May 1904 — TgMa
Charles A. Jr s/o Ashby & Est Pvt killed Italy 6 Jul 1924-21 Jan 1944 — TgMa
Charles A. 6 Oct 1852-29 Sep 1915 — TgMa
Charles Ashby 1896-1959 — TgCa
Charles B. 7 Apr 1860-23 Dec 1891 — TgMa
Charles F. s/o C.F. & Lessie 13 Jun 1921-21 Jan 1922 — TgCa
Charles F. 1887-1948 — TgMa
Charles H. 12 Dec 1873-29 Oct 1924 — TgMa
Charles N. 1906-1953 — TgMa
Charlie E. 1876-1966 — TgMa
Charles Weldon h/o Dorothy 20 Jul 1886-28 Jan 1934 — TgMa
Charlotte A. 23 Dec 1839-23 Jan 1900 — TgMa

Caucasian Tombstone Inscriptions   91

CROCKETT (Con't), Clarence h/o Nora L. 3 Sep 1879-22 Mar 1900	TgMa
Clara B. d/o Charles B. & Sarah A. 12 Aug 1891-13 Jul 1898	TgMa
Connor R. 1889-1942	TgMa
David 7 Nov 1833-25 Oct 1898	TgMa
David s/o Elisha & Anna d. 1 Jun 1882 aged 1yr 6mos	TgCa
Docia E. w/o Merriel 31 Jan 1898-20 Feb 1920	TgCa
Dorothy 1886-1958	TgMa
Dow 5 Mar 1824-6 Jul 1870	TgCa
Dow Feb 1844-5 Feb 1910	TgCa
Edward 20 Dec ___-22 Dec ___	TgMa
Edward C. s/o E.L. & Elverta 26 Jun 1895-4 Jul 1895	TgMa
Edward L. h/o Julia F. 1867-1935	TgMa
Edward S. 28 Nov 1850-16 Apr 1879	TgMa
Elisha T. d. 11 Sep 1934 aged 17	TgMa
Eliza A. 1871-1956	TgMa
Eliza d. 20 Oct 1865 aged 2yrs 6mos 19dys	TgCa
Elizabeth d. 9 Mar 1863 aged 93yrs	TgMa
Elizabeth w/o David Oct 1834-20 Nov 1908	TgMa
Ella M. w/o Otis 1889-1963	TgMa
Ellen 16 Jul 1857-5 Aug 1924	TgMa
Elliott T. 21 May 1833-25 Dec 1901	TgMa
Elmer S. 1 Jun 1888-4 Nov 1902	TgMa
Elverter 15 Jan 1862-25 Dec 1920	TgMa
Emily 10 May 1850-3 Nov 1922	TgMa
Emma B. 24 Jun 1909-7 Jun 1911	TgCa
Emma R. 25 Aug 1843-10 Oct 1911	TgMa
Emma Sue d/o Estelle & Ashby 8 Sep 1925-__ Jan 1926	TgCa
Estelle 1887-1950	TgMa
Evelyn S. w/o H.L. 2 Feb 1864-27 Jan 1934	TgMa
Farrel L. 1894-1962	TgMa
Flonia J. w/o Charles P. 10 Sep 1886-8 Jul 1933	TgMa
Florence A. w/o S.F. 1881-1949	TgMa
Frances P. w/o Lewis H. 1873-1945	TgMa
George A. 6 Aug 1855-19 Sep 1921	TgMa
George E. s/o Elliott & Cathrine b. 7 Jul 1859-6 Nov 1881	TgMa
George T. 15 Mar 1845-30 Aug 1851	TgMa
George W. PFC killed Manila P.I. 6 Feb 1923-12 Aug 1945	TgMa
George W. 22 Oct 1858-5 Sep 1925	TgWe
Gordon F. 1916-1955	TgMa
H. Wesley 1916-1958	TgMa
Hanson L. 1861-1949	TgMa
Harold Green 1904-1968	TgMa
Harold H. 16 May 1919-21 May 1928	TgMa
Hazel L. w/o Alfred A. 1895-1970	TgMa
Harry N. PFC Korea 16 Aug 1933-7 Mar 1970	TgMa
Henny w/o Severn 5 Nov 1828-31 Jan 1889	TgMa

CROCKETT (Con't), Henry 12 May 1864-16 Sep 1865 — TgMa
Henry 18 Aug 1870-8 Mar 1932 — TgMa
Henry d. 16 Nov 1811 — TgMa
Henry G. s/o H.C. & Sarah E. 14 Jul 1892-21 Jul 1892 — TgMa
Henry W. WWII 23 Feb 1916-23 May 1958 — TgMa
Hilda B. 9 Aug 1907-16 Jun 1974 — TgMa
Ida May d/o Henry & Sarah E. 9 Mar 1900-7 Mar 1901 — TgMa
Infant c/o Severn & Lola Moore (no dates) — TgCa
Irene w/o Ray N. 1906-1956 — TgMa
Isaiah 1883-1940 — TgMa
James D. 14 Apr 1888-3 Aug 1922 — TgMa
Jane 12 Apr 1838-13 Sep 1913 — TgWe
Jesse W. 1869-1932 — TgMa
John 13 Dec 1834-15 Mar 1889 — TgWe
John A. 1867-1945 — TgMa
John d. 17 Nov 1837 aged 71yrs 3mos 6dys — TgMa
John Lawson m. Lillie Mae Murphy 30 Apr 1905 1885-1970 — TgMa
John M. 10 Mar 1843-13 Dec 1901 — TgMa
John Wesley h/o Sarah Emma 1878-1963 — TgCa
Joyce P. 1926-1977 — TgMa
Julia C. w/o H.L. Jr 26 Dec 1883-29 Jul 1921 — TgMa
Julia F. w/o Edward L. 1874-1937 — TgMa
Laura 16 Apr 1861-22 Nov 1862 — TgMa
Leah H. 1884-1968 — TgMa
Lester G. 18 Jun 1928-9 Sep 1973 — TgMa
Lewis A. h/o Clara J. Nov 1859-1 Jun 1915 — TgMa
Lewis H. h/o Frances P. 18 Apr 1873-13 Sep 1937 — TgMa
Lewis H. 27 Sep 1880-9 Oct 1881 — TgMa
Lillie Mae Murphy w/o John L. 1886-1964 — TgMa
Lizzie F. 5 Sep 1881-10 Mar 1909 — TgCa
Lola S. (w/o William L) 8 Sep 1906-___ — Grtn
Lorenzo D. 1882-1959 — TgMa
Lovie A. (w/o Severn R. Stant & Bill Henry Crockett) 1859-1932 — SxEl
Lucy w/o Elizha (no dates)aged 51yrs — TgMa
Lula B. w/o Leiws A. 26 Feb 1889-11 Oct 1921 — TgMa
Maggie Infant 1923 — TgWe
Mahlon A. 14 May 1881-22 Oct 1921 — TgMa
Major 8 Jan 1828-14 Jan 1897 — TgMa
Margaret E. 14 Feb 1846-24 Aug 1896 — TgMa
Margaret L. 7 May 1834-23 Oct 1902 — TgMa
Marie Estelle d/o Ashby & Estelle 17 Dec 1928-19 Jan 1929 — TgCa
Mary 1861-1938 — TgMa
Mary A. 12 Feb 1815-17 Jul 1894 — TgCa
Mary A. 20 Mar 1842-3 Sep 1854 — TgMa
Mary A. 1861-1932 — TgMa
Mary E. 23 Apr 1869-13 Feb 1902 — TgMa

CROCKETT (Con't), Mary J. 15 Jul 1870-9 Nov 1870 — TgMa
Mary R. 19 Apr 1889-9 Oct 1891 — TgMa
Matilda 20 Apr 1848-27 Feb 1919 — TgCa
Matilda Jane 1860-1940 — TgWe
Matilda M. 2 Aug 1883-17 May 1943 — TgMa
Merrel E. 1896-1953 — TgMa
Milbourne H. 1907-1972 — TgMa
Milton (h/o Drucilla Marshall & Margaret Martin) 1914-1964 — SxEl
Minnie C. 18 Nov 1880-24 Nov 1905 — TgMa
Missouri B. w/o Sidney F. 6 Jan 1879-4 Apr 1900 — TgMa
Neal R. 1967-1975 — TgMa
Nelley 21 Jan 1856-5 Sep 1859 — TgMa
Nellie A. w/o Charles A. 28 Mar 1858-19 Mar 1898 — TgMa
Nellie F. 1886-1953 — TgMa
Nellie J. 6 Jan 1886-6 Jan 1907 — TgMa
Nellie K. (w/o William J) 1905-1970 — JWTa
Nelly 28 Feb 1816-1 Nov 1850 — TgMa
Nettie J. w/o W.H. 27 Oct 1894-19 Jul 1927 — TgWe
Neva Eunice d/o Lewis & Frances 30 Sep 1898-26 Jan 1908 — TgMa
Noah 24 Feb 1862-2 Jul 1912 — TgWe
Norman S. 27 May 1908-__ Oct 1908 — TgWe
Otis h/o Ella M. 1890-____ — TgMa
Peter d. 23 Feb 1882 aged 66yrs — TgCa
Polly Catherine 1845-1919 — TgMa
Rachel E. w/o Seward F. 25 Apr 1892-13 Nov 1936 — TgMa
Ralph L. s/o C.G. & Hattie C. 21 Jan 1920-16 Dec 1925 — TgMa
Rebecca A. 1882-1967 — TgMa
Roland 1904-1924 — TgMa
Roland 7 Jun 1902-5 Nov 1902 — TgMa
Ruth d/o Weldon & Dortha d. before 1925 — TgWe
Sadie Bet d/o T.A. & M.E. 13 Aug 1879-4 Oct 1886 — TgMa
Sallie A. 26 Nov 1864-28 Mar 1930 — TgMa
Sally d. 25 Feb 1872 aged 69yrs — TgCa
Samuel G. 1921-1966 — TgMa
Samuel Infant s/o Connor & Mirriah (d. circa 1925) — TgWe
Sarah E. m. Willie A. 17 Jun 1931 1912-8 Oct 1966 — TgMa
Sarah Emma w/o John Wesley 1881-1962 — TgCa
Sarah w/o John d. 4 Dec 1870 aged 63yrs — TgCa
Severn J. (h/o Aggie M) 1863-1938 — JWTa
Walter Infant 1923 — TgWe
Willard F. 1885-1968 — TgMa
William J. (h/o Nellie K) USN WWI 30 May 1891-26 Oct 1966 — JWTa
William L. (h/o Lola S) 18 Jan 1908-4 Nov 1991 — Grtn
William Wesley 23 Jan 1930 17 Aug 1967 — TgCa
Zackariah 13 Oct 1831-12 Jan 1878 — TgCa
Zipporah E. w/o Marjor 23 Sep 1881-4 Oct 1907 — TgMa

CROPPER, Adae d/o Wm F.R & Mary d 19 Dec 1882 aged 6ys 8ms 11ds   ChBu
James E. (h/o Martha A) 16 May 1843-10 Feb 1912   ChMc
John s/o Dr John Washington Cropper & Mary Ann 5 Aug 1855-6 Oct 1857   Crop
Margie J. (w/o William S) 1905-1993   Nels
Martha A. (w/o James E) 1846-1928   ChMc
Mary E. w/o Wm F.R. 25 Feb 1848-10 Dec 1899   ChBu
Robert 20 Jan 1971-19 Sep 1992   Nels
Rowener G. d/o Wm F.R. & Mary d. 3 Oct 1872 aged 5mos 25dys   ChBu
Thos Bayly 2s/o Jno W Cropper & Mary gs/o Major Savage 3 Aug 1855-__1856   Crop
William D* (b/o Harriet Cropper Hurley) d. Feb 1912   Hurl
William F.R. (h/o Mary E) 28 Aug 1832-23 Jun 1918   ChBu
William S. (h/o Maggie J) 1884-1960   Nels
CROSS, A. Belmont (h/o Blanche P) 1885-1950   Pakr
Cross Blanche P. (w/o A. Belmont) 1889-1958   Pakr
CROSWELL, Marie S* d. 5 Sep 1856   Cros
Anna M.H. d/o Jonathan & Arinthia E.S. d. 6 Jan 1857 aged __   Cros
Arinthia E.S. w/o John H. d. 11 Dec 1856 aged 21yrs   Cros
John H* s/o George & Marie d. 6 Sep 1856 aged 24yrs   Cros
CROWLEY, Allen H. (h/o Martha P) 1903-1973   Frnk
Charles P. (h/o Eva H) 1879-1960   Gnbk
Elijah S. 1867-1938   Frnk
Eva H. (w/o Charles P) 1880-1953   Gnbk
James S. 10 Apr 1909-17 Jul 1985   Frnk
Leland D. (h/o Rebecca R) 3 Aug 1893-23 Oct 1978   ChMc
Leland Eugene s/o Leland & Rebecca C. 24 May 1920-24 May 1920   ChMc
Margaret D. w/o Samuel J. 19 Aug 1849-14 Feb 1904   Frnk
Martha P. (w/o Allen H) 1907-1986   Frnk
Rebecca R. (w/o Leland D) 16 Mar 1902-11 Oct 1946   ChMc
Samuel J. (h/o Margaret D) 13 Mar 1841-16 Nov 1921   Frnk
CULLEN, Elizabeth A. w/o John S. 1854-1933   Dwng
J. Neal 1882-1958   Dwng
John S. h/o Elizabeth A. 1849-1933   Dwng
Ruth d/o J.S. & R.J. (no dates)   DrumJ
William E. (Ned) 1884-1974   Dwng
CULP, Charles A. (h/o Georgie M) 1911-____   Gnbk
Edward Mason Jr s/o Shirley Dennis & E.M. Culp 30 Dec 1965-4 Apr 1985   Gnbk
Georgie M. (w/o Charles A) 1907-____   Gnbk
CURTIS, Bessie Jane (w/o Samuel J. "Sammie") 1922-1970   Grtn
Clara Maie w/o William E. 15 Nov 1887-3 Mar 1913   Grtn
Earnest S. 1950-1958   Grtn
Issac H. Sr USA 1910-1982   Grtn
Samuel J. 22 Apr 1869-20 Jan 1935   Grtn
William E. (h/o Clara Maie) 28 Nov 1884-3 Jun 1938   Grtn
Violet Louise 1917-1976   Wssl
CUSTICE, Willie L. s/o J.P. & Maggie 22 Jan 1902-7 Aug 1908   Cust
CUSTIS, Ada Susie 1891-1980   Nels

CUSTIS (Con't), Ada W. w/o L.W. ___ ___ 1837-16 Dec 1873 — Cust
Alan Parker 1924-1934 — Nels
Albert H. 1913-1913 — Nels
Alice Grace 1910-1988 — Nels
Bertha W. (w/o Charlie S) 1910-1970 — Wdby
Charlie S. (h/o Bertha W) 1905-1957 — Wdby
David N. h/o Minnie R. 1888-1971 — Dwng
Elisha J. (h/o Henrietta T) 1854-1939 — Beth
Eliza S. w/o Wm S & (d/o Col Wm Stran) 11 Feb 1792-16 Jul 1837 — Stra
Harry J. (no dates) — Nels
Henrietta T. (w/o Elisha J) 1861-1913 — Beth
Infant s/o Robert L. & Mary E. 1900 only date — Cust
James M. (h/o McCreany G) 1867-1952 — Nels
John H. (h/o Sallie C) 9 Jan 1800-5 Oct 1875 — Cust
Lester F. 1909-1909 — Nels
Luther J. (no dates) — Nels
Luther W. (h/o Ada W) 30 Sep 1833-15 Feb 1887 — Cust
Mary Ada (no dates) — Nels
McCreany G. (w/o James M) 1873-1934 — Nels
Minnie R. w/o David N. 1891-1986 — Dwng
Nancy C. (no dates) — Nels
Robert S. (no dates) — Nels
Sallie C. (w/o John H) 20 Sep 1801-23 Sep 1867 — Cust
Samuel C. 1893-1907 — Nels
Samuel J. "Sammie" h/o Bessie J. USA WWII 1919-1985 — Grtn
Theodore P. 4 Jun 1862-27 Mar 1923 — Wdby
Upshur J. 1906-1967 — Nels
William J. (no dates) — Nels
CUTLER, Arressie J. (w/o George W) 1877-1960 — JWTa
Alexander Smith (s/o Wm H & Mary A?) 12 Aug 1884-25 Apr 1913 — Stan
Cornelius W. "Neal" (s/o Wm H. & Mary A) 1876-1952 — Stan
Drucilla 19 Mar 1837-___ 1885 — Cutl
Elizabeth A. (w/o James P) 30 Jun 1858-17 Mar 1944 — JWTa
Ellen Tarr (w/o Thomas W) m. 19 May 1946 26 Sep 1926-___ — JWTa
Ernest W. 1873-1941 — JWTa
George s/o Joseph C. & Matilda 18 Feb 1889-10 May 1907 — SxCu
George T. (h/o Drucilla) 16 Feb 1839-11 Jan 1882 — Cutl
George W. (h/o Arressie J) 1875-1927 — JWTa
Hetty* (w/o Smith) 1 Sep 1811-6 Aug 1848 — ByrdB
James Franklin (h/o Monia K) 1894-1953 — JWTa
James P. (h/o Elizabeth A) 20 Jan 1852-6 Dec 1926 — JWTa
John S. (h/o Rebecca J) 19 Aug 1836-11 May 1927 — Dwng
John W. (h/o Sarah E) 16 Oct 1843-17 Jan 1912 — JWTa
Mary A. (w/o William H) 1849-1932 — Stan
Monia Knight (w/o James F) 1899-1958 — JWTa
Ray H. s/o George W. & Arressie J. 1910-1931 — JWTa

CUTLER (Con't), Rebecca J. (w/o John S) 12 Apr 1845-7 Feb 1927 — Dwng
Roslie d/o J.F. & M. 11 May 1932-22 Feb 1934 — JWTa
Ruby F. (w/o William L) 1903-1974 — JWTa
Sarah E. w/o John W. 29 Apr 1845-3 Feb 1912 — JWTa
Smith* (h/o Hetty) 2 Jun 1810-16 Apr 1871 — ByrdB
Susan 1846-1931 — JWTa
Thomas W. (h/o Lettie Matthews) 1882-1937 — JWTa
Thomas W. (h/o Ellen T) m. 19 May 1946 1922-1980 — JWTa
Wallace L. (s/o William L. & Ruby F) 1919-1919 — JWTa
William H. (h/o Mary A) 5 Aug 1848-23 Apr 1915 — Stan
William L. (h/o Ruby F) 1896-1967 — JWTa
Winnie Grace (d/o William L. & Ruby F) 1922-1922 — JWTa
CUTRIGHT, Catherine A. (w/o Harold D) 2 Feb 1898-15 Jul 1985 — Frnk
Harold D. (h/o Catherine A) 15 Apr 1903-25 Mar 1979 — Frnk
DAISEY, (-----) 1923-1967 (temp) — Dwng
Agnes (w/o John S) 1899-1968 — ChGn
Albert T. h/o Janie H. 1880-1955 — Dwng
Alice West 1906-1983 — Dwng
Annie Lee 1890-1921 — ChGn
Annie M. (w/o John H) 1872-1937 — ChGn
Arden h/o Elizabeth 1868-1956 — Dwng
Arthur 1914-1952 — ChMc
Beatrice (w/o Walter) 1902-1978 — ChGn
Bennie P. h/o Lenore P. 16 Dec 1909-31 Mar 1993 — Dwng
Bessie L. (w/o Sidney L) 1894-1966 — ChRm
Bessie S. w/o Odele 16 May 1898-25 Feb 1917 — ChGn
Carl 1926-1955 — ChMc
Carlton J. 1914-1948 — ChGn
Carrell s/o Charles D. & Clara 17 Dec 1912-27 Mar 1912 — ChGn
Catherine 1w/o James D. d. 20 Jan 1881 (no age) — ChGn
Charles O. (h/o Clara B) 1883-1970 — ChGn
Chester A. (h/o Ruby J) 1906-1971 — JWTa
Clara B. (w/o Charles O) 1887-1976 — ChGn
Clifton h/o Grace M. 25 Nov 1902-29 Apr 1983 — Dwng
David (h/o Lucy A) 3 Mar 1865-12 Nov 1934 — ChMc
David H. (h/o Mollie M?) 1896-1978 — Dwng
David P. 1870-1936 — ChGn
Dimmirah (w/o P.P?) 1875-1933 — ChGn
Dora W. d/o P.P. & D.E. 9 Apr 1890-7 Jul 1892 — ChGn
Dorothy A. 1945-___ — Dwng
Edith B. (w/o John S) 1903-1977 — ChGn
Edna Taylor (w/o Forrest) 10 Nov 1904-16 Aug 1972 — ChRm
Elizabeth B. w/o Parker T. 2 Jun 1869-6 Jul 1938 — ChGn
Elizabeth Cherricks 3 Mar 1920 — JWTa
Elizabeth M. (w/o Parker T) 18 Jul 1860-3 Apr 1923 — ChGn
Elizabeth Scott (w/o Archie T?) 1881-1967 — ChGn

Caucasian Tombstone Inscriptions

DAISEY (Con't), Elizabeth w/o Arden 1877-1958 — Dwng
Elva A. Jr (h/o Ruth B) 1904-1977 — ChMc
Elva A. (h/o Mary A) 1879-1972 — ChMc
Elwood (h/o Mildred) 1902-1968 — ChGn
Emma J. (w/o Herbert L) 1909-___ — ChGn
Everett Lee VA S1 USN WWII 6 May 1927-1 Feb 1952 — Dwng
Everett T. 1905-1984 — Dwng
Faye B. (w/o Fletcher) 1913-1979 — JWTa
Fletcher (h/o Faye B) 1907-___ — JWTa
Forrest (h/o Edna T) 5 Sep 1900-6 Sep 1951 — ChRm
Frazier (h/o Sadie L) 6 Jun 1859-27 Nov 1938 — ChBu
Gary 1938-1994 — ChMd
Geneva Munger 22 Feb 1905-18 Mar 1922 — ChMc
George A. 1878-1932 — ChGn
Grace M. w/o Clifton 9 Feb 1900-12 Dec 1982 — Dwng
Gracie May (w/o Kennie J) 26 Feb 1892-8 Sep 1994 — Dwng
Harold V. VA S1 USN WWII 12 Nov 1921-10 Jul 1966 — ChDa
Harry (h/o Lula Z. Reed?) 1904-1952 — ChGn
Hattie Jones 1883-1965 — Dwng
Helen C. 1922-1989 — Dwng
Henry H. (same stone with Emma Russell)1861-1904 — ChMc
Herbert L. (h/o Emma J) 1908-1980 — ChGn
Infant s/o Odele & Viola b&d 1922 — ChGn
Isaac A. 15 Feb 1855-1 Jun 1914 — ChGn
Isaac R. s/o Parker T. & Elizabeth M. 25 Sep 1889-9 May 1919 — ChGn
J.G. (unmarried) 18 Mar 1868-29 Jul 1942 — ChMe
James D. (h/o Polly H. & Catherine) 1846-1907 — ChGn
James D. 1967-1975 — Dwng
James K. (Kenny) 1967-1982 — ChDa
James W. (h/o Malinda A) 1861-1939 — ChGn
Janie H. w/o Albert T. 1883-1959 — Dwng
Janie Taylor 1856-1936 — Dwng
Jean Beebe Kay (w/o Lt George Jas Kay & Norwood E Daisey?) 1927-___ — ChGn
Jesse A. 10 Jul 1866-20 Jun 1924 — ChMc
John D. Capt. d. 8 Aug 1884 aged 53yrs — ChAn
John H. (h/o Annie M) 1873-1951 — ChGn
John S. (h/o Edith B) 1897-1968 — ChGn
John S. (h/o Agnes) 1890-1945 — ChGn
John T. (h/o Nancy M) 1846-1939 — ChBu
Joshua A. (h/o Mary A) 15 May 1845-16 Apr 1908 — ChDa
Joshua T. 1911-1948 — ChGn
Kennie J. (h/o Gracie M) 1886-1955 — Dwng
Lee W. 1912-1948 — Dwng
LeRoy 1898-1980 — ChGn
LeRoy Pvt USA WWII 28 Dec 1901-16 Nov 1976 — Dwng
Lenore P. w/o Bennie P. 22 Feb 1915-29 Jun 1986 — Dwng

DAISEY (Con't), Lola B. (w/o William R) 1902-1925	ChGn
Louis Parker S1 USCG WWII 22 Aug 1902-29 Jun 1971	ChTh
Lucy A. (w/o David) 7 Jan 1865-30 Aug 1942	ChMc
Lula Z. (w/o Harry?) 1895-1963	ChGn
Mabel L. 1913-1975	Dwng
Madeline 1903-1979	Dwng
Malinda A. (w/o James W) 1872-1932	ChGn
Margaret d. 20 Apr 1902 aged 21yrs 4mos 1dys	ChMe
Margaret D. 29 Nov 1933-28 Oct 1984	ChMc
Mark S. Sr 30 May 1915-15 May 1985	Dwng
Mark S. Jr 4 Feb 1951-11 Apr 1989	Dwng
Marvin (h/o Tressie) 1909-1991	ChDa
Mary A. (w/o Joshua A) 1841-1935	ChDa
Mary A. (w/o Elva A) 1895-1961	ChMc
Mary Ann w/o Wm P. (no dates)	ChGn
Mary d/o James D. & Polly H. 28 Feb 1905-19 Feb 1910	ChGn
Mary J. 20 Jul 1827-16 Jan 1903	ChMc
Maurice 1916-1963	ChGn
Mildred (w/o Elwood) 1905-1948	ChGn
Minnie L. 1894-1974	ChTh
Mollie J. (w/o Wm H) 1895-1975	ChDa
Mollie M. (w/o David H?) 1892-1965	Dwng
Nancy M. (w/o John T) 1846-1939	ChBu
Nelda d/o Wm R. 17 Dec 1919-3 Jan 1920	ChGn
Newman 1927-1994	ChGn
Norwood Emmett (h/o Jean Beebe Kay Daisey) 1925-1976	ChGn
Odell D. (h/o Viola T) 1893-1962	ChMc
Oneita (2w/o William R) 1911-1987	ChGn
Parker T. (h/o Elizabeth B) 8 Oct 1860-8 Dec 1929	ChGn
Parker T. (h/o Elizabeth M) 4 Jul 1848-7 May 1923	ChGn
Patricia Ann d/o Roy L. & Oneida K. 13 Jan 1940	ChGn
Polly H. w/o James D. 1868-1938	ChGn
Ruby J. (w/o Chester A) 1905-____	JWTa
Ruby Lee 1920-1941	ChGn
Ruth Ball (w/o Elva A. Jr) 1899-1963	ChMc
Sadie L. (w/o Frazier) 12 Jan 1862-2 May 1932	ChBu
Sherman W. S1 USN WWII Bronze Star 5 Feb 1924-20 Mar 1993	Dwng
Sidney J. 1898-1953	Dwng
Sidney L. (h/o Bessie L) 1891-1971	ChRm
Thomas C. s/o Carey & Cynthia 1942	ChMc
Tressie (w/o Marvin) 1911-____	ChDa
Viola T. (w/o Odell D) 1899-1974	ChMc
Walter (h/o Beatrice) 1896-1966	ChGn
William A. 1896-1957	Dwng
William (s/o Edith B & John S) USNR WWII 1 Jun 1924-27 Aug 1965	ChGn
William Daniel 1884-1918	ChGn

Caucasian Tombstone Inscriptions

DAISEY (Con't), William H. (h/o Mollie J) 1881-1950   ChDa
William H. s/o Parker T. 9 May 1879-22 Feb 1929   ChGn
William J. d. 3 Jun 1891 aged 61yrs 8mos 16dys   ChMe
William R. (h/o Lola B) 1900-1965   ChGn
Winfred Cox USN WWII 15 Feb 1922-12 Feb 1988   ChGn
Wm Ernest (no dates)   ChGn
Wm P. (h/o Mary Ann) (no dates)   ChGn
DALEY, Annie F. 13 Feb 1871-11 Jul 1961   TgMa
Eudella 5 Apr 1898-4 Nov 1960   TgMa
James G. Pvt 18 Apr 1895-6 Aug 1937   TgMa
John S. 1874-1939   TgMa
Nettie J. 1928-1963   TgMa
Shelia M. 1959-1963   TgMa
DARBIE, Mary I. d/o B.T. & S.T. 12 Dec 1851-26 Jun 1858   Rowl
DARBY, Adrian L. (h/o Leopoldine B) 1905-1978   Dwng
Adrian Wilson MD Cpl USA WWII 12 Apr 1924-16 Sep 1972   Gnbk
Archie "Arch" (h/o Eva N) 1883-1968   JWTa
Bertie Thornton w/o John T. 1886-1980   Dwng
Clarence J. Pvt Co L 325 Inf 82 Div WWI 28 May 1890-24 Jun 1962   JWTa
Earl W. 1907-1988   JWTa
Ernest L. (h/o Eva B) 1895-1960   JWTa
Etta Howard 1908-1934   JWTa
Eutha Smith (w/o Irvin E) 1887-1935   JWTa
Eva B. (w/o Ernest L) 1897-1990 (temp)   JWTa
Eva N. (w/o Archie) 1880-1966   JWTa
Harry G. 1907-1933   Aswm
Irvin E. (h/o Eutha Smith) 1881-1938   JWTa
J. Edward (h/o Virgie L) 1891-1982   JWTa
John Lynwood Sgt USA WWII 1 Oct 1919-6 Feb 1973   Dwng
John T. h/o Bertie T. 1879-1946   Dwng
Leopoldine B. (w/o Adrian L) 1900-1987   Dwng
Martha J. (w/o William H) 1870-1954   JWTa
Virgie L. (w/o J. Edward) 1893-1984   JWTa
William H. (h/o Martha J) 1868-1956   JWTa
William R. 1900-1944   JWTa
DARWIN, Geraldine G. w/o Walter S. 1907-1978   Dwng
Walter S. h/o Geraldine G. 1902-1969   Dwng
DAUGHERTY, Esther 1882-1965   JWTa
William Farlowe 1945-1976   Dwng
DAVIS, Addie (w/o Ranslow) 1892-1967   ChGn
Agnes Watson (w/o Charles B) 1897-1982   JWTa
Airy E. w/o Henry T. 12 Jan 1870-31 Oct 1901   ChRm
Alfred T. (h/o Eveline J) 27 Jan 1881-19 Dec 1908   MsBp
Alfred T. 1909-1992   Grtn
Annie E. w/o Major T. 18 Feb 1852-7 Jan 1919   Nels
Annie Frances (w/o Lawrence B) 1886-1946   Nels

DAVIS (Con't), Annie L. (w/o Victor A) 1931-____ ChBu
Annie L. w/o Henry J. 21 Jun 1887-22 Jul 1932 Beth
Annie P. (w/o Carl T) 1887-1968 Wssl
Bessie A. (w/o John R) 1883-1953 Frnk
Beulah H. (w/o Mornay G) 1887-1980 Nels
Braden N. 29 Jul 1907-9 Jan 1909 JWTa
Bugler Johnny s/o Warner T & Hattie USN 27 Dec 1903-12 Jul 1922 Grtn
Carl T. (h/o Annie P) 1883-1966 Wssl
Carlton S. 1907-1966 Nels
Carlton S. Jr VA QM2 USCG Korea 7 Dec 1932-15 Apr 1971 Nels
Carrie S. (w/o Harry W) 1911-1980 Blxm
Cecelia (w/o Noah) 1873-1967 (temp) JWTa
Charles A. (h/o Lucy M) 1858-1936 ChRm
Charles Bailey (h/o Agnes W) 1891-1966 JWTa
Charles H. (h/o Minnie S) 1878-1958 ChGn
Charles W. h/o Frances J. 1916-1984 Dwng
Christine R. (w/o Marion M) 1905-____ ChGn
Cora E. (w/o Mody G) 1893-1991 Dwng
Cynthia W. (w/o William E) 1926-____ ChGn
Dorothy H. (w/o Preston C) 1920-____ Wssl
Earl s/o Warner T. & Hattie USA 13 Dec 1907-29 May 1931 Grtn
Edgar D. (h/o Stella V) 1877-1959 Nels
Edith W. (w/o Thomas E.B) 1879-1956 AtMt
Edward C. 1885-1928 ChGn
Edythe M. (d/o Thomas E.B. & Edith W) 1920-1920 AtMt
Elizabeth 1839-1862 Frnk
Elizabeth J. (w/o Henry T) 1864-1953 Wssl
Ella B. (w/o George W) 1878-1926 Frnk
Ellen H. (w/o Henry T) 23 Dec 1884-21 Jul 1955 ChGn
Ethel B. d/o Thomas E. & Mary 4 Oct 1896-22 Nov 1900 Brit
Eveline J. w/o Alfred T. 15 Feb 1880-20 Jun 1908 MsBp
Evelyn B. w/o Willie A. Sr 21 May 1911-24 Oct 1971 Nels
Frances J. w/o Charles W. ____-____ Dwng
George W. (h/o Ella B) 1867-1930 Frnk
George W. (h/o Mary E) 1874-1948 Nels
Georgie A. (w/o John W) 1870-1950 Frnk
Gertrude F. Poulson w/o Jno W of W.P 3 May 1853-17 Apr 1924 Nels
Harry W. (h/o Carrie S) 1910-____ Blxm
Hattie S. (1 w/o Warner T) 1882-1967 Grtn
Helen R. 1888-1978 JWTa
Henry 6 Mar 1807-4 Aug 1844 Davi
Henry H. 1861-1904 ChMc
Henry MD Pvt Co B School TRP WWI 1 Mar 1892-18 Jun 1959 Grtn
Henry J. 1868-1952 Grtn
Henry T. (h/o Ellen H) 19 Jan 1865-20 Feb 1933 ChGn
Henry T. (h/o Inez M) 1906-1959 Wssl

Caucasian Tombstone Inscriptions 101

DAVIS (Con't), Henry T. (h/o Elizabeth J) 1853-1933	Wssl
Henry* 8 Jun 1811-10 Apr 1887	MattM
Horace B. (h/o Mary B) 1898-1981	Gnbk
Inez M. (w/o Henry T) 1909-___	Wssl
Inez M. (w/o William W) 1916-1991	Wssl
J.L. "Tody" 1869-1943	Brit
James A. (h/o Lutishia A) 1875-1946	Grtn
James A. 1866-1938	Grtn
Jeff (no dates)	Nels
John A. 1879-1951	TgMa
John R. (h/o Bessie A) 1881-1951	Frnk
John S. h/o Sarough E.E. 14 Jul 1828-6 Aug 1914	Dwng
John W. h/o Martha A. 1854-1939	Dwng
John W. eldest s/o John S & Sallie E d 17 May 1890 aged 20ys 10ms 28ds	Dwng
John W. (h/o Georgie A) 1860-1949	Frnk
John W. of W.P. (h/o Gertrude F.P) 18 Oct 1854-13 Oct 1924	Nels
Johnie W. 12 Nov 1906-4 Dec 1990	Nels
Julia 1881-1949	TgMa
L. Carrie (d/o James A. & Lutishia A) 1903-1988	Grtn
Larry E. s/o Wm J. & Emily 10 Dec 1880-18 Dec 1902	ChMc
Lawrence Bates (h/o Annie F) 1884-1951	Nels
Lee F. (h/o Lizzie T) 1877-1951	Wssl
Lena V. 1914-1985	Dwng
Lero s/o E.C. & Katie 18 Jun 1906-16 Mar 1909	ChGn
LeRoy (h/o Lola N) 10 Mar 1913-23 Mar 1967	Grtn
Lizzie T. (w/o Lee T) 1880-1953	Wssl
Lola Northam (w/o LeRoy) 28 Jun 1912-___	Grtn
Louise C. (w/o William J) 16 Nov 1858-14 Dec 1914	ChGn
Lucy M. (w/o Charles A) 1870-1957	ChRm
Lutishia A. (w/o James A) 1881-1937	Grtn
Major T. (h/o Annie E) 19 Jan 1830-11 May 1907	Nels
Mannie C. 6 Sep 1909-5 Sep 1965	Dwng
Marion M. (h/o Christine R) 1900-1974	ChGn
Martha A. w/o John W. 1872-1947	Dwng
Mary A. 15 Jun 1849-12 Jan 1912	MsBp
Mary B. (w/o Horace B) 1900-1960	Gnbk
Mary Emma w/o George W. 1881-1953	Nels
Mary J. w/o S.R. 17 Sep 1866-2 Sep 1911	ChRm
Mary V. 1918-1977	Dwng
Michell (infant) 21 Oct 1939-21 Oct 1939	ChGn
Minnie S. (w/o Charles H) 1879-1923	ChGn
Mody G. (h/o Cora E) 1891-1961	Dwng
Mornay G. (h/o Beulah H) 1880-1969	Nels
N. Thomas brother 21 Mar 1872-19 Mar 1926	MsBp
Nell Dunton (2w/o Warner T) 4 Oct 1909-___	Nels
Noah (h/o Cecelia) 1854-1931	JWTa

DAVIS (Con't), Otho J. 1887-1950   Nels
Otho L. (s/o Lee T. & Lizzie T) 1901-1950   Wssl
Preston C. (h/o Dorothy H) 1910-1972   Wssl
Ranslow (h/o Addie) 1891-1949   ChGn
S.R. (h/o Mary J) 7 Aug 1860-30 Aug 1928   ChRm
Samuel H. 31 Aug 1871-19 Nov 1916   MsBp
Samuel Sr 1905-1973   Frnk
Sarough E.E. w/o John S. 29 Dec 1835-12 Feb 1895   Dwng
Stella V. (w/o Edgar D d/o Jos A & Vir Alice Hickman) 3 Jul 1885-1 Aug 1940   Nels
Thomas E.B. (h/o Edith W) 1875-1964   AtMt
Thomas Edward 17 Jul 1865-24 Mar 1924   Brit
Upshur 1872-1944   Frnk
Victor Alan (h/o Annie L) PFC USA WWII 14 Feb 1920-16 Feb 1981   ChBu
Virginia E. 1914-___   Nels
Warner Thos (h/o Hattie S & Nell D) 1 Jan 1884-15 Aug 1962   Nels
William H. (h/o Winnie C) 1912-1992   Grtn
William H. s/o Henry & Hester Andrews 27 Dec 1829-27 Sep 1854   Davi
William J. (h/o Louise C) 7 Aug 1854-25 May 1914   ChGn
William J. 3 Mar 1852-19 Apr 1908   ChMc
William W. (h/o Inez) 1903-1953   Wssl
Willie A. Sr (h/o Evelyn B) 12 Oct 1906-25 Aug 1973   Nels
Winnie C. (w/o William H) 1916-___   Grtn
Wm E. "Gene" (h/o Cynthia s/o M.M & C.R?) USCG 28 Aug 1925-5 Dec 1974   ChGn
DAWSON, Alvin Peterson (h/o Annie T) 1903-1991   Dwng
Annie Taylor (w/o Alvin P) 1914-1956   Dwng
DAY, Elizabeth Scott 1881-1967   ChGn
Everett H. 9 Oct 1815-22 Sep 1845   Bail
DELMAS, Beverly Spurch (w/o George H) 1935-1994   Dwng
George H. (h/o Beverly S) 1907-1959   Dwng
DEMARCO, Joseph Father 28 mar 1893-26 Oct 1937   ChMc
DENNIS, Almarine S. (w/o Earl R) 7 Sep 1900-___   Grtn
Alonza W. (h/o Amanda L) 1885-1970   ChMc
Amanda L. (w/o Alonza W) 1888-1935   ChMc
Betty B. w/o William F. 1932-1992   Dwng
Charles T. h/o Lula O. 19 Sep 1863-1 Jun 1934   Dwng
Della M. d/o G.W. & E.A. 16 Feb 1906-1 May 1914   Frnk
Earl J. (James) h/o Hilda M. 1907-1985   Dwng
Earl Ray (h/o Almarine S) USNRF WWI 7 Sep 1896-11 Jan 1972   Grtn
Edna (d/o Kathryn L. & Will C. Taylor?) 1902-1980   ChMc
Eileen J. 1901-1976   Grtn
Ella A. (w/o G.W) 27 Oct 1880-11 Sep 1945   Frnk
Ernest h/o Nola 1897-1965 (temp)   Dwng
Ernest J. 21 Dec 1873-11 Jul 1908   ChMc
G.C. 12 Jun 1940-15 Aug 1940   Frnk
G.W. (h/o Ella A) 30 Sep 1872-31 Dec 1923   Frnk
George Wm (h/o Melissa M) 1867-1957   SxDe

Caucasian Tombstone Inscriptions

DENNIS (Con't), Hilda M. w/o Earl J. 1910-___   Dwng
Howard G. (h/o Gwinda D. Magee) 1903-1938   Dwng
James W. (h/o Rolie M) 1879-1940   Watv
Janie w/o S.B. 25 May 1858-12 May 1918   ChMc
Jeannie C. 1908-1983   Gnbk
Jennie (w/o Ray) 1895-1976   JWTa
John W. (h/o Olevia E) 1864-1942   SxGl
Lee O. s/o unreadable 9 Jan 1896-9 Oct 1918   ChMc
Lelia L. w/o Sewell B. 29 Sep 1861-6 Feb 1888   JWTa
Levin s/o Francis M.(H?) & Mary A. (no dates)   Ebzr
Lula O. w/o Charles T. 3 Dec 1868-19 Mar 1937   Dwng
Mary Ann w/o Francis H d/o Capt Wm & Mary Pettit 13 Jan 1839-28 Nov 1857   Ebzr
Mary F. w/o William 8 Oct 1846-6 Oct 1868   ChBp
Melissa M. (w/o George W) 1872-1940   SxDe
Nola w/o Ernest 1907-1976 (temp)   Dwng
Olevia E. (w/o John "Jack" Jr) 1865-1927   SxGl
Ray (h/o Jennie) 1884-1980   JWTa
Raymond L. 1916-1986   Frnk
Richard Ivan 14 May 1947-29 Jun 1991   JWTa
Rolie M. (w/o James W) 1882-1946   Watv
S.B. (h/o Janie) 1850-1923   ChMc
Sarah E. w/o William H. 17 Jan 1846-18 Aug 1920   Dwng
Sewell B. (h/o Lelia L) 4 May 1852-30 Jan 1924   JWTa
William F. h/o Betty B. & (s/o Ernest & Nola) 1930-1988   Dwng
William H. h/o Sarah E. 6 Oct 1830-10 Feb 1910   Dwng
Wm F. Jr 2 Jan 1956-6 Jan 1956   Dwng
DEPUTY, Vir Furniss w/o Charles E. Furniss 16 Nov 1893-27 Jun 1988   Dwng
DERBY, Cecil Hope (h/o Nila D) 1909-1983   SxDe
Nila Deloris (w/o Cecil H) 1912-1982   SxDe
DERRICKSON, Andrew J (h/o Lillie W) 29 Mar 1893-9 Dec 1963   ChMc
Andy W. 28 Jan 1914-10 May 1976   ChMc
Annie M. w/o J.W.H. 1866-1942   ChMc
Carolyn T. w/o Joe O. 1909-1978   Dwng
Clarence W. (h/o Lottie L) 1885-1935   ChMc
Frank L. (h/o Lillie M) 1888-1955   Mdst
J.W.H. (h/o Annie M) 12 Oct 1850-22 Apr 1934   ChMc
Joe Orville h/o Carolyn T. 1904-1959   Dwng
John W. "Billy" 1932-1974   Dwng
Lillie M. (w/o Frank L) 1888-1965   Mdst
Lillie W. (w/o Andrew J) 5 Nov 1888-18 Nov 1984   ChMc
Linda (w/o Harold Jr) 23 Aug 1941-7 Jun 1984   ChMc
Lottie L. (w/o Clarence W) 1883-1959   ChMc
DESCHENAUX, Agnes Reed (w/o Leo H) 14 Jul 1919-10 Jul 1983   ChHi
DESCHENAUX, Leo Henry (h/o Agnes) USN WWII 7 Jan 1920-25 Nov 1979   ChHi
DICKERSON, Alleen S. (w/o Leroy C) 1913-1983   Grtn
Carroll D. h/o Gertrude H. 7 May 1911-27 Jul 1972   JWTa

DICKERSON (Con't), Kathryn B. (w/o William E) 1924-____ JWTa
Gertrude H. (w/o Carroll D) d/o Nealie & Pollie Rew Hall (no dates) JWTa
Leroy C. (h/o Alleen S) 1914-1969 Grtn
Lillie A. 1887-1979 JWTa
William E. (h/o Kathryn B) PFC USA 17 Feb 1919-4 Mar 1975 JWTa
DICKES, Michael J. 1901-1980 JWTa
DIES, Elias Wesley s/o Peter & Eliza 4 Nov 1850-3 Oct 1854 TgMa
Eliza Wesley d/o Peter & Eliza 19 Sep 1860-28 Oct 1867 TgMa
Gilbert M. 12 Nov 1829-16 Oct 1902 TgMa
Isac S. 15 Dec 1812-8 Sep 1880 TgMa
John H. 11 Aug 1861-21 Jul 1864 TgMa
Laura E. 7 Feb 1862 16 Sep 1864 TgMa
Lloyd M. s/o Wm & Margarete 6 Dec 1882-13 Sep 1886 TgMa
Margaret E. 24 Jan 1854-17 Feb 1868 TgMa
Mary A. 4 Dec 1911-9 Jun 1973 TgMa
Mary M. 13 Oct 1853 15 Oct 1854 TgMa
Peter d. 27 Jun 1894 aged 73yrs TgMa
Polly 5 Jul 1821-14 Oct 1866 TgMa
Severn 15 Oct 1852-15 Apr 1885 TgMa
Thomas 20 Mar 1859-1 May 1862 TgMa
William 26 Oct 1866 aged 61yrs TgMa
DINGES, Angela Lee d/o V.K. & Chrisine M. 13 Apr 1974 Frnk
DISBROW, Caroline C. w/o C. Olin 5 Jan 1859-5 Dec 1910 ChRm
Charles Olin (h/o Caroline C) 11 Sep 1853-19 Sep 1927 ChRm
DISE, A. Colson 1901-1968 TgMa
Adney S. 3 Feb 1878-25 Aug 1949 TgMa
Adrain E. 1915-1974 TgMa
Amanda E. 1882-1955 TgMa
Andrew Frank 1866-1949 TgMa
Ann N. 5 Apr 1888-20 Aug 1928 TgMa
Benjamin F. 24 May 1881-6 Apr 1909 TgMa
Betsy __ Dec 1809-8 Dec 1901 TgMa
Bettie A. 1868-1938 TgMa
Carrie J. w/o Peter S. 1891-16 Sep 1968 TgMa
Charles Baker 10 Apr 1913-17 Mar 1913 TgCa
Charles Harris 1949-1970 TgMa
Ellen T.(Taylor) w/o Peter R b. near Jamesville VA 15 Aug 1850-11 Jun 1919 TgMa
Ellsworth E. 1887-1951 TgMa
Elwood 17 Jul 1909-10 Jun 1974 TgMa
Furman E. 1895-1963 TgMa
Garland 1899-1964 TgMa
Georgeanna 1870-1954 TgMa
Gilbert T. 25 Dec 1854-4 Aug 1914 TgMa
Harry L. 1889-1976 TgMa
Henry L. h/o Julia A. 1875-1949 TgMa
Ila 1912-1963 TgMa

Caucasian Tombstone Inscriptions

DISE (Con't), John W. 7 Jul 1832-14 Mar 1889	TgMa
Julia A. w/o Henry L. 1877-1946	TgMa
Leah E. w/o John F. 6 May 1850-3 Jul 1890	TgMa
Manie B. w/o Harry L. 5 Jan 1890-27 Feb 1928	TgMa
Maude W. 1906-1948	TgMa
Monnie B. w/o A.C. 17 Jul 1902-17 Jan 1932	TgWe
Nathan 1869-1937	TgMa
Noble H. b/o Dolly W. Wallace 15 Sep 1879-15 Sep 1938	TgMa
Orzie L. 1901-1971	TgMa
Peter R. "Capt" h/o Ellen T. 25 Sep 1854-22 Nov 1910	TgMa
Peter R. 29 Mar 1890-5 Sep 1912	TgMa
Peter S. h/o Carrie J. 1884-1964	TgMa
Sidney S. 3 Feb 1907-28 Jul 1973	TgMa
Thomas D. h/o Vernettie 30 May 1855-27 Apr 1887	TgMa
Travis E. 19 Dec 1878-8 Jan 1968	TgMa
Vernettie w/o Thomas D. (no dates)	TgMa
Vernon Harris 1919-1976	TgMa
DISHAROON, Virgie H. 1916-1971	TgMa
DIVES, Stephen d. 14 Oct 1866 aged 46yrs	TgMa
DIX, ____ c/o Charles & Margaret 1888-1888	WrigR
A. Parker 1921-1966	Mdst
Addie F. w/o Charley W. 13 May 1871-1 Oct 1907	BloxM
Alice L (w/o John S) 1875-1954	Wssl
Alice N. w/o Clyde C. 23 Apr 1867-10 Nov 1937	BloxM
Birtie B. d/o C.W. & Addie F. 21 Jan 1896-31 Aug 1986	BloxM
Carrie Etta (w/o Herbert W) 1893-1984	JWTa
Charley W (h/o Addie F. & Georgie L?) 1864-1945	BloxM
Clyde C. (h/o Alice N) 5 May 1867-16 Nov 1960	BloxM
Daisy M. (w/o Frisby T?) 22 Jul 1894-31 Jul 1961	Mdst
Dollie T. w/o Earl T. 1911-1989	Dwng
Donald Shay PFC USA Korea 7 Sep 1926-28 Apr 1989	Grtn
Earl T. h/o Dollie T. 1913-____	Dwng
Ethel S. (w/o Major L) 1891-1970	Mdst
Frisby T. (h/o Daisy M?) 3 Mar 1872-23 Sep 1948	Mdst
Georgie L. (w/o or d/o Charley W. Dix?) 1886-1960	BloxM
Herbert W. (h/o Carrie E) 1891-1964	JWTa
Isaac J. (h/o Virginia W) 25 Oct 1835-18 May 1915	BloxM
James H. s/o Thorogood & Julia A. 17 Oct 1852-21 Nov 1856	DixB
John Revell 23 Oct 1897-21 May 1969	Dwng
John S. (h/o Alice L) 1873-1960	Wssl
Julia A. w/o Thorogood 19 Dec 1819-20 Dec 1861	DixB
Lester Rev. 1909-1984	Glfd
Lucile G. (w/o William T. Jr) 1901-1980	Mdst
Major L. (h/o Ethel S) 1867-1952	Mdst
Margaret E. (w/o William T. Sr) 1873-1935	Mdst
Margaret J. (w/o William S. Sr) 1898-1926	Nels

106   Tombstone Inscriptions of Upper Accomack County, VA

DIX (Con't), Margaret S. w/o Charles C. 11 Sep 1864-20 Feb 1923	BloxM
Mary Carey 24 Jan 1889-12 Mar 1905	WrigR
Rowland Isaac 29 May 1897 only date	BloxM
Samuel H. Sr d. 12 Apr 1913 aged 73yrs	Mdst
Samuel Jr 25 Jul 1865-6 Dec 1905	Mdst
Samuel T. 1912-1961	Mdst
Susan w/o William H. 24 Sep 1811-8 Feb 1876	DixP
Thomas 15 Jan 1815-1 Apr 1884	DixM
Thorogood (h/o Julia A) 20 Jan 1811-19 May 1861	DixB
Virginia W. w/o Isaac J. 9 Oct 1837-10 Jul 1919	BloxM
Willard M. 1928-1950	Mdst
William A. "Tony" 1963-1965	Dwng
William C. d. 11 Jul 1854 aged 51yrs 9dys	Mdst
William H. (h/o Susan) & s/o George M. 8 Jul 1806-3 Aug 1891	DixP
William S. Sr (h/o Margaret J) Pvt USA WWI 19 Nov 1897-11 Dec 1968	Nels
William T. Jr (h/o Lucile G) 1900-1959	Mdst
William T. Sr (h/o Margaret E) 1862-1930	Mdst
DIXON, Accomack 1875-1956	JWTa
Dehlia W. (no dates)(1890-1981)	JWTa
Ida F. d/o G.W. & Elizabeth 12 Apr 1878-5 Nov 1922	ConqH
Inez L. (on stone with Dehlia W) (no dates)	JWTa
Major T. (on stone with Dehlia W) (no dates)	JWTa
Nettie J. (on stone with Dehlia W) (no dates)	JWTa
DIZE, Cordie E. w/o John B. 2 Feb 1883-6 Feb 1927	TgMa
Edward Vaughn 3 Oct 1917-13 Feb 1944	TgMa
Henrietta w/o E.E. 1891-1942	TgMa
Irene S. 1942-1986	JWTa
Jackie 1951-1952	TgCa
John W. 1844-1928	TgMa
Malcolm L. 17 Mar 1924-10 Aug 1976	TgMa
Nettie T. d/o Nathan & Betty dates unreadable	TgMa
Sallie J. w/o John W. 26 Dec 1857-8 May 1898	TgMa
DOERFLEIN, Hazel Godwin (w/o Donald D) 8 Oct 1924-____	Dwng
Donald Daniel (h/o Hazel G) USN WWII & Korea 13 Jul 1924-9 Mar 1983	Dwng
DOMKE, Elsie C. (w/o Richard E. Sr) 1908-1992	JWTa
Richard E. Sr (h/o Elsie C) 1906-1988	JWTa
DONALD, Harvey G. 1894-1965	Nels
DONOPHAN, Robert Lloyd 1955-1970	Dwng
DONOVAN, Viola S. 1900-1975	ChRm
DORMAN, Francis M. 1891-1988	Dwng
DOUGHTY, Bertie (w/o Louis) 1887-1966	ChGn
Henry T. 1 Jun 1880-26 Nov 1914	Gnbk
Ida Belle (w/o Salem A) 1866-1957	ChGn
Doughty John A. (h/o Ruth T) 1915-1988	Dwng
Louis (h/o Bertie) 1890-1974	ChGn
Mary Daisey 1914-1944	ChGn

DOUGHTY (Con't), Ruth T. (w/o John A) 1916-1966　Dwng
Salem Applegate (h/o Ida B) VA Lt(JG) USNRP d. 1 Jan 1936　ChGn
DOWNING, Margaret d/o Wm & Ann 20 Aug 1777-15 Nov 1797　SmitO
DREWER, Annie F.(Furniss) (w/o H. Vernon Sr) 1904-1970　SxDr
Baby (c/o H. Vernon & Annie F) 1927-1927　SxDr
Beulah D. (w/o Marvin T) 1890-1971　SxDr
Claude W. 1903-1958　Dwng
Eliza J. (w/o John W) d. 20 Feb 1915 aged 71yrs　SxDr
Evva K.(Kilmon) w/o John C. 1890-1972　Dwng
Florence T. (1w/o Harvey A) 28 Dec 1878-16 Mar 1934　SxDr
Georgie S.(Seward) w/o Milton L. 1897-1976　Dwng
H. Vernon Sr (h/o Annie F) 1904-1965　SxDr
Harvey A. (h/o Florence T. & Naomi) 11 Sep 1875-19 Dec 1955　SxDr
J.C. Jr USCG h/o Juanita E. 1923-1985　Dwng
John C. "Neil" h/o Evva K CBM USCG Res WWII 21 Feb 1890-21 Apr 1960　Dwng
John W. (h/o Eliza J) d. 10 Sep 1912 aged 70yrs　SxDr
Juanita E.(Ewell) w/o J.C. Jr ____-____　Dwng
Kate E. w/o J.R.(John Riley Drewer) 1 Jan 1865-26 Dec 1920　SxDr
Lloyd M. (h/o V. Leigh) 1870-1946　SxDr
Lorraine M.(Martin) (w/o Vernon Jr) 1931-1976　JWTa
Martha A. (d/o Marvin & Beulah) 1919-1934　SxDr
Marvin T. (h/o Beulah D) 1889-1967　SxDr
Milton L. h/o Georgie S. 1895-1965　Dwng
N.M. (w/o Carroll L Marshall & Harvey Drewer) 1898-1971 (temp)　SxEl
Stewart J. (s/o H. Vernon & Annie F) 1930-1931　SxDr
V. Leigh (w/o Lloyd M) 1871-1942　SxDr
Vernon Jr (h/o Lorraine M) 1928-____　JWTa
W. Cleveland (1h/o Minnie Drewer Rhodes) 1885-1915　SxDr
DRISCOLL, Clara Hudson 1909-1981　Dwng
Minnie G. 3 Oct 1886-25 Dec 1972　ChMd
Walter C. 1899-1955　ChMc
DRUBULER, J. Edward 1888-1970　Dwng
DRUMMOND, Alma Rockwell d/o H.A. & Belinda B. 1902-1904　Dwng
Belinda Broadwater (w/o William R) 1827-1898　DrumS
Belinda Broadwater w/o Herbert A. 1870-1934　Dwng
Belinda d/o William R. & Belinda 31 Jan 1858-17 Jan 1863　DrumS
Carrie Lewis (w/o Frank F) 1878-1962　DrumS
Cecilia Taylor w/o Kosciuko 1847-1931　Dwng
Evelyn C. (w/o John T) 1844-1917　Myrt
Frank Fletcher (h/o Carrie L) 1875-1957　DrumS
Herbert Abednego h/o Belinda B. 1872-1971　Dwng
Infants of Wm R. Belinda B. (no dates)　DrumS
John E. GMC USCG Vietnam 14 Jun 1937-24 Aug 1991　Dwng
John T. (h/o Evelyn C) 1837-1924　Myrt
Kosciuko h/o Cecelia T. 1845-1915　Dwng
Lelia 1900-1975　Blxm

DRUMMOND (Con't), Lewis W. h/o Sallie d. 20 Sep 1912 aged 54yrs — DrumS
Martha B.F. w/o Thos L & d/o J.H. Fletcher 7 Aug 1860-20 Jun 1957 — FletJ
Maurice Lynwood 1915-___ — JWTa
Meady R. h/o Nina B. 28 Sep 1881-30 Dec 1957 — Dwng
Nina B. (Bundick) w/o Meady R. 28 Aug 1891-1 Jun 1990 — Dwng
Rockwell R. 1911-1980 — Dwng
Spencer 13 Mar 1781-9 Jun 1864 — DrumJ
Spencer 23 May 1823-17 Mar 1897 — DrumJ
Susan E. w/o Spencer 4 Sep 1784-20 Mar 1881 — DrumJ
Susan Finney d/o Spencer & Susan 5 Oct 1825-25 Jun 1912 — DrumJ
Thos Lowry (h/oMartha) s/o R.Q&M.M CoF 49Inf CSA 30 May 1847-29 Apr 1913 — FletJ
William Robinson (h/o Belinda B) 1828-1917 — DrumS
William Robinson Jr 1864-1951 — DrumS
Zeddock s/o John F. & Mary F. 23 Jan 1898-5 Feb 1898 — DrumS
DRYDEN, Alice E. w/o John F. 1889-1961 — Dwng
Baby (d/o William & Virginia Gladding Dryden) 6 Mar 1955 — Nels
Ella J. (w/o George T) 1878-1963 — Nels
Elodie P. (w/o George D) 10 Nov 1904-23 Feb 1983 — Frnk
George D. (h/o Elodie P) 1899-1943 — Frnk
George T. (h/o Ella J) 1870-1935 — Nels
Gladys C. (w/o Woodrow J) 1912-1976 — Frnk
Guy F. 1904-1921 — Nels
John F. h/o Alice E. 1883-1963 — Dwng
Mildred Wallace Fulcher w/o Archie N 8 Jun 1919-28 Feb 1931 — Dwng
Reva M. w/o W.C. 1909-1951 — Wssl
Spencer W. 1902-1919 — Nels
Virginia C. (w/o William H. Jr) 1918-___ — Nels
Walton T. 1897-1956 — Nels
William H. Jr (h/o Virginia C) 1918-1987 — Nels
Woodrow J. (h/o Gladys C) 1912-1967 — Frnk
Woodrow R. Jr s/o W.R. & Alice A. d. 17 Apr 1964 — Frnk
DUFFEE, Geneva Blanton 1947-1989 (temp) — JWTa
DUKES, Anne B. (w/o Elmer C) 17 Jul 1927-17 Mar 1990 — JWTa
Elmer C. (h/o Anne B) 5 Sep 1921-___ — JWTa
Ida M. 1909-1980 — Dwng
Sallye A. (d/o Elmer C. & Anne B. Dukes?) 24 Jun 1948-___ — JWTa
Susan C. (d/o Elmer C. & Anne B. Dukes?) 24 Jun 1948-___ — JWTa
Thomas R. 6 Mar 1930-29 Jun 1985 — ChTh
DULANEY, Robert 1941-1957 — Dwng
DUNCAN, Critty S. w/o Meshack 3 Mar 1805-17 Jan 1892 — Dunc
Della F. (w/o Harry G) 1900-1978 — JWTa
Edward T* s/o J.R. & O.A. 16 Jul 1865-18 Jul 1865 — ByrdL
Emma F w/o Jas d/o W.T & Charlotte Collona d 12 Jun 1909 54ys 10ms 17dy — JWTa
Harry G. (h/o Della F) 1899-1985 — JWTa
James W. (h/o Emma F) 9 Dec 1849-27 Oct 1913 — JWTa
John R. (h/o Othelia A) & s/o Meshack & Critty 5 Apr 1835-26 Jan 1899 — Dunc

Caucasian Tombstone Inscriptions

DUNCAN (Con't), John T. s/o J.R. & O.A. 4 Mar 1871-4 Oct 1871	BrydL
John R. s/o John R. & Othelia A. 10 Sep 1878-5 Jan 1892	Dunc
Letcher B. s/o John R. & Othelia A. 12 Jul 1880-24 Nov 1958	Dunc
Mary w/o William T. May 1828-18 Feb 1906	Beth
Mesheck* s/o Jessie & Heziah 12 Dec 1793-15 Jan 1871	NockT
Oceanna 7 Mar 1855-22 Feb 1928	Beth
Othelia A. w/o John R. 20 Feb 1839-30 Apr 1908	Dunc
Priscilla F. 29 Jun 1860-17 Nov 1902	Beth
Samuel J. s/o John R. & Othelia A. 21 Mar 1867-24 Jun 1934	Dunc
William L. s/o John R. & Othelia A. 6 Dec 1874-6 Dec 1932	Dunc
William T. (h/o Mary) 6 Dec 1825-22 Jun 1912	Beth
DUNN, Joseph 1906-1961	ChMc
George G. (2h/o Vir W Hudson) 20 Aug 1908-21 Dec 1987	ChMc
DUNSTON, Kessie E. Coard w/o John 17 Jan 1824-2 May 1906	Watv
DUNTON, Charles O. 16 Jan 1903-14 Jan 1924	NelsM
Ida E. (w/o O. Wise) 1 Aug 1870-15 Jul 1925	Nels
Infants (3) of O.W. & Ida E. (no dates)	Nels
John Wise 1901-1962	Nels
O. Wise (h/o Ida E) 19 Jun 1861-7 Nov 1925	Nels
DURHAM, Edward (h/o Iva M) 1912-1952	Wssl
Iva M. (w/o Edward) 1904-1987	Wssl
James 8 Apr 1905-22 Dec 1951	Wssl
DURRELL, Audrey C. (no dates)	Nels
Joseph E. (no dates)	Nels
Sarah H. (no dates)	Nels
DYE, Ethel M. (w/o Harrison I) 1894-1961	JWTa
Harrison I. (h/o Ethel M) 1891-1967	JWTa
EAST, Edgar E. h/o Mary W. 1877-1949	Dwng
Edna E. w/o Vernon O. 1907-1979	Dwng
Eliz D (2w/o JC Evans 2w/o GT East d/o R & E Corbin) 27 Dec 1809-10 Sep 1887	East
Elizabeth M. w/o John J. 15 Jul 1849-10 Jul 1914	Nels
Flora F. w/o William E. 1893-1982	Dwng
G. Otho h/o Manie J. 1872-1949	Dwng
John J. (h/o Elizabeth M) 23 Oct 1842-25 Apr 1915	Nels
Laura H. w/o Roland U. 12 Mar 1884-2 Dec 1978	Dwng
Manie J. w/o G. Otho 1873-1963	Dwng
Marvin U. s/o Roland U. & Laura V. 11 Jan 1911-7 Jul 1911	Dwng
Mary (w/o Littleton Trader & ___ East) d. 22 Jan 1864 aged 66yrs	MarsN
Mary W. w/o Edgar E. 1881-1961	Dwng
Mildred T. 15 Feb 1902-19 Feb 1920	Dwng
Roland U. h/o Laura H. 31 May 1882-15 Dec 1946	Dwng
Vernon O. 1906-1991	Dwng
Walton E. 1908-___	Dwng
William E. h/o Flora F. 1890-1974	Dwng
Winfred L. 1898-1965	Dwng
EBRON, Grace B. w/o Charles 1904-1967	Dwng

ECKHOFF, Frances Amanda 1915-1988 — Dwng
EDWARDS, Sally Burton w/o Harold F. 9 Mar 1937-___ — Dwng
Harold Francis h/o Sally B Sgt USMC Korea 17 Feb 1931-22 Jul 1992 — Dwng
EICHELBERGER, Ella N. 1880-1952 — Aswm
EISINGER, Gladys E. (w/o Peter A) 1904-1979 — JWTa
Peter A. (h/o Gladys E) 1899-1983 — JWTa
ELLIOTT, Addie M. Jester w/o John D. 6 Apr 1888-5 Jan 1918 — ChRm
E. Everett s/o C.P. & C.Z 8 Mar 1884-10 Aug 1904 — Brit
Elizabeth J. (w/o Emory J) 1881-1957 — ChGn
Emory J. (h/o Elizabeth J) 1876-1956 — ChGn
Florence M. (w/o Louis E) 1895-1968 — ChMc
Forest (s/o Eliz. J. & Emory J) 24 Sep 1912-14 Aug 1930 — ChGn
George E. (h/o Willie H) 1912-1969 — Watv
George T. (h/o Mamie) 1879-1955 — ChGn
Harvey (s/o Eliz. J. & Emory J) 1903-1903 — ChGn
Harvey E. 19 Sep 1884-10 Mar 1906 — ChMc
Iva (w/o John D) 1886-1980 — JWTa
John D. (h/o Iva) 1886-1973 — JWTa
John W. 2 Sep 1874-4 Sep 1908 — ChBu
Lillian (d/o Eliz. J. & Emory J) 1901-1902 — ChGn
Louis E. (h/o Florence M) 1896-1945 — ChMc
Mamie (w/o George T) 1883-1958 — ChGn
Mamie M. (d/o John & Addie M) 13 Mar 1911-14 May 1917 — ChRm
Melva J. (w/o William L) 1923-___ — JWTa
Milton T. h.o Rehobeth M. 1904-___ — Dwng
Rehobeth M. w/o Milton T. 1907-___ — Dwng
William L. (h/o Melva J) 1921-___ — JWTa
Willie H. (w/o George E) 1915-___ — Watv
ELLIS, Ava Jane (w/o William E) 1871-1947 — Gnbk
Bertie R. h/o Rhone M. 1884-1969 — SxEl
Bessie A. (1 w/o Nolton L) 1899-1922 — SxEl
Betty C. "Poor Betty" 15 Aug 1924-26 Mar 1965 — ChRm
Eliza E. (w/o William H) 6 Aug 1840-4 May 1914 — Gnbk
Ethel V. (d/o Johnie W. & Lucy L) 1908-1923 — SxEl
Grace T. (w/o Stanley K) 1921-___ — Frnk
Harry C. (h/o Phoebe N) 1882-1961 — Gnbk
Harvey (h/o Lula E. Wessells) 1887-1923 — Frnk
James Clarence (s/o Jas M & Matilda) Pvt USA WWI 4 Mar 1892-15 Apr 1963 — SxEl
John W. Sr (h/o Margaret C) 1858-1915 — SxEl
Johnie W. (Webster) h/o Lucy L. 1886-1972 — SxEl
Lucy L w/o Johnie W. 1888-1968 — SxEl
Margaret C. (w/o John W. Sr) 1862-1951 — SxEl
Marion E. (w/o Wm J. Miles & Nolton Ellis) 19 Oct 1893-29 Jul 1969 — JWTa
Mary Annetta (d/o Robert L. & Willye B?) 1924-1925 — Gnbk
Nolton L. (h/o Bessie A. & Marion E) 1898-1978 — SxEl
Phoebe Nock (w/o Harry C) 1884-1974 — Gnbk

Caucasian Tombstone Inscriptions   111

ELLIS (Con't), Rhone M. w/o Bertie R. 1886-1968   SxEl
Robert Lee (h/o Willye B) USNRF WWI 17 Mar 1892-24 Dec 1946   Gnbk
Robert Lee Jr USN WWII 7 Sep 1922-27 Sep 1984   JWTa
Robert W. Sr (h/o Rose B) 1929-___ m. 12 Jan 1952   JWTa
Roland H. h/o Susie F. 1890-1976   SxEl
Romie E. s/o Bertie R. & Rhone 29 Aug 1911-23 Feb 1926   SxEl
Rose B. (w/o Robert W. Sr) 1930-1993   JWTa
Stanley K. (h/o Grace T) 1910-___   Frnk
Susie F. w/o Roland H. 1892-1970   SxEl
William E. (h/o Ava J) 1867-1937   Gnbk
William H. (h/o Eliza E) 16 Apr 1835-8 Dec 1909   Gnbk
Willye B. (w/o Robert L) 1900-1974   Gnbk
Winford H. (h/o Barbara) USNR WWII 9 Oct 1920-13 May 1973   SxEl
ELMQUIST, Forest R. Jr 1930-1930   ChGn
William F. USMC 6 Dec 1937-11 May 1990   JWTa
ENGLISH, Harriet H. 25 Dec 1831-27 Apr 1898   Nels
ENNIS, Alice Miles (w/o Cornealous Miles & John T. Ennis) 1883-1967   SxMn
ERNST, Anna Lee (w/o Warren) 1907-1990   ChMc
Warren (h/o Anna L) 1902-1988   ChMc
ESKRIDGE, Alice L. w/o John A. 12 Oct 1894-24 Dec 1927   TgMa
Bertha E. w/o Ira L. 1882-1938   TgMa
Gregory C. 1949-1950   TgMa
Ira L. Jul 1878-Apr 1965   TgMa
Jane w/o M.A. 12 Apr 1850-23 Jan 1927   TgMa
Mildred 26 Oct 1914-22 Jul 1976   TgMa
Rhonie L. 1897-1953   TgMa
Warren R. 1903-1956   TgMa
Warren Reed Cpl 1st Cavalry Div killed Vietnam 9 Sep 1947-28 Jan 1969   TgMa
William T. 18 Sep 1875-22 Mar 1909   TgUp
EVANS, Anna Byrd (w/o George D) 4 Aug 1846-18 Feb 1920   Nels
Annie Otwell (w/o Thomas P) 1862-1941   Nels
Baby Girl (d/o Arnold R. & Barbara) b&d 24 Nov 1964   Dwng
Billie 13 Jan 1924-8 Dec 1931   Dwng
Bryan J. h/o Mary M. 1917-1962   Dwng
Clayton Earl (s/o Wm J & Ronie M) PFC USA WWII 19 Jan 1921-23 Jun 1977   SxEl
Clayton T. Sgt USA died at Camp Green 15 Sep 1894-19 Oct 1918   Nels
Colson 1897-1945   TgMa
Donell F. s/o William L. & Sarah 1 Sep 1884-12 Aug 1885   SxMs
Earl Shelton 17 Oct 1903-10 Feb 1963   TgMa
Edward Reed 1924-1959   TgMa
Ellen E. 11 Dec 1866-9 May 1903   TgMa
Ellen J. d. 26 Oct 1866 aged 18mos   TgMa
Esther A. w/o William P. 20 Jun 1831-2 Apr 1901   Nels
George d. 6 Apr 1869 aged 32yrs   TgMa
George D. (h/o Anna B) 2 Mar 1852-1 Oct 1940   Nels
George E. 5 Mar 1845-(too deep to read)   TgMa

EVANS (Con't), George W. 1873-1936 — TgMa
George T. s/o Thomas P. & Annie F. 15 Jun 1884-12 Sep 1884 — Nels
Grace J. (w/o Sherwood L) 1911-1993 — JWTa
Helen Jean Mears d/o Page & Amy Mears 2 Dec 1925-27 Dec 1968 — Mdst
Hester d. 10 Oct 1866 aged 14yrs — TgMa
Irellie L. (w/o Thomas E) 1867-1934 — SxEv
Iva d/o G.W. & Lizzie 2 Apr 1901-28 Sep 1920 — TgMa
James Lee s/o W.J. & Nellie E. 1937-1937 — Dwng
Janie D. (w/o Melvin) 1891-1930 — SxDr
Jesse G. 1885-1952 — Nels
John C. (1h/o Eliz D Corbin Evans East) 22 Nov 1791-21 Jan 1875 — East
John d. 17 Sep 1873 — TgMa
John H. d. 5 Dec 1934 aged 84yrs — TgMa
John Segar s/o George & Eliza 18 Mar 1865-18 Mar 1866 — TgMa
John W. (h/o Nancy A) 2 Feb 1851-16 Mar 1914 — Beth
John W. (Jr?) 3 Oct 1874-20 Dec 1907 — Beth
Johnnie F. USCG 15 May 1922-7 Sep 1992 — SxMn
Leana w/o Severn 1857-21 Dec 1903 — TgMa
Leland Thomas 1907-1991 — Wssl
Lennie (w/o Oscar) 1888-1970 — SxEv
Lizzie w/o G.W. 12 Apr 1873-2 Mar 1922 — TgCa
Loretta F. w/o Oral P. 28 Aug 1901-26 May 1933 — SxBp
Lula A. 1883-1970 — TgMa
M. Esther (d/o George D. & Anna B) 3 Aug 1878-6 Feb 1940 — Nels
Mabia E. w/o John T. 26 Jan 1890 aged 40yrs — TgMa
Maggie L. w/o Felbert 10 Apr 1877-13 May 1896 — TgWe
Maggie T. d. 13 May 1896 aged 2mos — TgWe
Major d. 16 Jan 1877 aged 73yrs — TgMa
Malissa A. w/o William T. 1879-1953 — TgMa
Marilyn d/o Raymond & Olive Mae 1938 — SxDe
Mary M. w/o Bryan J. 1921-1974 — Dwng
Melvin T. (h/o Janie D) 1891-1962 — SxEv
Minnie L. (w/o Richard T) 1888-1977 — SxEl
Mollie T. 1867-1937 — Beth
Nancy A. (w/o John W) d. 27 Apr 1943 aged 89yrs — Beth
Nettie E. 29 Jul 1889-9 Mar 1907 — TgCa
Olive Mae w/o Raymond 8 July 1920-3 Oct 1987 — Dwng
Oscar (h/o Lennie) 1888-1946 — SxEv
Phebe E. d/o John T. & Marie 18 Mar 1876-25 May 1890 — TgMa
Raymond D. h/o Olive M Tec5 USA WWII 27 Apr 1917-17 Oct 1979 — Dwng
Rhoda w/o Thomas 1835-1910 — TgMa
Richard C. d. 6 Apr 1869 aged 15yrs — TgMa
Richard T. (h/o Minnie L) 1884-1962 — SxEl
Royal J. 1893-1968 — Beth
Sarah A. (w/o William) 1860-1939 — SxEy
Sarah Elizabeth 1879-1950 — TgMa

Caucasian Tombstone Inscriptions 113

EVANS (Con't), Severn J. 1854-1918	Beth
Severn J. Jr 1898-1925	Beth
Severn T. 1865-1936	TgMa
Shadey 10 May 1815-20 Jan 1886	TgMa
Sherwood L. (h/o Grace J) 1910-1973	JWTa
Sister Baby Dennis d/o Raymond & Olive Mae 1938	SxDe
Sonji Lee 1940-1994	Dwng
Thomas d. 21 Oct 1866 aged 22yrs	TgMa
Thomas E. (h/o Irellie L) 1864-1957	SxEv
Thomas P. (h/o Annie O) 1858-1932	Nels
Thomas S. d. 12 Oct 1866 aged 4mos	TgMa
Thomas W. d. 17 Apr 1896 aged 60yrs	TgMa
Triffie E. 15 Aug 1852-18 Mar 1906	TgMa
Viva Gleason (d/o Raymond & Olive Mae) 13 Sep 1938-March 1939	SxDe
Wanda May w/o William J. 1909-1964	SxEl
William Jennings h/o Wanda M. 1899-1964	SxEl
William L. (h/o Sarah) 1859-1939	SxEy
William P. (h/o Esther A) 4 Sep 1821-27 Dec 1866	Nels
William Thelbert h/o Malissa A. 1877-1955	TgMa
Willye E. 1886-1977	Nels
Zippy d/o G.W. & Lizzie 7 Feb 1893-20 Oct 1918	TgCa
EVERED, John O'Hara TEC5 USA WWII 27 Feb 1922-1 Jul 1986	JWTa
EWELL, Annie C. (w/o Charles T) 1894-1952	Grtn
Arinthia E. w/o Obediah J. 11 Jul 1858-21 Aug 1904	EwelY
Arinthia J. w/o Samuel F. d. 29 May 1926 aged 49yrs	SxJu
Burwell 18 Apr 1825-31 Jul 1888	EwelT
Carrie L. (w/o William R) 1883-1956	Grtn
Charles B. (h/o Mollie A. & Susan H. (couldn't move to read)	EwelM
Charles T. (h/o Annie C) 1888-1953	Grtn
Clara* 20 Jan 1850-5 Feb 1870	ByrdB
Cynthia J. w/o William H. 6 Aug 1860-21 Apr 1910	Grtn
Cynthia R. (d/o Charles T. & Annie C) 1920-1937	Grtn
E.(Edw) A. (h/o Eliz J. & Mary Nock) 9 Mar 1858-3 May 1935	JWTa
Eleanor Emeline d/o Obediah & (Arinthia?) 29 Jul 1889-19 Aug 1903	EwelY
Eleanor S. w/o Solomon E. 28 Dec 1830-8 Mar 1882	EwelY
Elizabeth J. 1w/o E.A. 15 Jan 1847-19 Feb 1924	JWTa
Elizabeth Tull (w/o John E) 6 Nov 1883-14 Aug 1937	Grtn
Elmer 28 Nov 1888-4 Jan 1943	Grtn
Estelle H. (w/o O. Brantley) 1910-___	Grtn
Eunice Coryell (w/o Fletcher H. Sr) 5 Nov 1902-20 Mar 1994	Grtn
Eva Susan 6 Aug 1885-17 Jun 1975	Grtn
Evalene S. w/o G. Edward Jr 11 Aug 1950-___	Dwng
Fletcher H. Sr (h/o Eunice C) 11 Dec 1890-16 Feb 1969	Grtn
G. Edward Jr h/o Evaline S. 5 Apr 1956-___	Dwng
George Edward 1 Dec 1930-17 Aug 1971	Gnbk
Harry L. 21 Aug 1884-2 Nov 1920	Grtn

EWELL (Con't), Hylan G. h/o Jewell D. 13 Feb 1906-26 May 1988 — Dwng
Infants c/o Solomon E. & Eleanor (no names or dates) — EwelY
Jennie M. w/o George E. 18 Apr 1879-18 Mar 1905 — EwelY
Jewell D.(Drewer) w/o Hylan G. 7 Dec 1911-13 Feb 1991 — Dwng
John E. (h/o Elizabeth T) 5 Sep 1883-28 Aug 1968 — Grtn
John R. (h/o Susan R) 9 Mar 1854-27 Jul 1929 — Grtn
L. Finnie Sr (h/o Maranda W) 9 Nov 1894-11 Mar 1972 — SxJu
Lionel P. "Bunny" (h/o Louise H) 1915-1990 — Dwng
Louise Hayman (w/o Lionel P) 1908-1987 — Dwng
Maranda W. (w/o L. Finnie Sr) 23 Jan 1901-31 Mar 1970 — SxJu
Mary Nock 2w/o Edward A. 3 Oct 1885-24 Jul 1972 — JWTa
Mollie A. w/o Charles B. 29 Nov 1836/66?-12 Apr 1889 — EwelM
O. Brantley (h/o Estelle H) 1900-1959 — Grtn
Obediah J. (h/o Arinthia E) 4 Sep 1862-22 Dec 1923 — EwelY
Oveless E. (1h/o Bernice Thomas) 6 Jun 1896-6 Oct 1918 — SxJu
Samuel F. h/o Arinthia J. 31 Oct 1870-12 Mar 1941 — SxJu
Solomon E. (h/o Eleanor S) s/o Gillet & Eliz 21 Mar 1830-25 Feb 1899 — EwelY
Suell H. s/o Solomon E. & Eleanor 5 Jun 1872-23 Dec 1910 — EwelY
Susan H. w/o Charles 29 May 1830-29 May 1898 — EwelM
Susan R. (w/o John R) 10 Mar 1853-31 Jan 1921 — Grtn
Tremenda (w/o Frank A. Hinman) 18 Apr 1872-27 Dec 1948 — MileS
Ulysses S. 21 Jan 1895-12 Feb 1918 — Grtn
William H. (h/o Cynthia J) 16 Sep 1852-31 Dec 1925 — Grtn
William R. (h/o Carrie L) 1879-___ — Grtn
FANTON, Mary E. 1827-1917 — Mdst
FARLOW, Bertha L. w/o Willie F. 1896-1969 — Dwng
Carrie Vivian 1901-1982 — Dwng
Ella V. 1898-1992 — Dwng
Emily E. 21 Jul 1905-___ — ChGn
Hilda L. w/o Rooker E. 1 Nov 1909-___ — Dwng
Martha F. w/o Minus F. 1883-1925 — Gnbk
Mary Alice 1888-1985 — Dwng
Mary Ella w/o Wm E. 1861-1922 — Dwng
Milton Fooks 1911-1991 (temp) — Dwng
Minus F. (h/o Martha F) Co C 12 MD Inf (no dates) — Gnbk
Rooker Edward h/o Hilda L USCG WWII 6 May 1907-27 Jul 1976 — Dwng
Ruth E. (Sparrow) (w/o Beedles) 24 Feb 1910-28 Mar 1989 — Nels
Thomas S. 1897-1897 — Dwng
William Beadles 1909-1963 — Dwng
William E. h/o Mary E. 1854-1935 — Dwng
Willie F. h/o Bertha L. 1895-1974 — Dwng
FARRELL, Eleanor D. 1921-___ — Nels
FEAGANS, Kathleen 1925-1994 — Dwng
FECTEAU, Rich M SgtMaj USMC WWII Korea Viet 11 Aug 1925-8 Apr 1984 — Dwng
FEDDEMAN, Charles Edw (Ned) 1Lt USMC WWII 29 Jun 1916-21 Oct 1993 — JWTa
Charlie W. (h/o Mary T) 17 May 1860-10 Feb 1909 — JWTa

Caucasian Tombstone Inscriptions 115

FEDDEMAN (Con't), Clara (w/o Lawrence A) 1870-1937	ChRm
Cora B. (w/o Joseph M) 1863-1964	ChRm
J. Emmett 12 Jun 1896-2 Sep 1913	ChRm
Joseph F. 8 Nov 1801-20 May 1889	FeddJ
Joseph M. (h/o Cora B) 1853-1930	ChRm
Lawrence A. (h/o Clara) 1861-1926	ChRm
Mary E. 2 Nov 1840-16 Jan 1864	FeddJ
Mary T. (w/o Charlie W) 12 Sep 1860-19 Apr 1958	JWTa
Paul s/o Charlie W. & Mary T. 29 Jan 1903-1 Sep 1935	JWTa
Sewell J. h/o Ella 16 Nov 1856-28 Apr 1913	ChMc
FEDDEREAN, Eliz D White (w/oWmPettit) w/oJW Fedderean 13 Oct 1813-26 Jan 1859	Ebzr
FEDDMAN, John William 11 Dec 1806-1 Dec 1854	Brod
FENWICK, Alberta S. 1902-1980	Dwng
Annie E. w/o David L. 1871-1919	Dwng
Charles L. 1894-1966	Dwng
David L. h/o Annie E. 1865-1956	Dwng
David R. 1908-1944	Dwng
Hester A. 1834-1923	Dwng
FETTEROLF, Ruth G.(Griffith?) 1907-1958	JWTa
FIELD, Mary A.S. 23 Sep 1804-11 Feb 1859	Loga
FIGGS, Jesse A. (h/o Joanna) 7 Mar 1859-17 Jul 1940	ChRm
Joanna w/o Jesse A. 10 Jul 1862-28 Mar 1918	ChRm
FILIPIC, Pedro Z. 1900-1963	Dwng
FISH, Alice J. (w/o Charles H) 1885-1934	ChRm
Charles H. (h/o Alice J) 1870-1952	ChRm
Delmas 1911-1978	ChDa
Elnora M. w/o Elwood C. 1905-1991	Dwng
Elwood C. h/o Elnora M. CBM USCG WWII 4 Aug 1903-10 Jan 1983	Dwng
Emory (h/o Rebecca J) 1882-1973	ChMd
Girtie Howell d/o J.H. & S.J. Howell 1 Feb 1892-5 Feb 1915	ChDa
Harold E. MM2 USCG WWII 11 Sep 1924-17 Apr 1967	Dwng
Jessie s/o Wm H. & Alice 12 Apr 1894-2 May 1915	ChRm
John D. 12 Mar 1872-11 Oct 1900	ChBo
John David 2 Jul 1905-26 Dec 1991	ChMc
Minnie L. 1900-1981	ChMc
Rebecca J. (w/o Emory) 1886-1973	ChMd
Wayne Kent Pvt USMC Korea 6 Jul 1936-19 Apr 1978	Dwng
FISHER, Abendego (no dates)	ByrdM
Albert T. d. 4 Apr 1873 age 17yrs	Beth
Amos s/o F.M. & M.E. 17 Jul 1897-21 Jan 1907	JWTa
Annie R. w/o Ernest W. 1875-1941	Dwng
Arinthia J. d/o W.J. & Naomi 1924-1925	JWTa
Aubrey Bowdoin 10 Sep 1906-19 Jun 1982	Mdst
Beulah M. 1908-1990	SxEv
Bernice L. d/o William J. & Lidie 1 Apr 1893-30 May 1893	AtBp
Bernice T. (Trader) w/o Richard A. 28 May 1919-15 Mar 1994	Dwng

FISHER (Con't), Burleigh L. (h/o Mabel N) 1895-1960 — JWTa
Charles E. h/o Eva M. 1880-1964 — Dwng
Cynthia I. w/o S. Frank 1893-1988 — Aswm
d/o S.F. & M.G. 25 Jan 1890-4 Jul 1891 — Beth
d/o S.F. & M.G. 12 Feb 1883-11 Aug 1884 — Beth
Deliliah P. (w/o John D d/o Samuel T & Lecritia Taylor) 9 Dec 1833-4 Aug 1913 — AtBp
Edgar L. h/o Hazel C. 1885-1951 — Aswm
Effie S. w/o William F. 1877-1969 — Dwng
Elizabeth A. 1979-1979 — TaylE
Ellen C. w/o Paige D. 1910-1973 — Dwng
Emily Mae d/o L.T. & Iva M. 1923-1924 — Dwng
Emma L. (w/o Roland F) 11 Apr 1891-16 Feb 1920 — JWTa
Ernest W. h/o Annie R. 1871-1939 — Dwng
Essie E. d/o Wm W. & Julia A. 27 Jun 1886-29 Dec 1893 — Myrt
Estle E. 3 Jan 1907-27 May 1930 — Dwng
Eva M. w/o Charles E. 1880-1961 — Dwng
Florence C. w/o William S. 1919-___ — Aswm
George M. (h/o Mary J) 1861-1942 — Mdst
Hazel C. w/o Edgar L. 1890-1986 — Aswm
Hester A. (w/o John T) 16 Apr 1833-30 May 1914 — Myrt
Hettie w/o James 10 Apr 1831-15 Nov 1922 — Gard
Ida E. (2w/o Wm W) 11 Apr 1864-14 Mar 1952 — Myrt
Iva M. (w/o Lester T) 1898-1974 — Dwng
James (2h/o Beulah Lewis) 1902-1979 — SxEv
James P. (h/o Hettie?) 3 Mar 1836-28 Dec 1882 — Gard
James W. BKR3 USN WWII 1917-1987 — JWTa
Janie N. (w/o John J) 18 May 1877-22 Jun 1963 — JWTa
John D.(Decatur or Decato, h/o Deliliah P) 23 Aug 1834-19 Jun 1898 — AtBp
John D. 3 May 1905-4 Jun 1959 — JWTa
John J. (h/o Janie N) 4 Apr 1879-3 Sep 1923 — JWTa
John T. (h/o Hester A) 2 Sep 1829-20 Sep 1904 — Myrt
Julia A. (1w/o Wm W) 9 Nov 1862-5 Apr 1934 — Myrt
Kendal (h/o Susan) 23 Jul 1810-25 Feb 1877 — Fish
L. Woodston 1899-1970 — JWTa
Laurel W. (w/o Norman P) 1902-1989 — Wssl
Lester H. USCG WWII 28 Feb 1922-24 Feb 1980 — Dwng
Lester Tillery (h/o Iva M) USA WWI 25 Jan 1894-22 Oct 1984 — Dwng
Levin W. III 1963-1982 — JWTa
Lidie L w/o W.J. 23 Feb 1872-10 Apr 1959 — Mdst
Lillian S. 14 Jan 1896-21 Nov 1968 — Dwng
Lynwood Tec5 38 Armd Medical Bn WWII 19 Apr 1915-12 Feb 1963 — Dwng
Mabel N. (w/o Burleigh L) 1893-1979 — JWTa
Mary G.(C?) 15 Apr 1819-21 Jan 1886 — Beth
Mary J. (w/o George M) 1864-1945 — Mdst
Meashack (h/o Rachel B) d. 21 Jan 1873 — Beth
Miriam L. d/o William J. & Lida L. 24 Sep 1900-24 Jul 1901 — AtBp

FISHER (Con't), Missouri E. 1917-1993 (temp)	JWTa
Naomi Godwin (w/o Walter J) d/o Chas & Arinthia Godwin 21 Sep 1900-25 Sep 1974	JWTa
Norine A. 1909-1909	Aswm
Norman P. (h/o Laurel W) 1897-1970	Wssl
P.M. 26 Mar 1872-24 Mar 1905	Beth
Paige D. h/o Ellen C. 1903-1973	Dwng
Paul R. s/o Burleigh L. & Mabel N. 1917-1917	JWTa
Phyllis June (Marshall) 1930-1987 (temp)	Dwng
Rachel B. w/o Meashack F. 12 Sep 1813-27 Sep 1897	Beth
Rachel J. w/o Samuel B. d. 16 Nov 1913 aged 61yrs	Beth
Richard A. h/o Bernice T. TEC 5 USA WWII 5 Feb 1919-4 Apr 1986	Dwng
Roland F. (h/o Emma L) 16 Oct 1890-18 Feb 1920	JWTa
S. Frank h/o Cynthia I. 1893-1945	Aswm
S. Frank 17 Oct 1857-11 May 1908 aged 50yrs 7mos	Beth
S.F. s/o S.F. & M.G. 25 Jan 1890-4 Jul 1891	Beth
Sallie M. w/o O.M. 28 Sep 1857-1 Jan 1918	ChBu
Samuel B. (h/o Rachel J) d. 15 Jan 1913 aged 74yrs	Beth
Samuel R. "Bo" 13 May 1925-2 May 1987	JWTa
Sarah J. 7 Aug 1846-2 Mar 1929	Beth
Susan (w/o Kendal) 24 Dec 1810-9 Apr 1885	Fish
Tabitha (Kelley) (w/o Thorgood J) 1844-1936	Wssl
Thorgood J. (h/o Tabitha) 1841-1918	Wssl
Thorogood s/o Thorogood & Tabitha 3 Sep 1882-11 Jan 1908	Beth
W.J. (h/o Lidie L) 23 Jul 1857-7 Feb 1929	Mdst
Walter Jackson (h/oNaomi) s/o Julia Broadwater & Wm W 18 Dec 1891-26 Mar 1968	JWTa
William Adolph h/o Louise Thompson 1907-1948	Dwng
William F. h/o Effie S. 1880-1964	Dwng
William S. h/o Florence C. 1913-1983	Aswm
William W. Sr (h/o Julia A. & Ida E) 4 Jul 1863-10 Aug 1958	Myrt
FISKE, Henning E. "Ed" 1905-1974	JWTa
FITCHET, Juanita 1930-1946	ChMc
FITCHETT, Gladys F. (w/o Donald J) 1940-___	ChMd
Donald Judson (h/o Gladys F) USCG Vietnam 7 Dec 1936-2 Dec 1987	ChMd
Helen B. (w/o Judson C) (no dates)	ChMc
Isabelle S. (w/o Stanley) 14 Mar 1884-26 May 1967	ChRm
John Tilitson s/o John Y. & Rachel 1 Sep 1818-21 Oct 1893	Fitc
John Y. (h/o Mary E) 1 Sep 1817-29 May 1892	Fitc
Judson C. (h/o Helen B) 1903-1967	ChMc
Mary E. w/o John Y. 12 Jul 1826-3 Sep 1905	Fitc
Stanley (h/o Isabelle S) 7 Apr 1876-15 Apr 1931	ChRm
Stanley Paige (s/o Stanley & Isabelle S) 19 Feb 1905-17 Sep 1908	ChRm
Stanley Paige (s/o Stanley & Isabelle S) 19 Feb 1909-13 Jun 1929	ChRm
Timothy s/o John Y. & Mary E. 30 Apr 1860-19 Jul 1860	Fitc
Wm E. s/o John Y & Mary E 29 Nov 1868-27 Jan 1906	Fitc
FITZGERALD, Frederick S. (h/o Stella N) 1870-1921	Grtn
Stella (w/o Frederick N) 1878-1959	Grtn

FLEMING, Betty Collins (w/o Orville N. Sr) 1929-____ Gnbk
Harry Russell 1912-1981 AtBp
Orville N Sr (h/o Betty C) PFC USA Air Corps WWII 7 Jun 1924-4 Sep 1991 Gnbk
W.L. 2 Jan 1891-24 Apr 1916 ChMc
FLEMMING, Hallie M. (w/o Roy C) 1887-1957 ChRm
Roy C (h/o Hallie M) 1884-1971 ChRm
FLETCHER, Alonzo 1881-1953 Dwng
Arthur D. h/o Mae B. 1905-1989 Dwng
Billie Kathryn (w/o Wm B) d/o Wm B & Y.L Woods 1 Aug 1930-18 Sep 1990 JWTa
Charles h/o Mary H. 1888-1967 Dwng
Charles Herbert (s/o Chas & Mary H) USCG WWII 5 Jun 1921-29 Jan 1942 Dwng
Donald F (h/o Elodie) s/o Frank & Emma C Hudgins) 27 May 1884-23 Aug 1950 JWTa
Doris Shay 1916-1969 Dwng
Elizabeth A. w/o Jas T & d/o Kendal & Mary Hope 4 Jan 1824-15 Jul 1892 FletM
Elizabeth Ann w/o J.H & d/o D & M Broadwater 21 Feb 1826-6 Nov 1897 FletJ
Elizabeth E. w/o J.H. 3 Apr 1850-9 Feb 1920 FletP
Elizabeth S** (w/o Thomas) 23 Mar 1790-11 May 1851 FletJ
Elizabeth w/o William S. __ Jan 1824-6 Sep 1895 FletJ
Ella L. w/o Frank F. 1884-1971 Dwng
Elodie K. Jones w/o Donald F. 11 Apr 1888-3 Sep 1971 JWTa
Emma C. w/o Frank & d/o Archibald & Sarah Hudgins 2 May 1854-16 Dec 1927 FletJ
Emma E. w/o J.T & (d/o Thos & Sally Smith) 5 Mar 1860-21 Sep 1908 SmitJ
Emma E. w/o James T. 1861-1909 Dwng
Florence d/o James H. & Elizabeth 16 Jun 1854-21 Feb 1929 FletJ
Frank (Dr) s/o James H & Elizabeth A (h/o Emma C) 1 Jan 1846-23 Feb 1920 FletJ
Frank F. h/o Ella L. 1883-1962 Dwng
Hannibal s/o Henry & Mary S. 20 Mar 1831-13 Aug 1885 FletB
Howard T. VA Cpl USA WWI 11 Jul 1894-16 Sep 1973 Dwng
Infant s/o J.H. & Elizabeth E. 22 Jun 1883-12 May 1885 FletP
J. Wesley h/o Nancy L. 1850-1941 Dwng
J.H. (h/o Elizabeth E) 28 Oct 1855-6 Nov 1932 FletP
James E. (h/o Maggie V) 1873-1969 ChRm
James Henry (h/o Eliz A) s/o Thos & Eliz 19 Sep 1819-27 May 1896 FletJ
James T. h/o Emma E. 1862-1926 Dwng
James T. (h/o Eliz A) s/o Henry & Mary 10 May 1824-15 Apr 1907 FletM
John G. (h/o Milcah A) 1871-1937 Watv
John T. 30 May 1817-30 Jan 1889 FletJ
Julia Wallop d/o James H & Elizabeth 18 Apr 1856-8 Nov 1931 FletJ
Larry Wayne 1931-1970 Dwng
Laura Handy (w/o Robley) d/o Woodward & Sallie Merrill 8 Jan 1921-25 Nov 1990 JWTa
Lloyd s/o James & Elizabeth 16 Jan 1852-9 Dec 1854 FletJ
Lottie Seth 2w/o Wm S.D d/o Danl D & Marcie Corbin 29 Dec 1891-21 Sep 1973 JWTa
M.S. 1882-1966 Dwng
Mae B. w/o Arthur D. 1903-1983 Dwng
Maggie V. (w/o James E) 1877-1964 ChRm
Margaret d/o J.E. & Maggie 27 Sep 1912-2 Jun 1913 ChRm

Caucasian Tombstone Inscriptions 119

FLETCHER (Con't), Mary H. w/o Charles 1891-1976	Dwng
Mary E* d/o James & Elizabeth 7 Oct 1847-27 May 1864	FletJ
Mary J. Gladden w/o J. Thomas 3 Nov 1882-12 Mar 1926	Dwng
Milcah A. (w/o John G) 1875-1967	Watv
Nancy L. w/o J. Wesley 1854-1940	Dwng
Nancy Virginia (w/o Dr Oscar R) d/o Joseph W & Betsey A Taylor 1886-1962	JWTa
Oscar Richard Dr (h/o Nancy V) s/o Emma C & Dr Frank 1882-1955	JWTa
Oscar Richard Jr s/o Nancy V & Dr O.R 1914-1943	JWTa
Paul W. MD Pvt USA WWII 26 May 1907-17 Mar 1966	Dwng
Richard D.L. s/o W. Foster & R. Velma 1924-1935	JWTa
Richard s/o Thomas & Elizabeth 7 Nov 1814-4 Nov 1860	FletJ
Richard Thomas s/o Thomas E & Elizabeth C 23 Oct 1874-27 Oct 1874	FletJ
Robert F. Jr 21 Jun 1956-4 Jul 1989	JWTa
Roberta Cass w/o Spen'r D d/o Rich & Hannah Baryerly Lee 1 Sep 1831-29 Sep 1866	FletE
Robley Jones (h/o Laura H) & s/o Donald F & Elodie J 5 Feb 1919-____	JWTa
Rosa Lee d/o A.D. & Mae B. 1931-1931	Dwng
Rose Velma (w/o W. Foster) 14 Aug 1903-____	JWTa
Sallie D. 29 Jul 1826-18 Feb 1908	FletJ
Sally Seymour Parramore w/o Wm T 30 Aug 1868-10 Dec 1924	FletJ
Sally Warfield H 1w/oWm S.D d/oWmS & Alice B Holland 28 Mar 1876-30 Sep 1912	JWTa
Thomas 26 Aug 1917-7 Feb 1966	Dwng
Thomas** (h/o Elizabeth S) 1 Feb 1776-16 Jan 1844	FletJ
W. Foster (h/o Rose V) 24 Jul 1900-____	JWTa
William Beverly (h/o Billie K) s/o Wm F & Rose V 30 Dec 1928-____	JWTa
William S (h/o Eliz) & s/o Henry & Mary 2 May 1817-18 Jan 1883	FletJ
William Thomas (h/o Sally S) s/o James H & Eliz 19 Jun 1862-15 May 1940	FletJ
Wm Spen Drum h/o S.H & L.C & s/o Spen D & Eleanor 23 Oct 1870-15 Aug 1955	JWTa
FLUHARTY, Annie M. (w/o Clifton C) 1894-1984	Dwng
Clifton C. (h/o Annie M) 1889-1967	Dwng
Daniel A. h/o Suaan C. 1863-1923	Dwng
Garland G. VA Tec 4 USA WWII 2 Nov 1913-19 Jan 1968	Dwng
Gladys S. (w/o Roland E) 1907-____	Mdst
Roland E. (1h/o Gladys S) 1905-1959	Mdst
Susan C. w/o Daniel A. 1861-1926	Dwng
FLUHEART, Jenny (w/o John) 1876-1904	SxEl
FOLK, John S. (h/o Sally H) 25 Mar 1926-7 Jan 1978	Mdst
Sally H. (w/o John S) 7 Jul 1919-____	Mdst
FOOS, John Cpl USMC WWII 1921-1987	Dwng
Vernice Elizabeth Kelley 16 May 1914-9 Dec 1987	Dwng
FOREMAN, Anne w/o Robert d. 1804	Fore
Robert (h/o Anne) d. 4 Mar 1790 aged 50yrs	Fore
FORREST, Harriett J. m/o Sadie Mears 1828-1913	MearJ
FOSKEY, Arlie B. (h/o Frances E) 1886-1946	Aswm
Frances E. (w/o Arlie B) 1887-1970	Aswm
FOX, Blanche Adell 1905-1924	JWTa
Bruce W. 1934-1990	JWTa

FOX (Con't), Carrie A. (w/o William E) 1878-1965 — JWTa
Christopher 10 Sep 1947-4 Jan 1989 — ChCl
Dimaria 1845-1927 — JWTa
Edgar James STC USN 1915-1984 — JWTa
Elmira W. w/o Norman L. 1900-____ — Dwng
Elton W. 1925-1984 — JWTa
Eric Dean 14 Jun 1976-12 Sep 1976 — JWTa
Glenwood Vibert USA WWII 1919-1979 — JWTa
H. James S. s/o James G. & Jeannette 12 Sep 1888-3 Jan 1906 — Fox
Henry J. 5 Nov 1824-16 Jul 1904 — Fox
Ida Jackson d/o James G. & Jeannette 23 Oct 1873-13 Jul 1890 — Fox
Ida Jackson d/o Samuel M & Lizzie A d. Nov 15 1878 aged 11ys 3ms 2ds — Fox
James G. (h/o Jeanette S. Fox Hickman) 30 Nov 1831-27 Jan 1894 — Fox
James Sr (h/o Nanny) d. 23 Mar 1873 aged 75yrs 11dys — Fox
Jimmie s/o James G & Jeanette d. 1 Oct 1875 aged 4ys 9ms 24ds — Fox
John E. 1902-1949 — JWTa
Louella H. Parks (no dates) — Beth
Nanny wid/o James Fox Sr 19 Apr 1804-19 May 1883 — Fox
Norman L. h/o Elmira W. 1889-1954 — Dwng
Ralph Dean 9 Jul 1959-31 Jul 1959 — JWTa
William E. (h/o Carrie A) 1874-1945 — JWTa
William Lester 1903-1934 — JWTa
FOXWELL, Milton H. Cpl USA WWII 20 Feb 1917-28 Apr 1962 — Dwng
FREDERICK, Christine E. 1910-____ — JWTa
Elodie B. (w/o Thomas C) 1908-1977 — JWTa
Thomas C. (h/o Elodie B) 1907-____ — JWTa
FREEMAN, Carrie D. 1890-1954 — Gnbk
FRESE, Kate 1934-1991 — ChMd
FRIES, Kenny 1963-1980 — ChMc
Ruby 1922-1933 — ChMd
FULCE, E. Percy (h/o Olevia A) 1852-1927 — Kngt
Olevia A. w/o E. Percy 1847-1933 — Dwng
FULCHER, Avis L. (w/o John U) 1914-1973 — Dwng
Fannie W. Ballance w/o Rev Frank T 27 Aug 1878-24 Feb 1939 — Dwng
Frank D. (s/o John U. & Avis L) 1944-1992 — Dwng
John U. (h/o Avis L) 1913-1989 — Dwng
Louise A. (w/o Ronnie & d/o Norbert & Winnie Bull) 1939-1990 — Dwng
Frank Treat Rev h/o Fannie W.B. 25 Jan 1878-14 Feb 1971 — Dwng
FULLER, Clinton H. Jr (h/o Eleanor N) 1903-1981 — Nels
Eleanor N. (w/o Clinton H. Jr) 1902-1993 — Nels
FURNISS, Charles E. h/o Virginia F Deputy 6 May 1892-10 Mar 1947 — Dwng
Charles S. (h/o Triffie A. & Lola C) 1864-1947 — SxBp
Cleora A. (s/o Sidney O. & Mary A) 4 Jun 1915-10 Jul 1916 — SxJu
Cora E. (w/o Edward L) 1875-1953 — SxBp
Edward L. (h/o Cora E) 1873-1947 — SxBp
Elton L. (s/o Sidney O. & Mary A) 12 Jan 1898-13 Jan 1899 — SxJu

Caucasian Tombstone Inscriptions

FURNISS (Con't), Emma M. (w/o William P) 1902-___	SxBp
Isaac J. h/o Mary W. 1 Mar 1836-5 Nov 1909	SxBp
Lola C. (2w/o Charles S) 1901-1971	SxBp
Mariam F. (w/o Maywood L) 1905-1961	SxBp
Mary A. (w/o Sidney O) 11 Nov 1877-6 Jun 1937	SxJu
Mary W. w/o Isaac J. 12 Jul 1836-13 Apr 1909	SxBp
Maywood L. (h/o Mariam F) 1901-1949	SxBp
Mildred L. (w/o Otha L) 1899-1924	SxBp
Ora K. (w/o Willie F) 1905-___	Grtn
Otha L. (h/o Mildred L) 1893-1935	SxBp
Pauline A. d/o Edward L. & Cora E. 26 Feb 1905-25 Aug 1905	SxBp
Sidney O. (h/o Mary A) 16 Jul 1870-9 Feb 1943	SxJu
Triffie A. (1w/o Charles S) 3 Sep 1867-11 Oct 1918	SxBp
Wesley C. (s/o Sidney O. & Mary A) 7 Jul 1912-28 May 1913	SxJu
William P. (h/o Emma M) 1902-1975	SxBp
Willie F. (h/o Ora K) 1905-1946	Grtn
GAINES, Nan Mae 19 Jun 1900-5 Apr 1927	ChMc
GALL, B. Patricia (Pat) 1932-___	Dwng
Bertie J. (w/o Ralph C) 1911-1975	ChGn
Charles B. (h/o Rosette S?) 1885-1965	ChGn
Charles H. (h/o Elizabeth) 28 Sep 1839-8 Oct 1906	ChBo
Elizabeth (w/o Charles H) 31 Jan 1843-3 Jan 1917	ChBo
Ernest B. h/o Margaret E. 1911-___	Dwng
Margaret E. w/o Ernest B. 1915-___	Dwng
Mary d/o Charles & Rosetta 8 Nov 1909-8 Aug 1910	ChBo
Ralph C. (h/o Bertie J) 1906-1988	ChGn
Rosette S. (w/o Charles B?) 1887-1968	ChGn
GALLAGHER, Jeanette M. w/o John J. Sr 19 Jan 1914-___	Dwng
John J. Sr h/o Jeanette M. 16 Sep 1911-24 Jan 1993	Dwng
GARDNER, Charlotte w/o Thos 28 Aug 1832/3?-30 May 1902	Gard
John F. (h/o Lola L) 19 Apr 1893-6 Aug 1960	Mdst
Lola L. (w/o John F) 26 Nov 1903-30 Dec 1970	Mdst
GARME, (no given name or dates)	Mdst
GARVEY, Marguerite Lassiter 1942-1992	JWTa
GASKILL, Annie (w/o James I) 1873-1952	JWTa
Annie T. (w/o Thomas S) 1905-1994	JWTa
Bertha S. (w/o W. Frank) 1886-1976	JWTa
Clement Ivy (h/o Martha T?) 1894-___	JWTa
Elizabeth w/o John T. d. 18 Mar 1901 aged 64yrs	JWTa
Frank M. 1865-1940	JWTa
James Ivy (h/o Annie) 5 Feb 1863-22 May 1927	JWTa
Jannie H. w/o Lora T. 18 Oct 1882-3 Jun 1941	JWTa
John T. (h/o Elizabeth) d. 3 Feb 1899 aged 74yrs	JWTa
Lora T. (h/o Jannie H) 1888-1953	JWTa
Martha Todd (w/o Clement I?) 1892-1944	JWTa
Thomas S. (h/o Annie T) 1896-1981	JWTa

GASKILL (Con't), W. Frank (h/o Bertha S) 1883-1954 — JWTa
GASKINS, Cecie G. (w/o William A) 1891-19__ — Watv
Cornelius A. s/o John S. & Letitia 2 Nov 1869-28 Jul 1892 — Gask
Elizabeth (w/o Meshack) 2 May 1800-27 Nov 1858 — Gask
Gary d. 18 Oct 1947 aged 11mos 30dys — Dwng
John S. h/o Letitia s/o Meshack & Elizabeth 19 Mar 1832-12 Mar 1914 — Gask
Letitia w/o John S. 22 Apr 1835-___ — Gask
Luvealee W. 11 Mar 1840-18 Mar 1859 — Gask
Mary L. d/o John S. & Letitia 1 May 1872-1 Dec 1893 — Gask
Mary Louise 1923-1964 — ChRm
Meshack (h/o Elizabeth) 12 Sep 1804-13 Apr 1852 — Gask
Sewell A. (s/o Meshack) 11 Aug 1837-10 May 1862 aged 24ys 6ms 29ds — Gask
William A. (h/o Cecie G) 1878-1957 — Watv
GAULT, Carrie J. w/o Daniel W. Sr 1895-1959 — Dwng
Charles Frederick USA WWII Korea 16 May 1923-11 Dec 1978 — Dwng
Daniel W. Sr h/o Carrie J. 1884-1958 — Dwng
Daniel Wesley Jr Cpl USA WWII 5 Mar 1919-23 Mar 1982 — Dwng
Elizabeth Nancy "Betty" w/o Orlando H. 13 Mar 1948-10 Dec 1992 — Dwng
Orlando Harrison "Barney" h/o Elizabeth N. Sep 1921-___ — Dwng
Robert L. 30 Aug 1955-27 Jun 1987 — Dwng
GERMAIN, Anna M. 1897-1988 — Dwng
Dorothy A. 1945-___ — Dwng
GERMAN, Florence Lewis 1884-1956 — JWTa
Olevia A. (w/o Thomas A) 1860-1923 — Grtn
Thomas A. (h/o Olevia A) 1857-1930 — Grtn
GIBB, Susan Louisa w/oWmJ d/o Oliver & Mary Logan 31 Aug 1828-14 Jan 1911 — Loga
GIBBONS, Joshua A. Aug 1904-Jan 1992 — JWTa
Louisana Hope w/o Wm T d/o Wm K & Sallie Wright Hope 1851-1888 — HopeG
Marion Jun 1910-Oct 1932 — TgMa
Mary A. 1875-1956 — Wdby
Matilda A. w/o Wm H. d. 23 Apr 1901 aged 68 years — GibbM
William H. d. 25 Mar 1876 aged 60yrs 10dys — GibbM
GIBSON, Gordon M. (h/o Patricia D) 1928-___ — JWTa
Patricia D. (w/o Gordon M) 1931-1991 — JWTa
GILL, Eva H. (w/o Pettus M) 1885-1966 — Mdst
Pettus M. (h/o Eva H) 1891-1924 — Mdst
GILLASPIE, Esther T. (w/o John L) 18 Nov 1820 aged 69yrs — GillE
John L. (h/o Esther T) 29 Sep 1823-17 Mar 1904 — GillE
GILLESPIE, Albert J. (h/o Kate) 10 Oct 1833-21 Jan 1909 — Mdst
Bernice M. (w/o Purnell P) 1908-1991 — JWTa
Carl M. h/o Hattie E. 15 Mar 1914-6 Jun 1988 — Dwng
Catherine w/o Edward J. 9 Jan 1829-14 Mar 1912 — Mdst
Dora Waterfield (w/o William C) 1889-1978 — JWTa
Edward J. 12 Aug 1819-18 Sep 1881 — Ebzr
Earl N.Y. Pvt 1209 SVC Comd Unit WWII 16 Jun 1908-14 Apr 1967 — JWTa
Emily J. w/o Peter J. Sr 18 Dec 1853-6 Feb 1904 — AtBp

Caucasian Tombstone Inscriptions

GILLESPIE (Con't), Hattie E. w/o Carl M. 16 May 1907-___	Dwng
Hortense F. 29 Oct 1903-___	Mdst
Hundley (bro/o Martha H) 1883-1978	AtBp
Jacauline F. d/o L.G. & Mildred 1942-1942	Watv
John L. (h/o Lillie M) 1896-1989	JWTa
Kate w/o Albert J. 8 Aug 1838-4 Jun 1927	Mdst
Lillie M. (w/o John L) 1894-1969	JWTa
Lizzie 1888-1954 (temp)	Dwng
Lottie J. "Sister" (w/o Walter D?) 6 Nov 1901-3 Dec 1989	Dwng
M.F. 1899-1970	Dwng
Martha H. (sis/o Hundley) 1875-1981 aged 106yrs	AtBp
Mary S. (w/o William C. Sr) 14 Nov 1861-21 Jan 1949	Mdst
Minny(?) E. w/o John d. __ Sep 1837 aged 26yrs 4mos	WessR
Peter J. Jr 9 Jun 1879-7 Aug 1923	AtBp
Peter J. Sr (h/o Emily J) 1853-1945	AtBp
Purnell P. (w/o Bernice M) PFC Co A 17 Inf WWI 6 Jan 1902-31 Dec 1960	JWTa
Roland P. s/o Purnell P. & Bernice M. 1931-1991	JWTa
Susan w/o P.J. the First 1827-1926	JWTa
Thomas B. (h/o Sally Wallop West gillespie c.1854-c.1898)	GillS
Trebie H. w/o William J. 30 Sep 1907-1 Aug 1987	Dwng
Walter D. "Brother" (h/o Lottie J?) 5 Oct 1898-21 Apr 1992	Dwng
William C. Jr 8 Aug 1888-15 Aug 1947	Mdst
William C. Sr (h/o Mary S) 18 May 1859-13 Sep 1939	Mdst
William Custis "Powder" (h/o Dora W) Co I 162nd Infantry WWI 1894-1945	JWTa
William J. h/o Trebie H Lt USNR WWII 5 Jan 1913-3 Feb 1989	Dwng
William Shube 1865-1937	JWTa
GILLETT, Hattie M. 1 Mar 1871-20 May 1890	Harg
Susan L. 1849-1923	Nels
GILLISPIE, Alberta Lewis w/o Richard A. 18 Aug 1863-14 Feb 1948	JWTa
Richard A. h/o Alberta L. 23 Oct 1858-19 Jul 1948	JWTa
GILSON, Helen P. 23 Dec 1920-___	Gnbk
GIVANS, Avery W. (h/o Marian L) 1901-1974	Gnbk
Marian L. (w/o Avery W) 1907-1988	Gnbk
Richard L. 1939-1977	Gnbk
GLADDEN, Elsie D. 4 Feb 1903-1 Jun 1963	Dwng
GLADDING, Alfred M. h/o Bettie C. 1863-1941	Dwng
Alice L. d/o L. Frank & Mary L. 18 Dec 1916-6 May 1918	Dwng
Ann Evaline (no dates)	Grtn
Anne Powell 1933-1980	Aswm
Bernice J. d/o S.J. & Ella 7 Oct 1909-18 Apr 1910	Beth
Bertie M. 1903-1939	Dwng
Bettie C. w/o Alfred M. 1867-1947	Dwng
Brantley T. h/o Lois S. 1894-1951	Dwng
Burnetta T. (w/o Solomon J) 1859-1937	Grtn
C. Edward h/o T. Irene 1915-1983	Dwng
Charlie P. h/o Sadie E. 1879-1965	Dwng

GLADDING (Con't), Danvers J. w/o Oliver J. 4 Jun 1848-10 Jul 1925 — Wssl
Darcie T. (d/o Fred T. & Susie A?) 1904-1928 — Beth
Delia C. (w/o William S) 1895-1987 — Grtn
Donnie S. s/o L.J. & Vessie P. 1948-1951 — Wssl
Elizabeth A. w/o C.R. Gladding (Gladen) 15 May 1833-30 Jul 1911 — Wssl
Ella S. (w/o Suell J) 1881-1958 — Wssl
Evelyn L. 28 May 1906-23 Dec 1942 — Nels
Fred T. Jr 1919 — Beth
Fred T. (h/o Susie A) 1880-1959 — Beth
Garland 1902-1990 — Grtn
George T. (h/o Georgianna) 15 Aug 1848-14 Jun 1907 — AtBp
Georgianna (w/o George T) 11 Apr 1853-11 Apr 1929 — AtBp
Harry L. 1881-1939 — Dwng
Henry A. h/o Maggie N. 22 Jan 1875-19 Nov 1933 — Dwng
Hezekiah C. (h/o Minnie G) 1874-1950 — Wssl
Howard A. 23 May 1887-7 Oct 1965 — Nels
Infant 5 Nov 1964 — Grtn
James E. (h/o Marie A) 15 Feb 1854-24 Jul 1935 — Nels
James H. (h/o Mary J) 1 Jan 1829-9 Mar 1920 — Bell
James Hilton h/o Willye L. 17 Nov 1901-22 Mar 1946 — Dwng
James Jackson (no dates) — Grtn
James O. h/o Mary V. 1914-1967 — Dwng
John E. (h/o Lula Belle) 1890-1983 — Glfd
John H. s/o G.T. & G.A. 29 Oct 1877-2 Sep 1880 — AtBp
John O. (h/o Viola) 1889-1951 — Wssl
John W. (h/o Laura G) 1865-1944 — Nels
L. Frank h/o Mary L. 1872-1956 — Dwng
Laura G. (w/o John W) 1871-1938 — Nels
Lester J. (h/o Versie P) 1905-1968 — Wssl
Lois S. w/o Brantley T. 1899-1974 — Dwng
Lula Belle (w/o John E) 1892-1969 — Glfd
Lula D. (w/o William T. Sr) 20 Jan 1874-2 Oct 1946 — Nels
Maggie N. w/o Henry A. 15 Oct 1884-17 Oct 1978 — Dwng
Mamie W. (w/o William T. Jr) 1890-1980 — Nels
Marie Anne (w/o James E) 28 Jun 1857-18 Apr 1940 — Nels
Mary J. w/o James H. 11 Oct 1841-15 Mar 1877 — Bell
Mary Lois w/o L. Frank 1884-1944 — Dwng
Mary Viola w/o James O. 1916-____ — Dwng
Minnie G. (w/o Hezekiah C) 1880-1969 — Wssl
Norrie Daulton 1900-1941 — Wssl
Oliver J. (h/o Danvers J) 12 Feb 1841-2 Sep 1922 — Wssl
Roland W. (h/o Inez Trader Gladding) USA WWII 1910-1983 — Dwng
Sadie E. w/o Charlie P. 1878-1963 — Dwng
Solomon J. (h/o Burnetta T) 1860-1937 — Grtn
Suell J. (h/o Ella S) 1878-1948 — Wssl
Susan J. 2w/o James H. & m/o Charlie P. 30 Jan 1845-22 Nov 1919 — Dwng

Caucasian Tombstone Inscriptions

GLADDING (Con't), Susie A. (w/o Fred T) 1885-1968	Beth
T. Irene w/o C. Edward 1921-___	Dwng
Versie P. (w/o Lester J) 1911-1958	Wssl
Viola (w/o John O) 1892-1990	Wssl
Virgie M. 22 Mar 1896-19 Nov 1897	Nels
William James (no dates)	Grtn
William S. (h/o Delia C) 1883-1955	Grtn
William T. Sr (h/o Lula D) 3 Aug 1869-9 May 1938	Nels
William T. Jr (h/o Mamie W) 1893-1973	Nels
Willye Lewis w/o James H. ___-___	Dwng
GLADEN, C.R. (h/o Elizabeth A) d. 15 Jul 1911 aged 84yrs	Wssl
GLENN, Amy M. (w/o Waverly C) 1889-1969	JWTa
Amy M. (w/o Waverly C) 1889-1969	SxGl
Annie T. (w/o William H) 1883-1962	JWTa
Hugh M. (h/o Lena D) 1888-1953	JWTa
Judy 1944-1944	JWTa
Lena Drummond (w/o Hugh M) 1891-1990 (temp)	JWTa
LeRoy W. USCG 9 Dec 1914-28 Apr 1989	JWTa
Waverly C. (h/o Amy M) 1886-1962	JWTa
Waverly C. (h/o Amy M) 1886-1962	SxGl
William H. (h/o Annie T) 1881-1946	JWTa
GODWIN, A.W. Sr h/o Sally C. 1880-1967	Dwng
Adaline F. (w/o Julious D) 1856-1924	MearJ
Arinthia Hall w/o Charlie S. 1881-1922	JWTa
Arvandus W. Jr h/o Mary H. 27 Mar 1907-9 Sep 1977	Dwng
B.S. 9 Apr 1904-30 May 1904	CorbS
Bertie W. 1864-1936	Dwng
Carroll (h/o Jean W) 1924-1994	Grtn
Charles L. (h/o Matilda J) 1850-1932	ChMc
Charlie S. (h/o Arinthia H) 1878-1953	JWTa
Clarenida F. w/o S.A. 6 Aug 1857-7 Dec 1878/9?	Chas
Critty (w/o W.C) 30 Nov 1844-27 Nov 1905	DrumJ
Dolcie M. (w/o Winfred J) 1917-___	JWTa
Donald Wayne b&d 9 Nov 1943	Dwng
E. Kay (w/o Van E) m. 20 May 1967 1951-___	JWTa
Edmond S. 18 Sep 1832-18 Feb 1901	DrumJ
Edward J. (h/o Lillie M) 22 Jun 1875-13 May 1945	Myrt
Ella M. (w/o William J) 1870-1941	JWTa
Ella Watson (w/o Norman J) 31 Jul 1903-20 Jul 1990	JWTa
Erna C. (w/o Thomas E) 20 Mar 1906-15 Aug 1993	Grtn
Garland William h/o Shirley K. 7 Mar 1936-___ m. 21 Jun 1956	Dwng
George Scarburgh s/o Edm & Eliz Drum Godwin 26 Aug 1834-10 Jan 1911	DrumJ
Helen T. w/o Woodrow W. 1918-___	Dwng
Inez V. 1897-1989	JWTa
Irene W. (w/o John N. Sr) 1920-___	JWTa
James E. (h/o Mary E) 16 Oct 1866-25 Feb 1939	JWTa

GODWIN (Con't), Jean Weaver (w/o Carroll) 6 Oct 1928-7 Aug 1982	Grtn
John N. Sr (h/o Irene W) USA WWII 1918-1984	JWTa
John T. 6 Feb 1886-30 Jul 1924	ChMc
Judith L. (Lang) (w/o Ralph L. Jr) 14 Jun 1940-1 Nov 1976	JWTa
Julious D. (h/o Adaline F) 1843-1908	MearJ
Kathryn M. (w/o Thomas L) 1885-1980	Grtn
Lillie M. (1w/o Edward J) 3 May 1883-25 Sep 1925	Myrt
Lizzie C. 1901-1902	JWTa
Lola 23 Nov 1913-25 Jul 1914	CorbS
Mary E. (w/o James E) 14 Nov 1872-31 Jul 1957	JWTa
Mary Helen w/o Arvandus W. Jr 31 Jan 1913-29 May 1976	Dwng
Mary J.K. w/o J.D d/o W.S & Charlotte Knight 14 Nov 1817/47(?)-22 Oct 1868	Gask
Matilda J. w/o Charlie 21 Dec 1855-24 Oct 1919	ChMc
Mildred C. (w/o Walton H) 1899-1971	JWTa
Norman James (h/o Ella W) 20 Jul 1896-12 Feb 1967	JWTa
Pencia R. (2w/o Edward J) 31 Jan 1888-21 Feb 1966	Dwng
Penciola 1888-___	Myrt
Ralph L. Jr (s/o Ralph L. & Judith L) 2 Aug 1957-6 Jan 1975	JWTa
Richard L. Jr "Richie" 12 Jan 1963-8 Aug 1982	JWTa
Robert A. (s/o William S. & Willie B) 1936-1976	Dwng
Russell Lee 1904-1994	Dwng
Ruth Marshall 7 Oct 1904-23 Jun 1984	Dwng
Sally C. w/o A.W. Sr 1888-1920	Dwng
Shirley K. w/o Garland W. 14 Oct 1935-30 Mar 1992	Dwng
Thomas E. (h/o Erna C) 3 Dec 1907-25 Jul 1990	Grtn
Thomas L. (h/o Kathryn M) 1884-1955	Grtn
Van E. (h/o E. Kay) m. 20 May 1967 1946-1974	JWTa
W.C. (h/o Critty) 24 Feb 1845-21 Jan 1934	DrumJ
Walton H. (h/o Mildred C) 1891-1984	JWTa
William Armond PFC 486 Fighter SQ AAF WWII 13 Oct 1906-18 Nov 1957	Dwng
William J. (h/o Ella M) 1860-1942	JWTa
William L. 1926-1960	JWTa
William P. (s/o Wrendo) USA 1919-1991	Dwng
William S. Jr h/o Willie B. 1893-1980	Dwng
Willie B.(Bernice) Bull w/o William S. Jr 1903-1988 (temp)	Dwng
Winfred J. (h/o Dolcie M) 1913-1985	JWTa
Wolsey King Infant s/o William P. & S.T. (no dates)	Poul
Woodrow Nathan 6 Aug 1941-28 July 1957	Dwng
Woodrow W. h/o Helen T. 1916-1976	Dwng
GOFF, James Stewart (h/o Louise M) USN WWII 5 Oct 1916-22 Jun 1970	Dwng
Louise M. (w/o James S) 1921-1985	Dwng
GOIN, (no name) s/o Stephen & Vianna S. 4 Mar 1895-15 Nov 1907	MasoS
Infant d/o Stephen & V.S. 21 Mar 1893-8 Apr 1893	MasoS
Stephen Capt (h/o Vianna S) 1852-1920	MasoS
Vianna S. (w/o Capt Stephen) 1861-1926	MasoS
GOLDZUNG, Sophie 10 May 1908-27 Feb 1990	Gnbk

GORDY, Hazel R. w/o Raymond E. 30 Jun 1911-3 Apr 1973	TgMa
James B. 15 Nov 1888-31 Jan 1912	Grtn
John B. (h/o Mildred T) 1912-1971	JWTa
John S. (h/o Zilpha C) 1857-1940	JWTa
Mildred T.(Thornton) (w/o John B) 1920-1991	JWTa
Nathan H. 1861-1938	JWTa
Raymond E. h/o Hazel R. 9 Mar 1907-9 Mar 1974	TgMa
Zilpha C. (w/o John S) 1861-1945	JWTa
GOSLINE, Margaret Jarman 1879-1934	Gnbk
GRANDE, Alexander 5 Dec 1843-18 Jan 1907	Brit
GRAVELY, Melvin E s/o John L & Theo E of Axton VA 1900-1956	JWTa
GRAVENOR, Elmer A. (h/o Jewell C) 1899-1978	Grtn
Jewell C. (w/o Elmer A) 1895-1958	Grtn
William s/o Ashury & Lelia d. 22 Oct 1907 aged 6mo 2dy	Beth
GRAVES, Donna M. 1936-1962	ChMd
GRAY, Amanda (Taylor) (w/o Dennis & m/o John M) (no dates)	Gray
Arthur J. Sr 1904-1993	JWTa
Bertha E. w/o George H. 25 Jan 1875-20 Mar 1915	Gnbk
Carroll B. (h/o Louise B) Lt(JG) USN WWI 19 Feb 1891-13 Nov 1970	Mdst
Dennis (h/o Amanda & f/o John M) (no dates)	Gray
Edward J. (Eddie) (h/o Elsie W) 1900-1967	ChMc
Elsie W. (w/o Edward J) 1910-____	ChMc
Ida Susan (w/o John M) 1870-1955	Gray
John M. (h/o Ida S) 1866-1926	Gray
Louise Bundick (w/o Carroll B) 11 Aug 1902-1988	Mdst
Minnie Ross 13 May 1901-8 Jun 1985	Mdst
GREEN, Ann* 19 Oct 1792-18 Jan 1873	ByrdB
Della M. w/o Otis B. 1902-1990	Dwng
Edward H. s/o Wm H. & M.P. 26 Jul 1867-15 Oct 1879	Gree
Eliza A. d/o Wm H. & E.B. 4 Sep 1865-24 Nov 1865	Gree
Elnora B. w/o William H. 1824-14 Sep 1865	Gree
George R. 23 Sep 1954	JWTa
Infants s/o Kathleen Lewis 10 Jan 1939-21 Jul 1941	Dwng
Mitchell (h/o Winnie T) 1929-____	JWTa
Otis B. h/o Della M. 1902-1939	Dwng
Roger S. b&d 1971 (temp)	Dwng
Washington B. s/o Wm H. & E.B. 27 Aug 1863-1 Nov 1871	Gree
William F. s/o Wm H. & E.B. 18 Jun 1857-26 Aug 1877	Gree
Winnie T. (w/o Mitchell) 1933-____	JWTa
GREENE, Harry G. (h/o Arinthia C) 2 Jan 1887-25 Mar 1928	JWTa
Arinthia Corbin (w/oCornelius Corbin/Harry Greene) 22 Oct 1865-16 May 1957	JWTa
GREY, Carrie Russell 1876-1948	Glfd
GRIFFIN, Wm A Jr (h/oAveril T) USN WWII Korea 17 Nov 1918-12 Jan 1991	JWTa
GRIFFIN (Con't), Averil T. (w/o William A. Jr) 1921-____	JWTa
GRIFFITH, Emma E. (w/o Wilmer E) 1886-1966	JWTa
Samuel J. 19 Aug 1880-22 Aug 1929	Kngt

GRIFFITH (Con't), Wilmer E. (h/o Emma E) 1880-1960   JWTa
GRINNALDS, Adeline E. d/o John H & E.T 1 Sep 1867-12 Sep 1867   Grin
Earle 20 Nov 1862-14 Feb 1899   ConqH
Earle gs/o E.M. & J.E. age 6yr 9mo 4dy   JWTa
Eva S. d/o James H. Tabitha J. 24 Jun 1876-9 Dec 1897   ConqH
James H. 21 May 1838-18 Feb 1896   ConqH
John H. 7 Jun 1842-21 Mar 1866   Grin
GRINSLEY, S.U. Rev. (h/o Sallie A) 2 May 1840-28 Nov 1906   ChRm
Sallie A. (w/o Rev. S.U) 17 Jan 1841-3 Jan 1924   ChRm
William L.J. s/o Rev. S.L. & S.A. 23 Feb 1873-21 Feb 1896   ChRm
GROTON, Addie West (w/o Lester B. Sr) 13 Jul 1891-28 Dec 1992   Mdst
Adline w/o George B. Sr 12 Jul 1861-2 Mar 1913   Grtn
Ann K. (d/o A.R. & Flossie E. Kelley) d. 1922   Nels
Benjamin F. h/o Lula E. 1873-1944   Dwng
Brantley E. 1904-1965   Grtn
E. Ralph 31 Mar 1918-5 Oct 1950   Grtn
Edward Sr (h/o V. Lee) 1882-1957   Grtn
Edward W. Pvt. USA WWII 20 May 1904-1 Jul 1983   Dwng
Elizabeth T. (w/o John R) 1906-1969   Grtn
Ella Louise 11 Nov 1921-22 Apr 1965   Wssl
Eller d/o G.B. & Adeline 21 Sep 1880-10 Dec 1882   Grtn
Emory D. (h/o Susan J) 1860-1925   Grtn
Everette D. 1896-1960   Grtn
Florence K. w/o Wm Howard 1884-1969   Dwng
George B. Sr (h/o Adline) 3 Aug 1857-24 Jan 1914   Grtn
George R. (h/o Henrietta S) 1890-1934   Grtn
Gertrude F. w/o James T. 1866-1956   Dwng
Hattie B. (w/o William C) 1905-1984   Grtn
Henrietta S. (w/o Geroge R) 1889-1938   Grtn
Herman C. (h/o Stella W) 31 Mar 1893-17 Apr 1965   Wssl
Infant d/o G.B. & Adeline b&d 1 Oct 1889   Grtn
Infant d/o G.B. & Adeline b&d 9 Oct 1896   Grtn
Infant s/o E.C. & Lee d. 11 Aug 1905   Grtn
James T. h/o Gertrude F. 11 Nov 1857-8 Feb 1916   Dwng
John R. (h/o Elizabeth T) 1903-1991   Grtn
Lester B. Jr 5 Apr 1927-10 Jun 1927   Mdst
Lester B. Sr (h/o Addie W) 6 Jan 1886-28 Mar 1950   Mdst
Lester B. Jr (h/o Sarah D) 21 May 1931-____   Mdst
Lottie Temple (w/o Robert?) 1867-1941   Grtn
Lula E. w/o Benjamin F. 30 May 1882-16 May 1966   Dwng
Madora W. (w/o Sewell) 1866-1957   Grtn
Mamie B. (w/o Samuel B) 1888-1977   Grtn
Margaret 1830-1858   Grtn
Maude T (d/o Eliz T & John R) 1938-1938   Grtn
Robert (h/o Lottie T) 1864-1948   Grtn
Robert S. USA Air Corps WWII 7 Jun 1906-3 Oct 1989   Dwng

GROTON (Con't), Roenia T. (w/o Skinner O) 1863-1943	Grtn
Sally A. w/o William 31 Aug 1844-8 Aug 1900/9?	Grtn
Samuel B. (h/o Mamie B) 1889-1964	Grtn
Sarah Dix (w/o Lester B. Jr) 3 Jul 1933-24 Jul 1967	Mdst
Sewell (h/o Madora W) 1866-1938	Grtn
Sewell H. 1890-1944	Grtn
Skinner O. (h/o Roenia T) 1864-1944	Grtn
Stella W. (w/o Herman C) 20 Jun 1893-21 Oct 1989	Wssl
Susan J. (w/o Emory D) 1870-1950	Grtn
V. Lee (w/o Edward Sr) 1883-1957	Grtn
William (h/o Sally A) 25 Mar 1823-28 Oct 1902	Grtn
William C. (h/o Hattie B) Pvt USA WWI 15 Mar 1893-11 Apr 1973	Grtn
Wm Howard h/o Florence K. 1884-1935	Dwng
GUILETTE, Jennie w/o G.G. 10 Aug 1846-15 Apr 1902	AtBp
GUILLETTE, Docia E. (w/o Edgar F) 1872-1946	JWTa
Edgar F. (h/o Docia E) 1873-1931	JWTa
GUNTER, Etta R. (w/o Laban J) 1907-1982	JWTa
James 25 Dec 1824-18 Mar 1884	Gunt
Laban J. (h/o Etta R) 1910-___	JWTa
GUY, Alice Louise (w/o Milton J) 1932-1994	JWTa
Bettie R. 24 Mar 1871-30 Oct 1939	Dwng
George H. h/o Annie 6 Jul 1837-29 Oct 1904	Guy
James Todd (s/o Milton J. & Alice L) 1966-1973	JWTa
Jessie W. s/o Henry & Rachel 2 Jan 1833-22 Feb 1906	Guy
Milton James (h/o Alice L) 1929-1976	JWTa
HAFEZ, Nancy Russell (w/o Samir) 12 May 1950-1 Apr 1988	Frnk
Samir D.V.M. (h/o Nancy R) 9 Nov 1940-___	Frnk
HAIR, Alula 1880-1923	JWTa
HALEY, Daisy Ross (w/o I.W) 1886-1976	Grtn
Herbert J. (h/o Sadie L) 1881-1960	JWTa
I.W. (h/o Daisy R) 20 Jan 1880-6 Nov 1924	Grtn
James Edward Cpl USMC Korea 2 Feb 1936-29 Oct 1985	ChGn
Johnnie W. (s/o Herbert J & Sadie L?) 28 Feb 1907-20 Aug 1941	JWTa
R. Moncelle (s/o Herbert J & Sadie L?) 17 Jun 1929-27 Oct 1931	JWTa
Sadie Lankford w/o Herbert J. 8 Feb 1885-5 Aug 1946	JWTa
HALL, Agnes L. 1913-___	JWTa
Alma F. (w/o Norman T?) 1919-___	Dwng
Amanda S. (w/o W. Finney) 2 May 1882-1 Mar 1981	JWTa
Amanda W. (w/o Henry A) 28 May 1864-10 May 1940	JWTa
Amelia S. (w/o Carlton R?) 12 Oct 1903-25 Dec 1991	Grtn
Amriet w/o Henry d/o Col Jas & Cath Northam d. 23 Feb 1865 aged 48y2m10d	HallM
Andrew T. (h/o Minnie M) 1888-1975	JWTa
Anna V. 1915-1919	Grtn
Annie M. 1880-1956 (temp)	Dwng
Anthony L. (h/o Sally B) 1841-1930	JWTa
Anthony L. (h/o Fannie H) 1866-1943	SxEv

HALL (Con't), Ashton J. (h/o Mamie A. Hall Watson) 1886-1943 — JWTa
Avis L. (c/o Anthony L. & Fannie H) 19 Jan 1912-3 Oct 1912 — SxMn
Benjamin F. (h/o Sarah A) 18 Mar 1860-27 Sep 1927 — Grtn
Benjamin J. h/o Rida B. 1865-1938 — Dwng
Bernard K. Sr (h/o Nellie M) 1899-1980 — JWTa
Bernard L 30 Nov 1891-20 Mar 1898 — Kngt
Bernice F. (w/o Silverius C) 1880-1975 — Grtn
Bertha B. (w/o John F) 1889-1972 — JWTa
Blanche L. (w/o Braden L) 1897-___ — Grtn
Braden L. (h/o Blanche L) 1891-1963 — Grtn
C. Florence (w/o R. Lee) 1885-1973 — Gnbk
Camillia A. w/o Henry C. Jr 1902-1978 — Dwng
Carlton R. (h/o Amelia S?) 6 Jan 1910-11 Apr 1988 — Grtn
Carylee (w/o Leslie T) 9 Dec 1912-28 Dec 1991 — Grtn
Charles A. 1881-1966 — Grtn
Charles B. (h/o Estelle B) 1900-1940 — Wssl
Charlie D. 7 Feb 1870-25 Jun 1905 — Beth
Charlie W. (h/o Mary Hall Rodgers) 1904-1949 — JWTa
Clifford M. 19 June 1915-___ — JWTa
Cordelia w/o Asa 26 Jul 1831-9 Nov 1912 — Myrt
Denver C. 1922-1980 — Dwng
Dollie 2 Feb 1896-29 Sep 1972 — Grtn
Donald Elson (s/o Jas & Ruth?) Pvt US Amry 1 Sep 1918-27 Feb 1983 — Dwng
Dora Wessells (w/o Hilton C) 1914-1968 — Wssl
Edith P. (w/o George W. Jr) 1887-1969 — ChMc
Edith P. w/o W.T. 5 Oct 1870-14 Jun 1909 — Grtn
Edith P. (w/o Harold C) 1912-___ — JWTa
Eliza Jane w/o Thomas S. 5 Nov 1841-28 Aug 1913 — DrumJ
Elizabeth N. w/o G.B. 1889-1929 — Grtn
Elizabeth Wessels w/o Santa A. 1842-19 Jan 1875 — DrumJ
Ella B. w/o Santa A. 2 Oct 1874-12 Jul 1950 — Grtn
Ella L. (w/o Thomas J) 1871-1948 — Grtn
Elmira w/o Henry C. Sr 1878-1924 — Dwng
Emma J. w/o Santa A. 1871-1950 — Nels
Emma L. (w/o William A) 9 Mar 1887-5 Mar 1960 — JWTa
Emma P. McM. w/o Oakley 27 Oct 1896-11 Jun 1918 — Dwng
Ernestine H. 1913-___ — Dwng
Eslie A. VA Pvt USA WWI 27 Jan 1893-23 Jan 1973 — JWTa
Estelle B. (w/o Charles B) 1895-1978 — Wssl
Esther E. (Martin) w/o Thomas J. 10 Nov 1838-29 Mar 1910 — JWTa
Eugene h/o Sarah F. 10 Feb 1875-20 Nov 1956 — HallM
Eugene Parker (h/o Nancy D) 19 Apr 1936-12 Jun 1981 — JWTa
Fannie H. (w/o Anthony L) 1887-1960 — SxEv
Florence E. (w/o Lester R) 1904-1963 — Gnbk
Frank Jr 12 Mar 1893-27 May 1922 — Grtn
Frank L. (h/o Ocia A) 1856-1942 — Grtn

Caucasian Tombstone Inscriptions 131

HALL (Con't), Frank s/o Santa A. & Emma J. 1897-1968	Nels
Fred 1902-1969	Grtn
Fred Jr (h/o Rachel B) 20 Aug 1925-___	Grtn
George E. Co A 1 VA Inf (Conferate Soldier)	Cros
George G. (h/o Nelda A) ___-___	JWTa
George W. 6 May 1863-13 Mar 1904	HallM
George W. Jr (h/o Edith P) 1886-1958	ChMc
Granvelle 7 Feb 1901-1 Jan 1914	Dwng
Grodon B. (h/o Lois T) 1890-1968	Grtn
Harold C. (h/o Edith P) 1900-1986	JWTa
Harry s/o Santa A. & Emma J. 1904-1944	Nels
Henrietta d/o Thomas S. & Eliza J. 16 Dec 1872-7 Oct 1889	DrumJ
Henry (h/o Ambiet) 29 Feb 1812-6 Apr 1890	HallM
Henry A. (h/o Amanda W) 13 Mar 1854-24 Aug 1922	JWTa
Henry C. Sr h/o Elmira 1871-1955	Dwng
Henry C. Jr h/o Camillia A. 1897-1982	Dwng
Hilda S. d/o W. Finney & Amanda S. 28 Jul 1899-7 May 1900	JWTa
Hilton C. (h/o Dora W) 1912-1984	Wssl
Infant s/o Nealie & Pollie Rew Hall 22 Jan 1927-27 Jan 1927	JWTa
J. Oakley h/o Emma P & Lola S & s/o Jno & Nina 4 Oct 1896-29 Jun 1982	Dwng
James A. h/o Ruth 1881-1959 (temp)	Dwng
James E. (h/o Lillie H) 1906-1972	Grtn
Jo-Ann 25 Nov 1962-6 Jan 1963	JWTa
John (h/o Lannie M) 1861-1947	ChMc
John F. (h/o Bertha B) 1888-1950	JWTa
John H. h/o Nina P. 1870-1937	Dwng
John S. h/o Mildred S. & Lillian M. USN WWI USCG WWII 1897-1971	Dwng
Julius H. (h/o Ola M? & s/o Benjamin J & Rida B?) 1885-1972	Dwng
L. Ray 1928-1955	Gnbk
Lannie M. (w/o John) 1868-1944	ChMc
Lena J. (w/o Revel C) 18 Feb 1880-22 Mar 1976	JWTa
Leslie Thomas (h/o Carylee) 18 Feb 1902-14 May 1958	Grtn
Lester R. (h/o Florence E) 1906-1956	Gnbk
Lillian M. w/o John S. 15 Jul 1900-14 Jul 1986	Dwng
Lillie H. (w/o James E) 1904-___	Grtn
Lois T. (2w/o Gordon B) 1907-1965	Grtn
Lola Shockley w/o Oakley 1 Feb 1891-27 Oct 1975	Dwng
Louise M. d/o Nealie & Pollie Rew Hall (no dates)	JWTa
Lovey C. w/o James A & d/o Thos W & Eliz Copes 2 Dec 1845-12 May 1892	Cope
Margie (unmarked d/o James A & Miranda Hall c1898-btw1924/44)	HallS
Martin 9 Jun 1863-16 Nov 1931	JWTa
Marvin Thomas (s/o William T & 1st wife) 10 Aug 1902-28 Mar 1948	JWTa
Mary Bagge nee Walden 16 Sep 1870-9 Apr 1895/9?	SmitC
Mary E. (w/o Walter J) 1849-1916	Grtn
Mary G. 24 Jul 1817-7 Apr 1900	Dwng
Mary W. w/o Stewart B. 24 Aug 1896-4 Dec 1973	Dwng

HALL (Con't), Mildred B. (w/o S. Francis) 1914-____   Nels
Mildred Linton (w/o Dewey & d/o Sewell & Mary J Linton) 1902-1927   SxDr
Mildred S. w/o John S. 1905-1960   Dwng
Minnie M. (w/o Andrew T) 1892-1985   JWTa
Miranda (ns w/o Jas Alfred & d/o Wm H & Rosa A Williams c1875-17 Feb 1924)   HallS
Nancy Derrickson (w/o Eugene P) 28 Jan 1940-____   JWTa
Nealie h/o Pollie R. 12 Feb 1884-19 Aug 1964   JWTa
Nealie Jr s/o Nealie & Pollie Rew Hall 10 Aug 1915-2 Feb 1925   JWTa
Nelda A. (w/o Geroge G) 1909-1984   JWTa
Nellie Mae (w/o Bernard K. Sr) 1903-1994 (temp)   JWTa
Nevada (2w/o William T) 18 Feb 1882-17 Feb 1931   JWTa
Nina P. w/o John H. 1874-1952   Dwng
Norman T. (h/o Alma F?) 1914-1961   Dwng
Ocia A. (w/o Frank L) 1859-1928   Grtn
Ola M. (w/o Julius H) 1893-1966   Dwng
Paige E. s/o L.H. & Florence 1924-1927   Gnbk
Pearlie 28 Mar 1899-24 Feb 1992   Grtn
Pollie D. w/o Robert J. 14 Aug 1864-2 Dec 1893   JWTa
Pollie Rew d/o Alfred Wesley & Annie Ross Hall 18 Jun 1889-29 Jun 1969   JWTa
Pollye D. (3w/o William T) 24 Nov 1893-23 Sep 1967   JWTa
R. Lee (h/o C. Florence) 1880-1974   Gnbk
R.T. (h/o Susan E) 1832-1894   HallM
Rachel B. (w/o Fred Jr) 4 Jan 1921-10 Feb 1987   Grtn
Revel C. (h/o Lena J) 19 Mar 1876-30 Aug 1938   JWTa
Rida Burton w/o Benjamin J. 1864-1919   Dwng
Rintha 1927-1990   Wssl
Robert D. s/o R.B. Jr & Winifred 9 Jun 1957-12 Jun 1957   ChMc
Robert J. (h/o Pollie D) 4 Jun 1858-18 Mar 1927   JWTa
Ruth E. d/o S.B. & Mary W. 1916-1934   Dwng
Ruth w/o James A. 1888-1979 (temp)   Dwng
S. Francis (h/o Mildred B) 1914-1973   Nels
Sallie (w/o Thomas S) _____ 1823-_____ 1890   HallH
Sally B. (w/o Anthony L) 1851-1922   JWTa
Santa A. (h/o Ella B) 2 Dec 1874-____   Grtn
Sarah A. (w/o Benjamin F) 27 Dec 1860-13 Aug 1942   Grtn
Silverius C. (h/o Bernice F) 1868-1950   Grtn
Stanley L. 1886-1967   Grtn
Stewart B. Sr h/o Mary W. 8 Oct 1892-19 Nov 1971   Dwng
Susan E. w/o R.T. 1835-1912   HallM
Tabitha S. (w/o William T) 4 Oct 1857-23 Feb 1935   JWTa
Thomas 25 Oct 1813-23 Jun 1885   HallW
Thomas J. (h/o Ella L) 1861-1936   Grtn
Thomas J. (h/o Esther E) 9 May 1830-26 Sep 1899   JWTa
Thomas J. s/o Robert J & Pollie D 1 Jul 1887-20 Aug 1887   JWTa
Thomas S. (h/o Eliza J) 17 Sep 1839-6 Jun 1926   DrumJ
Thomas S. 25 May 1791-16 Dec 1871   HallH

HALL (Con't), Virginia M. w/o William B. 1921-___   Dwng
W. Finney (h/o Amanda S) 20 Mar 1877-11 Dec 1950   JWTa
Walter J. (h/o Mary E) 1840-1916   Grtn
Washington H. 15 Oct 1906-25 Sep 1931   Grtn
William A. (h/o Emma L) 1 Mar 1885-4 Aug 1972   JWTa
William B. h/o Virginia M. USN WWII 10 Jun 1921-5 Aug 1993   Dwng
William T. (h/o Tabitha S) 13 Sep 1854-9 Dec 1914   JWTa
William T. (h/o Nevada & Pollye D) 15 Aug 1877-30 Jan 1950   JWTa
Wm Bradford (h/o Florence P) 1913-1987   Dwng
HALLER, Dorothy E. (w/o George S) 1927-___   Gnbk
Geroge S. (h/o Dorothy E) USA WWII 3 May 1920-30 Nov 1989   Gnbk
HAMILITON, Hazel 1906-1983   Wssl
HAMLIN, Thomas Edward US Marines 30 Jan 1942-3 Mar 1992   Dwng
HAMMOND, Amanda S. w/o William D. 1886-1956   Dwng
William D. h/o Amanda S. 1881-1959   Dwng
HANCOCK, Annie A. (w/o Ira B) 5 Aug 1866-4 Apr 1958   Frnk
Annie Dennis w/o Maurice S. 1881-1959   Dwng
Bertha L. (w/o Miles) 8 Apr 1894-___   ChMd
Clinton B. s/o Ira B. & Annie A. 5 Oct 1888-25 Nov 1899   Frnk
Clyde Thomas 5 Sep 1883-30 Apr 1974   Gnbk
Edna J. w/o Ira W. 1875-1956   Dwng
Grace E.(Ellis) w/o William S. 1919-___   Dwng
Ira B. (h/o Annie A) 29 Nov 1861-9 Aug 1948   Frnk
Ira W. h/o Edna J. 1873-1956   Dwng
Margaret V. (w/o William J) 1873-1962   Frnk
Marion James h/o Mary E. 16 Oct 1902-27 July 1968   Dwng
Mary Elizabeth w/o Marion J. 7 Oct 1907-3 Mar 1964   Dwng
Maurice S. h/o Annie D. 1879-1962   Dwng
Miles (h/o Bertha L) 10 May 1888-3 Nov 1974   ChMd
Nancy M. (d/o William J. & Margaret V) 1909-1919   Frnk
Narcissa Bell w/o G.B. 1867-1954   ChMc
Norman L. "Rooster" (h/o Ruth E) 1907-1972   ChMd
Quinton s/o Ira B. & Annie A. 10 Jun 1893-16 Jul 1895   Frnk
Ruth E. (w/o Norman L) ___-___   ChMd
Sara B. (w/o Thurlo E) 1911-___   ChMc
Thurlo E. (h/o Sara B) 1910-1981   ChMc
William J. (h/o Margaret V) 1855-1917   Frnk
William J. Jr (s/o Wm J & Margaret V) Cpl USA WWII 5 Dec 1905-29 Mar 1975   Frnk
William R. 25 May 1860-24 Feb 1924   ChMc
William S. h/o Grace E. 1915-1985   Dwng
HANLEY, Harold P. NJ PFC USA WWII 15 Mar 1912-22 Apr 1969   ChMc
HANNUM, Ernest E. h/o Grethel C. 1906-1970   Dwng
Grethel w/o Ernest E. 1903-1981   Dwng
HANSEN, Alice A. d/o George & Hattie M. (no dates)   ChMc
George (h/o Hattie M) 1877-1925   ChMc
Hattie M. (w/o George) 1875-___   ChMc

HANSEN (Con't), Christian b. Denmark d. 24 Oct 1906 aged about 66yrs   Brit
HAPLEY, Archie S. 1889-1979   ChDa
HARGIS, Infant d/o J.H. & M.A. 19 Aug 1887-13 Feb 1889   AtBp
   Hester (m/o Martha J. Hargis Covington) 5 Feb 1812-30 Jul 1885   Brit
   James F. 2 Dec 1879-1 Nov 1959   JWTa
   James Rev. (h/o Sarah E) 2 Feb 1803-19 Feb 1866   Conn
   John H. (h/o Margaret A?) 6 Nov 1855-10 Nov 1923   JWTa
   Maggie E. Inf d/o John H & Maggie A 29 Sep 1883-5 Oct 1883   AtBp
   Margaret A. (w/o John H?) 11 Dec 1852-26 Oct 1915   JWTa
   Mary Ann d/o James & Sarah E. (no dates) aged 2yrs 5mos   Conn
   Noah 1856-20 Mar 1915   Harg
   Sarah E. w/o James m. 21 Oct 1845 31 Mar 1822-3 Jun 1857   Conn
HARMAN, Charlotte H. w/o William H. d. 9 Aug 1872 age 20yrs   Nels
HARMANSON, John L. Dr. 31 Mar 1821-25 Jun 1894   Wdby
HARRIS, Earl S. (h/o Susie M) 1892-1969   Nels
   Edgar Bentley S Sgt USA WWII Korea Vietnam 1928-1978   JWTa
   Howard Ronald MD A QU3 USNR Korea 7 May 1933-13 Mar 1973   Watv
   Issac 27 Jun 1853-17 Oct 1926   ChBp
   Shawn Lindsey Tomlee 26 Oct 1973-18 Feb 1974   ChMc
   Susanna 22 Sep 1855-16 Mar 1915   ChBp
   Susie M. (w/o Earl S) 1895-1987   Nels
HARRISON, Anna M. w/o H.W. 1902-1973   JWTa
   Charles W. (2h/o Mattie Mears Harrison?) 12 Dec 1876-6 Jan 1913   MearJ
   J. William s/o Wm H. & Fannie J. 15 Jan 1881-3 Nov 1904   ChMc
   Mattie Mears (w/o John N Mears & Charles W Harrison?) 1881-1927   MearJ
   William 31 Dec 1859-8 Jul 1923   ChGn
   William H. (h/o Fannie J Harrison Mason) 24 Dec 1829-27 Dec 1906   ChMc
HART, Aaron C. (h/o Elnora F) 1861-1948   JWTa
   Albert B. (h/o Alice C) 1885-1986   Glfd
   Albert F. s/o A.B. & Alice 1904-____   Glfd
   Alice C. (w/o Albert B) 1887-1965   Glfd
   Alverta S. (w/o James A) 1874-1954   Grtn
   Benny H. 15 Oct 1948-____   Dwng
   E* d. 27 Aug 1892 aged 80yrs   Bens
   Elnora F. (w/o Aaron C) 1859-1936   JWTa
   Elsie Mae 21 Feb 1953-____   Dwng
   Elsie W. 28 Sep 1922-15 Mar 1991   Dwng
   Fanny w/o William H. 1 Aug 1846-10 Feb 1923   Beth
   Harry T.S. (h/o Virginia B) 1879-1965   Gnbk
   Howard W. (h/o Sadie E) 1904-1982   Beth
   Ida M. w/o Wesley C. 1881-1972   Dwng
   James A. (h/o Alverta S) 1871-1939   Grtn
   Jeannette S. (w/o Thurgood O. Jr) 1908-1937   Grtn
   Jessie W. 1888-1962   JWTa
   John W. s/o A.B. & Alice 1911-1913   Glfd
   John Wesley 11 Dec 1861-17 Jan 1910   Bens

Caucasian Tombstone Inscriptions

HART (Con't), Lena May 8 Aug 1938-16 Jun 1939	Dwng
Linda Sue 19 Jul 1948-___	Dwng
Milton R. Sr 25 Nov 1910-___	Dwng
Noah P. 1875-1960	Glfd
Sadie E. (w/o Howard W) 1907-___	Beth
Sarah E. w/o W.C. 1850-8 Jan 1918	MsBp
Thurgood O. Jr (h/o Jeannette S) 1902-1937	Grtn
Virginia B. (w/o Harry T.S) 1882-1955	Gnbk
W.C. (h/o Sarah E) 1835-16 Aug 1918	MsBp
Wesley C. h/o Ida M. 1880-1961	Dwng
William H. (h/o Fanny) 10 Mar 1847-9 Mar 1921	Beth
HARTE, John R. 7 Oct 1844-15 Jan 1909	MsBp
HARTMAN, Bessie Lee (w/o Jas H) 15 Sep 1904-23 Feb 1978	JWTa
James H. (h/o Mary T) 10 Jun 1880-31 Dec 1946	JWTa
James Henry (h/o Bessie L) 19 Feb 1909-29 Jan 1988	JWTa
Mary T. (w/o James H) 12 Jul 1882-15 Apr 1970	JWTa
Paul 10 Jan 1910-20 Jan 1910	JWTa
William S. Cpl 504 Inf 82 ABN Div WWII 5 Sep 1919-23 Sep 1944	JWTa
HASTINGS, Bessie J. (w/o William E) 23 Apr 1886-9 Jan 1971	Watv
Earl A. (h/o G. Susan) 1885-1964	Dwng
Edgar G. (h/o Nettie H) 1891-1972	Watv
Elijah (h/o Malissa) 20 Nov 1849-30 Mar 1935	Watv
G. Susan (w/o Earl A) 1892-1945	Dwng
Gwendolyn M. (w/o W. Rhodes) 21 Jun 1916-___	Gnbk
Malissa d/o William E. & Bessie b&d 26 Dec 1906	Watv
Malissa w/o Elijah 2 Sep 1849-3 Apr 1902	Watv
Nettie H. (w/o Edgar G) 1893-1980	Watv
W. Rhodes (h/o Gwendolyn M) USCG WWII Korea 20 Dec 1910-8 Oct 1987	Gnbk
William E. (h/o Bessie J) 10 Feb 1884-13 Feb 1934	Watv
HASTY, Nicole Ashley 1990-1990 (temp)	Dwng
HASWELL, Bessie C. 1882-1969	AtBp
HAYMAN, Carson F. s/o Sallie S. & Solon F. 1905-1947	Dwng
Sallie S. w/o Solon F. 1876-1942	Dwng
Solon F. h/o Sallie S. 1875-1909	Dwng
HAYNIE, Maggie L. 12 Aug 1882-13 Dec 1904	TgCa
Martha C. w/o Robert W. 1886-1964	TgCa
Robert L. 1903-1966	TgMa
Robert W. h/o Martha C. 1879-1973	TgCa
Walter L. 1909-1961	TgMa
HEARN, Melvin Robert QM1 USN WWII 13 Jul 1924-16 Sep 1980	Nels
HEARNE, M. Eliz d/o H.A & Alice M. 4 Sep 1913-12 Jan 1915	Blxm
HEARTHWAY, Annie Merrill (w/o Jas E Merrill & Geo P Hearthway) 1880-1963	Frnk
Baby (c/o George P. & Laura E) 1928-1928	Frnk
Laura E. (1w/o George P) 1884-1934	Frnk
George Jr (s/o George P & Laura E) 1925-1925	Frnk
George P. (h/o Laura E. & Annie Merrill) 1879-1966	Frnk

HECTOR, Dorothy M. Miller w/o William 1895-1963 — Dwng
William h/o Dorothy M.M. 1901-1976 — Dwng
HELD, Bernard (h/o Olga) 29 Jul 1870-24 Dec 1922 — ChBu
Olga (w/o Bernard) 11 Jul 1870-25 Dec 1953 — ChBu
HELFST, Ida J. (w/o Edward E) 1915-1986 — ChGn
Edward E. (h/o Ida J) LCDR USCG WWII 18 Oct 1901-25 Feb 1976 — ChGn
HENDERSON, Logan 14 Mar 1852-25 Nov 1898 — Loga
Pauline Elizabeth (d/o Charles & Selma) 3 Dec 1899-25 Nov 1902 — ChRm
Sahastia (no dates) — Hend
HENDRIX, Sammie D. (h/o Bernice Hall Hendrix) 15 Nov 1884-22 Aug 1968 — JWTa
HENRY, Alexander (h/o Rachel E) 10 Feb 1840-22 Mar 1923 — Nels
Alice M. 26 Jun 1867-31 Dec 1922 — Nels
Bruce s/o M.H. & Olga B. 1944 — ChMc
Edwin C. 23 Jun 1884-10 Sep 1917 — Nels
James P. 29 Aug 1882-25 May 1920 — Nels
Mother (w/o James P?) 1882-1929 — Nels
Rachel E. (w/o Alexander) 23 Sep 1843-10 Sep 1913 — Nels
HENSLEY, James D. 1908-1942 — Dwng
HERRINGTON, Lillian S. 1888-1947 — Mdst
HICKMAN, (no names or dates) (c/o Ralph & Joanne) — Dwng
Addie P. w/o George 3 Sep 1868(1853?)-10 Jun 1899 — Mdst
Aileen K. 1902-1972 — Nels
Alma T. (w/o Basil E) 1902-1990 — Nels
Annie 1883-1975 — ChMc
Annie M. (w/o S.G) 24 May 1863-27 Feb 1944 — Mdst
Asa T. (h/o Rida W) 1883-1959 — Nels
Asa T. (h/o Hallie B) (no dates) — Watv
Asa T. (h/o Jane C) 4 Oct 1816-18 Feb 1871 — Watv
Basil E. (h/o Alma T) 1900-1970 — Nels
Bernice G. 1892-1993 — Nels
Cecil A. 2 Dec 1910-28 Oct 1951 — Nels
Claude F. 3 Feb 1919-28 Aug 1987 — Mdst
Claudia (w/o H. Alvin) 1915-___ — Gnbk
Daisy L. w/o Fletcher R. 1880-1956 — Dwng
Darsey F. s/o John G. & Sarah 9 Sep 1888-23 Feb 1896 — HickH
Doris P. w/o Elwood F. 1906-1972 — Dwng
Dorothy J. (w/o Floyd E) 12 Aug 1915-___ — Nels
E. Phillip (h/o Lina T) 1917-1970 — Nels
Edgar L. s/o John G. & Sarah 21 Aug 1890-__ Jan 1896 — HickH
Edward T. (h/o Rachel A) 12 Dec 1845-29 Jul 1906 — Brit
Edward Thomas (h/o Vesta L) 1905-1963 — Watv
Elizabeth d. 22 Apr 1893 aged 71yrs 10mos 27dys — ParkS
Ella (w/o Lester) 1901-1993 — ChMc
Elwood F. h/o Doris P. 1903-1985 — Dwng
Ethara w/o Richard 19 Jul 1856-5 Jul 1906 — HickP
Fannie B. 1902-1958 — Dwng

HICKMAN (Con't), Fletcher R. h/o Daisy L. 1875-1953 — Dwng
Floyd E. (h/o Dorothy J) 10 Sep 1915-1 Jul 1987 — Nels
George (h/o Lillie L) 1883-1949 — Mdst
George (h/o Addie P) 1848-1921 — Mdst
George R. (h/o Louise M) 1903-1980 — Watv
George Robert 1848-1890 — Nels
Georgia F. 1890-1894 — Nels
H. Alvin "Cudge" (h/o Claudia) 1915-1965 — Gnbk
Hallie B. (w/o Asa T) (no dates) — Watv
Helen G. (w/o Wm H) 24 Oct 1893-20 Oct 1991 — Nels
Herbert T. 1896-1944 — Mdst
Ida G. d/o W.T. & Catherine Tull d. 28 Apr 1897 aged 16yrs — TullW
Infant s/o E.F. & Doris P. b&d 1942 — Dwng
Infant s/o F.R. & D.L. 9 Feb 1899 only date — HickB
Jane C. w/o Asa T. 14 May 1820-6 Dec 1894 — Watv
Jeannette S. Fox (w/o Jas G Fox & ____ Hickman) 7 Dec 1851-18 May 1917 — Fox
John A. s/o William H. & Tabitha 12 Jan 1913-19 Mar 1913 — Watv
John E. (h/o Matilda O) 23 Sep 1835-22 Nov 1909 — HickH
John H. Jr 3 Aug 1915-9 Feb 1993 — Nels
John H. Sr (h/o Llewellyn C) 1892-1975 — Nels
Juanita 10 Mar 1908-26 Dec 1970 — Nels
Lester VA Sgt AAF WWII 19 Mar 1903-17 Apr 1974 — ChMc
Lillie L. (w/o George) 1885-1925 — Mdst
Lina Tarr (w/o E. Phillip) 1926-1956 — Nels
Llewellyn C. (Henderson) (w/o John H. Sr) 1897-1972 — Nels
Louise M. (w/o Geroge R) 1909-1980 — Watv
Louise O. (w/o Quincy R) 1914-____ — Watv
Margaret J. d/o R.H. & E.A. 10 Aug 1900-12 Dec 1900 — HickP
Margie (Vanora Fletcher) F. w/o William H. Jr 1899-1976 — Watv
Mary Aydelotte 1856-1945 — Nels
Matilda O. w/o John E. 10 Jan 1840-11 Jan 1904 — HickH
Mattie A w/o Thomas L. 1867-1946 — Nels
Minnie Lee d/o A.T. & Rida 9 Apr 1919-6 Sep 1919 — Nels
Nettie J. d/o Wm H. & Tabitha L. 14 Mar 1892-20 Mar 1892 — Watv
Quincy R. (h/o Louise O) 1907-____ — Watv
Rachel A. w/o Edward T. 28 Sep 1853-9 Feb 1918 — Brit
Rida Watson (w/o Asa T) 1882-1926 — Nels
Robert D. s/o F.R. & Daisy L. 12 Jul 1908-4 Jan 1918 — HickB
S. Wellman s/o G.H. & Addie P. 24 Oct 1891-23 Mar 1906 — Mdst
S.G. (h/o Annie M) 6 Feb 1857-14 Dec 1928 — Mdst
Stanley L. 1905-1950 — Nels
Stewart A. TSgt 35 Fighter SQ AAC WWII 28 Feb 1913-31 Mar 1967 — Dwng
Tabitha L. (w/o William H) 22 Aug 1872-25 Jan 1937 — Watv
Thomas Lee (h/o Mattie A) 1870-1937 — Nels
Thomas V. 1906-1969 — Nels
Vesta Lee (w/o Edward T) 1909-____ — Watv

HICKMAN (Con't), Virginia d/o A.T. & R.W. 25 Nov 1915-9 Mar 1917 — Nels
William Barrett 1883-1956 — Mdst
William H. (h/o Helen G) 16 Aug 1889-10 Jan 1966 — Nels
William H. (h/o Tabitha L) 11 Apr 1861-23 Nov 1929 — Watv
William H. Jr (h/o Margie F) 1898-1971 — Watv
William Lee S1 USCG WWII 1905-1989 — ChMc
William s/o Thomas 14 Feb 1825-1 Oct 1897 — HickP
Wilson G. 1916-1927 — Nels
HICKS, Hilda T. (w/o Amacey L. Jr) 22 Jan 1929-___ — ChMd
Amacey Lee Jr (h/o Hilda T) NC EN1 USCG Viet 17 Oct 1930-13 Mar 1971 — ChMd
HILL, Alice W. w/o John O.A. 24 Jul 1883-31 Oct 1956 — Dwng
Andrew 26 Aug 1856-7 Sep 1880 — ChHi
Arthur L. (h/o Catherine E) 13 Jul 1936-___ — Gnbk
Baynham M. (h/o Esther C) 1882-1970 — Nels
Bertha M. w/o Clifton 1915-1988 — Dwng
Betty C. w/o John W. 1891-1976 — Dwng
Blanche V. (w/o Frank R) 1904-1982 — Gnbk
Calvin (h/o Goldie) 1932-___ — JWTa
Catherine E. (w/o Arthur L) 30 Aug 1939-13 Apr 1985 — Gnbk
Charles S. (h/o Nora B) 1889-1927 — JWTa
Charles S. (h/o Inez C) 8 Feb 1889-5 Apr 1964 — JWTa
Clifton h/o Bertha M. BM2 USCG Res WWII 19 Dec 1913-22 May 1951 — Dwng
Dennie O. (h/o Minnie J) 1882-1947 — ChRm
Dinah Louise 1950-1950 — ChMc
E. Virginia d/o Timothy & Zipporah 25 Feb 1872-18 Jun 1885 — ChHi
Earl B. (h/o Hallie M) 1888-1953 — JWTa
Edgar T. 1879-1926 — Gnbk
Edward (s/o Walter & Josephine) 9 Aug 1899-19 Apr 1926 — ChBu
Edwin C. USA WWII 29 Dec 1915-1 Oct 1993 — Dwng
Eldred J. s/o J.T. & Emma E. drowned 3 Sep 1891-1 Jul 1903 — Gnbk
Elijah K. (h/o Eliza) 1869-1965 — ChMc
Elijah K. (h/o Louise V) 1903-1961 — ChMc
Eliza (w/o Elijah K) 1871-1939 — ChMc
Ella S. (w/o Harry) 1898-1970 — ChGn
Emily E. w/o J.T. 13 Jul 1858-13 Mar 1927 — Gnbk
Emma A. (w/o G. Marion) (no dates) — Frnk
Emma Mae (w/o Winfred J?) 5 Jun 1913-17 Oct 1957 — JWTa
Esther C. (w/o Baynham M) 1895-1983 — Nels
Esther Jane w/o John S. 20 Jan 1860-21 Nov 1929 — Brit
Evelyn (w/o Lee A) 1884-1942 — ChMc
Frank R. (h/o Blanche V) 1901-1971 — Gnbk
Frank Wm Pvt II Medical TNC Regt WWII 12 May 1918-23 Sep 1955 — JWTa
Fred PFC Army Air Force WWII 2 Sep 1927-16 May 1959 — Dwng
G. Marion (h/o Emma A) (no dates) — Frnk
George E. (h/o Kate M) 1867-1937 — Frnk
Goldie (w/o Calvin) 1926-___ — JWTa

HILL (Con't), Hallie M. (w/o Earl B) 1890-1973   JWTa
Harry (h/o Ella S) 1895-1950   ChGn
Henrietta w/o Roland 1860-1946   Dwng
Howard L. h/o Alma Hill Banks 1906-1965   Dwng
Inez C. (w/o Charles S) 6 Jul 1891-12 Oct 1976   JWTa
Isabelle S. (w/o Walden O) 1920-___   ChRm
J. Elwood (h/o Sarah R) 1919-1971   Frnk
J.T. (h/o Emily E) 6 May 1848-25 Feb 1917   Gnbk
Jane T. (on stone with John P. & Laura) (no dates)   Gnbk
John F. h/o Mary J. 9 Oct 1851-23 Jun 1935   JWTa
John P. (h/o Mae P) 1880-1952   Frnk
John P. (on stone with Jane T. & Laura) (no dates)   Gnbk
John Q.A. h/o Alice W. 14 Jul 1880-24 Nov 1968   Dwng
John S. (h/o Esther J) 28 Dec 1857-28 Feb 1911   Brit
John T. (h/o Sarah A) 1847-1921   ChRm
John W. h/o Betty C. 1888-1959   Dwng
Joseph T. (h/o Lillie B) 1873-1946   ChMc
Joseph T. 8 Aug 1852-10 Feb 1926   ChMc
Josephine (w/o Walter) 1866-1953   ChBu
Kate M. (w/o George E) 1873-1944   Frnk
Kathryn T. (w/o W. Otis) 1922-___   ChMc
Kathryn T. w/o W. Otis 1922-___   Dwng
Larry Wayne (s/o Norma & Bob) 1939-1964   ChGn
Laura (on stone with Jane T. & John P) (no dates)   Gnbk
Lee A. (h/o Evelyn) 1883-1954   ChMc
LeRoy (h/o Marguerite P) 1916-___   JWTa
Lillie B. (w/o Joseph T) 1875-1957   ChMc
Littleton R.B. 15 Mar 1840-4 May 1904   ChTh
Lizzie P. 1883-1944   ChMc
Lloyd E. (h/o Rebecca B) 1884-1956   ChMc
Louise J. 1846-1929   ChRm
Louise V. (w/o Elijah K) 1904-1983   ChMc
Mae P. (w/o John P) 1889-1955   Frnk
Marguerite P. (w/o Leroy) 1917-___   JWTa
Mary Alice (w/o Nathan) 1918-1953   JWTa
Mary Ann w/o William T. 1859-1946   Dwng
Mary J. w/o John F. 22 Jan 1853-19 Jan 1930   JWTa
Mary Jane (d/o Chas. S. & Inez C) 31 Jul 1916-25 Jul 1918   JWTa
Minnie d/o Walter & Josephine 21 Jul 1892-3 Nov 1893   ChBu
Minnie J. (w/o Dennie O) 1884-1959   ChRm
Minnie M. (w/o Thomas A) 1888-1959   JWTa
Nathan (h/o Mary Alice) 1919-1993   JWTa
Nora B. (w/o Charles S) 1894-1979   JWTa
Oneita V. 15 Feb 1913-30 Nov 1922   ChMc
Otis P. (s/o John P. & Mae P) 1908-1972   Frnk
Pearl E. s/o David & Mary A. 17 May 1886-25 Oct 1905   ChHi

HILL (Con't), Pauline I. 1897-1973 — Dwng
Raymond W. 1902-1986 — ChMd
Rebecca B. (w/o Lloyd E) 1887-1949 — ChMc
Robert W. 1886-1958 — Dwng
Roland h/o Henrietta 1860-1923 — Dwng
Samuel D. Jr s/o E.K. Jr & Louisa 3 Apr 1942-29 Nov 1942 — ChMc
Sarah A. (w/o John T) 1851-1936 — ChRm
Sarah R. (w/o J. Elwood) 1925-___ — Frnk
Sidney J. 21 Jun 1890-30 Dec 1914 — ChHi
Sidney J. h/o Vernetta R. 1925-1955 — Dwng
Thomas A. (h/o Minnie M) 1886-1959 — JWTa
Timothy (h/o Zipporah) 14 Apr 1826-30 Jul 1900 — ChHi
Vernetta R. w/o Sidney J. 1930-___ — Dwng
W. Otis (h/o Kathryn T) 1900-1970 — ChMc
W. Otis h/o Kathryn T. 1900-1970 — Dwng
Waldon O. (h/o Isabelle S) 1912-1987 — ChRm
Walter (h/o Josephine) 16 May 1864-22 Feb 1912 — ChBu
Walter (s/o Walter & Josephine) Pvt WWI 15 Aug 1889-14 Feb 1950 — ChBu
William 1885-1956 — ChBu
William T. h/o Mary Ann 1856-1938 — Dwng
Winfred J. (h/o Emma M?) 6 Oct 1907-30 Oct 1972 — JWTa
Woodrow Wilson 1919-1982 — JWTa
Zipporah w/o Timothy 28 Jun 1829-26 Dec 1892 — ChHi
HILLARY, William G. Pvt USA WWII & Korea 1913-1982 — JWTa
HILLIARD, Beverly S. 1915-1988 — JWTa
HILLIER, James H. (h/o Laura S) 1914-1979 — JWTa
Laura S. (w/o James H) 1913-1975 — JWTa
HINES, Donald E. Jr s/o D.E. & Beverley 9 Jan 1964 — Dwng
HINMAN, Ada M. w/o George F. 6 Mar 1899-28 Dec 1986 — Dwng
Arenthey C. s/o John R. & Deabeth d. 17 Oct 1870 aged 20yrs — Summ
Evaline W. 11 May 1841-8 May 1907 — Hinm
Frank A. (h/o Tremenda Hinman Ewell) 12 Sep 1868-13 Dec 1898 — MileS
Georganna S. d/o George H. & Julia A. 10 Mar 1859-10 Apr 1862 — Mulb
George F. h/o Ada M. 28 Jul 1891-1 Oct 1967 — Dwng
George L. (h/o Gladys B) USA 1920-1987 — Dwng
George W.T. 3 Aug 1819-31 May 1887 — Hinm
Infant son William (s/o John T. & Lettie G) (no dates) — Nels
John R. 19 Jun 1810-18 May 1878 — Summ
John T. (h/o Lettie G) 1884-1954 — Nels
Lettie G. (w/o John T) 1887-1965 — Nels
Mary (w/o Thomas) 26 Aug 1811-18 Jul 1875 — Hinm
Mary E. (w/o William S) 1854-1916 — Nels
Sallie F. d/o Thomas & Mary 18 Feb 1844-22 Nov 1915 — Hinm
Shelton S. 1 Jan 1912-13 Nov 1957 — Nels
Thomas (h/o Mary) 14 Sep 1798-24 Dec 1850 — Hinm
William R.(B?) s/o George H. & Julia A. 20 Apr 1858-26 Apr 1863 — Mulb

Caucasian Tombstone Inscriptions

HINMAN (Con't), William S. (h/o Mary E) 1851-1926 — Nels
HITCHENS, Elijah M. 1846-1915 — Gnbk
Ford D. Sr (h/o Lula M) 23 Nov 1889-23 Apr 1938 — Grtn
Georgia A. (w/o William H) 1870-1942 — Grtn
Hazel M. 26 Dec 1895-26 Jul 1896 — Grtn
Infant d/o Charles J. & Olevia K. 14 Mar 1902-15 Mar 1902 — Grtn
Johnie J. s/o Charles J. & Olevia 10 Feb 1898-8 Nov 1901 — Grtn
Lois Curtis (m/o or w/o Richard M?) 1893-1959 — Grtn
Lula M. (w/o Ford D. Sr) 23 Mar 1893-13 Mar 1957 — Grtn
Mary E. (w/o Roland H) 1909-___ — ChMc
Nettie A. w/o John T. 1 Jun 1857-12 Oct 1910 — Grtn
Richard Merrill (s/o or h/o Lois C?) 1912-1948 — Grtn
Roland 1931-1994 — ChMd
Roland H. (h/o Mary E) 1903-1972 — ChMc
William H. (h/o Georgia A) 1862-1926 — Grtn
HOAPILI, Cindy Lee 23 Dec 1956-2 Apr 1957 — Dwng
HOBBS, Elizabeth Tyndall 1917-1970 — JWTa
HOFFMAN, Adalilne 27 Aug 1894-28 Jul 1964 — Gnbk
Charles F. (h/o Mary K) 1915-1993 — Grtn
Lillias Mason (d/o R. Short & Bessie Long Mason) 1904-1973 — Mdst
Mary Kelley (w/o Charles F) 1915-1986 — Grtn
HOGG, John E. USA 1922-1982 — Dwng
HOLDEN, Ann (d/o Francis & Naomi Makemie) (no dates) — Make
HOLESTON, Ansley VA Cook 54th Inf 6 Div 14 Oct 1908-___ — ChMc
Asher 1869-1912 — ChMc
Charles E. (h/o Mary J) 1866-1935 — JWTa
Comfort Mrs. 30 Mar 1831-5 Feb 1897 — ChMc
Edwin 1909-1913 — ChMc
Mary J. w/o Charles E. 1868-1954 — JWTa
Nathanial 1896-1932 — ChMc
HOLLAND, Arthur Thomas 1914-1986 — Dwng
Blanche C. (w/o John W) 1888-1946 — Brit
Carrie L. w/o John W. Miles 1886-1954 — Dwng
Clarie 30 Sep 1882-22 Mar 1888 — MsBp
Delbert R. (2h/o Mildred L?) 17 Apr 1904-11 Nov 1970 — JWTa
Edward B. 2 Mar 1881-26 Dec 1908 — Holl
Edward B. TEC 4 309 Engr Combat BN WWII 28 Nov 1914-22 Jan 1967 — Dwng
Edward T.B. (h/o Mary Ann) 27 Apr 1831-13 May 1906 — Holl
Elton (h/o Mattie) 1893-1953 — ChGn
Ira C. Sr (h/o Stella J) 1885-1978 — Aswm
Ira F. 30 Aug 1877-30 Sep 1877 — MsBp
Johnie E. s/o Sewell T. & Mary W. 30 Oct 1895-30 Sep 1906 — Aswm
John W. (h/o Blanche C) 1886-1958 — Brit
John W. h/o Carrie L. 1881-1956 — Dwng
Lottie C. 1899-1952 — Dwng
Lula Ann 1890-1984 — Dwng

HOLLAND (Con't), Madeline M. (w/o Otis C) 1904-____   JWTa
Margaret Ann 1933-1992   Dwng
Mary Ann w/o Edward T.B. 2 Dec 1835-30 Jan 1895   Holl
Mary W. (w/o Sewell T) 1877-1965   Aswm
Mattie (w/o Elton) 1896-____   ChGn
Mildred Lang (w/o Milton E Lang & Delbert R Holland?) ____-____   JWTa
Norene M. w/o Edward B. 15 Jan 1922-11 Jun 1993   Dwng
Otis C. (h/o Madeline M. Holland) 1899-1969   JWTa
Roy 1914-1992   ChGn
Sewell T. (h/o Mary W) 1871-1946   Aswm
Stacey T. 1883-1946   Dwng
Stella J. (w/o Ira C. Sr) 1894-1985   Aswm
William J. Jr PENN Pvt 307 Engrs 82 Div d. 11 Dec 1934   Holl
HOLLAWAY, Amanda E. (w/o William J) 1860-1937   ChMc
William J. (h/o Amanda E) 1862-1938   ChMc
HOLLOWAY, Annie P. w/o George R. Sr 1902-1973   Dwng
Carrie M. (w/o John E) 1886-1953   JWTa
Donald Bryce 1927-1963   JWTa
Elisha S. 1914-1978   JWTa
Frank L. VA Cox USNR WWII 18 Jan 1917-4 Aug 1967   Dwng
George R. Sr h/o Annie P. 1902-1967   Dwng
George R. Jr 20 Feb 1926-26 Aug 1984   Dwng
Jennifer Nicole (d/o William E. & Brenda J) d. 1978   JWTa
John E. (h/o Carrie M) 1884-1962   JWTa
John Edward Jr (h/o Ruby M) 1917-1980   JWTa
Louis J. "Luke" (h/o Ruth B) 29 Sep 1912-27 Mar 1994   JWTa
Michael J. s/o L.J. & Ruth M. 1946   JWTa
Robert Keith 1910-1967   JWTa
Ruby Mae (w/o John E. Jr) 1924-1978   JWTa
Ruth B. (w/o Louis J) 11 Apr 1919-____   JWTa
Vera J. 1915-1920   ChRm
HOLLY, B. Frank s/o Benjamin T & Charlotte M 2 Jun 1878-6 Jul 1918   JWTa
Benjamin T. (h/o Charlotte M) 13 Feb 1848-1 Aug 1930   JWTa
Charlotte Mears w/o Benjamin T. 31 Jul 1847-2 Jul 1917   JWTa
John T. (h/o Rena S) 1880-1968   JWTa
Julia Fisher 1862-1933   JWTa
Rena S. (w/o John T) 1882-1959   JWTa
Tabitha W. (w/o William M) 1876-1951   JWTa
William M. (h/o Tabitha W) 1876-1952   JWTa
HOLSTON, Alberta E. (w/o Grover C) 1904-1987   JWTa
Daisy E. (w/o Robert L) 1911-____   ChMc
Grover C. (h/o Alerta E) 1904-1979   JWTa
John E. 1884-1925   JWTa
Robert L. (h/o Daisy E) 1894-1967   ChMc
William 17 May 1861-8 Mar 1905   ChGn
HONAKER, Amy L. (no dates)   Nels

HOOPER, Jo Ann (w/o Ralph A. Jr) 29 Aug 1934-____ ChMd
Ralph A. Jr (h/o Jo Ann) Sgt USMC WWII 14 Dec 1927-22 Jun 1987 ChMd
HOP, Louie (h/o Sadie L) Aug 1911-Mar 1986 Grtn
Sadie L. (w/o Louie) Sep 1908-Apr 1984 Grtn
HOPE, B.T. (h/o Mary A) 21 Sep 1853-13 Jan 1927 Mdst
Catherine d/o William K. & Rebecca 1840-1896 HopeG
Fletcher d/o Kendal & Mary 4 Jan 1824-15 Jul 1892 FletM
George P.S. 11 Oct 1863-17 Nov 1922 HopeP
George S. 25 Aug 1816-26 Apr 1884 HopeP
George W. (h/o Susan J) 29 Jul 1848-2 Jan 1922 Mdst
Hulda (no dates) ChBu
James H. h/o Winfried E. 1891-1965 Dwng
John* 24 Jan 1815-17 Jun 1846 BundG
Kendal (h/o Mary) 18 Jun 1791-11 Apr 1833 BundG
Kendal s/o Kindal & Mary 29 Mar 1819-21 Nov 1840 BundG
Laura J.T. (w/o Geo. S?) 5 May 1825-23 Mar 1887 HopeP
Margaret A. w/o William T. 11 Sep 1849-30 Jun 1909 HopeP
Margaret Jane w/o William S. 19 Mar 1817-4 Sep 1885 WessR
Mary A. w/o B.T. 10 Nov 1855-26 Apr 1919 Mdst
Mary Ann d/o Samuel & Elizabeth 1841-8 Jan 1860 Mdst
Oeta Tull (w/o William H) 1874-1946 Nels
Sallie W. (Wright) 2w/o William K. d. 1889 (no age) HopeG
Susan J. w/o George W. 14 Dec 1849-2 Mar 1922 Mdst
Susan R. 1859-1943 ChBu
T.B. s/o B.T. & Mary A. 4 Dec 1877-10 Jul 1905 Mdst
William H. (h/o Oeta T) 1875-1954 Nels
William K. (h/o Rebecca & Sallie W) 14 Feb 1816-1 May 1869 HopeG
William S. (h/o Margaret J) 1 Sep 1813-27 Jan 1894 WessR
William T. (h/o Margaret A) 24 Oct 1849-21 Mar 1906 HopeP
Winfried E. w/o James H. 1889-1968 Dwng
HOPKINS, Allen B. (h/o Lillie A?) 1893-1935 JWTa
Annie S.(Smith) 28 Aug 1898-21 Sep 1981 Dwng
Ansley (h/o Ola B) 1884-1919 ChGn
Barbara A. (w/o Hillman D) 1931-____ ChRm
Edward G. 3 Mar 1904-8 Jun 1941 ChMc
Elmer D. (h/o Florence L) 2 Jun 1903-21 Mar 1969 JWTa
Florence L. (w/o Elmer D) 6 Aug 1909-____ JWTa
Hillman D. (h/o Barbara A) 1923-1961 ChRm
Hillman J. (h/o Jane) VA BM2 USCG WWII 7 Nov 1896-16 Oct 1971 ChMc
Jane (w/o Hillman J) 1897-1989 ChMc
John D. (h/o Mary A) 1885-1943 ChBo
John W. (h/o Levenia C) 1862-1947 ChMc
Levenia C. (w/o John W) 1868-1947 ChMc
Lillie A. (w/o Allen B?) 1885-1982 JWTa
Lucy A. (w/o Marvin L) 1906-1974 ChMc
Madeline M. 1905-1966 ChMc

HOPKINS (Con't), Marvin L. (h/o Lucy A) 1907-____ ChMc
Mary A. (w/o John D) 1877-1967 ChBo
Milton R. s/o John D & Mary A S1 USNR 23 Mar 1912-20 Oct 1945 ChBo
Ola B. (w/o Ansley) 1892-1959 ChGn
Roland C. (s/o Marvin L. & Lucy A) 1928-1969 ChMc
Sarah H. (w/o Thomas H) 1889-1969 ChGn
Sudie Cherrix 1869-1932 ChMc
Thomas H. (h/o Sarah H) 1883-1957 ChGn
Windred E. 27 Nov 1861-22 May 1905 ChMc
HORNER, Frank L. (h/o Mildred K) 1904-____ JWTa
Mildred K. (w/o Frank L) 1909-1986 JWTa
HORSEY, Sarah Ann Custis w/o John A.E. 27 Feb 1818-7 Aug 1861 Stra
HORSMAN, Darius C. "Bill" 13 Jan 1930-19 Jun 1981 JWTa
HOSIER, Lois S. (Sterling) (w/o Purnell L) 1908-1986 Grtn
Purnell L. (h/o Lois S) 1901-1980 Grtn
HOSTELLER, Harry Brown (h/o Mary R) 1895-1976 Nels
Mary Ruth (w/o Harry B) 1901-1966 Nels
HOUSTON, Eliza Jane Stant w/o John M. 31 Jan 1820-25 May 1844 Hous
John Milburn (h/o Eliza J) 21 Mar 1808-10 Mar 1853 Hous
HOWARD, Annie T. (Taylor) (w/o Maurice M) 1904-____ JWTa
Birtha (w/o J. Hilton) 1894-____ ChDa
Birtha (w/o Hilton) 1894-1987 ChDa
Carol Sue 1962-1963 ChDa
Cevie B. 1879-1961 Grtn
Elizabeth Anne Williams 5 Mar 1927-____ Dwng
J. Hilton (h/o Birtha) 1891-1938 ChDa
James 15 Apr 1851-1 Jul 1919 Gnbk
John C. (h/o Pauline) 1903-1960 Frnk
Laura A. (w/o Roy Sr) 10 Jan 1933-____ ChDa
Lilla Fanning 1888-1977 JWTa
Mark K. (w/o Vernon) 1920-1971 ChDa
Mary M. (w/o William L) 1912-____ ChDa
Maurice M. (h/o Annie T) 1904-1975 JWTa
Michael David 8 Jul 1966-20 Jan 1994 Dwng
Pauline (w/o John C) 1905-1933 Frnk
Roy Sr (h/o Laura A) S1 USN WWII 17 Jun 1924-1 Jan 1993 ChDa
Vernon (h/o Mary K) 1917-____ ChDa
Wilbert S. 1904-1956 ChDa
William Lee (h/o Mary) 1910-1990 ChDa
Willie Peter h/o Elizabeth A. 27 Jul 1906-7 Apr 1991 Dwng
HOWE, Eleanor 1Sgt USA WWII Korea 8 Dec 1913-31 Jul 1992 Mdst
Geneva C. Hall 31 Mar 1900-5 Apr 1970 Grtn
HOWELL, Hallie L. d/o J.H. & S.J. 18 Jan 1894-22 Apr 1913 ChDa
William A. s/o J.H. & S.J. 18 Feb 1899-14 Sep 1912 ChDa
HUDGINS, Agnes (w/o Eddie) 1919-____ ChMd
Eddie (h/o Agnes) 1917-1989 ChMd

Caucasian Tombstone Inscriptions 145

HUDGINS (Con't), James A. (h/o Katherine C) 1915-1993	JWTa
Katherine C. (w/o James A) 1920-___	JWTa
HUDSON, Ada E. (w/o Harry) 1883-1955	ChMc
Alfred 14 Jan 1842-2 Feb 1884	ChRd
Barbara Conner 1w/o Delbert Ira 1930-1979	Dwng
Bertha d/o J.E. & Drusilla 25 Jan 1892-1 May 1894	ChBu
Bertie E. (w/o Walton T) 1892-1965	Frnk
Charlie O. s/o Joshua E. 16 Feb 1889-7 Feb 1908	ChBu
Daniel H. 1910-1970	Dwng
Daniel Joel s/o Ira C. & Alice F. 1964-1964	Dwng
David O. (h/o Mabel C) 1883-1951	Frnk
Delbert Ira h/o Barbara C. & Linda 1928-1981	Dwng
Delilah T.(Taylor) w/o Frederick H. 1926-___	Dwng
Demriah 27 Feb 1845-5 May 1918	ChGn
Drusilla w/o Joshua E. 7 Feb 1866-15 Feb 1893	ChBu
E. Brooks 1913-1973	ChMc
Edward T. "Hut" (h/o Mildred R) 1919-1976	Frnk
Eldred G. (s/o John L. & Zedna P) 29 Mar 1908-29 Aug 1908	Frnk
Elizabeth A. d/o Sealmore B & Leah C d. 10 Jun 1870 aged 5ys 2ms	ChBu
Elsie H. w/o Lloyd J. 1903-1978	Dwng
Ernest M. (h/o Ethel H) 1893-1975	Frnk
Ethel H. (w/o Ernest M) 1895-1974	Frnk
Eva S. w/o Ira J. 1881-1951	Dwng
Frederick H. h/o Delilah T. 1922-1966	Dwng
Gary F. (s/o Frederick H. & Delilah T) 1953-1958	Dwng
George T. 24 Apr 1859-21 Dec 1912	Frnk
H. Lee s/o Alfred & Mary A. 29 Jun 1868-28 Mar 1894	ChRd
Harry (h/o Ada E) 1877-1953	ChMc
Harry W. (h/o Virginia N) 1902-1953	JWTa
Ida d/o Alfred & Mary A. 3 Sep 1876-31 Mar 1897	ChRd
Infant d/o Mr. & Mrs. Lee (no dates)	ChBu
Ira J. h/o Eva S. 1875-1949	Dwng
Isaac J. 14 Oct 1874-6 Jun 1901	ChRd
James E. (h/o Martha B) 1912-1986	JWTa
John E. (h/o Zena F) 14 Mar 1850-20 Apr 1920	Frnk
John L. (h/o Zedna P) 1877-1945	Frnk
John O. s/o David O. & Mabel C. 9 Jul 1906-29 Aug 1908	Frnk
John R. (h/o Nannie M.P) May 1867-1 Sep 1929	ChRm
Joshua 1882-1960	Dwng
Joshua B. (h/o Leah C) 18 Oct 1837-8 Jul 1895	ChBu
Joshua E. Jr s/o Nealie J. & Joshua E. 16 Apr 1905-12 Jul 1917	ChBu
Joshua E. (h/o Nealie J) 1863-1947	ChBu
Joshua T. (h/o Susan S) 1874-1957	Frnk
Kathryn 1926-1936	Dwng
Leah C. (w/o Joshua B) 20 Nov 1845-16 Feb 1911	ChBu
Lewis W. (s/o J.E. & Drusilla) 5 Apr 1882-12 Mar 1912	ChBu

HUDSON (Con't), Linda 2w/o Delbert I. 1947-___ m. 7 Dec 1979   Dwng
Lloyd J. h/o Elsie H. 1903-1981   Dwng
Lottie Jones 1883-1961   Gnbk
Mabel C. (w/o David O) 1883-1966   Frnk
Mamie d/o J.E. & Drusilla 3 Aug 1885-24 Sep 1886   ChBu
Martha B. (w/o James E) 1919-1993   JWTa
Mary A. 1885-1963   Dwng
McKnight T. VA Pvt 38 Inf 3 Div 14 Feb 1887-26 Sep 1945   Frnk
Mildred R. "Spruce" (w/o Edward T) 1919-___   Frnk
Nannie M. Powell w/o John R. 25 Feb 1872-18 Dec 1828   ChRm
Nealie J. (w/o Joshua E) 1876-1954   ChBu
R. Lee (h/o Virginia W) 1901-1956   ChMc
Ruby W. (w/o Wilson P) 1915-1978   Grtn
Sealmore B. s/o Judson B & Leah C d. 1 Sep 1869 aged 1yr 11ms   ChBu
Susan S. (w/o Joshua T) 1878-1946   Frnk
Virginia A. d/o Nealie J. & Joshua E. 9 Oct 1899-19 Apr 1919   ChBu
Virginia N. (w/o Harry W) 1909-1989   JWTa
Virginia W. (w/o R. Lee) 1906-1987   ChMc
Walton Thomas (h/o Bertie E) Pvt USA WWI 1 Apr 1897-7 Feb 1974   Frnk
William E. 1937-___   JWTa
Wilson P. (h/o Ruby W) 1908-1979   Grtn
Zedna P. (w/o John L) 1878-1955   Frnk
Zena F. (w/o John E) 6 Dec 1853-10 Jan 1937   Frnk
HUFFMAN, Charles B. h/o Lillian C. 1913-___   Dwng
Larry Allen SP4 USA Vietnam 24 Aug 1948-21 Jan 1978   ChGn
Lillian C. "Kitty" w/o Charles B. 1926-1964   Dwng
HUGHES, Claude (h/o Hazel M) 1893-1956   JWTa
Daisy V. w/o John E. 1892-1946   Blxm
Hazel M. (w/o Claude) 1896-1970   JWTa
John E. (h/o Daisy V) 1891-1960   Blxm
O.J. (h/o Sunie) 15 Jun 1865-5 Feb 1938   Wssl
Sarah Pauline 11 May 1916-6 Jul 1991   Nels
Sunie w/o O.J. 4 Sep 1870-14 Feb 1926   Wssl
HUGHS, Vianner w/o John H. 20 Oct 1842-23 Aug 1911   Beth
HULSEY, George Marlon h/o Regina T. 1920-___   Dwng
Regina Taylor w/o George M. 1927-1983   Dwng
HUMPHREYS, Carrie F. (w/o Fountain B) 1852-1938   JWTa
Fountain B. (h/o Carrie F) 1846-1900   JWTa
HUNT, Carolyn B. Matthews w/o E.J. Hunt 11 Nov 1888-19 Jun 1919   Nels
Ernest John (h/o Carolyn B.M) 10 May 1889-3 Jul 1936   Nels
HURDLE, Anne Showard (d/o Frank E & Daisie P Showard?) 1921-1978   JWTa
Bonard S. Cpl USA WWI 12 Mar 1898-8 Dec 1987   JWTa
Harry H. 1894-1918   ChRm
Infant (d/o Bonard & Violet) 12 Nov 1926   ChMr
HURLEY, Beulah T. (w/o Joseph A) 1895-1972   Nels
Carlton s/o Horace & Arenthia 26 Mar 1905-1 Jan 1909   Grtn

Caucasian Tombstone Inscriptions   147

HURLEY (Con't), Carlton C. h/o Nellie G. 1913-1989 — Dwng
Carrie L. w/o Lennie C. 1885-1952 — Dwng
Charles C. h/o Mary P. 1868-1939 — Dwng
Clifton J. Sr (h/o Mollie T) Pvt USA WWII 25 Nov 1914-3 Jul 1980 — Glfd
Comfort Ann 13 Sep 1827-12 Jul 1921 — Dwng
Ellen C. (Collins) (w/o Seth E) 1912-1981 — Gnbk
Harold M. s/o William A. & Lula M. 1900-1957 — Nels
Harriet Cropper* (w/o Charles A) d. Mar 1892 — Hurl
Horace (h/o Arenthia) 15 Feb 1856-2 Sep 1912 aged 57ys 6ms 17ds — Grtn
Jane Hall 1917-1936 — Dwng
Jeanette E. "Mom" 4 Feb 1919-3 Feb 1990 — Dwng
Joseph A. (h/o Beulah T) 1893-1958 — Nels
Lauella M. d/o William C. & Minnie E. 1919-1919 — JWTa
Lennie C. h/o Carrie L. 1884-1963 — Dwng
Lula M. (w/o William A) 1870-1953 — Nels
Mary P. w/o Charles C. 1877-1932 — Dwng
Minnie E. (w/o William C) 1 Mar 1894-21 Feb 1959 — JWTa
Minnie L. d/o William C. & Minnie E. 1920-1922 — JWTa
Mollie T. (w/o Clifton J. Sr) 1921-1973 — Glfd
Nellie G. w/o Carlton C. 1909-1991 — Dwng
Norman H. (h/o Zella M) 1887-1931 — SxMn
Seth E. (h/o Ellen C) 1910-___ — Gnbk
T. Hyman 1913-1966 — Nels
Walter F. Pvt USA 9 Oct 1911-12 Jul 1980 — Gnbk
William A. (h/o Lula M) 1865-1938 — Nels
William C. (h/o Minnie E) 14 Feb 1895-27 Jun 1939 — JWTa
William G. s/o William C. & Minnie E. 1932-1933 — JWTa
William R. s/o William C. & Minnie E. 1916-1916 — JWTa
Zella M. (w/o Norman H) 1892-(26 May 1966) — SxMn
HUSLUP, Billie B. (w/o Rooker W) 1908-___ — JWTa
HUSSEY, Americus V. (s/o Peleg & Drucilla M?) 1876-1918 — JWTa
Drucilla M. (w/o Peleg) 1830-1912 — JWTa
Frank G. 1 Apr 1854-Feb 1894 — Mulb
Hariet A. w/o William D. 14 Apr 1848-___ — Dwng
Peleg (h/o Drucilla M) 1815-1896 — JWTa
William D. h/o Hariet A. 27 Feb 1848-11 Mar 1911 — Dwng
HUTCHINSON, Theda Onley 1928-1990 — SxEl
HYSLUP, Rooker W. (h/o Billie B) 1904-___ — JWTa
INGERSOLL, Carrie w/o Harry 1 Oct 1899-30 Aug 1911 — Gnbk
INSLEY, Edward Windfield PFC USA WWII 31 Aug 1919-7 Jun 1989 — Dwng
JACKSON, Joseph S. "Buck" 30 Dec 1913-2 Jan 1978 — JWTa
JACOBS, Irving Russell s/o Wm&Sarah W Jan 1854-1 Dec 1858 aged 4y10m21d — Mdst
JACOBY, Eva Scott (w/o Robert M) 16 Jan 1896-12 Aug 1974 — JWTa
Robert M. (h/o Eva S) ILL 3 Sgt USA WWI 6 Oct 1888-13 Sep 1962 — JWTa
JAGGER, Alice Taylor w/o Carroll C. 1879-1971 — JWTa
JAMEL, Sophia El d/o Bernice & Tom 1947 — Mdst

JAMEL (Con't), Tom Jr s/o Bernice & Tom d. 1946 — Mdst
JAMES, Margaret D (w/o Jno F & d/o Wm Downing) 22 Feb 1802-5 Aug 1872 — ConqH
JARMAN, Allen H. 21 Mar 1877-5 Feb 1956 — Gnbk
Betty R. (w/o Henry A) 7 Jul 1853-27 Apr 1930 — Gnbk
Charlie W. s/o Hillary B. & Mary A. 16 Sep 1874-6 Dec 1903 — Gnbk
Henry A. (h/o Betty R) 2 Dec 1844-21 Dec 1916 — Gnbk
JEFFRIES, Bertie M. (w/o Wesley R) 1884-1957 — ChGn
Bessie M. w/o Calvin E. 17 May 1892-11 Oct 1951 — Dwng
C. Evertte 23 May 1915-11 Jun 1968 — Dwng
Calvin E. h/o Bessie M. 21 Jul 1893-5 Apr 1963 — Dwng
Charles S. (h/o Nealie J) 1873-___ — ChMc
Elmer E. (h/o Mary A) 4 Jul 1857-25 Apr 1910 — ChRm
Elva A. h/o Mary A. 1850-1924 — Dwng
Henrietta w/o Somers S. 20 Feb 1851-24 May 1915 — ChMc
J. Wesley s/o W.L. & V.J. 8 Apr 1942-13 Jan 1943 — Dwng
Mary A. (w/o Elmer E) 1856-1939 — ChRm
Mary A. w/o Elva A. 1851-1939 — Dwng
Nealie J. (w/o Charles S) 1874-1946 — ChMc
Sherman D. 23 Mar 1898-25 May 1919 — ChMc
Somers S. (h/o Henrietta) 13 May 1850-2 Dec 1928 — ChMc
Virginia J. w/o Wesley L. 1918-1878 — Dwng
Wesley L. h/o Virginia J. 1913-1983 — Dwng
Wesley R. (h/o Bertie M) 1880-1956 — ChGn
JENKINS, Elizabeth w/o Thomas J. 1879-1962 — Dwng
Thomas J. h/o Elizabeth 1869-1955 — Dwng
JENSEN, Leona E. 29 Dec 1902-22 Nov 1992 — ChGn
JESTER, Addie Murray w/o Parker K. 1867-1960 — ChRm
Alabama (w/o Elias J) 1847-1919 — Grtn
Allen 1904-1971 — ChGn
Alleta M. w/o Ebe T. 1899-1962 — Dwng
Andasia R. (w/o John C) 29 Jul 1868-8 Jun 1949 — ChMc
Ann E. w/o Douglas 1906-1984 — Dwng
Anna Fenwick w/o Lawrence W. 1912-___ — Dwng
Anna M. 1914-1916 — Dwng
Annie E. (w/o James G) 4 Aug 1865-24 Jun 1935 — ChMc
Annie L. w/o John A. 1892-1959 — ChRm
Annie L. (w/o Elijah W) 1906-1987 — JWTa
Annie M. (w/o Henry) 1868-1959 — Gnbk
Annie S. w/o Joseph U. 4 Jul 1849-21 May 1916 — ChGn
Annie w/o Douglas E. 1906-1984 (temp) — Dwng
Baby (s/o John A. & Annie L) 30 Mar 1919-7 Nov 1919 — ChRm
Bessie M. (w/o Isaac C) 1897-1986 — ChMc
Bettie I. d/o Elijah W. & Annie 23 Dec 1923-27 Jan 1925 — JWTa
Bruce F. (h/o Peggy J) 1928-1988 — ChMd
Burris C. 1882-1930 — Dwng
C. Ray (h/o Cynthia W) 1892-1971 — Dwng

Caucasian Tombstone Inscriptions   149

JESTER (Con't), Carl Lambert Y2 USN WWII 12 Sep 1927-4 Dec 1980	JWTa
Carrie (w/o Joseph V) 1886-1971	ChMd
Carrie 1890-1891	Dwng
Catherine G. (w/o Robert L) ___-___	JWTa
Ceylon (no dates)	Wssl
Charles (h/o Susie) 1876-1952	ChGn
Charles C. (h/o Ethel B) 1887-1959	ChMc
Charles C. 18 Apr 1872-9 Dec 1922	ChMc
Charles Thomas (h/o Mary C & Mary E) 17 Sep 1854-12 Jan 1923	ChGn
Christine W. (w/o J. Forest) 1891-1975	ChGn
Clara w/o Emory 1880-1957	Dwng
Clarence C. h/o Dorothy 4 Jul 1908-17 May 1984	Dwng
Clifton R. (h/o Emma E) Cox USCG WWII 2 Jan 1910-13 Dec 1979	ChMc
Curtis C. s/o Alleta M. & Ebe T. 1917-1918	Dwng
Cynthia W. (w/o C. Ray) 1894-1968	Dwng
Daniel E. (no dates)	Wssl
Daniel J. (h/o Lizzie) 1870-1941	ChGn
Daniel J.W. (h/o Manie M) 1880-1960	ChGn
Daniel James (h/o Eliz A) CBM USNRF WWI 17 Mar 1863-16 Dec 1950	ChGn
Delmas R. 1909-1921	ChGn
Donie T. (no dates)	Wssl
Dora C. (w/o Leroy E) ___-___	Gnbk
Dorothy w/o Clarence C. 10 Sep 1915-___	Dwng
Dorothy w/o Clarence C. 10 Sep 1915-18 Oct 1993	Dwng
Douglas E. h/o Annie BM2 USCG WWII 17 Aug 1905-28 Jan 1989	Dwng
Earl (no dates)	Wssl
Ebe T. h/o Alleta M. SURF USCG WWI 5 Mar 1895-25 Jul 1975	Dwng
Edna Bolden Lewis (w/o Wallace N) 1891-1950	JWTa
Edwin H. (h/o Verona P) 1896-1984	Dwng
Elias J. (h/o Alabama) 1841-1906	Grtn
Elijah J. (h/o Elizabeth A) 1869-1936	ChRm
Elijah W. (h/o Annie L) 1900-1978	JWTa
Elizabeth (w/o James W) 1879-1948	ChMc
Elizabeth A. (w/o Elijah J) 1872-1908	ChRm
Elizabeth Ann w/o Daniel J. 17 Mar 1874-24 Aug 1951	ChGn
Elizabeth E. (w/o William J) 1843-1915	ChRm
Elva (h/o Melissia) 1885-1961	ChRm
Emily 1845-1928	ChMc
Emma D. (w/o S. Doughlas) 1878-1946	ChGn
Emma E. (w/o Clifton R) 1909-___	ChMc
Emory h/o Clara 1881-1956	Dwng
Ernest M. Jr 1957-1963	ChGn
Ernest M. (h/o Helen J) 1915-___	ChGn
Esther B. (w/o Norman R) 1915-1975	JWTa
Ethel B. (w/o Charles C) 1886-1945	ChMc
Eugene (h/o Goldie) 1904-1985	ChGn

JESTER (Con't), Evelyn Cherrix 1904-1981 — ChMc
Ezra T. 1878-1938 — ChBu
Flora V. (w/o Ralph L) 1893-1967 — ChMc
Franklin P. s/o B.C. & Sarah A. 1930-1930 — Dwng
Gary 1940-____ — ChTh
George H. (h/o Julia W) 1862-1948 — ChMc
George T. 3 Jun 1887-22 Dec 1954 — ChMc
Gladys M. (w/o William F) 1905-____ — JWTa
Gloria 1927-1994 (temp) — JWTa
Golda C. 1907-1955 — ChGn
Hallie 1901-1946 — ChMc
Harold L. (s/o Ralph L. & Flora V) 1916-1938 — ChMc
Harvey E. 1900-1919 — ChGn
Helen J. 1932-1962 — ChGn
Henry (h/o Annie M) 1863-1955 — Gnbk
Henry Charles S2 USN WWII 30 Jul 1910-22 Apr 1979 — ChMc
Herman L. (h/o Pausy A) 1906-1980 — ChTh
Hillery 1898-1959 — ChGn
Howard T. 1927-1973 — Dwng
Ida V. (w/o Marvin H) 1902-____ — JWTa
Infant daughter — ChGn
Infant s/o John A. & Annie 30 Mar 1918-7 Nov 1919 — ChRm
Infant s/o L.E. & Dora b&d 1945 — Gnbk
Isaac C. (h/o Bessie M) 1892-1968 — ChMc
Isaac S. (h/o Jannie M) 1855-1927 — ChMc
Isabella R. w/o Milton E. 1895-1971 — Dwng
J. Elizabeth (w/o W. Harvey?) 1890-1943 — ChGn
J. Forest (h/o Christine W) 1891-1969 — ChGn
J. Nelson (h/o Ruby B) 1911-____ — JWTa
James Baynard (s/o J.F & C.W) TTI USCG WWII 29 Sep 1914-27 Jan 1966 — ChGn
James G. (h/o Annie E) 6 Jan 1863-27 Jul 1924 — ChMc
James W. (h/o R. Gertrude) 1889-1971 — ChMc
James W. (h/o Elizabeth) 23 Jan 1869-14 Oct 1931 — ChMc
Jannie M. (w/o Isaac S) 1858-1930 — ChMc
John A. (h/o Annie L) 1878-1955 — ChRm
John C. (h/o Andasia R) 20 Mar 1867-22 Oct 1936 — ChMc
John D. h/o Susie E. 1845-1929 — Dwng
John W. h/o Mary J. 1838-1928 — Dwng
Joseph 1904-1971 — ChGn
Joseph U. (h/o Annie S) Mar 1851-Mar 1935 — ChGn
Joseph V. (h/o Carrie) CBM USCG RES WWII 7 Oct 1882-14 Jan 1969 — ChMd
Julia J. (d/o Charles C. & Ethel B) Mar 1917-13 Nov 1921 — ChMc
Julie W. w/o George H. 1865-1903 — ChMc
Kathryn (w/o Ruben) 18 Jun 1844-24 May 1927 — ChRm
Kendal 30 Apr 1815-8 Feb 1898 — ChBu
Kenny J. (h/o Mannie F) 1871-1952 — ChRm

Caucasian Tombstone Inscriptions

JESTER (Con't), Lambert (h/o Nancy A) 1848-1940	ChBu
Larry J. (s/o Leroy & Opal?) A1C USAF 3 Apr 1943-27 Sep 1964	JWTa
Laura A. (w/o William T) 1877-1978	ChGn
Laura B. (w/o LeRoy) 1895-1969	ChRm
Laurence G. (s/o Charles C & Ethel B) 24 Mar 1913-17 Aug 1913	ChMc
Lawrence Winfield h/o Anna F. 1907-1985	Dwng
Leon B. (h/o Thelma B) 1909-1971	Dwng
Leroy E. (h/o Dora C) 1913-1985	Gnbk
LeRoy (h/o Laura B) 1894-1965	ChRm
LeRoy Jr (h/o Opal E) 1917-___	JWTa
Libby (d/o Marvin H. & Ida V) 1942-___	JWTa
Lizzie (w/o Daniel J) 1877-1966	ChGn
Lula D. (w/o Robert L) 1888-1921	ChGn
Lula V. (d/o Wm T & Laura A?) 28 Mar 1898-17 Dec 1918	ChGn
Mable 1917-1986	ChMd
Manie M. (w/o Daniel J.W) 1883-1973	ChGn
Mannie F. (w/o Kenny J) 1876-1954	ChRm
Mariah w/o Selby 6 Feb 1836-23 Nov 1916	ChAn
Marion Lee 1905-1967	ChGn
Marvin H. (h/o Ida V) 1897-1993	JWTa
Mary Anna 1864-1930	ChGn
Mary Caroline (2w/o Charles T) 6 Mar 1873-19 Sep 1921	ChGn
Mary E. Whealton 1w/o Charles T. 1854-1896	ChGn
Mary J. w/o John H. 25 Nov 1840-13 Apr 1908	Dwng
Melissia 1887-1964	ChRm
Milo T. 15 Aug 1874-18 Dec 1913	Grtn
Milton C. MM1 USN 25 Dec 1909-26 Aug 1941	Wssl
Milton E. h/o Isabella R. M1 USCG WWII 6 Jun 1904-19 Aug 1962	Dwng
Myron Davis BM1 USN WWII 30 Jul 1918-22 Oct 1976	JWTa
Nancy A. (w/o Lambert) 1852-1925	ChBu
Nelson 1912-1967	ChMc
Norman R. (h/o Esther B) 1905-1982	JWTa
Norman Thomas (h/o Roie L) USCG 1905-1992	ChGn
Oliver H. (h/o Vinnie) 1874-1946	ChBu
Oliver R. h/o Sadie E. 1866-1951	Dwng
Opal E. (w/o LeRoy Jr) 1916-1989	JWTa
Pansy (w/o Herman) 1909-1984	ChTh
Parker K. (h/o Addie M) 1865-1939	ChRm
Pauline Elizabeth d/o Charles & Selma Henderson 3 Dec 1809-25 Nov 1902	ChRm
Pausy A. (w/o Herman L) 1909-___	ChTh
Peggy J. (w/o Bruce F) 1927-___	ChMd
R. Gertrude (w/o James W) 1891-1987	ChMc
Ralph L. (h/o Flora V) 1894-1971	ChMc
Ralph L. 22 Aug 1901-27 Dec 1966	ChMc
Randolph (no dates)	Wssl
Richard L. TT1 USCG 4 Aug 1936-23 Apr 1986	ChDa

JESTER (Con't), Richard Lee Jr "Ricky" 13 Mar 1959-10 Jul 1979   ChDa
Robert Kendall S2 USN WWII 22 Oct 1907-23 Jul 1979   JWTa
Robert L. (h/o Catherine G) 1945-1972   JWTa
Robert Lee (h/o Lula D) 1889-1948   ChGn
Roie Lee (w/o Norman T) 1 Apr 1912-____   ChGn
Roland E. (h/o Rosella F) 1908-____   ChMd
Rosella F. (w/o Roland E) 1908-1977   ChMd
Ruben (h/o Kathryn) 20 Jun 1854-4 Jul 1929   ChRm
Ruby B. (w/o J. Nelson) 1913-1988   JWTa
Ruth Clark (1 w/o Roland Clark) 12 May 1924-1994   ChTh
Ruth O. w/o Thomas G. 1 Jun 1900-25 Dec 1976   Dwng
S. Douglas (h/o Emma D) 1876-1961   ChGn
Sadie E. w/o Oliver R. 1879-1951   Dwng
Selby (h/o Mariah) 20 Apr 1834-27 Nov 1908   ChAn
Selby P. 19 Oct 1902-11 Jul 1963   Dwng
Stanley 1922-1975   Dwng
Sudie M. (w/o Walter E?) 1894-1966   ChGn
Susie (w/o Charles) 1876-1922   ChGn
Susie E. w/o John D. 1866-1926   Dwng
Thelma B. (w/o Leon B) 1914-1990   Dwng
Thomas G. h/o Ruth O. 155 Depot Brig WWI 28 Dec 1888-20 Mar 1962   Dwng
Verona P. (w/o Edwin H) 1888-1970   Dwng
Vinnie w/o O.H. 5 Mar 1876-23 Jan 1927   ChBu
W. Harvey (h/o J. Elizabeth?) 1884-1954   ChGn
Walden Stanley S1 USCG WWII 14 May 1922-17 Jun 1977   ChRm
Wallace N. (h/o Edna B.L) 1891-1982   JWTa
Walter E. (h/o Sudie M?) Cook Co C54 Inf WWI 26 Sep 1895-29 Oct 1954   ChGn
William F. (h/o Gladys M) 1903-1987   JWTa
William J. 1894-1969   ChMc
William J. (h/o Elizabeth E) 1849-1933   ChRm
William R. USCG 2 Nov 1900-27 Sep 1983   ChBu
William T. (h/o Laura A) 1873-1944   ChGn
Winfred s/o Kenny J. & Mannie F. 7 Feb 1898-12 Apr 1901   ChRm
Winfred s/o LeRoy & Laura 1 Oct 1915-22 Jul 1916   ChRm
JOHNSON, Aira M. w/o Edgar 1870-1944   Dwng
Albert Francis h/o Margaret E. 2 Dec 1838-19 Nov 1922   Dwng
Aleda Peterson (w/o John W) 1899-1936   ChMc
Alfred C. (h/o Myrtle J) Sgt USA WWII 22 Feb 1924-7 May 1975   ChMc
Annie M. (w/o George W) 1861-1929   Kngt
Annie May w/o Joseph S. 1871-1949   Dwng
Arinthia S. 11 Dec 1848-25 Oct 1852   Russ
Benjamin G. (h/o Milcha A. Hall) 26 Mar 1865-5 Jan 1925   JWTa
Bertie Hickman (w/o Sollie S) 1884-1968   Nels
Bessie H. 1878-1937   Dwng
Charles F. (h/o Mary E) 1885-1961   JWTa
Charles F. Jr (h/o Nellie B) 1926-____   JWTa

Caucasian Tombstone Inscriptions 153

JOHNSON (Con't), Charlie 1867-1942	Nels
Charlie E. h/o Laura F. & Ethel Taylor 1873-1947	Dwng
Charlotte w/o John S. d. 23 Aug 1853 adged 48yrs 11mos	John
Daniel Thomas 15 Nov 1967-11 Feb 1970	ChMd
Edgar h/o Aira M. 1874-1944	Dwng
Ella W. 4 Jan 1858-17 Jul 1935	Nels
Elmo (h/o Martha) 20 Sep 1868-21 Feb 1945	Nels
Erastus J. (h/o Henrietta E) 1833-1913	Nels
Ethel L. 2w/o Charles E. 1895-1963	Dwng
Fairy O. 1907-1991	Nels
Fannie Burton (w/o John W) 1867-1960	Nels
Florence S. (w/o William S) 1905-1988	Nels
George W. 1900-1961	Dwng
George W. (h/o Annie M) 1858-1926	Kngt
George Wallace 1913-1978	JWTa
George Y. (h/o Reva A) 14 Dec 1918-12 Sep 1987	Grtn
Grover C. h/o Pearl & Fairy Onley 1893-1970	Nels
Henrietta E. (w/o Erastus J) 1845-1912	Nels
Herman L. h/o Lola C. 1890-1942	Dwng
Hildred C. 1904-1932	Dwng
Infant d/o Daryl & Bonnie 1954	ChTh
Infants (2) c/o E.S. & Kate W. (no dates)	Mdst
Irene B. w/o O. Milton 1889-1973	Dwng
J. Ernest 1872-1942	Nels
J. Roland 1898-1957	Dwng
J.W. (h/o Matie C) 22 Jul 1869-10 Dec 1935	Chrn
James Edward h/o Josie E. 1916-___	Dwng
James O. h/o Oshia J. 1845-1929	Dwng
Jennie A. (Hickman) w/o Sollie E. 23 Sep 1894-6 Aug 1977	Dwng
John A. h/o Lillie W. 1870-1935	Dwng
John Hilldrup s/o George B. & Anna J. 11 Jan 1882-20 Oct 1900	Cros
John S. (h/o Charlotte) 1 Aug 1805-21 Apr 1895	John
John Samuel (h/o Myra M) 1876-1965	Nels
John Walter (h/o Aleda P) 1890-1962	ChMc
John William (h/o Fannie B) 1864-1949	Nels
Joseph S. h/o Annie M. 1860-1941	Dwng
Joseph W. h/o Maude D. 11 Mar 1917-23 Dec 1984	Dwng
Josie E. w/o James E. 1921-___	Dwng
Laura F. 1w/o Charlie E. 1874-1912	Dwng
Lillie W. w/o John A. 1876-1960	Dwng
Lola C. w/o Herman L. 1888-1983	Dwng
Lola M. d/o Edgar & Aira 12 Nov 1897-28 Aug 1918	Dwng
Lorraine J. 1922-1972	ChMd
Lottie H. d/o Solomon T. & Susan A. 1 May 1874-3 Aug 1874	John
Lula A. w/o Ellieu C. 14 Sep 1874-24 Nov 1915	Dwng
Lydia E. (w/o William S) 1882-1959	Nels

154   Tombstone Inscriptions of Upper Accomack County, VA

JOHNSON (Con't), Manie P. w/o Norman 1906-1944   Dwng
Margaret B. w/o William J. 28 Jan 1835-2 Feb 1879   Nels
Margaret E. w/o Albert F. 18 Aug 1849-19 May 1921   Dwng
Margaret R. 29 Dec 1842-15 Jul 1844   Russ
Martha (w/o Elmo) 26 Feb 1881-14 Feb 1935   Nels
Mary A. w/o Severn P. 20 Sep 1845-31 May 1931   Nels
Mary Ann w/o Richard M. 1898-1974   Dwng
Mary E. "Lizzie" (w/o Charles F) 1888-1956   JWTa
Mary Elizabeth (w/o Thomas F?) 30 Mar 1851-6 Feb 1926   ChRm
Mattie C. w/o J.W. 26 Nov 1868-12 Sep 1919   Chrn
Maude Dix w/o Joseph W. 29 Mar 1916-11 Jul 1989   Dwng
Milcha A. Hall (w/o Benjamin G) 20 Sep 1857-27 Jan 1928   JWTa
Miriam Haley w/o Ralph E. ___-___   Dwng
Myra Maude (w/o John S) 1869-1962   Nels
Myrtle B. w/o Norman 1912-1939   Dwng
Myrtle J. (w/o Alfred C) 22 Mar 1929-___   ChMc
Naney A.E. 9 Jun 1821-18 Apr 1885   Nels
Nellie B. (w/o Charles F. Jr) 1928-1993   JWTa
Nellie Burwell 1923-1993   JWTa
O. Milton h/o Irene B. 1896-1971   Dwng
Oshia T. w/o James O. 1854-1930   Dwng
Patsy C. (w/o Robert E) 1939-___   JWTa
Ralph E. h/o Miriam H. ___-___   Dwng
Reva A. (w/o George Y) 5 Aug 1918-___   Grtn
Richard M. h/o Mary A Sgt QMC WWI 11 Nov 1896-8 Sep 1957   Dwng
Robert E. (h/o Patsy C) 1931-___   JWTa
Rowena B. 1911-1971   ChMc
Ruah E. 1w/o Vernon 18 May 1887-7 Nov 1935   Dwng
S. Pearl 1891-1931   Nels
Sarah W. (w/o William J) 1845-1929   Nels
Severn P. (h/o Mary A) 16 Sep 1840-17 Mar 1919   Nels
Sollie E. h/o Jennie A.H. 24 Sep 1891-20 Nov 1936   Dwng
Sollie Scott (h/o Bertie H) 1877-1957   Nels
Solomon T. (h/o Susan A) 23 Jun 1841-7 Apr 1926   Brit
Susan A w/o Solomon T d/o Jno D & Hester A Marshall 5 Dec 1835-17 Jan 1909   Brit
Thomas Frederick (h/o Mary E?) 18 Oct 1853-9 Mar 1937   ChRm
Warren (h/o Norah Johnson Onley) 1877-1914   JWTa
William J. (h/o Sarah W) 1843-1926   Nels
William J. (h/o Margaret B) 13 Aug 1827-28 Apr 1910   Nels
William S. (h/o Lydia E) 1873-1957   Nels
William S. (h/o Florence S) 1902-1984   Nels
Willie Mears 5 Nov 1905-9 Oct 1966   Grtn
JONES, Adela w/o Joseph 14 Sep 1872-15 Jan 1899   ChMc
Adelle Laura* d/o D.W. & Nettie 9 Sep 1876-9 Aug 1878   Jone
Agnes (w/o Maurice E) 1898-1983   ChTh
Amanda d/o J.J. & M.J. d. 28 Oct 1888 aged 6yrs 4dys   ChRd

Caucasian Tombstone Inscriptions 155

JONES (Con't), Anna S. (w/o Daniel) 1903-___	ChMc
Annie E. w/o J.D. 15 Oct 1870-21 Feb 1929	ChBu
Arah L. w/o John A. May 1831-21 Feb 1877	ChWa
Archie h/o Gertrude 10 Aug 1858-16 Feb 1912	Dwng
Audrey P. 25 May 1893-28 Sep 1949	Dwng
Baby (no dates)	ChRm
Beatrice L. 1905-1930	JWTa
Benjamin P. (h/o Henrietta) 1849-1929	JWTa
Bertha Q. (w/o Ernest L?) 1889-1932	ChMc
Betty Lou (w/o Grover C. Jr) 1933-___	ChMd
Beulah M. d/o Christopher C. & Dollie M. 1893-1894	Frnk
Beulah T. 1w/o W. Clarence 1888-1923	Dwng
Blanche Ellis (w/o Estle E. Sr) 1893-1964	Gnbk
Carrie (w/o William M) 1847-1930	Gnbk
Cecie E. (w/o Claude W) 1882-1947	Gnbk
Charles C. (h/o Kate C) 1876-1946	Nels
Charles E. (s/o Hattie L. & John A?) 8 Nov 1880-14 Mar 1946	ChMc
Charles H. s/o J.J. & M.J. 7 Sep 1885-11 Nov 1888	ChRd
Christin L. (h/o Della T) 1875-1935	JWTa
Christopher C. (h/o Dollie M) 1868-1934	Frnk
Claude W. (h/o Cecie E) 1876-1951	Gnbk
Dan 1907-1977	ChGn
Daniel F. (h/o Margaret A) 1875-1971	ChMc
Daniel VA PFC HO Co 38 Inf WWI 12 Jun 1889-21 Mar 1957	ChMc
Della T. (w/o Christin L) 1885-1930	JWTa
Dollie M. (w/o Christopher C) 1872-1908	Frnk
E. Jane (w/o Millard F) 1927-___	ChMc
Eba L. (h/o Edna P) 1888-1952	ChRm
Edna P. (w/o Eba L) 1890-1920	ChRm
Edna V. (w/o Fred) 1907-1987	ChMc
Edwin W. (h/o Thelma) 1923-___	ChMd
Elizabeth E. w/o George W. 1866-1962	ChGn
Elmira (2w/o James S) 1903-1992	ChMc
Elsie Mildred w/o John B. 1896-1986	Dwng
Elton I. "Buddy" (h/o Montrue S) 1906-1964	Frnk
Ernest C. Sgt USA WWII 15 Jan 1908-14 Jul 1977	ChMc
Ernest L. (h/o Bertha Q?) 1888-1960	ChMc
Ernest R. h/o Eula C. 1918-1957	Dwng
Estle E. Jr (h/o Olga B) 11 Jan 1917-11 Sep 1977	Gnbk
Estle E. Sr (h/o Blanche E) 1889-1977	Gnbk
Ethel J. Barrick (w/o Jessie E) 27 May 1890-21 Apr 1954	Frnk
Eula C. w/o Ernest R. 1911-1967	Dwng
Eunice C. 1888-1959	ChMc
Eva K. (w/o Joseph Sr) 1883-1968	ChMc
Eva Kate 1878-1961	ChMc
Fred (h/o Edna V) 1906-1965	ChMc

JONES (Con't), Frederick A. (h/o Varina L.W) 1837-1895 — Gnbk
Frederick A. Pvt USA WWI 1895-1978 — Gnbk
Ganseo* (James?) 8 Feb 1882-10 Jun 1890 — Jone
George C. 16 Jun 1851-28 Oct 1910 — ChRm
George W. (h/o Elizabeth E) 1859-1949 — ChGn
Georgie 1900-1989 — ChMd
Gertrude w/o Archie 1 Jan 1867-7 Jan 1941 — Dwng
Granvill I. s/o I.V. & Lula F. 20 Jul 1914-21 Jul 1914 — Gnbk
Grover C. Jr (h/o Betty Lou) 1927-1980 — ChMd
H. Frank (h/o Ida V) 1861-1936 — ChMc
Harry D. 17 Apr 1890-24 Apr 1966 — JWTa
Hattie L. w/o John A. 14 Feb 1866-20 Nov 1919 — ChMc
Henrietta (w/o Benjamin P) 1852-1922 — JWTa
Herman A. (h/o Mariam C) CBM USCG WWII 8 May 1905-9 Feb 1990 — JWTa
Hope T. 2w/o W. Clarence 1879-1954 — Dwng
Howard F. 1882-1949 — ChMc
I.V. (h/o Lula F) 1876-1961 — Gnbk
Ida V. (w/o H. Frank) 1873-1964 — ChMc
Infants (no dates) — Gnbk
Isaac D. h/o Mildred C. 1904-1976 — Dwng
J. Preston (s/o Joseph H & Minnie V) 15 Jun 1888-27 Jan 1904 — JWTa
J.J. (h/o Louisa M) 17 Jul 1848-22 Nov 1906 — ChRd
James S. 3 Aug 1849-26 Oct 1891 — ChJo
James S. (h/o Rebecca & Elmira) USCG WWI 18 Dec 1894-10 Aug 1983 — ChMc
Jessie E. (h/o Ethel J) 25 Sep 1892-2 Sep 1971 — Frnk
John A. (h/o Arah L) 6 Oct 1830-30 May 1911 — ChWa
John Burton h/o Elsie M. 1892-1978 — Dwng
John M. (h/o Phyllis S) 1900-1972 — Mdst
John W. (h/o Mary Jones Timmons?) 1855-1916 — ChRm
John William (h/o Mary J) 1864-1942 — ChGn
Joseph H. (h/o Mabel V) 1897-1984 — ChMc
Joseph H. (h/o Minnie V) 3 Oct 1860-22 May 1934 — JWTa
Joseph Sr (h/o Eva K. & Adela) 1872-1962 — ChMc
Joshua Burton (h/o Rowena C) BM1 USCG 30 Jun 1872-11 Aug 1944 — ChRm
Joshua Lee 19 Mar 1892-28 Jan 1911 — ChRm
Julia Q. (w/o James Hillary Quillen) 1897-1984 — ChMc
Kate C. (w/o Charles C) 1872-1962 — Nels
Katherine G. (w/o William L) (no dates) — ChBu
Levin James (h/o Margie T) 1888-1953 — Gnbk
Lillian M. (w/o Norman F) 10 Jan 1910-15 Jan 1992 — ChRm
Lillie May 1886-1920 — ChMc
Lloyd Leroy VA AMHC USN WWII 12 Nov 1906-11 May 1973 — JWTa
Lois Elizabeth (d/o Fred & Edna V?) 8 Jan 1928-18 Jul 1928 — ChMc
Louisa M. (w/o J.J) 10 Aug 1847-9 Jan 1940 — ChRd
Lucy w/o Major 17 Sep 1855-26 Mar 1903 — ChMc
Lula F. (w/o I.V) 1879-1960 — Gnbk

Caucasian Tombstone Inscriptions

JONES (Con't), Mabel V. (w/o Joseph H) 1902-1984	ChMc
Major (h/o Lucy) 23 Oct 1855-19 Oct 1918	ChMc
Major J. 1856-1948	Gnbk
Margaret Ann (w/o Daniel F) 1877-1952	ChMc
Margaret V. 1918-1936	ChMc
Margie Trader (w/o Levin J) 1890-1962	Gnbk
Mariam C. (w/o Herman A) 15 Sep 1908-___	JWTa
Mary C. 25 Mar 1861-8 Mar 1951	ChGn
Mary E. (w/o Samuel M) 23 Mar 1857-9 Mar 1952	Frnk
Mary Esther 1840-1916	Gnbk
Mary Jane (w/o John W) 1874-1957	ChGn
Mary N. (w/o Selby T) 1871-1932	Frnk
Mary R. w/o Otho J. 1908-___	Dwng
Maurice E. (h/o Agnes) 1898-1968	ChTh
Mildred C. w/o Isaac D. 1901-1987	Dwng
Millard F. (h/o E. Jane) 1922-1976	ChMc
Minnie V. (w/o Joseph H) 2 Sep 1862-26 Apr 1934	JWTa
Mittie C. 1884-1900	Gnbk
Mollie T. (Tarr?) 1889-1984	JWTa
Montrue S. (w/o Elton I. "Buddy") 1908-___	Frnk
Norman F. BM1 USCG WWI WWII Korea 29 Jun 1906-22 Sep 1977	ChRm
Olga B. (w/o Estle E. Jr) 10 Mar 1917-___	Gnbk
Otho J. h/o Mary R. 1909-1986	Dwng
Permelia (no dates)	MasoG
Phyllis S. (w/o John M) 1900-___	Mdst
Raymond (s/o M.E. & Agnes) Cpl 157 Inf Div WWII 21 Sep 1925-16 Jan 1945	ChTh
Rebecca 1w/o James S. 21 Feb 1847-1 Jul 1919	ChMc
Roland SC2 USN WWI 20 Nov 1895-11 Jan 1979	JWTa
Rowena C. (w/o Joshua B) 2 Sep 1893-7 May 1957	ChRm
Samuel M. (h/o Mary E) 8 Jun 1858-7 Dec 1932	Frnk
Selby T. (h/o Mary W) 1866-1953	Frnk
Susie (baby d/o Mabel V. & Joseph H?) 1946	ChMc
Thelma (w/o Edwin W) 1921-1985	ChMd
Thelma 1907-1930	ChMd
Thomas Burton (s/o J.J. & Louisa M) 30 Mar 1867-25 Jul 1947	ChRd
Varina L. Wilson w/o Frederick A. 1861-1901	Gnbk
W. Clarence h/o Beulah T. & Hope T. 1878-1945	Dwng
Walter L. (s/o Beulah T. & W. Clarence) 1923-1985	Dwng
William F. (s/o J.J. & Louisa M) 1874-1946	ChRd
William Lucius (h/o Katherine G) SO3 USCG WWII 15 Apr 1911-8 Sep 1982	ChBu
William M. (h/o Carrie) 1845-1909	Gnbk
Winnie M. 1921-1922	Dwng
JOYNES, Arlington B. (h/o Ethel D) 1890-1941	ChMc
Ethel D. (w/o Arlington B) 1895-1979	ChMc
JUDGE, Dorothy Carol King d/o Harry & Frieda 1933-1975	Dwng
Frieda V. w/o Harry M. 1900-1974	Dwng

JUDGE (Con't), Harry M. (h/o Linda L) 9 Sep 1949-____   JWTa
H. Michael II s/o Harry M & Linda L 31 Dec 1969-28 Feb 1991   JWTa
Harry Michael 1 h/o of Frieda V. 1885-1950   Dwng
Jack Roger s/o Harry & Frieda 1930-1955   Dwng
Linda L. (w/o Harry M) 19 Jun 1948-____   JWTa
JUSTICE, A. Frank (h/o Dorothy Justice Quillen?) 1912-1955(lost at sea)   ChRm
Alexander D. (h/o Reacie R) 1884-1959   Nels
Annie E. 5 Nov 1881-8 Sep 1966   Brit
Annie L. w/o Frank E. 1861-1923   JWTa
Arcemus? (temp)   Brit
Archie Royal s/o Archie & Susan 27 Apr 1882-____   Brit
Benjamin (h/o Polly) Co F 1Bn Del Cav 15 Apr 1847-8 Mar 1922   ChMc
Bernice w/o Eslie 1905-1986   Dwng
C. Fletcher 14 Mar 1889-9 Mar 1957   Brit
Carl Richard 1974-1976   JWTa
Carlton N. (h/o Marie P) 1916-1980   JWTa
David T. Jr 1883-1942   Watv
David T. (h/o Emma E) 1850-1925   Watv
Donald Sr (h/o Fannie M) 1874-1960   Nels
Edward T. 7 Oct 1891-16 Dec 1949   ChGn
Elijah Hastings h/o Josephene H. 12 Jul 1911-16 Jan 1974   Dwng
Elizabeth B. (w/o Spencer D) 1900-1985   Nels
Elizabeth w/o James E. 7 Oct 1844-19 Aug 1920   Watv
Emma E. w/o David T. 1846-1925   Watv
Ernest F. d. 6 May 1964 aged 78yrs   Brit
Eslie h/o Bernice 1903-1987   Dwng
Fannie M. (Justice) (w/o Donald Sr) 1894-1975   Nels
Frances H. d/o Geroge W. & Lena R. 29 Sep 1921-29 Dec 1921   Nels
Frank E. (h/o Annie L) 1858-1923   JWTa
George H. (h/o Susan G) 21 Sep 1855-12 May 1917   Nels
George W. (h/o Lena R) 1885-1964   Nels
Harvey H. VA RM2C USCG WWII 10 Oct 1921-6 May 1948   Nels
Hazel H. w/o Milton S. 5 Oct 1925-____   Dwng
Ida E. d/o James D. & Vergie b&d 2 Sep 1908   Watv
Infant s/o J.D. & Mary Va. d. 21 Mar 1913   Watv
James D. s/o Roy W. & Mattie 2 Jul 1910-11 Jul 1910   Watv
James D. (h/o Mary V) 1880-1941   Watv
James E. (h/o Elizabeth) 4 Oct 1848-26 Apr 1914   Watv
James Harold h/o Mary L.M. 21 Oct 1932-____   Dwng
John H. (h/o Lola V) 1886-1960   JWTa
John W. (h/o Lula K) 1870-1956   Nels
Joseph W. (h/o Mary A) 1862-1931   Nels
Josephine Houston w/o Elijah H. 15 Apr 1916-15 Jan 1991   Dwng
Lena R. (w/o George W) 1890-1958   Nels
Lola M. (w/o Thomas A) 1904-1993   Gnbk
Lola V. (w/o John H) 1888-1974   JWTa

Caucasian Tombstone Inscriptions   159

JUSTICE (Con't), Lula K. (w/o John W) 1874-1963 — Nels
Luther s/o E.J. & Hattie M. d. 18 Apr 1919 aged 4mos — Watv
Malissa A. d/o Roy W. & Mattie 16 Jan 1908-24 Jan 1908 — Watv
Margaret Iliffe w/o William R. Jr 1912-1977 — Dwng
Margaret M. (w/o Olen E) 1912-1981 — JWTa
Marie P. (w/o Carlton N) 1918-___ — JWTa
Mary A. (w/o Joseph W) 1861-1932 — Nels
Mary Davis w/o Quincey E. 25 May 1882-25 Nov 1974 — Nels
Mary Lou Miller w/o James H. 13 Dec 1935-___ — Dwng
Mary V. (w/o James D) 1888-1959 — Watv
Mattie Hastings (w/o William Roy) 4 Apr 1887-23 Feb 1930 — Watv
Mayoma M. w/o Otho D. 22 May 1906-7 Mar 1991 — Dwng
Milton S. h/o Hazel H. 5 Aug 1923-___ — Dwng
Nelda L. (w/o Noah) 1920-1991 — ChDa
Noah (h/o Nelda L) Tec 5 USA WWII 10 Jan 1920-20 Apr 1987 — ChDa
Norman R. USA 11 Nov 1915-6 Mar 1993 — Nels
Olen Eldridge (h/o Margaret M) 1913-1983 — JWTa
Otho D. h/o Mayoma M. 30 Jan 1928-28 Nov 1988 — Dwng
Polly w/o Benjamin 10 Mar 1843-9 Apr 1906 — ChMc
Quincey E. (h/o Mary D) 2 Oct 1876-25 Jan 1927 — Nels
Quincy R. 4 Jul 1912-15 Oct 1935 — Watv
Reacie R. (w/o Alexander D) 1887-1978 — Nels
Rosser J. h/o Sunie T. 1901-1962 — Dwng
Sarah M. w/o William H. 1850-1922 — Brit
Spencer D. (h/o Elizabeth B) Cox USNRF WWI 17 Sep 1892-11 Oct 1960 — Nels
Sunie T.(Trader) w/o Rosser J. 1901-1993 — Dwng
Susan Anna w/o Arcemus 15 Jan 1860-19 Nov 1946 — Brit
Susan G. w/o George H. 19 Jan 1857-14 Aug 1920 — Nels
Susan w/o William 18 Feb 1820-21 Jul 1902 — Brit
Tannie S. (w/o Webster T) 1895-1974 — Nels
Teackle (b. 22 Dec 1782 Bible record, w.p. 27 Feb 1871) — JustG
Thomas A. (h/o Lola M) 1898-1978 — Gnbk
Vernon Clemons 21 Aug 1913-31 May 1981 — Watv
Webster T. (h/o Tannie S) 1894-1979 — Nels
William (h/o Susan) 1 Mar 1819-29 May 1888 — Brit
William H. (h/o Sarah M) 1846-1921 — Brit
William Roy Jr h/o Margaret I. 1905-1987 — Dwng
Wm Roy (h/o Mattie Hastings/Cecie Colbourne Kelly) 18 May 1883-29 May 1954 — Watv
JUSTIS, A. Borden h/o Goldie M. 1883-1965 — Dwng
Arthur F. (h/o Serena B) 1861-1936 — DrumS
Catharine R. (w/o John) 11 Dec 1811-20 Nov 1883 — JustJ
Cora Ann d/o Samuel s/o I. & Mary Ann (no dates) aged 2yrs 1mos 10dys — JustP
Cora Lee d/o Samuel s/o I. & Mary Ann 6 May 1877-13 Jun 1878 — JustP
Elise B. (w/o Herman F) 1908-___ — Mdst
George T. 11 May 1887-13 Jun 1918 — Nels
Goldie M. w/o A. Borden 1902-1993 — Dwng

JUSTIS (Con't), Henrietta M. w/o John F. 31 Dec 1857-3 Mar 1930　　Nels
Herman F. (h/o Elise B) 1912-1971　　Mdst
Isaiah W. (h/o Margaret S) 11 May 1843-19 May 1928　　Nels
James H. child unreadable　　JustP
James T. (h/o Margaret J) 30 Sep 1842-13 Oct 1913　　JustP
Jesse B. w/o Nancy C. S1 USCG WWII 19 Oct 1925-19 Sep 1991　　Dwng
John (h/o Catharine R) 1811? (unreadable)　　JustJ
John F. (h/o Henrietta M) 13 Jan 1857-15 Mar 1916　　Nels
Margaret J. w/o James T. 11 May 1844-17 Dec 1901　　JustP
Margaret S. w/o Isaiah W. 6 Mar 1848-8 Feb 1914　　Nels
Martha d. 23 Sep 1865 aged 3yrs 24dys　　JustP
Mary A. w/o Samuel s/o I. d. 21 Oct 1870 aged 47yrs 3mos 23dys　　JustP
Mary A. d. 22 Oct 1868 aged 7yrs 1mo 21dys　　JustP
Melvin F. (s/o Arthur & Serena) 1878-1965　　DrumS
Nancy C. h/o Jesse B. 6 Jan 1944-___　　Dwng
Rose Anne w/o Samuel L. 1831-1921　　Glfd
Sallie F. w/o William of B. 25 Nov 1812-27 Feb 1901　　JustH
Samuel L. (h/o Rose Anne) 1821-1902　　Glfd
Samuel s/o I. (h/o Mary A) 21 Oct 1816-9 Mar 18_9　　JustP
Sarah L. d. 9 Jun 1853 aged 1yr 7mos　　JustP
Serena B. (w/o Arthur F) 1854-1930　　DrumS
William s/o B. (h/o Sallie F) 30 Nov 1810-30 Oct 1887　　JustH
KAHLER, David N. (h/o Jane B) 1924-1986　　Grtn
Jane Bailey (w/o David N) 1925-___　　Grtn
KALLOCK, Janie w/o John T. 21 May 1872-22 Nov 1899　　ChBo
KAMBARN, John D. h/o Mary E. 1901-1986　　Dwng
John D. h/o Mary E. 1864-1960　　Dwng
Mary E. w/o John D. 1903-1969　　Dwng
Mary E. w/o John D. 1871-1968　　Dwng
Maurice L. 1890-1917　　Dwng
Nathan H. 1895-1942　　Dwng
Roland T. 1903-1958　　Dwng
KAMHORN, Alice C. (w/o James F) 28 Nov 1912-19 Feb 1976　　JWTa
Fannie White 1902-1922　　Gnbk
James F. (h/o Alice C) 2 Feb 1907-5 Nov 1984　　JWTa
KAY, George James Lt (1h/o Jean Beebe Kay Daisey?) lost at sea 1921-1953　　ChGn
KEARNEY, Edward F. (h/o Ida M) 1892-1955　　JWTa
Ida Midgett (w/o Edward F) 1892-1970　　JWTa
Margaret P. 1894-1965　　JWTa
KEAS, Mary A. w/o W. Robert 1887-1968　　Dwng
W. Robert "Bob" h/o Mary A. 1887-1959　　Dwng
KEASER, Louise B. d/o E.L. & Nealia C. 1 Sep 1911-10 May 1927　　TgMa
Nealie C. w/o E. Losson 1890-1939　　TgMa
KELLAM, Fred T. 1883-1945　　Nels
KELLEY, A. Guy (h/o Effie C) 1881-1960　　JWTa
Adeline E. 1864-1944　　AtBp

Caucasian Tombstone Inscriptions 161

KELLEY (Con't), Agnes (d/o Elijah T. & Stella M) 1911-1922	Grtn
Alexander Waller (s/o Daniel B & Malinda C) 16 Jan 1877-25 Dec 1950	Grtn
Alexandria 26 Nov 1860-2 May 1904	AtBp
Annie d/o Thomas C. & Sallie C. 12 Dec 1867-23 Jun 1869	Grtn
Annie E. w/o Bowman W. 1880-1958	Dwng
Annie S. (Byrd) (w/o Parker S) 5 Apr 1860-9 Mar 1941	ByrdR
Annie T. (w/o Marion E) 1881-1959	Grtn
Ashton R. (h/o Flossie E) 1880-1956	Nels
Augustus C. 1886-1955	Aswm
Babies of Thomas C. & Sallie C. (no dates)	Grtn
Berkley B. h/o Lois L. 4 Oct 1909-16 Jan 1986	Dwng
Bertha Long d/o Daniel B. & Malinda C. 8 Feb 1882-6 May 1957	Grtn
Blanche F. d/o Thomas C. & Sallile C. 20 Sep 1885-25 Jul 1886	Grtn
Bowman W. h/o Annie E. 1867-1953	Dwng
Charles F. (h/o Mary F) 19 Mar 1866-27 Apr 1927	Gnbk
Charlie T. s/o T.C. & Sallie C. 16 Dec 1877	Grtn
Clara J. (w/o Martin K) 1875-1951	Nels
Cornelius s/o Daniel B & Malinda C 13 Sep 1875-1 Feb 1945	Grtn
Daniel (h/o Malinda S) 1850-1903	Grtn
Doris E. d/o Elmer J & Emma M 13 May 1940-8 Oct 1954	Dwng
Edward W. (h/o Marie M) 15 Inf Repl/Tng Bn WWI 29 Jun 1896-5 Feb 1958	JWTa
Effie C. (w/o A. Guy) 1880-1958	JWTa
Eglantine H. (1w/o Horace E) 1891-1919	Nels
Elijah B. (h/o Eveline) 20 May 1831-4 Sep 1900	Kell
Elijah T. (h/o Stella M) 1886-1952	Grtn
Elizabeth A. (w/o Richard) 7 Jan 1823-1 Mar 1910	Wssl
Elizabeth J. 1w/o Elmer J. 11 Nov 1915-19 Mar 1934	Dwng
Elizabeth J. (Lizzie) (w/o Jesse M) 1870-1953	Grtn
Ella P. (w/o William C) 1911-___	Grtn
Elmer A. "Sonny" 28 Apr 1948-20 Apr 1966	Dwng
Elmer J. h/o Elizabeth J. & Emma M. 1907-1971	Dwng
Elmer T. h/o Stella A. 1900-1977	Dwng
Elsie Annie d/o Parker & Annie 18 Nov 1896-2 Jun 1897	ByrdR
Elsie L. w/o Fred W. Sr 1894-1975	Dwng
Emma M. 2w/o Elmer J. 1912-1966	Dwng
Estelle E. 1904-1970	Dwng
Ethel L. (w/o Nealie T) 20 Feb 1890-20 May 1940	JWTa
Ethel M. d/o T.C. & Sallie C. 25 May 1879	Grtn
Ethel May d/o Marion E. & Annie R. 25 Dec 1906-15 Jul 1907	Grtn
Eva Conquest (w/o G. Marvin) 1899-1927	JWTa
Eveline w/o Elijah B. 13 Jan 1833-30 Sep 1910	Kell
Evelyn C. w/o John W. 14 May 1876-6 Jun 1931	Dwng
Evelyn F. 28 Oct 1926-31 Oct 1984	Dwng
Flossie E. (w/o Ashton R) 1891-1971	Nels
Fred W. Sr h/o Elsie L. 1893-1940	Dwng
Fred W. 16 Apr 1899-11 Mar 1934	Dwng

KELLEY (Con't), G. Marvin (h/o Eva C) 1898-1970 — JWTa
George E. s/o Parker & Annie S. 3 Jan 1895-7 Jul 1927 — ByrdR
Grace M. w/o E.W & d/o W.H & Oeta V Hope 22 May 1899-23 Nov 1920 — Nels
Harold L. MSgt USA WWII 18 Apr 1921-9 Jun 1977 — Dwng
Hilton Wilson VA 52 USNR WWII 24 Apr 1922-20 Aug 1949 — Dwng
Horace E. (h/o Eglentine H. & Reva P) 1887-1963 — Nels
Horace E. Jr (h/o May G.E) 1923-1986 — Nels
J. Arnold (h/o Stella C) 1892-1955 — Grtn
James (h/o Lucrea) 1836-11 Apr 1904 — AtBp
Jesse M. s/o Jesse M. & Lizzie 20 Sep 1894-22 Sep 1904 — Grtn
John Poulson (s/o Horace E. & Reva P) 1932-1932 — Nels
John R. 28 Aug 1853-24 Mar 1909 — Beth
John W. h/o Evelyn C. 5 Dec 1872-27 Dec 1918 — Dwng
Keith McDonald PFC USA WWII 2 Feb 1922-4 Oct 1944 — JWTa
Lena G. w/o Wm Bryan 1898-1973 — Dwng
Lennie A. h/o Maud 1884-1963 — JWTa
Lois L. w/o Berkley B. 30 Aug 1922-24 Jun 1986 — Dwng
Lucrea w/o James Jun 1834-29 Apr 1916 — AtBp
Lula Mae 1906-1994 (temp) — JWTa
Lutisha 1905-1972 — Grtn
Major Leon 1901-1967 — Dwng
Malinda S. w/o Daniel 1851-1925 — Grtn
Marie M. (w/o Edward W) 1904-1990 — JWTa
Marion E. (h/o Annie T) 1883-1961 — Grtn
Martin K. (h/o Clara J) 1873-1942 — Nels
Mary A. 1866-1960 — Dwng
Mary F. (w/o Charles F) 11 Aug 1866-25 Nov 1909 — Gnbk
Mattie W. (w/o Willie A) 1898-1947 — Gnbk
Maud w/o Lennie A. 1883-1953 — JWTa
May Gunter Edmunds (w/o Horace E. Jr) 1924-1976 — Nels
Mildred C. (w/o William C) 1902-1989 — Gnbk
Nealie T. (h/o Ethel L) 23 Aug 1886-16 Sep 1957 — JWTa
Parker S. (h/o Annie S) 21 Jul 1856-2 Apr 1932 — ByrdR
Paul L. 1911-1933 — ChMc
Randolph T. 1923-1974 — Grtn
Reva P. (2w/o Horace E) 1894-1984 — Nels
Richard (h/o Elizabeth A) 1812-1 Dec 1860 — Wssl
Richard Lee 1904-1961 — JWTa
Richard W. (h/o Susan M) 20 Aug 1850-14 Jan 1908 — Wssl
Roberta Lee 1895-____ — Glfd
Sabra C. 1923-1980 — JWTa
Sallie C. w/o T.C. 16 Sep 1850-16 Jan 1919 — Grtn
Stella A. w/o Elmer T. 1900-1970 — Dwng
Stella C. (w/o J. Arnold) 1892-1985 — Grtn
Stella M. (w/o Elijah T) 1889-1956 — Grtn
Susan M. (w/ Richard W) 18 Feb 1855-22 Sep 1927 — Wssl

KELLEY (Con't), Thomas W. 1913-1987	Grtn
Thomas C. (h/o Sallie C) 22 Aug 1840-13 Jan 1929	Grtn
Timothy VA Pvt 318 Inf WWI 25 Jun 1889-6 Nov 1948	AtBp
William Bryan h/o Lena G. 1894-1973	Dwng
William C. (h/o Mildred C) 1901-1969	Gnbk
William C. "Cleve" (h/o Ella P) 1908-1989	Grtn
Willie A. (h/o Mattie W) 1893-1965	Gnbk
Willie Jacob s/o Parker & Annie 17 Apr 1889-10 Dec 1901	ByrdR
KELLY, Annie G. 1921-1922	Dwng
Alvin B h/o Pauline P LTC USAF WWII Korea 30 Sep 1915-6 Mar 1972	Dwng
Arthur R. 1913-1961	ChMc
Bill (on stone with Nancy) (no dates)	Mdst
Custis W. h/o Elizabeth C. 1895-1969	Dwng
Edna A. w/o W.E. 1883-1950	TgMa
Edward W. s/o W.E. & Edna A. 1 Feb 1905-20 Dec 1922	TgMa
Elizabeth A. w/o George W. 2 Nov 1827-10 Mar 1914	MsBp
Elizabeth C. w/o Custis W. 1898-1965	Dwng
Ella Young (w/o John W) 1872-1955	ChMc
George W. h/o Elizabeth A. 6 Jun 1824-6 Oct 1896	MsBp
Ida M. d/o John C. & Mabel P. 29 Apr 1907-17 Jul 1908	Brit
John C. (h/o Mabel P) 1885-1936	Brit
John W. (h/o Margaret) 20 Dec 1847-16 Aug 1907	Brit
John Walter (h/o Ella Y) 1866-1948	ChMc
Mabel P. (w/o John C) 1875-1934	Brit
Major h/o Sallie M. 1870-1954	Dwng
Margaret w/o Jno W & d/o Jas T & Rachel A Nock 26 Mar 1850-18 Jan 1907	Brit
Nancy (on stone with Bill) (no dates)	Mdst
Pauline Pearl w/o Alvin B. 16 Jan 1916-7 Aug 1986	Dwng
Richard W. b&d 1919	Dwng
Richard William Sr SSgt USAF Korea 17 Aug 1931-14 Jun 1990	Dwng
Roland C. VA PFC USA WWII 13 Nov 1913-16 Jan 1974	JWTa
Sallie M. w/o Major 1874-1961	Dwng
KELSO, Lewis M. h/o Ruth F. 1923-1986	Dwng
Ruth F. w/o Lewis M. 1915-____	Dwng
KENNARD, Emily L. w/o George C. 1901-1980	Dwng
Emma L. w/o George C. Sr 1869-1946	Dwng
George C. Sr h/o Emma L. 1864-1909	Dwng
George C. h/o Emily L. 1895-1982	Dwng
KENNEDY, Maude Elaine d/o Howard W & Mary 5 Sep 1935-27 May 1941	ChGn
KERN, Chester L. GMC USN 11 Apr 1920-22 May 1974	JWTa
Curtis B. (h/o Frances S) 1896-1983	JWTa
Frances S. (w/o Curtis B) 1904-1972	JWTa
KEYSER, John L. b&d 28 Dec 1904	TgMa
Katie 30 Jan 1885-26 Jan 1915	TgCa
KILLMON, Bertie Mae (w/o Edgar H. Jr) 20 Jun 1918-____	Grtn
Chas. T. h/o Marcelean E. 1865-1950	Glfd

KILLMON (Con't), Chlora L. (w/o Leonard) 1893-1961 — Wssl
Daniel (h/o Lottie M) 1890-1960 — Wssl
Donald P. h/o Hilda G. 1895-1984 — Dwng
Edgar H. Jr (h/o Bertie M) 22 Jan 1916-31 May 1986 — Grtn
Edgar H. III 19 Sep 1944-___ — Grtn
Elizabeth* 31 Dec 1817-10 Feb 1900 — RewC
Ellis (h/o Sarah E) 8 Feb 1828-14 Apr 1915 — Wssl
Ellis (h/o Maggie?) 1888-1962 — Wssl
Hilda G. w/o Donald P. 1900-1962 — Dwng
John I. (h/o Laura S) 1873-1914 — Glfd
Kenneth R. 1933-1976 — Wssl
Laura S. Parks (w/o John I) 1876-1969 — Glfd
Leonard (h/o Chlora L) 1885-1947 — Wssl
Lois W. (shares tombstone w/ Daniel & Lottie M) ___-___ — Wssl
Lottie Mears (w/o Daniel) 1893-1982 — Wssl
Madeline E. 1920-___ — Wssl
Maggie (w/o Ellis?) 1891-1974 — Wssl
Marcelean E. w/o Chas. T. 1867-1947 — Glfd
Mary d. 20 Jun 1921 aged 82yrs — TgMa
Mary E. 1893-1918 — Mdst
Mary Jane 15 Dec 1831-__ Aug 1870 — TaylC
Nancy (w/o Samuel) d. 12 Dec 1899 aged 82yrs 3mo 28dy — Beth
Oscar S. 1900-1990 (temp) — Beth
Raymond 1881-1959 — Wssl
Samuel (h/o Nancy) 19 Jan 1819-10 Dec 1871 — Beth
Sarah d/o Leonard & Chlora L. 3 Jun 1926-5 Aug 1928 — Wssl
Sarah E. w/o Ellis d. 7 May 1921 aged 60yrs — Wssl
KILMON, Indianah F. (w/o Thorogood O) 1857-1940 — Wssl
Infant s/o C.C. & Cora 27 Feb 1909-16 Jan 1913 — ParkP
Thorogood O. (h/o Indianah F) 1855-1934 — Wssl
W. Franklin 24 Apr 1880-19 Oct 1930 — Nels
KING, Addison S. 17 Jan 1857-3 Mar 1905 — TgCa
Anna Mae (d/o R.V.J.L. & A.H) 5 Sep 1894-6 Oct 1897 — Beth
Dorothy Carol 1933-1975 — Dwng
Erwin B. s/o E.B. & Enna I. 5 Sep 1935-14 Mar 1939 — TgMa
Joseph E. 1889-1968 — ChGn
Lessie R. 1894-1964 — TgMa
Rebecca J. d/o R.V.J.L. & A.H. 12 Jul 1900-31 Jan 1901 — Beth
Robert W. "Bobby" Pvt USA Korea 1 Mar 1933-17 Dec 1975 — TgCa
Ruby E. w/o W.A. 24 Aug 1891-30 Jan 1921 — Wssl
Susan Z. 1860-1952 — TgMa
KIRBY, Edwin L. (h/o Helen R) 25 Dec 1895-3 Jul 1971 — JWTa
Edwin Lester (s/o Edwin L & Helen R) 25 May 1915-24 Apr 1984 — JWTa
Helen Roe (w/o Edwin L?) 15 Aug 1889-9 Oct 1981 — JWTa
Robert W. s/o Peggy Kirby Watson b&d 24 Feb 1948 — ChMc
KLECKNER, "Dutch" Lee Paul (h/o Irene) USMC 1935-1985 m 25 Dec 1953 — JWTa

Caucasian Tombstone Inscriptions 165

KLECKNER (Con't), Irene W. (w/o "Dutch" L.P) ____-____	JWTa
KITSON, Mary w/o Rich d/o Jno & Ann Hampton of Pastermoth VA d 6 Dec 1726	Kits
Richard (h/o Mary) s/o Thos & Ann of Sunderlon Hall Helifax Yorkshire (d 1740)	Kits
KNIGHT, Anna May 1919-1920	Kngt
Annie A. (no dates)	Kngt
Audrey M. (w/o Mahlon H) 1923-1990	SxBp
Cecie Byrd Ross (w/o E.T. Ross Jr) 19 Aug 1885-21 Mar 1967	Grtn
Charlotte w/o William S. 20 May 1826-20 Apr 1890	KngtH
Clifford S. h/o Mabel D. 1909-1986	Dwng
D. Francis 1876-1961	Kngt
Danson J. (h/o Elizabeth) Jan 1842-May 1922	Kngt
Denard James (h/o Lovey H) 10 Mar 1869-30 May 1949	Kngt
Dollie s/o J.W. & Annie M. 17 Feb 1896-4 Sep 1896	Kngt
Dorsey F. h/o Mamie K. 1903-1960	Dwng
Edward J. Cpl USA Korea 11 Aug 1929-22 Dec 1992	SxBp
Elizabeth (w/o Danson J) 20 Dec 1845-3 Mar 1930	Kngt
Ethel M. w/o Stewart T. 1916-____	Dwng
John W. (no dates)	Kngt
Lelia S. w/o Staten T. 1882-1947	Dwng
Lovey Hall (w/o Denard J) 9 Aug 1872-19 Sep 1944	Kngt
Mabel D.(Darby) w/o Clifford S. 1910-____	Dwng
Mahlon H. (h/o Audrey M) 1915-1988	SxBp
Mamie H. (w/o Timothy M) 1908-____	JWTa
Mamie K. w/o Dorsey F. 1894-1973	Dwng
Mary R. (w/o William A) 1882-1971	Grtn
Staten T. h/o Lelia S. 1879-1966	Dwng
Stewart T. h/o Ethel (s/o Staten & Lelia) USN WWII 8 Sep 1915-24 Jan 1983	Dwng
Timothy M. (h/o Mamie H) 1905-1987	JWTa
W. Wilson 1917-1926	Kngt
Walton F. (s/o William A. & Mary R?) 1900-1946	Grtn
William A. (h/o Mary R) 1882-1947	Grtn
William S. (h/o Charlotte) 20 Sep 1824-29 Sep 1902	KngtH
KNOX, Elizabeth T.(Tunnell?) 1846-1942	ChMc
KOHLMAN, Harriet Hallock (w/o Robert H) 2 Aug 1917-1 May 1991	JWTa
Robert Herny (h/o Harriet H) 14 Oct 1913-____	JWTa
KOLLOCK, James (h/o Nancy) 1872-1942	ChMc
John Howard (h/o Mattie M) BMC CG Ret WWII 18 Mar 1901-24 Sep 1965	ChMc
Mattie M. (w/o John H) 22 Jan 1902-1 Jul 1980	ChMc
Nancy w/o James 1876-1958	ChMc
William J. 30 Oct 1844-23 Feb 1895	ChRm
KOPPLIN, Albert 1875-1939	Dwng
Albert Jr 1899-1981	Dwng
Emma w/o Fred 1887-1953	Dwng
Fred h/o Emma 1886-1940	Dwng
Herman F. USN WWII 1924-1978	Dwng
Herman F. USN WWII 1924-1978	Dwng

KOPPLIN (Con't), Jeffrey 1951-1994 — Dwng
KOSHI, Suzanne E.B. 1948-1981 (temp) — Dwng
KRIEGER, Robert L. 1916-1990 — Dwng
KROMER, Earl S. (h/o Eleanor M) 1923-____ — JWTa
   Eleanor M. (w/o Earl S) 1928-1994 — JWTa
LACHENAUD, Hallie T. 1908-1939 — ChRm
LACY, Gilbert S. 1898-1934 — ChBo
   Laura E. Aydelotte 1885-1932 — ChBo
LAIRD, Dollie w/o H.R. 1896-1935 — TgMa
   Essie W. 24 Dec 1895-13 Dec 1903 — TgMa
   George W. 1867-1909 — TgMa
   Leah V. 15 Sep 1863-16 Aug 1921 — TgMa
   Margaret w/o John T. 1841-23 May 1905 — TgWe
   Richard H. 1902-1969 — TgMa
   Yvonne 20 Oct 1935-17 Mar 1937 — TgMa
LANCASTER, Dawn Lynn "our little one" b&d Jun 1959 — Grtn
LANDING, Bertha Johnson 1893-1984 — Dwng
   Billy B. SSgt USAF Korea 12 Jul 1932-13 Nov 1987 — Dwng
   Elmo W. 1920-1958 — Dwng
   Hester A. w/o Joshua 21 Sep 1898 aged 23yrs — TgMa
   Maggie Lee w/o Walter J. 1898-1994 — Dwng
   Sallie A. w/o William J. 27 Jun 1840-14 Feb 1902 — Beth
   Walter J. h/o Maggie L. 1895-1975 — Dwng
LANDON, Barbara Ann 1961-1962 — TgCa
   Joshua d. 4 Apr 1930 aged 57yrs — TgCa
   Mary Jane 1879-1956 — TgCa
   Matilda Ann w/o Joseph L. 4 Apr 1853-28 Aug 1882 — TgCa
LANG, Amos E. (h/o Virginia C) 1907-____ — JWTa
   Annetta W. (w/o Edward) 22 Oct 1853-8 Dec 1929 — Gnbk
   Annie D. w/o Meshack M. unreadable — LangT
   Carleton B. s/o H.S. & Essie M. 28 Jan 1911-26 Jul 1911 — LangT
   Clifton E. (h/o Florence M) 1886-1944 — JWTa
   Clyde Cleveland 1891-1983 — Dwng
   David C. s/o R.C. & Betty C. 1952-1955 — JWTa
   Edgar L. 18 Sep 1880-11 Aug 1905 — LangT
   Edgar L. 1915-1979 — JWTa
   Edith D. d/o James C. & Ida D. 13 Feb 1889-9 Dec 1922 — JWTa
   Edward (h/o Annetta W) 10 Sep 1833-15 Sep 1916 — Gnbk
   Edward T. (h/o Hester A) 9 Aug 1832-16 Sep 1898 — LangT
   Elizabeth D. w/o James C. 2 Jun 1839-7 Feb 1911 — LangS
   Emma J. (w/o Seymour P) 1881-1963 — Gnbk
   Essie M. w/o H.S. 3 May 1856-27 Aug 1916 — LangT
   Essie O. d/o H.S. & Essie M. 27 Aug 1916-3 Dec 1916 — LangT
   Esther B. (w/o Wm W) 1860-1951 — LangT
   Florence M. (w/o Clifton E) 1885-1959 — JWTa
   Frank C. (h/o Verna F) 1884-1971 — JWTa

Caucasian Tombstone Inscriptions

LANG (Con't), G.S. 16 Jan 1870-1 Dec 1934	Gnbk
George Norman (h/o Jewel C?) Sgt QMC WWI 14 Mar 1896-27 Jun 1964	JWTa
Harry Hays (h/o Jewel C?) Pvt Co G 351 Inf 88 Div 8 Feb 1890-17 Apr 1960	JWTa
Hester A. w/o E.T. 1823-1912	LangT
Hiram S. (h/o Mattie G) 1888-1954	JWTa
Ida Warner (w/o James C. Jr) 7 Apr 1867-19 May 1927	JWTa
Infants of U.H. & Louisa (no dates)	Gnbk
James C. (h/o Elizabeth D) 14 Nov 1838-17 May 1898	LangS
James C. Jr (h/o Ida W) 7 Oct 1866-21 Jan 1947	JWTa
Jennie B. (w/o Winder G) 1884-1962	Gnbk
Jewel Churn (w/o Harry H? &/or George N?) 24 Jul 1901-22 Sep 1971	JWTa
Lester N. (Tip) 1914-1980	Gnbk
Lola F. 29 Oct 1891-2 Apr 1980	JWTa
Manie Dennis 1883-1961	Dwng
Mattie G. (w/o Hiram S) 1889-1971	JWTa
Mildred N. (w/o William C) 1913-___	JWTa
Milton E. (1h/o Mildred Lang Holland?) 4 Feb 1898-1 Mar 1927	JWTa
Mollie J. 1880-1911	Gnbk
Patricia J. d/o Edgar L. & Estelle S. 1943-1946	JWTa
Seymour P. (h/o Emma J) 1873-1961	Gnbk
Theodore W. 11 Sep 1880-23 Oct 1918	LangT
Upshur H. 1885-1934	Gnbk
Upshur H. "Babe" PFC USA WWII 1918-1975	Gnbk
Verna F. (w/o Frank C) 1895-1970	JWTa
Virginia C. (w/o Amos E) 1905-1953	JWTa
William C. (h/o Mildred N) 1916-1969	JWTa
William Hundley 1883-1950	Dwng
William W. (h/o Esther B) 1854-1945	LangT
Willie Chesser 1891-1973	Dwng
Winder G. (h/o Jennie B) 1880-1962	Gnbk
LANKFORD, Alonzo L. (h/o Lula T) 1878-1963	Grtn
Annie E. (2w/o J. Frank) 1868-1943	Grtn
Arentha J. 1885-1964	Wssl
Berkley 1910-1983	Wssl
Edward J. PFC USA WWII 17 May 1913-21 Feb 1980	Wssl
Ella N. (w/o Orris A) 1882-1944	Blxm
Ethel M. (w/o William) (no dates)	Grtn
Gladys Nock (w/o John F) d/o Everett T & Elsie Rew Nock 1906-1982	JWTa
Hazel G. (w/o John L) 1897-1985	Grtn
Henry F. (h/o Mary E) 1852-1934	Blxm
Herman L. 1915-1938	Grtn
Hestor w/o L.J. 19 Aug 1827-10 Oct 1899	Beth
J. Frank (h/o Annie E) 1856-1934	Grtn
J.W. Dr. 1860-1919	Nels
Jennie Lee (w/o Jesse S) 29 May 1909-20 Sep 1969	Wssl
Jesse S. (h/o Jennie L) 6 Jul 1904-7 Feb 1970	Wssl

LANKFORD (Con't), John L (h/o Hazel G) 1896-1980 — Grtn
John Fletcher (h/o Gladys N) s/o J Frank & Annie Chase Lankford 1902-1968 — JWTa
Lewis J. (h/o Hestor) 4 Jun 1826-18 Feb 1897 — Beth
Lonnie Lee (h/o Ruby R) 1914-1984 — Grtn
Lula T. (w/o Alonzo L) 1884-1969 — Grtn
Margaret (w/o Selby Jr) 16 Dec 1813-5 Jun 1859 — Lank
Marvin Lee USA WWII 21 Jul 1915-17 Feb 1984 — Wssl
Mary E. (w/o Henry T) 1860-1915 — Blxm
Orris A (h/o Ella N) 1878-1957 — Blxm
Orris A. Jr s/o Orris A. & Ella N. 18 Jan 1914-16 Oct 1914 — Blxm
Richard C. (h/o Winnie G) 1889-1965 — Grtn
Richard Lee 1937-1951 — Wssl
Ruby R. (w/o Lonnie L) 1917-___ — Grtn
Samuel T. (s/o J. Frank & Annie E) 1880-1943 — Grtn
Selby* (h/o Margaret) 27 Mar 1814-15 Jan 1864 — Lank
William (h/o Ethel M) (no dates) — Grtn
Winnie Groton (w/o Richard C) 1896-1981 — Grtn
LASSITER, Abbott T. 1917-___ — JWTa
Joseph S. 1909-1980 — JWTa
LATTIMER, Betty L. 1927-1979 — JWTa
LAWS, Ann w/o Wm d. 29 Jul 1822 aged 25yrs 5mos 25dys — Laws
Elijah F. 1863-1903 — ChRm
Elizabeth d/o John & Adah 26 Dec 1797-27 Apr 1824 — Laws
Elizabeth Lousie w/o John d. 2 Jul 1820 aged 29/59?yrs 7mos 6dys — Abbo
John d. 1 Dec 1839 aged 75yrs 6mos 7dys — Laws
John Franklin s/o John J. & Mary S.M. 28 Aug 1868-29 Aug 1868 — Mdst
Jurnus* d. 26 Oct 1822 aged 2yrs 8mos 9dys — Laws
Mary Alice (w/o William R) 1888-1965 — ChMc
Mary w/o Drum Welborne/Jno Laws d/o Jas & Rhoda Henderson 9 Dec 1788-31 May 1849 — Ebzr
Robert R. s/o Wm & Ann d. 28 Aug 1823 aged 1yr 4mos 14dys — Laws
Sally S. w/o Wm d. 5 Oct 1839 aged 37yrs 22dys — Laws
Sally* w/o Wm d. 17 Mar 1820 aged 26yrs 10mos 13dys — Laws
Virginia A. Lucas w/o Martin L Laws d. 6 Jan 1870 aged 26yrs 8mos 10dys — Mdst
William (Rev) 10 Sep 1795-18 Oct 1861 — Mdst
William Ralph (h/o Mary A) 1888-1968 — ChMc
LEE, Eric G. 1920-1975 — Frnk
Margaret L. (w/o S. Dewey) 1913-1994 — JWTa
S. Dewey (h/o Margaret L) 1898-1971 — JWTa
LEFFEW, Marie Bailey 12 Feb 1907-9 May 1980 — Gnbk
LEKITES, Clara Mae (w/o Edward I) 1913-___ — JWTa
Edward Irwin (h/o Clara M) 1911-1986 — JWTa
LEONARD, Addie 1920-1920 — Dwng
Addie L. (w/o Carlton?) 1901-1989 — Dwng
Arthur J. (h/o Olive J?) 1897-1941 — Dwng
Carlton "Lucky" (h/o Addie?) Pvt 320 Inf 80 Div WWI 10 Jan 1895-16 Aug 1962 — Dwng
Carlton 1927-1930 — Dwng

LEONARD (Con't), Henry 1899-1973	JWTa
John (h/o Josephine L?) 1869-1936	Dwng
Josephine L. (w/o John?) 1873-1946	Dwng
Olive Jester (w/o Arthur J) 1897-1988	Dwng
LEONETTI, Charles 1900-1975	Wssl
LESCALLETTE, Cecie M. (w/o Roy J) 1909-1984	Nels
Roy J. (h/o Cecie M) 1903-1973	Nels
Elmer L. VA Pvt 27 Inf 29 Oct 1940 (only date)	Grtn
Goldsborough (h/o Otelia J) 1877-1955	Grtn
Otelia J. (w/o Goldsborough) 1879-1939	Grtn
LEWERS, Bessie Bunting (w/o Guy I) 1890-1972	Nels
Guy Irving (h/o Bessie B) 1888-1967	Nels
Laura B. w/o William J. Jr 1859-1939	Nels
Nola V. (w/o William G) 1902-1990	ChMr
William G. (h/o Nola V) 1905-1980	ChMr
William J. Jr (h/o Laura B) 1855-1908	Nels
William J. Sr 12 Apr 1830-24 Oct 1910	Nels
LEWIS, A. Maude (w/o Clifton W) 1910-1971	ChMc
Absalom (h/o Elizabeth M) 10 Aug 1892 aged 85yrs	LewiM
Ada Belle 1923-1994	Dwng
Albert B. (h/o Mary F) 13 Jun 1860-4 Aug 1910	Glfd
Albert T. 10 Oct 1855-8 Jun 1908	ChWh
Alfred (h/o Lydith C) 1864-1956	ChBu
Alma M. (w/o Edward C?) 10 Nov 1876-13 Apr 1927	Mdst
Amanda (1w/o Leroy M) 19 Oct 1873-9 Apr 1893	SxLe
Andrew Lee (h/o Annie P) 1870-1948	Grtn
Annie Poulson (w/o Andrew L) 1874-1956	Grtn
Annie R. (w/o Ray T) 1883-1977	Nels
Annie w/o Emory 2 Nov 1872-27 Jan 1912	ChRm
Archie S. (h/o Delia J) 1884-1969	ChRm
Arnold W. (1h/o May L. Marshall) 1883-1921	SxDr
Arthur VA S1 USCG WWII 26 May 1922-9 Apr 1973	ChMd
B.E. Mrs. (Beulah Evans w/o Thomas N) 1895-1971	Dwng
Beatrice A. (w/o Elton L) 1903-1977	JWTa
Belva R. (d/o Emory J. & Annie?) 29 Jul 1895-4 Jun 1917	ChRm
Blanche E. (w/o Donald C) 1895-1981	SxEl
Burvell (h/o Martha J) 1867-1921	Wssl
Cassandra D. w/o James 3 Aug 1805-2 Nov 1882	LewiJ
Catherine E. Bayly Sharpley (w/o Charles E) 1 May 1895-20 Jan 1969	Gnbk
Catherine w/o C.E. 20 May 1852-25 Feb 1913	LewiB
Cecil C. (w/o Oscar L) 1880-1961	JWTa
Cecile L. (w/o Gordon Z) 1893-1975	JWTa
Charles Elwin (h/o Catherine E.B.S) Lt USA WWI 12 Jan 1893-13 Jul 1970	Gnbk
Charlie (h/o Roxie L) 1872-1949	Grtn
Clifton W. (h/o A. Maude) 1907-1981	ChMc
Cora (assumed Lewis, beside W.O. Lewis) 1858-1884	ChRm

LEWIS (Con't), Curtis B. Sr 1904-1973 — Dwng
Curtis Jr PFC USA 11 Feb 1936-22 Oct 1989 — JWTa
Daniel W. 8 Dec 1839-14 Feb 1914 — ChRm
David F. (h/o Elizabeth B) 1881-1961 — ChMc
David Henry (no dates) aged 46yrs — ChRm
David W. (h/o Sarah C) 4 Aug 1859-25 Jul 1894 — ChBu
Delia J. (w/o Archie S) 1882-1964 — ChRm
Della (w/o Henry E. Mills & Walter T. Lewis) 1891-1971 — Dwng
Donald C. (h/o Blanche E) 1891-1934 — SxEl
Donald E. (h/o Leslie E) 1946-1981 — Frnk
Dora E. w/o Samuel A. 1893-1951 — Dwng
Drucilla J. 8 Sep 1846-29 Jul 1926 — ChRm
Earl S. 1900-1965 — Mdst
Eba 27 Jun 1817-31 Aug 1888 — ChRm
Edward C. (h/o Alma M?) 1880-1958 — Mdst
Edward R. (h/o Sallie E) (no dates) — LewiH
Edward W. (h/o Joanne W) PFC USA Korea 27 Sep 1930-30 Apr 1993 — JWTa
Effie E. w/o John A. 1883-1963 — Dwng
Eliza J. (w/o George W) 1886-1929 — ChMc
Eliza J. (2w/o William T?) 1868-1941 — ChRm
Eliza S. 1889-1906 — ChGn
Elizabeth B. (w/o David F) 1883-1962 — ChMc
Elizabeth Carter w/o Marion Sidney 1908-1970 — Dwng
Elizabeth M. w/o Absalom 1 Sep 1827-3 Mar 1908 — LewiM
Elizabeth R. 1899-1985 — Mdst
Elizabeth w/o George W. 10 Sep 1849-9 Apr 1933 — ChMc
Elmer Carroll Sr 28 Jan 1907-31 Jul 1989 — Dwng
Elmer child (no dates) — ChRm
Elmer K.S. s/o Isaac J. & Sally M. 22 Jan 1873-27 Mar 1895 — ChBu
Elsie N. d/o David W. & Sarah C. 6 Sep 1886-19 Nov 1895 — ChBu
Elton L. (h/o Beatrice A) 1899-1975 — JWTa
Emary J. (h/o Annie) 26 Feb 1870-8 Feb 1901 — ChRm
Emma Lee w/o R.E. 28 Jan 1863-12 Mar 1906 — Beth
Emma w/o Orris A. 1875-1948 — Wssl
Eugene P. SN USN 21 Nov 1930-26 Jun 1974 — JWTa
Exzola E. 1900-____ — SxEv
Fannie J. w/o John F. 1867-1936 — Dwng
Fletcher* s/o Wm J. & Margaert b. 1868 d. aged 5yrs — LewiL
Florence O. w/o Hance J. 1868-1953 — Dwng
Floyd S. (h/o Sadie E) 1874-1961 — Mdst
G.W. (h/o Maggie R) 4 Jul 1855-11 Dec 1915 — Mdst
George C. s/o Edward & Ida 29 Jul 1902-10 Jan 1906 — LewiM
George W. (h/o Elizabeth) 12 Feb 1856-9 Feb 1924 — ChMc
George W. (h/o Eliza J) 1884-1938 — ChMc
George W. b. 10 Jan 1868-____(in cement) — ChRm
Georgia Bunting (w/o Herman E) 12 Nov 1906-17 Aug 1979 — ChBu

LEWIS (Con't), Georgie A. 1923-___	Mdst
Glenn Howard 10 Feb 1944-10 Jun 1986	JWTa
Gordon T. USA 1916-1982	JWTa
Gordon Z. (h/o Cecile L) 1895-1973	JWTa
Hallie M. d/o David W. & Sarah C. 17 Nov 1894-28 Jul 1895	ChBu
Hance J. h/o Florence O. 1857-1929	Dwng
Harry R. (h/o Mildred B) S1 USCG WWII 23 Jun 1902-2 Mar 1979	ChMc
Harvey C. 1888-1936	ChBu
Hattie T. 29 Jan 1905-24 Feb 1979	JWTa
Helen (d/o Raymond) 19 Dec 1902-24 Jun 1905	Myrt
Helen (d/o Raymond?) 1902-1904	Myrt
Helen W. (w/o Howard W) 1921-___	JWTa
Herman Ellis (h/o Georgia B) 17 Mar 1907-___	ChBu
Howard W. (h/o Helen W) 1911-1991	JWTa
Ida B. w/o R.E. 1860-1935	JWTa
Inez M. w/o J. Ashley 1894-1964	Dwng
Infant d/o James E. & Sarah A. 15 Jan 1890-10 Mar 1890	Chrn
Isaac J. (h/o Sarah M) 25 Aug 1845-23 Mar 1883	ChBu
J. Ashley h/o Inez M. 1893-1953	Dwng
J. Vernon 1908-1946	Dwng
Jackie b&d 1936	ChRm
Jacqueline Fay 25 Jul 1938-17 Feb 1992	Gnbk
James Cody b&d 15 Aug 1988	JWTa
James E. (h/o Sarah A Churn) s/o Alfred J & Mario A 10 May 1865-8 Oct 1891	Chrn
James T. (h/o Nannie K) 1910-1978	JWTa
James T. (h/o Mary A) b. 23 Feb 1827-(unreadable)	BarnL
Jesse 24 Mar 1905-14 Feb 1987	JWTa
Joanne W. (w/o Edward W) 2 Apr 1938-___	JWTa
John A. h/o Effie E. 1877-1938	Dwng
John C. (h/o Myrtle L) 1894-1974	JWTa
John E. 18 Apr 1891-6 Jan 1917	ChMc
John F. h/o Fannie J. 1863-1940	Dwng
John H. Jr USCG lost at sea 1939-1959	SxDr
John R. (h/o Kathryn B) 28 May 1911-30 Jul 1993	JWTa
John T. (h/o Sarah E) 1 Aug 1826-13 May 1886	SxLe
Kathryn B. (w/o John R) 2 May 1916-___	JWTa
Kenneth Parker 8 Apr 1955-___	Gnbk
Leslie E. (w/o Donald E) 1911-1985	Frnk
Luke C. h/o Sarah J. 1839-9 Jan 1904	ChRm
Lydia T. (w/o Orris H) 1910-1982	Nels
Lydith C. w/o Alfred 1871-1954	ChBu
Lynwood D. 1908-1979	Dwng
Mae Bloxom (w/o Stanley F) 1897-1968	JWTa
Maggie M. (w/o S. Mayo) 1907-1991 (temp)	JWTa
Maggie R. (w/o G.W) 1855-1921	Mdst
Major 1802-10 Feb 1878	LewiL

LEWIS (Con't), Marion L. 1903-1977 — Grtn
Margarett R. 1w/o Wm J. d. 6 Nov 1868 aged 26yrs — LewiL
Marion Sidney h/o Elizabeth C. 1897-1971 — Dwng
Martha J. (w/o Burvell) 1868-1935 — Wssl
Mary A. (w/o Sahastas?) 9 May 1838-10 Dec 1907 — ChMc
Mary A. w/o James T. 22 ___ 18__-9 Feb 1891 — BarnL
Mary E. 1844-1927 — Mdst
Mary Elizabeth w/o Capt William H. 17 Jan 1845-25 Jul 1920 — Glfd
Mary F. w/o Albert B. 10 Apr 1859-30 Jul 1924 — Glfd
Mary W. 1915-1982 — ChMc
May L. w/o Zadoc D. 1878-1945 — Dwng
Mildred B. (w/o Harry R) 1905-___ — ChMc
Milford Lee (s/o Zaddoc F. & Exola) WWII 1921-1946 — SxEv
Myree Somers (w/o William B) 1914-1988 — Mdst
Myrtle L. (w/o John C) 1895-1983 — JWTa
Nancey J. 2w/o Wm J. 9 Apr 1844-13 Feb 1908 — LewiL
Nannie K. (w/o James T) 1911-___ — JWTa
Nell W. 1911-___ — Dwng
Nelson 1905-1946 — ChMc
Nelson A. s/o Wm T. & Rebecca A. 11 Oct 1874-19 May 1882 — ChRm
Nevitt Miles USN WWII 1 May 1925-28 Mar 1986 — SxEv
Norma Lee "Piggy" 23 Jul 1927-___ — JWTa
Oliver D. Capt s/o Wm K. & Polly 24 Dec 1837-1 Feb 1921 — LewiH
Orris A (h/o Emma) 1868-1925 — Wssl
Orris H. (h/o Lydia T) 1876-1962 — Nels
Oscar L. (h/o Cecil C) 1870-1939 — JWTa
Page 1922-1923 — Myrt
Payson B. (h/o Vela R) 1884-1975 — JWTa
Peggy 1938-1993 (temp) — Dwng
Polly T. (w/o William K) 7 Apr 1802-3 Dec 1880 — LewiH
R.E. (h/o Ida B) 1856-1943 — JWTa
Rachel J. (w/o William L) 1879-1953 — Mdst
Ray T. (h/o Annie R) 1884-1937 — Nels
Raymond R. Jr 1868-1929 — Myrt
Raymond R. 6 Jun 1830-4 Nov 1901 — Myrt
Raymond R. 2 Jan 1837-4 Nov 1881 — Myrt
Rebecca A. w/o William T. 15 May 1846-19 Sep 1884 — ChRm
Rennie L. (w/o Zadock L) 1871-1962 — JWTa
Revel James (h/o Matilda Spence & Virginia Miles) 6 Mar 1822-27 May 1890 — SxMs
Roxie L. (w/o Charlie) 1883-1948 — Grtn
S. Mayo (h/o Maggie M) 1902-1970 — JWTa
Sabastas (h/o Mary A) 10 Nov 1827-10 Feb 1909 — ChMc
Sadie E. (w/o Floyd S) 1878-1970 — Mdst
Salathel (1h/o Annie) 1854-1910 — SxJu
Sallie E. w/o Edward R. 17 Jan 1834-12 Mar 1916 — LewiH
Sallie H. (w/o Wm J) 14 Aug 1879-15 May 1957 — ChTh

LEWIS (Con't), Sallie L. (d/o Leroy & Amanda) 4 Nov 1891-27 Jan 1892	SxLe
Samuel A. h/o Dora E. 1892-1949	Dwng
Sarah A. 6 Jan 1834-25 Dec 1903	ChRm
Sarah C. (w/o David W) 11 Jul 1864-20 Oct 1929	ChBu
Sarah E. (w/o John T) d. 29 Dec 1876	SxLe
Sarah M. (w/o Isaac J) 1853-1940	ChBu
Sheldon D. h/o Violet B. 1916-1975	Dwng
Sherwood A. 1909-1959	Beth
Stanley Fletcher (h/o Mae B) 1891-1956	JWTa
Susan E. 1846-1936	Dwng
Susan R. w/o Charles E. Willet 24 Dec 1858-21 Feb 1891	BarnL
Thelma 1909-1993 (temp)	Dwng
Thomas N. (h/o B.E) 1886-1959	Dwng
Vela R. (w/o Payson B) 1893-1973	JWTa
Verdie M. d/o David W. & Sarah C. 16 Mar 1883-16 Oct 1884	ChBu
Vincent L. Sgt USA WWII 1915-1984	JWTa
Violet B. w/o Sheldon D. 1921-____	Dwng
W.D. 1896-Nov 1918	ChRm
William Bradley (1h/o Myree S) 1910-1980	Mdst
William H. Harrison Capt (h/o Mary E) 10 Mar 1841-25 Oct 1914	Glfd
William J. (h/o Sallie H) 12 Mar 1877-27 Jan 1961	ChTh
William J. (h/o Marg R & Nancy J) s/o Major & Eliz 22 Jan 1836-10 Apr 1916	LeiwL
William K. (h/o Polly T) 6 Jan 1802-15 Nov 1875	LewiH
William L. (h/o Rachel J) 1876-1951	Mdst
William T. (h/o Rebecca A. & Eliza J?) 1841-1920	ChRm
Willie D. s/o David W. & Sarah C. 21 Dec 1892-10 Jul 1893	ChBu
Woodrow W. 1912-1968	ChMc
Zacheriah s/o James & Cassandra 10 Nov 1848-20 Oct 1882	LewiJ
Zaddoc Filmore (h/o Exola) 1900-1981	SxEv
Zadoc D. h/o May L. 1878-1937	Dwng
Zadock L. (h/o Rennie L) 1861-1934	JWTa
LIDDINGTON, Ann Lucas 1896-1974	Wssl
LINDHURST, Florence 1886-1981	Dwng
LINGO, Arrie L. (w/o John C) 1865-1902	ChGn
John C. (h/o Arrie L) 1863-1939	ChGn
William Otis (s/o John C. & Arrie L) 1888-1889	ChGn
LINTON, Aaron h/o Minnie 1876-1965 (temp)	SxGl
Ada F. w/o Ernest F. 1894-1976	SxEl
Adolphus h/o Virgie M. 19 Mar 1897-15 Mar 1957	Dwng
Andrew J. (s/o Sewell J & Virginia E) 24 Nov 1902-2 Feb 1917	SxLs
Andrew K. 1917-1978	JWTa
Bates (h/o Isabel) 1902-1958	SxEl
Bernice T. 1w/o Delany 1900-1969	Dwng
Bessie 2w/o Delany 1903-____	Dwng
Claude S. (h/o Nona E) 1906-1971	JWTa
Decator R. (h/o Ollie Sterling) Pvt Co G 320 Inf WWI 1 Aug 1890-18 Sep 1962	SxEl

LINTON (Con't), Delany h/o Bernice & Bessie 1900-1981   Dwng
Dewey G. (1h/o Mae E. Wessells) 1900-1948   SxJu
Edgerton (h/o Melissa Linton & Winnie Martin) 1900-1953 (temp)   SxDe
Edna E. (w/o Harry B) 1913-___   SxEl
Edward 2h/o Oshia 14 Sep 1869-15 Sep 1937   SxEl
Elizabeth M. w/o Frank F. 1907-1975   Dwng
Ella 1849-1927   SxEl
Ernest F. h/o Ada F. Pvt 12 Co 135 Depot Brig WWI 6 Jun 1894-17 Jul 1967   SxEl
Ethel Evans (w/o Stanley) 1909-1985 (temp)   SxGl
Florence E. 1925-1990 (temp)   Dwng
Frank F. h/o Elizabeth M. 1900-1943   Dwng
Frank F. Jr USA WWII 20 Dec 1927-2 Jun 1985   JWTa
George T. (h/o Mahalia J) (no dates)   SxEl
Georgianna w/o James 1861-1943   SxEl
Gerald W. s/o Henry L. & Ruth T. 1942-1958   Dwng
Harry B. (h/o Edna E) 1905-1983   SxEl
Henry L. Sr (h/o Rosie Martin) 1880-1965 (temp)   SxDe
Henry Lane h/o Ruth T. 1910-1985 m. 23 Nov 1929   Dwng
Herman (h/o Susie M. Hall) 14 Jul 1902-28 Jun 1977   SxLn
Isabel P. (w/o Bates) 1908-1984   SxEl
James h/o Georgianna 1838-1920   SxEl
John W. (h/o Ronie May Ewell) 1898-1969   SxLn
L.(Lillian) (w/o Howard) 1889-1974   SxTa
Laura E. (w/o Travers T) 1885-1923   SxEl
Lawrence K. h/o Madeline M. 1929-1993 (temp)   Dwng
Lida L. 1w/o John R. 24 Mar 1890-12 Mar 1912   SxEv
Lillian Webb (w/o William S) 1898-1924   JWTa
Lonzo 1893-1960 (temp)   Dwng
Lucile W.(Wessells) "Blanche" (w/o Auvergene) 9 Oct. 1921-31 Jul 1972   Dwng
Lucy E. (w/o Roy A) 1901-1992   SxDr
Lydia M. (2w/o Noril L) 1903-___   SxDe
Madeline M. w/o Lawrence K. 1931-___   Dwng
Maggie W.(White) (w/o Webster C) 1889-1967   SxJu
Mahalia J. (w/o George T) (no dates)   SxEl
Margaret Mae 1921-1984 (temp)   JWTa
Mary Ellen (w/o Neuman A) 1904-1983   JWTa
Mary J. (w/o Sewell) 1879-1935   SxDr
Mary Sue (w/o Larry & d/o Tilton & Fairy Mister) 1948-1990 (temp)   Dwng
Maude Drewer (d/o Sewell & Mary J. Linton) 1911-1927   SxDr
Melissa d/o Henry L. & Ruth T. 1931-1931   Dwng
Minnie w/o Aaron 1874-1939   SxGl
Nathaniel W. USA 1922-1984   JWTa
Neuman A. (h/o Mary E) 1904-___   JWTa
Nona E. (w/o Claude S) 1904-1990   JWTa
Noril L. (h/o Fronia Hart & Lydia M) 1898-1970   SxDe
Oshia Ann (w/o James E. Miles & Edward Linton) 1868-1952   SxEl

LINTON (Con't), Rachel (w/o Sylvester) 1864-1945	SxLn
Rena M. (w/o Stephen R) 1893-1985	JWTa
Ronie Mae (w/o W.J. Evans & J.W. Linton) 1901-1983	SxLn
Roy A. (h/o Lucy E) 1899-1974	SxDr
Rudolph S2 USN WWII 7 Mar 1925-29 Apr 1993	SxLn
Ruth (Elizabeth) Trader w/o Henry L. 1913-1989	Dwng
Sewell J. (h/o Mary J) 1879-1938	SxDr
Stanley (h/o Ethel E) USA WWII 12 Aug 1904-13 Jan 1991	SxGl
Stephen R. (h/o Rena M) 1881-1969	JWTa
Stephen R. (s/o Stephen R. & Rena) b&d 1922	SxEl
Susie S. (w/o Vernon) 1904-1972	JWTa
Sylvester (h/o Rachel) 1857-1938	SxLn
Tom 1853-1938	SxEl
Travers T. (h/o Laura E) 1882-1968	SxEl
Una (d/o Stephen R. & Rena) 1911-1927	SxEl
Vernon (h/o Susie S) 1901-1974	JWTa
Violet Burton 1917-1984	Dwng
Virgie M. w/o Adolphus 12 Feb 1899-2 Mar 1987	Dwng
Virginia E. w/o S.J. 18 May 1872-4 Apr 1926	SxLs
Virginia Marr 1899-1981 (temp)	SxEl
W. Frank (1h/o Ella P. White) 1914-1976	SxEl
W.F. ("Jay" s/o George T. & Lelia) 1903-1969 (temp)	SxDe
Webster C. (h/o Maggie W) 1882-1947	SxJu
William S. (h/o Lillian W) 1889-1932	JWTa
William S. Jr 1917-1934	JWTa
LISCUM, Emerson E. (h/o Mabel T) 1906-___	JWTa
Infant s/o Emerson E. & Mabel T. 1937	JWTa
Mabel T. (w/o Emerson E) 1913-___	JWTa
LITTLETON, Anna E. (w/o James G) 11 Mar 1867-21 Mar 1945	Mdst
Clara B. (w/o Robert T) 1864-1911	Mdst
Elmer J. (h/o Marian S) 18 Aug 1893-6 Apr 1955	Mdst
Emma Singleton 18 May 1851-25 Jan 1877	Mdst
Francis D. Sr (h/o Jannie F) 1850-1904	Mdst
George T. (h/o Mary E) 1855-1947	Nels
Jack S. Tec 4 Co C 279 Engr Cmbt Bn WWII 10 Nov 1923-18 Jul 1968	Mdst
James G. (h/o Anna E) 15 Mar 1864-6 Sep 1929	Mdst
Jannie F. (w/o Francis D. Sr) 1856-1934	Mdst
Manie L. w/o R.T. 23 Jun 1883-28 Jan 1935	Dwng
Marian S. (w/o Elmer J) 28 Nov 1893-14 Jun 1961	Mdst
Mary E. (w/o George T) 1858-1916	Nels
Pansy M. Chase (w/o Stanley T) 1896-1926	Mdst
Preston 23 Jul 1902-15 Aug 1963	JWTa
Robert T. (h/o Clara B) 1860-1947	Mdst
Sallie (w/o Thomas) d. 22 Oct 1909 aged 82yrs	Litt
Stanley T. (h/o Pansy M.C) 1890-1946	Mdst
Thomas (h/o Sallie) d. 13 Feb 1903 aged 78yrs	Litt

LIVINSTON, Eva M. w/o W.J. 19 Nov 1889-15 Mar 1927 — Blxm
LOGAN, Oliver* 8 Oct 1796-11 May 1848 — Loga
LONG, Benjamin R. (h/o Mary J) 1894-1974 — JWTa
Johnnie C. MD PFC 115 Inf 29 Div WWII 9 Jan 1921-12 Jun 1944 — Dwng
L.F. 1834-1919 — Mdst
Mary Jane (w/o Benjamin R) 1904-___ — JWTa
Nannie C. w/o W.L. 1854-1927 — Mdst
T.F. 1876-1941 — Mdst
Thomas 21 Apr 1809-1 Aug 1865 — LongM
W.L. (h/o Nannie C) 1845-1912 — Mdst
LORD, Zippa d. 22 Oct 1895 aged 57yrs — TgMa
Malindia w/o John T & d/o Rubin & Ellie Pruitt 26 Nov 1843-13 Oct 1866 — TgMa
LUCAS, Annie E. w/o Solomon J. 3 Feb 1863-11 Jan 1928 — Wssl
Ella V. d/o O.J. & Annie d. 7 Jan 1873 aged 6yrs 4mos 1dy — Laws
Eunice R. (w/o John C) 1889-1975 — Wssl
Harriet A. w/o Southey T. 13 Jun 1812-2 Mar 1889 — Mdst
John C. (h/o Eunice R) 1885-1954 — Wssl
John Clinton Jr USN WWII Korea 25 Jul 1917-20 Aug 1983 — Wssl
Samuel J. s/o Annie E. & S.J. 14 Oct 1896-30 Jan 1897 — Beth
Samuel J. (h/o Tabithia A) 13 Nov 1839-22 Aug 1866 — Wssl
Samuel J.* 13 Nov 1839-23 Aug 1866 — Luca
Samuel P. 13 May 1865-4 Apr 1883 aged 17yrs 10mo 21dy — Wssl
Solomon J. (h/o Annie E) 8 Feb 1859-10 Feb 1927 — Wssl
Southey T. (h/o Harriet A) 3 Nov 1808-17 Oct 1880 — Mdst
Tabathea* 27 Jun 1839-15 Feb 1897 — Luca
Tabithia A. (w/o Samuel J) 27 June 1839-15 Feb 1897 — Wssl
LUDWICK, Charles A. h/o Selina J. 14 Dec 1900-20 Aug 1974 — Dwng
Selina J. w/o Charles A. 27 Nov 1893-28 Nov 1968 — Dwng
LUMLEY, Hazel B. (w/o Hugh I) 1895-1972 — ChBu
Hugh I. (h/o Hazel B) 1895-1961 — ChBu
LUNN, Archie Jr BM1 USCG WWII 10 Nov 1926-25 July 1981 — ChTh
Archie L. (h/o Mollie L) 1890-1954 — ChTh
Ebe W. h/o Lottie B. 1888-1956 — Dwng
Elmer J. (h/o Emma D) 1886-1973 — ChGn
Emma D. (w/o Elmer J) 1884-1965 — ChGn
Georgie w/o James T. 16 Jan 1899-31 Jan 1919 — ChMc
Isabell L. (w/o Paul L) 1924-___ — ChTh
James F. (h/o Minnie B) 1878-1955 — ChTh
James T. (h/o Nancy A) 1853-1913 — ChGn
Lottie B. w/o Ebe W. 1891-1983 — Dwng
Minnie B. (w/o James F) 1880-1967 — ChTh
Mollie L. (w/o Archie L) 1893-1967 — ChTh
Nancy A. (w/o James T) 1860-1943 — ChGn
Paul Jr 1944-1944 — ChTh
Paul L. (h/o Isabell L) 1919-1953 — ChTh
LYNCH, Barton P. (h/o Molly) 1929-___ — Frnk

LYNCH (Con't), James Barton (s/o Barton & Molly) 1954-1978   Frnk
James Burr Jr 1919-___   Dwng
James Burr h/o Mildred M. 1893-1981   Dwng
Levin M. h/o Rebecca E. 1866-1942   Dwng
Mildred Martin w/o James B. 1897-1994   Dwng
Molly M. (w/o Barton) 1928-___   Frnk
Rebecca E. w/o Levin M. 1873-1949   Dwng
LYONS, James E. h/o Pansy H. 1919-___   Dwng
Pansy H. w/o James E. 1923-1983   Dwng
MACDORMAN, Hilda Corbin 10 Jun 1898-21 Jan 1968   Nels
MACDOWELL, Ruth B. 7 Mar 1928-8 Dec 1980   ChMd
MADDOX, Louella M. w/o Wyle W. Sr 1908-1976   Dwng
Wyle W. Jr s/o Wyle W. & Louella B. 1941-1958   Dwng
Wyle W. Sr h/o Louella M. 1908-1974   Dwng
Wyle W. III h/o Sylvia 1962-1987   Dwng
MADRIGAL, Maria M. 1911-1986   Dwng
MAGEE, Alfred M. (h/o Clara M) 1899-1973   ChGn
Blanche J. (w/o Vernon H) 1923-___   ChTh
Clara (w/o Isaac J) 1887-1984   ChGn
Clara M. (w/o Alfred M) 1902-1992   ChGn
Gwinda Dennis (w/o Howard G. Dennis) 1904-___   Dwng
Isaac Jesse (h/o Clara) BM1 USCG Ret WWI & II 3 Aug 1887-26 Nov 1971   ChGn
John D. (s/o Clara & Isaac J) 1906-1983   ChGn
Vernon (h/o Blanche J) 1919-1984   ChTh
Vernon (s/o Clara & Isaac J) 1904-1907   ChGn
Vernon H. Jr s/o Vernon H. & Blanche J. 1944   ChTh
Vernon H. (h/o Blanche J) USCG WWII 1918-1984   ChTh
MAKEMIE, Elizabeth (d/o Francis & Naomi Makemie, no dates)   Make
Francis (h/o Naomi) 1658-1708   Make
Naomi (w/o Francis Makemie & d/o Wm Anderson, no dates)   Make
MALLETT, Nancy w/o Gilbert d. 10 Nov 1912 (no age)   ChRm
Gilbert (h/o Nancy) Co B 1st Reg Del Volunteers 1 Mar 1843-17 Jan 1926   ChRm
MALONE, Cora B. w/o Joshua D. 1888-1960   Nels
Joshua D. (h/o Cora B) 1884-1918   Nels
MANNING, Carrie N. 1887-1919   Aswm
Ray Sr 1925-1994   ChDa
MAPP, Craig C. (s/o G. Edward & Louise C?) 1949-1972   JWTa
G.(George) Edward (h/o Louise C) 3 Feb 1923-16 Jun 1988   JWTa
G.B. h/o Libby S. 1915-___   Dwng
Libby Sue w/o G.B. 1928-1991   Dwng
Louise C. (w/o G. Edward) 10 Jul 1923-___   JWTa
MARINER, Albert H. (h/o Lula E) 1880-1957   Nels
Amanda W. w/o Oliver J. 1860-1957   Nels
Archie W. (h/o Hazel L) 1 Oct 1884-6 Sep 1963   Nels
Beatrice C. (w/o Vincent L) 1913-1993   Gnbk
Bessie B. 17 Oct 1897-3 Mar 1929   AtBp

MARINER (Con't), Clarence W. 1915-1969 — AtBp
Clyde s/o George S. & Malissa E. 4 Apr 1883-29 Apr 1884 — AtBp
Clyde W. (h/o Margie A) 1887-1966 — Nels
Edward T. s/o Harry L. & Lillie M. 6 Jan 1915-4 Aug 1916 — JWTa
Elizabeth (w/o George H) 24 May 1831-22 Apr 1904 — Marn
Elizabeth T. w/o Joseph S. 7 Jul 1911-___ — Dwng
Emma T. (w/o Ernest B) 1898-1982 — JWTa
Ernest B. (h/o Emma T) 1900-1969 — JWTa
George F. (h/o Myrtle L) 1889-1977 — Gnbk
George W. 1877-1913 — Dwng
Germond L. s/o A.H. & Lula E. 14 Jan 1896-18 Dec 1908 — Glfd
Geroge H. (h/o Elizabeth) 4 Nov 1823-15 Feb 1891) — Marn
Harry L. (h/o Lillie M) 1885-1941 — JWTa
Hazel L. (w/o Archie W) 7 Jul 1890-26 Apr 1962 — Nels
Henry R. (h/o Nellie M) 1890-1976 — JWTa
Infant d/o E.B. & Emma L. 1926 — JWTa
Joseph S. h/o Elizabeth T. 1 Sep 1912-23 Apr 1993 — Dwng
Lillie M. (w/o Harry L) 1889-1972 — JWTa
Louisa H. (w/o William S) 10 Jun 1856-9 May 1926 — Nels
Lula E. w/o Major W. 1868-1920 — AtBp
Lula E. (w/o Albert H) 1880-1967 — Nels
Major W. (h/o Lula E) 1 Aug 1863-13 Jan 1927 — AtBp
Margie A. (w/o Clyde W) 1887-1966 — Nels
Mary A. d/o William D. & Charlotte 1 Feb 1881-15 Dec 1893 — AtBp
Myrtle L. (w/o George F) 1894-1984 — Gnbk
Nellie M. (w/o Henry R) 1894-1980 — JWTa
Oliver J. (h/o Amanda W) 1856-1927 — Nels
Randolph L. (s/o Harry L. & Lillie M) 1913-1974 — JWTa
Thomas W. s/o George S. & Malissa E. 31 Jan 1876-15 Oct 1889 — AtBp
Vincent L. (h/o Beatrice C) 1913-___ — Gnbk
William S. (h/o Louisa H) 25 Jun 1850-12 Oct 1940 — Nels
Winnie L. 20 Feb 1893-22 Sep 1940 — AtBp
MARRINER, Allen s/o L.T. & L.E. b&d 25 Sep 1903 — Gnbk
Blanch M.P. 1897-1925 — Gnbk
J. Wood (h/o Madge W) 1895-1949 — JWTa
Jermond Lee (h/o Mildred H) 1912-1961 — Watv
John E. "Jackie" 1929 — Nels
John H. (h/o Savannah T) 1857-1923 — Nels
Levin T. (h/o Lula E) 15 Nov 1863-18 Nov 1920 — Gnbk
Lula E. w/o L.T. 1872-1944 — Gnbk
Madeline Allen (w/o Russell S) 30 Jul 1901-28 Sep 1976 — Nels
Madge W. (w/o J. Wood) 1899-1986 — JWTa
Mary A. (w/o William J) 1833-1901 — Gnbk
Mildred H. (w/o Jermond L) (no dates) — Watv
Russell Sage (h/o Madeline A) 4 Aug 1894-1980 — Nels
Savannah T. (w/o John H) 1869-1946 — Nels

Caucasian Tombstone Inscriptions 179

MARRINER (Con't), William J. (h/o Mary A) 1833-1915	Gnbk
Wolford s/o L.T. & L.E. b&d 3 Feb 1895	Gnbk
MARSH, Gerald 1934-1993 (temp)	JWTa
John 1929-1988	Dwng
John Wesley 23 Apr 1929-19 Oct 1988	Dwng
Stella A. 1904-1961	Aswm
MARSHALL, A. Ken h/o Minnie L. 1872-1959	Dwng
A. Twilley (2h/o Julia B) 1875-1948	SxEl
A.R. (w/o O.W) 1876-1958	Dwng
Addie M. (w/o Samuel S) 1896-1990	Grtn
Addie M. (w/o Stephen) 15 Jul 1889-1972	Grtn
Albert L. (h/o Lina K) 1869-1955	Dwng
Alexander W. 3 Feb 1874-29 Aug 1911	Kngt
Alexander W. (h/o Mary A) 1862-1931	Wssl
Alice W. (Holland (temp)) (w/o J. Hill) 1906-1994	JWTa
Althea H. 1902-1986	Dwng
Alva Woodland "Johnny" (s/o Emanuel J & Emily N) 24 Oct 1912-20 Oct 1969	JWTa
Amanda S. (Williams) w/o William D. 1886-1956	Dwng
Ann E. 18 Jan 1851-1 Oct 1857	MarsH
Anna (w/o Samuel) 1859-1940	Aswm
Anna L. (w/o St. Elmo) 1920-___	SxEl
Annie (w/o Jake) 1872-1948	Wssl
Annie B. w/o Elton R. 11 Aug 1900-8 Nov 1964	Dwng
Annie E. "Bet" 1869-1951	Gnbk
Annie Groton 1870-1938	Grtn
Annie L. w/o Washington L. 1874-1956	Dwng
Annie McMaster (w/o Robert L) 19 Jan 1874-6 Mar 1957	ChRm
Annie V. (w/o E. Dorsey) 1893-1982	Nels
Arcemous F. (h/o Arinthia S) 31 May 1876-18 Feb 1922	Beth
Archie J. (h/o Lizzie C) 1882-1959	Frnk
Arinthia S. (w/o Arcemous T) 29 Mar 1873-15 Apr 1952	Beth
Arthur W. Cpl Co B 33 Machine Gun Bn WWI 29 May 1897-2 Jul 1963	ChRm
Benjamin F. 17 Aug 1863-16 Jun 1885	TgCa
Bessie H. w/o John W. ___-___	Dwng
Beulah S. w/o Robert 1902-1982	Dwng
Billie Jo w/o Norman & (d/o Liddie Baker?) 1927-1988 (temp)	Dwng
Blanche N. w/o William T. 1893-1980	Dwng
Brooks Ellis s/o J.E. & Daisy 29 Feb 1912-20 May 1912	Beth
Burnie L (h/o Virgie H) 1888-1940	Grtn
Byrdie E. (w/o Nealie R) 1886-1974	Grtn
Carlton G. h/o Edna S. 1908-1989	Dwng
Carrie L.(Lewis) w/o John D. 1897-1964	Dwng
Carroll L. 1h/o N.M. Drewer 16 May 1895-25 Mar 1925	SxEl
Carroll W. h/o Lorraine J. 1917-___	Dwng
Catherine (1w/o J. Merrill?) 1904-1926	Gnbk
Catherine (d/o William T. & Celecia F?) 1910-1910	Grtn

MARSHALL (Con't), Celecia F. (w/o William T) 1880-1946 — Grtn
Charles J. s/o George T. & Margaret 12 Jan 1889-10 Feb 1893 — Pett
Charles K. (Keith) s/o Nealie & Birdie 16 Dec 1906-15 Mar 1910 — Grtn
Charles William (h/o Susan B) 12 Jan 1852-10 Oct 1903 — Kngt
Charlie C. (h/o Hazel T) 1923-1980 — Glfd
Charlie C. 17 Oct 1895-19 Nov 1948 — TgMa
Clara (Trader) (w/o William M) 1895-1969 (temp) — SxEl
Clara W. (w/o Oscar R) 1877-1945 — Grtn
Cleora M. (w/o Orrie M) 1917-___ — SxEl
Clifton E. (s/o A. Ken & Minnie L) 1915-1952 — Dwng
Comfort C. w/o Parker H. 1838-1921 — Grtn
Cora Annie 1882-1955 — Wssl
Cornelius (s/o William T. & Celecia F?) 1913-1914 — Grtn
Daisy C. (w/o John E) 1884-1961 — JWTa
Daniel B. (h/o Mary T.) 1853-1911 — Kngt
Debracy T. h/o Matilda J. 12 Jun 1852-6 Apr 1917 — Kngt
Delores I. w/o Preston married 29 Nov 1947 1930-___ — Dwng
Denard (h/o Elizabeth J. Spence) d. 8 Jan 1863 — SxEl
Dewey L. (h/o Hilda P) 1895-1968 — Wssl
Dixie Lee b&d 1955 — TgMa
Donald H. h/o Hazel G. 1898-1980 — Dwng
Dorsey (h/o Novella M) 1900-1967 — Beth
Drucilla T. (w/o Oscar R) 1842-1937 — Kngt
E. Dorsey (h/o Annie V) 1888-1964 — Nels
Earl O. (h/o Marie D) 1902-1974 — Grtn
Early Radin s/o Isaac K. & Maria 28 Oct 1879-9 Nov 1884 — Beth
Edna S. w/o Carlton G. 1912-___ — Dwng
Edward H. s/o George T. & Margaret 25 Sep 1886-11 Feb 1893 — Pett
Elizabeth (w/o Leonard B) 1851-1936 — Grtn
Elizabeth 2w/o Solomon d. 3 May 1852 aged 36yrs — MarsC
Elizabeth A. w/o Levin T. (no dates) — MarsJ
Elizabeth C. (Cutler) (w/o Milton D) 1 Sep 1915-___ — JWTa
Ellen Lankford d. Jul 1972 aged 6yrs — Dwng
Elton J. Pvt 1962 VC Comd Unit WWII 1 Feb 1917-27 Nov 1967 — Grtn
Elton R. h/o Annie B. 17 Mar 1897-28 Apr 1930 — Dwng
Emanuel Jackson (h/o Emily N) 13 Oct 1887-3 Dec 1974 — JWTa
Emily Nock (w/o Emanuel J) 9 Oct 1895-13 May 1984 — JWTa
Ernest E. 24 Oct 1877-24 May 1923 — Nels
Ernest P. h/o Sennie 8 Feb 1881-22 Oct 1918 — SxBp
Esther A. wid/o L.F. 18 May 1846-22 May 1918 — Nels
Ethridge J. h/o Mary R. 1860-1913 — Dwng
Etta Lou (w/o Howard) 1941-___ — Gnbk
Eunice M. 1915-1992 — Grtn
Evelyn w/o Merritt 1874-1956 — Dwng
Florence A. (d/o Albert L. & Lina K) 1909-1971 — Dwng
Freddie (s/o Carroll W. & Lorraine J) 1942-1943 — Dwng

MARSHALL (Con't), G. Felter 1889-1965 — Gnbk
G. Jr 1926-1940 — Gnbk
Garland A. PVC USA WWII 13 Sep 1917-1 Jan 1975 — Grtn
George T. (h/o Margaret A) 30 Mar 1859-17 Apr 1940 — Pett
Gertrude Peacock 1891-1975 — Nels
Grace H. (w/o James T) 1918-___ — JWTa
Grady S. 1910-1981 — Dwng
H.A.W. 1856-1937 — MarsJ
Harold K. h/o Helen E. 1886-1960 — Dwng
Harrison J. h/o Lovie B. 1884-1971 — Dwng
Hattie E. (w/o John H) d. 25 Jun 1900 aged 19yrs — Grtn
Hattie M. Sep 1889-Mar 1982 — JWTa
Hazel G. w/o Donald H. 1906-1988 — Dwng
Hazel T. (w/o Charlie C) 1925-___ — Glfd
Helen E. w/o Harold K. 1891-1977 — Dwng
Henrietta M. w/o Wm H. d. 12 Jan 1888 aged 62yrs — MarsN
Henrietta T. w/o T. Frank 1862-1946 — Dwng
Henrietta T. (w/o Henry C) 1854-1946 — Nels
Henry C. (h/o Henrietta T) 1844-1944 — Nels
Herbert K. 1884-1957 — Nels
Herbert S. 18 Nov 1894-15 Aug 1920 — Gnbk
Herbert S. (s/o Stringer A & Narcissa?) 12 May 1860-22 Feb 1910 — Gnbk
Hilda P. (w/o Dewey L) 1900-1986 — Wssl
Hilton E. (1 h/o Nora C. Hall) 1912-1965 — SxEv
Homer Coolie h/o Margaret V. 8 Aug 1910-8 Jan 1946 — TgMa
Howard "Pete" (h/o Etta L) 1936-1984 — Gnbk
Howard M. Jr s/o Howard & Etta D. b&d 31 May 1970 — Gnbk
Infant d/o Burnie L. & Virgie H. 1922 — Grtn
Infant (no dates) — MarsJ
Infant s/o Robert L. & Annie M. 7 Jun 1903-29 Nov 1903 — ChRm
Isaac Kendall (h/o Mary A) 12 Apr 1853-25 Mar 1937 — Beth
J. Burleigh 1902-1963 — Grtn
J. Hill (h/o Alice W) 1900-1991 — JWTa
J. Merrill (h/o Catherine & Rhoda B?) 1900-1979 — Gnbk
Jake (h/o Annie) 1865-1935 — Wssl
James E. 1878-1963 — Dwng
James F. 26 Jul 1860-3 Jul 1901 — Beth
James T. (h/o Grace H) 1915-1972 — JWTa
Jean K. (d/o Reginald D. & Margaret M) 1926-1929 — JWTa
Jennie E. d/o C.C. & Eliza E. 1940-1941 — TgMa
Jennie E. w/o James M. 4 Mar 1871-20 Sep 1903 — TgMa
Jerome 1876-1952 — Dwng
John D. h/o Carrie L. 1892-1968 — Dwng
John David h/o Joyce M BM1 USCG WWII 10 Dec 1901-19 Jun 1970 — Dwng
John E. (h/o Daisy C) 1886-1947 — JWTa
John H. (h/o Sadie A) 27 Jul 1856-13 Aug 1924 — Nels

MARSHALL (Con't), John W. h/o Bessie H. 1911-1968 — Dwng
John H. Jr (h/o Mollie E. & Nellie M) 13 Jun 1891-4 Jan 1975 — Nels
John W. (h/o Hattie Phillips, Viola S Taylor, May Drewer) 1880-1965 — SxTa
Jonnie S. s/o A.F. & Arinthia 9 Nov 1905-8 May 1908 — Beth
Joseph E. s/o William H. & Margaret J. 28 May 1875-20 Jan 1900 — Brit
Joyce M. w/o John D. 1908-1988 — Dwng
Julia 1871-1948 — Dwng
Julia B. (w/o John W Spence & A Twilley Marshall) 1878-1954 — SxEl
Karen Lynn d/o Harry S. & Virginia T. b&d 1954 — TgMa
Kenneth F. (s/o Nealie & Birdie?) 8 Nov 1916-30 Nov 1922 — Grtn
Leav E. (h/o Neva M) 1876-1937 — MearJ
Lee (Archie) (h/o Ollie Thomas) 1894-1936 (temp) — SxEl
Lee A. (h/o Martha L) 1871-1941 — Grtn
Lennon (h/o Margaret A) 1907-1964 — JWTa
Lennon O. (s/o Royal L) 1967-1985 — JWTa
Leonard B. (h/o Elizabeth) 1846-1918 — Grtn
Levin T. (h/o Elizabeth A) 13 Feb 1826-28 Feb 1907 — MarsJ
Lillian May (w/o Solomon T) 15 Jul 1888-6 Jan 1926 — JWTa
Lina K. (w/o Albert L) 1876-1937 — Dwng
Littleton F. (h/o Esther A) 4 Jul 1851-17 Oct 1900 — Nels
Lizzie C. w/o Archie J. 1882-1951 — Frnk
Lorraine J. w/o Carroll W. 1921-1994 — Dwng
Lottie Blanche d/o George T & Margaret 12 Jun 1884-23 Jan 1893 — Pett
Lovie B. w/o Harrison J. 1891-1981 — Dwng
Lula M. d/o A.P. & Madge 29 Apr 1927-2 May 1927 — AtBp
Lula P. (w/o Samuel J) 1879-___ — Grtn
Madge (w/o A.P) 1903-1947 — AtBp
Maggie L. 27 Apr 1902-19 Dec 1902 — TgMa
Malinda A. w/o Richard T. 16 Mar 1848-10 May 1909 — Kngt
Manley M. h/o Nora S. 1878-1951 — Dwng
Margaret A. (w/o Sabastian & d/o Wm Welbourn) 16 Jul 1819-15 Aug 1864 — MarsH
Margaret A. 24 Jan 1819-30 Apr 1906 — MarsJ
Margaret A. (w/o George T) 28 Oct 1882-1 Feb 1917 — Pett
Margaret A. w/o Lennon 1909-___ — JWTa
Margaret B. (w/o Roland C) 1900-1986 — Aswm
Margaret J. w/o William H. 29 Jan 1844-7 Apr 1906 — Brit
Margaret M. (w/o Reginald D) 1906-1974 — JWTa
Marguerite d/o Solomon T & Lillian M 29 Dec 1920-17 Jan 1923 — JWTa
Marie D. (w/o Earl O) 1901-1962 — Grtn
Martha L. (w/o Lee A) 1871-1942 — Grtn
Mary A. w/o Isaac K. 5 Jan 1851-9 Jul 1915 — Beth
Mary A. w/o Alexander W. 1870-1922 — Wssl
Mary Ann d/o Thomas & Ann 27 May 1843-18 Aug 1844 — MarsH
Mary Annette c/o E.O. & M.D. (no dates) — Grtn
Mary C. 26 Oct 1845-6 Aug 1864 — MarsH
Mary E. 1845-1928 — Gnbk

Caucasian Tombstone Inscriptions

MARSHALL (Con't), Mary R. w/o Ethridge J. 1860-1912 — Dwng
Mary T. (w/o Daniel B) 1861-1922 — Kngt
Mary Wright (w/o Perry W) 1913-1983 — SxEl
Matilda J. w/o Debracy T. 10 Dec 1854-9 Jan 1927 — Kngt
Maude Riggin w/o Norman S. 20 Dec 1904-22 Jul 1991 — Dwng
May L. (w/o Arnold W Lewis & John W Marshall) 1887-1951 — SxDr
Merritt h/o Evelyn 1872-1947 — Dwng
Michael J. s/o B.L. & Elizabeth 1945-1946 — Grtn
Milton 2 May 1879-7 Mar 1954 — TgMa
Milton D. (h/o Elizabeth C) 19 Jul 1909-30 Mar 1993 — JWTa
Minnie L w/o A. Ken 1876-1944 — Dwng
Missouri M. 1 Aug 1892-11 May 1988 — Gnbk
Mollie E. w/o John H. Jr 28 Aug 1894-20 Sep 1926 — Nels
Myrtle H. (w/o William H) 1908-1982 — Gnbk
Nancy T. (w/o Robert J) 1883-1943 — Grtn
Nealie R. (h/o Byrdie E) 1884-1959 — Grtn
Nellie G. w/o C.C. 1909-1935 — TgMa
Nellie Mae (2w/o John H. Jr) 23 Jan 1896-14 Dec 1970 — Nels
Neva M. (w/o Leav E) 1882-1962 — MearJ
Nora S. w/o Manley M. 1896-___ — Dwng
Norma E. 1926-1989 — SxEl
Norman h/o Billie J. 1919-1987 (temp) — Dwng
Norman Sylvester h/o Maude R. 26 Jun 1900-25 Jul 1965 — Dwng
Novella M. (w/o Dorsey) 1903-1989 — Beth
O.W. (h/o A.R) 1873-1940 — Dwng
Orllie H. 24 Jul 1900-20 Nov 1937 — Grtn
Orrie M. (h/o Cleora) 1902-1977 — SxEl
Oscar R. (h/o Clara W) 1873-1957 — Grtn
Oscar R. (h/o Drucilla T) 1841-1909 — Kngt
Otis D. (h/o Rotha B) 1892-1973 — Nels
Parker H. (h/o Comfred C) 5 Oct 1838-25 May 1913 — Grtn
Patrance P. w/o Stephen 22 Jul 1814-11 Jan 1893 — Beth
Perry Weston (h/o Mary W) 1904-1983 — SxEl
Polly Byrd* (w/o Sylvester J?) 12 Jun 1833-1 Apr 1886 — ByrdB
Preston I. h/o Delores I. Pvt USA WWII 5 Sep 1915-30 Mar 1987 — Dwng
R.C. (s/o Samuel J. & Annie) 1901-1970 — SxEl
Raghel Ann (Sparrow) w/o Wm J. 29 Aug 1831-10 Oct 1871 — Spar
Reginald D. (h/o Margaret M) 1901-1967 — JWTa
Rhoda B. (2w/o J. Merrill?) 1906-1964 — Gnbk
Richard E. (s/o James E. & Althea H) 1927-1930 — Dwng
Richard H. Sr 3 Apr 1934-2 Apr 1982 — Gnbk
Richard T. h/o Malinda A. 23 Dec 1842-31 Oct 1923 — Kngt
Robert h/o Beulah S. 1898-1963 — Dwng
Robert J. (h/o Nancy T) 1878-1928 — Grtn
Robert L. (h/o Annie M) 15 Dec 1867-16 Feb 1912 — ChRm
Robert Lee 1957-1979 — Dwng

MARSHALL (Con't), Roland C. (h/o Margaret B) 1899-1951　Aswm
Rotha B. (w/o Otis D) 1889-1959　Nels
Royal L. 1928-____　JWTa
Ruth E. (d/o Archie J. & Lizzie C?) 1907-1959　Frnk
Sabastian (h/o Margaret A) 4 Oct 1812-1 Jan 1853　MarsH
Sadie A. d. 19 Aug ____ aged 84yrs　Brit
Sadie A. (w/o John H) 3 Mar 1862-4 May 1941　Nels
Sadie E. 2w/o S.F. 27 Jun 1864-25 Jul 1907　Beth
Sadie I. (w/o Andrew) 23 Aug 1892-17 Jan 1936　Grtn
Sallie 1w/o Solomon & (d/o John Gladding) d. 9 Aug 1845 aged 53yrs 9mos　MarsC
Sallie Horsey w/o Sylvester J. 4 May 1866-24 Aug 1943　Dwng
Sammy Jr (s/o Samuel J & Amanda) 21 Apr 1870-19 Nov 1879　SxMa
Samuel (h/o Anna) 1847-1915　Aswm
Samuel F. (h/o Sarah A. & 2 others) 12 May 1850-1 May 1923　Beth
Samuel Herbert 31 Aug 1900-19 Jan 1971　Gnbk
Samuel J. (h/o Lula P) 1884-1963　Grtn
Samuel S. h/o Annie M. 1891-1943　Grtn
Samuel W. (h/o Willie A) 1874-1945　Beth
Sankey (1h/o Beulah Lewis) 1883-1941　SxEv
Sarah A. 1w/o Samuel F. 8 Nov 1850-23 Oct 1905　Beth
Sarah Jane 1880-1971　TgMa
Sennie w/o Ernest P. 24 Mar 1887-30 Jan 1919　SxBp
Solomon (h/o Sallie & Elizabeth) 15 Nov 1794-11 Jan 1881　MarsC
Solomon T. (h/o Lillian M) 8 Feb 1887-27 May 1964　JWTa
St. Elmo (1h/o Anna Mae Linton) USNR WW II 24 Oct 1914-18 Jul 1964　SxEl
Stephen (h/o Patrance) 4 Jul 1808-11 Apr 1889　Beth
Stephen (h/o Addie M) 4 Aug 1889-27 Apr 1962　Grtn
Stephen R. 22 Feb 1842-5 Jul 1919　Beth
Susan Bell (w/o Charles W) 1856-1940　Kngt
Sylvester J* (h/o Polly B?) 3 Apr 1819-4 Aug 1886　ByrdB
Sylvester James h/o Sallie H. 23 Apr 1863-13 Feb 1940　Dwng
T. Frank h/o Henrietta T. 1861-1945　Dwng
Teddy Ross VA Pvt USA 12 Oct 1931-12 Feb 1968　TgMa
Thomas E. d. 14 Dec 1870 aged 48yrs 7mos 15dys　John
Virgie H. (w/o Burnie L) 1890-1974　Grtn
Washington L. h/o Annie L. 1870-1946　Dwng
Will B. (s/o Wm R. & Elizabeth) 19 Jan 1885-22 Oct 1964　SxEl
William "Bill" 26 Feb 1938-15 Feb 1994 (temp)　Dwng
William D. h/o Amanda 1881-1959　Dwng
William H. d. 10 Jun 1894 aged 77yrs　MarsN
William H. (h/o Margaret J) 15 May 1845-29 Mar 1939　Brit
William H. (h/o Myrtle H) 1907-1986　Gnbk
William M.(McKinley) Pvt 31 Co 155 Depot Brig WWI 4 Mar 1898-22 Jul 1954　SxEl
William T. (h/o Celecia F) 1874-1932　Grtn
William T.(Thomas) h/o Blanche N. 1893-1980　Dwng
Willie A. (w/o Samuel W) 1871-1955　Beth

Caucasian Tombstone Inscriptions 185

MARSHALL (Con't), Willye Mae 1900-1963 — Nels
Winnie Davis (d/o Nealie & Birdie?) 5 Jul 1913-17 Jan 1927 — Grtn
MARSHMAN, Charles P. 1878-1949 — Dwng
Margaret E. 1892-1949 — Dwng
MARTIN, Annie (w/o Birger A) 1887-1968 — ChMd
Alice M. (w/o John R. Linton & Laural V. Martin) 1900-1966 — SxLn
Alvin T. s/o Thomas D. & Emma M. 6 Jul 1904-18 Aug 1912 — Dwng
Audrey J. (w/o Leo H) 6 Jul 1924-17 Sep 1990 — JWTa
Baby Boy (s/o Burley & Sylvia) d. 22 Nov 1966 — SxEv
Barbara W. w/o Francis J. 22 Jul 1937-___ — Dwng
Birger Albert (h/o Annie) 1881-1949 — ChMd
Burnetta S. w/o Jessie T. 27 Feb 1865-22 Jul 1918 — SxBp
Carl Albert USCG WWII 1 Jan 1909-6 Jun 1977 — ChMd
Carrol h/o Suzanne M. 1930-___ — Dwng
Carson A. USA 1905-1991 — SxEl
Dora E. (d/o John A. & Fannie) 1892-1975 — SxEl
Dorothy M. Miller 1916-1986 — Dwng
Edna J. w/o Richard C. 1879-1952 — Nels
Edward 1883-1980 — Dwng
Edwin K. (s/o Parson H. & Inez C) 6 Feb 1929-___ — JWTa
Emma M./P. w/o Thomas D. 1874-1962 — Dwng
Eugene C. (s/o Parson H. & Inez C) 1927-1939 — JWTa
Fannie E. (w/o John A. b.c. 1872) (no dates) — SxEl
Fannie G. (d/o John A. & Fannie?) 1919-___ — SxEl
Francis J. h/o Barbara W. 1 Feb 1936-13 Jul 1992 — Dwng
George E. Jr 1923-1973 — Dwng
Herman J. h/o Sadie M. 11 Nov 1902-1 Aug 1972 — SxEl
Inez C. (w/o Parson H) 1909-___ — JWTa
James T. (h/o Mary S) 1871-1950 — SxEl
Jessie T. h/o Burnetta S. Apr 1856-Oct 1944 — SxBp
John A. (h/o Fannie E) (no dates)(1868-1960) — SxEl
Laurel V. (h/o Bessie Wessells & Alice Linton) 1897-1973 (temp) — SxLe
Leo H. (h/o Audrey J) 30 Jun 1920-27 Feb 1989 — JWTa
Leslie 1911-1974 — SxEv
Leslie Jr Cpl USA 1928-1992 — SxEv
Lottie T. w/o W. Burleigh 1893-1950 — Dwng
Manie C. (w/o George Marshall, Sewell J. Linton & Mur Martin) 1896-1980 — SxSe
Mary S. (w/o James T) 1876-1948 — SxEl
Mear J. 1890-1965 (temp) — SxEl
Mel (h/o Minnie) 1895-1968 — SxEl
Minnie (w/o Mel) 1903-1967 — SxEl
Oscar R. (s/o Leslie & Eliza) 15 Sep 1948-15 Sep 1948 (temp) — SxEl
Page Henry Sgt USA Air Corps WWII 23 Sep 1911-12 Oct 1992 — Dwng
Parson H. (h/o Inez C) 1900-1952 — JWTa
Richard C. (h/o Edna J) VA MSgt USA WWI 1880-1951 — Nels
Ruth 1 Dec 1926-31 Mar 1993 — ChMc

MARTIN (Con't), Sadie M. w/o Harman J. 5 Jun 1911-22 May 1956 — SxEl
Suzanne M. w/o Carrol 1935-___ — Dwng
Sylvia (d/o Minnie Matthews & Melvin Martin) 1943-1967 — SxEv
Thomas D. h/o Emma M. 18 Jun 1870-28 Dec 1913 — Dwng
Vonnie S. (w/o George Martin) 1894-1973 (temp) — SxDe
W. Burleigh h/o Lottie T. 1894-1938 — Dwng
William Thomas TEC 5 USA WWII 12 Jan 1916-26 May 1986 — Dwng
MARTYN, John H. 7 Nov 1836-24 Nov 1906 — JWTa
Kittie w/o William Martyn d. 14 Apr 1885 aged about 80yrs — MsBp
MARVEL, Elnora Davis w/o Henry 1893-1952 — ChTh
Henry B. VA Pvt USA WWI 28 Aug 1894-10 Dec 1969 — ChGn
Joseph B. VA MM2 USNRF WWI 5 Jun 1890-28 Feb 1963 — ChGn
MARVELL, Robert E. (h/o Sarah E) 1853-1913 — ChGn
Sarah E 1861-1951 — ChGn
MASON, Adaline W. 1w/o Gillet 9 Apr 1849-20 Jan 1879 — Clay
Amanda 14 Nov 1848-10 Jul 1914 — MasoH
Ann Elizabeth (w/o Z. Wm) 1860-1932 — MasoM
Anna L. (w/o Roy) 1882-1959 — Gnbk
Annie (w/o Thorogood s/o Wm) 1853-1934 — MasoP
Annie B. w/o Peter 22 Sep 1866-24 Jan 1922 — Gnbk
Bessie Long (w/o R. Short) 1881-1957 — Mdst
Blanch Cullen (w/o Jessie L) 1875-1955 — JWTa
Brantly Z. 7 Apr 1885-27 Jun 1940 — Mdst
C. Garland s/o L.S. & Minnie B. 9 Dec 1906-11 Jul 1907 — MasoH
C.E. (no dates) child — ChBo
Caroline S. w/o William P. 19 Jan 1830-3 Aug 1877 — MasoH
Carroll S. (h/o Ruby K) 7 Aug 1886-18 May 1939 — Grtn
Charles H.* 1831-1895 — MasoC
Charlotte Ann (w/o George H) 7 Feb 1860-28 Mar 1926 — ChGn
Clara S. 3 Nov 1868-11 Oct 1920(1892?) — MasoH
Cooper 4 Sep 1956-13 Jul 1985 — Dwng
Daniel C. 5 Sep 1887-10 Jan 1937 — Gnbk
David L. (h/o Katherine C Scott Mason) 23 Nov 1811-14 Feb 1894 — MasoL
Dwayne Brian s/o Floyd A & Janice W 7 Nov 1963-29 Jan 1964 — Dwng
Edward H. 1861-1929 — Gnbk
Elizabeth A. (w/o Homer H) 1928-___ — JWTa
Elizabeth A. w/o Thorogood d. 9 Feb 1922 aged 87yrs — MasoG
Elizabeth H. (w/o Jeremiah) 29 Aug 1845-27 Jul 1903 — MasoS
Elizabeth M. (w/o William T) 1879-1949 — ChMc
Elizabeth R. w/o Floyd 1912-1980 — Dwng
Ellen E. w/o Middleton 26 Jan 1851-10 Oct 1873 — MasoH
Ephraim (no dates) — Gnbk
Ernest (h/o Margaret D) S1 USCG WWII 19 Jun 1919-14 Apr 1970 — ChTh
Ethel May w/o Will 1897-1974 — Dwng
Eva Jane (w/o Wm Zorobebel) 1882-1967 — MasoM
Fannie J. (w/o Wm H. Harrison) 28 Oct 1851-29 Jan 1929 — ChMc

MASON (Con't), Floyd h/o Elizabeth R. 1911-1975 — Dwng
Garland H. Sr (h/o Vera B) 1909-1985 — Grtn
George H. (h/o Charlotee A) 7 Dec 1856-7 Dec 1918 — ChGn
George H. (h/o Marion B) BMC USCG 7 Aug 1903-23 Dec 1974 — JWTa
George (no dates) — Frnk
Gillet (h/o Sallie F. & Adaline W) 24 May 1844-16 Apr 1923 — MasoH
Gillet S. s/o Gillet & Adaline W. 2 Jun 1870-18 Jun 1885 — MasoH
Harrison W. 1876-1939 — Nels
Harvey E. 1903-1944 — Nels
Hattie C. (w/o Lourenzo D) ___-___ — JWTa
Henrietta w/o B.W. d. 15 Jul 1874 aged 21yrs 1mos 21dys — MasoM
Hilda 28 Sep 1904-4 Nov 1984 — Nels
Hillary W. (h/o Mollie A) 1870-1937 — Frnk
Homer H. (h/o Elizabeth A) 1924-___ — JWTa
Ida V. (w/o William L) 1884-1937 — ChGn
Ida V. w/o D.C. 4 Feb 1900-25 Jun 1938 — Frnk
Infant c/o P.L. & H.E. d. 16 May 1869 — Nels
Infant d/o Z.W. & Ann T. (no dates) — MasoM
Infant d/o Major & Elizabeth 1872-1873 — Hinm
Infant d/o William D. & M.T. 9 Jul 1900-20 Sep 1900 — MasoS
Infant s/o R.S. & M.G. b&d 3 Sep 1907 — Mdst
Infant s/o William D. & M.T. 14 Aug 1897-14 Aug 1897 — MasoS
Ira (s/o William L. & Ida V?) 30 Jan 1913-14 Oct 1961 — ChGn
J. Wellington (h/o Mattie H) 1894-1989 — JWTa
James d. 6 Apr 1928 aged 86yrs 4mos 28dys — ChGn
Jeremiah (h/o Elizabeth H) 18 Oct 1836-18 Oct 1918 — MasoS
Jessie Lee (h/o Blanch C) 1871-1950 — JWTa
John Addison (h/o Sallie A) 12 Mar 1846-14 Feb 1912 — MsBp
John E. 1875-1951 — Nels
John Marshall (s/o Walter) 13 Oct 1975-22 Mar 1991 — ChGn
Katherine C. w/oDavid L & d/oJno&Tabitha Scott 28 Jan 1820-12 Jun 1890 — MasoL
Leah w/o Zadock d. 2 Oct 1892 aged 77yrs — MasoH
Lee h/o Margaret C. 1909-1973 — Dwng
Lillie d/o Wm L. & Ida V. 7 Jan 1907-22 May 1916 — ChGn
Lorenzo D. (Jr?) (h/o Mabel W) USA WWII 15 May 1906-2 Dec 1989 — JWTa
Lourenzo D. (h/o Hattie C) ___-___ — JWTa
Mabel W. (w/o Lorenzo D) 1910-___ — JWTa
Maggie L. d/o Thorogood & Annie 5 Nov 1882-26 Oct 1885 — MasoP
Major Sr s/o Major & Rachel 11 Oct 1805-11 Mar 1885 — MasoB
Margaret C. w/o Lee 1912-1974 — Dwng
Margaret D. (w/o Ernest) 1919-___ — ChTh
Margaret Gertrude d/o Wm T & Gertrude F 6 Oct 1901-26 Oct 1904 — ParkP
Marion B. (w/o George H) 7 Jun 1909-___ — JWTa
Mary Byrd Wallop d/o WmJ.H&Sarah Byrd Wallop w/oUpton 25 Aug 1860-5 Mar 1907 — Nels
Mattie H. (w/o J. Wellington) 1898-1985 — JWTa
Melvin M. (h/o Virginia R) 1905-1968 — JWTa

MASON (Con't), Milton E. 1901-1979 ChGn
Middleton (h/o Sarah J) 24 May 1839-30 Nov 1914 Mdst
Minnie H. (w/o Otho T) 17 Dec 1921-___ Grtn
Mollie A. (w/o Hillary W) 1874-1957 Frnk
Molly V. (w/o Oswell F) 20 Jun 1858-3 Jan 1936 Wssl
Naomi B. (w/o Richard K) 30 Mar 1917-24 Dec 1987 Frnk
Nora M. 1898-1973 Nels
Oswell F. (h/o Molly V) 22 Nov 1857-21 Nov 1930 Wssl
Otho E. 1863-1891 MasoG
Otho T. (h/o Minnie H) 8 Aug 1921-18 Oct 1985 Grtn
Peter (h/o Annie B) 23 Apr 1860-5 Oct 1922 Gnbk
Polly w/o Zorobabel 15 May 1810-25 Mar 1884 MasoM
Preston L. d. 16 Nov 1872 aged 57yrs Nels
R. Short (h/o Bessie L) 1881-1970 Mdst
Richard K. (h/o Naomi B) 1 Feb 1913-___ Frnk
Robert Lee s/o S.A. & Hilda 13 Jun 1931-6 Sep 1935 Nels
Roy (h/o Anna L) 1882-1959 Gnbk
Ruby K. (w/o Carroll S) 7 Aug 1891-13 Sep 1971 Grtn
Sallie A. w/o John A. d. 14 Apr 1943 aged 93yrs MsBp
Sallie F. 2w/o Gillet 29 Jul 1855-29 Jan 1890 Clay
Samuel L. s/o Lourenzo D. & Hattie C. ___-___ JWTa
Samuel S. s/o Thorogood & Annie 26 Jan 1878-17 Sep 1880 MasoP
Sarah A. (w/o William T) 1862-1928 Frnk
Sarah E. (d/o Oswell F. & Mollie V) 25 Jun 1885-8 May 1891 Wssl
Sarah J. (w/o Middleton) 12 Apr 1845-26 Mar 1931 Mdst
Sarah L. (d/o Oswell F. & Mollie V) 3 Oct 1880-2 Dec 1884 Wssl
Sarah Tabitha d/o Thorogood & Annie 29 Jun 1892-(unreadable) MasoP
Savilla F. d/o Gillet & Adaline W. 17 Nov 1865-15 Dec 1912 MasoH
Tabitha w/o James 31 Oct 1842-9 May 1907 ChBu
Tabitha w/o William 28 Feb 1812-30 Apr 1897 MasoP
Thorogood (h/o Annie) & s/o William 1850-1939 MasoP
Thorogood (h/o Elizabeth A) d. 1 Jul 1902 aged 78yrs MasoG
Upton L. 25 Feb 1868-22 Nov 1933 Nels
Vera B. (w/o Garland H) ___-___ Grtn
Virginia R. (h/o Melvin M) 1909-1986 JWTa
Walter 1923-1993 ChGn
Will h/o Ethel M. 1897-1956 Dwng
William (h/o Tabitha) 11 Oct 1809-__ Mar 1900 MasoP
William L. (h/o Ida V) 1881-1963 ChGn
William P. (h/o Caroline S) 26 May 1837-28 May 1885 MasoH
William T. (h/o Elizabeth M) 1876-1943 ChMc
William T. (h/o Sarah A) 1860-1913 Frnk
William T. s/o V.L. & Florence W. 18 Jan 1930-3 Feb 1930 JWTa
William Zorobabel (h/o Eva J) 1882-1951 MasoM
Willie W. s/o Wm P. & Caroline S. 9 Feb 1872-29 Feb 1892 MasoH
Z. William (h/o Ann E) 1847-1931 MasoM

Caucasian Tombstone Inscriptions 189

MASON (Con't), Zadock (h/o Leah) 20 Aug 1813-28 Apr 1866	MasoH
Zorobabel (h/o Polly) 27 Aug 1807-18 Apr 1884	MasoM
MASSEY, Alice M. (w/o Earl V) 1903-1994	Aswm
Charles S. h/o Ursula K. 1849-1938	Dwng
Earl V. (h/o Alice M) 1892-1954	Aswm
James Kerns 13 Sep 1936-31 Dec 1974	JWTa
John (h/o Louise V) 1835-1867	Brit
Leolen W. 1858-1955	Nels
Louise V. (w/o John) 1839-1924	Brit
Martha M. 1872-1963	Nels
Mary H. 1910-1955	Nels
Sadie W. w/o Emory & d/o Alfred & Mary A. 2 Sep 1870-25 Apr 1888	ChRd
Ursula K. w/o Charles S. 1858-1935	Dwng
William T. s/o John & Martha 23 Aug 1834-5 Jun 1916	Brit
MATSON, Joyce A. w/o Robert E. 1944-1966	Dwng
Robert E. h/o Joyce A. 1937-___	Dwng
MATTHEWS, A. Frank 1850-1929	Nels
A. May 1870-1947	JWTa
A. Washington (h/o Sallie C) 1860-1939	Wssl
A.C. 1877-1949	JWTa
Albert Stokely (h/o Anna Nock Matthews) (no dates)	MattT
Albert W. h/o Vivien D. MD TEC 4 WWII BSM 12 Mar 1920-25 Dec 1966	Dwng
Alfred E. s/o George d. 19 Nov 1883 aged 8mos 4dys	MattM
Almeda Estelle d/o W.H. & Myda H. 9 Oct 1904-20 Mar 1909	Dwng
Alonzo F. (h/o Flossie) 1872-1953	Nels
Alton W. TSgt USA WWII 14 Nov 1906-11 Mar 1986	Dwng
Alva A. M.D. (h/o Myre H & Anna W) 28 Jul 1883-31 Dec 1950	JWTa
Anna Nock (w/o Albert S) (no dates)	MattT
Anna Wise (2w/o Alva A) 1 Dec 1907-8 Jul 1979	JWTa
Annie Laws (w/o Edward J) 1861-1947	ChRm
Archie (h/o Sallie E) 1884-1953	Nels
Archie L. (h/o Arinthia J) 1892-1977	Grtn
Arinthia J. (w/o Archie L) 1894-1979	Grtn
Asher L. 22 Dec 1863-12 Sep 1949	Nels
Bessie Bell (w/o Charles F) 1884-1962	Nels
Bessie L.(Lang) (w/o William G) 1889-1947	JWTa
Betty A.B. (d/o Chas F. & Bessie B) 13 Nov 1909-21 Jul 1991	Nels
Betty Jean d/o M.T. & Laura P. 1932-1932	Aswm
Blanche M. (w/o Johnny R) 1930-1977	JWTa
Brooks S. h/o Dorothy T. 1910-1989	Aswm
C. Oliver (h/o Sarah A) 20 Jan 1823-26 May 1885	MattO
C. Wayne 1955-1985	Dwng
Catherine M. (w/o A. Frank) 1855-1941	Nels
Charles Franklin (h/o Bessie B) 1881-1959	Nels
Charles P. (h/o Lillian F) 1886-1963	Dwng
Charles W. (s/o Wm L. & Lottie B?) 1919-1972	Frnk

MATTHEWS (Con't), Claud J. 21 Feb 1897-18 Dec 1918 — Nels
Clara W. (w/o Julius G) 21 Oct 1856-18 Dec 1942 — Mdst
Clifford s/o William S. & Minnie 11 Aug 1906-15 Mar 1911 — Gnbk
Debra Sue (d/o Norman & Nancy L) 1960-1970 — Watv
Donald Brooks s/o B.S. & Dorothy T. 1933-1936 — Aswm
Dorothy T. w/o Brooks S. ____-____ — Aswm
Edgar D. h/o Emma M. 1899-1983 — Dwng
Edith Harriet infant d/o W.G Matthews (Bessie Lang & Will) 8 Mar 1927 — JWTa
Edward (h/o Rae H) 1918-1992 — Frnk
Edward J. (h/o Annie L) 1857-1923 — ChRm
Elihu (h/o Essie J) 1886-1978 — Aswm
Eliza J. w/o John K. 25 Jul 1838-31 Jul 1927 — JWTa
Eliza w/o Frederic 12 May 1819-12 Dec 1880 — ChBp
Elizabeth A. w/o Samuel J. Sr 14 Apr 1860-18 Aug 1906 — Brit
Elizabeth C. w/o Samuel W. 7 Jul 1847-30 Oct 1931 — Dwng
Elizabeth J. d/o Eliz C & Jno Matthews 12 Jan 1824-2 May 1855 — MattO
Elsie Wingate d/o Alva A. & Myre H. 28 May 1917-25 Jan 1928 — JWTa
Elton T. PFC USA WWII 1909-1986 — Aswm
Emily d/o H.J. & Eutha 1914-1917 — Dwng
Emma F. w/o Samuel J. 6 Feb 1852-29 Sep 1880 — ChBp
Emma M. w/o Edgar D. 1901-1975 — Dwng
Emma O. w/oJosW & d/o Edw H & Mary A Conquest 6 Mar 1846-24 Jul 1932 — JWTa
Emma T. d/o S.J. & Emma F. 1 Feb 1879-11 Jul 1879 — ChBp
Essie J. (w/o Elihu) 1888-1968 — Aswm
Etta Nock w/o Lloyd W. 1877-1957 — Dwng
Eunice (d/o Albert S. & Anna N) (no dates) — MattT
Eutha T. w/o H. Thomas 1882-1971 — Dwng
Eva N. (w/o Frank P) 1888-19__ — Aswm
Father & Mother of A. Frank (no given names or dates) — Nels
Flossie (w/o Alonzo F) 1876-1928 — Nels
Frances M. (w/o Walter L) 1931-____ — Dwng
Frank P. (h/o Eva N) 1883-1936 — Aswm
G. Grant 1965 — Mdst
G.W. Rev 2h/o Vir Robins Rowley Matthews Beadles 19 Sep 1826-13 Dec 1901 — Rowl
George A. (h/o Milcah Ann) 24 Dec 1856-21 Oct 1925 — MsBp
George S. 1898-1960 — Dwng
H. Thomas h/o Eutha T. 1860-1930 — Dwng
Harriet Cordel d/o C.O. & S.A. 1850-1859 — MattO
Harriet P. d/o Julius G. & Clara W. 20 Sep 1877-27 Oct 1904 — Mdst
Harvey T. 29 May 1880-2 Jul 1904 — Mdst
Henrietta C. (w/o James F) 1886-1953 — Aswm
Hortense Corbin 1912-1935 — Grtn
Irving H. (h/o Pearl T) 12 Sep 1881-21 Jun 1932 — Aswm
James F. (h/o Henrietta C) 1882-1951 — Aswm
James F. (h/o Mildred M) 1916-____ — Aswm
Jessie Aileen d/o Alva A. & Myre H. 13 Dec 1920-25 Dec 1920 — JWTa

MATTHEWS (Con't), Jewell M. (w/o Lumma W) 1889-1970	Nels
Joe 1863-1960	JWTa
John E. 1865-1942	JWTa
John L. 1914-1971	AtBp
Johnny R. (h/o Blanche M) 1954-1989	JWTa
Joseph W. (h/o Emma O) 1 Apr 1835-30 Mar 1915	JWTa
Julius G. (h/o Clara W) 9 Sep 1845-17 Aug 1932	Mdst
Laura (w/o Sam) 1873-1955	Watv
Lettie Cutler (w/o Thomas W Cutler & Wm G Matthews) 1888-1970	JWTa
Lillian F. (w/o Charles P) 1899-1987	Dwng
Lillie Mae 1890-1983	Nels
Lloyd W. h/o Etta N. 1875-1944	Dwng
Lottie B. (w/o Wm L) 1902-1987	Frnk
Lumma W. (h/o Jewell M) 1886-1967	Nels
Margaret A. w/o Samuel H. 22 May 1834-3 Dec 1896	BarnH
Margaret J. wid/o William S. & d/o Frederick Conner 24 Jul 1827-11 Jun 1896	Conn
Margaret Lee 1863-1907	Dwng
Mary A.P. w/o John W & d/o George P & Eliza Barnes 3 Jul 1825-13 Jan 1881	Selb
Mary Emily 1916-1978	Nels
Mary J. (w/o William H) 19 Feb 1838-28 Jan 1915	Mdst
Milcah Ann w/o George A. 1861-1951	MsBp
Mildred M. (w/o James F) 1919-1972	Aswm
Milton T. (h/o Sylvia W) 1909-1968	Aswm
Minnie E. (w/o William S) 1877-1959	Gnbk
Myda H. w/o Wm H. 1880-1967	Dwng
Myre H. 1w/o Alva A. 9 Dec 1894-13 Mar 1928	JWTa
Nancy L. (w/o Norman) 1922-___	Watv
Nellie May d/o I.H. & Pearl T. 1906-1907	Aswm
Norman (h/o Nancy L) 1907-1980	Watv
Norman F. 1900-1935	Nels
Olievia S. Colbourne d/o C.O. & S.A. 11 Jul 1848-___ 1849	MattO
Pearl T. (w/o Irving H) 10 Jun 1884-1 May 1959	Aswm
Persey s/o William S. & Minnie 26 May 1893-28 Aug 1893	Gnbk
Rae H. (w/o Edward) 1923-1974	Frnk
Reuben T. TEC 5 609 Engr Lt Equip Co WWII 12 Jan 1910-13 Nov 1970	Dwng
Richard N. 1915-1915	Nels
Robert E. 1928-1966	Dwng
Rowena E. 1880-1972	AtBp
Ruth T. w/o George S. 1901-1976	Dwng
S. Wilkins (h/o Sallie E) 13 Feb 1849-8 Nov 1932	JWTa
Sallie C. (w/o A. Washington) 1869-1960	Wssl
Sallie E. (w/o S.W) 11 Sep 1856-24 Oct 1930	JWTa
Sallie E. (w/o Archie) 1885-1962	Nels
Sam (h/o Laura) 1868-1936	Watv
Samuel H. (h/o Margaret A) 12 Aug 1835-4 Oct 1916	BarnH
Samuel J. Sr (h/o Elizabeth A) 15 Dec 1845-11 Sep 1937	Brit

192   Tombstone Inscriptions of Upper Accomack County, VA

MATTHEWS (Con't), Samuel W. h/o Elizabeth C. 2 Apr 1845-6 Oct 1911   Dwng
Sarah Ann w/o C. Oliver 1 Mar 1822-14 Mar 1864   MattO
Saunders Washington s/o C.O & S.A 19 May 1851-3 Oct 1855   MattO
Sue (sis/o Albert S) (no dates)   MattT
Susan Ann d/o John S. & Elizabeth 9 Apr 1822-26 Mar 1907   Dwng
Sylvia W. (w/o Milton T) 1914-1993   Aswm
Thomas Alfred s/o G.A. & Milcha A. 8 Nov 1889-9 Dec 1931   MsBp
Uay s/o Samuel J. & Laura 27 Sep 1897-9 Mar 1908   Watv
Vivien DuBose w/o Albert W. Lake City SC 19 May 1925-3 Nov 1991   Dwng
Walter L. (h/o Frances M) 1920-1990   Dwng
William G. (h/o Bessie L) 1881-1955   JWTa
William H. h/o Myda H. 1873-1955   Dwng
William H. (h/o Mary J) 28 Aug 1846-8 Nov 1916   Mdst
William J. 1853-1933   ChRm
William Joseph USA WWII 4 Jan 1927-8 Nov 1979   Dwng
William L. (h/o Lottie B) 1900-1969   Frnk
William R. s/o Elihu & Essie J. 1908-1908   Aswm
William S. (h/o Margaret J) 8 Nov 1816-27 Mar 1892   Conn
William S. (h/o Minnie E) 1866-1951   Gnbk
William W. 19 Jul 1876-19 Jul 1879   ChBp
MAWSON, Grace G. 1890-1971   Dwng
MAYO, Emily Jane d/oThos&PhebeMayo b Prov'tn Mass 4 Sep 1842-11 Jan 1857   Ebzr
McALLEN, Erma Jones (w/o John R) 1927-1990   ChBu
John Richard (h/o Erma J) 1919-1966   ChBu
Larry W. (s/o William W. & Myrtle S) ____-1981 (temp)   Dwng
Myrtle S. w/o William W. ____-____   Dwng
William W. h/o Myrtle S. 1912-1968   Dwng
McALLISTER, Joseph F. 15 Jan 1838-22 Apr 1894   Nels
Julia A. 14 Mar 1837-16 Nov 1915   Nels
William F. 15 Sep 1866-1 Nov 1941   Nels
McCABE, Edward H. (h/o Ethel M) 1892-1956   JWTa
Ethel M. (w/o Edward H) 1892-1989   JWTa
McCLAM, Mary H. 3 Apr 1905-8 Aug 1943   JWTa
McCLEARY, Harold W. (h/o Susie M) 28 Dec 1888-14 Oct 1944   Frnk
Sarah d/o Harold W. & Susie M. 12 Dec 1915-9 Oct 1921   Frnk
Susie M. (w/o Harold W) 13 Aug 1897-7 Nov 1969   Frnk
McCCLISTER, Charles M. Jr RD3 USN Korea 1 Jan 1929-6 Jul 1976   Dwng
John D. AT2 USN 18 Sep 1936-9 Jul 1985   Dwng
McCOMB, Thomas M. (h/o Vivian G) 22 May 1912-5 Jul 1972   JWTa
McComb Vivian G. (w/o Thomas M) 22 Sep 1913-3 May 1986   JWTa
McCOY, Clarence R. (Mac) (h/o Edna M) 1904-1976   ChGn
McCoy Edna M. (w/o Clarence R) 1907-1975   ChGn
McCREADY, Alice C. (w/o Millard D) 11 May 1884-29 Mar 1971   Grtn
Bessie S. (w/o J. Neal) 1891-1984   Grtn
Bessie Y. (w/o Orville W) 1916-____   JWTa
Carletta J. 1903-1977 (temp)   SxEv

Caucasian Tombstone Inscriptions

McCREADY (Con't), Catherine J. w/o William W. 1875-1928	Dwng
Charlie F. 1910-1970	TgMa
Charlie G. h/o Marion H. 1891-1976	Dwng
Clifton T. (s/o Robert L. & Rosie S) 1904-1941	Dwng
Edith K. w/o Lora T. 1887-1965	Dwng
Eliza Ellis (w/o George W) 1882-1923	SxEl
Elizabeth S. w/o George R. 31 Jul 1831-25 Oct 1915	Dwng
Elizabeth w/o Thomas d. 1 Dec 1907 aged 78yrs	McCr
Ella Corbin w/o Lewis H. 6 Jan 1891-1 Oct 1974	Dwng
George R. h/o Elizabeth S. 6 Jun 1836-6 Jul 1921	Dwng
Grandmother (Annie Morgan w/o Wm H) d. 11 May 1938	DrumS
Henry T. 1908-1944	TgMa
J. Neal (h/o Bessie S) 1886-1967	Grtn
James D. 22 Nov 1922-15 Feb 1961	TgMa
John H. 22 May 1859-22 Oct 1911	TgMa
Lewis H. h/o Ella Corbin 15 Mar 1889-16 Sep 1972	Dwng
Lora T. h/o Edith K. 1887-1964	Dwng
Lorena Lewis 1883-1958	Myrt
Marion H. w/o Charlie G. 1892-1984	Dwng
Millard D. (h/o Alice C) 28 Feb 1876-1 Jan 1942	Grtn
Olevia Mister (w/o George G) 1906-1985	Dwng
Orville W. (h/o Bessie Lee Young) BM1 USCG WWII 25 Apr 1906/7-6 Apr 1983	JWTa
Polly Leona w/o Alonza (d/o Sam & Arinthia Ewell) d. 6 Mar 1931 aged 32yr	SxJu
Roland T. (h/o Violet A. & Thelma P) 1910-1984	Dwng
Thelma Parker (2w/o Roland T) 1922-1994	Dwng
Thomas (h/o Elizabeth) d. 28 Aug 1907 aged 72yrs	McCr
Violet A. (w/o Oscar Bonnawell & Roland McCready) 1909-1943	Dwng
Vivian d/o Lewis H. & Ella Corbin 1923-1924	Dwng
William T. (h/o Gladys M. Fisher) 17 Dec 1897-14 Nov 1926	JWTa
William W. "Tobe" h/o Catherine J. 1867-1967	Dwng
Wilson s/o Lewis H. & Ella Corbin 1923-1924	Dwng
Woodrow s/o Lewis H. & Ella Corbin 1923-1924	Dwng
McEWAN, Lillian Daisey d/o James & Catherine 1875-1962	ChGn
McGEE, Aleta 1908-1984	ChMc
Bertha L. (w/o George D) 1900-____	ChMc
Bertie (w/o Elwood) 1896-1928	ChMc
Charles W. 29 Aug 1891-19 Nov 1921	ChGn
Eldon E. (h/o Lillie S) S1 USCG WWII 24 Jul 1924-22 Nov 1992	ChMd
Eliza M. (w/o George M) 1871-1955	ChMc
Elwood (h/o Bertie) 1901-1977	ChMc
Ethel B. (w/o Noah W) 21 Jan 1910-____	Nels
Flossie (w/o Mordica) 7 Aug 1904-22 Feb 1992	ChMc
George D. (h/o Bertha L) 1898-1961	ChMc
George M. (h/o Eliza M) 1863-1939	ChMc
Harvey A. (h/o Juliette) 1909-____	ChMc
Janet L. 1929-1931	ChMc

Tombstone Inscriptions of Upper Accomack County, VA

McGEE (Con't), Juliette M. (w/o Harvey) 1906-1991	ChMc
Lillie S. w/o Eldon E. 1927-___	ChMd
Louise B. 1910-1939	ChMc
Mordica "Mock" (h/o Flossie) 5 Jul 1904-7 Mar 1992	ChMc
Noah W. (h/o Ethel B) 22 Dec 1910-1 Mar 1992	Nels
McGOWAN, Albert L. h/o Gladys A. 1904-1988	Dwng
Gladys A. w/o Albert L. 1907-___	Dwng
McKAY, Betty J. (w/o W. Frank) 1921-___	JWTa
Franklin (h/o Georgianna T) 1863-1932	JWTa
Georgianna T. (w/o Franklin) 1869-1947	JWTa
H. Hilton "Peaches" 1910-1941	JWTa
Infant s/o Frank & Annie b&d 27 Nov 1906	JWTa
Jo Ann d/o W.H. & Marie D. 1936	Dwng
Marie D. 2w/o W. Howard 1909-1992	Dwng
Nora T. 1w/o W. Howard 1887-1934	Dwng
W. Frank 1919-1982	JWTa
W. Franklin s/o Frank & Annie 16 Jul 1908-11 Sep 1909	JWTa
W. Howard h/o Nora T. & Marie D. 1887-1971	Dwng
McKEE, Helen L (w/o Thos McKee & d/o Andrew & Amelia Miles) 1903-1965	SxEv
McKOWN, Annie N. 1873-1962	ChMc
Frank J. 1896-1946	ChMc
McLAUGHLIN, Eveline S. 11 Jan 1935-21 May 1938	WrigM
McNEAL, Carrie (w/o William H) 1888-1983	ChRm
William H. 1877-1957	ChRm
MEARS, Addie L 1875-1952	Beth
Agatha Parks 1899-1949	JWTa
Alfred S. (h/o Mary E) 26 Jan 1866-9 Oct 1939	Mdst
Alvah D. 1918-1974	Dwng
Anna R. (w/o Claude S) 1917-1986	Mdst
Archie D. h/o Lula C. 1885-1970	Dwng
Bartholomew 12 Mar 1757-18 Dec 1923 aged 65yrs 9mos 4dys	Rayf
Beatrice 1927-___	JWTa
Beatrice A. d/o C.T. & Mae A. 1932-1932	Watv
Bernice P. (2w/o Lester?) 15 Dec 1911-28 Dec 1993 (temp)	JWTa
Bettie J. w/o E.J. 30 Dec 1863-19 Aug 1915	Wdby
Beulah E. (w/o William T) 1904-1993	JWTa
Braden s/o F.D. & Nora L. 20 Aug 1912-21 Mar 1914	Glfd
Brooks T. 1912-1989	Grtn
Bruce L. h/o Verna M. 1886-1967 (temp)	Dwng
Cardinal L. "Cudge" (h/o Mollie C) 1906-1964	ChMc
Carlton W. 1926-1961	Watv
Carolyn J. w/o Robert G. 1943-___	Dwng
Carrie T. 1905-1949	Nels
Charles E. "Googie" (s/o Cardinal L. & Mollie C) 1927-1956	ChMc
Charlie T. (h/o Mae Ann) 1894-1972	Watv
Christopher F. 15 Aug 1974-7 Apr 1975	Dwng

MEARS (Con't), Claude S. (h/o Anna R) 1908-1985   Mdst
Columbus C. (h/o Ida L) 18 Oct 1847-27 Feb 1920   Watv
Cora A. (w/o George F) 23 Jan 1911-14 Apr 1986   Glfd
Cornelia T. (w/o T. Frank Sr) 1852-1941   JWTa
Corvilla D. w/o Leonard A. 1905-1946   Dwng
Daisey White Byrd (w/o William E) 29 Jun 1880-13 Sep 1925   MearT
Daisy S. (w/o Lester?) 1903-1927   JWTa
Della A. (w/o John O) 1887-1975   Grtn
Delmas J. (h/o Pearl N) 1907-1985   JWTa
Donald C. Pvt USA Korea 14 Nov 1931-7 Dec 1988   Dwng
Dorothy Elaine w/o O Sawyer d/o Harold&LulaWatsonSmith 19Jun1922-2Aug1982   Dwng
E. Thomas (h/o Isabelle) 1875-1923   ChMc
Edward B. s/o E.J. & Bettie J. 17 Dec 1882-2 Aug 1911   Wdby
Edward J. (1h/o Naney Mears Wright) 15 Jun 1838-17 Aug 1866   MasoM
Edward J. (h/o Bettie J) 1862-1941   Wdby
Edward W. 28 May 1889-23 Jun 1952   Mdst
Elnore F. 1878-1961   Glfd
Elsie N. 1899-1991   JWTa
Ethel Adell 13 Dec 1895-27 Aug 1903   MearJ
Eva R. (w/o L. Thomas) 1891-1982   Mdst
Everett A. (h/o Nettie R) 1880-1949   Blxm
Fannie H. 1899-1984   JWTa
Fred G. (h/o Kate S) 26 Jun 1881-20 Jul 1947   Mdst
Gaynell W. 15 Jun 1905   Wssl
Gene 1935-1994   Glfd
George F. (h/o Cora A) 4 Oct 1904-24 Dec 1979   Glfd
George L. (s/o E. Thomas & Isabelle?) 1910-1942   ChMc
Gillet B. s/o William M. & Naney 31 Mar 1844-27 Feb 1888   MearG
Grayline M. w/o J.T. 28 Mar 1861-4 Aug 1933   MearJ
Hallie Hardy 15 Nov 1902-11 Sep 1970   Mdst
Harry s/o W.S. & Perlie G. 2 Jan 1818-10 Feb 1918   Wdby
Harvey C. (h/o Lillie M) 1909-1984   ChMd
Helen L. w/o Lamertine B. 10 Feb 1925-___   Dwng
Helen M. w/o Roy S. 25 Aug 1901-24 May 1980   Dwng
Henry h/o Maria 7 Aug 1809-21 May 1882   MearN
Henry T.* s/o Julius C. & Susan J. 7 Nov 1854-16 Apr 1859   ByrdB
Howard H. (h/o Ida W) 4 Aug 1886-7 Oct 1959   MearJ
Ida A. d/o Thomas Henry & Virginia (1861-1865)   MearN
Ida Lee Elliott (w/o Columbus C) 19 Apr 1880-1 Sep 1958   Watv
Ida W. (w/o Howard H) 10 Feb 1897-3 Mar 1964   MearJ
Inez May d/o Mary Lankford & John Hundley Mears 1912-1914   Blxm
Isabelle w/o E. Thomas 1882-1941   ChMc
James T. (h/o Grayline M) 22 Nov 1858-30 May 1911   MearJ
James W.B. (h/o Sallie E Lang Mears) & s/o Mary A Fox & Wm 1855-1929   MearT
Jane C. 29 Nov 1830-11 Jan 1904   MearN
Jeannette 1919-___   Dwng

MEARS (Con't), Jefferson D. (h/o Luzzetta S) 1861-1944	MearJ
Jefferson D. (h/o Virginia H) 1896-1972	JWTa
John Hundley (h/o Mary L) 1891-1954	Blxm
John N. (1h/o Mattie Mears Harrison?) 1880-1905	MearJ
John O. (h/o Della A) 1878-1944	Grtn
John W. 26 Apr 1855-2 Jan 1858	ByrdD
Johnnie 1912-1976	Blxm
Jonathan W. 24 Dec 1875-24 Nov 1905	Beth
Joshua James 1903-1962	Dwng
Julia A w/o Z.S. d. 11 Apr 1912 aged 73yrs	MearJ
Julia E. (w/o Littleton W) 1876-1964	Gnbk
Julius C. 16 Jan 1831-1 Jun 1863	MearW
Kate S. (w/o Fred G) 6 Apr 1884-16 Jun 1930	Mdst
Kendall J. h/o Sara B. 1890-1965	Dwng
L. Thomas (h/o Eva R) 1884-1965	Mdst
L.C. (h/o Louanne E) 7 Mar 1848-16 Sep 1928	Mdst
Lamertine B. h/o Helen L. 25 Dec 1927-12 Oct 1987	Dwng
Lauretta B. (w/o Paul L) ___-___	JWTa
Lena Taylor (w/o Lennie L) 1888-1975	JWTa
Lennie Lee (h/o Lena T) 1883-1975	JWTa
Leonard A. h/o Corvilla D. 1906-1972	Dwng
Lester (h/o Daisy S? & Bernice P?) 11 Apr 1903-29 Oct 1991 (temp)	JWTa
Lillie Mae (w/o Harvey C) 1916-___	ChMd
Littleton C. 12 Nov 1831-15 Jan 1868	MearN
Littleton W. (h/o Julia E) 1867-1944	Gnbk
Louanne E. w/o L.C. 14 May 1852-4 Feb 1940	Mdst
Lula C. w/o Archie D. 1888-1962	Dwng
Luzetta 1929-1968	Grtn
Luzzetta S. (w/o Jefferson D) 1861-1931	MearJ
Lydia M. (w/o Tully F) 13 May 1884-7 Jan 1942	JWTa
Mae Ann (w/o Charlie T) 1901-1978	Watv
Manie K. 1926-___	Blxm
Maria w/o Henry 9 Nov 1811-14 Apr 1892	MearN
Mary A. w/o Wm 6 Sep 1822-15 Apr 1901	MearG
Mary E. (w/o Alfred S) 18 Sep 1869-12 Feb 1945	Mdst
Mary Lankford (w/o John H) 1893-1962	Blxm
Mary W. 1862-1946	Blxm
Mary Warwick 28 Apr 1906-17 Oct 1965	Mdst
Meshack 28 Jan 1822-28 Apr 1896	MearM
Mollie C. (w/o Cardinal L) 1908-1982	ChMc
Naney B. w/o William 12 May 1800-__ __ 1831	BundG
Nannie Elder (w/o Samuel G) 26 Feb 1874-9 Oct 1963	Mdst
Nettie R. (w/o Everett A) 1888-1953	Blxm
Ora Katherine w/o J.T Jr & d/o M.J Poulson 20 Jun 1884-28 Mar 1906	Poul
Orville B. s/o K.J. & Sara B. 1917-1917	Dwng
Paul Leonard (h/o Lauretta B) 25 Dec 1915-16 Nov 1990 m 3 May 1947	JWTa

Caucasian Tombstone Inscriptions

MEARS (Con't), Page S. (h/o Amy) 2 Oct 1904-21 Jan 1980 — Mdst
Pearl N. (w/o Delams J) 1909-1986 — JWTa
Robert G. "Jerry" h/o Carolyn J. 1942-1979 — Dwng
Robert Lee 7 Jul 1871-3 Oct 1922 — Blxm
Roy S. h/o Helen M. 13 Dec 1901-12 Jul 1976 — Dwng
Ruth B. (d/o Mary E. & Alfred S?) 1886-1949 — Mdst
Sadie F. 25 Feb 1881-4 Mar 1902 — AtBp
Sallie E. Lang (w/o James W.B) 1856-1932 — MearT
Samuel G. (h/o Nannie E) 12 Sep 1878-30 Sep 1957 — Mdst
Sara B. w/o Kendall J. 1896-1971 — Dwng
Susan J. w/o Julius C. 10 Jan 1830-15 Jan 1904 — MearW
T. Frank Sr (h/o Cornelia T) 1850-1912 — JWTa
Thomas Frank VA MM1 USN WWI 5 May 1887-28 Nov 1961 — JWTa
Thomas Henry 18 Mar 1836-20 Aug 1900 — MearN
Triphany A. w/o T.H. 11 Aug 1840-5 Jan 1920 — Beth
Tully F. (h/o Lydia M) 18 Oct 1883-12 Oct 1968 — JWTa
Verna M. w/o Bruce L. 1894-1966 (temp) — Dwng
Victoria Ann 1951-1952 (temp) — MearJ
Virginia A.C. (wid/o Jno S d/o Thos & Cath Mears) 23 May 1828-3 Aug 1900 — ByrdD
Virginia H.(Holland) (w/o Jefferson D) 1901-1969 — JWTa
Wanda J. (w/o Woodston J) 1925-____ — ChMc
Willard B. 1902-1975 (temp) — MearJ
William (h/o Mary A) & s/o M. 8 Aug 1815-25 Jul 1878 — MearG
William Edgar (h/o Daisey W) 5 Oct 1877-24 Nov 1968 — MearT
William T. (h/o Beulah E) 1900-1993 — JWTa
Woodston J. (h/o Wanda J) 1927-____ — ChMc
Zadock S. 1870-1946 — MearJ
Zadock S. Captain (h/o Julia A) 4 Mar 1833-21 Dec 1904 — MearJ
MEDLIN, Roxie V. 24 Jan 1904-30 Apr 1981 — Dwng
MEEHAN, Harriet H. (w/o Richard E) 1890-1966 — ChMd
Richard E. (h/o Harriet H) 1893-1964 — ChMd
Robert 1879-1963 — Dwng
MEELHEIM, Alvah W. 1902-1960 — Gnbk
Edward Taylor 21 Oct 1901-9 Jun 1994 — Nels
George (h/o Jane M) 12 Jun 1819-14 Aug 1893 — Nels
Helen Y. 1903-1981 — Nels
Infant s/o H.F. & Fannie M. d. 3 Sep 1912 — Nels
Jane McGahey w/o George 8 Dec 1813-7 Nov 1880 — Nels
Jennie A. (w/o Joseph A) 1851-1930 — Nels
Joseph A. (h/o Jennie A) 1844-1925 — Nels
Libbie (w/o W.D) 1871-1957 — Nels
W.D. (h/o Libbie) 1872-1929 — Nels
MEGEE, Drucilla w/o John E. 12 Dec 1860-26 Jun 1932 — ChGn
John E. (h/o Drucilla) 1854-1923 — ChGn
Lillie V. 17 Sep 1912-17 Jul 1922 — ChGn
MELLOTT, Athol Winstead 1897-1988 (temp) — JWTa

MELSON, Bernette S. 22 Oct 1857-18 Mar 1939 — Grtn
MELVIN, Annie Lee w/o Robert E. 8 Dec 1893-6 Mar 1919 — ChGn
Arthur R. (s/o Robert F) 11 Apr 1909-19 Jun 1910 — ChGn
Arthur T. 1888-1943 — Gnbk
Bertha w/o Leonard D. 3 Dec 1894-15 Dec 1911 — ChGn
Bertie H. 1902-1924 — ChMc
Clarence R. (h/o Elsie J) USCG 29 Oct 1910-21 May 1983 — ChMc
David (h/o Virginia V) 1900-1973 — ChMc
David H. (h/o Hester A) 1863-1951 — ChGn
Edwin T. Jr s/o E.T. & Eva M. 7 Jul 1926 — ChGn
Edwin T. (h/o Julia R) 1857-1912 — Gnbk
Ella E. (w/o William E) 1868-1931 — ChBu
Elsie J. (w/o Clarence R) 1908-____ — ChMc
Ervin T. (h/o Eva U) 1908-1980 — ChGn
Eva U. (w/o Ervin T) 1910-1979 — ChGn
Hester A. (w/o David H) 1862-1941 — ChGn
Infant c/o Leonard D. & Bertha b&d 3 Dec 1911 — ChGn
Isaac J. (h/o Mariah C) 1 Mar 1840-13 Jun 1916 — ChMc
Isabelle (w/o William E) 1886-1963 — ChBu
James s/o Samuel & Mary 1765-10 May 1826 — Nels
James s/o Mary & James d. 1824 age 10mos — Nels
Jessie (h/o Mildred L) USN WWI 15 Mar 1897-17 Jun 1979 — ChGn
John 1905-1976 — ChMd
Julia R. (w/o Edwin T) 1864-1957 — Gnbk
Leonard D. (h/o Bertha) 15 Aug 1889-12 Feb 1941 — ChGn
Liddie A. w/o Thomas 1830-1891(1871?) — ChBu
Lula M. (w/o Otis B) 1897-1994 — ChGn
Mariah C. w/o Isaac J. 10 Nov 1838-14 Apr 1915 — ChMc
Maurice Allen 25 June 1925-25 Jun 1925 — ChGn
Mildred Lee (w/o Jessie) 1902-1972 — ChGn
Mrytle J. 2 Oct 1900-1 Apr 1981 — Dwng
Myra 1965-1983 — JWTa
Nancy 9 Sep 1773-21 Jul 1853 — Nels
Otis B. (h/o Lula M) 1894-1952 — ChGn
Robert (h/o Annie L) 1889-1968 — ChGn
Royce Lee 1940-1988 — ChMd
Thomas (h/o Liddie A) 1825-1905 — ChBu
Virginia V. (w/o David) 1904-____ — ChMc
William E. (h/o Isabelle) 1885-1944 — ChBu
William E. (h/o Ella E) 1855-1946 — ChBu
MERRILL, Annie Brown (w/o Ernest S) 1891-1975 — Gnbk
Annie F. 1872-1954 — Gnbk
Charlotta w/o William H. 22 Feb 1873-14 Dec 1900 — Gnbk
Clinton T. b&d 20 May 1904 — Gnbk
Dalton James (h/o Lois B) USNRF WWI 20 Sep 1895-11 Oct 1951 — Gnbk
Elvon Edward "Spec" (h/o Mildred J) 25 Jan 1906-5 Jan 1981 — Gnbk

MERRILL (Con't), Ernest Stringer (h/o Annie B) 1891-1965	Gnbk
Esther J. w/o James H. 5 Jul 1833-16 May 1910	Gnbk
Geneva P. (w/o Wm H. Jr) 1892-1976	Frnk
George M. (h/o Lillie E. Merrill Merritt) 1879-1927	Gnbk
Glori Ann d/o Don & Jerrie b&d 14 Jul 1965	Gnbk
Hattie Blades 2w/o John T. 18 Jul 1870-19 Aug 1937	Gnbk
James E. (h/o Annie Merrill Hearthway) 1872-1934	Frnk
James H. (h/o Esther J) 15 Mar 1837-29 Jun 1903	Gnbk
John T. h/o Manie T. & Hattie B. 4 Sep 1860-31 Mar 1951	Gnbk
Lois B. (w/o Dalton J) 25 Apr 1899-27 Jun 1977	Gnbk
Manie T. 1w/o John T. 27 Mar 1863-13 May 1911	Gnbk
Margarey C. 14 Aug 1898-14 Aug 1899	Gnbk
Mildred J. (w/o Elvon E) 22 May 1911-14 Mar 1990	Gnbk
Robert 27 Sep 1900-8 Nov 1900	Gnbk
William H. Sr (h/o Charlotta) 1868-1955	Gnbk
Wm H. III (s/o Wm H. Jr & Geneva P) 1923-1986	Frnk
Wm H. Jr (h/o Geneva P) USCG WWI 20 May 1894-11 Feb 1952	Frnk
MERRITT, Airy Potts w/o John W. 20 Jun 1884-20 Oct 1930	Dwng
Aledia 1897-1943	ChRm
Aletia A. 1904-1982	Dwng
Anna B. w/o John F. 1899-1972	Dwng
Arthur W. h/o Manie H. 1893-1960	Dwng
Asa G. (h/o Delia M) 1860-1953	ChRm
Betty Lee 1930-1984	Wssl
C. (Catherine Cherrix w/o George) (no dates)only CM	ChRd
Carl E. Pvt 7 CML Service Co AVN WWII 6 Oct 1916-26 Jul 1942	ChMr
Carl L. h/o Elizabeth B. S1 USCG WWII 1918-1991	Dwng
Charles B. (h/o Minnie S) 1879-1942	ChRm
Clara I. d/o John F. & Luvenia C. 30 May 1889-11 Aug 1907	ChRm
Clarence CBM USCG WWII 21 Nov 1903-6 Apr 1983	JWTa
Claude F. (h/o Willye V) 20 Mar 1905-18 Apr 1977	ChBu
Clifton E. 1911-1958	ChRm
Curtis H. (h/o Elizabeth A) 1883-1975	ChRm
Curtis Lee 1959-1984	JWTa
Daniel S. (h/o Edith M) 1881-1932	ChRm
Darrell PVC USA Korea 13 Dec 1913-13 May 1977	ChMd
Delia M. (w/o Asa G) 1863-1949	ChRm
Dennard M. (h/o Harriett E) 7 Mar 1867-13 Nov 1930	ChRm
Doris T. (w/o Raymond M) 1928-____	ChMd
Edith M. (w/o Daniel S) 1889-1968	ChRm
Edna W. (w/o Eugene R) 1914-1975	ChMc
Edward (h/o Sarah L) 1904-1987	ChMc
Edward H. "Eddie" 1923-1969	Dwng
Elizabeth (w/o Grover C) 1894-1965	ChMd
Elizabeth A. (w/o Curtis H) 1888-1961	ChRm
Elizabeth B. w/o Carl L. 1922-____	Dwng

MERRITT (Con't), Ellen N. (w/o George U) 1870-1954   ChMc
Elton Thomas (h/o Mary A) SURF USCG 22 May 1908-25 Mar 1979   ChRm
Emil E. 1927-1968   ChMd
Essie J. (w/o I. Lee) 1895-1967   ChMr
Eugene R. (h/o Edna W) 1909-1957   ChMc
Everett Lee USCG RES WWII 1 Oct 1913-25 Nov 1960   ChMr
G. (George h/o Catherine) (no dates)only GM   ChRd
G. Everett 22 May 1908-23 Jun 1948   ChRm
George A. 1897-1971   Gnbk
George J. VA CBM USCG WWII 8 Jun 1905-10 Mar 1970   ChMd
George U. (h/o Ellen N) 1867-1943   ChMc
Gladys W. (w/o Marvin W) ___-___   ChMd
Griselda E. (w/o Howard S) 1901-1980   JWTa
Grover C. (h/o Elizabeth B) 1889-1980   ChMd
Harriett E. (w/o Dennard M) 18 Apr 1868-1 Mar 1946   ChRm
Hettie A. (2w/o John E) 24 Jun 1884-15 Nov 1912   ChMe
Hilery s/o Wm P. & Sarah E. 25 Feb 1918-6 Oct 1918   ChRm
Howard S. (h/o Griselda E) 1906-1966   JWTa
I. Lee (h/o Essie J) 1892-___   ChMr
Idia V. 1w/o John E. 16 Oct 1871-10 Apr 1904   ChMe
Infant s/o John E. & Hettie A. b&d 27 Mar 1908   ChMe
Isabel 1908-1981   ChMd
James 22 Sep 1870-25 Nov 1953   ChMc
James H. Sr h/o Kathryn B. 1888-1975   Dwng
Jennie 1887-1977   ChMc
John A. 1882-1952   Gnbk
John E. (h/o Hettie A. & Idia V) 1865-1953   ChMe
John F. (h/o Luvenia C) 9 Nov 1859-20 Dec 1918   ChRm
John F. h/o Anna B. 1899-1971   Dwng
John H. (h/o Lillie J) 1879-1957   ChMc
John William h/o Airy P. 23 Apr 1881-14 May 1967   Dwng
Joshua 1930-1990   ChMd
Kathryn B. w/o James H. Sr 1898-1976   Dwng
Kathryn B. 1889-1968   Dwng
Laura D. 1845-1910   Gnbk
Leslie V. h/o Virginia 24 Dec 1893-14 Jun 1978   Dwng
Lillie E. (w/o George M. Merrill & William C. Merritt) 1882-1972   Gnbk
Lillie J. (w/o John H) 1884-1942   ChMc
Lula 1914-1923   ChMr
Luvenia C. w/o John F. 13 Oct 1859-25 Nov 1912   ChRm
Manie H. w/o Arthur W. 1894-1920   Dwng
Marvin W. (h/o Gladys W) SURF USCG WWII 14 Jan 1912-20 Mar 1971   ChMd
Mary A. (w/o Elton T) 1911-1994   ChRm
Mattie B. (w/o Ray V) 1893-1978   ChMc
Minnie M. (w/o Walter T) 1908-___   Gnbk
Minnie S. (w/o Charles B) 1880-1955   ChRm

MERRITT (Con't), Oscar J. 1885-1939	ChGn
Philip Duckworth 1938-1953	Dwng
Ralph E. 1893-1955	ChBo
Ray V. (h/o Mattie B) 1891-1965	ChMc
Raymond M. (h/o Doris T) USA WWII 6 Apr 1923-28 Jan 1984	ChMd
Richard Perry Jr 1985-1985 (temp)	Dwng
Royce L. Jr 6 Sep 1974-26 Mar 1975	Dwng
S. (Samuel b/o George) (no dates)only SM	ChRd
Sadie K. 1900-1953	ChMc
Sarah E. (w/o William P) 1885-1967	ChRm
Sarah L. 1907-1973	ChMc
Trina Lynn b&d 24 Mar 1974	Dwng
Vaughn I. VA S1 USNR WWII 20 Jan 1923-19 Dec 1963	Dwng
Virginia "Virgie" w/o Leslie V. 6 Feb 1903-19 Aug 1990	Dwng
Walter T. (h/o Minnie M) 1910-1983	Gnbk
Walter W. VA GM2 USN WWII 12 Feb 1919-24 Jul 1967	ChMd
William C. (h/o Lillie C) 1873-1959	Gnbk
William Herbert S1 USA WWII 16 Feb 1927-29 Jan 1979	Dwng
William P. (h/o Sarah E) 1883-1949	ChRm
William S. 12 Apr 1871-28 Apr 1919	ChRm
Willye V. (w/o Claude F) 2 Jun 1908-23 Jan 1989	ChBu
MESSICK, Mary D. (w/o William J) 1862-1892	ChGn
William J. (h/o Mary D) 1859-1923	ChGn
METCALF, Howard W. (h/o Lillie F) 28 May 1885-27 Jul 1954	Mdst
Ida C. (w/o Richard) 7 Mar 1860-2 May 1943	Mdst
Lillie F. (w/o Howard W) 22 Aug 1889-2 Dec 1968	Mdst
Richard (h/o Ida C) 24 Dec 1858-22 Apr 1922	Mdst
MICHELL, Harriet w/o Littleton 20 Nov 1827-29 Jul 1914	ChRm
MIDDLETON, Emma A. (w/o J. Emery) 1854-1904	JWTa
Fannie S. (d/o J. Emery & Emma A?) 1883-1927	JWTa
J. Emery (h/o Emma A) 1854-1934	JWTa
Lora T. (s/o J. Emery & Emma A) 1881-1903	JWTa
MIGUES, Gary Lynn s/o Robert & Faye 1960	JWTa
MILES, A.B. 17 Oct 1842-3 Mar 1926	Dwng
Aldon Tiffany h/o Louise R. 1900-1981	SxEl
Alfred S. h/o (Elizabeth H) & Virginia A. 1848-1918	Dwng
Amanda J. w/o Severn J. 1857-___	SxEl
Amelia Ann (w/o Andrew Sr) 1882-1941	SxEv
Andrew ___-___	SxEv
Anna F. d/o Noah E. & Mary A. 18 Feb 1877-2 Dec 1884	SxMs
Annabelle Rhodes (w/o Curtis H) 1911-1991 (temp)	Dwng
Annie B. w/o James W. 1921-___	Dwng
Annie E. (w/o Wesley S) 20 Feb 1865-13 Apr 1923	Nels
Annie H. (w/o Lawson J) 1860-1937	Mdst
Annie P. w/o Ashton T. 1892-1919	Dwng
Ashton J. (h/o Zora W) 20 Mar 1881-16 Mar 1926	SxMn

MILES (Con't), Ashton T. h/o Annie P. 1890-1973 — Dwng
Ashton P. (s/o Ashton & Zora) Cpl USA WWII 19 Oct 1911-12 Feb 1983 — SxMn
Baby (c/o David F. & Mollie B) 1921 — Nels
Carrie E. d/o Noah E. & Mary A. 1 Apr 1874-12 Jun 1875 — SxMs
Clarence E. (h/o Roxie W) 20 Nov 1898-20 Sep 1948 — Mdst
Clifton B. s/o John H. & Alice A. 21 Dec 1902-6 Jul 1903 — BarnN
Clinton L. s/o E.L. & Nellie M. 24 Oct 1906-26 Jan 1908 — AtMt
Cornealous (1 h/o of Alice Miles Ennis) 1875-1907 — SxMn
Curtis H. (h/o Annabelle R) 1905-1963 — Dwng
Daisy L. (w/o John E?) 1895-1956 — Mdst
Darius P. (h/o Sarah E) 1849-1936 — Nels
David B. (h/o Mary J) 26 Sep 1836-7 Jun 1926 — MileJ
David F. (h/o Mollie B) 1898-____ — Nels
Dorothy E. w/o Reginald H. 1900-1979 — Dwng
E.J. (h/o Sallie) 6 Jan 1827-26 May 1924 — Mdst
Edwin L. (h/o Nellie B) 1870-1937 — Nels
Elizabeth A. w/o William H. 18 Jul 1846-25 Dec 1914 — AtBp
Elizabeth H. (Byrd) 1w/o Alfred S. 11 Dec 1853-11 Jan 1885 — Dwng
Elizabeth J. (w/o John P) 30 May 1848-18 May 1911 — MileS
Elizabeth K. (w/o J. Kenneth) 3 Oct 1923-____ — Mdst
Elizabeth L. w/o Samuel K. 1893-1979 — Dwng
Elsie E. (w/o Ralph M, no dates) (8 May 1884-13 Aug 1952) (temp) — SxEl
Everett (h/o Virginia B) 1898-(1981) — SxMn
Fletcher A. (h/o Mary S) Pvt 161 Inf 41 Div WWI 23 Feb 1897-21 Feb 1941 — Nels
Frank Vinci (h/o Marjorie) 1898-1984 — Mdst
George Parker (h/o Amelia Lewis) 22 Sep 1852-30 Apr 1930 — SxLe
George Robert h/o Kendall R. 1902-1958 — Dwng
Harry P. h/o Irene P. 1880-1953 — Dwng
Harry Reade s/o William R. & Margaret H. 1941-1944 — Dwng
Harry W. (h/o Mabel Y) 3 Sep 1903-28 Oct 1987 — Mdst
Hawk 1987-1987 (temp) — Dwng
Helen Mathias (w/o Keith C) 3 Jul 1919-____ — Mdst
Henry 4 May 1797-20 Sep 1870 — MileA
Infant (c/o Moody K. Sr & Lena E) (no dates) (1902-1902) — SxMn
Infant 1918 — Mdst
Infant d/o E.L. & Nellie M. b&d 6 Jan 1899 — AtMt
Irene R. w/o Harry P. 1892-1982 — Dwng
J. Kenneth (h/o Elizabeth K) 3 Dec 1919-12 Aug 1984 — Mdst
J. Willard 4 Jun 1909-11 May 1989 — Nels
James P. 13 Nov 1805-19 Nov 1889 — Nels
James Paige (h/o Josie H) 1887-1960 — Nels
James W. h/o Annie B. 1915-1978 — Dwng
Jesse (h/o Stella s/o Moody&Nolan) Tec4 USA WWII 16 Feb 1925-14 Aug 1975 — SxMn
Jessey T. (h/o Matilda Spence & Susan Wessells) 30 Sep 1838-27 Mar 1913 — SxMn
John E. (h/o Daisy L?) 1892-1961 — Mdst
John P. (h/o Elizabeth J) 15 Oct 1846-12 Apr 1893 — MileS

Caucasian Tombstone Inscriptions

MILES (Con't), John H. 25 Jul 1820-15 Jul 1882	MileS
Josie Hickman (w/o James P) 1891-1979	Nels
Keith C. (h/o Helen M) 14 Dec 1921-___	Mdst
Kendall R. w/o George Robert 1905-___	Dwng
Lacy M. w/o Wm B (d/o Wm J. Bundick) 13 Sep 1869-17 Sep 1918	Mdst
Lawson J. (h/o Annie H) 1855-1932	Mdst
Lena E. (1 w/o Moody K. Miles) 5 Sep 1880-1 Aug 1913	SxMn
Louise Rhodes w/o Aldon T. 1909-1979	SxEl
Mabel Y. (w/o Harry W) 1 Sep 1903-16 Dec 1992	Mdst
Manie J. 1869-1934	Mdst
Margaret H. w/o Wm Read 1915-1977	Dwng
Marjorie (w/o Frank V) 1908-___	Mdst
Mary A. d/o Noah E. & Mary A. 26 Apr 1869-23 Jan 1870	SxMs
Mary D. (w/o Noah A) 17 Jan 1862-18 Apr 1945	DrumS
Mary J. w/o David B. 10 Mar 1842-10 Nov 1931	MileJ
Mary Sue (w/o Fletcher A) 1896-___	Nels
Medora F. d/o Noah E. & Mary A. 3 Mar 1867-12 Jan 1871	SxMs
Mollie B. (w/o David F) 1901-1980	Nels
Moody K. (h/o Lena E. & Nolan F) 1878-1954	SxMn
Moody Kellam Jr (h/o Kathryn D) PFC USA WWII 5 Mar 1921-25 Jul 1994	Dwng
Nancy 20 Jul 1817-8 Jan 1898	ByrdR
Nellie B. (w/o Edwin L) 1875-1953	Nels
Nevell 1908-1990	SxEv
Noah A. (h/o Mary D) 3 Oct 1865-17 Apr 1937	DrumS
Noah E. (s/o Noah A. & Mary D) 28 Feb 1886-21 Jul 1959	DrumS
Noah E. (h/o Mary A. Linton) 31 Aug 1845-12 Oct 1902	SxMs
Nolan F. (w/o Charles Russell & 2w/o Moody K Miles Sr) 1888-1956	SxMn
Otho T. s/o Samuel D. & Sallie 17 Oct 1897-22 Sep 1905	Mdst
Ralph M. (h/o Elsie E) (no dates) (temp) (b.c. 1877)	SxEl
Reginald H. h/o Dorothy E. 1898-1984 (temp)	Dwng
Roxie W. (w/o Clarence E) 30 Apr 1898-22 Dec 1978	Mdst
Roxy H. w/o W.B. 14 Sep 1873-24 May 1932	AtBp
Sallie E. (w/o Samuel D) 15 Jan 1875-24 Mar 1939	Mdst
Sallie w/o E.J. 17 Jul 1844-14 Jun 1924	Mdst
Samuel D. (h/o Sallie E) 11 Mar 1872-9 Jul 1943	Mdst
Samuel K. h/o Elizabeth L. 1892-1966	Dwng
Sarah A. 4 Dec 1840-28 Dec 1926	AtBp
Sarah E. (w/o Darius P) 1864-1946	Nels
Severn J. h/o Amanda J. 15 Sep 1856-6 Feb 1922	SxEl
Stephen D. "Whiskers" (s/o Douglas & Mary Lou Miles) 1952-1986	SxEl
Thomas F. 18 May 1883-12 Nov 1892	MileJ
Vernon B. (s/o Everett & Virginia) 1919-1920	SxMn
Vesta d/o Noah E. & Mary A. 21 Apr 1871-8 Oct 1873	SxMs
Virginia A. 2w/o Alfred S. 1868-1959	Dwng
Virginia B. (w/o Everett) 1898-1972	SxMn
Wesley S. (h/o Annie E) 17 Nov 1844-11 Jan 1930	Nels

MILES (Con't), William B. (h/o Lacy M) 1869-1947 — Mdst
William H. (h/o Elizabeth A) 7 Jun 1843-11 May 1903 — AtBp
William J. (1h/o Marion E) 1889-1935 — JWTa
William J. (h/o Marion E. Ellis) 1889-1935 — JWTa
William Jay 5 Jun 1875-17 Feb 1943 — AtBp
William Read h/o Margaret H. 1915-1973 — Dwng
Wm Tildon (s/o Cornealous & Alice) 1900-1969 — SxMn
Zora W. (w/o Ashton J) 12 Sep 1883-10 Jul 1963 — SxMn
MILLER, David B. h/o Elizabeth K. 1918-1989 — Dwng
Elizabeth K. w/o David B. 1907-1988 — Dwng
Francis D. Col (h/o Eliz Bayly, Louisa Gillett, Esther) 22 Feb 1809-20 Jul 1856 — PoGr
Herman A. (h/o Martha O) 1906-1979 — JWTa
Howard H. Jr 1934-1935 — ChRm
Louise T. w/o Thomas F. 10 Apr 1911-26 Oct 1974 — Dwng
Martha O. (w/o Herman A) 1908-1978 — JWTa
Melvin S. "Sam" Jr 1959-1980 — JWTa
Melvin S. Jr 1959-1986 — JWTa
Thomas F. h/o Louise T. 18 Aug 1912-12 May 1992 — Dwng
Warren J. 1918-1987 — Dwng
MILLIGAN, John (no dates) — Make
MILLS, Arthur R. 1877-1948 — Gnbk
Bertie V. (w/o Daniel M) 1907-____ — Gnbk
Daniel M. (h/o Bertie V) 1908-1987 — Gnbk
Ethel E. 1908-1909 — Gnbk
James (h/o Virginia) 1851-1923 — Gnbk
Martha A.T. 31 Jun 1816-19 Mar 1866 — Beth
Perlus H. 20 Sep 1886-10 Jan 1913 — Beth
Sarah E. 1869-1941 — Gnbk
Thomas U. 18 Jun 1863-17 Sep 1894 — Beth
Virginia w/o James 2 Dec 1860-6 Feb 1904 — Gnbk
MINNICK, Elizabeth Hellen (w/o Joseph R) 15 Mar 1916-1 Dec 1989 — JWTa
Joseph Robert (h/o Elizabeth H) 30 Apr 1907-23 Apr 1979 — JWTa
MISTER, Adeline M. (w/o Luther H) 1905-____ — SxEl
Armond Hillis h/o Mary E. PFC USA WWII 1920-1979 — Dwng
Captola E. w/o George W. 1910-1994 (temp) — Dwng
Drucilla (w/o George T) 1877-1958 — SxEv
Esta W. (2w/o Harley T) m. 21 Dec 1931 1913-____ — SxEl
Fairy (w/o Tilton T) 1920-1968 (temp) — Dwng
George T. (h/o Drucilla) 1877-1947 — SxEv
George W. h/o Captola E. 1908-1959 — Dwng
Harley T. (h/o Reva Marshall & Esta Wessells) 1897-1979 — SxEl
Kenneth H. SP4 USN 30 Jan 1940-16 Sep 1974 — Grtn
Lena O. (w/o Woodlyn) 1916-____ — Grtn
Luther H. (h/o Adeline M) 1900-1975 — SxEl
Mary E. w/o Armond H. 1930-1989 — Dwng
Tilton T. (h/o Fairy) USA 1918-1990 — Dwng

MISTER (Con't), Woodlyn (h/o Lena O) 1911-1965 — Grtn
MITCHELL, Edward S. s/o Thomas S. & Annie K. 1925-1926 — Mdst
George Capt. (h/o Susan J) 28 Feb 1833-16 Oct 1907 — Mitc
Myrtle N. (w/o Sam M) 1901-1977 — Mdst
Sam M. (h/o Myrtle N) 1903-1972 — Mdst
Susan J. (w/o Capt. George) 29 Jan 1845-21 Aug 1915 — Mitc
Thomas S. (h/o Annie K) 1887-1961 — Mdst
MITZEL, Natalie Anne 1976-1994 — JWTa
MOFFITT, Emory (h/o Mary) 1839-1921 — ChMc
Mary (w/o Emory) 1839-1915 — ChMc
MOLTEDO, Ian Bryce s/o Scott & Stephanie 6 Jan-26 Mar 1992 — JWTa
MONDS, Earl Price 1913-1916 — Beth
Earl Price Sidney 1899-1903 — Beth
George W. Cecil 1901-1918 — Beth
M. Maude w/o R.S. 1875-1915 — Beth
Margaret W. 1885-1953 — Beth
R.S. Rev. (h/o M. Maude) 1868-1939 — Beth
MONICHETTI, Elizabeth J. (w/o John H) 1914-1985 — JWTa
John H. (h/o Elizabeth J) 1921-____ M. 8 Jun 1957 — JWTa
MOORE, Alfred P. Bty 1 6 Art SP-AM War (no dates) — Nels
Alonza J. 28 Feb 1884-28 Apr 1932 — TgMa
Archie D. h/o Lula C. 1885-1970 — Dwng
Bernice C. (w/o William C) 1913-1987 — Gnbk
Bernice V. d/o T.T. & Drucilla 6 Nov 1907-21 Jul 1908 — MileS
Catherine d/o Wm S & Rebecca d. 21 Apr 1883 aged 68ys 7ms 8ds — ParkS
Charles Truman (h/o Dora E) 12 Nov 1912-____ — SxBp
Dora Elizabeth (w/o Charles T) 18 Oct 1914-22 Mar 1992 — SxBp
Edward Barney (h/o Mary E. & Sadie F) 1848-1924 — SxBp
Edward Smith VA PFC USA 8 Jul 1926-19 Jul 1968 — TgMa
Evelyn Jones (w/o Thomas J) 1883-1951 — ChGn
Fannie S. 9 Jan 1887-5 May 1962 — TgMa
George T. 16 Jun 1828-8 Sep 1905 — ParkS
Infant s/o T.T. & Drucilla b&d 29 Dec 1905 — MileS
Isaiah s/o Wm S & Rebecca d. 20 Nov 1892 aged 58yrs 1mos 16dys — ParkS
John T. 2 Jun 1865-14 Nov 1908 — TgMa
Joseph s/o Wm S & Rebecca d. 4 Aug 1902 aged 71yrs 11mos 30dys — ParkS
L. Judson (h/o Lillian E) 1887-1923 — JWTa
Laban C. h/o Mary J. Confederate Soldier d. 14 Jan 1927 aged 83yrs — Dwng
Leroy F. 13 Jan 1892-2 Jul 1908 — TgMa
Lillian E. (w/o L. Judson) 1890-1927 — JWTa
Lula C. w/o Archie D. 1888-1962 — Dwng
Manie E. 1863-1925 — Nels
Mary Davis 3 Jul 1873-11 Dec 1937 — Nels
Mary J. w/o Laban C. 30 Mar 1848-24 Feb 1922 — Dwng
Milton Reede (h/o Zephyr B) 29 Aug 1918-____ — JWTa
Rebecca w/o William S. d. 27 Jan 1862 aged 67yrs 4mos 26dys — ParkS

MOORE (Con't), Richard J. 10 Apr 1860-24 Jul 1920 — TgMa
Sadie Fluhart (w/o Edward B Moore & Samuel E Sterling) 1882-1938 — SxBp
Thomas J. (h/o Evelyn J) 1880-1910 — ChGn
William C. (h/o Bernice C) 1911-___ m. 25 Mar 1933 — Gnbk
William S. (h/o Rebecca) d. 26 Jan 1844 aged 55yrs — ParkS
Zephyr Bull (w/o Milton R) 6 Aug 1920-9 Oct 1992 — JWTa
MORGAN, Harry E. 1888-1951 — Dwng
Mary E. 1853-1951 — Dwng
MORRIS, Annie (w/o George W?) 1871-1923 — Beth
Bertha M. (w/o Thomas D) 16 Feb 1912-25 Jan 1989 — ChTh
Charles W. (h/o Laura K?) 1899-1965 — ChMd
George W. (h/o Annie?) 22 Mar 1860-4 Jan 1908 aged 47yrs 4mos — Beth
Laura K. (w/o Charles W?) 1923-___ — ChMd
M.E. Mrs. (from unattached funeral marker) 1917-1972 — Grtn
Thomas D. (h/o Bertha M) 11 Nov 1908-___ — ChTh
MORRISON, Burl K. (h/o Edith M) 1910-___ — ChRm
Edith M. (w/o Burl K) 1920-1992 — ChRm
MOYER, Frances B. (w/o James P) 3 Aug 1933-___ — JWTa
James P. (h/o Frances B) 16 Jun 1929-___ m. 12 Aug 1951 — JWTa
MUMFORD, Calvin G. 1903-1970 — Gnbk
Charles 1870-1964 — Dwng
Charles L. 1885-1924 — ChMc
Clarence C. 1911-1982 — Gnbk
David Olin s/o George E. & Mary A. 1 Apr 1894-17 Jan 1901 — Gnbk
Eliza C.P. Bratten w/o Capt S.J. 24 Jun 1840-13 Apr 1907 — ChBu
George E. (h/o Mary A) 1861-___ — Frnk
Henry A. 30 Apr 1840-15 Feb 1914 — ChRm
Infants (5 unreadable small stones) — Gnbk
James F. (h/o Susan A) 1852-1942 — ChMc
John W. 1880-1918 — ChMc
Lee L. 1918-1974 — Gnbk
Mary A. (w/o George E) 1869-1950 — Frnk
Mary Jane 31 Jul 1840-1 Oct 1894 — Gnbk
Richard E. 1912-1985 — Gnbk
S.J. Capt (h/o Eliza C.P.B) 20 Aug 1835-25 Jul 1910 — ChBu
Susan A. (w/o James F) 1861-1947 — ChMc
W.M. (no dates) — Gnbk
William B. (h/o Mattie Mumford Phillips?) 1872-1907 — ChMc
Zachariah B. 6 Jan 1843-26 Jun 1889 — ChRm
MUNGER, Donald Ray 1941-1980 — Dwng
Edward C. (h/o Ethel M) 1899-1965 — ChMc
Edward N. h/o Elodie P. 1905-1985 — Dwng
Effie L. 1897-1955 — ChMc
Elizabeth 1874-1954 — Dwng
Elodie Pitts w/o Edward N. 1907-1980 — Dwng
Ethel M. (w/o Edward C) 1899-1981 — ChMc

MUNGER (Con't), George W. 13 Sep 1886-9 Nov 1936	ChMc
George W. (h/o Sarah M. Reed) 30 Nov 1862-8 May 1912	ChMc
Robert E. Lee 1938-___	Dwng
William 1901-1963	ChMc
MURPHY, Adrin s/o Chas S & Hettie 8 May 1916-8 Feb 1917	TgMa
Andrew R. b. N.Y. City 22 Jul 1877-18 Mar 1910	TgMa
Charles S. h/o Hettie J. 1867-1939	TgMa
Francis Lee (h/o Gloria) US Amry 1933-1990	Dwng
Gloria (w/o Francis L) 27 Jul 1933-23 Aug 1990	Dwng
Hettie J. w/o Charles S. 1871-1944	TgMa
Joan Marie 10 ___ ___-12 __ ___	TgCa
MURRAY, Charles 1918-1981	Dwng
Joseph P. (h/o Kathryn J) 1886-1967	ChRm
Kathryn J. (h/o Joseph P) 1893-1929	ChRm
Maggie A. 17 Mar 1878-7 Jan 1908	TgMa
Ocellie T. (Tatem?) (w/o William A) 1925-___	ChMc
Ronald Lee s/o Wm A. & Ocellie T. 1942-1949	ChMc
William A. (h/o Ocellie T) USN WWII 3 Oct 1923-26 Jan 1983	ChMd
MUSSINGTON, Effie B. (w/o Joe S) 1875-1936	Aswm
Irene d/o Joe S. & Effie B. 27 Jul 1909-11 Jul 1911	Aswm
Joe S. (h/o Effie B) 1873-1966	Aswm
Maude 1907-___	Aswm
Stella M. 1904-1961	Aswm
NEALE, Sallie W. 1897-1988	Mdst
NELSON, Agnes B. w/o Arnold 1898-1989	Dwng
Annie E. (w/o James R) 1868-1933	Nels
Annie S. (d/o Annie E. & James R) 1898-1949	Nels
Arnold h/o Agnes B. 1902-1981	Dwng
Bettie C. (w/o John F. Jr) 1875-1960	Nels
Bettie H. w/o James H. 11 Feb 1840-22 Feb 1891	Mdst
Clara (w/o Wellington) 1868-1948	Mdst
Clarence D. (h/o Verna S) Pvt Co G 320 Inf Reg 80 Div France WWI 1895-1981	Mdst
Elkanch 1w/o Spencer 25 Sep 1807-6 Jun 1870	Mdst
James H. (h/o Bettie H. & Sallie C) 1833-1907	Mdst
James R. (h/o Annie E) 1863-1943	Nels
John F. Sr (h/o Mary J) 16 Jan 1840-8 Dec 1909	Nels
John F. Jr (h/o Bettie C) 1865-1951	Nels
Margaret V. w/o William H. 25 Dec 1850-2 Dec 1893	Mdst
Mary J. w/o John F. Sr 27 Sep 1842-1 Jan 1931	Nels
Oswell G.W. s/o S. & E. 22 Jan 1849-6 Jun 1865	Mdst
Rosene T. 2w/o Spencer 26 Sep 1827-15 Aug 1887	Mdst
Ruth G. 1886-1952	Grtn
Ruth M. (w/o William C) 15 Nov 1910-15 Jan 1994	Nels
Sallie C. w/o James H. 1859-1931	Mdst
Spencer (h/o Elkanah & Rosene T) 22 May 1812-12 Apr 1889	Mdst
Verna S. (w/o Clarence D) 1896-___	Mdst

NELSON (Con't), Wellington (h/o Clara) 1872-1951 — Mdst
William C. (h/o Ruth M) 9 Oct 1908-26 Apr 1978 — Nels
William H. (h/o Marg V) & s/o John W & Yearly 14 Nov 1842-23 Jul 1893/9? — Mdst
NEUMAN, Maggie L. d/o J.F & Maggie L. 13 Sep 1890-24 Sep 1890 — TgMa
Mary E. d/o J.F. & Maggie L. 5 Jun 1882-16 Aug 1882 — TgMa
NEVITTE, Richard R. Dr. 1873-1930 — JWTa
NIBBLETT, Thomas Wayne 1946-1979 — Frnk
NIBLETT, Charles K. 12 Oct 1881-1 Jan 1922 — ChRm
Della Ardis w/o William K. 1892-1973 — Dwng
Earl 1922-1989 — Dwng
Mariam M. w/o Walter T. 1918-___ — Dwng
Walter T. h/o Mariam M. 1918-1989 — Dwng
William King h/o Della A. 1892-1970 — Dwng
NICHOLS, Virginia L. A1C USAF 4 May 1936-6 Nov 1971 — JWTa
Sophia W. w/o William E. 1899-1969 — Dwng
William E. h/o Sophia W. 1894-1975 — Dwng
NIELSEN, Martina R. (d/o William E) 3 Feb 1942-9 Apr 1973 — SxEl
William E. (1h/o Audrey J. Spence) 1914-1982 — SxEl
NOCK, Albert T. h/o Nancy W. 1920-1969 — Dwng
Albert N. s/o Littleton & Elizabeth A. 27 Nov 1856-12 Aug 1865 — NockN
Albert W. (h/o Mary M) 6 Sep 1859-6 Dec 1935 — Aswm
Alonza L. (h/o Hattie P) 1876-1939 — Grtn
Annie German (w/o William W) 1884-1962 — JWTa
Avalon Bunting w/o Elbridge H. 3 Nov 1916-17 Nov 1989 — Aswm
Blanche w/o William L. 20 Feb 1858-5 Mar 1918 — JWTa
Broadus W. (h/o Madeline) 1905-1989 — JWTa
Claude H. PFC 151 Co Trans Corps WWI 2 Feb 1896-1 Feb 1968 — Aswm
E.W. 15 Nov 1815-24 Nov 1904 — NockM
Edward (h/o Mary) 27 Oct 1826-12 Oct 1881 — Grtn
Elbridge H. h/o Avalon B. 2LT USA WWII 1916-1985 — Aswm
Elizabeth T. (w/o Samuel W) 1855-1924 — Grtn
Ella Lee d/o Littleton & Elizabth A. 20 Nov 1861-18 Oct 1862 — NockN
Eloise C. 12 Mar 1908-7 Dec 1972 — JWTa
Elsie Rue w/o Evertt T. 1882-1940 — JWTa
Emma E. d/o Nehemiah W & Mary R 20 Apr 1849-26 Aug 1853 — NockN
Everett T. (h/o Elsie R) 1877-1945 — JWTa
Fountain s/o Sewell L. & Manie E. 15 Aug 1906-30 Oct 1906 — JWTa
Francis W. s/o Littleton & Eliz A. 14 Jan 1847-6 Aug 1847 — NockN
G. Robert (h/o M. Caroline) 1848-1921 — Aswm
George T. (h/o Urbanna) 1854-1922 — Gnbk
George W* 7 May 1832-7 Oct 1891 — NockT
Grace O. (w/o Malcolm J) 1905-1988 — Dwng
Harold T. h/o Mary O. 1902-1979 — Dwng
Harvey E. (h/o Ruth H) 1908-___ — JWTa
Hattie P. (w/o Alonza L) 1885-1985 — Grtn
Herbert R. (2h/o Kathryn H.C) 1900-1965 — JWTa

Caucasian Tombstone Inscriptions

NOCK (Con't), Howard L. (h/o M. Lucille) 20 May 1885-18 Jul 1945	JWTa
Infant d/o Preston L. & Mary M. 1939	JWTa
J. Edward Drubular h/o Minnie Y. 1888-1970	Dwng
James S. 1845-1926	Aswm
James W. (h/o Margaret A) 21 Aug 1853-16 Jul 1925	JWTa
Jennie W. 5 Dec 1845-8 Feb 1909	Aswm
Lee A. (h/o Nora M) 1872-1936	Aswm
Littleton s/o Littleton & Elizabeth A. 21 Aug 1851-5 Sep 1852	NockN
M. Caroline (w/o G. Robert) 1850-1927	Aswm
M. Lucille (w/o Howard L) 28 Aug 1886-1 Sep 1980	JWTa
Madeline (w/o Broadus W) 1904-1987	JWTa
Malcolm J. (h/o Grace O) 1901-1983	Dwng
Manie C. (w/o Sewell L) 1879-1964	JWTa
Manie M. (w/o Thomas G) 1865-1957	AtBp
Margaret A. w/o James W. 16 Nov 1849-29 Oct 1925	JWTa
Marvin P. s/o Thomas G. & Manie 11 Nov 1891-10 Aug 1893	AtBp
Mary A. Fisher w/o J.W.H. Nock 12 Jul 1844-10 Sep 1867	NockT
Mary Ida w/o Wm L & d/o Jos & Mary R Justice 5 May 1857-11 Mar 1877	NockN
Mary M. w/o Albert W. d. 23 Nov 1907 aged 45yrs	Aswm
Mary Melvin 18 Jul 1915-4 Sep 1982	JWTa
Mary Otwell w/o Harold T. 1902-1978	Dwng
Mary T. (w/o Percy M) 1892-1976	JWTa
Mary w/o Edward 22 Dec 1828-27 May 1895	Grtn
Mattie L. w/o Samuel M. 4 Aug 1878-2 Jun 1974	Dwng
Maude Elsie d/o Everett T & Elsie R d. 1 Sep 1905 aged 1yr 5mo	JWTa
Minnie Y.(Young) w/o J. Edward D. 1889-1970	Dwng
Myrtle M. 10 Apr 1905-30 Jan 1991	Dwng
Nancy W. w/o Albert T. 1923-___	Dwng
Nehemiah W. (h/o Mary R) 2 Nov 1819-9 Mar 1853	NockN
Nora M. (w/o Lee A) 1878-1970	Aswm
Percy M. (h/o Mary T) 1892-1973	JWTa
Pollie S. w/o Samuel 19 Nov 1828-4 Dec 1904	Beth
Preston Littleton (h/o Mary M) USA WWII 30 Apr 1909-18 Dec 1984	JWTa
Robert Lee (s/o Malcolm J. & Grace O?) 1928-1951	Dwng
Roland s/o G.R. & Caroine 13 Sep 1892-26 Aug 1900	Aswm
Ruth H. (w/o Harvey E) 1911-___	JWTa
Samuel (h/o Pollie S) 28 Feb 1828-25 Nov 1890	Beth
Samuel M. h/o Mattie L. 22 Apr 1872-8 May 1938	Dwng
Samuel W. (h/o Elizabeth T) 1852-1910	Grtn
Sewell L. (h/o Manie C) 1880-1949	JWTa
Thomas A. s/o Albert W. & Mary 21 Feb 1897-9 Aug 1907	Aswm
Thomas G. (h/o Manie M) 1859-1939	AtBp
Urbanna (w/o George T) 1855-1935	Gnbk
William 22 Feb 1825-19 Dec 1861	NockN
Wm J ROTC br Balt Nat Cem (s/o Preston & Mary?) 10 Dec 1946-27 Jun 1969	JWTa
William L. (h/o Blanche) 25 Feb 1853-28 Dec 1922	JWTa

NOCK (Con't), William W. (h/o Annie G) 1884-1964 — JWTa
NORTHAM, Adline w/o John T. 19 Mar 1830-8 Aug 1904 — Grtn
Adelaide H. (w/o Ernest Justice & Dollie J. Northam) 1891-1965 — Dwng
Alfred T. (s/o William R. & Olive E?) 1908-1974 — Mdst
Annie L. (w/o John T) 1911-1992 — Grtn
Annie w/o James I. 29 Apr 1857-5 May 1921 — Grtn
Arthur H. (h/o Olivia T) 1862-1936 — Nels
Asa F. (h/o Maude A) 1889-1956 — Grtn
Bernice Parks (w/o Walter M) 1896-1973 — Mdst
Bertie L. 1880-1946 — Dwng
Bessie M. (w/o Charles W) 6 Mar 1877-7 Mar 1930 — Grtn
Beulah M. (w/o Borden I) 1897-1965 — Grtn
Billy N. (h/o Flossie S) 1915-1982 — Mdst
Borden I. (h/o Beulah M) 1892-1957 — Grtn
Bruce N. (h/o Margaret A) 1901-1971 — Wssl
Burlie W. (h/o Elizabeth W) 1906-1965 — Grtn
Burnard C. s/o Charles W. & Bessie M. 8 Jul 1900-21 Feb 1901 — Grtn
C.W. Jr 1911-1962 — Grtn
Cecil J. 1903-1961 — Mdst
Charles G. 1885-1957 — Dwng
Charles W. (h/o Bessie M) 11 Dec 1875-4 Oct 1947 — Grtn
Clarence F. s/o A.H. & Olivia 13 Jul 1889-18 Dec 1912 — Nels
David J. (h/o Eugenia C) 9 Jan 1840-3 Aug 1914 — JWTa
Dollie J. (h/o Adelaide H) 1897-1968 — Dwng
Drucilla (w/o William E) 5 Oct 1840-17___ 1912 — MsBp
Edna Marie (d/o Levin J. & Eulah Mears Northam) 1909-1911 — Beth
Effie d/o George J. & Annie M. d. 16 Oct 1868 aged 10mos — NockM
Elizabeth W. (w/o Burlie W) 1 Jul 1908-9 Mar 1931 — Grtn
Elton Lee (s/o Asa F. & Maude A) 1908-1926 — Grtn
Ernest G. (h/o Mae B) 1898-1953 — Wssl
Eugenia C. (w/o David J) 19 Oct 1851-16 Dec 1916 — JWTa
Eulah Mears (w/o Levin J) 1889-1961 — Beth
Flossie S. (w/o Billy N) 1916-___ — Mdst
Garland (h/o Nellie) 1903-1976 — Grtn
George Dewey 7 May 1898-22 Apr 1970 — Mdst
George W. 19 Sep 1838-25 Dec 1907 — Grtn
Georgia B. (w/o Harvey L) 1889-1941 — Nels
Gerald H. 1936-1987 — Grtn
Harvey L. (h/o Georgia B) 1886-1953 — Nels
Henry B. (h/o Mary H) 10 Jan 1836-4 Jun 1903 — Beth
Ida May B. 1894-1953 — Mdst
Infant 16 Mar 1929 — Grtn
J. Anna (sis/o Mulford L) 1899-1992 — Frnk
J.W. (h/o Mary A) 8 Mar 1856-25 May 1931 — Grtn
James Alvin MM2 USA 20 May 1916-19 Oct 1974 — Dwng
James s/o George J & Annie M d. 9 Sep 1872 aged 8yrs 1mos 11dys — NockM

NORTHAM (Con't), James I. (h/o Annie) 19 Aug 1857-27 Oct 1933	Grtn
John T. h/o Adaline 17 Sep 1823-21 Jan 1906	Grtn
John Thomas (h/o Annie L) PFC USMC WWII 20 Jun 1925-3 Dec 1968	Grtn
Kenneth M. USN 9 Mar 1931-3 Jan 1986	Grtn
L. Bruce (h/o Mary A) 1872-1949	Wssl
Lee 30 Aug 1870-8 Apr 1917	Grtn
Levi J. (h/o M. Grace L) 1837-1916	Mdst
Levin James (h/o Eulah M) 1880-1964	Beth
M. Grace Long (w/o Levi J) 1 Feb 1839-5 Mar 1911	Mdst
Mae B. (w/o Ernest G) 1898-1983	Wssl
Maggie M. 26 Jul 1888-24 May 1967	Grtn
Margaret A. (w/o Bruce N) 1901-1989	Wssl
Margaret C. 28 May 1819-2 Jul 1893	AtBp
Margie L. 16 Oct 1900-6 Dec 1921	Dwng
Martha 1928-1978	Wssl
Mary A. w/o J.W. 29 Jan 1853-2 Oct 1925	Grtn
Mary A. (w/o George J?) 8 Aug 1843-1 Feb 1903	NockM
Mary A. (w/o L. Bruce) 1872-1949	Wssl
Mary Hester w/o Henry B. 4 Feb 1843-3 Feb 1916	Beth
Maude A. (w/o Asa F) 1889-1958	Grtn
Mosby L. (h/o Pollie D) 1869-1941	Mdst
Mulford L. "Sam" (h/o ____ & Verna R) 1896-1975	Frnk
Nellie (w/o Garland) 1909-1984	Grtn
Olive E. (w/o William R) 1870-1947	Mdst
Olivia 1883-1960	Dwng
Olivia T. (w/o Arthur H) 1864-1935	Nels
Pollie D. (w/o Mosby L) 1875-1935	Mdst
Roy B. (h/o Stella M) 1915-____	Grtn
Roy Barnes s/o L. Bruce & Mary A. 26 Sep 1906-24 Nov 1921	Wssl
Roy F. s/o J.W. & Mary A. 29 Mar 1881-7 Mar 1906	Grtn
Sadie C. 1884-1924	Dwng
Sara P. (w/o Willard H) 7 Aug 1920-____	Frnk
Sarah E. w/o William 4 Apr 1852-7 Jun 1917	Wssl
Sherwood 9 Jun 1893-23 Apr 1968	Mdst
Stella M. (w/o Roy B) 1920-____	Grtn
Thomas L. 1866-1938	Mdst
Verna R. (2w/o Mulford L) 1896-1989	Frnk
W. Preston 1890-1984	Mdst
Walter B. (s/o Walter M & Bernice P) USNR WWII 30 Aug 1919-3 Jul 1971	Mdst
Walter Morris (h/o Bernice P) 1894-1956	Mdst
Willard H. (h/o Sara P) 9 Apr 1919-____	Frnk
William E. 1871-1927	JWTa
William E. (h/o Drucilla) 9 Oct 1835-21 Apr 1916	MsBp
William J. 1897-1979	Wssl
William R. (h/o Olive E) 1866-1951	Mdst
NOVACK, Craig Nathan 8 Jan 1989-8 Jan 1989	Gnbk

Tombstone Inscriptions of Upper Accomack County, VA

NOVAK, Frank J. (h/o Myrtle V) 1925-1975	ChGn
Myrtle V. (w/o Frank J) 1917-1961	ChGn
NUCKOLS, Ann 1896-1980	JWTa
O'MARR, James L. (h/o Luella M) 1909-1989	JWTa
Luella M. (w/o James L) 1906-1984	JWTa
ODELL, Kenneth B. h/o Patricia A. 1943-1986	Dwng
Kevin S. s/o Kenneth B. & Patricia A. 1973-1990	Dwng
Patricia A. w/o Kenneth B. 1944-___	Dwng
OLDHAM, Elizabeth Grace 1883-1951	JWTa
Annie Byrd d/o Geo W & Laura G (no dates) (2 Dec 1880-3 Sep 1881)	JWTa
Caroline M. d/o Rev Montcalm & Maria A 25 Dec 1844-25 Oct 1867	ConqH
Edward F. (h/o Sallie F) 3 Nov 1858-19 Nov 1929	JWTa
George W. (h/o Laura G) 24 May 1846-3 Mar 1909	JWTa
L. Grace w/o Geo W & d/o C.P. & Eliz A Byrd 1 Oct 1855-30 Nov 1890	JWTa
M. Annie d/o Rev Mont & Maria A d. 12 Oct 1873 aged 17yrs 1mo 23 dys	ConqH
Maria Ann w/o Mont d/o John H & Cath Harmanson d. 25 Dec 1874 age 57y	ConqH
Montcalm Rev. (h/o Maria A) 20 Jan 1815-13 Jul 1888	ConqH
Sallie F. w/o Edward S. 14 Feb 1863-25 Dec 1911	JWTa
OLDRICH, Mildred W. d/o O.L & Rebecca Wimbrow 10 May 1897-20 Oct 1918	ChMc
OLIVE, Catherine* w/o Stephen 25 Nov 1829-21 Mar 1894	RewC
Stephen* (h/o Cath) s/o John D & Margaret 25 Oct 1824-3 Jun 1862	RewC
Willie H* s/o Stephen & Catherine 23 Nov 1855-25 Mar 1869	RewC
ONIONS, Dora w/o R.J. 1 Sep 1866-18 Feb 1905	Onio
Infant s/o R.J. & Dora b&d 13 Apr 1896	Onio
ONLEY, Blanche G. (w/o Irving T) 1880-1961	Mdst
Carson L. 31 Oct 1905-4 Nov 1987	Grtn
E. Florence (w/o Major H) 1884-1943	Mdst
Edward W. (h/o Maude B) 1888-1941	ByrdG
Elizabeth S. w/o Smith K. 28 Sep 1860-21 Nov 1904	Stan
Ernest C. (s/o Irving T. & Blanche G) 1911-1958	Mdst
Evelyn L. w/o Herman 1893-1964	Grtn
Geneva M. (w/o Jackson L) 1874-1946	JWTa
Harry C. 29 Mar 1895-25 Dec 1909	Beth
Herman (h/o Evelyn L) 1889-1986	Grtn
Infant d/o E.W. & Maud 22 Nov 1911-22 Nov 1911	ByrdG
Irving T. (h/o Blanche G) 1872-1950	Mdst
J. Thomas (s/o Irving T. & Blanche G?) 1899-1948	Mdst
Jackson L. (h/o Geneva M) 1862-1921	JWTa
Jeter (h/o Pearl L) 12 Mar 1877-27 Oct 1965	Grtn
Joel C. (h/o Virginia S) 1878-1940	Grtn
John H. (h/o Mary A) 9 Oct 1840-3 Aug 1913	Onle
John Revel (h/o Sarah A) Co E 39 VA Inf C.S.A. (no dates)	Grtn
John Tyler 1890-1992	Mdst
Kathryn Ellen b&d 8 Mar 1963	Dwng
Lula Ross (w/o Marvin H) 1888-1976	Mdst
Luther M. h/o Ruth A. 18 Nov 1872-19 May 1903	Beth

Caucasian Tombstone Inscriptions

ONLEY (Con't), Major H. (h/o E. Florence) 1859-1944 — Mdst
Marvin H. (h/o Lula R) 1890-1957 — Mdst
Mary A. w/o John H. 3 Feb 1841-24 Apr 1898 — Onle
Mary R. 1900-1990 — Mdst
Maude B. (w/o Edward W) 1890-1968 — ByrdG
Mollie E. d/o Ruth & Luther 8 Jun 1900-21 Dec 1900 — Beth
Norah Johnson (w/o Waren Johnson 1874-1943 — JWTa
Pearl L. w/o Jeter 30 Jul 1885-29 Oct 1918 — Grtn
Ralph A. (h/o Sarah B) 1908-1987 — Mdst
Sarah A. (w/o John R) 1845-1939 — Grtn
Sarah B. (w/o Ralph A) 1905-1983 — Mdst
Sobina(?) d/o Luther & Ruth 8 Nov 1898-14 Feb 1899 — Beth
Tabitha 1810-19 Oct 1889 — Onle
Virgin Mary Linton (w/o Clark) 1899-1981 (temp) — SxEl
Virginia S. (w/o Joel C) 1878-1958 — Grtn
OTWELL, John C. s/o William T. & Virginia C. 1858-1918 — Nels
Susan J. w/o William T. 1867-1941 — Dwng
Virginia C. (w/o William T) 1842-1909 — Nels
William Logan s/o W.J. & S.G. 22 Jan 1897-5 Jun 1899 — Loga
William T. h/o Susan J. 1865-1935 — Dwng
William T. (h/o Virginia C) 1835-1886 — Nels
OUTRAM, Alfred B. (h/o Elizabeth) 1904-1979 — JWTa
Elizabeth (w/o Alfred B) 1907-1986 — JWTa
OUTTEN, Alton 1886-1958 — Nels
Anna M. w/o Norman M. 3 May 1921-____ m. 24 Jul 1937 — Dwng
Bertie P. (w/o Dalton M) 1920-____ — JWTa
Carl Leslie s/o Charles T. & Nora E. 1 Sep 1911-26 Jul 1929 — Nels
Charles T. (h/o Nora E) 1876-1963 — Nels
Dalton M. (h/o Bertie P) 1917-____ — JWTa
Garley M. 1919-1974 — Dwng
Julius C. (h/o Mary A) 25 Apr 1851-9 Mar 1929 — Nels
Mary A. w/o Julius C. 15 Feb 1852-2 Aug 1921 — Nels
Mattie H. (w/o Vernon O) 1923-1982 — Nels
Maurise Jr s/o Maurice J. & Sadie T. 1926-1926 — Nels
Nora E. (w/o Charles T) 1880-1950 — Nels
Norman M. h/o Anna M. 25 Apr 1915-14 May 1988 — Dwng
Orville O. TEC 4 USA WWII 20 Oct 1914-3 Jul 1980 — Dwng
Oscar h/o Sally F. 1883-1972 — Dwng
Royce Lee CS1 USCG Vietnam 27 Aug 1937-24 Dec 1975 — JWTa
Sally F. "Lizzie" w/o Oscar 1890-1972 — Dwng
Vernon O. (h/o Mattie H) 1919-____ — Nels
OWENS, Betty Lou 1931-1954 — Grtn
PANCOST, Infant d/o J.W. & M.C. d. 8 Sep 1862 — Ebzr
Arabella d/o James W & Mary C d. 13 Oct 1857 **aged 1yr 10ms 1dy** — Ebzr
Edward C. s/o James W & Mary C d. 24 Jun 1855 **aged 1yr 7ms 16dys** — Ebzr
PARADIS, (no name) 10 Jul 1903-3 Jun 1908 — Dwng

PARADIS (Con't), (no name) 8 Aug 1883-30 Mar 1906 — Dwng
Burton P. h/o Sarah E. 1857-1934 — Dwng
Cecie J. 1896-1977 — Dwng
Ella May (w/o John T) 1868-1957 — Frnk
John T. (h/o Ella M) 1863-1937 — Frnk
Laura E. 1906-___ — Dwng
Sarah E. w/o Burton P. 1862-1928 — Dwng
PARADISE, Etta F. w/o Milton F. 1910-1985 — Dwng
George P. h/o Lillian M. 1889-1952 — Dwng
Lillian M. w/o George P. 1887-1961 — Dwng
Milton Francis (h/o Etta F) PFC USA WWII 1920-1985 — Dwng
PARKER, George Dr. 21 Dec 1800-7 Apr 1843 — Shay
Isabelle* d/o L.T. & Medora 8 Jul 1887-12 Sep 1887 — Pakr
Joellen Burton 1947-1977 — Dwng
Levin T. (h/o Medora) 1855-1939 — Pakr
Medora (w/o Levin T) 1868-1953 — Pakr
Thomas R. 24 Jan 1894-9 Oct 1918 — Pakr
W.A. 31 Aug 1887-3 Dec 1914 — Zion
PARKES, Edward C. (h/o Martha M) 18 Aug 1830-13 Feb 1898 — ParkS
George E. (h/o Mary E) 9 Dec 1861-30 Jul 1946 — Nels
John D. 17 Apr 1799-24 Jan 1877 — ParkF
John Moore 19 Dec 1872-23 Jun 1935 — ParkS
Leland Fox s/o Robert T. & Annie E. Fox 7 Apr 1885-24 Sep 1925 — Fox
Lula A. (w/o William B) 1875-1958 — Mdst
Margaret A. 25 Aug 1812-14 Jun 1890 — WessA
Margaret A. d/o John D. & Sally H. 12 Feb 1824-29 Sep 1842/9? — ParkF
Martha Moore w/o Edw C 4 Nov 1834-22 Sep 1919 aged 84yrs 11mos 12dys — ParkS
Mary A. w/o William T. Sr 29 Mar 1826-20 Dec 1878 — ParkL
Mary E. w/o George E. 19 Oct 1855-17 Mar 1919 — Nels
Mary Virginia d/o W.T. Sr & Mary A. 14 Nov 1850-28 Feb 1862 — ParkL
Sally H. w/o Jno D & d/o Chas & Comfort Rew 3 Jan 1795-2 Oct 1857 — ParkF
Sarah d/o Frank D. & Sadie S. 27 Oct 1891-1 May 1894 — ParkF
William B. (h/o Lula A) 1871-1959 — Mdst
William Thomas 23 Dec 1861-6 Apr 1933 — ParkS
Wm Thomas Infant s/o John M. & Daisy D. (no dates) — ParkS
PARKS, (no given names or dates) — ParkB
A. Frank (h/o Sallie A) 1847-1926 — JWTa
A. Roy h/o Mollie 1881-1961 — Dwng
Addie G. 5 Jun 1892-20 Nov 1901 — TgMa
Adline T. 15 Oct 1860-26 Aug 1904 — TgMa
Alfred S. h/o Sara Emma 23 Jul 1845-28 Aug 1921 — Dwng
Amanda C. w/o Wm R. 10 Mar 1819-1 May 1886 — TgMa
Andrew C. 29 Jul 1866-19 Dec 1905 — TgWe
Andrew Lawson (h/o Lola S) USCG WWII 21 Feb 1921-18 Sep 1976 — Grtn
Andrew M. 15 Aug 1858-31 Jan 1927 — TgMa
Andrew M. s/o E.T. & Margaret 7 Apr 1890-18 Jan 1925 — TgMa

Caucasian Tombstone Inscriptions 215

PARKS (Con't), Andrew S. 1881-1944 TgMa
Anna L. (d/o Emma L. & Bennett) 1869-1885 ParkN
Annie E. (w/o Benjamin F) 1862-1923 Mdst
Annie I. 1918-1973 TgMa
Beaulah K. w/o Walter H. 27 Jul 1907-6 Feb 1931 TgMa
Benjamin F. (h/o Annie E) 1857-1941 Mdst
Benjamin H. (1h/o Louella Hart Parks Fox) 1926-1982 Beth
Bennett (h/o Emma L) 1840-1919 ParkN
Bertha L. 31 Aug 1902-12 Jan 1975 TgMa
Bertie Taylor 1892-1977 Dwng
Bessie M. (w/o William F) 1881-1968 JWTa
Betsy d/o Parker & Polly 2 Apr 1856-8 Jul 1871 TgMa
Bettie A. w/o Henry P. 1864-1944 TgMa
Betty A. 1868-1959 TgMa
Calvin S. 1906-1971 TgMa
Carlton Berry VA BM2 USN WWII 18 Feb 1922-3 May 1973 TgMa
Carrie N. 1882-1968 TgMa
Carroll R. s/o W.H. & Bertie I. 1909-1932 Dwng
Carson Reed PFC COB 574 Sig Air Wing BN WWII 22 Nov 1921-8 Aug 1972 TgMa
Charles 21 Apr 1897-6 Jun 1926 TgMa
Charles B. 1883-1932 TgMa
Charles G. 24 Jul 1896-6 Jun 1950 TgMa
Charles R. 1896-1962 TgMa
Charles R. s/o R.L. & Estle M. 1932-1933 TgWe
Charles S. h/o Lola M. 1900-1965 TgMa
Clarence Wesley 1909-1970 TgMa
Clarence Wilson AS USN WWI 3 Apr 1897-13 Mar 1933 JWTa
Colburn A. 1886-1938 TgMa
Coulborn 16 Nov 1891-17 Jun 1911 TgWe
Cynthia C. d/o Luther N. & Ida M. 25 Jul 1899-3 Jun 1900 TgMa
D. Talmage h/o Mattie M. 1894-1964 Dwng
David Bryan s/o Estha Lee 29 Nov 1946-4 Dec 1976 TgMa
Deborah A. 1961-1980 Dwng
Donna C. 1886-1963 TgMa
Earl C. (h/o Martha W) 1891-1970 Nels
Eddie G. 1899-1952 TgMa
Edith Tull (w/o Robert L) 1873-1961 Nels
Edmund s/o Jno & Sarah (Colona) Parks 25 Nov 1779-1 Aug 1865 ParkF
Edna F. w/o Wm H. 26 Nov 1889-3 Dec 1927 TgMa
Edward (h/o Nancy) 28 Oct 1826-22 Dec 1877 ParkP
Edward E. 15 Apr 1855-__ Jan 1928 TgMa
Edward T. h/o Pauline G. 28 Jan 1910-11 Feb 1974 Dwng
Eldora 14 Jan 1912-7 Nov 1924 TgMa
Eliza A. 20 Sep 1846-12 Feb 1909 TgCa
Eliza A. w/o Louis D. 31 Jul 1861-29 Aug 1891 TgMa
Eliza J. 15 Dec 1838-26 Jul 1926 TgMa

PARKS (Con't), Eliza J. 1901-1975 — TgMa
Eliza Jane 1887-1954 — TgMa
Ella May 27 Dec 1890-23 Sep 1928 — TgMa
Ellen 6 May 1873-10 Sep 1912 — TgCa
Ellie T. 3 Sep 1865-3 Feb 1923 — TgMa
Elmer 1886-1959 — TgMa
Elmo Lee s/o William T. & Addie 7 Apr 1891-21 Aug 1892 — SmitC
Elsie F. 1893-1956 — TgMa
Emma 1900-1971 — TgMa
Emma L. (w/o Bennett) 1843-1892 — ParkN
Ernest F. s/o E.T. & Margaret 29 Aug 1907-8 Oct 1924 — TgMa
Estha Lee 8 Oct 1908-3 Oct 1976 — TgMa
Etta M. (w/o Lawson R) 1892-1990 — Nels
Fannie Jane 1876-1958 — TgMa
Flora J. w/o Willard F. 1894-1935 — TgMa
Frank 28 Feb 1891-21 Aug 1902 — TgMa
Frank E. 1898-1965 — TgMa
Gabriel 1866-1955 — TgMa
George B. (no dates) aged 73yrs — TgMa
George E. 1894-1940 — TgMa
George W. (h/o Maud G) 12 Aug 1879 — ParkN
Harry 1878-1952 — TgMa
Henry L. 2 Mar 1855-3 May 1911 — TgMa
Henry P. h/o Bettie A. 31 Dec 1862-26 Nov 1933 — TgMa
Hortense E. 1921-1921 — Nels
Ida B. 21 Oct 1892-19 Feb 1979 — TgMa
Ida M. w/o Andrew S. 28 Aug 1875-23 May 1900 — TgMa
Ileen 1929-1990 — Nels
Infant d/o Bertie I. 1936 — Dwng
Irene J. w/o William N. 1939-____ — Dwng
Irvin M. 1886-1944 — TgMa
James F. 1897-1940 — TgMa
James L. 1898-1964 — TgMa
Jewel Lee (d/o Benjamin F. & Annie E) 1893-1926 — Mdst
John (h/o Nancy) & s/o B. d. 21 Jul 1915 aged 90yrs — ParkG
John (h/o Tabitha Parks?) 10 Mar 1789-17 Apr 1870 — ParkC
John A. 14 Jan 1856-21 Jul 1890 — TgWe
John H. h/o Mattie G. 1897-1979 — Dwng
John L. s/o H.P. & Bettie A. 28 Mar 1889-29 Jul 1922 — TgMa
John Revil 22 Feb 1850-17 Jan 1875 — ParkG
John Ross h/o Lottie C. 1884-7 Mar 1978 aged 94yrs — TgMa
John W. h/o Mary F. 1872-1950 — Dwng
John W. h/o Maud B. 1892-1971 — TgMa
John W. 20 Mar 1876-22 Apr 1927 — TgMa
Katie 7 Jul 1858-20 Apr 1928 — TgMa
Laura E. 31 Jan 1881-27 Nov 1885 — TgMa

PARKS (Con't), Lawson R. (h/o Etta M) 1890-1971   Nels
Lewis B. d. 7 Jul 1891 aged 52yrs   TgWe
Lillie May w/o Wilber J. 17 Dec 1877-4 Jun 1915   Dwng
Lloyd Mackneal Pvt USMC 2 Oct 1928-5 Mar 1974   Dwng
Lola M. w/o Charles S. 1905-___   TgMa
Lola S. (w/o Andrew L) 8 Sep 1906-___   Grtn
Lola T. (w/o T. Carroll) 1893-1972   Grtn
Lottie C. w/o John R. 1883-1969   TgMa
Louis A. 6 Jan 1857-5 Oct 1879   TgMa
Lucy A. 6 Jan 1862-11 Jun 1943   TgMa
Maggie M. w/o Smith W. 1895-1935   TgMa
Maggie W. 14 May 1880-16 Feb 1966   TgMa
Major I. 4 Mar 1847-19 Jun 1929   TgMa
Margaret A. 20 Mar 1852-28 Aug 1878   TgMa
Margaret C. 9 Oct 1861-28 Jun 1930   TgMa
Margaret Elizabeth w/o F.D. 5 Oct 1849-14 Aug 1884   ParkL
Margaret Nottingham (w/o Preston Dix Parks MD) Oct 1890-May 1971   ParkH
Margareth A. 4 Oct 1827-29 Mar 1874   TgMa
Margarett J. 1 w/o Ellie T. d. 21 Jul 1900 aged 36yrs   TgMa
Martha W. (w/o Earl C) 1894-1954   Nels
Mary A. Mrs. 12 Oct 1840-10 May 1909   Mdst
Mary E. w/o Wm S. __ Mar 1877-15 Mar 1912   TgMa
Mary F. w/o John W. 1879-1946   Dwng
Mary J. w/o Noah 28 Jan 1820-31 Jan 1894   ParkJ
Mary Malinda 1882-1944   TgMa
Matilda J. 12 Mar 1847-12 Jul 1906   TgMa
Mattie G. w/o John H. 1899-1970   Dwng
Mattie M. w/o D. Talmage 1890-1958   Dwng
Maud B. w/o John W. 1890-1978   TgMa
Maud G. (w/o George W) 18 Nov 1881-26 Nov 1944   ParkN
Mazie M. w/o Raymond O. 1898-1972   Dwng
Minnie C. 1884-1947   TgMa
Minnie Mason w/o William T. 7 Jun 1875-5 Dec 1916   ParkL
Mollie w/o A. Roy 1881-1953   Dwng
Nancy w/o Edward 5 Apr 1829-26 Feb 1900   ParkP
Nancy w/o John & d/o Revil Middleton 16 Sep 1825-1 Nov 1888   ParkG
Nannie H. 23 Aug 1889-27 Jun 1910   TgMa
Nealy J. 8 Nov 1890-5 May 1902   TgMa
Nellie 13 Apr 1873-3 Oct 1953   TgMa
Nina Williams 12 Jul 1899-19 Dec 1965   TgMa
Noah (h/o Mary J) 2 Sep 1822-23 Dec 1886   ParkJ
Nora J. d/o E.T. & Margaret Parks 2 Feb 1883-10 May 1918   TgMa
Norman C. (h/o Pauline J) 1913-1957   JWTa
Norman F. 1924-1973   TgMa
Norman Pvt WWI 1891-1939   TgMa
Novella 1888-1945   TgMa

PARKS (Con't), Oldham W. Pvt USA WWI 20 Oct 1896-7 Aug 1964	TgMa
Parker 30 Apr 1834-29 Mar 1900	TgMa
Pauline J. (w/o Norman C) 1919-____	JWTa
Penny (baby) 1961	Wssl
Polly A. w/o Parker 30 Oct 1934-20 Nov 1920	TgMa
Polly J. 19 Oct 1876-1 Dec 1913	TgUp
Preston D. s/o Margaret N & Dr Preston Dix Parks Cpl A.A.F. (no dates)	ParkH
Preston Dix MD (h/o Margaret N) Aug 1882-Dec 1966	ParkH
Ralph W. 1924-1971	Dwng
Raymond O. h/o Mazie M. 1897-1954	Dwng
Rena w/o W.J. 19 Mar 1859-15 Mar 1905	Beth
Riley N. 28 Jan 1876-3 Sep 1878	TgMa
Robert L. (h/o Edith T) 1870-1942	Nels
Roland L. 1904-1973	TgMa
Roland Lee 7 Jan 1903-23 Apr 1962	TgMa
Ronald (baby) 1960	Wssl
Rose E. 2 Feb 1886-31 Mar 1915	TgMa
Rosy Dulane Baby 10 Sep 1953	TgMa
Sadie B. w/o Wm H. 1894-1971	TgMa
Sallie A. (w/o A. Frank) 1858-1941	JWTa
Sara Emma w/o Alfred S. 22 May 1845-18 May 1935	Dwng
Sara Miles (w/o Winfred B) 1925-____	Mdst
Sarah M. w/o John P. 2 Sep 1853-24 Jan 1883	TgCa
Shady F. w/o Irvin M. 1907-1927	TgMa
Sidney M. 26 Jul 1887-23 Sep 1898	TgMa
Smith W. 1887-1959	TgMa
Solomon S. 1865-1932	TgMa
Steve 1875-1949	TgMa
Susan E. 1869-1936	TgMa
Susie D. 1893-1968	TgMa
T. Carroll (h/o Lola T) 1884-1952	Grtn
Tabitha (w/o John?) 15 Jun 1790-17 May 1809(?)	ParkC
Thomas G. 1887-1946	TgMa
Tom G. 1886-1964	TgMa
Travis 30 Mar 1928-20 Mar 1905	TgMa
Vin V. (no dates)	Hend
Walter R. (s/o A. Roy & Mollie) 1911-1991	Dwng
Warner 1905-1966	TgMa
Wilber Hall h/o Bertie T. 12 Oct 1888-11 Sep 1951	Dwng
Wilber J. h/o Lillie M. 13 May 1860-21 Mar 1936	Dwng
William F. (h/o Bessie M) 1874-1952	JWTa
William H. h/o Sadie B. 1886-1959	TgMa
William N. "Basie" h/o Irene J Sgt USA Korea 10 Mar 1934-10 Sep 1984	Dwng
William P. (no dates) aged 74 years	TgMa
William R. 1927-1957	TgMa
William Randy s/o E.T. & Pauline G. 17 Oct 1958	Dwng

PARKS (Con't), William S. 1876-1948 — TgMa
William T. (Sr) (h/o Mary A) & s/o Edmond & Early 27 Oct 1824-9 Jul 1896 — ParkL
William Thomas (h/o Minnie M) 21 Nov 1860-16 Jan 1934 — ParkL
Willie G. 1877-1944 — TgMa
Winfred B. (h/o Sara M) 1921-___ — Mdst
Zippora E. 4 Jul 1854-30 Jun 1920 — TgCa
PARRAMORE, Sarah A.D. d. 8 Feb 1877 aged 70yrs — Parr
Mary A. w/o Jno H & d/o __ Esq & Ann Justice d. 26 Jan 1845 age 28y6m2d — TaylA
Sarah w/o John & d/o Capt Edward Taylor d. 17 Oct 1821 aged 22?yrs 10mos — TaylA
Thomas H. s/o John d. 25 Mar 1853(?) aged 15yrs 3mos 8dys — TaylA
PARRY, Harold (h/o Mary W) 1903-___ — Gnbk
Mary W. (w/o Harold) 1909-1982 — Gnbk
PARSONS, Esther Byrd w/o John D. 1852-1946 — Dwng
Ethel Elizabeth d/o John H & Esther B Parsons 5 Jan 1880-2 Jun 1884 — Dwng
Ilva Taylor 1906-___ — Dwng
John D. (h/o Esther B) 5 Jul 1833-5 Mar 1901 — Dwng
Peyton R. s/o John D. & Esther B. 14 Mar 1876-2 Sep 1876 — Dwng
PATTERSON, Angelina (b&d) 5 Jul 1994 (temp) — JWTa
PAYNE, Allena Jones 1908-1969 — ChMc
Annie E. 1886-1980 — ChMc
Bertie Mae 1894-1915 — Beth
Burlyss Bruce h/o Eva W. 1877-1958 — Dwng
Elsie B. (w/o William F) 1903-1960 — ChGn
Emily J. (w/o Ira F) 7 Jan 1843-25 Aug 1921 — Gnbk
Eva Wessells w/o Burlyss B. 1882-1970 — Dwng
Evangeline d/o R.T. & Elizabeth C. 27 Dec 1883-5 Dec 1891 — Brit
Fannie F. 1872-1930 — Gnbk
George Wilbur (s/o Annie E) BM2 USN WWII 15 Oct 1904-4 Apr 1972 — ChMc
Gorden E. 1897-1943 — Gnbk
I. Maurice (h/o May B) 1895-1971 — JWTa
Ira F. (h/o Emily J) 10 Jan 1836-29 Feb 1896 — Gnbk
Jeannette B.(Brittingham) (w/o Leslie J) 1900-___ — Gnbk
Leslie J. (h/o Jeannette P) 1890-1965 — Gnbk
May Byrd (w/o I. Maurice) 1894-1968 — JWTa
Melba W. (d/o L.W. Jr & Shirley White) 1954-1989 — Grtn
Nathan 22 Oct 1858-22 Sep 1927 — TgMa
Norman s/o A.W. & Levenia C. 21 Jun 1888-12 Dec 1891 — Brit
Roy s/o R.T. & Elizabeth C. 8 Aug 1887-29 Aug 1891 — Brit
S. Wilson s/o R.H. & Fannie F. b&d 3 Sep 1905 — Gnbk
Sara May Rantz d/o Violet B. Linton 1947-1985 — Dwng
William F. (h/o Elsie B) 1896-1961 — ChGn
PENNEWELL, Bertie M. (w/o Zedoc T) 1894-1960 — Gnbk
Blanche (w/o Melson L) 9 Oct 1908-4 Dec 1982 — Nels
Carrie E. (w/o Lemuel) 1875-1971 — Nels
Etta H. 25 Jul 1878-2 Mar 1922 — Colo
Grover C. (h/o Ruth B) 1884-1960 — Gnbk

PENNEWELL (Con't), I. Lillian (w/o J. William) 1875-1953 — Frnk
J. William (h/o I. Lillian) 1875-1952 — Frnk
Joseph Donaldson 1931-1977 — Dwng
Lemuel (h/o Carrie E) 1872-1959 — Nels
Louis William 1906-____ — Frnk
Mary A. 1902-____ — Nels
Melson L. 1899-1958 — Nels
Mervin L. 14 Jun 1932-28 Jan 1981 — Gnbk
Ruth B. (w/o Grover C) 1894-1926 — Gnbk
Sarah 1925-1993 — Gnbk
Thomas B. VA PHM3 USNR WWII 11 Oct 1922-15 Jun 1966 — Gnbk
Victor Wright 1909-1980 — Frnk
Zedoc T. (h/o Bertie M) 1879-1954 — Gnbk
PERDUE, George W. USN Korea 1924-1993 — Gnbk
Robert 1968-1968 — Dwng
PETERMAN, Caroline T. (w/o George W) 1902-1990 — JWTa
George W. (h/o Caroline T) 1893-1958 — JWTa
PETERS, Arinthia S. 1853-1937 — ChBo
Lillian M. 1897-1937 — ChBo
Max H. (h/o Olga L) 1902-1969 — JWTa
Olga L. (w/o Max H) 1903-____ — JWTa
Pansy Lee (w/o Ray) 1918-1981 — ChMd
Ray (h/o Pansy L) 1892-1966 — ChMd
PETERSON, Andrew (h/o Hester A) 1845-1926 — ChRm
Andrew J. (h/o Drucilla) 1886-1970 — ChGn
Bertie V. sis/o Andrew J. 1909-1925 — ChGn
Calvin h/o Violet R. 1917-____ — Dwng
Charles (h/o Rachel A) SURF USCG WWI 20 Mar 1890-14 Jun 1969 — ChRm
Drucilla (w/o Andrew J) 1902-1956 — ChGn
Drucilla M. (w/o James T) 1884-1974 — ChGn
Grace H. (w/o Harold E) 1921-____ — JWTa
Harold (s/o I.D. & Minnie S) 1909-1912 — ChRm
Harold E. (h/o Grace H) 1911-1992 — JWTa
Harry J. (s/o I.D. & Minnie S) 1924-1934 — ChRm
Hester A. (w/o Andrew) 1854-1941 — ChRm
Isaac Demerest (h/o Minnie S) 1876-1951 — ChRm
James T. (h/o Drucilla M) BM1 USCG WWI 16 Jan 1884/5?-14 Jan 1970 — ChGn
Martin A. (s/o I.D. & Minnie S) 1903-1909 — ChRm
Mary H. (w/o Samuel) 1854-1937 — Gnbk
Minnie S. (w/o Isaac D) 1882-1962 — ChRm
Rachel A. (w/o Charles) 1892-1954 — ChRm
Samuel (h/o Mary H) 1855-1934 — Gnbk
Violet R. w/o Calvin 1908-1992 — Dwng
Wilson (s/o I.D. & Minnie S) 1915-1920 — ChRm
Winfred VA Pvt 817 Tank Destroyer Bn WWII 1923-1952 — ChRm
Woodrow (s/o I.D. & Minnie S) 1914-1914 — ChRm

Caucasian Tombstone Inscriptions 221

PETTIT, A. Hortense 5 May 1904-20 Jan 1992 — Mdst
Daniel J. (h/o Hallie J) 1880-1949 — Gnbk
Edward S. (h/o Sarah W) 1857-1929 — Pett
Estella P. (w/o William E) 1883-1966 — Gnbk
Hallie J. (w/o Daniel J) 1891-1988 — Gnbk
Madeline 3 Jan 1908-18 Jun 1987 — Mdst
Mae Mason 9 Sep 1920-27 May 1993 — Mdst
Martin S. (h/o Mildred C) 1884-1974 — Nels
Mary Bundick w/o Wm M (d/o Wm & Nancy Bundick) 4 Aug 1796-26 Oct 1859 — Ebzr
May Mason (w/o William C) 17 Jun 1879-30 Jan 1954 — Mdst
Mildred C. (w/o Martin S) 1901-1978 — Nels
Sarah W. (w/o Edward S) 1859-1950 — Pett
Thomas d. 7 Sep 1901 aged 62yrs — Brit
Thomas S. 2 Feb 1886-18 Oct 1918 — Pett
William C. (h/o May M) 12 Sep 1878-4 Sep 1950 — Mdst
William E. (h/o Estella P) 1882-1972 — Gnbk
William M. Capt. (h/o Mary) 11 Oct 1806-20 Feb 1881 — Bbzr
William T. 28 Oct 1911-2 Nov 1911 — Simp
PETTYJOHN, Edward P. (s/o Rowena Jones) 20 Mar 1913-31 May 1988 — ChRm
PHELPS, Chris Allen 1982-1982 (temp) — JWTa
PHILLIPS, Adele E. 1912-1984 — Dwng
Al Captain (h/o Mattie M?) 1869-1947 — ChMc
Alice Gillespie w/o Eslie R. 4 Jan 1875-15 Nov 1916 — Nels
Arthur R. (h/o Ione W) m. 10 Jul 1948 1909-1982 — JWTa
Bertie S. 1889-1983 — Mdst
Egbert T. (h/o Margaret A) 1854-1918 — Mdst
Eslie Rolland 3 Sep 1874-30 Apr 1935 — Nels
Infant s/o E.R. & Alice 15 Nov 1916-15 Nov 1916 — Nels
Ione W. (w/o Arthur R) m. 10 Jul 1948 1913-___ — JWTa
Larry G. Jr 26 Apr 1971-6 Jun 1992 — ChRm
Margaret ___-___ — Grtn
Margaret A. (w/o Eghert T) 1847-1925 — Mdst
Margaret Ann w/o William J. 10 Jun 1846-17 Dec 1915 — Nels
Mattie Mumford (w/o Capt Al Phillips & Wm B Mumford?) 1882-1963 — ChMc
Roy L. 1902-1937 — Grtn
Sherwood Don USA Korea 13 Dec 1933-13 Feb 1992 — Dwng
Thomas 1824-1916 — Mdst
William J. (h/o Margaret A) 4 Mar 1845-23 Feb 1923 — Nels
William L. 1887-1937 — Mdst
William S. 1923-___ — Mdst
PHIPPS, Absalom (h/o Emma P) 14 Dec 1838-18 Nov 1879 — ChMc
Charles R. WWII 21 Mar 1918-31 May 1945 — ChMc
Charles R. Pvt 86MT Inf 10MT Div WWII 21 Mar 1908-3 Mar 1945 — ChMc
Emma P. (w/o Absalom) 22 Mar 1840-10 Mar 1900 — ChMc
Emory F. 1889-1949 — ChMc
Emory W. (h/o Lillie J) 1865-1940 — ChMc

PHIPPS (Con't), G. Reuben (h/o Mary E. & Hattie L. Phipps?) 1866-1944   ChMc
Harry A. h/o Teressa C Phipps (Taylor) 17 Dec 1887-11 Oct 1918   ChMc
Hattie L. (2w/o G. Reuben?) 1880-1949   ChMc
Lillie J. d/o Emory F. & V.E. 5 Jun 1916-23 Jun 1919   ChMc
Lillie J. (w/o Emory W) 1869-1945   ChMc
Lula P. 1901-1966   ChMc
Mary E. (1w/o G. Reuben Phipps?) 19 Sep 1874-20 Nov 1908   ChMc
PIAZZA, Ambrose (h/o Bertie H) 1892-1974   JWTa
Bertie Holeston (w/o Ambrose) 1887-1965   JWTa
PILCHARD, Annie F. w/o Major W. 26 Jun 1860-8 Nov 1922   Gnbk
Beatrice (w/o Richard J?) 1920-____   Gnbk
Edna W. (w/o Lee T) 1899-1974   Gnbk
George U. s/o Major W. & Annie F. 9 Feb 1886-28 Oct 1921   Gnbk
Gilbert G. buried in France 1922-1944   Gnbk
Gorden E. (h/o Louisana) 1846-14 May 1920   Gnbk
Harry C. (h/o Sadie M) 1887-1975   Gnbk
Ina M. (w/o Raymond T) 1886-1959   Gnbk
James s/o Owen P. & Minnie F. 5 Feb 1922-10 Feb 1924   Gnbk
Jane C. d/o Major W. & Annie F. 7 Apr 1879-4 May 1919   Gnbk
Lee T. (h/o Edna W) 1890-1962   Gnbk
Louisana (w/o Gorden E) 12 Sep 1851-6 May 1932   Gnbk
Major W. (h/o Annie F) 10 Mar 1844-27 Nov 1911   Gnbk
Margie Blanche w/o Willard d/o J.W & Bessie Silverthorn 15 Aug 1905-14 May 1929   Nels
Minnie F. (w/o Owen P) 1896-1961   Gnbk
Moses V. 6 Dec 1850-14 Apr 1928   SilvH
Owen P. (h/o Minnie F) 1893-1988   Gnbk
Raymond T. (h/o Ina M) 1884-1961   Gnbk
Richard J. (h/o Beatrice?) 1925-1982   Gnbk
Sadie M. (w/o Harry C) 1884-1948   Gnbk
Stephen 22 Jan 1872-4 Jan 1910   Gnbk
Walter W. 1905-1959   Gnbk
William C. 1918-1941   Gnbk
William D. (1h/o Almarine Pilchard Anthony) 1878-1941   Gnbk
PINKINE, Marie T. (w/o Thomas J. Jr) 1926-____   Mdst
Thomas J. Jr (h/o Marie T) S1 USN WWII 1923-1979   Mdst
PIRTLE, Cody 4 Apr 1976   ChGn
PITTS, Henry h/o Minnie E. 1904-1959   Dwng
Henry J. 1890-1946   ChMc
James R. (h/o Mary A) 1853-1924   ChMc
Leah L. (w/o Thomas J) 1882-1926   ChMc
Mary Ann (w/o James R) 1854-1946   ChMc
Minnie E. w/o Henry 1909-____   Dwng
Thomas H. 1940-1959   Dwng
Thomas J. (h/o Leah L) 1879-1957   ChMc
PLESS, Vance Ray Hulen 1969-1990   Dwng
POHLMEYER, August Henry h/o Kathyrn H. 22 Jul 1922-3 Mar 1979   Dwng

Caucasian Tombstone Inscriptions 223

POHLMEYER (Con't), August Henry h/o Genevieve S 23 Oct 1888-3 Mar 1942   Dwng
Genevieve S. w/o August H. 10 Mar 1897-27 Oct 1981   Dwng
Kathryn Hughes w/o August H. 23 Aug 1925-21 Mar 1959   Dwng
POINTER, David C. (h/o Lillie M) 1884-1953   ChMc
Doris M. 5 Sep 1891-26 Jun 1975   ChMc
Ella (w/o James P) 1870-1950   ChGn
Ernest (h/o Lillie) 1892-1968   ChGn
Ezra A. 1905-1973   JWTa
James P. (h/o Ella) 1865-1940   ChGn
Lillie (w/o Ernest) 1896-1984   ChGn
Lillie M. (w/o David C) 1886-1958   ChMc
Lydia A. w/o James 22 Nov 1836-26 Apr 1909   ChMc
Nellie H. (w/o William F) 1899-1989   JWTa
Robert B. 24 May 1868-4 Nov 1920   ChMc
William F. (h/o Nellie H) 1898-1973   JWTa
POLLETT, Benjamin L. 13 Oct 1819-14 Apr 1890   Gnbk
POLLITT, Alfred Frank (h/o Eliza L) 1860-1922   Gnbk
Clara F. (w/o Steven L) 1868-1949   Gnbk
Eleanor w/o Benjamin L. 3 Jul 1824-19 Mar 1905   Gnbk
Elizabeth L. (w/o Alfred F) 1866-1954   Gnbk
Fitzhugh Lee 1902-1961   Gnbk
Mary B. (w/o Samuel B) 1862-1929   Gnbk
Samuel B. (h/o Mary B) 1859-1932   Gnbk
Steven L. (h/o Clara F) 1857-1924   Gnbk
PORTER, Dorothy Plant (w/o James E) 1919-____   Frnk
Amy Birch (w/o Geo K? & d/o Thos & Mary Birch) 20 Apr 1855-11 May 1918   ChRd
Emma D. (w/o Harry T) 1886-1958   SxGl
George K. (h/o Amy B?) 18 Jul 1843-3 Jun 1891   ChRd
Harry T. (h/o Emma) 1876-1956   SxGl
James Everett Sr (h/o Dorothy P) 1917-1991   Frnk
Jaunita Miles (w/o John) ____-____   JWTa
John (h/o Jaunita M) S1 USCG WWII 30 Nov 1914-18 Aug 1991   JWTa
Keith s/o William J. & Edith M. 1946-1959   SxEl
Lawrence J. (h/o Minnie Porter Carey) 1891-1956   Frnk
Margaret S. w/o Wm T (d/o Thos & Mary Birch) 17 Nov 1833-14 Dec 1894   ChRd
Peggy Sue 1945-1969   Dwng
PORTERFIELD, C. Edward 29 Apr 1932-13 May 1989   JWTa
POST, Donald H. 1889-1957   Dwng
Julia A. (w/o Thomas L) 1869-19__   ChMc
Leroy J. (h/o Peggy J) TEC 4 USA WWII 25 July 1922-10 Oct 1975   JWTa
Peggy J. (w/o Leroy J) 1924-1973   JWTa
Rudolph J. (h/o Viola V) 1892-1940   ChMc
Thomas L. (h/o Julia A) 1850-1916   ChMc
Thomas L. Jr 1886-1940   ChMc
Viola V. (w/o Rudolph J) 1897-1964   ChMc
POTTS, Andrew J. 1854-1941   ChGn

POTTS (Con't), Andrew J. 8 Feb 1882-22 Jul 1900	ChMc
Betsy (w/o Lloyd) 1940-____	JWTa
Everette W. (h/o Persis E) 1921-1980	JWTa
Herman (h/o Mattie B) 1893-1958	JWTa
John B. 15 Feb 1888-30 Dec 1916	ChGn
Lizzie B. "Daisey" w/o Andrew 1877-24 Dec 1918	ChMe
Lloyd (h/o Betsy) 1925-1982	JWTa
Maggie E. d/o A.J. & E. 14 Aug 1898-9 Feb 1916	ChMe
Mattie B. (w/o Herman) 1895-1992	JWTa
Persis E. (w/o Everette W) 1925-____	JWTa
Ruth Ralph (w/o John A. Ralph) 1913-1992	JWTa
Viola M. (w/o William A) 1905-1977	ChGn
William A. (h/o Viola M) 1901-1958	ChGn
POULSON, Alma L. (w/o Lynwood W) 1929-____	Grtn
Artemus E. (h/o Mary A) 1859-1936	Wssl
Artemus s/o A.E. & M.A. 14 May 1900-14 Oct 1900	Beth
Billy Ray 1930-1977	JWTa
Carlton J. (h/o Hilda T) US Amry WWII 1917-1981	JWTa
Drewsillia d/o Thos M & Mary E 4 Jun 1866-30 Nov 1868 aged 2yr 5mo 26dy	MsBp
Edna Hazel 16 Apr 1894-29 Sep 1949	Dwng
Elizabeth H. (w/o Lorenzo D) 1866-1936	Nels
Ethel S. (w/o John W) 1889-1987	Grtn
Flora V. (w/o Percy R) 1901-1944	Grtn
Gladys Marie d/o O. Jennings & Sussie M. 1924-1931	Wssl
Hilda T. (Tapman) (w/o Carlton J) 31 Aug 1921-____	JWTa
Hiram P. 25 Jul 1828-25 Jan/Feb 1891/7	MsBp
Howard T. 1908-1983	Grtn
Infant d/o Thomas M. & Mary E. 12 Jun 1875	MsBp
Infant s/o A.E. & M.A. (no dates)	TaylM
John E. (h/o Mary E) 14 Mar 1833-14 May 1889	Beth
John W. (h/o Ethel S) 1888-1966	Grtn
Lola May d/o Lorenzo D. & Eliza H. 12 Sep 1886-2 Aug 1888	Nels
Lorenzo D. (h/o Elizabeth H) 1861-1925	Nels
Lynwood W. (h/o Alma L) 1915-1990	Grtn
Margaret Anne (w/o Marion J) 3 Feb 1922-____	Grtn
Marion J. (h/o Sarah) 24 Jun 1841-9 Aug 1923	Poul
Marion James (h/o Margaret A) 17 Dec 1917-11 Jul 1989	Grtn
Marion Jasper (h/o Mazie A) 6 Dec 1893-1 May 1959	Grtn
Mary A. (w/o Artemus E) 1868-1925	Wssl
Mary E. w/o John E. 30 Dec 1841-9 Apr 1922	Beth
Mary E. Byrd w/o Thomas M. 1834-1905	MsBp
Mazie A. (w/o Marion J) 23 May 1893-3 Jul 1982	Grtn
Millard J. s/o Thomas M. & Mary E. 19 Jul 1858-26 May 1868	MsBp
Millard Jasper s/o M.T. & C.J. 23 Jan 1918-5 Nov 1919	Wssl
O. Jennings (h/o Adwilda Marshall & Sissie (Adwilda) Marshall) 1875-1952	Wssl
Percy R. (h/o Flora V) 1898-1952	Grtn

POULSON (Con't), Robert Edward s/o M.T & G.S 6 Nov 1896-7 Nov 18__ Beth
Rosalie S. (w/o W. Randolph) 28 May 1930-____ Grtn
Sarah (J) w/o Marion J & (sis/o Thomas C Trader) 20 May 1844-12 Sep 1919 Poul
Sissie (Adwilda) M. (Marshall) (2w/o O. Jennings) 1897-1987 Wssl
Thomas M. Eld. (h/o Mary E.B) 1831-1913 MsBp
W. Randolph (h/o Rosalie S) 15 Jul 1928-12 Jun 1991 Grtn
William F. 1865-1956 Wssl
William H. 1862-1936 Poul
POWELL, Belva Young 1 Feb 1898-17 Jun 1954 Dwng
Bernard Jr 1901-1950 Gnbk
Bernard R. (h/o Theodosia) 1873-1946 Gnbk
Beulah Jester (w/o James Z & d/o Wallace N & Edna B Jester) 1914-1981 JWTa
G. Thomas h/o Rebecca C. 1892-1960 Dwng
Ida V. w/o Fred E. (no dates) aged 42yrs ChRm
Infant s/o W.H. & Lula P. 22 Sep 1911-3 Dec 1912 Grtn
J. Robert 1897-1949 Gnbk
James Z. (h/o Beulah J) 1909-1981 JWTa
Jefferson D. (h/o Rhoda C) 1864-1943 ChMc
John F. (h/o Mary E) 1845-1932 Gnbk
Lewis G. s/o W.H. & Lula P. 28 Sep 1911-3 Dec 1912 Grtn
Louise Taylor 1904-1982 Aswm
Lula P. w/o Wilbur H. 22 Feb 1891-17 Jun 1933 Grtn
Mary E. (w/o John F) 1850-1925 Gnbk
Mary S. w/o Jno T Powell d/o WmP&Rose Ann Barnes 30 Jul 1834-4 Jan 1863 BarnK
Milford H. 1895-1993 Gnbk
Oradeane d/o J.D. & R.C. 31 Mar 1915-26 Dec 1921 ChMc
Pauline d/o Bernard R. & Theodosia 1900-1901 Gnbk
Rebecca C. w/o G. Thomas 1895-1972 Dwng
Rhoda C. (w/o Jefferson D) 1870-1946 ChMc
Richard H. 1947-1958 Dwng
Theodosia (w/o Bernard R) 1875-1954 Gnbk
Wilbur H. (h/o Lula P) 5 Mar 1884-4 Jul 1943 Grtn
POWERS, Eldred W. 12 Mar 1914-5 Oct 1941 AtBp
Mary S. w/o Jessie M. 8 Jan 1848-25 Mar 1918 AtBp
Mollie Ward w/o Otho W. 1890-1978 AtBp
Otho William (h/o Mollie W) 1883-1980 AtBp
PRISTACH, Jane Nock w/o M.R. Pete 1926-1982 Dwng
M.R. Pete h/o Jane N. 1919-____ Dwng
PRUITT, ____ w/o Steve Ed 1871-20 Mar 1952 TgMa
Addie Mae 17 Dec 1902-27 Feb 1903 TgMa
Adrian 4 May 1918-21 Aug 1918 TgMa
Albert M. 1912-1986 JWTa
Alonzo Moore Cpl 15 Med Tng Bn 6 Arm'd Div 29 Apr 1933-15 Nov 1962 TgMa
Amanda F. w/o Joshua T. 5 May 1876-6 Apr 1964 TgMa
Anita A. (died at birth) 31 Jul 1970 TgMa
Anna L.C. d. 6 Jul 1870 aged 5yrs TgMa

PRUITT (Con't), Arenthy J. 1856-1933   TgMa
Bertha B. 1898-1974   TgMa
Bertie Tull (w/o William C) 1875-1950   Gnbk
Blanche P. (w/o John E) 1898-1974   Frnk
Callie May (w/o Joseph S. Jr) 1878-1966   Gnbk
Charles D. 3 Feb 1903-24 Apr 1945   TgMa
Charles L. 27 Aug 1899-9 Jun 1947   TgCa
Charles W. 4 Apr 1887-11 Jul 1929   TgMa
Dora E. w/o Elisha 21 Sep 1889-20 Jan 1910   TgMa
E.A. WWI (no dates)   TgCa
Edward h/o Emley 28 May 1849-29 Apr 1918   TgMa
Edward S. Capt. h/o Mary W. 1881-1948   TgMa
Eliza Jane 1870-1951   TgMa
Elizabeth E. m/o John A. 1880-1966   TgMa
Elizabeth w/o Wallas d. 1 Apr 1865 aged 26yrs   ChRd
Ellen w/o William 10 Apr 1831-28 Jun 1911   TgCa
Emily 15 Mar 1854-30 Dec 1924   TgMa
Frank h/o Mamie E. 1895-1963   TgMa
Gary Nelson 1950-1954   TgMa
George 24 Feb 1832-20 Oct 1866   TgMa
George E. 21 Aug 1883-18 Apr 1917   TgCa
George H. h/o Novella 1871-1959   TgWe
George T. h/o Neda S. 3 Aug 1896-20 Dec 1967   TgMa
Geronie T. 25 Mar 1885-3 Nov 1886   TgUp
Gyner E. d/o Wallas & Eliz d. 22 Feb 1865 aged 5yrs 6mos 6dys   ChRd
Harrison Dec 1870-18 Apr 1912   TgUp
Henrietta F. (w/o Wm H. Sr) 1835-1920   JWTa
Henry L. 1878-1943   TgMa
Henry Lee VA SURF USCG WWI 2 Mar 1897-2 Nov 1967 Dwng
Infant children of John Allen & Selma (no dates c. 1940)   TgMa
Iva May d/o John H. & Maggie 8 Apr 1904-1 Dec 1906   TgMa
Jackie E. 1947-1951   TgMa
James C. 30 Sep 1943-2 Oct 1943   TgMa
James T. 1913-1953   Gnbk
John A. s/o Elizabeth E. 1 Aug 1900-13 Dec 1961   TgMa
John B. 26 Sep 1847-29 Dec 1869   TgMa
John E. (h/o Blanche P) 1896-1959   Frnk
John S. h/o Maggie J. 14 Oct 1871-29 Jun 1959   TgMa
John Selby (h/o Mary A) 7 Nov 1848-7 Oct 1918   ChBu
John Selby h/o Winnie M d. 21 Sep 1953 aged 83yrs 4mos 3dys   Dwng
John T. 1897-1974   TgMa
Joseph S. Jr (h/o Callie M) 1875-1944   Gnbk
Joseph S. Captain (h/o Matilda L) 1846-1914   Gnbk
Joshua T. h/o Amanda F. 17 Jul 1866-7 Dec 1949   TgMa
Julia A. w/o S.F. & (d/o A) 1882-1940   TgMa
Laura V. 1889-1985   Dwng

PRUITT (Con't), Louise 1906-1945	TgMa
Maggie H. w/o John 16 Oct 1817-13 Jun 1894	TgMa
Maggie J. w/o John S. 20 Mar 1878-24 Jul 1952	TgMa
Maggie L. w/o Vernon C. 1901-14 Aug 1973	TgMa
Mamie E. w/o Frank 1897-1964	TgMa
Margaret A. 2 Apr 1836-2 Dec 1901	TgUp
Mary A. w/o John S. 25 Jan 1849-28 Jan 1920	ChBu
Mary E. 12 Jun 1847-1 Oct 1901	TgMa
Mary W. w/o Edward S. 1879-1943	TgMa
Matilda L. (w/o Joseph S) 1849-1910	Gnbk
Melvin A. 1909-1966	TgMa
Millard E. (h/o Sadie W) 1900-1984	Frnk
Minnie d/o W.H. & Mary E. 4 Oct 1889-15 Dec 1894	TgUp
Monnie D. 17 Sep 1900-17 Apr 1977	TgCa
Neda S. w/o George T. 16 May 1899-8 Dec 1956	TgMa
Nellie A. d/o S.E. & Eva 10 Mar 1893-23 Jan 1895	TgUp
Nellie w/o Reuben d. 15 Aug 1891 aged 70yrs	TgMa
Nora Benson 2w/o George H. (no dates)	TgWe
Novella w/o George H. 11 Apr 1876-28 Aug 1918	TgWe
Oscar B. 1904-1963	TgMa
Philip M. 30 Sep 1936-12 Feb 1971	TgMa
Polly A. 20 Aug 1868-14 Feb 1903	TgMa
Rachel 1802-1886	TgMa
Rachel E. 3 Apr 1868-11 Feb 1870 aged 1yr 9mos 2dys	TgMa
Ramen 10 Nov 1828-21 Aug 1879	TgMa
Randolph W. 1903-1932	JWTa
Raymond E. Sgt USA WWII 12 Oct 1924-6 Jan 1945	Grtn
Raymond T. 6 Dec 1862-30 Nov 1930	TgMa
Reuben h/o Nellie d. 6 Sep 1896 aged 80yrs	TgMa
Richel E. d. 16 Jan 1861 3yrs 11dys	TgMa
Ruben A. 1 Mar 1855-2 Sep 1930	TgMa
Sadie W. (w/o Millard E) 1905-___	Frnk
Sallie E. (w/o Thomas C) 18 Dec 1832-21 Jan 1914	Gnbk
Seymour T. 15 Jul 1848-15 Jul 1921	TgMa
Sherman L. 1906-1967	TgMa
Stanford H. 9 Dec 1926-30 May 1928	TgMa
Stanley S. 11 Sep 1904-31 Oct 1974	TgMa
Stephen (VA MMI USNRF WWII 18 Jun 1895-8 Apr 1956	TgMa
Stephen E. 22 Feb 1867-2 Jun 1952	TgMa
Stephen F. d. 20 Oct 1909 aged 49yrs	TgCa
Steven F. 1879-1963	TgMa
Thomas C. (h/o Sallie E) 11 Dec 1828-6 Feb 1904	Gnbk
Thomas H. (h/o Rebecca Jane Pruitt Andrews?) 18 Apr 1863-6 Feb 1920	ChGn
Triffie Irine d/o John & Maggie 22 Aug 1910-6 Jul 1912	TgMa
Tuban B. 14 Jan 1864-27 Feb 1896	TgMa
Vernon C h/o Maggie Pvt PW Escort Co ASC WWI 28 Aug 1893-6 Dec 1963	TgMa

PRUITT (Con't), Victoria M. (w/o William P) 1884-1970	ChMc
Vivian M. (w/o W.H) 1880-1964	JWTa
W.H. (h/o Vivian M) 1870-1943	JWTa
Walter P. s/o George H. & Novella 21 Nov 1897-26 Nov 1897	TgWe
William 6 Apr 1830-4 May 1882	TgMa
William C. Captain (h/o Bertie T) 1872-1944	Gnbk
William d. 13 Aug 1881 aged 83yrs	TgMa
William F. s/o George H. & Novella 15 Dec 1894-14 Dec 1895	TgWe
William J. 1907-1957	Gnbk
William P. (h/o Victoria M) 1883-1972	ChMc
William S. d. 20 Feb 1935 aged 72yrs	TgMa
Winnie May w/o John S d. 13 Sep 1955 aged 82yrs 4mos 22dys	Dwng
Wm H. Sr (h/o Henrietta F) 22 Feb 1832-25 Jun 1909	JWTa
PURDY, Marie L. (w/o Leroy G) 21 Apr 1927-____	JWTa
Leroy G. (h/o Marie L) USN WWII 10 Apr 1923-1 May 1989	JWTa
PUSEY, Charles T. 30 Oct 1899-May 26 1935	Nels
E. Thompson (h/o Sonora B) 5 Jun 1858-5 Dec 1937	Nels
Henrietta 1888-1948	Nels
Lena M. w/o William F. 1894-1943	Nels
Robert A. 1929-1930	Nels
Ruth May 1894-1984	Nels
Sidney A. 1931-1931	Nels
Sonora B. w/o E. Thompson 25 Nov 1866-17 May 1955	Nels
Warren H. 1921-1924	Nels
Wilford M. s/o William F. & Lena M. 28 Jan 1916-4 Mar 1916	Nels
William F. (h/o Lena M) 1888-1957	Nels
Winnie E. 1890-1933	Nels
QUILLEN, Brandi Nicole d/o Richard & Kay 20 Oct 1975	ChGn
Burton (h/o Henrietta) 1855-1944	ChMc
Dorothy Justice (w/o A Frank Justice & Orville W Quillen?) 1917-1982	ChRm
Edward R. h/o Patricia N. 3 Oct 1920-____	Dwng
Elizabeth M. (w/o Irving J) 1915-____	JWTa
Elwood (h/o Hallie) 1887-1964	ChGn
Grayson S. h/o Ida B. 1887-1970	Dwng
Hallie (w/o Elwood) 1891-1972	ChGn
Harold (s/o Burton & Henrietta) 1904-1933	ChMc
Henrietta (w/o Burton) 1868-1947	ChMc
Howard (s/o Hallie & Elwood) 1910-1922	ChGn
Ida B. w/o Grayson S. 1893-1972	Dwng
Indiana J. (w/o Orville J) 1900-1956	ChRm
Irving J. (h/o Eliz M) BM2 USN WWII 28 Apr 1923-24 Aug 1984	JWTa
James Hillary (h/o Julia Q. Jones?) 1885-1933	ChMc
Jennie May w/o John B. 1895-1945	Dwng
John Burton h/o Jennie M. 1886-1947	Dwng
Mattie D. (w/o Ray F) 1897-1978	ChMc
Orville W. (h/o Indiana J. & Dorothy J?) 1899-1970	ChRm

QUILLEN (Con't), Patricia N. w/o Edward R. 26 Dec 1919-13 Jan 1988   Dwng
Ray F. (h/o Mattie D) 1890-1963   ChMc
Samuel E. VA BM1 USCG WWII 2 Dec 1916-21 Mar 1945   ChMc
Samuel E. (h/o Sarah E) 1857-1945   ChMc
Sarah E. (w/o Samuel E) 1859-1936   ChMc
RAE, Edna W. (2w/o William H. Whealton Sr?) 1919-1989   Dwng
RALEIGH, Mary E. 11 Aug 1876-21 Dec 1882   TgMa
Raymond J. 6 Nov 1847-5 Dec 1882   TgMa
RALPH, John A. (h/o Ruth Ralph Potts) 1904-1962   JWTa
RANTZ, Hazel L. 1944-1978   Dwng
RAW, Cynthia U. (w/o Raymond J) 1913-1985   JWTa
Jonathan (h/o Patricia A) 1938-____   JWTa
Patricia A. (w/o Jonathan) 1938-____   JWTa
Raymond J. (h/o Cynthia U. 1912-1977   JWTa
RAYFIELD, Eliza w/o Nathan 12 May 1882-4 Feb 1905   TgCa
Elizabeth w/o Major 22 Sep 1817-20 Mar 1893   Beth
Ellaer* d/o George & Mary 20 Nov 1861-13 Aug 1871   Rayf
Emma F. w/o Oscar F. 29 Sep 1872-14 Jul 1896   Abbo
Frishie W. (no dates) aged 46yrs   Mdst
George T* 1833-Feb 1898   Rayf
Infant s/o Edgar & Rosa b&d 16 Oct 1909   Mdst
J. Edgar (h/o Rosa L) 1882-1954   Mdst
John L. (h/o Rose L) 1868-1935   Mdst
John R. (h/o Mary E) 1855-1934   Mdst
John* s/o George & Mary 7 Jan 1864-29 Dec 1898   Rayf
Major (h/o Elizabeth) 20 Jan 1832-20 Sep 1908   Beth
Manie E. (w/o William T?) 1885-1965   Mdst
Mary E. (w/o John R) 1862-1935   Mdst
Mollie W. 25 Sep 1844-8 Apr 1919   Mdst
Nathan h/o Eliza 20 Jun 1868-1 Jul 1924   TgMa
Rosa L. (w/o J. Edgar) 1886-1971   Mdst
Rose L. (w/o John L) 1869-1953   Mdst
Samuel J. 1857-1946   Mdst
William T. s/o Major & Elizabeth 28 Mar 1853-9 Dec 1898   Beth
William T. (h/o Manie E?) 1885-1923   Mdst
READ, Norbourne D. 1901-1971   Dwng
READE, Charles C. (h/o Nancy L) USA 30 Jan 1929-24 Jan 1989   JWTa
Nancy L. (w/o Charles C) 25 Apr 1942-____   JWTa
REAMY, Edgar B. (h/o Llewellyn M) 1915-____   Nels
Llewellyn M. (w/o Edgar B) 1921-1974   Nels
REDDEN, Ethel H. (w/o Louie F) 1890-1969   Nels
James F. 1911-1991   Nels
Louie F. (h/o Ethel H) 1888-1932   Nels
Orville W. Lost at Sea 1923-1943   Nels
William A. 1918-1961   Nels
REED, Amy J. 1869-1954   Dwng

REED (Con't), Anna R. (w/o Lloyd N) 26 Dec 1909-____   JWTa
Annie H. w/o John E. 29 Sep 1866-26 Feb 1901   ChBu
Annie Lewis (Thomas) (w/o Salathiel Lewis & Ollie Reed) 1868-1957   SxJu
Arlanta B. (w/o Floyd F) 1902-1983   ChMd
Athelia E. (w/o George T) 1924-____   JWTa
Axis 1885-1922   ChGn
Baby Boy 1960-1960   Glfd
Bertha A. w/o William G. 1887-1973   Dwng
C. Albert 1914-1965 (temp)   Dwng
Charles S. h/o Marion V. 1888-1968   Dwng
Clarence K. (h/o Ida V) 1889-1945   ChMd
Clifton "Tita Wee" 1904-1992   ChGn
Cyrus Littleton (h/o Nancy) 15 Dec 1859-13 Nov 1934   ChGn
David Pvt 10 Co 155 Depot Brigade WWI PH 16 Apr 1895-18 Jun 1962   Dwng
Della J. w/o James M. 1878-1951   Dwng
Ebe R. h/o Mary D. 1901-1979   Dwng
Edward (h/o Annie Williams) 29 Jun 1882-8 Nov 1954   ChMc
Elizabeth S. "Libbie" (w/o William R) 1889-1980   ChGn
Elmira B. (w/o Joseph T) 1916-____   ChTh
Elton W. h/o Helen M. 1908-1956   Dwng
Emma B. w/o Morgan M. 1879-1959   Dwng
Euphamie w/o Tymothy 9 Aug 1853-1 Feb 1915   ChMc
Floyd Frank (h/o Arlanta B) AS USNR WWII 15 Apr 1926-9 Jul 1971   ChMd
Frank W. s/o Walter A. & Lula (Lela?) 14 Jul 1922-2 Nov 1923   ChHi
Geneva (w/o Thomas D) 1927-1993   ChDa
George T. (h/o Athelia E) USA WWII 1913-1984   JWTa
George Washington Pvt USA WWII 28 Feb 1904-5 Oct 1978   Dwng
Helen M. w/o Elton W. 1910-____   Dwng
Ibbie C. w/o Wm P. 12 Jul 1857-9 Feb 1893   ChRe
Ida Belle (w/o Joshua T) 1876-1936   ChMc
Ida V. (w/o Clarence K) 1890-1987   ChMd
Ira 1883-1963   ChGn
James C. (h/o Mildred) 1897-1987   JWTa
James M. h/o Della J. 1874-19__   Dwng
Jean 1918-1989 (temp)   Dwng
John E. (h/o Annie H) 15 Dec 1859-14 Nov 1937   ChBu
Joseph T. s/o Tymothy & Euphamie 1 Sep 1887-20 Apr 1910   ChMc
Joseph T. (h/o Elmira B) 1910-1975   ChTh
Josephine Aydelotte (m/o Aaron H Aydelotte) 10 Mar 1866-15 Feb 1930   ChMc
Joshua T. (h/o Ida B) 1863-1940   ChMc
Kathryn (w/o Ralph E) 1907-1983   JWTa
Lela C. w/o Walter A. 1895-1952   ChHi
Libbie 1856-1957   ChGn
Libby 1864-1957   ChGn
Lloyd N. "Woose" (h/o Anna R) 30 Sep 1907-____   JWTa
Louise J. 1907-1959   Dwng

REED (Con't), Mable 1915-1952	ChGn
Marion V. w/o Charles S. 1905-1988	Dwng
Marjorie M. (w/o Thomas J) 1902-1984	ChMc
Mary Anna 1864-1930	ChGn
Mary D. w/o Ebe R. 1904-___	Dwng
Mary Lavinia 11 Feb 1916-___	Dwng
Mildred (w/o James C) 1897-1976	JWTa
Morgan M. h/o Emma B. 1869-1955	Dwng
Nancy w/o Cyrus L. 28 Jul 1864-30 Jul 1901	ChGn
Nelson Lee 22 Mar 1905-16 Oct 1966	ChMc
Ollie (2h/o Annie) 1866-1951	SxJu
Ollie C. h/o Pearl K. 1889-1967	Dwng
Patricia A. (d/o Ralph & Kathryn?) Sep 1931	ChRm
Pearl K. w/o Ollie C. 1892-1942	Dwng
Ralph E. (h/o Kathryn) 1909-1984	JWTa
Ralph VA SC2 USCG WWII 8 Jul 1905-3 Mar 1963	Dwng
Raymond T. Sr SSgt 5001 Motor Veh 50 AF WWII 12 Jun 1924-30 Oct 1961	ChGn
Ronald (s/o Ralph & Kathryn?) 4 Feb 1933-23 Nov 1939	ChRm
Ruby (d/o William R. & Elizabeth S?) 1908	ChGn
Sarah A. 1877-1963	ChMc
Sarah M. (w/o George W) 1865-1942	ChMc
Stanley Lee PFC USA WWII 25 Aug 1927-10 Oct 1991	ChRe
Susan S. (d/o William R. & Elizabeth S?) 1917	ChGn
Thelma 29 Apr 1914-9 Oct 1941	ChMc
Thomas D. (h/o Geneva) 1929-___	ChDa
Thomas J. (h/o Marjorie M) 1901-1993	ChMc
Tymothy T. (h/o Euphamie) 30 Sep 1851-2 Jan 1936	ChMc
William G. h/o Bertha A. 1886-1962	Dwng
William J. (h/o Zipporah G) 2 Oct 1855-25 Jan 1922	ChGn
William P. (h/o Ibbie C) 10 Sep 1851-6 Nov 1923	ChRe
William R. "Nexie" (h/o Elizabeth S) 1883-1970	ChGn
William Ray Jr 23 Nov 1954-5 Nov 1976	JWTa
Zipporah G. w/o William J. 17 Mar 1865-28 Dec 1892	ChGn
REINHARDT, Ida V. 1880-1941	Frnk
Maud Whealton 1894-1933	ChGn
REVELL, Erin P. w/o Harry R. 1874-1960	Dwng
Harry R. h/o Erin P. 1871-1945	Dwng
Hilda T. (w/o J. Walter) 17 Apr 1899-8 Apr 1982	JWTa
J. Walter (h/o Hilda T) 2 Jun 1899-29 Mar 1960	JWTa
Levin H. 20 Oct 1845-18 Apr 1916	AtBp
Madora J. 12 Mar 1853-24 Aug 1882	TunnA
REVELLE, John W. 29 Aug 1873-30 Aug 1897	AtBp
REW, Alfred Wesley h/o Annie R. 9 Jul 1856-25 Dec 1932	JWTa
Annie Ross (w/o Alfred W) & m/o Pollie Rew Hall 12 Feb 1868-26 Jun 1949	JWTa
Babies of W.E. & Emma V. (no dates)	Grtn
Charles s/o James H. & Mary dates unreadable	RewR

REW (Con't), Columbus J. 20 Jan 1816/46(?)-10 Feb 1853   RewC
Dennis H. s/o Henry & Hester 23 Feb 1786-23 Dec 1854   RewJ
Elmira F. (w/o James T) 18 Feb 1855-5 Mar 1923   Grtn
George H. (h/o Marzeal A) 1870-____   Blxm
Henrietta C. d/o Wm H & Lovey D d. 10 Apr 1882 aged 32yrs 9dys   RewC
Henry S. (s/o Jane S & Chas?) 5 Nov 1831-31 Dec 1891 aged 60ys 1mo 26ds   RewP
James H. (h/o Mary A) 25 Jan 1810-6 Mar 1879   RewR
James T. (h/o Elmira F) 5 Feb 1851-7 Jun 1920   Grtn
Jane S. w/o Charles d. 9 Oct 1854 aged 82yrs   RewP
John R. s/o James H. & Mary 1 Mar 1843-13 Oct 1870   RewR
Lillie May d/o James T. & Ella F. 17 Nov 1875-8 Sep 1904   Grtn
Lula F. w/o Maurice L. 15 Oct 1878-9 Oct 1918   JWTa
Mable V. (d/o Maurice L. & Lula F) 1907-1926   JWTa
Mae Stroud (w/o William R) 1894-1966   Mdst
Mary Ann (w/o James H) 1821(?)-1893   RewR
Marzeal A. (w/o Geroge H) 1872-1929   Blxm
Maurice L. (h/o Lula F) 1881-1939   JWTa
Pansy Dix 18 Dec 1897-13 Sep 1934   Wssl
Patrick J. 1846-21 Jan 1923   RewR
Randall K. (h/o Lillian Mears Rew) 1899-1961   Grtn
Sallie D. (w/o Teagle S) 30 Nov 1865-17 Sep 1935   JWTa
Samuel s/o James H. & Mary 17 Nov 1840-29 Sep 1854   RewR
Teagle S. (h/o Sallie D) 12 Sep 1853-31 Dec 1912   JWTa
Thomas H. (h/o Zella L) 1885-1953   Grtn
William E. (h/o Emma V) 1874-1949   Grtn
William H. 19 Jul 1820-23 Jan 1853   RewC
William R. (h/o Mae S) 1894-1969.   Mdst
William R. Jr 1919   Mdst
Zella L. (w/o Thomas H) 1889-1965   Grtn
REYNOLDS, Abbie J. (w/o Risdon J) 1889-1975   ChGn
Annie Lee (w/o Isaac R) 1912-____   ChMr
Arthur J. (h/o Mary E) SFC USA WWII Korea 10 Mar 1924-5 Apr 1987   Dwng
Baby c/o Wm H. & Sarah E. 9 Nov 1888-7 Dec 1888   ChMr
Barbara A. (d/o Arthur J. & Mary E?) 12 Dec 1949-____   Dwng
Eliza 1w/o R.P. 26 Aug 1826-2 Dec 1906   ChMc
Irene S. (w/o Joshua A) 1903-____   ChMc
Isaac J.F. (h/o Sarah E) 1866-1935   ChMc
Isaac Ralph (h/o Annie L) 1907-1971   ChMr
James B. h/o Louella B. LCDR USCG Retired 9 Jun 1913-15 May 1984   Dwng
Joshua A. (h/o Irene S) 1900-____   ChMc
Joshua J. (h/o Mary A) 1869-1941   ChMc
Louella B. w/o James B. 19 Feb 1917-6 Mar 1983   Dwng
Mary A. (w/o Joshua J) 1872-1944   ChMc
Mary E. (w/o Arthur J. 25 Jun 1925-____ m. 22 Nov 1941   Dwng
Mary J. 2w/o Richard P. 18 Aug 1882-16 Sep 1911   ChMr
Nelson A. s/o I.J. & S.E. 1887-1887   ChMr

Caucasian Tombstone Inscriptions

REYNOLDS (Con't), Risdon J. (h/o Abbie J) 1884-1958   ChGn
Richard P. (h/o Mary J. & Eliza) 31 Mar 1838-30 Apr 1914   ChMr
Sarah E. (w/o Isaac J.F) 1870-1942   ChMc
Sarah E. w/o William H. 30 Dec 1865-12 Dec 1914   ChMr
Violet d/o Wm H. & Sarah E. 27 Aug 1894-7 Dec 1899   ChMr
William E. s/o Wm H. & Sarah E. 29 Dec 1890-11 Feb 1893   ChMr
William H. (h/o Sarah E) 22 Dec 1861-22 Sep 1916   ChMr
RHODES, Beatrice M.(Marshall) w/o Lee A. 1912-___   Dwng
Betty Birch 1924-1961   ChMc
Clifford G (s/o Ernest&Ida) PFC 12 Cave Div Vietnam 30 Dec 1946-17 May 1966   SxEl
Eleanor (w/o Knower) 1922-1990   SxMn
Grady S. (h/o Leone S) 1906-1984   JWTa
Janet L. (w/o Randall W) 1957-___   ChMd
Jesse Kenneth USN Korea 23 Jan 1928-21 Feb 1985   JWTa
Joseph A. (h/o Mary E) 1882-1936   SxEl
Lee Alvon h/o Beatrice M. 1900-1981   Dwng
Leone S. (w/o Grady S) 1911-___   JWTa
Marcie W. (s/o Joseph A. & Mary E) 1903-1936   SxEl
Mary E. (w/o Joseph A) 1882-1948   SxEl
Minnie Drewer (w/o W Cleveland Drewer & Norrie Rhodes) 1884-1967   SxDr
Norrie T. (h/o Lula C. Young & Minnie Bonawell) 1886-1963   SxEl
Randall W. (h/o Janet L) 1955-1988   ChMd
RICHARDS, Geraldine B.(Brittingham) 23 Jun 1940-18 Oct 1993   Dwng
Lillian M. 1898-1973   Dwng
RICHARDSON, Bessie C.(Cutler) (w/o Clinton W) 1906-1986   JWTa
C. Kaloal Disbrow w/o John M. 26 Jun 1880-17 Apr 1912   ChRm
Clinton W. (h/o Bessie C) 1906-1973   JWTa
Elodie S. (d/o Edward & Myrtle Shreves) 12 Jul 1923-12 Jul 1992   ChMc
Eunice w/o James 3 Apr 1821-4 Aug 1909   ChMc
Georgie E. (w/o Warren A) 1870-1925   ChRm
Gladys Q. (w/o Warren A) 1907-___   ChMd
Harold L. (s/o John & Leigh A) 1894-1975   JWTa
Hilda F. w/o Orville F. 1903-___   Dwng
Infant 16 Jul 1901-15 Sep 1901   ChRd
Jerry h/o Terina Miller (memorial stone, no dates)   JWTa
Jerry s/o Jerry & Terina (memorial stone, no dates)   JWTa
John (h/o Leigh A) 1862-1939   JWTa
John Carson (h/o Mayme L) 1898-1982   JWTa
Joseph A. h/o Susan S. 23 May 1841-3 Dec 1913   Dwng
Leigh A. (w/o John) 1873-1955   JWTa
Lottie F. (w/o Rayburn) 22 May 1903-29 May 1988   Gnbk
May F. 1873-1946   JWTa
Mayme Lewis (w/o John C) 1897-1975   JWTa
Orville F. h/o Hilda F. 1902-1963   Dwng
Quincy s/o Jerry & Terina (memorial stone, no dates)   JWTa
Rayburn (h/o Lottie F) 22 Aug 1900-6 Aug 1982   Gnbk

RICHARDSON (Con't), Stanley s/o J.B & Betty 27 Sep 1899-13 Feb 1901   ChRd
Susan Smith w/o Joseph A. 1 Jan 1847-8 Jul 1920   Dwng
Terina d/o Jerry & Terina (memorial stone no dates)   JWTa
Terina w/o Jerry & d/o Melvin S Miller Jr (memorial stone, no dates)   JWTa
Warren A. (h/o Gladys Q) 1902-1982   ChMd
Warren A. (h/o Georgie E) 1861-1936   ChRm
RIDDLE, Howard T. (h/o Marybeth S) 1899-1956   JWTa
Marybeth S. (w/o Howard T) 1911-1985   JWTa
RIGGEN, Christie M. w/o Noah S. 1883-1961   Dwng
Grover Cleveland Pvt USA WWII 19 Aug 1899-29 Oct 1977   Nels
Harriett w/o Henry J. 19 Dec 1812-4 Aug 1902   Gnbk
Henry J. (h/o Harriett) 30 Dec 1828-3 Nov 1896   Gnbk
Horace A. h/o Theola A. 1906-___   Dwng
Laura C. w/o Thomas R. 1915-1991   Dwng
Noah S. h/o Christie M. 1880-1942   Dwng
Theola A. w/o Horace A. 1908-1970   Dwng
Thomas R. h/o Laura C. 1903-1973   Dwng
RIGGS, Elizabeth (w/o Joseph R) 1808-1880   Rigg
Joseph R. (h/o Elizabeth) 1807-1845   Rigg
Melisia G. w/o Joseph 1 May 1848-30 Jun 1884   ParkG
William J. (Joseph?) (h/o Melisia?) 1 Feb 1850-13 Apr 1875   ParkG
RILEY, Alice J. w/o Marvin A. 1908-___   Dwng
Eva W. w/o Reuben T. 1883-1960   Dwng
John (h/o Susannah F) d. 22 Dec 1825 aged 69yrs   Rile
John F. s/o John & Susan 1791-1810   Rile
Marvin Arnett h/o Alice J USCG WWII 3 Aug 1907-25 Jul 1958   Dwng
Paul E. 1907-1965   Dwng
Reuben T. h/o Eva W. 1881-1940   Dwng
Susannah w/o Jno & d/o Henry & L Fletcher d. 22 Dec 1830 aged 75y 10m 26d   Rile
William (h/o Mary Hickman Riley Savage) s/o Jno & Sus 7 Oct 1790-27 Sep 1815   Rile
RIOS, Anthony L. Jr 1957-1973   Dwng
Lastenia 1913-1984   Dwng
RISLEY, Cornelia d/o Wm & Rebecca d. 5 Aug ___ aged 9mos   ChRs
Ellen (w/o Jay) 1843-1932   Frnk
Jay (h/o Ellen) 1846-1934   Frnk
Josephine w/o Capt William 14 Oct 1845-16 Aug 1891   ChRd
Rebecca J. d/o Wm & Rebecca d. Feb 1864 aged 6yrs   ChRs
Rebecca w/o William d. 13 Dec 1870 aged 39yrs 8mos 14dys   ChRs
RITTENBERRY, William T. Sgt USA Korea 19 Mar 1929-20 Oct 1993   Dwng
ROBERSON, William C. 1895-1965   ChMd
ROBERTS, (no given name or dates)   ChRs
Anna H. (w/o Willie A) 1903-1987   Grtn
Lynn Carlton Jr 9 Oct 1945-30 Dec 1945   ChMc
William A. (h/o Annie H) 1903-1980   Grtn
ROBINS, Elodie 1905-1971   ChMd
Charles Frederick s/o John S. & Drucilla 9 Nov 1859-11 Aug 1880   Robi

ROBINS (Con't), Sarah Evelyn 21 Jan 1845-21 Apr 1916	Dwng
ROBINSON, Grace W. (w/o James) 2Lt USA WWII 29 Jul 1903-26 Mar 1993	JWTa
James Tucker (h/o Grace) SC Tec4 Artillery WWII 15 Aug 1907-30 Oct 1955	JWTa
Laura E. (w/o William B) 1867-1942	Grtn
William B. (h/o Laura E) 1864-1940	Grtn
RODGERS, John H. (h/o Mary C) 1883-1963	ChMc
John Holloway (s/o John H. & Mary C) 1911-1954	ChMc
Linda M. (w/o Richard C) 3 Jul 1945-___	JWTa
Mary C. (w/o John H) 1883-1964	ChMc
Mary Hall (w/o Charlie W. Hall) 1905-1984	JWTa
Nellie E. (w/o William H) 22 Oct 1911-25 Sep 1982	JWTa
Richard C. (h/o Linda M) 6 Apr 1930-___	JWTa
William H. (h/o Nellie E) 8 Feb 1908-2 Feb 1987	JWTa
William Howard III 5 May 1958-15 Apr 1991	JWTa
ROESKE, Howard F. 1924-1948	Dwng
ROGERS, A. (h/o Joanna) 23 Jan 1850-20 Apr 1939	Nels
Joanna w/o A. 22 Feb 1862-24 Feb 1923	Nels
ROMINES, Clyde Kenneth (h/o Helen T) USN Korea 25 Jan 1930-7 Apr 1982	JWTa
Helen Thornton (w/o Clyde K) 9 May 1931-22 May 1983	JWTa
RONEY, Margaret E. 1918-1992	Dwng
ROOT, Thomas Eugene infant 1962	Dwng
ROSE, Terri C. (w/o William R. Jr) 18 Aug 1965-___	ChMd
William R. Jr (h/o Terri C) 27 Nov 1960-25 Nov 1990	ChMd
ROSS, Anna L. (w/o Eugene G) 1881-1943	Nels
Annie Louise 1893-1990	JWTa
Baby Boy s/o George & Mannie 16 Nov 1957	JWTa
Clara J. (Stant) (w/o J. Parker) 1863-1946	JWTa
David C. h/o Sallie A. 1862-1935	Dwng
Drusilla I. (w/o Robert M) 1858-1933	Mdst
Dulany (h/o E.T) 24 Jul 1851-5 Dec 1928	Grtn
E.J. h/o Nellie P. 24 Aug 1848-10 Jul 1911	Beth
E.T. (w/o Dulany) 29 May 1851-25 Jul 1924	Grtn
E.T. Jr (h/o Cecie Byrd Ross Knight) 4 Sep 1870-20 Mar 1919	Grtn
Earl Grady (h/o Winnie D) 27 Feb 1918-___	JWTa
Edward Carl (h/o Mollie T) 1884-1962	JWTa
Effie Ellen (w/o Levin T) 23 Aug 1863-2 Jul 1948	Grtn
Elizabeth (w/o Levin J) 17 Nov 1850-19 Dec 1926	Nels
Emma C. (d/o Capt John H. & Mary E) 26 Oct 1870-11 Feb 1908	Ross
Eugene G. (h/o Anna L) 1879-___	Nels
Francis Wayne 25 Mar 1946-25 Mar 1968	JWTa
George Henry (h/o Mary E) 12 Apr 1860-2 Apr 1929	Mdst
Grace T.(Thornton) 1921-1984	Aswm
J. Parker (h/o Clara J) 1861-1939	JWTa
J.C. 22 Jul 1895-18 Sep 1895	Mdst
John E. (h/o Mary E?) 1886-1963	Mdst
John H. Capt. (h/o Mary E) 1830-1906	Ross

ROSS (Con't), John H (s/o Capt John H & Mary E) 31 Jan 1857-6 Feb 1878   Ross
L. Madeline 1898-1992   JWTa
Levin J. (h/o Elizabeth) 5 Dec 1843-29 Jun 1933   Nels
Levin T. (h/o Effie E) 1 Dec 1864-12 May 1909   Grtn
Malcon M. s/o E.T. & Lillie M. 29 May 1904-23 Jul 1904   Grtn
Marcella E. d/o E.T. & Cecie A. 23 Nov 1907-7 Aug 1909   Grtn
Mary E. (w/o John E?) 1898-1978   Mdst
Mary E. (w/o George H) 29 Aug 1865-2 Aug 1936   Mdst
Mary E. w/o Capt John H. 3 Nov 1827-28 Jan 1896   Ross
Mary E. (d/o Capt John H. & Mary E) 23 Sep 1863-27 Apr 1934   Ross
Mollie T.(Tull) (w/o Edward C) 1888-1966   JWTa
Nettie P. (w/o E.J) 10 Feb 1853-11 Dec 1936   Beth
Olie Jackson (s/o J. Parker & Clara J) 1887-1978   JWTa
Ralph R. (s/o E.H. & Alice N) 14 Jul 1892-7 Dec 1913   Nels
Ralph Randolph Pvt SIG Corps WWII 31 Dec 1913-13 Sep 1947   Nels
Regina B. (no dates)   Watv
Robert B. USN WWI 7 Aug 1905-29 Jun 1993   Mdst
Robert M. (h/o Drusilla I) 20 Sep 1861-18 Jul 1913   Mdst
Ronald Grady (s/o Earl G. & Winnie D) 1942-1976   JWTa
Sallie A. w/o Daivd C. 1867-1947   Dwng
William Estes 1907-1944   Dwng
Winnie Daphine (w/o Earl G) 23 Jan 1921-19 Nov 1990   JWTa
ROWLEY, Clinton F. 1890-1922   Nels
Elizabeth W. (w/o John W) 1824-1895   Welb
Emerson H. (h/o Picola T) Sgt USA WWII 1 Nov 1914-10 Jan 1978   Grtn
J. Grover (h/o M. Holland) 1884-1959   Nels
James H. 1847-1854   Welb
James H. (h/o Jennie R) 1854-1931   Nels
Jane F. 1851-1853   Welb
Jennie R. (w/o James H) 1862-1922   Nels
John A. (h/o Mary P. & Virginia A) 29 Jan 1812-5 Mar 1888   Rowl
John W. (h/o Elizabeth W) 1814-1886   Welb
M. Holland (w/o J. Grover) 1891-1973   Nels
Margaret L. d/o H.J. & S.T. d. 3 Mar 1855 aged 7yrs 2mos 1dy   Rowl
Mary V. (w/o Thomas T?) 1885-1972   JWTa
Picola T. (w/o Emerson H) 5 Jan 1901-22 Sep 1977   Grtn
Thomas T. (h/o Mary V?) 1883-1937   JWTa
RUDOLPH, George (h/o Josephine) 1873-1945   ChGn
Josephine (w/o George) 1877-1968   ChGn
RUDY, Ernest W. 14 Jul 1902-17 Apr 1984   Dwng
RUE, John W. 21 Sep 1818-12 Feb 1920   TradH
Wilson (no dates)   HallM
RUSSEL, Twin Girls 2 Jul ____ (unclear)   ChTh
Mary Louise w/o Sylvans(?) W. Russel 19 May 1838-1 Jul 1908   Hinm
RUSSELL, Aaron C. (h/o Glena C. & Lula J?) 1891-1952   ChMc
Allen (h/o May J) 1896-1947   ChMc

RUSSELL (Con't), Alma Beebe 1921-1989 — Dwng
Annie M. (w/o William H?) 1864-1931 — JWTa
Charles E. (1h/o Nolan Stant Russell Miles) 18 Nov 1883-19 Feb 1919 — Myrt
Charles H. (h/o Florence B) 1867-1939 — ChMc
Charles Lynwood 1908-1971 — MearJ
Charlotte 1829-1934 aged 105yrs — ChRm
Claire K. (w/o Clayton C) 1911-1979 — JWTa
Clara S. w/o Nelson L. 1878-1962 — Dwng
Clarisa A. (d/o George & Margaret) 29 May 1833-16 Aug 1880 — Russ
Clayton C. (h/o Jane T) 1870-1934 — ChMc
Clayton C. (h/o Claire K) 1912-1979 — JWTa
Daniel (no dates) — ChGn
David R. 28 Feb 1871-31 Jan 1939 — Dwng
Elijah R. d. 20 Sep 1904 aged 73yrs — ChRm
Elizabeth (no dates) — Glfd
Elizabeth w/o John J. d. 26 Jun 1894 aged 84yrs — ChRm
Elmer H. 1920-1967 — ChMc
Emma (same stone with Henry H. Davis) 1868-1916 — ChMc
Emma R. w/o David R. 1875-1952 — Dwng
Ethel w/o Harry 1892-1971 — Dwng
Evans B. 1899-1972 — ChMc
Florence B. w/o Charles H. 1871-1936 — ChMc
Fred D. 1907-1983 — Frnk
Frederic H. h/o Lewella T. 1861-1917 — Dwng
George (h/o Margaret T) 18 Dec 1796-7 May 1862 — Russ
Glena C. (w/o Aaron C?) 1897-1918 — ChMc
Harold E. s/o Aaron (no dates) — ChMc
Harry h/o Ethel 1888-1962 — Dwng
Hays PFC Co A 29 Infantry WWII 28 May 1919-23 Apr 1964 — Dwng
Hector L. (h/o Marjorie E) 1897-1955 — JWTa
Ida E. (w/o John H) 1869-1907 — ChMc
Irving s/o William B. & Sarah W. 13 Jan 1854-4 Dec 1858 — Mdst
Isaac Jeffries (no dates) — ChGn
Jacklyn H. (d/o John W. & Margaret C) 1947-1963 — Frnk
Jane T. (w/o Clayton C) 1873-1979 — ChMc
John Edward h/o Tressie L. 1883-1964 — Dwng
John H. (h/o Ida E) 1863-1947 — ChMc
John J. (h/o Elizabeth) d. 17 Sep 1884 aged 72yrs — ChRm
John T. Sr (h/o Mary H) 21 Mar 1835-10 Jul 1914 — ChRm
John W. (h/o Margaret C) USN WWII 1908-1981 — Frnk
Lewella T. w/o Frederic H. 1866-1944 — Dwng
Lula J. (w/o Aaron C?) 1895-1981 — ChMc
Margaret B. (w/o Willard S) 1916-1986 — Gnbk
Margaret C. (w/o John W) 1916-1992 — Frnk
Margaret J. (w/o George) 31 Aug 1799-12 Sep 1884 — Russ
Marjorie E. (w/o Hector L) 1887-1957 — JWTa

RUSSELL (Con't), May J. (w/o Allen) 1902-1972 — ChMd
Mary Carneles d/o Charles & Eliz J. 10 Oct 1873-29 Nov 1895 — ChCl
Mary H. w/o John T. Sr 31 Aug 1843-21 May 1909 — ChRm
Mother & Father of Isacc Jeffries & Daniel Russell (no dates) — ChGn
Nelson Lee h/o Clara S. 1876-1969 — Dwng
O. Win (no dates) — Glfd
Pansy L. 1891-1905 — JWTa
Pansy T. 1905-1924 — JWTa
Robert (no dates) — Glfd
S.W. (s/o George & Margaret) 27 Oct 1828-23 Aug 1904 — Russ
Sage K. 1906-1980 — Dwng
Tressie Lewis w/o John E. 1886-1968 — Dwng
Viretta C. Miss 1 Nov 1830-16 Aug 1871 — Russ
Vivian H. 4 Mar 1895-12 Jan 1973 — Nels
Willard S. (h/o Margaret B) 1910-1971 — Gnbk
William H. (h/o Annie M?) 1863-1936 — JWTa
RYAN, Annie (w/o John M) 1889-1969 — DrumS
John M. (h/o Annie) 19 Aug 1889-29 Dec 1924 — DrumS
Madeline J. (d/o Lydia P. Byrd) 26 Nov 1896-18 Aug 1972 — JWTa
SABOL, Jean Ann d/o Joseph A. & Ann F. 1958-1958 — Dwng
SALYER, William Blaine USA WWII 18 Jan 1919-23 Apr 1983 — JWTa
SAMERJIAN, Charles Cpl USA WWII 12 Apr 1922-23 Oct 1979 — Dwng
SANCHEZ, Edwardo 12 Oct 1958-4 Aug 1979 — Dwng
SANDIFER, Clarence W. (h/o Jessie B) 1910-1988 — Mdst
Jessie B. (w/o Clarence W) 1914-1991 — Mdst
SATCHELL, Clyde D. 1932-1977 — Dwng
Frances B. (w/o Stewart L) 1925-1994 — JWTa
Mattie Lee Small (sis/o Oscar C?) 1896-1925 — JWTa
Oscar C. s/o Geo O & Missouri F 9th Inf killed France 4 May 1892-3 Oct 1918 — JWTa
Roland 1893-1944 — ChMc
Roland H. 1947-___ — JWTa
Stewart L. (h/o Frances B) USA WWII 1918-1978 — JWTa
SAUNDERS, Barbara M. (w/o John S) 10 Feb 1935-8 Sep 1993 — ChMd
John S. (h/o Barbara M) 13 Feb 1934-___ — ChMd
SAVAGE, ___ (unreadable) w/o Jno T d. 4 May 1876 aged 22ys 6ms 4ds — ParkS
Ann Corbin 2w/o Jno Savage d/o Jno & Cath Cropper 10 Nov 1795-6 Aug 1860 — Crop
Annie L. d/o E.J. & L.C. 3 Aug 1885-12 Jan 1887 — SavaM
Annie R. w/o Brattie L. 28 Jul 1889-15 Jul 1954 — Dwng
Bettye J. (d/o Leonard M. & Laura M?) 1918-1945 — Mdst
Billy (s/o Fred L. & Lida) 1908-1933 — ChBu
Brattie L. h/o Annie R. 13 Jan 1888-___ — Dwng
Charlotte J. (w/o Richard K) 1868-1943 — Mdst
Claude F. h/o Florence H. 6 Jan 1909-8 Oct 1955 — Dwng
Clifford s/o J.E. & Margie 29 Oct 1916-22 Dec 1916 — Mdst
David Lewis h/o Marlene T. 1929-1979 — Dwng
Edna C. (w/o James E) 1910-1989 — JWTa

Caucasian Tombstone Inscriptions

SAVAGE (Con't), Edward J. (h/o Letitia C) 1856-1932 — Mdst
Edward J. Jr (h/o Myrtle C) MOMM 2 USN WWII 1911-1977 — JWTa
Elsie M. (w/o Ernest H) 1894-1935 — ChRm
Ernest H. (h/o Elsie M) 1893-1941 — ChRm
Flora M. (w/o William R) 1887-1971 — Mdst
Florence H. w/o Claude F. 12 Jan 1908-4 Dec 1990 — Dwng
Frank M. (h/o Ida V) 27 Jan 1873-4 Mar 1936 — JWTa
Fred L. "Rick" (h/o Renee G) 1910-1985 — ChBu
Fred L. (h/o Lida) 1886-1964 — ChBu
Garland H. 1911-1944 — Dwng
Gladys V. (d/o I. Henry & Mary V) 1906-1962 — ChRm
Griffith (no stone standing) — SavaH
Herbert M. (h/o Louise M) 27 May 1915-___ — Mdst
I. Henry (h/o Mary V) 1873-1947 — ChRm
Ida V. (w/o Frank M) 19 Nov 1874-4 Dec 1949 — JWTa
Isaac J. (h/o Lydia A?) 12 Nov 1844-24 Feb 1922 — ChRm
J. Edward (h/o Margie V) 27 Apr 1888-24 Feb 1954 — Mdst
J. Jeter (h/o Mary M) 23 Sep 1835-18 Aug 1925 — AtBp
James E. (h/o Edna C) CBM USCG WWII 1910-1976 — JWTa
James R. (s/o Richard K. & Charlotte J) 1890-1927 — Mdst
John B. (h/o Margie C) 27 Aug 1877-31 May 1925 — ChRm
John H. 11 Jun 1928-___ — Dwng
John Sr (Major) (h/o M Eliz & Ann C) s/o Rich & Eliz 22 Dec 1790-27 Mar 1879 — Crop
Laura M. (w/o Leonard M) 1898-1941 — Mdst
Lee (h/o Wilma) 22 Sep 1906-___ — ChBu
Leonard M. (h/o Laura M & s/o Edward J & Letitia C) 1894-1950 — Mdst
Letitia C. (w/o Edward J) 1858-1932 — Mdst
Levina w/o Richard T & d/o Sally & Edmond Baker 25 Sep 1821-18 Mar 1903 — Bake
Lida (w/o Fred L) 1887-1961 — ChBu
Louise G. (w/o Herbert M) 12 Apr 1920-9 May 1976 — Mdst
Lydia A. (w/o Isaac J) 11 Feb 1862-18 Sep 1938 — ChRm
M. Elizabeth 1w/o Major John Savage 1 Nov 1787-16 Oct 1835 — Crop
Maggie 21 Mar 1847-8 Jun 1897 — ConqH
Malcolm Brooks s/o Wm R & Flora Miles Savage 7 Jun 1923-20 Jun 1985 — Mdst
Margie C. (w/o John B) 24 Dec 1884-24 Nov 1918 — ChRm
Margie V. (w/o J. Edward) 11 Feb 1892-23 Jan 1984 — Mdst
Marlene Taylor w/o David L. 1933-___ — Dwng
Mary (w/o Thomas) 1867-1950 — ChBu
Mary Ann Gibbons w/o Griffin & d/o Eli Gibbons d. 11 Jan 1874 aged 70 yrs — ChBp
Mary J. wid/o Wm Riley & d/o Isaiah & Sally Hickman d. 5 Nov 1850 aged 58 yrs — Rile
Mary M. w/o J. Jeter 3 Mar 1833-23 Jun 1899 — AtBp
Mary Virginia (w/o I. Henry) 1875-1958 — ChRm
Milton B. s/o J. Edward & Margie V. 3 Dec 1917-15 Mar 1920 — Mdst
Myrtle C. (w/o Edward J. Jr) 1909-1991 — JWTa
Patience A. w/o I.J. d. 6 Mar 1887 aged 34yrs — ChRd
Percy Churn Jr EM1 USN WWII 22 Jan 1912-6 May 1977 — JWTa

SAVAGE (Con't), Renee G. (w/o Fred L. "Rick") 1912-1987	ChBu
Richard K. (h/o Charlotte J) 1865-1941	Mdst
Richard T. (h/o Levina) 12 Mar 1824-21 Apr 1909	Bake
Robert H. Tec 5 USA WWII 16 Oct 1918-15 Mar 1991	ChRm
Rosalie M. (w/o William T) 1 Dec 1931-___	JWTa
Thomas (h/o Mary) 1860-1943	ChBu
Thomas H. 3 Jun 1839-1 Mar 1900	ConqH
Warren B. s/o Richard T. & Levina 16 Jan 1853-6 Apr 1873	Bake
William J. s/o I.J. & Patience S d. 24 Mar 1890 aged 10yrs/mos? 10dys	ChRd
William R. (h/o Flora M) 1881-1944	Mdst
William T. (h/o Rosalie M) 26 Oct 1922-___	JWTa
Wilma (w/o Lee) 28 Feb 1920-18 Nov 1992	ChBu
SAWYER, Addie M. (w/o Dr. Oscar W) 1893-1991	JWTa
Oscar W. Dr. (h/o Addie M) 1890-1976	JWTa
SCARBOROUGH, Edmond Y. h/o Evelyn B. 1898-1985	Dwng
Elizabeth (w/o Samuel J) 1880-1945	ChBu
Evelyn B. w/o Edmond Y. 1902-1991	Dwng
Kenneth s/o Eliz. & Samuel J. 1905-1956	ChBu
Samuel J. (h/o Elizabeth) 17 Nov 1876-22 Oct 1923	ChBu
Samuel J. s/o Samuel J. & Elizabeth 18 Aug 1908-19 Aug 1908	ChBu
SCARPA, John (h/o Mary) 1866-1931	ChMc
Mary (w/o John) 1875-1937	ChMc
SCHEMMEL, Elodie Holston 1912-1970	ChMc
SCHERER, Irene (w/o Vernon L) 3 Sep 1926-___	JWTa
Vernon L. (h/o Irene) GM2 USN WWII Korea 21 Feb 1924-6 Mar 1992	JWTa
SCHMIDT, Rita 1890-1967	Dwng
SCHOEPFER, Jon 1966-1992	Dwng
SCHROEDER, Minnie E. 1909-___	Dwng
SCHWARTZ, Georgia (w/o Otto C) 1924-___	JWTa
Kurt (s/o Otto C. & Georgia?) 1956-___	JWTa
Otto C. (h/o Georgia) USCG WWII Korea Vietnam 5 Feb 1922-15 Dec 1989	JWTa
SCOTT, Betty L. w/o Thomas S. 1909-1962	Dwng
Archie T. (h/o Eliz. Scott Day?) Pvt 327 Inf 82 Div 24 Jan 1888-28 Jan 1946	ChGn
Archie William (h/o Madge B) PFC USA WWII 18 Sep 1907-18 Mar 1976	JWTa
Benjamin F. (h/o Rachel J) Cpl Co A 1 Regt VA Vols 8 May 1838-17 Jan 1944	ChGn
Charles J. h/o Cora S. Cook 155 Depot Brigade WWI 2 Sep 1893-28 Jan 1968	TgMa
Cora C. w/o Charles J. 1895-1975	TgMa
Edward C. h/o Estelle M. 1898-1970	Dwng
Estelle M. w/o Edward C. 1902-1973	Dwng
Francis E. 1925-1977	TgMa
Infant d/o O.T. & Virginia d. 1898	Mdst
Infant s/o O.T. & Virginia d. 11 Sep 1900	Mdst
Jewell M. (w/o N. Byran) 1902-1944	Grtn
L.K. (s/o Martha F. & William J.S?) 1892-1944	Blxm
Madge B. (w/o Archie W) 1912-1983	JWTa
Margie M. (w/o Mark D) 1901-1979	JWTa

SCOTT (Con't), Mark D. (h/o Margie M) 1900-1979	JWTa
Martha F. (w/o William J.S) 1867-1958	Blxm
Matthew C. s/o Michael & Harriet 27 Feb 1991	Nels
N. Byran (h/o Jewell M) 1900-1968	Grtn
Oswald T. (h/o Virginia) 9 Oct 1867-22 Jun 1936	Mdst
Rachel J. (w/o Benjamin F) 1856-1934	ChGn
Sallie W. (w/o Walter T) 1905-1982	JWTa
Sue N. (m/o Byrdie E. Marshall?) 1860-1936	Grtn
Thomas S. h/o Betty L. 1908-1983	Dwng
Virginia w/o Oswald T. 28 Jan 1873-19 Sep 1910	Mdst
Walter T. (h/o Sallie W) 1895-1970	JWTa
William J.S. (h/o Martha F) 1861-1915	Blxm
Winnie Lang 25 Oct 1904-29 Dec 1930	JWTa
SCULL, Florence L. 1896-1976	Nels
Harold W. TSgt USAF 30 Oct 1912-4 May 1991	Nels
Naomi B. 1916-1941	Nels
SELBY, Myrtle V. w/o Ralph L. Sr 1896-1977	Dwng
Ralph L. Sr h/o Myrtle V. 1890-1977	Dwng
William H. s/o Wm W. & Mary A.P. 5 Oct 1857-18 Feb 1876	Selb
William W. (1h/o Mary A.P) (no dates)	Selb
SHACKLEFORD, Bertie E. (w/o John H) 1898-1975	JWTa
John H. (h/o Bertie E) 1898-1960	JWTa
John H. Jr (s/o John H. & Bertie E) 1924-1967	JWTa
SHAFFER, Alexandria J. (b&d) 30 May 1993	JWTa
Jacqulyn C. (b&d) 30 May 1993	JWTa
Robin L. (b&d) 30 May 1993	JWTa
Samantha M. (b&d) 30 May 1993	JWTa
SHARP, Mildard 1924-1977	Frnk
SHARPLEY, Albert T. "Kelly" (h/o Margaret H) 1901-1975	ChMc
Albert T. Captain (h/o Minnie O) 7 Apr 1877-21 Dec 1935	ChMc
Alma V. 1901-1989	Dwng
Asa L. (h/o Nellie E) 1895-1990	ChRm
Brattie L. (h/o Etta M) 1886-1953	ChBu
Catherine E. (w/o Charlie R) 1894-1944	Gnbk
Charles H. (h/o Minnie C) 1872-1963	Gnbk
Charlie R. (h/o Cath) MD Pvt Cooks Sch QMC WWI 26 Jun 1893-10 Feb 1955	Gnbk
Cleveland H. (h/o Lelia M) 1884-1943	Frnk
Eldon D. Sr (h/o Ellen D) 1905-1984	Gnbk
Eleanor B. w/o William T. 1871-1947	Dwng
Ellen D. (w/o Eldon D. Sr) 1910-____	Gnbk
Etta M. (w/o Brattie L) 1890-1975	ChBu
George A. (h/o Ida F) 1867-1947	Gnbk
Gibb F. (h/o Kathryn J) 1910-1961	Gnbk
Harriett w/o William d/o 22 Apr 1876 aged 52yrs	ChRs
Harry W. (s/o William D. & Sarah A) 1886-1950	Frnk
Henry L. (h/o Matilda E) 1864-1942	Gnbk

SHARPLEY (Con't), Ida F. (w/o Geroge A) 1875-1950 — Gnbk
James E. 1908-1925 — Gnbk
James Franklin 3 May 1907-28 Jun 1994 — Gnbk
John E. 1866-1888 — Gnbk
John P.(R?) Jr 23 Oct 1900-15 Aug 1947 — ChGn
John R.(P?) (h/o Sallie E) 24 Mar 1871-15 Dec 1947 — ChGn
John s/o W.D. & Sarah A. 1888-1889 — Gnbk
Joshua T. h/o Mary H s/o Sarah E Peyton & Wm J.M 1 Dec 1861-16 Mar 1935 — Gnbk
Kathryn J. (w/o Gibb F) 1910-1989 — Gnbk
Laura E. (w/o Otho P) 1898-1959 — Gnbk
Lelia May (w/o Cleveland H) 1890-1961 — Frnk
Lizzie Taylor (w/o O. Logan Taylor) 1886-1966 — Gnbk
Loretta d/o A.T. & Laura V. b&d 29 Jun 1915 — ChGn
Louis F. (h/o Rebecca A) 1856-1943 — ChMc
Margaret H. (w/o Albert T) 1909-____ — ChMc
Mary H Gibb w/o J.T ggd/o Jno Cropper&Cath Bayly 3 Dec 1867-16 Jan 1958 — Gnbk
Mary M. 24 Sep 1898-17 Sep 1959 — ChGn
Matilda E. (w/o Henry L) 1869-1928 — Gnbk
Minnie C. (w/o Charles H) 1877-1937 — Gnbk
Minnie O. w/o Capt Albert T. 25 Mar 1882-13 Jan 1908 — ChMc
Neal 1887-1979 — ChTh
Nellie E. (w/o Asa L) 1899-1982 — ChRm
Otho P. (h/o Laura E) 1897-1965 — Gnbk
Philip Dean s/o Emily & Roland & b/o John David 25 Aug 1960-19 Jun 1988 — Gnbk
Rebecca A. w/o Louis F. 1855-1908 — ChMc
Rebecca J. d/o Louis F. & Rebecca A. 1880-1899 — ChMc
Sallie E. (w/o John R) 2 Aug 1874-21 Apr 1936 — ChGn
Sarah A. (w/o William D) 1862-1956 — Frnk
Sarah E. (Peyton) (w/o William J.M) 1836-1911 — Gnbk
Steffnes P. S2 USN WWII 1920-1977 — Gnbk
William D. (h/o Sarah A) 1859-1951 — Frnk
William J.M. (h/o Sarah E) 5 Nov 1837-13 May 1919 — Gnbk
William T. h/o Eleanor B. 1875-1953 — Dwng
SHAW, Donald D. (h/o Elodie) 1916-1985 — ChDa
Elodie (w/o Donald D) 1915-____ — ChDa
Eppie D. w/o Louis S. 1887-1944 — Dwng
Etmon W. 1914-1953 — Dwng
George T. 1917-1978 — Dwng
George T. Jr s/o G.T. & Grace 1949-1950 — Dwng
Harold V. (s/o Donald D. & Elodie) 1945-1988 — ChDa
Louis S. h/o Eppie D. 1884-1932 — Dwng
Milton Dulaney (h/o Virginia W) S1 USCG RES WWII 2 May 1926-27 Dec 1959 — Grtn
Nettie B. 1920-1935 — Dwng
Oscar F. Infant s/o (can't read names) — Grtn
Susan W. w/o Wm H. Jr 1880-____ — Dwng
Virginia W. (w/o Milton D) 1927-____ — Grtn

Caucasian Tombstone Inscriptions 243

SHAW (Con't), William H. Jr h/o Susan W. 1877-1931 — Dwng
SHAY, Alma F. 1919-___ — Dwng
Anna 1835-1888 — Shay
Anna W. 1878-1955 — Dwng
Clifton L. h/o Louise B. 1Lt USA WWII 9 Aug 1919-20 Oct 1985 — Dwng
Elizabeth E. w/o George L. 1874-1934 — Dwng
George L. h/o Elizabeth E. 1870-1937 — Dwng
George W. h/o Laura C. 1888-1952 — Dwng
J. Reamy h/o Maude C. 1893-1976 — Dwng
J. Teagle h/o Osha A. 1853-1926 — Dwng
Julius H. h/o Ola M. 1885-1972 — Dwng
Laura C. w/o George W. 1897-1980 — Dwng
Louise B. w/o Clifton L. ___-___ — Dwng
Louise Lankford (w/o Willie L) 1918-___ — Grtn
Maidie Lang 16 Mar 1901-29 Jan 1992 — Gnbk
Maude C. w/o J. Reamy 1900-1976 — Dwng
Myrtle L. 1918-1985 — Dwng
Norman T. 1914-1961 — Dwng
Ola M. w/o Julius H. 1893-1966 — Dwng
Osha A. w/o J. Teagle 1860-1921 — Dwng
William 1893-1908 — Shay
Willis Lee (h/o Louise L) 1910-1989 — Grtn
SHEETER, A. Vernon (h/o Grace J) 1902-1985 — Frnk
Grace J. (w/o A. Vernon) 1908-___ — Frnk
Josephine (w/o William H) 1882-1934 — Frnk
William H. (h/o Josephine) 1875-1949 — Frnk
SHELLEY, Zackariah 23 Dec 1820-5 Feb 1876 — ChRd
SHEPHEAD, Sarah D. 1844-1923 — Gnbk
Annie E. (w/o Steward S) 1871-1966 — Nels
Melvina E. 25 Dec 1915-17 May 1989 — ChMc
Ray 1885-1936 — Gnbk
Steward S. (h/o Annie E) 1859-1943 — Nels
SHIELDS, Asa (h/o Elizabeth A) 6 Apr 1815-6 Dec 1898 — AtBp
B.W. (Benjamin) (h/o Mary) 7 Sep 1850-16 Feb 1919 — JWTa
Elizabeth A. w/o Asa 8 Mar 1816-22 Sep 1893 — AtBp
Florence Jean d. 1932 aged 5mos — MearJ
James E. 1895-1968 — JWTa
John W. (h/o Nancy W) 15 May 1933-14 Oct 1989 — ChMd
Littleton A. s/o Peter & Virginia 10 Feb 1870-18 Mar 1892 — AtBp
Mamie M. w/o Norman A. 1890-1968 — Dwng
Mary (w/o B.W) 13 Aug 1860-2 Oct 1941 — JWTa
Nancy W. (w/o John W) 17 Feb 1935-___ — ChMd
Nathan B. 15 Oct 1903-12 Feb 1941 — ChMc
Norman A. h/o Mamie M. 1886-1950 — Dwng
Peter E. (h/o Virginia F) 1839-1914 — AtBp
Virginia F. (w/o Peter E) 1850-1930 — AtBp

SHIELDS (Con't), Willie Gladys 1899-1994 (temp) — JWTa
SHIRK, Charles R. (h/o Stella M) 1900-1981 — JWTa
Stella Maris (w/o Charles R) 1924-1979 — JWTa
SHOCKLEY, Alverta G. (w/o Avery) 1905-1992 — Grtn
Avery (h/o Alverta G) 1907-1986 — Grtn
Mary C" w/o Alfred H. 13 Feb 1857-6 Jan 1895 — Zion
SHORES, Ameial 15 Apr 1836-1 Jun 1902 — TgMa
Babel 1 Mar 1831-29 Dec 1873 — TgMa
Charlie F. 1885-1933 — TgMa
Edward M. 20 Feb 1888-24 Apr 1928 — TgMa
Elizabeth d. 9 Sep 1858 aged 40 years — TgMa
Ellen Elizabeth 20 Nov 1850-2 May 1927 — TgMa
Elvestina 16 Sep 1877-11 Dec 1880 — TgMa
Ethel w/o Harrison L. 16 Feb 1900-1 Sep 1929 — TgMa
H. Colburn 7 Jun 1895-27 Oct 1926 — TgMa
Harrison L. h/o Ethel WWI 20 Feb 1876-27 Feb 1920 — TgMa
James E. 1922-1965 — TgMa
Lola Belle 1895-1966 — Dwng
Margaret w/o William A. Sr 8 Nov 1848-17 Jan 1930 — TgMa
Mary A. w/o Pettie F. 29 Apr 1854-23 Sep 1932 — TgMa
Nellie E. 1884-1950 — TgMa
Pettie F. h/o Mary A. 2 Mar 1860-1 Apr 1931 — TgMa
Phebe J. w/o S.S. Jun 1875-16 May 1931 — TgMa
Rachel Jane 1871-1968 — TgMa
Rebecca A. 16 Mar 1879-4 Oct 1880 — TgMa
Sarah K. w/o Wm A. 1860-22 Dec 1911 — TgCa
Solomon d. 17 Oct 1866 aged 38yrs — TgMa
Solomon S. b. 9 Sep 184_ aged 3yrs — TgMa
Solomon S. 9 Aug 1868-28 Dec 1932 — TgMa
Susan E. 1878-1954 — TgMa
Wilford T. 1902-1963 — TgMa
William A. Sr h/o Margaret 20 Aug 1855-16 Apr 1929 — TgMa
SHORT, Carrie Wootten w/o J.W. Short M.D. 1868-1959 — Gnbk
Dora Jones (w/o James S) 1904-1984 — Gnbk
James Stanley (h/o Dora J) 1891-1962 — Gnbk
Nancy Hargis w/o David 15 Mar 1802-11 Nov 1875 — Brit
William Alfred s/o J.W. & Carrie W. 1900-1900 — Gnbk
SHOWARD, Alfred W. (h/o Martha G) 1847-1921 — JWTa
Charles A. 1881-1984 — JWTa
Daisie Pattison (w/o Frank E) 1895-1987 — JWTa
Frank Edward (h/o Daisie P) 1891-1956 — JWTa
Irene B. 1922-1974 — JWTa
Martha G. (w/o Alfred W) 1866-1955 — JWTa
Vesta G. 1888-1961 — JWTa
SHREAVES, Arlene C. (w/o J. Leonard) ____-____ — ChTh
Charles B. (h/o Olive L) Cpl USA WWII 29 Oct 1919-13 Aug 1977 — ChMd

SHREAVES (Con't), Carlton T. 1926-1976 — Nels
Clinton F. s/o Wm T. & Bettie 28 Sep 1891-7 Apr 1899 — Shre
Ella D* d/o Louis F. & Susan 16 Jul 1871-17 Nov 1886 — Zion
Infant d/o Thomas & Bettie b&d 2 Mar 1880 — MasoH
J. Leonard (h/o Arlene C) 1925-1980 — ChTh
L. Sidney 1916-1932 — Nels
Lewis S. (h/o Lola E) 1890-1953 — Nels
Lola Emma (w/o Lewis S) 1890-1963 — Nels
Olive L. (w/o Charles B) 1927-____ — ChMd
Pollie s/o Wm J. 28 Sep 1850-15 Jul 1899 — Shre
William J. (h/o Pollie) 6 Sep 1842-12 Jul 1915 — Shre
SHREVES, Bettie A. (w/o W. Thomas) 16 Jan 1852-16 Nov 1941 — Mdst
David M. (h/o Sarah A) 4 May 1814-1 Oct 1890 — Mdst
Derotha w/o John E. 27 Feb 1853-11 Nov 1918 — Mdst
Edward "Grumpy" (h/o Elizabeth) 1917-1985 — JWTa
Edward (h/o Myrtle) 1877-1944 — ChMc
Elizabeth (w/o Edward) 1921-____ — JWTa
F. Vincent 7 Jun 1912-23 Jan 1984 — Mdst
Flora N. (w/o Wharton V) 1905-1972 — Mdst
Fred T. 1881-1942 — Mdst
Hazel (w/o Nelson) 1916-1994 — ChGn
Henry A. (h/o N. Wharton) 1857-1920 — Mdst
Henry A. (Jr) (h/o Lillie M?) 1890-1950 — Mdst
John E. h/o Derotha 11 May 1848-2 Apr 1903 — Mdst
Kathryn (d/o Edward & Myrtle) 1921-1936 — ChMc
Lillie M. (w/o Henry A. Jr?) 1884-1958 — Mdst
Myrtle (w/o Edward) 1893-1970 — ChMc
N. Wharton (w/o Henry A) 1860-1948 — Mdst
Nelson S1 USCG WWII 12 Sep 1915-23 Jun 1991 — ChGn
Sarah A. w/o David M. 12 Feb 1814-11 Jan 1900 — Mdst
Tabitha w/o William S. 16 Jul 1816-13 Apr 1898 — Mdst
Virginia S. 1914-1967 — Mdst
W. Thomas (h/o Bettie A) 10 Sep 1845-28 Nov 1929 — Mdst
Wharton V. (h/o Flora N) 1898-1951 — Mdst
William S. (h/o Tabitha) 10 Apr 1816-11 May 1876 — Mdst
Z. Otho 3 Mar 1871-28 Feb 1899 — Mdst
SHRIEVES, Catherine Marshall w/o L.S. 5 Feb 1856-____ — Beth
George S. 1929-1944 — Nels
George W. (Shrfaves on stone) 6 Jan 1883-9 Sep 1903 — Beth
Hazel Hope 1903-1927 — Nels
Hubert L. 1923-1923 — Nels
Latimy s/o L.S. & Catherine 11 Apr 1880-31 Aug 1881 — Beth
Lewis S. 10 Jun 1842-3 Apr 1914 — Beth
Margaret Ann 1921-1922 — Nels
Margaret Jane w/o Wm s/o John 1 Jan 1826-30 Jun 1897 — Shre
Mary Ellen "Manie" (w/o William T) 1878-1974 — Nels

SHRIEVES (Con't), Susie d. 9 Jun 1897 aged 28yrs — Beth
William (h/o Margaret J) s/o John 11 Jan 1813-27 Jan 1878 — Shre
William T. (h/o Mary E) 1870-1933 — Nels
SHUMAKER, Dixie S. (3 Dec 1930-19 Jul 1990) — JWTa
SIGMON, Howard Allen NC PFC 15 Repl Bn WWII 18 Sep 1924-31 Jan 1970 — JWTa
SILVERTHORN, Bessie M. (w/o John M) 1880-1962 — Nels
C.C. w/o B.C. 7 Feb 1842-15 Nov 1862 — SilvS
C.J. (h/o Sarah W) 2 Feb 1852-10 Jan 1939 — Nels
Carrie Kelley (w/o Earl T) 1902-1979 — Nels
Charles A. II s/o Jesse W. 1954-1980 — Nels
Charles Andrew (h/o Rose W) 1878-1948 — Nels
Charles H. (h/o Mary A) 17 Dec 1839-6 Sep 1899 — SilvH
Charles s/o M.A. & C.H. d. 3 Sep 1870 aged 2mos 16dys — SilvH
Earl Thomas (h/o Carrie K) 1902-1974 — Nels
Jesse W. 1909-1977 — Nels
John W. (h/o Bessie M) 1875-1948 — Nels
Joseph E. s/o M.A. & C.H. d. 7 Sep 1872 aged 8mos 17dys — SilvH
Mary A. w/o Chas H. d. 17 Jan 1875 aged 31yrs 11mos 28dys — SilvH
Otho T. 20 Aug 1896-3 Jul 1902 — SilvS
Rose Wilson (w/o Charles A) 1876-1967 — Nels
Sarah W. w/o C.J. 9 Apr 1853-1 Feb 1929 — Nels
William H. 13 Jan 1881-10 Feb 1897 — SilvS
SIMKINS, Nettie T.(Trader) (w/o William J) 1900-1992 — Dwng
William Lee Sr (s/o Wm J & Nettie T) 11 Aug 1928-4 Sep 1987 — Dwng
SIMPSON, Adeline w/o Charles J. 1885-1940 — Dwng
Beatrice "Bea" (s/o Charles J. & Adeline) 1918-1983 — Dwng
Charles J. h/o Adeline 1877-1962 — Dwng
Charlie W. (s/o Charles J. & Adeline) 1913-1987 — Dwng
Daisey W. 1899-1989 — Grtn
Dewey H. (h/o Ruth S) 29 May 1904-24 Jul 1974 — Grtn
Earnest A. (h/o Emma A) 1889-1958 — Grtn
Emily J. (w/o John J) 1867-1955 — Grtn
Emma A. (w/o Earnest A) 1893-1964 — Grtn
Eva Mae 1894-1964 — Grtn
Hazel Burton Trader (w/o Elijah T Trader & Charlie W Simpson) 1913-1993 — Dwng
J. Samuel (s/o John J. & Emily J) 1908-1957 — Grtn
Jane (w/o Rubin) 5 Jan 1841-29 Jan 1924 — Simp
John J. (h/o Emily J) 1865-1949 — Grtn
Rubin (h/o Jane) 22 Dec 1835-5 Mar 1925 — Simp
Ruth S. (w/o Dewey H) 11 Aug 1930-____ — Grtn
SINGLETON, Elizabeth S. w/o Wm H. 26 Dec 1828-21 Aug 1897 — Mdst
George V. 6 May 1859-25 Sep 1876 — Mdst
William H. (h/o Elizabeth S) 23 Feb 1825-3 Mar 1866 — Mdst
William J. 18 Mar 1851-15 Oct 1920 — Mdst
SIUDOWSKI, Thos E (1h/oRosemondTaylorCarter) WWII 29Mar1912-6Aug1953 — JWTa
SLEIGH, Madge M. (w/o Thomas A) 1892-1964 — ChTh

SLEIGH (Con't), Thomas A. (h/o Madge M) 1883-1980 — ChTh
SLOCOMB, Ella F. w/o S.B. 21 Dec 1861-4 Jan 1895 — Dwng
Frank W. Pvt USA 25 Jul 1898-23 Jan 1975 — Dwng
Margaret Blanche w/o Thomas H. 1862-1925 — Nels
Mary Ann 1873-1926 — Nels
Perry B. 27 Jul 1884-8 Jan 1976 — Dwng
Samuel B. 1855-1926 — Nels
Thomas 1 Mar 1812-6 Sep 1862 — Sloc
Thomas Henry (h/o Margaret B) 1861-1925 — Nels
SMACK, Leland J. (h/o Rozena A) 1891-1980 — Gnbk
Raymond S. MD SSgt USA WWII 1 Jun 1913-21 Feb 1967 — Nels
Rozena A. (w/o Leland J) 1892-1974 — Gnbk
SMALL, Evelyn M. (w/o Fred W) 1909-___ — Aswm
Fred W. (h/o Evelyn M) 1908-___ — Aswm
John J. (h/o Sarah A) d. 31 Aug 1926 — Wssl
Minnie Justis 1890-1981 — Nels
Sarah A. (w/o John J) d. 22 Feb 1921 — Wssl
SMITH, Amelia B. (w/o Luther T. Ball & ___ Smith) 1882-1984 — Kngt
Amelia C. (w/o James C) 1892-1948 — Grtn
Andrew C. s/o Webster & Goldie E. USA WWII 2 Sep 1923-8 Mar 1993 — Dwng
Ann Blanche d/o George A. & Annie G. 25 Sep 1898-8 Apr 1987 — Dwng
Ann Downing (w/o Wm) d/o Wm&Ann Downing d. 15 Aug 1825 aged 43y3m11d — SmitO
Anna M. (w/o Joseph W) 1 Aug 1911-26 Nov 1993 — JWTa
Annie R. 1w/o Geo A & d/o Thos & Harriett Groton 14 Mar 1869-18 Feb 1911 — Dwng
Bertha May 1887-1954 — Gnbk
Bertha Virdel d/o Rebecca Bundick & Jas Henry Smith 16 Oct 1884-4 Jul 1907 — Mdst
Betsy F. (d/o Lillian S. Fisher) 11 Jan 1916-27 Jun 1943 — Dwng
Bettie A. 1872-1915 — Kngt
Betty Godwin 1876-___ — DrumJ
Beulah d/o Thomas & Emma 9 Oct 1902-1 Sep 1903 — Kngt
Blanche A. (w/o Charles S) 1880-1939 — MearJ
C. Stanly h/o Neva G. 1910-1984 — Dwng
Carrie J. (1w/o John S) 1 Oct 1889-3 Nov 1912 — MearJ
Cecelia F. (w/o James H) 1861-1931 — Grtn
Charles E. (h/o Emma L) 1858-1948 — JWTa
Charles S. (h/o Blanche A) 1873-1958 — MearJ
Charley F. 1942-1942 — JWTa
Clara W. (w/o Elmer K) 1889-1973 — Wssl
Clement (h/o Hattie S. Tarr) 1901-1954 — Grtn
Custis T. (h/o Lela H) 1892-1941 — Grtn
Delilah Warner w/o T.E. 30 Apr 1886-24 Sep 1926 — AtBp
Dixon H. h/o Isabell 1869-1951 — Dwng
Drusilla J. (w/o Noah C) 1895-1979 — Grtn
E. Alton 1903-1943 — Dwng
Edgar T. (h/o Ida B) 1875-1957 — ChBu
Edward L 1891-1937 — Grtn

SMITH (Con't), Elizabeth B. Sue w/o Kerns 1918-1994 — Dwng
Elizabeth P. (2w/o John S) 28 Jul 1892-25 Jul 1962 — MearJ
Ella Mae (w/o William E) 17 May 1909-29 Jun 1989 — JWTa
Elmer K. (h/o Clara W) 1883-1969 — Wssl
Emma L. (w/o Charles S) 1869-1953 — JWTa
Emma Trader 1886-1982 — Grtn
Ernest W. (h/o M. Florence) 1873-1962 — JWTa
Estella M. (w/o Walter H) ___-___ — JWTa
Everett s/o E.T. & I.M. 14 Sep 1908-___ (underground) — ChBu
Fay A. d/o A.H. & Willie Smith 25 Aug 1905-6 Jun 1907 — Mdst
Fletcher S. s/o E.S. & Jane 9 Sep 1891-11 Oct 1918 — Kngt
Flewellen d/o Nathaniel S. & Juliet 15 Aug 1867-22 Aug 1870 — ChRm
Florence M. (w/o William C) 1873-1960 — MearJ
Florence R. w/o Milford R. 1906-1976 — Dwng
Fred W. 1891-1948 — Grtn
Frederick W. Jr 1929-1950 — Grtn
Garner Thomas 1903-1941 — Dwng
Genevieve 1913-___ — Grtn
George A. h/o Annie R & Lillie G 24 May 1869-24 Mar 1929 — Dwng
George E. 1865-1940 — Kngt
Goldie E. w/o Webster 1900-1990 — Dwng
Grace M. w/o Samuel A. 1877-1963 — Dwng
Grover C. 1896-1944 — JWTa
Harlan S. h/o Helen J. 1908-1992 — Dwng
Harold N. h/o Lula W. & s/o George A. & Annie G. 13 Dec 1894-19 Mar 1985 — Dwng
Harry C. Jr s/o H.C. & Evelyn B. 11 Jan 1938-11 Dec 1939 — Dwng
Harry F. 1906-1994 — JWTa
Helen J. w/o Harlan S. 1914-___ — Dwng
Helen M. 31 Aug 1905-30 Dec 1974 — TgMa
Hennie B. (w/o Sewell T) 1883-1963 — Grtn
Herman W. 1900-1931 — JWTa
Herman Winfred h/o Mabel S. Cox USN WWII 1925-1983 — Dwng
Ida Bowden (w/o Edgar T) 1883-1970 — ChBu
Infant d/o J.S. & Carrie J. d. 19 Apr 1905 — MearJ
Infant d/o Julius L. & Manie A. 25 Dec 1904-4 Jan 1905 — JWTa
Isabell w/o Dixon H. 1877-1951 — Dwng
J.V. 1879-1937 — Grtn
James 21 Feb 1820-20 Mar 1888 — Kngt
James C. (h/o Amelia C) 1887-1969 — Grtn
James H. (h/o Cecelia F) 1855-1942 — Grtn
James Henry (h/o Rebecca B) 1843-1914 — Mdst
Jennie Kate 7 Jan 1895-10 Sep 1947 — ChGn
John B. d. 25 Sep 1921 aged 11yrs 4mos 10dys — ChRs
John B. 1937-1976 — TgMa
John d. 6 Oct 1911 aged 78yrs — Stan
John S. (h/o Carrie J & Elizabeth P) 21 Mar 1882-4 Feb 1962 — MearJ

SMITH (Con't), Josie Hargis (w/o Omega?) 27 Feb 1885-9 Apr 1960 — JWTa
Joseph W. (h/o Anna M) ATC USN WWII 15 Jan 1909-14 Jan 1992 — JWTa
Juliet Caulk w/o Nathaniel S Smith MD 3 Dec 1846-4 May 1923 — ChRm
Julius L. (h/o Manie A) 1876-1959 — JWTa
Kenneth W. Jr s/o Kenneth & Jennie 27 Oct 1920-27 Oct 1920 — ChGn
Kerns h/o Elizabeth B.S. 1907-1992 — Dwng
Laura P. (w/o Robert) 1887-1974 — JWTa
Lela H. (w/o Custis T) 1893-1976 — Grtn
Leroy s/o D.H. & I.B.S. 19 Mar 1899-9 Dec 1902 — Dwng
Levin James (h/o Mary E) 1861-1922 — Gnbk
Levin L. 1862-1978 — Gnbk
Lillie Guillette 2w/o George A. 19 Sep 1874-10 May 1970 — Dwng
Lillie H. (w/o Norman E) 1893-1981 — Grtn
Lillie O. w/o C.S & d/o Laban C & Mary J Moore 12 Apr 1873-28 Dec 1897 — Dwng
Louise M. w/o Norman E. 1915-___ — Dwng
Lula Watson w/o Harold N d/o David R & Annie T Watson 10 Jul 1894-12 Sep 1972 — Dwng
M. Florence (w/o Ernest H) 1876-1967 — JWTa
Mabel S. w/o Herman W. 1913-1988 — Dwng
Manie A. (w/o Julius L) 1882-1959 — JWTa
Margaret (w/o Joe) 1873-1964 (temp) — SxEl
Maria w/o Col. William B. 22 Dec 1812-19 Jul 1883 — SmitC
Marvin F. s/o D.H. & I.B.S. (no dates) — Dwng
Mary Ella (w/o Levin J) 1866-1953 — Gnbk
Mary J. (w/o Seymore E) 1853-1935 — Grtn
Michael E. 1966-1982 — JWTa
Milford R. h/o Florence R. 1903-1983 — Dwng
Nathaniel S. (h/o Juliet C) Surgeon's Steward USN (no dates) — ChRm
Neva Grace w/o C. Stanly 1914-1964 — Dwng
Noah 27 Feb 1828-5 Apr 1892 — Dwng
Noah C. (h/o Drusilla J) 1894-1969 — Grtn
Norman E. h/o Louise 1921-1991 — Dwng
Norman E. (h/o Lillie H) 1892-1970 — Grtn
Norman Lee Pvt Co D 10 Bn Repl Tng CP WWI 1898-10 Jun 1955 — TgMa
Omega (h/o Josie H?) 12 Jun 1879-28 Jul 1918 — JWTa
Rebecca Bundick w/o James H. 1853-___ — Mdst
Robert (h/o Laura P) 1894-1982 — JWTa
Rosalie M. (w/o William J) 1920-1987 — Grtn
Rose Ann w/o W.H.C. 20 Mar 1838-22 Dec 1910 — MearJ
Rose Marie d/o Clement & Hattie 27 Aug 1939-29 Jan 1940 — Grtn
Roswell T. 1875-1945 — Grtn
Sallie Frances w/o James 10 Mar 1833-10 Mar 1903 — Kngt
Sallie w/o Thomas d. 11 Jul 1894 aged 61yrs — SmitJ
Samuel A. h/o Grace M. 1876-1950 — Dwng
Sewell T. (h/o Hennie B) 1882-1945 — Grtn
Seymore E. (h/o Mary J) 1850-1932 — Grtn
Susan F. w/o John 3 May 1838-30 Nov 1888 — Mulb

Tombstone Inscriptions of Upper Accomack County, VA

SMITH (Con't), Thomas E. 1880-1960	Grtn
Thomas (h/o Sallie) 6 Apr 1826-4 Jul 1887	SmitJ
Virgie P. 1907-1987	JWTa
Virginia Lee 1920-1946	TgMa
Vivian Julia d/o Wm C & Florence O. 2 Dec 1894-7 Jan 1906	MearJ
Walter H. "Lasses" 1899-1949	JWTa
Webster h/o Goldie E. 1898-1976	Dwng
William B. Col. (h/o Maria) 4 Feb 1808-22 Jan 1897	SmitC
William C. (h/o Florence M) 1868-1948	MearJ
William E. s/o D.H. & I.B.S. 2 Mar 1898-11 Mar 1898	Dwng
William Edward (h/o Ella M) 14 Feb 1909-___	JWTa
William H. 1874-1964	Grtn
William Henry Custis (h/o Rose Ann) 11 Oct 1830-26 Jan 1911	MearJ
William J. (h/o Rosalie M) 1911-___	Grtn
William L. 1894-1978	Grtn
Willie A. w/o A.H. 22 Mar 1874-31 Jan 1915	Mdst
SMULLEN, Elsie M. w/o Elwood M. 3 May 1910-___	Dwng
Elwood W. h/o Elsie M. 31 Mar 1912-16 Jun 1975	Dwng
SNEAD, Alice E. (w/o Capt Thos B) 12 May 1848-12 Mar 1921	ChRm
Cecelia W. 1868-1956	ChRm
Charles E. h/o Fannie R. 1896-1953	Dwng
Craig 1954-1994	Dwng
Emma J. w/o Joseph K. 1878-1970	Dwng
Evmarkel M. d/o J. Norman & Myrtle 19 Feb 1914-1 Nov 1914	ChGn
Fannie R. w/o Charles E. 1896-1981	Dwng
Grace L. 20 Nov 1892-6 Dec 1919	ChRm
Helene 1919-1994 (temp)	JWTa
Henry Newman VA Pvt USA WWI 22 Sep 1892-28 Aug 1968	ChRm
Irene 5 Mar 1908-19 Aug 1929	ChRm
James T. 1865-1946	ChRm
John E. Jr VA Pvt Co F15 Inf 8 Jan 1926-7 Oct 1971	ChMd
John J. (h/o Nancy C) 1 Sep 1855-16 Jul 1915	ChRm
John Norman (h/o Myrtle D) Pvt USA WWI 21 Sep 1895-30 Jan 1977	ChGn
John R. (h/o Sharlott A) 19 Feb 1852-28 Jan 1936	ChGn
John Pvt 163 Inf 41 Div 11 Oct 1894-26 Feb 1943	ChMc
Joseph K. h/o Emma J. 1872-1956	Dwng
Judith A. 1952-1993	Dwng
Kaye F. 1933-1984	Dwng
Lottie E. w/o Norman 1910-1964	Dwng
Mary J. w/o William 12 Jan 1880-2 Jun 1919	ChBu
Myrtle D. (w/o John N) 1898-1978	ChGn
Nancy C. (w/o John J) 12 Dec 1865-10 Jul 1929	ChRm
Norman h/o Lottie E. 1905-1950	Dwng
Paul O. 14 Apr 1918-7 May 1923	Dwng
Pauline 18 Apr 1920-5 Jan 1992	ChDa
Robert Lee VA S1 USNR WWII 5 Feb 1915-4 Jan 1963	ChMc

SNEAD (Con't), Percy 1910-1954	ChMc
Sharlott Ann w/o John R. 12 Oct 1853-26 Jun 1930	ChGn
Thomas 1877-1927	ChMc
Thomas B. Capt. (h/o Alice E) 7 Mar 1838-18 Aug 1908	ChRm
William R. 1875-1933	ChGn
SOLITAIRE, Frances Daisey 1920-1969	Dwng
SOLLITTO, Domenic F. (h/o Gloria) 14 Jul 1942-___	JWTa
Gloria L. (w/o Domenic) & d/o Eslie Hall 13 Mar 1928-10 May 1988	JWTa
SOMERS, Frank P. (h/o Kate J) 1861-1942	Blxm
George T. (h/o Mary E) 1858-1924	Wssl
Grodous King s/o Franklin P. & Kate 23 Feb 1902-8 Aug 1902	Beth
John E. (h/o Marquerite) 1914-1956	Grtn
Kate J. (w/o Frank P) 1867-1947	Blxm
L. Clinton (h/o Mollie G) 1888-1961	Grtn
Mabel Northam 1887-1984	Mdst
Manie J. w/o Joshua A. 13 Dec 1880-11 Mar 1902	Beth
Marquerite (w/o John E) 1916-1984	Grtn
Mary E. w/o Rich (d/o David & Marg Wessells Young) 16 Jan 1833-5 Jul 1873	Some
Mary E. (w/o George T) 1858-1917	Wssl
Minnie B. d/o E. Americus & Alicia B. Baker 1879-1964	Mdst
Mollie G. (w/o L. Clinton) 1888-1982	Grtn
Olive T. (w/o Sidney L) 1901-___	Wssl
Polly Ann Bundick w/o R.W. 15 Nov 1854-9 Sep 1936	Mdst
R.W. (h/o Polly A.B) 15 Jan 1854-24 Jun 1913	Mdst
Ray N. 1888-1948	Wssl
Richard R. (h/o Mary E) 11 Mar 1822-5 Dec 1871	Some
Sidney L (h/o Olive T) 1901-1967	Wssl
William C. "Bill" 1911-1988	Grtn
SORRELLS, E. Faye (w/o Joseph L) 1936-___	ChTh
Joseph L. (h/o E. Faye) 1932-1953	ChTh
SPARKS, Francis H. s/o W.C & Mary W 31 May 1952-17 Jul 1967	Gnbk
SPARROW, Alfred W. (h/o Mary E) 1864-1934	Nels
Arthur G. (h/o Florence M) 14 May 1886-25 May 1956	Nels
B. May w/o J.H. 1870-1957	Dwng
Bettie J. (w/o George T) 1856-1944	Nels
Catherine S. (w/o Clifton A. Jr) 9 Sep 1928-___	Beth
Clifton A. (h/o Virginia R. & Nola B) 26 Oct 1906-6 Aug 1952	Nels
Clifton Arnold Jr (h/o Catherine S) SFC USA 22 Oct 1928-25 Nov 1992	Beth
Clinton VA Pvt QM Corps WWII 25 Jan 1901-11 Jul 1947	Nels
Elwood h/o Myrtle 1914-1982	Dwng
Florence M. (w/o Arthur G) 11 Sep 1889-24 Sep 1930	Nels
George T. (h/o Bettie J) 1859-1935	Nels
J.H. h/o B. May 1866-1939	Dwng
Mary E. (w/o Alfred W) 1860-1933	Nels
Myrtle (V. Parks) w/o Elwood 1915-13 Jun 1992	Dwng
Nola B. (2w/o Clifton A) 1 Sep 1910-29 Apr 1946	Nels

SPARROW (Con't), Samuel (footstone reading S.S. only) Spar
Virginia R. (1 w/o Clifton A) 15 Aug 1909-14 Aug 1942 Nels
SPENCE, Adline w/o Richard A. 24 Jul 1841-26 Nov 1909 TgCa
Arentha w/o Hathaway 1882-1972 SxEl
Arnold Ray h/o Elizabeth S. 1935-____ Dwng
Audrey J. (w/o William E. Neilson & E. Paige Spence) 1921-____ SxEl
Charlie Dewey 30 Apr 1898-21 Aug 1902 TgMa
Dona Raleigh w/o Ranford 5 Mar 1872-13 Aug 1935 TgMa
E. Paige (h/o Nan Earl & Audrey J) Sgt USA WWII 1916-1979 SxEl
Eddie (s/o Hathaway & Arentha) 1904-1927 (temp) SxEl
Edward Brent s/o E.P. & Nan E. b&d 29 May 1952 SxEl
Elijah 15 Jul 1830-17 Oct 1885 TgMa
Elizabeth Sue w/o Arnold R. 1939-1993 Dwng
Florence H.(Hall) w/o Melvin F. 1907-1993 Dwng
Hathaway h/o Arentha 1879-1967 SxEl
Hattie Martin (d/o Hathaway & Arentha) 1900-1919 (temp?) SxEl
John (b.c. 1799-d. after 1880 h/o Leah Anna Handy Guy & Elizabeth Turlington) SxEl
John S. 1866-1954 TgMa
Lewis A 10 Jan 1864-26 Sep 1877 TgMa
Lewis B. h/o Zanie F. 17 Mar 1880-28 Apr 1934 SxEl
Louis D. 25 Dec 1906-12 May 1975 Dwng
Margaret A. 26 Oct 1826-24 Mar 1899 TgMa
Margaret M. 1865-1961 Grtn
Martha M. 1888-1922 ChRm
Mary S. 10 Jun 1874-1 Dec 1906 TgMa
Melvin F. h/o Florence H. 1907-1965 Dwng
Polly w/o Tom 1841-1932 SxEl
Ranford h/o Dona R. 23 Dec 1871-30 Aug 1948 TgMa
Richard A. h/o Adline 5 Mar 1839-9 Dec 19__ TgCa
Sidney R. 1897-1975 TgMa
Thomas E. 17 Mar 1861-2 Oct 1879 TgMa
Tom h/o Polly 1839-1929 SxEl
Zaine F. w/o Lewis B. 8 Nov 1886-25 Mar 1970 SxEl
SPENCER, Ethel O. w/o William L. 1901-1957 Dwng
Katherine Mears 1928-1964 Watv
Martha C. 1919-1991 Dwng
William L. h/o Ethel O. 1882-1929 Dwng
SPIEGELMAN, George S. 1902-1969 JWTa
SPIELMAN, Mary E. Wessells 1865-1949 Dwng
SPRAGUE, James Henry 1909 (no other date) MasoM
STANGER, Frances Hodge (no dates) JWTa
STANLEY, Elizabeth (w/o John) 1913-1993 JWTa
John (h/o Elizabeth) 1911-1992 JWTa
Mary E. (w/o Earl Marshall & Ray Stanley d/o Clark & Vir Onley) 1926-1977(temp) SxEl
STANT, Aldon C. (s/o Cornelius A. & Mollie V) 1905-1906 Dwng
Amanda H. (w/o J. Thomas) 1879-1948 Grtn

Caucasian Tombstone Inscriptions

STANT (Con't), Amanda L. (w/o Wilbur Z) 1870-1933	Myrt
Ann Janette w/o Edward T. 24 Mar 1846-10 Mar 1889	Mulb
Charles D. 7 Apr 1842-10 Oct 1894	Kngt
Charles T.(D?) (h/o Harriet T) 29 Aug 1870-27 Jul 1902	Stan
Charlotte A. (d/o Chas T & Harriet T Stant?) 2 Jun 1874-30 Mar 1895	Stan
Clara W. (w/o John H. Sr) 8 Apr 1883-28 Apr 1917	Wssl
Corbin F. (h/o Willie B) 1859-1947	Grtn
Cornelia Marshall (d/o Sewell Edward & Mary Cutler Stant?) 1906-1906	Stan
Cornelius A. h/o Mollie V. 1869-1954	Dwng
Daisey E. (w/o Leroy R) 1891-1981	JWTa
Edgar (h/o Matilda L) 1859-___	Stan
Emily Susan (d/o Gillet Stant) 1841-1927	DrumS
F.E. (F.E.S. only, assumed to be Stant)	DrumS
Frances E. (2w/o Raymond R) 5 Aug 1845-3 Jan 1914	DrumS
Harriet T. w/o Charles D.(T?) 18 Dec 1848-20 Aug 1929	Stan
J. Thomas (h/o Amanda H) 1861-1924	Grtn
John G. (h/o Kate S) 1858-1939	Myrt
John H. (h/o Susan) 18 Nov 1829-7 Dec 1901	Mulb
John H. Sr (h/o Clara W) 14 Feb 1877-5 May 1967	Wssl
Joseph 1878-1962	Dwng
Josephine (d/o Charles T & Harriet T Stant?) __ Dec 1870-30 Aug 1902	Stan
Josie Anna (w/o Littleton L) 1881-1958	DrumS
Julia M. (w/o Lenore G) 1886-1980	JWTa
Kate S. (w/o John G) 1861-1940	Myrt
Katharyn T. (w/o Roland N?) 1890-1955	JWTa
Lemuel D. 1s/o R.R. & Sallie S. 25 Feb 1860-9 Aug 1876	DrumS
Lenore G. (h/o Julia M) 1882-1966	JWTa
Leroy R. (h/o Daisey E) 1884-1960	JWTa
Littleton Lurray (h/o Josie A) 1874-1967	DrumS
Mallory S. 1895-1968	Myrt
Marietta w/o J.T. 16 Sep 1866-19 Jul 1894	Mulb
Marjorie B.(Bailey) (w/o Rufus Bailey) 1896-1990	Dwng
Mary Cutler (w/o Sewell E) 1878-1965	Stan
Mary Ellen (w/o Noah) 1856-1941	JWTa
Matilda L. (w/o Edgar) 1864-1941	Stan
Maude Grace w/o WmCecilStant d/o Jesse&Lizzie Kelley 7 Apr 1892-2 Mar 1912	Grtn
Medora A. d/o R.R. & Sallie S. d. 7 Feb 1871 aged 9yrs 1mos 8dys	DrumS
Meredith W. 1910-1977	Dwng
Mollie V. w/o Cornelius A. 1871-1950	Dwng
Noah (h/o Mary E) 1854-1928	JWTa
Raymond R. (h/o Sally S) 12 Oct 1836-8 Jun 1899	DrumS
Roland N. (h/o Kathryn T?) 1894-1960	JWTa
Rosa F. (w/o William H) 1874-1960	Grtn
Ruth (no dates)	Glfd
Sally S. 1w/o R.R. 10 Mar 1841-10 Jan 1868	DrumS
Sarah A. (w/o William H) (no dates) footstone only	Stan

STANT (Con't), Sewell Edward (h/o Mary C) 1874-1918 — Stan
Severn R. s/o Severn R. & Lovie E. 11 Dec 1885-27 Nov 1918 — SxEl
Severn R. (h/o Lovie A. Crockett) 4 Apr 1852-22 May 1919 — SxEl
Susan w/o John H. 24 Nov 1829-13 Mar 1889 — Mulb
Wilbur Z. (h/o Amanda L) 1865-1951 — Myrt
William H. h/o Sarah A. 8 Sep 1827-29 Jan 1905 — Stan
William H. (h/o Rosa F) 1874-1964 — Grtn
Willie B. (w/o Corbin F) 1864-1934 — Grtn
STARR, Katherine M. 1908-1993 — Dwng
Marie A. d/o Wm & Florence 15 Sep 1919-12 May 1920 — ChGn
William H. (h/o Florence) 1895-1922 — ChGn
STEALMAN, David Sr (h/o Eliz) d. 5 Mar 1903 age unknown — ChGn
Elizabeth w/o David Sr 1831-1905 — ChGn
STEBBINS, Rebecca M. d/o J.T. & Annie M. 1909-1910 — ChMc
STEELE, Dixie Kelley w/o Gary P. 1941-1962 — Nels
STEELMAN, Addie 1914-1991 — Mdst
David (h/o Susan A) 1856-1928 — ChGn
Etta Lee (w/o William D) 1879-1945 — Mdst
Hallie D. d/o J.D. & Emma L. 1902-1903 — ChGn
Hallie E. d/o J.D. & Emma L. 1900-1901 — ChGn
Isaac J. MM2 USNRF WWI 30 Mar 1896-4 May 1962 — ChGn
Mamie 9 Jul 1887-13 Sep 1969 — ChBu
N.R. (h/o Olevia M.M) 1886-1972 — ChGn
Olevia May Mitchell w/o N.R. 1885-1919 — ChGn
Richard Lee 1879-1957 — ChGn
Susan A. (w/o David) 1856-1928 — ChGn
William D. (h/o Etta L) 1876-1958 — Mdst
STEEVES, Florence A. w/o Gurney D. 1918-____ — Dwng
Gurney D. h/o Florence A. 1903-1976 — Dwng
Jimmy G. born in USA 1941-____ — Dwng
STEFFENS, Annie (w/o Joseph L) 12 Apr 1836-16 May 1889 — ChRm
Joseph L. (h/o Annie) 3 Jun 1833-5 Nov 1909 — ChRm
STEPHENS, Earl R. (h/o Mary T) 1919-____ — JWTa
John A. (s/o Earl R. & Mary T?) 1948-1988 — JWTa
Mary T. (w/o Earl R) 1923-1986 — JWTa
STERLING, Ambert J. (w/o William R) 1880-1966 — Grtn
Carrie (w/o Clinton B) 1888-1958 — Grtn
Clinton B. (h/o Carrie) 1884-1950 — Grtn
J.S. (h/o Martha) 1844-1928 — Ster
Joseph W. (h/o Josie M) 1880-1957 — Grtn
Josie M. (w/o Joseph W) 1887-1969 — Grtn
Martha w/o J.S. 1848-1887 — Ster
William R. (h/o Ambert J) 1872-1947 — Grtn
STEVENS, Christine Lois 1915-1991 — SxEl
Jefferson F. Jr h/o Laura C USCG Korea Vietnam 25 Nov 1931-11 Oct 1993 — Dwng
John B. s/o John & Cecelia W. 22 Apr 1839-14 May 1870 — ChRd

STEVENS (Con't), Laura C. w/o Jefferson F. Jr 1936-___	Dwng
Marvin s/o A.L. & H.B. Stevens 19 Mar 1916-18 Jul 1916	Nels
STEVENSON, Euphemial 20 Sep 1816-16 Jul 1898	ConqH
Florence Bell* d/o S.J. & F.W. 3 Sep 1887-__ Dec 1887	GibbM
J.W. (h/o Lottie D) b. 29 Aug 1849-no death date	ConqH
James H. (h/o Sallie E) 1860-1944	JWTa
John P. 17 Aug 1816-2 Mar 1892	ConqH
Lottie D. (w/o J.W) 7 Feb 1861-13 Jul 1917	ConqH
Nannie S. 13 Nov 1852-27 Jun 1932	JWTa
Robert E. 1 Apr 1873-5 Apr 1950	Dwng
Sadie 1906-1988	ChMc
Sallie E. (w/o James H) 1866-1946	JWTa
Samuel H. 8 Apr 1858-10 Mar 1894	ConqH
Sarah J. w/o William W. 1842-1936	Dwng
Solon C. 26 Mar 1832-2 Apr 1918	Dwng
William W. h/o Sarah J. 1835-1922	Dwng
STEWART, Carla H. 1898-1938	Dwng
John S. (h/o Willye) Penn 2Lt Ordnance WWI WWII 27 Oct 1897-22 Aug 1954	Aswm
Willey Chesser (w/o John) 29 Sep 1894-14 Jun 1981	Aswm
STONE, Justin 1975-1992 (temp)	JWTa
STOUT, Dora B. (w/o Julian H) 1915-___	JWTa
Julian H. (h/o Dora B) 1916-1992	JWTa
STRAN, Jane Feb 1779-18 Jun 1862	Stra
Mary Parramore 1794-12 Mar 1848	Stra
STRAUB, Erwin Elmer USN WWII 18 Apr 1914-10 Dec 1963	JWTa
STRAUTZ, James Earl b&d 2 Jan 1957	Dwng
STRIGLE, James O. h/o Sophronia 10 Nov 1850-28 Jan 1933	TgMa
Sophronia A. w/o James O. 7 May 1846-11 Mar 1920	TgMa
STRINGHAM, Elmer W. (h/o Elsie H) 1905-1978	JWTa
Elsie H. (w/o Elmer W) 1898-1971	JWTa
STUBBS, Arlanta (w/o John E) 1877-1942	ChMc
Catherine E. w/o Reginald C. ___-___	Dwng
Ella Daisey 1885-1952	ChMc
John E. (h/o Arlanta) 1873-1955	ChMc
Reginald C. h/o Catherine E. 1897-1969	Dwng
STUPPLEHEEN, Bessie T.(Townsend) 1907-1979	Nels
STURGEON, Cathrine C. d. 1 May 1865 aged 54yrs	TgMa
Joyce B. 1931-1982	Dwng
STURGIS, Gladys Merrill 1900-1922	ChRm
Bronwell N. "Brownie" (h/o Mary E) USA WWII 10 Jan 1916-21 Sep 1989	ChGn
G. Reuben (h/o Selena M) 1884-1957	Gnbk
Harry T. Cpl USA Korea 14 Jul 1935-10 Oct 1990	Dwng
Mary E. (w/o Bronwell) 5 Mar 1924-14 Oct 1992	ChGn
Sarah J. w/o Geroge E. 31 Mar 1871-6 Mar 1915	ChRm
Selena M. (w/o G. Reuben) 1889-1960	Gnbk
SULLIVAN, Laura C. 7 Jul 1858-16 Feb 1919	JWTa

SUMMERS, Richard d. 7 Jul 1855 aged 81yrs — Summ
SWEE, Chris Paul 18 Nov 1951-18 Aug 1985 — JWTa
SWIFT, Arthur Wesley h/o Margaret 1879-1930 — Dwng
Edward T. h/o Myrtle W. 1887-1944 — Dwng
Infant children (no dates) — Dwng
Lavon Foster w/o William R. 1914-1976 — Dwng
Margaret w/o Arthur W. 1882-1948 — Dwng
Martha 1913-1989 (temp) — Dwng
Myrtle W. w/o Edward T. 1896-1969 — Dwng
Othelia F.W. w/o R.E. 18 Oct 1840-4 Jul 1916 — CorbJ
William Roger h/o Lavon F. 1912-1965 — Dwng
SWITZER, Edward P. (h/o Frances L) 1910-1981 — Frnk
Frances L. (w/o Edward P) 1925-1981 — Frnk
SYKES, Laura Mae Chesser 1912-1937 — Dwng
SYLVESTER, William B. 1894-1985 — JWTa
SYNDER, Charles R. Jr Indiana Cpl USMC Korea 18 Sep 1928-21 Aug 1972 — ChMc
TAPMAN, A.T. Mrs. (w/o Laurel J) 1904-1971 — Kngt
Annie M. (w/o James W) 1886-1964 — Grtn
Emma F. w/o James T. 1881-1974 (temp) — Dwng
James T. h/o Emma F. 1877-1962 (temp) — Dwng
James W. (h/o Annie M) 1890-1956 — Grtn
Laurel James (h/o Mrs. A.T) 1902-1980 — Kngt
William B. VA AS USN WWII 28 Sep 1918-6 Mar 1965 — Grtn
TAPPEN, Alice B. (w/o Arthur O) 1877-1944 — Wssl
Arthur O. (h/o Alice B) 1877-1936 — Wssl
Eva B. 1890-1947 — Wssl
Margie D. (w/o Walter R) 1909-___ — Wssl
Walter R. (h/o Margie D) 1910-1991 — Wssl
TARGONSKI, W. William 1881-1954 — JWTa
TARR, Alice I. (w/o Alonzo L) 1878-1964 — ChRm
Alonzo L. (h/o Alice I) 1873-1948 — ChRm
Andrew J. (h/o Annie B) 1872-1942 — ChRm
Anna B. (w/o Louis C) ___-___ — JWTa
Annie B. (w/o Andrew J) 1875-1966 — ChRm
Barbara S. 1931-___ — JWTa
Bertie May 1888-1946 — ChRm
Charles Hillary (h/o Emma) CMM USCG WWI & II 22 Oct 1894-18 Dec 1977 — ChMc
Clarence L. 1908-1913 — ChRm
Clarence L. 1891-1962 — JWTa
Daniel J. 1878-1957 — ChRm
David D. (h/o Mary G) 18 Oct 1823-18 Jul 1898 — ChRd
Dewey L. 1929-___ — JWTa
Edna d/o W.T. & Dora 17 Mar 1914-11 Jun 1931 — ChMc
Eldridge E. 1906-1929 — ChRm
Elizabeth W. (w/o John R) 1860-1940 — ChRm
Emma S. (w/o Charles H) 13 Jun 1899-___ — ChMc

Caucasian Tombstone Inscriptions 257

TARR (Con't), Harold Winfred Lt USCG WWII 19 Jan 1915-24 Dec 1980	Dwng
Harry E. (h/o Mildred S) 1905-1967	JWTa
Harry James (h/o Hazel M) CBM USCG WWII 16 Dec 1896-9 May 1982	ChRm
Hattie (w/o Maurice L?) 1896-1993 (temp)	JWTa
Hattie L. w/o John R. 14 Oct 1882-21 Feb 1983	Dwng
Hattie S (w/o Clement Smith & ___ Tarr) 1904-1993	Grtn
Hazel Mae (w/o Harry J) 1903-1956	ChRm
Ida T. (w/o Joshua) 1878-1955	Gnbk
Ira James (h/o Mary E) 1886-1964	ChMc
J. Berlie (h/o Sallie H) 16 May 1889-14 Jul 1936	Nels
James 1908-1967	ChMc
James E. (h/o Mary C) 9 Oct 1846-12 Dec 1918	ChRm
John R. (h/o Elizabeth W) 1849-1918	ChRm
John R. h/o Hattie L. 22 Jan 1886-25 Feb 1939	Dwng
John R. (h/o Melva S) 1912-___	JWTa
John S. BM1 USCG 20 Jul 1960-26 Aug 1992	JWTa
Joshua (h/o Ida T) 1877-1958	Gnbk
Joshua W. (h/o Mary A) 1858-1934	ChMc
Judy Ann d/o H.W. & Margaret 1941-1947	Dwng
Louis C. (h/o Anna B) ___-___	JWTa
Louis L. 1911-1912	ChRm
Mabel d/o J.R. & H.L. 9 Nov 1911-19 Jul 1912	Dwng
Margaret W. 25 Aug 1918-5 Jan ___	ChMc
Marvin Andrew (h/o M.J) USCG WWII Korea Viet 20 Apr 1909-30 Oct 1973	JWTa
Mary A. (w/o Joshua W) 1863-1931	ChMc
Mary A. 1900-1917	ChRm
Mary B. d/o W.T. & Dora 28 Apr 1912-19 Dec 1930	ChMc
Mary C. (w/o James E) 19 Nov 1852-28 Jan 1938	ChRm
Mary E. (w/o Robert D) 1907-1979	Grtn
Mary Elizabeth (w/o Ira J) 1889-1947	ChMc
Mary G. w/o David D. 6 Jun 1822-16 Jun 1902	ChRd
Mary Jane (w/o Marvin A) 3 May 1913-___	JWTa
Maurice J. 1918-1919	ChRm
Maurice Lee (h/o Hattie?) USCG WWI & WWII 15 Aug 1894-22 Oct 1982	JWTa
Melva I. 1923-1924	ChRm
Melva S. (w/o John R) 1902-___	JWTa
Mildred S. (w/o Harry E) ___-___	JWTa
Raymond J. Rev. 1926-1972	ChMc
Robert D. (h/o Mary E) 1908-1967	Grtn
Sallie H. (w/o J. Berlie) 19 Sep 1890-21 Mar 1891	Nels
Susie B. (w/o William L) 1894-1955	ChRm
Thalia J. 1918-___	JWTa
William Lee (h/o Susie B) 1894-1956	ChRm
Willie I. 1906-1948	ChRm
TARRAND, Alex Steve (h/o Jeannette Wanda Dix Tarrand) 1912-1967	JWTa
TATEM, Carl W. (h/o Hallie T) BM2 USCG WWII 23 Jan 1902-7 Nov 1983	ChMe

TATEM (Con't), Edwin J. 1896-1974   ChMc
Eleanor Cathell 1898-1938   ChBu
Eliza J. (w/o George W) 1881-1958   ChMc
Eula B. (w/o Paul A) 1926-1977   JWTa
George W. (h/o Eliza J) 1881-1961   ChMc
Hallie T.(Taylor) (w/o Carl W) 20 Mar 1905-3 Dec 1944   ChMe
Ida (w/o Joseph F) 1879-1963   ChMc
Infant s/o John W. & Lottie E. 24 Jan 1914-16 Nov 1914   ChMc
John W. (h/o Lottie E) 1885-1945   ChMc
Joseph F. (h/o Ida) 1876-1932   ChMc
Lottie E. (w/o John W) 1895-1961   ChMc
Molly w/o J.A. 6 Jan 1878-22 Aug 1923   JWTa
Montgomery Snead 1880-1915   ChMc
Paul A. (h/o Eula B) 1923-1975   JWTa
Sarah A. (w/o William T) 1875-1962   ChMc
William T. (h/o Sarah A) 1870-1944   ChMc
William T. 5 Jan 1836-8 Nov 1906   ChMc
TATHAM, Elijah d. 11 May 1871 aged 33yr 11mo 18dy(b. 23 May 1837)   Beth
Mary Ann w/o Charles d. 28 Mar 1839 aged 20yrs 6mos 15dys   Tath
TAYLOR, A.J. (Infant c/o Annie M. & Archie P?) 1903   Grtn
Ada w/o Wilmer 1920-____ m. 15 Dec 1935   Dwng
Addie Elizabeth d/o Joseph D & Rowena 30 Oct 1915-14 Nov 1917   ChRm
Addie w/o William A. 1884-1956   Wdby
Aedron Leroy "Tobe" (1h/o Carrie F.M) 1918-1963   Nels
Agnes H. (w/o Asa C) 1884-1958   JWTa
Agnes Hall (w/o James H) 1922-1994   Dwng
Alanta w/o Samuel 1904-1959   Dwng
Alfred E. h/o Jeanne B. SSgt USA 1931-1989   Dwng
Alfred s/o J. & h/o Virginia 18 Jun 1836-4 Jun 1917   Dwng
Alice A. w/o Oliver H. 1851-1923   Dwng
Alice C. d/o A(sbury) C & C(arolyn) F (Killmon) 28 Oct 1884-27 Nov 1886 TaylN
Alice Conquest d/o N(Nathaniel) F & Charlotte C 15 Jan 1919-18 Mar 1919 JWTa
Alice May d/o Blanche M. & Sewell T. 1915-1919   Blxm
Allene G. (w/o Wrendo C) 1920-____   Grtn
Alma L. (Taylor) (w/o Russel C) 4 Oct 1905-21 Mar 1992   JWTa
Alma W. w/o C. Wilbert 1913-____   Dwng
Alonza (s/o Madeline & Harry) 1930-1931   ChMc
Alonzie Lee 1885-1920   ChMc
Ambros C. s/o Samuel T. & Sarah H. 23 Feb 1873-27 May 1873   Beth
Andrew Jackson (h/o Cora R) 1872-1961   Aswm
Angelow (h/o Mahala) 18 Apr 1833-16 Mar 1915   TaylX
Ann J. 13 Feb 1825-4 May 1853   Russ
Ann Larona J. 30 Sep 1852-20 May 1858   Russ
Ann Rida w/o Elwood M. 1880-1969   Dwng
Anna F. (w/o Harry J) 1921-____   Glfd
Anna H.(Hay) (w/o Joseph L) 1895-1982   JWTa

Caucasian Tombstone Inscriptions 259

TAYLOR (Con't), Annie (w/o Lloyd E) 1871-1939 — Frnk
Annie 12 Oct 1861-23 Jan 1890 — ChTa
Annie C. (w/o Robert T) 1859-1931 — ChMc
Annie E. (w/o C. Philmore) 1872-1957 — ChMc
Annie M. (w/o Archie P?) 11 Feb 1881-7 Sep 1966 — Grtn
Annie M.(McAllister) 6 Nov 1890-___ — Nels
Annie S. 1875-1955 — Glfd
Archie H. s/o W.C. & Katie L. 18 Feb 1905-7 May 1911 — ChMc
Archie J. (h/o Lillian M) 1883-1968 — Nels
Archie P. (h/o Annie M?) 1867-1933 — Grtn
Arrie (w/o William S) 1888-1964 — ChMe
Arthur Lee Cpl USA WWII 9 Dec 1903-3 Aug 1956 — ChMc
Arthur Winn 1908-1945 — Aswm
Asa C. (h/o Agnes H) 1884-1943 — JWTa
Asa J. (h/o Rosa A) 21 Dec 1844-2 Jul 1942 — JWTa
Asbury D. (h/o Goldie Mae) 1902-___ — Glfd
Augusta L. (h/o Emma E) 1865-1943 — JWTa
Augusta M. d/o T.H & Sallie F d. 13 Aug 1872 aged 17yrs 8mos 13dys — NockM
Austin R. h/o Thelma E. 1898-1984 — Nels
Baby Girl (d/o Norman F. & Elizabeth?) 1 Jan 1923-9 Jan 1923 — Nels
Bertha A. d/o H.J. & Margaret A. 16 Sep 1927 — Dwng
Bertie B. (w/o Rixam F) 1876-1963 — Nels
Bertie P. (w/o Edward T) 1874-1939 — JWTa
Bertie Susan (w/o Harry J) 5 Apr 1902-26 Oct 1989 — Glfd
Betsey A. (w/o Joseph W) d/o L.D. & M.H. Corbin 1853-1936 — JWTa
Bettie Nock Chesser (w/o Wm P Chesser & Edw F Taylor) 1865-1942 — AtBp
Betty L. (w/o Ernest F) 1931-1982 — Grtn
Betty Lee (d/o Melvin C. & Helen G) 1937-1938 — Grtn
Blanche M. (h/o Sewell T) 1882-1936 — Blxm
Blanche M. w/o Rosser A. 1901-1987 — Dwng
Blanche T. (w/o Norrie W) 1895-1959 — JWTa
Brentley B. s/o Wash (Geo W) & Lizzie (Eliz J) 1919-1932 — Gnbk
Brooks Jr s/o Brooks & Jean 1951-1953 — Wssl
Bud (h/o Eva W) 1898-1982 — Grtn
C. Cornelius h/o Rosa S. 1873-1937 — Dwng
C. Drummond h/o Middie T. 1877-1960 — Dwng
C. Frances (w/o Thomas R) 1866-1939 — JWTa
C. Philmore (h/o Annie E) 1876-1953 — ChMc
C. Wesley h/o Norene W. 1913-1991 — Dwng
C. Wilbert h/o Alma W. 1904-1966 — Dwng
Carl A. (s/o Kathryn L. & Will C) 1903-1952 — ChMc
Carolyn Lusby (w/o Nathaniel C) 1920-Mar 1988 — JWTa
Carrie E. (d/o J. William & Lula D) 1919-1927 — Watv
Carrie L. (w/o William H) 1889-1952 — Nels
Catherine Marie d/o Robbie C & Ruth 26 Nov 1915-23 Jun 1922 — JWTa
Cecil (s/o John L. & Maude D) 1893-1967 — SxTa

TAYLOR (Con't), Celia M. (w/o Robert S) 1898-1980 — Glfd
Celinda Cooke (Infant d/o John W. & Mary A) 1906 — JWTa
Charles 25 May 1827-24 Dec 1903 — ChMc
Charles A. (h/o Willye) 31 Dec 1924-7 Aug 1990 — Frnk
Charles E. (h/o Laura F) 1899-1933 — Frnk
Charles R. 1876-1954 — Gnbk
Charles W. s/o A.D. & G.M. 1930 — Glfd
Charles W. (h/o Clara A) 1882-1946 — Grtn
Charles W. Jr (h/o Florence R) 2 Oct 1904-8 Jul 1979 — TaylE
Charlie Ray h/o Edna F. 1909-1970 — Dwng
Charlotte Corbin 1w/o N.F. 8 Nov 1884-20 May 1928 — JWTa
Charlotte Katharine inf d/o N.F & Charlotte C 13 Nov 1919-14 Mar 1920 — JWTa
Clara A. (w/o Charles W) 1890-1963 — Grtn
Clara M. w/o Revell T. 30 Jun 1882-3 May 1947 — Dwng
Clara S. d/o W.C. Godwin 14 Apr 1879-4 Aug 1917 — Kngt
Clarence A. (h/o Lillian E) PFC USMC WWII 15 Mar 1920-20 Nov 1986 — ChMd
Clarence T. 1894-1964 — Dwng
Clementine A. (2w/o Nathaniel F) 1898-1976 — JWTa
Clyde L. (Lynwood) 1900-1991 — Dwng
Colmore Gladding 1830-1872 — Bell
Columbus s/o James S. 27 Jul 1861-29 Apr 1890 — Gask
Cora Ritter (w/o Andrew J) 1875-1967 — Aswm
Cordelia w/o Herbert L. 18 Jul 1873-27 Sep 1928 — JWTa
Crippen (h/o Sinah) d. 15 Dec 1826 — Tayll
D. Blanche 1886-1971 — TaylG
Daphine D (no dates) — Kngt
David F. s/o N.J. & Sylvia F. 1961-1963 — JWTa
David J. 20 Sep 1855-26 Jun 1895 — Brit
David L. h/o Susan A. 1819-1875 — Dwng
Delmas G. (h/o Georgie A) 1912-1981 — Grtn
Delta P. w/o E. Moody 21 Aug 1887-29 Feb 1960 — Dwng
Dempsey (h/o Marie) 1930-1983 (temp) — JWTa
Dimariah (Asa J. Taylor's mother?) 1817-1908 — JWTa
Donald F. s/o W.T. & Addie V. 1934-1947 — Wssl
Dora P. (w/o Ray A) 1915-1974 — JWTa
E. Moody h/o Delta P. 22 Mar 1883-13 Jul 1936 — Dwng
E. Willard (h/o Julia O & s/o Joseph W & Betsey A) 26 Jun 1889-21 Apr 1954 — JWTa
E.P. (Infant c/o Annie M. & Archie P?) 8 Jun 1906-13 Sep 1906 — Grtn
Eddie Filmore VA SURF USCG 6 Aug 1909-21 Feb 1972 — ChMd
Edna F. w/o Charlie R. 1923-____ — Dwng
Edna Virginia Smith 1894-1986 — Grtn
Edward F. (2h/o Bettie Nock Chesser Taylor) 1865-1941 — AtBp
Edward J. 1 Mar 1841-28 Nov 1889 — Brit
Edward R. (h/o Mary Ann) 1845-1923 — ConqT
Edward s/o Edward W. & Mary A. b. 1852-unreadable — TaylB
Edward T. (h/o Bertie P) 1867-1940 — JWTa

TAYLOR (Con't), Edward W. 29 Sep 1803-29 Sep 1892	TaylB
Edwin J. 18 Sep 1951-3 Oct 1951	Dwng
Elishia James (h/o Winifred D) 14 Feb 1875-16 Nov 1954	Gnbk
Elizabeth (w/o Norman F) 19 Oct 1901-___	Nels
Elizabeth (w/o S.B) 9 Oct 1861-18 Dec 1934	Wssl
Elizabeth D. 19 Dec 1832-21 Mar 1881	CorbJ
Elizabeth H. "Liz" (w/o W. Robert) 1911-1981	JWTa
Elizabeth J. (w/o George W) 1895-1965	Gnbk
Elizabeth w/o Wm & d/o Rev Thomas Teackle d. 20 Oct 1709 aged 21ys 2ds	TaylA
Elizabeth W. d/o Thomas T. & Ann 11 Feb 1805-27 Nov 1823	TaylP
Ella B. w/o Samuel A. 1867-1942	Dwng
Ella H. (no dates)	Kngt
Ella M. 1879-1919	Dwng
Ellwood Abbott s/o Otho & Susie 23 Sep 1910-17 Aug 1911	Aswm
Elmer Herman Sr 1910-1980 (temp)	Dwng
Elwood Milton h/o Ann R. 1880-1965	Dwng
Elwood S. (s/o Harry C. & Margaret C?) 1911-1985	Dwng
Emanuel (h/o Mary E) 19 Mar 1877-20 May 1955	JWTa
Emily Colona (w/o Pierce B. Sr) 28 Oct 1908-___	Mdst
Emma E. (w/o Augustus L) 1876-1956	JWTa
Emma F. w/o Roy L. 12 Nov 1893-19 Jun 1958	Dwng
Emmett Garner (h/o Mary Gordy & s/o Joseph W & Betsey A) 1896-1958	JWTa
Ernest D. (h/o Mamie M) 1896-1956	Grtn
Ernest F. (h/o Betty L) 1931-___	Grtn
Esther J. (w/o Severn J) 14 May 1849-28 May 1941	Gnbk
Ethel G. 1892-1981	JWTa
Eulah E. 28 Nov 1891-11 Sep 1893	ConqH
Eva W. (w/o Bud) 1900-1975	Grtn
Ezra W. (h/o Pauthena S) 11 Aug 1857-16 Dec 1932	JWTa
Family of Oliver & Mary (no dates)	Gnbk
Flora K. 1872-1954	Dwng
Florence H. (d/o Charles S. & Inez C. Hill) 1919-1978	JWTa
Florence R. (h/o John R. Jr) 15 Aug 1925-11 Mar 1986	ChMd
Florence R. (w/o Charles W. Jr) 30 Nov 1905-31 Jul 1978	TaylE
Florence W. w/o O. Hargis 1883-1970	Dwng
Frank Sr (b.c. 1875 f/o Frank Jr, overgrown)	TaylS
Franklin Clifford 9 Oct 1912-29 Dec 1935	Gnbk
Fred 1828-1912	Nels
G. Fletcher (h/o Lavenia S) 1873-1934	Nels
G. Wilson Sr (h/o Myrtle W) 1915-1979	Gnbk
Garland W. (no dates)	Kngt
George 6 Feb 1855-22 Feb 1924	ChRm
George A. h/o Lorrenia 8 Jun 1858-22 Mar 1936	Dwng
George Dix s/o Teackle H & Sallie F 18 Nov 1856-12 Nov 1879	NockM
George E. 6 Feb 1855-22 Feb 1924	ChRm
George H. h/o Mary A. 25 Nov 1852-13 Sep 1924	Dwng

TAYLOR (Con't), George L. h/o Minnie T. 1887-1961 — Dwng
George P. (h/o Sula K?) 20 May 1868-28 Feb 1963 — Gnbk
George W. (h/o Jennie F) 1847-1922 — Bell
George W. (h/o Elizabeth J) 1895-1985 — Gnbk
Georgie A. (w/o Delmas G) 1915-___ — Grtn
Gladys T. 1903-1972 — Dwng
Goldie Mae (w/o Asbury D) 1906-1964 — Glfd
Gordy (h/o Mary D) 1898-1971 — Wssl
Grace B. w/o Ralph V. 6 Aug 1915-9 May 1987 — Dwng
Grace E. w/o William S. 1919-___ — Dwng
Grace P. (w/o Oscar J) 1899-1981 — Nels
Grayson C. h/o Myrtle W. 1906-1972 — Dwng
Harold J. 27 Apr 1918-20 Jun 1984 — Dwng
Harry (h/o Madeline) 1898-1960 — ChMc
Harry C. h/o Margaret C. 1886-1955 — Dwng
Harry E. s/o W.F. & M.S. 6 Mar 1895-1 Oct 1918 — Nels
Harry J. h/o Margaret A. & s/o Ida L. 1899-1971 — Dwng
Harry J. (h/o Bertie S) Pvt Co A 305 Engr WWI 11 Feb 1895-13 Feb 1958 — Glfd
Harry J. (h/o Anna F) 1918-1987 — Glfd
Harry S. 27 Sep 1891-3 Oct 1916 — Nels
Harry W. h/o Lillie M. 1887-1966 — Dwng
Helen G. (w/o Melvin C) 1910-1990 — Grtn
Henrietta (Lucas) w/o James 25 Dec 1796-24 Feb 1844 — Gask
Henry J. (h/o Sallie C) 1907-1979 — Gnbk
Henry W. (h/o Scarborough) (memorial stone, no dates) by son Oliver H in 1913 — TaylT
Herbert G. 1924-1993 — Dwng
Hessey (w/o William) 1792-23 Nov 1846 — TaylH
Hildneth R. s/o Martha & Jeff 12 Feb 1902-14 Feb 1902 — AtBp
Horace A. (h/o Mary E) 1898-1960 — ChMc
Howard M. Infant s/o G.W. & Jennie (no dates) — Bell
Ida F. (w/o Jos L) d/o Walter & Georgia Fentress 18 Aug 1896-10 Jul 1972 — JWTa
Ida L. m/o Harry J. 1875-1961 — Dwng
Ida L. (w/o Otho C) 13 Jul 1906-20 May 1984 — Grtn
Inez M. (d/o Sallie B. & Joseph W) 1891-1943 — Grtn
Infant (d/o John W. & Mary A. Petitt Taylor) May 1910 — JWTa
Infant c/o G.W. & Jennie unreadable — Bell
Infant s/o Russel C. & Alma L. 5 Dec 1929 — JWTa
J. Melvin 25 Mar 1873-23 Aug 1873 — Brit
J. Skinner h/o Mary W. 1851-1939 — Dwng
J. Walton USA 1902-1985 — Dwng
J. William (h/o Lula D) 1887-1967 — Watv
J.H. (h/o Margaret A) 14 Feb 1819-25 Jun 1908 — Gnbk
J.J. 1892-1967 (temp) — Dwng
J.W. (h/o Narcissa T) 23 Dec 1849-22 Nov 1927 — JWTa
James A. h/o Minnie F. 19 Oct 1866-2 Aug 1956 — Dwng
James B. (h/o Henrietta L) d. 7 Mar 1866 aged 73yrs — Gask

TAYLOR (Con't), James G. 1858-1936 — Nels
James h/o Winifred 1893-1979 — Dwng
James H. (h/o Agnes H) 1917-1966 — Dwng
James P.A. 26 Jun 1844-10 May 1916 — TaylG
James PFC USA WWII 9 Sep 1914-4 Jan 1980 — TaylE
James Roland PENN Y2 USN WWII 21 Jul 1899-15 Nov 1971 — JWTa
Jeanne B. w/o Alfred E. 8 Dec 1929-___ — Dwng
Jeannie K. (no dates) — Kngt
Jeff h/o Mollie 1867-1954 — Dwng
Jefferson D. 1878-1957 — TaylG
Jennie F. (w/o George W) 1851-1939 — Bell
Jennie F. w/o Wallace V. 15 Nov 1884-6 Aug 1980 — Dwng
Jeremiah "Spice" h/o Lillian O. 1875-1959 — Dwng
Jessie B. (h/o Susan) 12 Dec 1868-5 Apr 1917 — Wssl
John G. (h/o Mary E) 1880-1944 — ChMc
John H. (no dates) — Kngt
John R. Jr (h/o Florence R) 29 Mar 1923 — ChMd
John R. s/o R. Pink & Annie R. 7 May 1897-14 Dec 1897 — Rigg
John Revel (h/o Teressa Phipps Taylor?) USCG WWI 16 Mar 1873-23 May 1945 — ChMc
John S. h/o Lillie F. 5 Jan 1877-5 Feb 1951 — Dwng
John William s/o R.L & Rosa T Conquest 26 Sep 1925-15 Aug 1974 — JWTa
John William (h/o Mary A) s/o Asa & Rosa 5 May 1866-2 Jul 1946 — JWTa
Joseph C. (h/o Mary E) 1877-1923 — Nels
Joseph D. (h/o Rowena) 1895-1966 — ChRm
Joseph H. 1872-1958 — Dwng
Joseph L. (h/o Anna H) 1890-1958 — JWTa
Joseph Lynwood (h/o Ida F) s/o Joseph W & Betsey 12 Dec 1891-6 Sep 1965 — JWTa
Joseph W. (h/o Sallie B) 1863-1940 — Grtn
Joseph W. (h/o Betsey A) s/o Edward W. & Mary C. 1851-1935 — JWTa
Joseph W. II s/o Ogden B & Vashti A drowned 26 Sep 1917-2 Sep 1939 — JWTa
Joshua J. (h/o Mary E) 23 Mar 1832-2 May 1899 — ChMd
Julia Frances 1930-1979 — Glfd
Julia O. (w/o E. Willard) 1 Jun 1890-2 Jun 1963 — JWTa
Justis B. 3 Jan 1805-15 Apr 1877 — WessN
Karen Wesley (d/o C. Wesley & Norene W) 1953-1953 — Dwng
Katherine 31 Mar 1827-4 Apr 1902 — BarnP
Kathryn S. (w/o Sewell A) 1880-1947 — Aswm
Kathryn T. (w/o Will C) 9 Apr 1880-5 Feb 1938 — ChMc
Laura F. (w/o Charles E) 1901-1964 — Frnk
Laura V. 27 Jan 1896-27 May 1981 — ChGn
Lavenia S. (w/o G. Fletcher) 1879-1923 — Nels
Lavinia w/o James S. 6 Aug 1833-29 Sep 1890 — Gask
Leonard A. h/o Margie A. 1903-1972 — Dwng
Lester P. h/o Phyllis P. 1925-1959 — Dwng
Lewis T. h/o Lillie G. 1884-1971 — Dwng
Lillian E. (w/o Clarence A) 1922-___ — ChMd

TAYLOR (Con't), Lillian M. (w/o Archie J) 1886-1971 — Nels
Lillian O. w/o Jeremiah 1873-1958 — Dwng
Lillie B. w/o Samuel H. 1881-1967 — Dwng
Lillie F. w/o John S. 29 Sep 1877-17 Mar 1954 — Dwng
Lillie G. w/o Lewis T. 1900-____ — Dwng
Lillie M. w/o Harry W. 1892-1987 — Dwng
Lina Bunting (w/o Zadoc T) 1870-1909 — Aswm
Lizzie (m/o Joseph D) 1 May 1867-22 Apr 1920 — ChRm
Lloyd E. (h/o Annie) 1856-1936 — Frnk
Lola A. (w/o Roland B) 1911-1938 — Glfd
Lorrenia w/o George A. 27 Jan 1866-26 Nov 1942 — Dwng
Louis (h/o Manie) 1868-1928 — Beth
Louis F. h/o Nina C. 1898-1977 — Dwng
Louis T. (s/o J.G. & Mary E) 8 May 1904-15 Feb 1906 — ChMc
Lucille Elizabeth d/o John W. & Mary A. 13 Dec 1902-7 Jul 1928 — JWTa
Lucretia S. (Harmon) w/o Samuel T. d. 14 Sep 1888 aged 80yrs 6mos 8dys — TaylM
Lucy J. (w/o William T) 28 Jan 1883-24 Jul 1961 — ChRm
Lula D. w/o J. William 1892-1921 — Watv
Madeline (w/o Harry) 1901-1979 — ChMc
Mae Burton 1889-1935 — Dwng
Maggie S. w/o Wilbur F. 1876-1953 — Nels
Mahala (w/o Angelow) 7 Jan 1837-25 Jul 1910 — TaylX
Mamie M. (w/o Ernest D) 1898-1984 — Grtn
Mamie V. 4 Dec 1873-5 Mar 1968 — Dwng
Manie (w/o Louis) 1873-1939 — Beth
Manie S. 1882-1942 — Glfd
Margaret A. w/o Harry J. 1909-1983 — Dwng
Margaret Ann (w/o J.H) 16 Sep 1847-2 Nov 1930 — Gnbk
Margaret C. w/o Harry C. 1891-1987 — Dwng
Margaret E. 1893-1916 — Nels
Margaret w/o Socrates F. b. 2 Mar 1841 died at age 46yrs — TaylY
Margie A. w/o Leonard A. 1902-1980 — Dwng
Marguerite A. (w/o W. Frank) 1892-1973 — JWTa
Marian F. 1904-1993 — Dwng
Marie (w/o Dempsey) 1931-1987 (temp) — JWTa
Marie H. (d/o Annie M. & Archie P?) 12 Jan 1901-14 Aug 1986 — Grtn
Marie O. (w/o Roy T) 1903-1981 — Glfd
Marion A. 6 Mar 1898-24 Apr 1920 — Aswm
Marion Decata h/o Mildred T. 1910-1988 — Dwng
Marion J. 1928-1931 — Nels
Marvin H. (no dates) — Kngt
Mary 1853-1927 — Nels
Mary A. w/o Edw W & d/o Joseph & Mary Conquest 10 Jan 1821-7 Nov 1873 — TaylB
Mary A. w/o Geroge H. 18 Jun 1855-9 Apr 1919 — Dwng
Mary A. Pettit w/o John W. 6 Dec 1873-11 Jan 1937 — JWTa
Mary A. (w/o Dr. Thomas T) 17 Nov 1845-21 Aug 1925 — JWTa

Caucasian Tombstone Inscriptions

TAYLOR (Con't), Mary A. 1867-1943	Dwng
Mary Ann (w/o Edward R) 1848-1886	ConqT
Mary D. (w/o Gordy) 1901-1980	Wssl
Mary E. d/o A.W. & S.W. 20 Apr 1895-15 Jan 1907	Beth
Mary E. (w/o John G) 1883-1936	ChMc
Mary E. (w/o Horace A) 1900-1961	ChMc
Mary E. w/o Joshua J. 12 Apr 1834-28 Jun 1902	ChMd
Mary E. (w/o Emanuel E) 3 Dec 1872-6 Mar 1950	JWTa
Mary Etta (w/o Joseph C) 1878-1961	Nels
Mary G. 17 Jun 1867-12 May 1946	JWTa
Mary Gordy (w/o Emmett G) 1895-____	JWTa
Mary J. w/o Lee Sep 1880-5 Sep 1908	Beth
Mary Jeannette (d/o N.F. & Charlotte) 1911-1976	JWTa
Mary W. w/o J. Skinner 1863-1931	Dwng
Mary Washington w/o John d. 10 Mar 1853 aged 27yrs 10mos 5dys	ChBp
Mattie A. 2 Jan 1910	Dwng
Mattie May 29 Jul 1882-13 Aug 1906	TaylG
Melinda Riggs 28 Jan 1843-6 Oct 1928	TaylG
Melvin C. (h/o Helen G) 1906-1968	Grtn
Michael A. s/o J.H. & Dorothy E. 1958-1959	Gnbk
Middie T. w/o C. Drummond 1876-1933	Dwng
Mildred C. 31 Oct 1927-10 Oct 1975	Grtn
Mildred Trader w/o Marion D. 1909-1985	Dwng
Milton Eugene S1 USN WWII 31 Mar 1920-11 Oct 1954	Grtn
Minnie F. w/o James A. 16 Oct 1873-1 May 1952	Dwng
Minnie T. w/o George L. 1889-1980	Dwng
Minnie W. 1878-1915	Glfd
Mollie w/o Jeff 1870-1951	Dwng
Molly Grace w/o Joseph W. 10 Oct 1855-22 Oct 1878	ConqH
Moses Riggs 13 Jun 1874-8 Jul 1904	TaylG
Myrtle B. (w/o Russell R) 1914-1978	SxEl
Myrtle O. 18 Jul 1908 21 Feb 1918	Dwng
Myrtle W. w/o Grayson C. 1910-1971	Dwng
Myrtle W. (w/o G. Wilson Sr) 1920-____	Gnbk
Nancey Virginia d/o Edward W & Mary Taylor 9 Dec 1849-22 Feb 1871	TaylB
Nancy E. 1868-1956	Dwng
Nancy T. 1875-1933	Glfd
Nancy w/o Thomas T. d. 5 Dec 1845	Parr
Naomi w/o Henry P. 15 Dec 1855-27 Feb 1922	Dwng
Narcissa T. (w/o J.W) 5 Jan 1856-11 Apr 1940	JWTa
Nathaniel Corbin (h/oC.L s/o N.F & Char) USA WWII 15 Aug 1917-25 Jun 1978	JWTa
Nathaniel Corbin Jr s/o N.C. & Carolyn 2 Mar 1940-4 Sep 1943	JWTa
Nathaniel F. (h/o Charlotte C. & Clementine A) 1884-1959	JWTa
Nellie F. (w/o William C) 1902-1940	Glfd
Nellie S. (w/o Thomas) 1901-1955	Gnbk
Nevette C. s/o Martha & Jeff 12 Feb 1902-23 Feb 1902	AtBp

TAYLOR (Con't), Nemiah 29 Feb 1856-21 Jul 1899 — TaylJ
Nina Chesser w/o Louis F. 1902-1994 — Dwng
Noah 21 Sep 1889-30 May 1905 — TaylC
Norene W. w/o C. Wesley 1913-1985 — Dwng
Norman 1894-1908 — Beth
Norman E. s/o H.J. & Sallie H. 1936-1948 — Gnbk
Norman F. (h/o Elizabeth) USA WWI 22 Jan 1895-16 Jan 1991 — Nels
Norrie W. (h/o Blanche T) 1888-1963 — JWTa
O. Hargis Jr h/o Florence W. 1881-1965 — Dwng
O. Logan (h/o Lizzie Taylor Sharpley) 1878-1937 — Gnbk
Oliver H. h/o Alice A. 1837-1922 — Dwng
Oliver T. 1830-1904 age 74yrs — Beth
Oneita Reed 1915-1978 — Dwng
Oris P. 1876-1953 — Dwng
Oscar J. (h/o Grace P) 1896-1972 — Nels
Oscar T. 17 Mar 1916-26 Aug 1925 — Dwng
Otho C. (h/o Ida L) 15 May 1901-11 Sep 1982 — Grtn
Otho L. "Toby" 27 Mar 1910-18 Feb 1988 — Dwng
Ottie Carol (w/o Samuel R) 1888-1935 — Glfd
Patricia A. (w/o W. Conquest Taylor) 1940-___ — JWTa
Patricia Faye d/o J.H. & Dorothy E. 1962-1965 — Gnbk
Pauthena S. w/o Ezra W. 2 Aug 1857-20 Oct 1895 — JWTa
Peggy Ann 19 Dec 1946-26 Mar 1952 — Dwng
Peggy Lee d/o Wilson & Myrtle 1944-1945 — Gnbk
Pierce Barnes Sr (h/o Emily C) 27 Nov 1898-15 Mar 1983 — Mdst
Preston 1912-1994 (temp) — JWTa
Ralph G. 1912-1989 — Dwng
Ralph V. h/o Grace B. 21 Jun 1912-8 Nov 1961 — Dwng
Ray A. (h/o Dora P) ___-___ — JWTa
Reuben D. Infant s/o G.W. & Jennie (no dates) — Bell
Revel J. (h/o Sallie C) 1862-1907 — Nels
Revell T. h/o Clara M. 3 Oct 1879-30 Jan 1972 — Dwng
Richard Arlen Pvt USA Korea 12 Apr 1934-24 May 1983 — ChMc
Rixam F. (h/o Bertie B) 1873-1957 — Nels
Robbie C. (h/o Ruth) 4 Dec 1887-11 Jan 1969 — JWTa
Robert S. (h/o Celia M) 1898-1978 — Glfd
Robert T. VA Pvt USA WWI 16 Mar 1897-5 Mar 1972 — ChMc
Robert T. (h/o Annie C) 1856-1948 — ChMc
Roland B. (h/o Lola A) 1904-1977 — Glfd
Rosa A. (w/o Asa J) 18 Mar 1844-18 Feb 1894 — JWTa
Rosa Irene (Infant d/o John W. & Mary A) 1896 — JWTa
Rosa S. w/o C. Cornelius 1877-1912 — Dwng
Rosa* 31 May 1896-21 Sep 1896 — Dwng
Rosser A. h/o Blanche M. 1902-1960 — Dwng
Rowena (w/o Joseph D) 1897-1949 — ChRm
Roy L. h/o Emma T. 12 Feb 1886-16 Aug 1943 — Dwng

Caucasian Tombstone Inscriptions

TAYLOR (Con't), Roy T. (h/o Marie O) 1890-1967 — Glfd
Russel C. (h/o Alma L) 5 Sep 1904-5 Jun 1979 — JWTa
Russell R. (h/o Myrtle B) 1908-1993 — SxEl
Ruth (w/o Robbie C) ___-___ — JWTa
S.B. (h/o Elizabeth) 28 Mar 1861-8 Aug 1949 — Wssl
Sadie M. (w/o William J) 1862-1939 — Grtn
Sallie B. (w/o Joseph W) 1864-1945 — Grtn
Sallie C. (w/o Teacle E) 1873-1944 — Glfd
Sallie C. (w/o Henry J) 1912-1956 — Gnbk
Sallie C. (w/o Revel J) 1867-1951 — Nels
Sallie F. d/o Samuel T. & Sarah A. 7 Apr 1868-15 Aug 1884 — Beth
Sallie M. w/o Therogood 6 Mar 1846-19 Mar 1891 — Bell
Samuel A. h/o Ella B. 1864-1964 — Dwng
Samuel d. 7 Apr 1888 aged 41yrs — ChMe
Samuel h/o Alanta WO USCG WWII 19 Sep 1902-10 Feb 1971 — Dwng
Samuel H. h/o Lillie B. 1875-1945 — Dwng
Samuel M. s/o Raymond & Nancy 17 May 1804-18 May 1851 — TaylW
Samuel Reed (h/o Ottie C) 1880-1946 — Glfd
Samuel T. (h/o Sarah A) 6 Dec 1838-16 Sep 1915 — Beth
Samuel T. (h/o Lucretia S) 16 May 1804-8 Feb 1895 — TaylM
Sarah A. w/o Samuel T. 25 Feb 1837-18 Feb 1904 — Beth
Scarborough (w/o Henry W, memorial stone, no dates) by son Oliver H in 1913 — TaylT
Severn J. (h/o Esther J) 13 Dec 1840-15 Apr 1912 — Gnbk
Sewell A. (h/o Kathryn S) 1873-1960 — Aswm
Sewell T. (h/o Blanche M) 1872-1955 — Blxm
Sinah w/o Crippen d. 17 Apr 1831 aged 70yrs — Tayll
Socrates F. (h/o Margaret) (no dates) — TaylY
Stella Lang 1902-1991 — JWTa
Sula K. (w/o George P?) 1882-1962 — Gnbk
Susan A. w/o David L. 1840-1919 — Dwng
Susan w/o Jessie B. d. 24 Oct 1918 aged 70yrs — Wssl
Teacle E. (h/o Sallie C) 1867-1938 — Glfd
Teressa Phipps (w/o Harry Phipps & Jno R Taylor?) 12 Dec 1888-24 Sep 1974 — ChMc
Thelma (w/o Carl) 1908-1985 — ChMc
Thelma E. w/o Austin R. 1913-1992 — Nels
Therogood (h/o Sallie M) 9 Apr 1839-6 Nov 1890 — Bell
Thomas (h/o Nellie S) 1889-1968 — Gnbk
Thomas 1909-1968 — Dwng
Thomas H. 27 Oct 1876-20 Feb 1912 — Dwng
Thomas R. (h/o C. Frances) 1857-1947 — JWTa
Thomas T. h/o Nancy d. 29 Sep 1857 aged 75yrs 11mos 10dys — Parr
Thomas T. (Jr) 1873-1938 — JWTa
Thomas T. Dr. (h/o Mary A) 16 Apr 1848-2 Jan 1917 — JWTa
Timothy W. s/o R.T. & Sally B. b&d 10 Jul 1969 — Dwng
Vashti Aline (w/o Odgen B) 1893-1977 — JWTa
Victor J. S1 USCG WWII 1 Dec 1906-3 Nov 1986 — Dwng

TAYLOR (Con't), Virginia 1845-1930 — JWTa
Virginia S. 20 Apr 1856-10 May 1938 — Nels
Virginia w/o Alfred s/o J. 9 Apr 1841-28 May 1928 — Dwng
W. Conquest (h/o Patricia A) 1939-1980 — JWTa
W. Frank (h/o Marguerite A) 1886-1953 — JWTa
W. James d. 11 Nov 1913 aged 26yrs — Kngt
W. Robert "Bob" (h/o Elizabeth H) 1904-1980 — JWTa
Wallace V. h/o Jennie F. 13 Jul 1886-19 Feb 1954 — Dwng
Walton 1901-1970 — Wssl
Washington L. 1876-1957 — TaylG
Wilbur F. (h/o Maggie S) 1871-1926 — Nels
Will C. (h/o Kathryn L) 1878-1971 — ChMc
Willard 1929-1930 — Glfd
William (h/o Hessey) 1790-29 May 1845 — TaylH
William A. (h/o Willie S) 17 Jul 1876-5 Oct 1945 — Mdst
William C. (h/o Nellie F) 1900-1968 — Glfd
William d. 1740 — TaylA
William H. (no dates) — Kngt
William H. (h/o Carrie L) 1885-1953 — Nels
William J. (h/o Sadie M) 1867-1937 — Grtn
William S. (h/o Arrie) 1877-1949 — ChMe
William S. h/o Grace E. 1915-1985 — Dwng
William T. (h/o Lucy J) 28 Feb 1875-8 May 1960 — ChRm
Willie S. (w/o William A) 27 Aug 1875-11 Mar 1906 — Mdst
Willye (w/o Charles A) 24 Oct 1915-27 Feb 1989 — Frnk
Wilmer h/o Ada S1 USCG WWII 20 Sep 1915-31 May 1986 — Dwng
Winifred Davis (w/o Elishia J) 25 Jul 1880-11 May 1929 — Gnbk
Winifred w/o James 1892-1961 — Dwng
Wrendo C. (h/o Allene G) 1914-1968 — Grtn
Zadoc Thomas (h/o Lina B) 1852-1940 — Aswm
TEAGLE, Henry Dennis' s/o Jno & Eliz 26 Mar 1786-10 Jan 1807 — Teag
TERRY, Caroline V. (w/o George R) 1853-1931 — Grtn
George R. (h/o Caroline V) 1848-1908 — Grtn
Jones F. (h/o Mary J.W) 29 Mar 1831-20 Apr 1922 — JWTa
Mary J.W. w/o Jones F. 1 Jul 1839-21 Nov 1909 — JWTa
THOMAS, Aaron S. 11 Jul 1877-26 Oct 1879 — TgMa
Aaron S. 1854-1926 — TgMa
Alan (s/o Dallas & Clara) (1926/9)-1953 — SxJu
Alice 1878-1978 — Wssl
Ann 18 Mar 1796-7 Feb 1870 — TgMa
Annie S. w/o John R. & (d/o Jno S & Letitia Gaskins) 1858-1907 — Gask
Bennie s/o Lewis M. & Amanda W. 22 Jun 1878-7 Dec 1878 — LewiM
Bertha C. w/o Louis M. (no dates) — Dwng
Caroline 1838-18 May 1913 — TgMa
Clara P. (w/o Dallas A) 1910-1982 — SxJu
Dallas A. (h/o Clara P) 1906-1966 — SxJu

Caucasian Tombstone Inscriptions

THOMAS (Con't), Edward 17 Apr 1873-16 Nov 1879	TgMa
Edw R. Capt h/o Mary W. 27 Jun 1832-29 Dec 1905	Gask
Edward F. (h/o Sallie) 1870-1964 (temp)	SxJu
Edward L. s/o Lewis M & Amanda W 10 Sep 1868-9 Oct 1868	LewiM
Edward L. s/o Lewis M & Amanda W 31 May 1871-11 Oct 1872	LewiM
Elisha 19 Aug 1887-26 Dec 1909	TgMa
Elsie Lee (w/o Harry E) 1892-1977	JWTa
Elvira Davis (no dates)	TgMa
Evyline d/o A.S. & Priscilla 12 Jan 1881-17 Dec 1900	TgMa
Frank 6 Apr 1878-20 Oct 1879	TgMa
George M. Sr Pvt USA 8 Jan 1893-28 Aug 1974	TgMa
Gladys E. 1893-___	Dwng
Harry Benjamin (s/o Harry E. & Elsie L?) 1934-1952	JWTa
Harry Erastus (h/o Elsie L) 1882-1960	JWTa
Henry A. h/o Margaret A. 10 Dec 1856-25 Feb 1918	TgMa
Henry Parker 1880-1947	TgMa
Infant c/o Lewis M. & Amanda W. b&d 4 Jun 1874	LewiM
Infant c/o Lewis M. & Amanda W. b&d 28 Jul 1877	LewiM
James H. 1892-1972	JWTa
Jane d/o Lybern & Dolly 2 May 1869-16 Mar 1870	TgMa
John (1h/o Lula C. Young) 1879-1963 (temp)	SxJu
John 20 Dec 1799-17 Aug 1865	TgMa
John B. 11 Sep 1882-2 Oct 1901	TgMa
John C. 27 Oct 1901-14 Aug 1947	TgMa
John P. 23 Mar 1831-27 Sep 1868	TgMa
John R. h/o Annie & (s/o Capt. Edward R) 1855-1912	Gask
John W. (h/o Sallie A?) 22 Apr 1851-18 Aug 1933	Dwng
John W. "Capt" 1867-1934	TgMa
Julia 15 Dec 1823-6 Nov 1899	TgMa
Julia A. d. 1 Sep 1868 aged 19yrs	TgCa
Julia I. 1 Sep 1808-12 Oct 1808	TgCa
Julie E. 26 Sep 187_-4 Aug 1873	TgMa
Jushua M. d. 27 Mar 1870 aged 16yrs	TgMa
Kate W. (w/o W.P) 1857-1931	JWTa
Laura E. d/o Jno R. & Annie S. 3 Dec 1882-17 Nov 1890	Gask
Lillie 29 Nov 1884-18 Nov 1958	TgMa
Lloyd F. 1855-1946	Dwng
Louis M. h/o Bertha C. (no dates)	Dwng
Lybrand H. 23 Jan 1838-24 Jul 1922	TgMa
Margaret A. w/o Henry A. 25 Nov 1857-12 Nov 1917	TgMa
Mary 4 Oct 1866-3 Nov 1879	TgMa
Mary E. w/o W.S. d. 22 Apr 1900 aged 50yrs	TgMa
Mary Ellen w/o Wm E. 1880-3 Feb 1971	TgWe
Mary W. w/o Capt Edw R (d/o Revel Lewis) 9 Dec 1828-23 Jan 1906	Gask
Naomi 4 Aug 1896-4 Apr 1900	TgMa
Norman M. (s/o Thos W & Sallie A?) 15 Sep 1896-18 May 1968	Dwng

THOMAS (Con't), Nellie 28 Sep 1871-22 Nov 1923 — TgMa
Polly 1 Oct 1839-6 Jan 1903 — TgMa
Polly E. d/o Lewis M & Amanda W 27 Apr 1883/7?-13 May 1883/7? — LewiM
Priscilla 15 Sep 1861-7 Jan 1883 — TgMa
Richard W. (s/o Donald L. & Elizabeth J) 1969-1969 — SxJu
Robert H. drowned 10 Aug 1890-16 Nov 1908 — TgMa
Rosalie Lankford SN USA 26 Jul 1955-31 Aug 1981 — Wssl
Sallie (w/o Edward F) 1871-1955 (temp) — SxJu
Sallie A. (w/o John W?) 24 Aug 1858-23 Oct 1935 — Dwng
Sarah A. 5 Sep 1866-18 Feb 1899 — TgMa
Sarah A. d. 28 Jul 1864 aged 4yrs — TgMa
Susan Nona b&d 5 Jun 1969 — Dwng
W.P. (h/o Kate W) 1854-1933 — JWTa
W.S. 15 Nov 1847-26 Mar 1922 — TgMa
William E. h/o Mary Ellen 1879-1970 — TgWe
Wilson S. 13 Nov 1881-4 Feb 1905 — TgMa
THOMPSON, George B (h/o Sylvia) USN WWII Korea 20 Feb 1922-9 Nov 1986 — JWTa
Lousie Fisher w/o Wm Adolph Fisher & Ralph Howard Thompson 1901-___ — Dwng
Martin A. VA Lt Col USA WWII 31 Mar 1911-15 Aug 1973 — Watv
Ralph Howard h/o Louise F. 1906-___ — Dwng
Ralph Howard 1906-___ — JWTa
Rose Northam 1867-1951 — Mdst
Sally 20 Sep 1836-13 Apr 1888 — Mdst
Sylva R. (w/o George B) 1927-___ — JWTa
THORN, Charles S. SC 2 USN WWII 22 Dec 1907-3 Jan 1963 — TgMa
Edward L. 22 Mar 1889-18 Sep 1920 — TgMa
Thomas B. "father" 1863-1941 — ChGn
THORNE, Hattie V. w/o James W. 1907-___ — TgMa
James W. h/o Hattie V. 1902-1970 — TgMa
Maggie E. 18 Sep 1869-22 Jan 1929 — TgMa
THORNES, Dennie G. (h/o Lelia F) 1888-___ — Grtn
Elizabeth 1883-1960 — TaylE
Joshua Dennis 1900-1967 — Glfd
Lelia F. (w/o Dennie G) 1891-___ — Grtn
THORNS, Comfort 9 Apr 1828-16 Dec 1905 — Wdby
William C. d. 1937 (temp) — TaylC
THORNTON, Abbie J. (w/o William J) 1897-1978 — ChGn
Abram (s/o Thomas & Ida E?) 13 Apr 1894 — ChTh
Alfred J. h/o Manie B. 1890-1973 — Dwng
Alfred T. (h/o Alice D) 1855-1925 — Glfd
Alice D. (w/o Alfred T) 1857-1901 — Glfd
Alice F. (d/o Sherwood & Mildred) 22 May 1944-___ — ChDa
Alice Taylor 1863-1951 — JWTa
Amanda S. w/o William E. 1867-1945 — Wssl
Annie D. (w/o Kendall J) 1895-1980 — ChMd
Annie F. w/o LeRoy T. 1891-1981 — Dwng

Caucasian Tombstone Inscriptions   271

THORNTON (Con't), Annie L. 1876-1953   ChTh
Arthur 1913-1913   ChDa
Bertha (d/o Thomas & Ida E?) 15 Mar 1892   ChTh
Bessie 3 Mar 1910-6 Jun 1910   ChTh
Bobby D. 1935-1976   JWTa
Burlon W. 1912-1966   Grtn
Charles C. 1885-1959   Dwng
Clarence Lee 1904-1966   Dwng
Clarville (h/o Minnie) 1907-1960   ChTh
Clifton T. (h/o Middie T) 1888-1965   Aswm
Comfort w/o John T. 5 Jul 1857-23 Feb 1894   ChAn
Daisey d/o Wm P. & Ann(?) 6 May 1908-1 Sep 1908   ChGn
David T. (h/o Gladys) 1883-1953   ChMc
Delilah A. w/o James W. 11 Oct 1844-29 Jan 1912   ChMc
Della 1915-1985 (temp)   Dwng
Dolly (w/o Henry L) 1899-1992   ChMc
Dorothea L. (w/o John B) 1909-1964   ChTh
Dorothy B. w/o Keith E. Sr 1938-___   Dwng
Edward T. (b/o John N) 5 Oct 1890-20 Apr 1940   ChGn
Elisha A. w/o J.H. 22 Jul 1866-19 Jun 1921   Wssl
Elishie d/o Silas B. & Eliza A. 11 Apr 1909-25 Oct 1909   ChBu
Eliza A. w/o Parker 7 Feb 1821-31 Aug 1906   ChBu
Eliza A. w/o Silas B. 28 Nov 1872-7 Feb 1917   ChBu
Elizabeth (w/o John D) 1837-1918   ChMc
Elizabeth A. w/o Wm G. 19 Feb 1814-8 Oct 1895   Thor
Elizabeth E. (w/o Samuel W) 1874-1943   Grtn
Elizabeth T. (w/o John J) 1905-1951   ChTh
Elizabeth w/o William T. 1825-1910   Beth
Elizabeth w/o Emmons 1878-1960   ChBo
Ella Pauline d/o James W & Julia 3 Oct 1910-31 Jul 1911   ChRm
Elmer C. (h/o Vergie V) 1884-1952   ChGn
Eloise J. w/o Wilson M. 1915-1993   Dwng
Elsie L. d/o A.J. & M.B. b&d 23 Jul 1918   Dwng
Emily H. (w/o Wm P) 1895-1971   ChDa
Emmons (h/o Elizabeth) 1874-1949   ChBo
Eva Ellis 1902-1940   ChRm
Evelyn M. (w/o Harry T) 1897-1980   Nels
Fanny Taylor (w/o Lewis J) 1870-1943   JWTa
Florence E. w/o Sylvester L. 20 Jun 1861-10 Dec 1895   ChesA
Frances L. (w/o John B. Jr) 1929-1990   ChMc
Frieda Hudson 1918-___   Dwng
George D. h/o Henrietta 1880-1957   Dwng
George H. (h/o Nancy M) 1872-1908   ChDa
George T. (h/o Mannie A) 1888-1957   ChGn
Georgie K. w/o Paige M. 1927-___   Dwng
Gladys (w/o David T) 1901-1966   ChMc

THORNTON (Con't), Hallie (w/o Judson) 1918-1980 — ChTh
Harriet Frances w/o Lemuel Y. 18 Feb 1857-16 May 1933 — JWTa
Harry T. (h/o Evelyn M) 1892-1942 — Nels
Henrietta T. w/o George D. 1886-1965 — Dwng
Henry Lee 2 Oct 1893-5 May 1954 — ChMc
Ida E. (w/o Thomas) 1870-1935 — ChTh
Infant children of A.T. & Alice D. (no dates) — Glfd
Infant s/o L.W. & M.S. 12 Sep 1904-20 Sep 1904 — JWTa
Isabel T. w/o S.L. 1868-1929 — ChesA
Isabell (w/o Donald) 1924-1994 — ChMd
J. Russell (h/o L. Virginia) 1919-___ — ChGn
J. Thomas h/o Margaret C. 1854-1942 — Dwng
James E. (h/o Mabel F) 1906-1974 — JWTa
James T. (h/o Mary E) 1859-1940 — Frnk
James W. (h/o Julia M) 7 Apr 1871-28 Jul 1941 — ChMc
James W. (h/o Delilah A) 22 Dec 1842-19 Feb 1908 — ChMc
Jennie M. 1881-1960 — Dwng
Jesse VA S2 USNR WWII 16 Nov 1907-19 Oct 1970 — ChTh
Jimmie W. 24 May 1929-5 Dec 1988 — ChMd
John (twin?) (s/o Thomas & Ida E?) 13 Oct 1906 — ChTh
John B. Jr (h/o Frances L) 1930-1993 — ChMc
John B. 1882-1963 — ChTh
John Burt (h/o Dorothea L) 1901-1981 — ChTh
John D. (h/o Elizabeth) 1834-1917 — ChMc
John E. (h/o Maggie?) VA SURFMAN USCG 6 Dec 1888-7 Mar 1962 — ChGn
John H. (s/o Thomas & Ida E?) 15 Sep 1909 — ChTh
John J. (h/o Elizabeth T) 1900-1937 — ChTh
John J. (h/o Mary A) 22 Sep 1844-28 Jul 1932 — ChTh
John N. (h/o Lizzie N) 1 Apr 1883-8 Dec 1956 — ChGn
John T. (h/o Comfort) 27 Jan 1854-17 May 1920 — ChAn
John T. (h/o Patience A) 1868-1951 — ChTh
John William h/o Sallie M. 1859-1935 — Dwng
Judson (h/o Hallie) CM2 USN WWII 28 Jul 1914-10 Jul 1973 — ChTh
Julia M. (w/o James W) 15 Jan 1877-24 Jan 1961 — ChMc
Keith E. Sr h/o Dorothy B. 1937-1993 m. 15 Jun 1957 — Dwng
Kendall J. (h/o Annie D) 1893-1968 — ChMd
L. Virginia (w/o J. Russell) 1921-1985 — ChGn
Lemuel Y. h/o Harriet F. 1 Mar 1857-27 Mar 1930 — JWTa
Leonard (s/o Vergie & Elmer?) BM1 USCG WWII 31 Jul 1921-24 Dec 1954 — ChGn
LeRoy T. h/o Annie F. 1890-1934 — Dwng
Lewis J. (h/o Fanny T) 1862-1946 — JWTa
Lewis Vernon 1903-1962 — JWTa
Lida May 1889-1952 — ChGn
Lillian A. 15 Aur 1921-2 Apr 1929 — ChGn
Linda G. (d/o Sewell & Mary?) 1947-1985 — Dwng
Lizzie H. (w/o John N) 5 Nov 1887-13 Feb 1942 — ChGn

THORNTON (Con't), Loomis W. (h/o Manie B) 30 Jun 1883-27 Feb 1947	JWTa
Louise (d/o William L. & Lula M?) b&d 20 Apr 1906	JWTa
Lula May (1 w/o William L) 17 Sep 1880-16 May 1906	JWTa
M. Hazel d/o Lewis J. & Fanny F. 29 Mar 1896-3 May 1918	JWTa
Mabel F. (w/o James E) 1910-1968	JWTa
Maggie (w/o John E?) 1883-1966	ChGn
Manie B. w/o Alfred J. 1889-1973	Dwng
Manie B. (w/o Loomis W) 4 May 1884-26 Dec 1967	JWTa
Mannie A. w/o George T. 1889-1974	ChGn
Margaret C. w/o J. Thomas 1855-1933	Dwng
Mary A. w/o John J. 17 Nov 1848-23 Feb 1914	ChTh
Mary E. w/o William P. 18 Sep 1965-19 Jan 1918	ChMc
Mary E. (w/o James T) 1850-1923	Frnk
Mary Ella d/o Mr. & Mrs. David 15 Feb 1917-15 Feb 1917	ChMc
Mary w/o Sewell 2 Jun 1906-12 Aug 1988	Dwng
Middie T. (w/o Clifton T) 1894-1978	Aswm
Mildred L. (w/o Sherwood T) 4 Nov 1925-___	ChDa
Miles B. 27 Sep 1837-1 Feb 1920	ChMc
Miles B. 22 Aug 1891-18 Apr 1912	ChTh
Miles Kendell 4 Sep 1874-26 Aug 1952	ChMc
Minnie (w/o Clarville) 1904-___	ChTh
Morrial G. Pvt Med Det 59 Pioneer Inf WWI 25 Jan 1895-19 Nov 1972	Glfd
Nancy C. w/o Rev. Wm P. 5 Apr 1819-5 Jan 1896	ChTh
Nancy M. (w/o George H) 1871-1951	ChDa
Nelda E. (no dates)	ChGn
Nellie B. (w/o Russell S) 1900-___	ChMd
Oceana 1889-1965	Grtn
Paige M. h/o Georgie K. 1920-___	Dwng
Patience A. (w/o John T) 1869-1940	ChTh
Patricia Lou 7 Feb 1931-17 Aug 1984	JWTa
Pausy K. 1906-1978	ChBu
Pearl (twin?) (d/o Thomas & Ida E?) 13 Oct 1906	ChTh
Robert W. T Sgt USAN 12 Sep 1927-18 Feb 1975	ChTh
Roy Millard Pvt USA Korea 28 Mar 1929-13 Oct 1968	ChTh
Royce L. 28 Dec 1916-31 Oct 1939	ChMc
Russell S. (h/o Nellie B) 1900-1979	ChMd
Sallie C. (2 w/o William L) 1881-1948	JWTa
Sallie Matthews w/o John Wm 1861-1898	Dwng
Samuel W. (h/o Elizabeth E) 1870-1935	Grtn
Sarah F. (w/o William T) 1871-1943	JWTa
Sewell h/o Mary 22 Oct 1903-23 Jul 1988	Dwng
Sherwood T. (h/o Mildred L) 2 Sep 1924-18 Nov 1992	ChDa
Silas B. (h/o Eliza A) 1866-1929)	ChBu
Snowden N. 1908-1986	ChGn
Speaner Jane 5 Jun 1858-18 Sep 1931	ChTh
Sylvester Lee (h/o Florence E & Isabel T) 28 Jan 1855-16 Feb 1910	ChesA

THORNTON (Con't), Stanley E. 18 Jul 1930-22 Mar 1986	ChMd
Thomas (h/o Ida E) 1863-1945	ChTh
Vergie V. (w/o Elmer C) 1886-1957	ChGn
William E. (h/o Amanda S) 1866-1943	Wssl
William G. (h/o Elizabeth A) 13 Oct 1810-9 Feb 1866	Thor
William H. 1884-____	ChGn
William J. (h/o Abbie J) 1886-1935	ChGn
William Lawrence (h/o Lula M & Sallie C) 14 May 1881-27 Jan 1917	JWTa
William P. (h/o Emily H) 1886-1952	ChDa
William P Rev (h/o Nancy C) 28 Mar 1814-27 Jun 1884 Ordained 31 Jul 1854	ChTh
William T. (h/o Elizabeth) 1836-1896	Beth
William T. (h/o Sarah F) 10 Apr 1861-14 Apr 1930	JWTa
William T. 3 Jan 1806-6 Aug 1886	Mdst
William Thomas 1906-1989	JWTa
Wilson M. h/o Eloise J. 1912-1987	Dwng
THORPE, Carolyn M. 1884-1968	ChMc
TIBBLES, Lillian M. 1888-1974	ChGn
TILGHMAN, Elizabeth C. 7 Mar 1895-23 Mar 1981	ChRm
James (h/o Mornie Tyndall) 1911-1988	JWTa
TIMMONS, Amelia A. w/o Wm J. 16 Mar 1859-15 Jul 1914	ChRm
Annie (w/o Henry) 10 Mar 1863-27 Dec 1953	ChRm
Beulah 1912-1917	ChRm
Charlotte 20 Jun 1856-24 Nov 1899	ChRs
Elijah E. (h/o Ida M) 1892-1959	ChMc
Ella E. w/o S.W. 10 Nov 1853-21 Jan 1936	ChRm
Henry (h/o Annie) 25 Dec 1851-2 May 1930	ChRm
Ida M. (w/o Elijah E) 1887-1965	ChMc
Mary Jones (w/o John W?) 1862-1935	ChRm
Mildred D. (w/o William E. Sr) 1910-____	ChRm
Sidney W. (h/o Ella E) 5 Mar 1848-20 Oct 1917	ChRm
William E. Sr (h/o Mildred D) SURF USCG 18 Mar 1905-17 Apr 1981	ChRm
William J. (h/o Amelia A) 13 Jan 1856-24 Jul 1931	ChRm
TINDALL, Edward (h/o Manie E) 1870-1939	ChRm
Manie E. (w/o Edward) 1878-1964	ChRm
TINGLE, Edgar 4 Mar 1895-1 Jan 1924	ChRm
TODD, Connie M. 1936-1983	Grtn
TOLBERT, Allan J. (h/o Annie E. & Ethel J) 1893-1979	ChMc
Annie E. (1w/o Allan J) 1897-1918	ChMc
Ethel M. (2w/o Allan J) 1900-1965	ChMc
Frank P. (h/o Mary C) 1900-1972	ChMc
Frank P. (h/o Sarah C) 1860-1919	ChMc
Kathryn J. 1919-1980	ChGn
Mary C. (w/o Frank P) 1907-____	ChMc
Mildred H. (w/o Vincent T) 1900-1967	JWTa
Sarah C. (w/o Frank P) 1861-1940	ChMc
Vincent T. (h/o Mildred H) 1897-____	JWTa

TOPPING, Blanche F. (w/o F. Melvin) 1898-1976 — Grtn
F. Melvin (h/o Blanche F) 1899-1950 — Grtn
Floyd W. (h/o Nettie S) 1864-1934 — Grtn
Hettie M. d/o Floyd W. & Nettie S. 4 Sep 1891-28 Dec 1902 — Grtn
Hetty A. Gladding w/o James Topping 1833-1909 — Grtn
James (h/o Hetty A.G) 1825-1873 — Grtn
James Winford s/o F.W. & Nettie S. 20 Sep 1905-2 Jul 1906 — Grtn
Nettie S. (w/o Floyd W) 1875-1950 — Grtn
Sally w/o Nathaniel S & d/o Jno R & Susan Riley d. 20 Oct 1819 aged 25yrs 4dys — Rile
TOWE, Ernest E. (h/o Louise M) 1892-1985 — JWTa
Lousie M. (w/o Ernest E) 1892-1979 — JWTa
TOWNSEND, Anna J.(Justice) (w/o Franklin) 1896-1970 — Nels
Catherine C. w/o George T. 1882-1945 — Nels
Catherine E. (w/o O. Felix) 1918-____ — Nels
Charles W. 2 Nov 1876-21 Jun 1901 — TgMa
Eslie K. (h/o Florence W) 1872-1959 — Nels
Florence W.(Watson) (w/o Eslie K) 1872-1949 — Nels
George Thomas (h/o Catherine C) s/o Levin T & Hulda M 1875-1960 — Nels
Lela B. (w/o Mervin) 1898-1990 — Nels
Mervin h/o Lela B. 1893-1954 — Nels
O. Felix (h/o Catherine E) 1910-____ — Nels
Preston T. 25 Oct 1908-11 Dec 1935 — Nels
Sally w/o Robert & d/o Jno & Adah Laws 22 Oct 1791-22 Nov 1828? — Laws
TRACY, Geroge A. 1869-1925 — ChRm
James T. Capt (h/o Kathryn E?) 1835-1925 — ChRm
Kathryn E. (w/o Capt James T?) 1841-1896 — ChRm
TRADER, (-----) (w/o Roy Lee can't read) — Wssl
(no given names or dates, 3 vaults) — Grtn
Alonzo Thomas (h/o Nena E) (no dates, memorial stone, grave at Parksley) — SxEl
Augustus C. h/o Eleanor B. 1874-1938 — Dwng
Bertha E. (w/o Edward J) 1886-____ — Wssl
Blanche E. (w/o Littleton O) 1885-1961 — Wssl
Charlotte L. 1937-____ — Nels
Clifton T. 1908-1946 — Dwng
Cora w/o Elmer 1875-1959 — Dwng
Crity Ann w/o S.A. d. 29 Nov 1937 aged 78yrs 7mos 26dys — Wssl
Dalton Raymond (h/o Ella P) S2 USNR WWII 21 Mar 1914-16 Sep 1965 — Nels
Debra Jean SP4 USA Vietnam 27 Jun 1954-1 May 1991 — JWTa
Dimmariah C. w/o Thomas F. 14 Dec 1856-21 Apr 1917 — Wssl
Edward J. (h/o Bertha E) 1880-1961 — Wssl
Eleanor B. w/o Augustus C. 1878-1973 — Dwng
Elijah T. 1906-1952 — Dwng
Elizabeth A. w/o W.W. 1846-1922 — Grtn
Elizabeth Harris w/o John T. (no stone, b.c. 1842) — TradS
Elizabeth S. w/o Raymond W. 1875-1964 — Dwng
Ella P. (w/o Dalton R) 1915-1983 — Nels

TRADER (Con't), Ella Ruth w/o Lorenzo W. 1893-1975 — Dwng
Elmer h/o Cora 1886-1969 — Dwng
Elmer T. 1916-1986 — Dwng
Emily Jane w/o Fonteen 3 Apr 1924-___ — Dwng
Florence W. 27 Feb 1878-10 Dec 1951 — Wssl
Floyd T. (h/o Narcises) 1868-1935 — JWTa
Fonteen h/o Emily J. S1 USN WWII 23 Jan 1923-13 Mar 1975 — Dwng
Grace E. d/o T.C. & Sarah J. 10 Jul 1891-11 Oct 1891 — Kngt
Harry A. 25 Nov 1880-12 Jul 1907 — Stan
Horace T. (h/o Matilda E) 1882-1963 — Myrt
Infant s/o Samuel L. & Lena B. b&d 9 Jan 1922 — Mdst
Isabelle W. w/o Willie A. 1892-1979 — Dwng
James T. (h/o Minnie T) 1863-1938 — Grtn
John T. h/o Elizabeth H. (no stone, b.c. 1834) — TradS
Lena B. (w/o Samuel L) 1893-1984 — Mdst
Lillian M. (w/o Willie Jr) 1927-1994 — Dwng
Lillie A. (w/o Luther F) 1881-1967 — Nels
Littleton O. (h/o Blanche E) 1884-1956 — Wssl
Littleton T. 16 Nov 1874-12 Feb 1904 — AtMt
Logan s/o Frank & Mary E. 23 Dec 1901-11 Feb 1902 — Nels
Lorenzo W. h/o Ella R. 1887-1979 — Dwng
Lovie P. (w/o Romie F) 1887-1979 — Wssl
Luther F. (h/o Lillie A) 1882-1904 — Nels
Manie A. 16 Feb 1886-25 Aug 1941 — Wssl
Marvin E. (s/o Thomas F & Dimmeriah C) 15 May 1897-17 May 1914 — Wssl
Mary A. (d/o Mary Trader East) d. 21 Feb 1865 aged 36yrs — MarsN
Mary B. w/o Washington L. 1869-1947 — Dwng
Mary H. (w/o Raymond J) 18 Feb 1916-21 Apr 1994 — Dwng
Matilda E. (w/o Horace T) 1887-1930 — Myrt
Mattie M. (w/o Raymond P) 1888-1976 — Nels
Minnie T. (w/o James T) 1868-1957 — Grtn
Nancy 18 Aug 1796-9 Mar 1875 — TradH
Narcises (w/o Floyd T) 1869-1945 — JWTa
Nena Ellis (w/o Alonzo T) (no dates, memorial stone, grave at Parksley) — SxEl
Ola B. (w/o Willie J) 1888-1961 — Wssl
Phyllis Ann (w/o Leon) 23 Jun 1951-___ — Dwng
Raymond J. (h/o Mary H) TEC 4 USA 3 Oct 1914-21 Jan 1975 — Dwng
Raymond P. (h/o Mattie M) 1881-1960 — Nels
Raymond W. h/o Elizabeth S. 1875-1931 — Dwng
Ronie F. (h/o Lovie P) 1882-1948 — Wssl
Roy Lee 1888-1967 — Wssl
S.A. (h/o Crity Ann) b. 1858 at Sanford — Wssl
Samuel C. d. 14 Jul 1908 aged 77yrs 10mos 14dys — TradM
Samuel L. (h/o Lena B) 1885-1961 — Mdst
Samuel P. s/o Thomas C. & Sarah J. 22 Mar 1869-1 Jun 1885 — MsBp
Sarah Jane w/o Thomas C. 10 Sep 1844-4 Apr 1926 — MsBp

Caucasian Tombstone Inscriptions 277

TRADER (Con't), Teagle (h/o Nancy) 16 May 1798-8 Jan 1868 — TradH
Thomas C. (h/o Sarah J) d. 5 Aug 1915 aged 79yrs — MsBp
Thomas F. (h/o Dimmariah C) 15 Jul 1851-15 Aug 1936 — Wssl
Vernon 1910-1990 — Wssl
W.W. (h/o Elizabeth A) 1847-1909 — Grtn
Washington L. h/o Mary B. 1863-1933 — Dwng
Willie A. Sr h/o Isabelle W SG3 USNRF WWI 28 Jan 1892-9 Oct 1969 — Dwng
Willie J. (h/o Ola B) 1888-1954 — Wssl
Willie Jr (h/o Lillian M) USN 1920-1990 — Dwng
TRADOR, Mary E. (w/o Frank) 1862-1922 — Nels
Frank (h/o Mary E) Cpl USMA Det Army SV MEN 14 Oct 1865-12 Mar 1949 — Nels
William S. 1862-1942 — Nels
TREHERN, James 25 Jun 1774-8 Aug 1853 — Theh
John 15 Jun 1810-20 Nov 1839 — Theh
Levi 9 Jul 1808-14 Oct 1809 — Theh
Margaret 7 Sep 1813-10 Dec 1839 — Theh
Nancy 6 Dec 1816-17 Dec 1901 — Theh
TRUITT, Alferd J. (h/o Mary W) 1861-1949 — Nels
Mabel Lee d/o J.F. & Annie M. 1925-1935 — ChBu
Mary E. 1840-1926 — Nels
Mary W. (w/o Alferd J) 1889-1955 — Nels
William T. 1873-1940 — Dwng
TRYON, Everett S. (h/o Mattie C) 1906-1955 — JWTa
Mattie C. (w/o Everett S) 1909-____ — JWTa
TUCKER, Ella F. Doughty 31 Aug 1878-9 Feb 1931 — Gnbk
Michael J. TEC 5 USA WWII 4 Dec 1916-20 Jan 1987 — Grtn
TUEBNER, Mildred S. (w/o Robert C) 5 Mar 1900-8 Oct 1981 — JWTa
Robert C. (h/o Mildred S) 18 Feb 1896-28 Dec 1989 — JWTa
TULL, Algie C. (h/o Lena A) 1891-1987 — Dwng
Alice D. (w/o Eugene W) 1905-1959 — Nels
Alva A. 1908-1973 — Aswm
Amelia P. (w/o Graydon J) 1895-1943 — Frnk
Annie C. w/o Edgar A. 1888-1970 — Dwng
Annie E. 10 May 1875-14 Dec 1928 — Gnbk
Beatrice F. (w/o Harry E. Jr) 1922-____ — JWTa
Bettie A. w/o John H. 13 Sep 1856-5 Aug 1894 — TullW
Catherine Savage w/o Wm T (d/oGriffin V Savage) 13 Feb 1841-28 Sep 1915 — TullW
Charles U. (h/o Mary V) 15 Mar 1856-5 Feb 1941 — Brit
Claude Augustus 7 Sep 1876-27 Jun 1957 — Nels
Clifford H. h/o Cora M. 1875-1941 — Dwng
Clinton J. (h/o Lida E) 1885-1970 — Grtn
Cora M. w/o Clifford H. 1883-1962 — Dwng
Dewitt Clinton s/o Outten & Harriet J. d. 1 Aug 1872 aged 21yrs 28dys — Brit
Drucilla H. (w/o Reuben W) 31 Jul 1899-____ — Nels
Drucilla V. (w/o Frank R) 8 Feb 1913-____ — Nels
Edgar A. h/o Annie C. 1886-1957 — Dwng

Tombstone Inscriptions of Upper Accomack County, VA

TULL (Con't), Edgar A. Jr 1923-1976	Dwng
Eugene M. (h/o Minnie J) 1873-1949	Nels
Eugene W. (h/o Alice D) 1900-1934	Nels
F.G. s/o Frederick A. & Isabella F. 14 Feb 1854-20 Jun 1859	Brit
Frank G. (h/o Mary E) 1851-1926	Aswm
Frank H. (h/o Mary G) 29 Aug 1877-7 Dec 1937	JWTa
Frank R. (h/o Drucilla V) 8 Apr 1910-14 Mar 1992	Nels
Fred R. h/o Lillie H. PFC USA WWI 27 Jan 1887-20 Oct 1973	Dwng
Frederick A. (h/o Isabella F) 19 Feb 1828-17 Sep 1880	Brit
George Clayton h/o Mary E. ____-____	Dwng
George Howard 1895-1968	JWTa
George W. (h/o Winnie L) 1901-1947	JWTa
Graydon J. (h/o Amelia P) 1890-1952	Frnk
H. Clay (h/o Margaret E) 1847-1932	Brit
Harriet A. (Jones) w/o Solomon T. d. 28 Feb 1893 aged 43yrs	Gnbk
Harriet J. (Gladding) (w/o Outten) 16 May 1826-28 Feb 1879	Brit
Harry E. Sr 1893-1987	JWTa
Harry E. Jr (h/o Beatrice F) 1920-1987	JWTa
Helen P. 1919-____	JWTa
Howard J. h/o Roberta D. 1882-1955	Dwng
Howard Robert 1917-1994 (temp)	Dwng
Ira Emory s/o R.W. & Drucilla H. 1925-1942	Nels
Isabella F. (King) w/o Frederick A. 30 Jan 1833-5 Jun 1883	Brit
Jesse N. (h/o Lela L) 1889-1972	JWTa
John H. (h/o Bettie A) 27 Mar 1848-21 Jul 1916	TullW
John Outten (s/o Outten & Harriet) d. 22 Oct 1874 aged 20yrs	Brit
John W. (1h/o Esther A Marshall & b/o Frederick A) 8 Aug 1814-20 Feb 1851	Brit
John W. (Jno Wm Julius Augustus Tull) (h/o Lizzie W) 10 Mar 1842-26 Dec 1932	Nels
Laura W. d/o F.H. & Mollie G. 16 Dec 1899-6 Dec 1918	JWTa
Lela L (w/o Jesse N) 1893-1968	JWTa
Lena A. (w/o Algie C) 1891-1972	Dwng
Leona A. d/o Wm & Catherine d. 24 Mar 1894 aged 32yrs	TullW
Levi C. (h/o Mary A) d. 21 Nov 1872 aged 62yrs 9mos 20dys	TullW
Lida E. (w/o Clinton J) 1882-1966	Grtn
Lillie Hall w/o Fred R. 1889-1984	Dwng
Littleton J. (h/o Martha H) 15 Dec 1843-6 Apr 1909	Brit
Lizzie W. (w/o John W) 28 Mar 1844-4 Nov 1918	Nels
Louise G. 1890-____	Nels
Mamie Bloxom (w/o Clairville W. Bloxom) 1893-1961	JWTa
Margaret E. w/o H. Clay 1853-1940	Brit
Martha H. "Mantha" w/o Littleton J. 1851-1925	Brit
Mary A. d/o W.T. & Catherine Tull d. 21 Aug 1886 aged 21yrs	TullW
Mary A. w/o Levi C. 22 Feb 1816-27 May 1894	TullW
Mary E. (w/o Frank G) 1857-1916	Aswm
Mary Ella w/o George C. ____-____	Dwng
Mary V(Virginia) w/o Chas U (d/o Royston Covington) 28 Jan 1858-18 Jan 1917	Brit

Caucasian Tombstone Inscriptions 279

TULL (Con't), Mary Grace (w/o Frank H) 1889-1946 — JWTa
Matthew W. (s/o Jesse N. & Lela L) 1918-1981 — JWTa
Minnie Davis 1874-19__ — TullW
Minnie J. (w/o Eugene M) 1875-1956 — Nels
Outten (h/o Harriet J & b/o Frederick A) 14 Sep 1819-14 Dec 1854 — Brit
Rachel L. (w/o Robert L. Sr) 1906-___ — JWTa
Reuben W. (h/o Drucilla H) 12 Apr 1904-25 Mar 1988 — Nels
Robert L. Sr (h/o Rachel L) 1909-1982 — JWTa
Roberta D. w/o Howard J. 1876-1967 — Dwng
Sadie E. 20 Apr 1887-22 Sep 1907 — Gnbk
Solomon T. (h/o Harriet A) 20 Mar 1837-7 Mar 1910 — Gnbk
Vera B. d/o J.H. & Bettie A. 9 Dec 1890-1 Jan 1919 — TullW
Walter J. (s/o Charles U. & Mary V) 1899-1938 — Brit
William Clayton 1883-1943 — Gnbk
William H. 1870-1939 — TullW
William R. 1879-1959 — Nels
William T. (h/o Catherine S) 12 Jan 1834-29 Sep 1900 — TullW
Winnie L. (w/o George W) 1906-1969 — JWTa
TUNNELL, John J. 1841-1920 — AtMt
Jackson D. (h/o Margaret A.W) & s/o Wm & Eliz 22 May 1807-5 Oct 1881 — TunnP
Kate B. d/o Jackson D & Margaret 1844-1912 — TunnP
Margaret A.W w/o J.D d/oJno B & Sarah P Burton 20 Jun 1809-9 Jan 1855 — TunnP
Mary J. d/o Jackson D. & Margaret 1846-1912 — TunnP
Nathaniel W. 1838-1911 — ChMc
Sinah W. w/o J.J. 18 Apr 1828-2 Jun 1896 — TunnA
Susan w/o Samuel S & d/o John & Susan Riley d. 10 Dec 1824 aged 51yrs 8mos — Rile
TURLINGTON, Amanda W. w/o John W. 7 Jan 1837-5 Nov 1909 — JWTa
Asa (h/o Florence R) 1883-1978 — ChMc
Benjamin Thomas h/o Ethel W. 1 Aug 1895-10 Jul 1973 — Dwng
Carrie Davis (w/o Carlton S. Davis) 1909-1984 — Nels
Charles D. (h/o Ruth F) 1901-1982 — JWTa
Charles h/o Mary E. 1840-1933 — Dwng
David (h/o Sarah) 1879-1940 — ChMc
Elwood S. h/o Helen V. 1899-1967 — Dwng
Ethel Winder w/o Benjamin T. 26 Jul 1915-29 Jun 1950 — Dwng
Etta B. 1890-1980 — ChMc
Florence R. (w/o Asa) 1891-1965 — ChMc
Frank "Little" s/o Arthur J. & Charlotte 15 Aug 1864-9 Jul 1865 — ChRm
Helen E. w/o Nelson E. 1909-1993 — Dwng
Helen V. w/o Elwood S. 1905-1979 — Dwng
John W. (h/o Amanda W) 2 Mar 1835-10 Aug 1901 — JWTa
Joseph H. 1866-1925 — ChRm
Josephine L. (w/o Lewis F) 5 Oct 1919-28 Feb 1991 — JWTa
Le Roy Pvt USA WWII 1899-1975 — ChMc
Lewis F. (h/o Josephine L) FC1 USN WWII 29 Jun 1917-3 Nov 1986 — JWTa
Mary Evelyn w/o Charles 1883-1957 — Dwng

TURLINGTON (Con't), Myrtle G. (w/o Stanley M) 1893-1976	JWTa
Nelson E. "Turk" h/o Helen E. 1903-1966	Dwng
R.V. ____-____	Dwng
Ralph h/o Ruth E. 1915-____	Dwng
Ruth E. w/o Ralph 1922-____	Dwng
Ruth F. (w/o Charles D) 1906-____	JWTa
Sarah (w/o David) 1879-1962	ChMc
Stanley E. Pvt USA 8 Apr 1928-21 Feb 1983	JWTa
Stanley M. "Mac" (h/o Myrtle G) PFC USA WWI 25 May 1895-15 Jun 1971	JWTa
TURLTON, Nellie 25 Feb 1832-17 Jan 1868	TgMa
TURMAN, Baby s/o Dr. Charles E. & Minnie 29 Oct 1911	ChBu
TURNER, Madge C. 9 Aug 1901-15 Oct 1928	ChMd
TWIFORD, Elizabeth Jane w/o Wm B. 25 Jul 1827-15 Aug 1910	ChBu
Lillian M. w/o Edgar V. 15 Oct 1870-13 May 1902	ChBu
TWIGG, Elsie Young (w/o Charles S. Young & Harold C. Twigg?) 1904-1977	Grtn
Harold C. (2h/o Elsie Young Twigg?) 1889-1958	Grtn
Virginia Stant 12 Mar 1896-14 Oct 1990	Dwng
TWILLEY, Bertha T. (2w/o George W?) 1898-1983	ChRm
Calvin L. (h/o Flossie T) 1891-1952	JWTa
Florida A. Timmons 1w/o George W. 9 Feb 1884-13 Nov 1917	ChRm
Flossie T. (w/o Calvin L) 1894-1981	JWTa
George W. (h/o Florida A.T. & Bertha T?) 1880-1954	ChRm
Geroge E. (s/o George W. & Bertha T?) 1922-1930	ChRm
Roy E. 1915-1977	JWTa
TWYFORD, Ethel Louise (w/o Walden H) 1886-1965	ChMd
Obediah W.H. s/o P.O. & M.K. d. 19 Nov 1872 aged 1mos	Twyf
Walden Henry (h/o Ethel L) USN WWII 2 Mar 1911-26 Nov 1983	ChMd
TYLER, Cincy M. (w/o Emroy J) 1881-1971	Grtn
Emory J. (h/o Cincy M) 1873-1964	Grtn
Ida A. w/o William D. 27 Mar 1865-12 Jul 1923	MsBp
Luther B. (h/o Nancy M) 1912-1974	Grtn
Nancy M. (w/o Luther B) 1914-____	Grtn
William D. (h/o Ida A) 16 Dec 1857-11 May 1922	MsBp
TYNDALL, Anna Mae w/o William E. 1931-1992	Dwng
Anna? Ruth sis/o William Edward Tyndall d. aged 12yrs (no dates)	Tynd
Annie T. (w/o James L) 1905-1961	Grtn
Arintha T. w/o S.D. 9 Mar 1834-15 Sep 1921	AtMt
Bertha C. w/o Thomas S. 1888-1977	Dwng
Bettie Mae (d/o Elton W & Thelma J?) 16 Aug 1941-25 May 1944	Grtn
Bonnie J. w/o Dalton A. 9 Sep 1942-____	Dwng
Bonnie Sue 1957-1958	Wssl
Cela M. (w/o Roy L) 1898-1985	JWTa
Cora H. w/o Dalton A. 1921-1966	Dwng
Custis Columbus h/o Norine C. 1873-1941	Dwng
Dalton A. h/o Cora H. & Bonnie J. 26 Apr 1921-8 Aug 1989	Dwng
Dorothy M. w/o Randolph D. 1904-1994	Dwng

Caucasian Tombstone Inscriptions

TYNDALL (Con't), E.L (h/o Elizabeth A) 17 Apr 1869-4 Nov 1920 — Watv
Elizabeth A. w/o E.L. 6 Nov 1869-11 Nov 1915 — Watv
Elizabeth Jane w/o John H. 30 Jan 1845-20 Jan 1916 — BullH
Elton W. (h/o Thelma J) PFC USA WWII 28 Aug 1919-30 Nov 1982 — Grtn
Emma J. 1875-1957 — Dwng
Euphamie E. w/o S.E. 1855-1941 — ChMc
George T. 1854-1918 — ChGn
Gussie (w/o H. Frank) 1889-1969 — ChGn
H. Frank (h/o Gussie) 1877-1946 — ChGn
James H. h/o Mary C. 1845-1930 — Dwng
James Lee (h/o Annie T) 1904-1967 — Grtn
James Wesley (h/o Margaret E) 1867-1953 — JWTa
Louise d/o Roy L. & Cela M. 1922-1926 — JWTa
Lynne E. d/o William E. & Rebecca R. b&d 4 Feb 1959 — Gnbk
Margaret Elizabeth (w/o James W) 1867-1938 — JWTa
Mary C. w/o James H. 1845-1895 — Dwng
Mary E. d/o L.T. & Catherine L. 24 Sep 1916-24 Aug 1917 — Watv
Matilda Taylor 2 Arp 1865-4 Jan 1929 — Brit
Mornie (w/o James Tilghman) 1902-1982 — JWTa
Norine Catherine w/o Custis C. 1894-1960 — Dwng
Randolph D. h/o Dorothy M. 1901-1967 — Dwng
Richard Vernon Pvt USAF 25 Jul 1930-3 Mar 1976 — Wssl
Rosa Mae w/o William H. 1908-___ — Dwng
Roy L. (h/o Cela M) 1893-1960 — JWTa
Roy W. 1906-1964 — Dwng
Ruth d/o W.E. & Ida (no dates)aged 10yrs — ChRm
S.E. (h/o Euphamie R) 1852-1901 — ChMc
Sarah A. 21 May 1816-18 Sep 1898 — Dwng
Shepard D. (h/o Arinthia T) 1 May 1833-13 Dec 1905 — AtMt
Stella V. 1871-1966 — Dwng
Thelma J. (w/o Elton W) 1928-___ — Grtn
Thomas S. h/o Bertha C. 1882-1961 — Dwng
William C. VA Pvt USA WWII 16 Aug 1898-13 May 1959 — Dwng
William E. h/o Anna M. 1925-1986 — Dwng
William E. Jr s/o William E. & Rebecca R. b&d 9 Jun 1960 — Gnbk
William Harry h/o Rosa Mae 1906-1980 — Dwng
TYRE, Feddeman s/o Laura V. & Gorden 8 Feb 1910-6 Aug 1910 — ChMc
Laura V. w/o Gorden 14 Jun 1881-23 Jan 1915 — ChMc
UMPHLETT, Agnes L. (w/o Robert E) 1920-___ — JWTa
Elisah B. 1885-1934 — ChMc
Lena F. 1885-1962 — ChMc
Myra 1965-1983 — JWTa
Robert E. (h/o Agnes L) 1913-1987 — JWTa
VADEN, A.G. Dr. (h/o Mabel A) 1873-1944 — JWTa
A.G. Jr (s/o A.G. & Mabel A) 1910-1984 — JWTa
Mabel A. (w/o A.G) 1885-1960 — JWTa

VANARMAN, Charles Robert Pvt USA Korea 15 Oct 1929-5 Aug 1979 — JWTa
VAUGH, Harold 12 Mar 1914-8 Apr 1918 — TgMa
VEILLEUX, John 4 Mar 1957-28 Jan 1980 — Grtn
VICKERS, John L. (h/o Josephine V) 1876-1953 — ChMc
Josephine (w/o John L) 1887-1951 — ChMc
VILLEGAS, Dominador R. (h/o Kathryn T) 1901-1965 — JWTa
Kathryn Thompson (w/o Dominador R) ____-____ — JWTa
WALDEN, Franklin (h/o Mary S) 17 Dec 1831-15 Aug 1899 — SmitC
Mary S. w/o Franklin & d/o Col Wm B. Smith 31 Oct 1835-15 Feb 1897 — SmitC
WALKER, Alberta 18 Jan 1906-15 Jan 1931 — ChMc
Asher (h/o Elizabeth) 10 May 1855-26 Oct 1920 — ChMc
Asher (h/o Mildred) 1893-1959 — JWTa
Carrie 1905 (no other date) — BarnH
Celeste F. (w/o Paul E) 1901-1955 — JWTa
Charles H. Jr 2 Mar 1943-18 Feb 1987 — Mdst
Charles Harvey (h/o Vir S) s/o Chas Howard & Ethel Gardner Walker (no dates) — Mdst
Cheri Lynn d/o John A. & Dorothy I. 1963-1978 — JWTa
David W. (h/o Flora J) 1896-1973 — ChMd
Doris (w/o Louis) 15 May 1925-____ — ChMd
Dorothy I. (w/o John A) 19 May 1924-10 Jun 1991 — JWTa
Elizabeth w/o Asker 25 Oct 1854-7 Oct 1950 — ChMc
Flora J. (w/o David W) 1900-1973 — ChMd
George (2h/o Hattie L. Williams Walker?) 1888-1973 — ChMd
George VA Cook USA WWI 25 Oct 1888-13 Apr 1973 — ChMc
Hattie L. Williams (w/o John A. Williams?) 23 Apr 1890-9 Feb 1959 — ChMd
Herman Lee Pvt 1325 SVC COMD Unit WWII 18 Nov 1920-18 Nov 1967 — ChMc
Ina R. (w/o Samuel C) 1881-1906 — BarnH
Ina Ruth 1903-1967 — BarnH
John A. (h/o Dorothy I) 3 Dec 1912-16 Jul 1987 — JWTa
Laura B. (w/o Charles F. Bloxom?) 1876-1945 — Blxm
Lottie M. 1905-1937 — ChMc
Louis (h/o Doris) 14 Dec 1928-25 Oct 1975 — ChMd
Mary Ann 1931-1946 — ChMc
Mildred (w/o Asher) 1906-1959 — JWTa
Paul E. (h/o Celeste F) 1899-1967 — JWTa
Ray 1903-1974 — ChMc
Samuel C. (h/o Ina R) 1872-1951 — BarnH
Vernon Roland Sgt USA Korea 2 May 1930-1 Mar 1976 — ChMd
Virginia Savage (w/o Chas H) d/o Wm Richard & Flora Miles Savage (no dates) — Mdst
William S. 24 Dec 1901-16 Jan 1950 — BarnH
WALLACE, Dolly W. w/o Sidney S. 1884-1975 — TgMa
Charles E. h/o Estella & s/o John E. & Lena 11 Oct 1886-14 Apr 1918 — TgWe
John Edward h/o Lena A. 21 Aug 1855-17 Nov 1926 — TgWe
John W. s/o J.E. & Lena A. 17 Jun 1894-27 Sep 1894 — TgWe
Lena A. w/o J.E. 28 Jul 1857-9 Feb 1921 — TgWe
Sidney S. h/o Dolly 1884-1939 — TgMa

WALLACE (Con't), Willie L. s/o J.E. & Lena A. 30 Sep 1891-3 Mar 1892   TgWe
WALLOP, David 24 Oct 1797-26 Feb 1854   Wall
George 21? Apr 1819-___ ___ 1888 (Mr. Kreiger: 26 Sep 1818-2 Apr 1888)   Brit
Mary Byrd d/o Wm J.H Wallop & Sarah Byrd Wallop 25 Aug 1866-5 Mar 1907   Nels
Mary H. 18 Nov 1790-1 Sep 1844   Wall
Sarah Byrd w/o William J.H. 5 Mar 1842-17 Jul 1885   Nels
William J. Holland Dr. (h/o Sarah B) 3 Apr 1819-24 Sep 1877   Nels
Willie Anna Elizabeth Inf d/o Wm J.H & Sarah B 27 Aug 1870-10 Sep 1877   Nels
WALSH, A.E. 1878-1931   Mdst
Margaret A. (w/o William) 14 Nov 1851-2 Apr 1908   Mdst
W.N. 1878-1935   Mdst
William (h/o Margaret A) 2 Apr 1840-25 Apr 1915   Mdst
WALTER, William (drowned) 1845-18 Oct 1917   TgCa
William L. 1893-1945   TgMa
WANAMAKER, Jeffery Dean 1964   ChTh
WAPLES, Edna Taylor w/o William S. 1876-1969   JWTa
William S. (h/o Edna T) 15 Sep 1870-29 May 1939   JWTa
WARD, Alfred Freeny (h/o Beulah & Bessie G) 1897-1957   Gnbk
Barbara A. 1947-1992   Glfd
Bertie R. (w/o Elton L) 1904-1983   Frnk
Bessie Gaughan (2w/o Alfred F) 1896-1980   Gnbk
Bettie S. 1856-1949   AtBp
Beulah 1w/o Alfred F. 23 Jan 1898-17 Feb 1919   Gnbk
Curtis J. (h/o Manoylah) 1900-1976   Gnbk
Daisey H. (w/o Fred J) 1911-___   Aswm
Elton L. (h/o Bertie R) 1905-1972   Frnk
Emma E. (w/o George E) 1895-1979   Dwng
Fred J. (h/o Daisey H) 1913-1965   Aswm
George E. (h/o Emma E) 1876-1970   Dwng
Grover (h/o Nettie) 1886-1959   Grtn
Infants (2) of J.W. & Sadie (no names or dates)   Nels
Jennie E. (w/o William J) 1883-1924   Gnbk
John W. (h/o Sadie) 1882-1934   Nels
Joseph s/o C.J. & M.A. b&d 25 May 1922   Gnbk
Mannie L. 1878-1970   AtBp
Manoylah F. (w/o Curtis J) 1901-1987   Gnbk
Mary White 1909-1928   Gnbk
Mildred Webb (w/o William T) 1913-___   Dwng
Nettie (w/o Grover 1885-1954   Grtn
Sadie (w/o John W) 1885-1953   Nels
Thomas J. 14 Feb 1912-29 Jan 1992   Gnbk
Virginia H. 1940-1941   Gnbk
William J. (h/o Jennie E) 1870-1947   Gnbk
William Thomas (h/o Mildred W) 1913-1972   Dwng
WARNER, E. Wharton (w/o John J) 1870-1950   JWTa
Arinthia D. (w/o Solomon) 8 Jan 1837-21 Mar 1925 aged 88yrs   JWTa

WARNER (Con't), Edward C. (h/o Maude F) 1860-1916 — JWTa
Edward S. (h/o Minnie W) 5 Jul 1889-22 May 1930 — Aswm
Elizabeth w/o Isaac 3 Apr 1822-18 Feb 1913 — Onle
Emily Chandler (w/o Emory T) 1909-1977 — JWTa
Emory Taylor (h/o Emily C) 1899-1975 — JWTa
John J. (h/o E. Wharton) 1871-1940 — JWTa
Maude F. (w/o Edward C) 1866-1954 — JWTa
Minnie W. (w/o Edward S) 27 Nov 1889-30 Jul 1969 — Aswm
Mostesco 28 Sep 1849-28 Nov 1872 — TunnA
Robert J. 24 Sep 1844-28 Feb 1912 — Onle
Solomon (h/o Arinthia D) 28 Oct 1838-24 Nov 1909 aged 71ys — JWTa
WARREN, Ernst 1902-1980 — ChMc
John W. 13 Jun 1860-16 Jan 1918 — ChRm
WARWICK, Roddie Minor (w/o Robert L) 1884-___ — Gnbk
Robert Lee (h/o Roddie M) Lt(JG) USNRF WWI 20 Apr 1892-27 Feb 1963 — Gnbk
WATERFIELD, Dot C. (no dates)(1879-9 Sep 1971) — AtBp
Elizabeth w/o John W. 30 Nov 1860-30 Jul 1910 — AtMt
Georgie Stiles (w/o William H) 1894-1975 — JWTa
John J. 1879-1954 — JWTa
John W. 29 Feb 1844-8 Dec 1916 — JWTa
Minnie 25 Sep 1876-25 Apr 1900 — AtBp
William H. (h/o Georgie S) 1885-1950 — JWTa
WATERHOUSE, C. Frank (h/o Katie R) 1902-1971 — JWTa
Dorothy A. w/o John W. 1913-___ — Dwng
Estelle M. d/o John W. & Dorothy A. 1941-1961 — Dwng
Herbert L. 1928-___ — JWTa
John W. h/o Dorothy A. 1908-1988 — Dwng
Katie R. (w/o C. Frank) 1907-1979 — JWTa
Marvin 26 May 1914-20 Sep 1994 — Dwng
WATERS, Mildred S. (w/o Zack J) 1909-1991 — MearJ
Ellen Ann Consor* (Connor?) d/o Rev Thos Waters Jr aged 13yrs (no dates) — BrydN
Zack J. M.D. (h/o Mildred S) 1903-1969 — MearJ
WATKINSON, Dorothy S. (w/o Robert O) 1918-___ — Grtn
Delma R. w/o Weston P. Sr 1 Jan 1905-23 Mar 1983 — Dwng
Robert O. (h/o Dorothy S) 1919-1988 — Grtn
Weston P. Sr h/o Delma R. 5 Feb 1909-2 Mar 1993 — Dwng
WATSON, Albert T. (h/o Sooloney E) 1869-1918 — ChMc
Anita Troyano 4 Dec 1915-13 Nov 1967 — ChMc
Anna S. (w/o Earl Sr) 1896-1968 — ChGn
Anna w/o George W. 31 Jan 1852-3 Dec 1938 — ChGn
Annet (w/o David R) 1863-1928 — ChRm
Arah L. (w/o Grover C) 20 Jul 1886-5 Nov 1948 — Dwng
Arthur J. (h/o Mary B) 1900-1973 — ChBu
Arthur W. (h/o Joyce L) 1927-1976 — JWTa
Baby Girl d/o Harold C. & Sara T. 1962 — JWTa
Barbara V. (w/o James S) 31 Dec 1926-___ — JWTa

WATSON (Con't), Bertha Benson (w/o Herbert C) 1913-1986 — JWTa
Bertha T. (w/o David W) 1877-1964 — ChRm
Bettie A. 1w/o John W & d/o Wm P & Esther A Evans 22 Mar 1850-5 Jan 1872 — Nels
Betty S. 1938-1989 — JWTa
Beulah J. (w/o Charles W & d/o Lacy M & W.B Miles) 1890-1967 — Mdst
Burris (s/o Thomas A. & Susie H) 1903-1955 — ChRm
Catherine J. d/o Lula B. & Jesse P. Jr 1919-1919 — ChGn
Ceona Z. (d/o Elmer W. & Zipporah) 10 Apr 1908-28 Apr 1950 — ChRm
Charles F. (h/o Rachel J) 1882-___ — ChRm
Charles L. (h/o Hallie M) 1891-1978 — Dwng
Charles W. (h/o Beulah J) 1890-1962 — Mdst
Clara H. (w/o Olin L) 1892-1972 — Dwng
Clarence L. (h/o Wealtha A) 1888-1961 — JWTa
Clifton N. (h/o Mary K) 1896-1963 — ChGn
Daniel J. (h/o Ruth) 1864-1934 — ChMc
David (no dates) — ChMc
David R. (h/o Annet) 1857-1940 — ChRm
David W. (h/o Bertha T) 1878-1952 — ChRm
Dennie O. 1903-___ — ChMd
Drucilla 1924-1987 — Dwng
Earl Sr (h/o Anna S) 1893-1962 — ChGn
Earle B. (h/o Elodie V) 1902-1987 — JWTa
Edna Parks w/o Thomas N. 22 Feb 1868-2 Jun 1951 — Dwng
Edward 1 Sep 1912-22 Jan 1922 — ChRm
Elizabeth M. (w/o John S) & d/o J.W.B & Sallie E Lang Mears 1880-1950 — MearT
Elmer W. (h/o Zipporah H) 1875-1966 — ChRm
Elodie V. (w/o Earle B) 1904-1980 — JWTa
Emma C. (w/o Stanley A) 1905-1993 — JWTa
Emma L. 27 Mar 1888-2 Sep 1889 — ChAn
Estella S. (w/o Windred T) 1911-1984 — ChMc
Esther C. (w/o William L) 1866-1955 — ChRm
Eula M. 1 May 1921-3 Feb 1994 — JWTa
Fanny M. d/o John W. & Bettie A. 19 May 1868-19 May 1868 — Nels
Florence R. (w/o Harvey C) 1894-1975 — Dwng
George D. 1 Nov 1874-27 Mar 1922 — ChRm
George H. S2 USN Res WWII 29 Jul 1906-27 Feb 1968 — Dwng
George W. (h/o Anna) Co A 1 Loyal E. VA Inf (no dates) — ChGn
Grace E. 1918-1983 — Dwng
Gregory S. 1968-1968 — Dwng
Gregory S. 1968-1968 — JWTa
Griselda B. (w/o Harry H) 1906-1987 — Dwng
Grover C. (h/o Arah L) 13 Oct 1884-22 Oct 1958 — Dwng
Hallie M. (w/o Charles L) 1898-1962 — Dwng
Harriet D. w/o John N. 30 Sep 1842-10 Jun 1925 — JWTa
Harriett A. (w/o Robert) 10 Mar 1850-22 Apr 1921 — ChMc
Harry H. (h/o Griselda B) 1906-1949 — Dwng

WATSON (Con't), Harry J. (h/o Madeline J) 1900-1966 — Dwng
Harvey C. (h/o Florence R) 1893-1966 — Dwng
Harvey L. Pvt USA WWII 7 May 1919-20 Jan 1990 — Dwng
Herbert C. (h/o Bertha B) 1908-1977 — JWTa
Howard E. 26 Oct 1891-25 Mar 1941 — ChRm
Ida E. w/o Thomas N. 1865-1924 — JWTa
Indianna Bowden (w/o John H) 1883-1958 — Dwng
Infant b&d 1966 — Dwng
Isma T. (h/o M. Ethel) 1886-1969 — ChMc
James (h/o Mary A) 1894-1962 — ChRm
James S. (h/o Barbara V) 12 Jan 1926-___ — JWTa
Jesse R. (h/o Mary C) 22 Apr 1852-27 Nov 1931 — ChGn
Jesse R. Jr (h/o Lula B) 1890-1957 — ChGn
John B. (h/o Mannie T) 1882-1960 — ChMc
John Henry (h/o Indianna B) 1881-1965 — Dwng
John N. (h/o Harriet D) 24 Mar 1840-2 May 1909 — JWTa
John S. (h/o Elizabeth M) & s/o J.N. & Harriett D. 1874-1907 — MearT
John W. s/o John W. & Bettie A. 22 Mar 1869-21 Sep 1870 — Nels
John W. (h/o Bettie A. & Mary E) 1844-1934 — Nels
Joseph H. (h/o Ocie E) 14 Dec 1843-3 Feb 1912 — Nels
Joyce L. (w/o Arthur W) 1929-___ — JWTa
Kendra Starr 10 Jan 1991-14 Nov 1994 — Dwng
Laura M. (w/o Marion T) 1907-1990 — JWTa
Lelia Taylor (w/o Otho L) 1885-1975 — JWTa
Lillian W. (w/o Marvin L) 1904-___ — Dwng
Lillie M. (w/o William T) 10 Oct 1882-1 Feb 1925 — ChRm
Linwood J. 1907-1980 — ChMc
Lloyd Donald "Frog" Burie at Sea 1929-1987 — ChMc
Louis d. 16 Nov 1906 aged 26yrs — Gnbk
Louis N. s/o Elmer W & Zipporah 19 Sep 1905-15 Feb 1908 — ChRm
Lula B. (w/o Jesse R. Jr) 1894-1992 — ChGn
M. Ethel (w/o Isma T) 1890-1943 — ChMc
Madeline J. (w/o Harry J) 1902-___ — Dwng
Maggie R. (w/o Wallace C) 1894-1980 — ChMc
Mamie A. Hall (w/o Ashton J) 1896-1962 — JWTa
Manie C. sis/o Thomas N. 1869-1958 — JWTa
Mannie T. (w/o John B) 1879-1957 — ChMc
Marion T. (h/o Laura M) 1906-1975 — JWTa
Marvin L. (h/o Lillian W) 1900-1957 — Dwng
Mary "Sis" 14 Jan 1892-30 Apr 1966 — Dwng
Mary Addie (w/o James) 1898-1949 — ChRm
Mary C. (w/o Jesse R) 2 Dec 1859-14 Oct 1942 — ChGn
Mary E. (w/o Peter J) 10 Oct 1846-26 Mar 1931 — Dwng
Mary Ellen 2w/o John W. 1859-1926 — Nels
Mary K. (w/o Clifton N) 1901-1961 — ChGn
Mary Lee d/o Major J. & Mary E. 29 Nov 1864-19 Jul 1869 — Brit

Caucasian Tombstone Inscriptions   287

WATSON (Con't), Michelle Starr 5 Apr 1982-25 Sep 1991   Dwng
Minnie S. (h/o William L) 1883-1973   ChGn
Mitchell (h/o Rosetta) 19 Nov 1831-18 Oct 1901   Gnbk
Ocie E. w/o Joseph H. 20 Jun 1851-6 Feb 1912   Nels
Olin L. (h/o Clara H) 1892-1976   Dwng
Otho L. (h/o Lelia T) 1878-1977   JWTa
Patricia A. 3 Sep 1931   ChRm
Peggy Joy 1933-1978   ChMc
Percy N. s/o Elmer W & Zipporah 25 Nov 1900-17 Jul 1901   ChRm
Peter J.(h/o Mary E) 13 Oct 1837-21 Sep 1890   Dwng
Preston 1907-____ (temp)   Dwng
Rachel J. (w/o Charles F) 1882-1953   ChRm
Ralph E. (h/o Vera M) 1904-1955   ChRm
Robert (h/o Victoria M. Pruitt) 31 Jul 1827-5 Aug 1900   ChMc
Robert P. s/o W.W Watson(?) & wife 17 Mar 1905-7 Mar 1906   ChMc
Roland F. 13 Apr 1898-28 Jun 1992   ChMc
Ronald P. 4 Feb 1933-23 Nov 1935   ChRm
Rosetta (w/o Mitchell) 13 Nov 1840-25 Apr 1904   Gnbk
Ruth (w/o Daniel J) 1864-1940   ChMc
Sidney M. s/o Mitchell & Rosetta 13 Nov 1878-30 Jan 1910   Gnbk
Sooloney E. (w/o Albert T) 1874-1907   ChMc
Stanley A. (h/o Emma C) 1900-1979   JWTa
Susie H. (w/o Thomas A) 1877-1919   ChRm
Thomas A. (h/o Susie H) 1872-1958   ChRm
Thomas Co A. Loyal Eastern VA Volunteers (no dates)   ChWa
Thomas N. (h/o Ida E. & b/o Manie C) 1867-1958   JWTa
Thurlowe Evangelist (h/o Anitar) 1913-1990   ChMd
Vera M. (w/o Ralph E) 1904-1961   ChRm
Wallace C. (h/o Maggie R) 1886-1973   ChMc
Walter M. 1899-1978   Frnk
Warren Pierson VA SR USCG 2 Sep 1933-7 Jun 1954   ChTh
Wealtha A. (w/o Clarence L) 1892-1966   JWTa
William L. (h/o Minnie S) 1882-1956   ChGn
William L. (h/o Esther C) 27 Jan 1855-23 Jul 1909   ChRm
William T. (h/o Lillie M) 7 Aug 1876-26 Jan 1945   ChRm
Windred T. "Wink" (h/o Estella S) 1909-1993   ChMc
Winfred B. 1900-1959   Frnk
Zipporah H. (w/o Elmer W) 1877-1951   ChRm
WEAVER, Baby (d/o George & Kate) b&d Jan 1894   SxLe
Easter Fay (d/o George & Kate) 13 Oct 1913-13 Jul 1914   SxLe
Elizabeth B. (w/o James C) 1905-1988   JWTa
Inez L. (d/o George & Kate) 10 Feb 1904-11 Feb 1909   SxLe
James C. Rev. (h/o Elizabeth B) 1907-1970   JWTa
James T. (h/o Mary E) 1859-1949   SxEl
Mary E. (w/o James T) 1875-1956   SxEl
Pearl S.(Seward) w/o Garland 1895-1984   Dwng

WEAVER (Con't), R. Garland h/o Pearl S. 1896-1961 — Dwng
WEBB, Baby Boy s/o Edward & Anne 1953 — JWTa
C. Wilson 25 Apr 1914-23 May 1994 — Dwng
Georgie M. w/o William E. 1910-___ — Dwng
Ira J. (h/o Margaret C) 1885-1960 — Dwng
Leola C. 1908-1990 — Grtn
Margaret C. (w/o Ira J) 1886-1971 — Dwng
Millard J. 1930-1989 — Grtn
William E. h/o Georgie M. 1908-1985 — Dwng
WEBSTER, J. Daniel 24 Dec 1889-3 Mar 1912 — Myrt
WELBOURNE, William Sr 11 Oct 1762-11 Oct 1839 — Welb
WELBURN, Drummond (h/o Mary she d/oJas&Rhoda Henderson) d. 11 Aug 1818 — Welb
WERNER, Frances M. (w/o Frank E) ___-___ — JWTa
Frank E. (h/o Frances M) 1909-1971 — JWTa
WESSELLS, Alice L. (w/o Emory J) 1871-1945 — Wssl
Agatha Lee (w/o Herbert S) 19 Jul 1923-9 Mar 1981 — Dwng
Arinthia M. (w/o C. Lee) 1884-1973 — Wssl
Beaure G. (h/o Janie B) 1892-1941 — Wssl
Bennett F* s/o Samuel & Rachel 5 Jun 1833-23 Feb 1854 — WessP
Broadus Dean 1938-1968 — Wssl
Burey G. Jr 1917-1977 — Wssl
C. Lee Jr 1921 — Wssl
C. Lee (h/o Arinthia M) 1885-1942 — Wssl
C.F. (h/o Cora) 21 Nov 1860-6 Sep 1916 — Wssl
Cecil S. (h/o Pauline B) 1903-1971 — Dwng
Cecilia M. (w/o Elihu F) 1881-1958 — Wssl
Clara F. (w/o Clarence J) 1881-1964 — Dwng
Clarence J. (h/o Clara F) 1873-1945 — Dwng
Clarence T. 1900-1954 — Wssl
Cora (w/o C.F) 7 Dec 1858-28 Nov 1921 — Wssl
Cora A. w/o Samuel H. 1870-1918 — Wssl
Cornelious "Neal" (h/o Eppie B) 1894-1973 — Dwng
Donald E. (h/o Joyce M) Cpl USA Korea 9 Feb 1932-28 May 1988 — JWTa
E. Susan w/o John R. 1862-1934 — Wdby
Edward L. 1903-1984 — Glfd
Elihu F. (h/o Cecilia M) 13 Aug 1883-15 Jan 1935 — Wssl
Elizabeth 25 Oct 1813-22 Dec 1900 — WessA
Elizabeth M.G. (w/o John H.S) 1861-1940 — Dwng
Elizabeth w/o Ephraim W. 1 Nov 1822-__ Oct 1850 — WessN
Elizabeth* d/o Samuel & Rachel 25 Sep 1835-6 Dec 1839 — WessP
Ella F. (w/o Thomas J) 1881-1972 — Wssl
Elton W. 30 Sep 1927-6 Jul 1930 — Wssl
Emory J. (h/o Alice L) 1870-1933 — Wssl
Ephram W. (h/o Mary H) 8 Sep 1819-23 Jun 1902 — WessN
Eppie Bonawell (w/o Cornelious) 1893-1982 — Dwng
Evelyn B. (d/o Andrew J. & Lillie M. Bundick) 1897-1981 — Mdst

Caucasian Tombstone Inscriptions

WESSELLS (Con't), Ernest T. 18 Jun 1908-23 Apr 1938	Wssl
F.L. (1h/o Carlotta Mister) 1898-1968 (temp)	SxLe
Georganna (w/o Samuel) 1845-1920	Dwng
Harry J. VA BM2 USCG Res WWII 24 Sep 1901-26 Jul 1966	Dwng
Harry L. (h/o Stella S) 1888-1971	Dwng
Henry W. (h/o Verneta A) 1844-1933	Wssl
Herbert S. (h/o Agatha L) 15 Apr 1914-31 Dec 1992	Dwng
Hettie M. (m/o James Haley) 19 Oct 1911-___	ChGn
Infant s/o E.F. & C.M. b&d 12 Feb 1905	Wssl
Isaac R. (h/o Margaret A) 29 Nov 1833-26 Nov 1904	Wdby
J. Harold 1894-1961	Mdst
Janie B. (w/o Beaure G) 1891-1975	Wssl
John H.S. (h/o Elizabeth M.G) 1859-1936	Dwng
John Henry s/o H.L. & Stella A. 20 May 1918-17 Aug 1919	Dwng
John O* 30 May 1841-17 Aug 1906	WessP
John R. (h/o E. Susan) 1863-1941	Wdby
John W. (h/o Martha C) 1903-1979	Dwng
John W. (h/o Vida R) 1888-1970	Mdst
Joyce M. (w/o Donald E) 20 Jun 1934-___	JWTa
Lula E. (w/o Harvey Ellis & Spurgon Wessells) 1898-1956	Frnk
Luther J. (h/o Mary A) 1866-1946	Dwng
Margaret A. w/o Isaac R. 27 Sep 1848-22 Feb 1916	Wdby
Margaret Ann 1934-1943	Dwng
Margaret G. (w/o Ray W. Sr) 1887-1966	Grtn
Martha C. (w/o John W) 1906-___	Dwng
Martin E. (h/o Mildred B?) 1930-1991	Dwng
Mary 1918-1994	Mdst
Mary Annie (w/o Luther J) 1870-1945	Dwng
Mary H.(R?) w/o Ephram 30 Oct 1825-8 Oct 1872	WessN
Mildred Burton (w/o Martin E?) 1921-1989	Dwng
Mildred M.(Marshall) (w/o Woodrow W) 1916-___	Wssl
Missouri G. w/o Oliver J. 1864-1947	Mdst
Nolan W. 3 Dec 1903-14 Nov 1946	Wssl
Nora V. Mason 1w/o Harry L. 24 Jan 1892-15 Apr 1912	Gask
Novella F. 8 Mar 1923-7 Nov 1990	Dwng
Olive Barnes 1900-1971	Wdby
Oliver J. (h/o Missouri G) 1865-1932	Mdst
Paige I. 1912-1942	Grtn
Pansy B. 1 May 1890-5 Feb 1987	Mdst
Pauline B. (w/o Cecil S) 1905-1986	Dwng
Pearle Ross 27 Jan 1893-20 Jul 1942	Grtn
Ray W. Sr (h/o Margaret G) 1882-1960	Grtn
Reginald G. 27 Sep 1923-8 Jun 1947	Wssl
Richard (h/o Virginia) 7 Apr 1835-10 Dec 1894	WessN
Sadie G. (w/o Webster E) 4 Jul 1886-16 Oct 1959	Wssl
Samuel (h/o Georganna) 1843-1921	Dwng

WESSELLS (Con't), Samuel H. (h/o Cora A) 1866-1935   Wssl
Samuel T. (h/o Sarah E) 1870-1935   Dwng
Samuel T. 1886-1959   Glfd
Sarah E. (w/o Samuel T) 1860-1935   Dwng
Sarah L (w/o William H) 1876-1951   Wdby
Stella S. (w/o Harry L) 1891-1987   Dwng
Thomas H.(M?) 10 Jun 1820-19 Sep 1854   WessA
Thomas J. (h/o Ella F) 1876-1946   Wssl
Verneta A. (w/o Henry W) 1846-1928   Wssl
Vesta M. 1913-1988   Wssl
Vida R. (w/o John W) 1889-1955   Mdst
Virginia (w/o Richard) 13 Jan 1846-1 Sep 1922   WessN
Virginia L. w/o Samuel T. 1 Feb 1902-15 Aug 1920   Dwng
Virginia Mrs. 1886-1971   Wssl
Webster E. (h/o Sadie G) 12 Feb 1881-25 Dec 1950   Wssl
William H. (h/o Sarah L) 1871-1934   Wdby
William J. 25 May 1857-26 Apr 1901   Beth
William s/o W.H. & Sarah A. 20 Nov 1911-9 Aug 1912   Wdby
Wilson 1912-1985   Mdst
Woodrow W. (h/o Mildred M) 1915-1954   Wssl
WESSELS, Augustus F. (h/o Elizabeth S) 22 Apr 1840-12 Oct 1893   WessR
Eliz S w/o Augustus & d/o Wm S & Jane Hope 16 Dec 1843-19 May 1878   WessR
Ephraim (h/o Shady B) 27 Apr 1774-27 Oct 1842   WessA
Judson F. 10 Nov 1864-9 Feb 1896   WessR
Mary G w/o Wm J d/o Saml & Margaret A Matthews 17 Oct 1858-6 Apr 1885   BarnH
Rachel (w/o Samuel?) 25 Jul 1810-31 Jul 1886   WessP
Robert L. 9 Aug 1877-16 Mar 1902   WessG
Samuel (h/o Samuel?) 26 Jan 1810/16(?)-6 Apr 1879   WessP
Shady B. (w/o Ephraim?) 6 Jul 1783-6 Jun 1852   WessA
William Crippen 19 Jul 1818-7 Dec 1850   Onio
WEST, Blanche B. (w/o J. Hanse) 1895-1986   Mdst
Charles T. (h/o Mamie C) 1881-1947   Nels
Doris K. 1929-1956   JWTa
Edward J. 30 Apr 1826-23 Feb 1898   Beth
Esther d. 21 Mar 1916 aged 79yrs   Mdst
George W. (h/o Sarah E) 5 May 1855-12 Mar 1908   West
Infant s/o G.W. & Sarah E. 20 Sep 1898-24 Jul 1899   West
J. Hanse (h/o Blanche B) 1890-1978   Mdst
John W. (h/o Sadie V) 1 Oct 1856-26 Jun 1916   BundM
L.B. (h/o Vianna S) 6 Nov 1859-16 Dec 1935   Wdby
Lillie R. 1900-1988   JWTa
Little Grayson 1922-1925   JWTa
Mamie C. (w/o Charles T) 1880-1964   Nels
Mildred E.(East) w/o Robert F. 1938-1985   Dwng
Nannie P. d/o Sadie V. & John W. 28 Feb 1884-14 Jul 1894   BundM
Norma V. d/o Sadie V. & John W. 18 Jul 1897-9 Jan 1898   BundM

Caucasian Tombstone Inscriptions 291

WEST (Con't), Ora S. 1884-1968	Mdst
Ralph B. d/o Sadie V. & John W. 24 Oct 1893-10 Nov 1893	BundM
Robert F. "Bob" h/o Mildred E. 1930-1987	Dwng
Sadie V. (w/o John W) 31 May 1855-31 Dec 1931	BundM
Sallie E. w/o Dr. W.H. (no dates)	WharM
Sarah E. w/o George W. 19 Aug 1858-17 May 1927	West
Vianna S. w/o L.B. 29 Mar 1861-2 Aug 1920	Wdby
Willie H. s/o Sadie V. & John W. 11 Apr 1881-11 Jun 1890	BundM
WESTCOTT, Charles G. 1901-1918	ChMc
WHARTON, Bagwell** (h/o Cath) s/o Jno & Eliz 24 Sep 1770-12 Feb 1821	WharS
Catherine** w/o Bagwell & d/o Jno & Cath Custis 15 Sep 1783-24 Apr 1839	WharS
Eliz d/o Wm&Marg Williams 4 May 1769-13 Nov 1831 m Jno Wharton 10Jun1784	WharM
Ernest Lee Sr (h/o Marian L) 1894-1958	Dwng
Ernest Lee Jr Pvt USA WWII 7 Apr 1924-20 May 1979	Dwng
Francis s/oFrancis&Emily West Wharton b.Philadelphia 8 Sep 1844-7 Nov 1845	WharM
Henry E. (h/o Mae L) 1886-1925	ChMc
John Esquire (h/o Eliz) b. Acc Co d. Philadelphia 23 Nov 1763-23 Feb 1811	WharM
Mae L. (w/o Henry E) 1891-196_	ChMc
Marian Law (w/o Ernest L. Sr) 1917-1974	Dwng
WHEALTON, Alfred L. 1928-1965	Dwng
Anna L. Barrett (w/o Howard D) 1911-___	ChBo
Annie R. (w/o Eba B) 1864-1901	ChGn
Aydelotte W. M.D. d. 12 Dec 1926 (no age)	ChWh
Bettie E. 1865-1938	ChBo
Blanche E. (w/o John S) 1895-1973	ChBo
Carol S. (w/o Robert J) 1947-___ m. 16 Sep 1963	JWTa
Charles E. Sr (w/o Minnie M) 24 Feb 1877-27 Nov 1961	Dwng
Christine W. (w/o Herman J) 1925-1985	JWTa
Daisy B. 1884-1965	Dwng
Daniel T. Capt. 1858-1943	ChBo
E.J. (h/o Margaret S) 23 Sep 1846-15 Jan 1928	Dwng
Eba 6 Jun 1811-1 Apr 1831?	ChRd
Eba B. (h/o Annie R) 1861-1943	ChGn
Eba C. (h/o Lottie R) 1891-1971	Dwng
Essie May Steelman w/o M.L. 22 Oct 1892-12 Jul 1915	ChGn
Estelle H. (w/o William S) 1904-1960	Dwng
Esther E. d/o E.C. & Lottie R. 1924-1925	Dwng
Francis d/o Mr. & Mrs. G.C. 11 Oct 1925-15 Apr 1927	ChGn
George C. 1867-1898	ChRm
Harold William PFC USA WWII 9 Dec 1923-10 Jan 1976	Dwng
Harry W s/o Capt John B & Mary M. 11 Apr 1891-23 Aug 1891	ChRd
Herman J. (h/o Christine W) 1923-___	JWTa
Howard Daniel (h/o Anna L.B) 1893-1977	ChBo
Indiana R. (d/o Joshua & Nancy) d. 17 Mar 1908 (no age)	ChWh
Indiana R. d/o Joshua & Nancy d. 16 Sep 1871 aged 2yrs 6mos 5dys	ChWh
Ira J. (h/o Lois S) 1910-1973	Dwng

WHEALTON (Con't), Isaac W. d. 25 Jun 1874 aged 26yrs 9mos 20dys — ChRd
J.B. (h/o Mary H) 6 Oct 1842-12 Jan 1925 — ChRm
J.D. (h/o R. Jane) 19 Apr 1837-21 Aug 1916 — ChRm
James D. 1863-1938 — ChRm
John S. (h/o Blanche E) Pvt HQ 2BM 164 Inf WWI 14 Jan 1891-5 Dec 1966 — ChBo
Joshua W. (h/o Nancy C. (Aydelotte)) d. 23 Jun 1925 (no age) — ChWh
Larance s/o Capt John B & Mary W 22 Jun 1893-19 Sep 1893 — ChRd
Leroy s/o John S. & Blanche E. 27 Nov 1934-6 Feb 1939 — ChBo
Lois S. (w/o Ira J) 1922-____ — Dwng
Lottie R. (w/o Eba C) 1896-1990 — Dwng
Margaret S. (w/o E.J) 14 May 1856-27 Dec 1939 — Dwng
Mary 9 May 1842-12 Feb 1870 — Dwng
Mary Ella 28 Jun 1876-4 Apr 1911 — ChBo
Mary H. w/o Capt J.B. 23 May 1850-19 Jan 1907 — ChRm
Maurice L. (h/o Essie M.S) OM2 USNRF WWI 16 Mar 1887-11 Feb 1964 — ChGn
Minnie M. (w/o Charles E. Sr) 4 May 1890-20 Apr 1931 — Dwng
Mollie H. 1873-1955 — ChRm
Nancy (w/o Joshua W) d. 10 Jul 1921 (no age) — ChWh
R. Jane w/o J.D. 1 Jul 1841-1 May 1905 — ChRm
Robert J. "Bob Jack" (h/o Carol S) Sgt USMC Viet 19 Nov 1943-28 Jul 1988 — JWTa
William d. 28 Feb 1875 aged 32yrs 17dys — ChRd
William H. Sr 1887-1970 — Dwng
William H. Jr ENC USCG WWII 18 Sep 1913-11 Oct 1966 — Dwng
William J. 13 Jun 1846-29 Jan 1919 — ChRm
William S. (h/o Estelle H) 1900-1956 — Dwng
WHEATLEY, Allen h/o Sadie B. 1876-1971 — TgMa
Amanda J. w/o John S. 1875-1959 — TgMa
Arminda A. 13 Sep 1853-31 May 1917 — TgMa
Castella w/o Weldon M. 1897-1973 — TgMa
Clifton V. s/o W. & C. 6 Jan 1918-10 Aug 1919 — TgMa
Gordon s/o Allen & Sadie 6 Nov 1906-10 Nov 1908 — TgMa
Harold J. h/o Reta M. 1900-1958 — TgMa
Harry M. h/o Dorothy Pvt USA WWI 5 Feb 1897-15 Mar 1961 — TgMa
Harry Smith s/o H.M. & Dorothy 1925-1926 — TgMa
John Lewis 18 Jun 1912-19 Dec 1976 — TgMa
John S. h/o Amanda J. 1874-1956 — TgMa
M.I. 12 Dec 1853-18 Nov 1926 — TgMa
Mary Brian 1939-1952 — TgMa
Reta M. w/o Harold J. 1900-1971 — TgMa
Sadie B. w/o Allen 1876-1958 — TgMa
Steward Edward 30 Dec 1959-10 Mar 1960 — TgMa
Weldon M. h/o Castella 1893-1956 — TgMa
WHEELBARGER, Nola C. 1905-____ — Dwng
WHEELER, Ronald Lee PFC USA 23 Apr 1931-16 Dec 1978 — Dwng
WHITE, Almira Catherine (m/o Raymond S) 1870-1940 — Dwng
Andrew F. h/o Elizabeth C. 1 Mar 1934-____ — Dwng

Caucasian Tombstone Inscriptions 293

WHITE (Con't), Annette M(Marshall) 4 Nov 1946-13 Aug 1983	Dwng
Annie A. (w/o Edward J) 14 Apr 1861-27 Jul 1908	Brit
Annie M. 1899-1970	ChMc
Annie S. 1864-1955	JWTa
Annie T. (w/o Royal F) 1900-___	Kngt
Arthur J. (h/o Mary L) 1879-1955	Gnbk
Betty E. d/o M.F. & Lucille d. 9 Feb 1947 age 1 day	Grtn
Carlton F. h/o Pearl E. PFC USA WWII 11 Jan 1913-18 Mar 1983	Dwng
Edward C. Sr USA WWII 1920-1979	Gnbk
Edward J. (h/o Annie A) 16 Apr 1855-22 Aug 1891	Brit
Elizabeth (w/o Peter E?) 27 Feb 1861-14 Apr 1908	ChMc
Elizabeth C. w/o Anderw F. 26 Jul 1934-___	Dwng
Elizabeth Conner (w/o James White) 13 Mar 1781-6 Jun 1856	Brod
Elizabeth H. 26 Jan 1842-30 Apr 1923	MsBp
Elizabeth T. d/o James E. & Sallie E. 11 Sep 1916-14 Sep 1916	ChMc
Ennis E. 1916-1986	Gnbk
Fannie A. w/o G.T. unreadable	WessR
Flora E. (w/o Levin W) 1892-1975	Grtn
Flora M. (w/o Paul E. Sr) 1907-1989	Gnbk
Franklin B. VA PFC 14 Infantry 19 Aug 1909-1 Aug 1950	Dwng
George 1886-1977	ChMc
George B. 1895-1986	Dwng
George E. VA EM2 USN WWI 3 May 1900-2 Jan 1963	Dwng
George T. (h/o Fannie A) & s/o George & Eliza 29 Mar 1839-27 Mar 1867	WessR
Grace T. (w/o Tillery) 1895-1978	Grtn
H. Thomas (h/o Pattie E) 8 Dec 1859-11 Nov 1905	Mdst
Harry 1863-1917	ChRm
Harry T. Sr SFC USA Retired 22yr veteran 5 Feb 1915-25 Mar 1974	Dwng
Harvey (h/o Lillie M) 1903-___	ChDa
Harvey 1904-1959	Dwng
Hattie Wood (w/o John E) 1895-1992	Mdst
Helen B. (w/o James H) 1926-___	ChMd
Huey Jr BM3 USCG WWII 8 Mar 1927-11 Jul 1983	Dwng
Hulda B. (w/o Marvin G) 1922-___	JWTa
Ida M. 1879-1947	JWTa
Infant d/o H.T. & Pattie d. 29 Jun 1908	Mdst
Infant s/o John T. & W.A. 11 Sep 1877-16 Sep 1877	ParkL
Infant s/o John T. & Willie A. 5 Oct 1881-3 Nov 1881	ParkL
Isabel Wise d/o Samuel B. & Nannie L. d. 7 Dec 1888 aged 5mos 26dys	RewC
Isabella C. d/o Samuel & Lovey d. 10 Jun 1873 aged 14yrs 7mos 16dys	RewC
Jacob F. (h/o Lillie M) 1857-1938	Nels
James (h/o Elizabeth C) 16 Feb 1780-17 Nov 1840	Brod
James E. (h/o Sallie E) 1880-1965	JWTa
James H. (h/o Helen B) BMC3 USN WWII 12 Feb 1920-23 Jun 1990	ChMd
James H. (h/o Ruth H) USA WWII 1920-1986	SxEl
John Clifton (h/o Ruby M) 16 Apr 1900-29 Jun 1975	Dwng

WHITE (Con't), John W. 25 Dec 1886-1 Jan 1930 — ChMc
John E (h/o Hattie s/o H Thos&Pattie E) SFC QMC WWI 6 Jul 1894-14 Oct 1956 — Mdst
John T. Sr (h/o Willie A) 27 Dec 1844-14 Sep 1919 — ParkL
Julie S. 1900-1927 — ChMc
Julius Lee s/o Samuel J. & Lovey D. d. 6 Jun 1889 aged 24yrs 6mos 22dys — RewC
Levin W. (h/o Flora E) 1886-1967 — Grtn
Levin William Jr (h/o Shirley T) 1928-1985 — Grtn
Lillian R. (w/o Weldon) 31 Oct 1916-15 Jun 1983 — Dwng
Lillie M. (w/o Harvey) 1906-1986 — ChDa
Lillie M. (w/o Jacob F) 1874-1957 — Nels
Lisa 1985-1985 (temp) — Dwng
Lucille M. (w/o Mitchell & d/o Merritt & Evelyn Marshall) 1903-1990 (temp) — Dwng
Lula Churn 1899-1992 — Grtn
Luzette Fulcher 1917-1993 — Dwng
M. Garland (h/o Mary V) 1898-1949 — Wssl
M. Grayson 1911-1959 — Dwng
Mabel (no dates) — ChMc
Margaret C* w/o James C. 4 Aug 1871-___ — GibbM
Marion L. 1895-1900 — Nels
Marvin B. (h/o Myrtle E) 1887-1937 — Dwng
Marvin G. (h/o Hulda B) 1918-___ — JWTa
Mary 1839-1892 — SxMs
Mary A. d/o James E. 12 Feb 1886-19 Jul 1902 — ChMc
Mary L. (w/o Arthur J) 1880-1938 — Gnbk
Mary Lee (w/o Samuel B) 1876-1958 — Dwng
Mary V. d. 22 Dec 1875 aged 26yrs 5mos 29dys — Whit
Mary V. (w/o M. Garland) 1903-1978 — Wssl
Milton T. (h/o Paige W) 1891-1975 — Nels
Mitchell F. VA BM2 USNRF WWI 2 May 1896-1 May 1967 — Grtn
Myrtle E. (w/o Marvin B) 1886-1960 — Dwng
Nellie Lee w/o Raymond S. 19 Sep 1909-25 Sep 1959 — Dwng
Nicie Young (w/o Wm C. Sr?) 1883-1969 — ChRm
Paige W. (w/o Milton T) 1904-1961 — Nels
Pattie E. (w/o H. Thomas) 27 Aug 1863-2 Feb 1930 — Mdst
Paul E. Sr (h/o Flora M) 1904-1970 — Gnbk
Pearl E. w/o Carlton F. 1913-1983 (temp) — Dwng
Pearl F. 1906-___ — Gnbk
Peter E. (h/o Elizabeth?) US Life Saving Service 1850-1932 — ChMc
Rae Bowden (2w/o Charles H) 3 Aug 1892-28 Oct 1960 — ChGn
Raymond S. h/o Nellie Lee CBM USCG WWII 7 Mar 1907-8 Dec 1983 — Dwng
Rose Evon 1942-1943 — Grtn
Roy Lee Sr 4 Sep 1904-31 Dec 1959 — Dwng
Royal F. (h/o Annie T) 1892-1971 — Kngt
Ruby M. w/o John C. 1 Feb 1912-___ — Dwng
Ruth H. (w/o James H) 1934-___ — SxEl
Sallie E. (w/o James E) 1889-1977 — JWTa

Caucasian Tombstone Inscriptions 295

WHITE (Con't), Samuel B. (h/o Mary L) 1861-1946   Dwng
Sophier 5 May 1811-28 Nov 1882   MsBp
Tillery (h/o Grace T) 1892-1970   Grtn
Virginia W. 1890-1945   ChMc
Weldon A. (h/o Lillian R) 1904-1977   Dwng
William C* s/o Arthur & Annie d. 27 Jul 1871 aged 82yrs   GibbM
William F. 1921-1982   Grtn
Willie A. w/o John T. Sr 11 Sep 1856-14 Aug 1904   ParkL
Willie Alfred 1915-1963   Grtn
Willis H. PFC USA WWII 26 Jan 1927-12 Jan 1988   ChDa
WHITEHEAD, Anna Marie (w/o Paul S?) 1904-1984   Nels
Beatrice C. (w/o Elmer) 1922-___   Grtn
Elmer W. (h/o Beatrice) PFC 343 Air Sq AAF WWII 7 May 1917-1 Sep 1962   Grtn
Paul Sidney (h/o Anna M?) 1899-1968   Nels
Severn (h/o Tennis B) 18 Apr 1905-26 Dec 1988 m 12 Nov 1925   Grtn
Sue Harriet 1862-1936   Nels
Tennis Bowden (w/o Severn) 19 Nov 1904-6 Apr 1991   Grtn
WHITEMAN, Martinia Bradford 1908-1934   ChMc
WHITMORE, Carl Leslie 1910-1994   Dwng
WHYTE, (no names or dates)   Dwng
WILCOX, John F (see Wistuba,J.F) USA Com A Legion Post 159 d. 3 Nov 1933   ChMc
WILDERMAN, Georganna 1909-1993   JWTa
WILEY, Carroll H. (h/o Luzzetta R) 1 Dec 1907-28 Mar 1965   Grtn
Luzzetta R. (w/o Carroll H) 1 Jan 1895-4 Oct 1980   Grtn
WILGUS, Curtis H. "Bisey" 1922-1990 USCG WWII   Dwng
Grover E. (h/o Nellie V) 1917-1973   JWTa
Lila Mae 1881-1939   ChMc
Nellie V. (w/o Grover E) 1918-___   JWTa
Robin Annette 1960-1968   Dwng
Willard Brooks s/o Elmer & Myrtle 9 Oct 1915-7 Apr 1917   Wssl
WILKERSON, Andrew F. 12 May 1868-20 Feb 1927   Grtn
Archie W. (h/o India & Rachel J) 21 Oct 1894-12 Sep 1980   Nels
Charlotte A. 1w/o Henry F. 1847-1884   Brit
Ethel G. (w/o Otho T) 23 May 1887-22 May 1958   Dwng
Ethel M. (w/o Lloyd F) 1900-1972   Nels
F. Pierce (h/o Nona S) 1885-1945   Dwng
Henry F. (h/o Charlotte A. Mary F. & ___ Turner) 1844-1926   Brit
India (1w/o Archie W) 1895-1932   Nels
Jessey K. 1884-1938   Nels
Lloyd F. (h/o Ethel M) 1899-1963   Nels
Manie W. (w/o W.E) 1875-1968   Nels
Mary F. (2w/o Henry F) 1857-1888   Brit
Myrtle R. (d/o Queenie Hall) 23 Jan 1895-12 Jun 1913   HallM
Nona S. (w/o F. Pierce) 1891-1969   Dwng
Norris L. 1885-1937   Grtn
Otho T. (h/o Ethel G) 13 Jan 1881-13 May 1958   Dwng

WILKERSON (Con't), Rachel J. (2w/o Archie W) 1 Apr 1898-17 Sep 1985   Nels
Ruth C. (w/o Otho) 1896-1973   JWTa
W.E. (h/o Manie W) 1872-1957   Nels
WILKINSON, Stella M. (w/o George A) 1903-1991   Wssl
George A. (h/o Stella M) Pvt 9 Inf 2 Div WWI 21 Dec 1892-18 Apr 1950   Wssl
Norman Russell USA WWII 24 Dec 1921-14 Apr 1987   Dwng
WILLEN, Ellen (h/o Robert?) 1876-1954   ChGn
Robert (h/o Ellen?) (no dates)   ChGn
WILLET, Charles E. (h/o Susan R. Lewis) 22 Feb 1859-15 Feb 1910   BarnL
WILLETT, Frank 1904-1958 (temp)   Dwng
Sarah 1890-1974 (temp)   Dwng
WILLIAMS, Ada F. 1914-1966   TgMa
Ada S. 17 Sep 1897-7 Jun 1920   TgMa
Adron R. "Dick" (h/o Betty J) 1909-1982   Dwng
Albert T. SP2 USCG RET WWI & II 6 Nov 1902-12 Dec 1958   ChMc
Albertna (w/o Charles H) 1892-1971   JWTa
Amanda M. "Maya" w/o William M. 1937-___   Dwng
Annie E. w/o Chester A. 21 Dec 1887-19 Feb 1911   ChRm
Asbury 5 May 1866-12 Dec 1930   ChBu
Avis B. w/o Billy F. ___-___   Dwng
Betty Jane (w/o Adron R) 1930-1991   Dwng
Beverly A. 11 Apr 1954-10 Dec 1968   ChMd
Billy F. h/o Avis B. 1934-1991   Dwng
Carolyn (w/o Raymond) 1925-1993   ChMd
Charles H. (h/o Albertna) 1892-1960   JWTa
Charlotte T. (w/o Walter) 1916-1980   Dwng
Coley H. Pvt USA WWII 11 Jul 1919-7 May 1975   Dwng
Darrell SP4 USA Vietnam 7 May 1941-1 Jun 1986   ChMd
David R. Sr PVC USA WWII 1924-1985   Grtn
Dollie V. w/o Frank 14 Aug 1889-8 Nov 1924   TgMa
Dollie V. w/o W.W. 1886-1936   TgMa
Drucilla (w/o Hillary) 1892-1972   ChMc
Drucilla J. (w/o Joshua N) 19 Feb 1852-26 Jan 1933   ChMc
Elizabeth Ann (Thornton) (w/o Joshua W) 1869-1918   ChMc
Emiline 1852-1907   TgCa
Estella W. (w/o James S. Sr) 15 Jun 1905-23 Jan 1975   ChMd
Evelyn C. (w/o William W) 1909-1987   Dwng
Fletcher D Pvt 29 Div WWI (s/o J.D & Susan S?) 24 Aug 1894-27 Sep 1947   Stan
Fletcher D. s/o Jefferson D & Sallie S d. 24 Mar 1892 aged 4mos 28dys   Mulb
Floyd J. 24 Mar 1929-10 Dec 1968   ChMd
Frank 1885-1963   TgMa
Fred 1913-1942   TgMa
Fred Sr (h/o Josephine F) 1873-1957   Dwng
Georgie D. (w/o William L) 1892-1966   ChMc
Gertrude P. 1924-1968   TgMa
Granville C. Sr 1915-1984 (temp)   Dwng

WILLIAMS (Con't), Harold G. s/o J.P. & Rose E. 1921-1939 — TgMa
Helen Marie (Taylor) (2w/o Louis T. Jr) 1916-1976 — ChMc
Henrietta w/o Wm W. 18 Apr 1851-10 Jun 1941 — ChGn
Henry A. h/o Lola 1906-1971 — TgWe
Hillary (h/o Drucilla) 1891-1963 — ChMc
J. Partie 1889-1946 — TgMa
J.F. (John Fletcher s/o Wm H & Rosa A, initials J.F.W. only, no dates) — Will
James S.(Selby) (h/o Est W) Cpl USA WWI 10 Nov 1893-24 Jun 1971 — ChMd
Jefferson D. (h/o Susan S) 12 Oct 1861-6 May 1923 — Stan
John A. (h/o Hattie L. Williams Walker) 16 Jun 1885-19 Sep 1921 — ChMc
John C. AD2 USN WWII Korea 1 Jun 1923-10 Sep 1984 — ChGn
John S. (s/o Asbury?) BM1 USNR WWII 31 Oct 1901-28 May 1962 — ChBu
Josephine F. (w/o Fred Sr) 1884-1973 — Dwng
Joshua N. (h/o Drucilla J) 5 Aug 1846-15 Jan 1908 — ChMc
Joshua N. 1909-1984 — ChMd
Joshua W. (h/o Elizabeth A. & Beatrice Baker Gano) 1866-1933 — ChMc
Julia d/o S.B. & Lucy V. 17 Sep 1894-4 Nov 1909 — TgCa
Lacie E. (w/o Ralph C) 1889-1982 — Dwng
Laura A. 27 Apr 1957-10 Dec 1968 — ChMd
Lawrence B. VA Pvt USA WWI 24 Jan 1898-9 Feb 1973 — TgMa
Lillian M. (w/o Lloyd H) 16 May 1903-18 Sep 1982 — ChMc
Littleton T. (h/o Vesta E) 25 Mar 1858-11 Jul 1932 — ChMc
Lizzie w/o Charles H. 8 May 1875-18 Aug 1904 — TgMa
Lloyd H. (h/o Lillian M) 19 Feb 1900-1 Nov 1973 — ChMc
Lola w/o Henry A. 1897-____ — TgWe
Louis T. Jr "Salty" (h/o Helen M) 1909-1985 — ChMc
Louis T. Sr (h/o Susie J) 1876-1948 — ChMc
Louise Dickerson (no dates) — JWTa
Margurite W. (w/o Robert M) 24 Nov 1920-____ — Dwng
Mariam G. (w/o Randolph T) 1891-1973 — Dwng
Marian C. 22 Sep 1902-5 Jun 1903 — TgMa
Marie B. w/o Austin 1910-1935 — TgMa
Marvin L. (h/o Nellie D) 1900-1969 — ChMd
Mary B. 1933-____ — Dwng
Mary Linda (w/o Olin W) 22 Mar 1901-24 Mar 1992 — ChMd
Nancy B. 26 Jan 1828-26 Jan 1912 — ChRm
Nancy w/o Skeet 23 Jun 1924-____ — Dwng
Nellie d/o Joshua W. & Eliz. 2 May 1902-9 Oct 1906 — ChMc
Nellie D. (w/o Marvin L) 1898-1979 — ChMd
Nina May (w/o Robert L) 1911-1977 — ChMd
Oldring S. USA WWII 10 Jul 1911-7 May 1979 — Dwng
Olin W. (h/o Mary L) 10 Feb 1896-12 Feb 1978 — ChMd
Orville Lee PFC USA WWII 1 May 1915-5 Aug 1991 — Dwng
Paul L. 1925-1951 — Dwng
Ralph C. (h/o Lacie E) 1879-1978 — Dwng
Randolph L. "Bubbles" 1937-1993 — Dwng

WILLIAMS (Con't), Randolph T. (h/o Mariam G) 1884-1975 — Dwng
Raymond L. 15 Sept 1919-17 Oct 1973 — ChMd
Robert J. 1868-1945 — TgMa
Robert Lee (h/o Nina M) 1909-1972 — ChMd
Robert M. (h/o Margurite W) Cox USCG WWII 3 May 1919-28 Mar 1983 — Dwng
Robert W. 30 Mar 1952-24 Nov 1988 — Dwng
Rosa A. w/o Wm H (d/o Edmund & Milky Stant) 24 Jan 1841-22 Jan 1916 — Will
Rosa E. w/o J.P. 16 Sep 1892-13 Nov 1973 — TgMa
Rosa L. 1879-1947 (moved to Crisfield) — TgMa
Selby (h/o Susanna) 19 Aug 1825-4 Apr 1905 — ChMc
Seth 1849-1930 — TgCa
Skeet h/o Nancy 9 Oct 1907-____ — Dwng
Susan S. w/o Jefferson D. 1 Jul 1867-19 Mar 1912 — Stan
Susanna w/o Selby 30 Jul 1822-31 Aug 1895 — ChMc
Susie Elizabeth d/o Marvin & Nellie 9 Jul 1923-28 Mar 1928 — ChMc
Susie J. (w/o Louis T. Sr) 1880-1955 — ChMc
Thedis G. 1925-1980 — Grtn
Theodore H.S. s/o Robert W. & Mary d. 18 Sep 1834 aged 1yr 3dys — Laws
Thomas (s/o Asbury?) S1C USCG RES WWII 8 Mar 1898-10 Jun 1947 — ChBu
Vesta E. (w/o Littleton T) 19 Apr 1859-24 Jan 1946 — ChMc
Virginia E. 1873-1963 — TgMa
Walter (h/o Charlotte T) 1908-1994 — Dwng
Wesley D. s/o H.A. & Marie B. 8 Apr 1933-17 Jun 1942 — TgMa
William L. (h/o Georgie D) 1885-1973 — ChMc
William M. "Moe" h/o Amanda M. 1936-1988 — Dwng
William W. (h/o Henrietta) 5 Dec 1844-1 Sep 1921 — ChGn
William W. (h/o Evelyn C) 1906-1966 — Dwng
William W. 1885-1953 — TgMa
Wm H. h/o Rosa A 28 Jul 1838-____ — Will
WILLIAMSON, Blanche (w/o John D) 1941-1984 — ChMd
John D. (h/o Blanche) 1932-____ — ChMd
WILLOUGHBY, Cynthia Groton 1887-1950 — Dwng
WILMER, Annie B. (w/o Rev. Edward C) 1877-1963 — Grtn
Edward C. Rev. (h/o Annie B) 1866-1945 — Grtn
Edward James 1941-1957 — Dwng
WILSON, Amanda Robins (w/o Lloyd F.J) 1834-1909 — Gnbk
Clayton H. (h/o Edna M) S1 USN WWII 9 Oct 1919-5 May 1986 — JWTa
Deliah w/o Moses L. 30 Nov 1870-6 Jul 1890 — ConqH
Edna M. (w/o Clayton H) 3 Nov 1920-____ — JWTa
Elizabeth W. (w/o Travis V) 11 May 1921-20 Feb 1989 — JWTa
James R. 1914-1973 — Dwng
Juanita C. 1923-____ — Dwng
Lloyd F.J. (h/o Amanda R) 1834-1915 — Gnbk
Marion "Sis" (no dates) — Gnbk
Travis V. (h/o Elizabeth W) 19 Mar 1918-____ — JWTa
WIMBROUGH, Arthur E. (h/o Marion S) m. 27 Apr 1929 1903-1965 — JWTa

WIMBROUGH (Con't), Bettie (2w/o John D) 19 Feb 1851-___   Mdst
Charles K. (h/o Reta W?) 1874-1945   ChMc
D. Ellen (w/o William B?) 1853-1943   ChMc
Dallas 1907-1994 (temp)   JWTa
John D. (h/o Mary A. & Bettie) 24 Aug 1834-31 Dec 1906   Mdst
Marion S. (w/o Arthur E) m. 27 Apr 1929 ___-___   JWTa
Mary Ann 1w/o Jno D & d/o Saml & Eliz Hope d. 8 Jan 1860 aged 19y2m28d   Mdst
Minnie Lee d/o John D. & Bettie 6 Dec 1881-17 Oct 1888   Mdst
Reta W. (w/o Charles K?) 9 Aug 1883-21 Jan 1937   ChMc
Tanlee (w/o William A) 1886-___   Dwng
Thelma d/o C.K. & R.W. 24 May 1904-2 Nov 1906   ChMc
William A. (h/o Tanlee) 1876-1949   Dwng
William B. (h/o D. Ellen?) 20 Oct 1842-16 Apr 1927   ChMc
WIMBROW, Abbie (w/o Charles H) 1884-1964   ChRm
Alva J. 1 Apr 1914-30 Nov 1939   Dwng
Brenda M. (w/o Thomas F) 15 Nov 1905-13 Feb 1986   Frnk
Charles H. (h/o Abbie) 1883-1939   ChRm
Cordelia F. 1883-1937   ChMc
Douglas P. h/o Naomi B. 1927-___   Dwng
Elizabeth T. (June Bug) (w/o Nelson M) 1882-1963   ChMc
Elodie (w/o Floyd W) 1909-1977   ChMc
Evelyn "Ebb" (w/o William G) 21 Dec 1916-3 Aug 1957   Dwng
Flossie 1893-1961   ChMc
Floyd W. (h/o Elodie) 1907-1969   ChMc
Frank S. s/o J.W. & L.L 8 May 1909-Aug 1911   Watv
George W. (h/o Lula H) 1901-1983   ChMc
Howard James T Sgt USA WWII SS-BSM 1 Apr 1920-30 Dec 1960   Frnk
Infant s/o G.O. & Lois 3 Aug 1953   ChMc
James T. 1926-___   ChGn
James T. Jr 12 Sep 1956   ChGn
John Paul Sr (h/o Mary B) 7 Jul 1922-___   Gnbk
John Paul Jr (h/o Teresa M) 3 Oct 1953-___   Gnbk
John W. (h/o Lily L) 1878-1945   Watv
Lettie S. (w/o William G) 14 Oct 1886-10 Sep 1948   Dwng
Lily L. (w/o John W) 1884-1947   Watv
Lousia Reynolds w/o Archie J. 18 Jun 1889-19 Dec 1916   ChMc
Lula H. (w/o George W) 1901-1980   ChMc
Maisie C Byrd (1w/o Otho L Byrd 2w/o Wm Garlie Wimbrow) 1884-1975 (temp)   Dwng
Margaret M. d/o Nelson M. & Eliz. T. 1913-1923   ChMc
Mary Bounds (w/o John P. Sr) 5 Oct 1929-___   Gnbk
Naomi B.(Bloxom) w/o Douglas P. 1935-___   Dwng
Nelson M. "Tess" (h/o Elizabeth T) 1878-1962   ChMc
O. Logan (h/o Rebecca) 1860-1941   ChMc
Rebecca (w/o O. Logan) 1871-1930   ChMc
Teresa Marshall (w/o John P. Jr) 6 Nov 1958-___   Gnbk
Thomas F. (h/o Brenda M) 17 Nov 1903-2 Dec 1967   Frnk

WIMBROW (Con't), Vernon A. 25 Jul 1907-2 Feb 1973 — Dwng
Virginia L. 1935-____ — ChGn
William G. (h/o Lettie S & Masie Colbourn Byrd) 20 Jun 1881-5 Feb 1966 — Dwng
William Garland (h/o Evelyn) 8 Apr 1910-28 May 1978 — Dwng
William T. Sr PFC USA WWII 18 Apr 1922-11 Feb 1987 — ChGn
WINDER, Evelyn Holland 1876-1951 — JWTa
George A.L. (h/o Milka A) 1865-1942 — Aswm
Inez Taylor (w/o John W. Sr) 1877-1960 — Dwng
John W. 9 Jan 1834-22 Dec 1881 — Wind
John W. Sr (h/o Inez T) 1874-1958 — Dwng
Katherine N. d/o J.W. & Inez E. 18 Jun 1908-14 Mar 1909 — AtMt
Lena H. (w/o Manly W) 1881-1946 — JWTa
Manly W. (h/o Lena H) 1879-1949 — JWTa
Milka A. (w/o George A.L) 1868-1920 — Aswm
Mollie W. (w/o Thomas H) 14 Jan 1882-20 Sep 1947 — Dwng
Norman A. 1900-1975 — Aswm
Thomas H. (h/o Mollie W) 8 Oct 1876-28 Jan 1962 — Dwng
WINFREE, Fanny C. (w/o Richard A) 1942-____ — ChTh
Richard A. (h/o Fanny C) EMC USCG 6 Jan 1944-27 Oct 1991 — ChTh
WINNING, Elsie L. (w/o Wesley) 1899-1987 — ChMc
Wesley (h/o Elsie L) LDS4 USN WWI 1896-1985 — ChMc
WINTER, Mabel Stockwell Cooke 17 Jan 1883-5 Jan 1970 — JWTa
WINTHER, Harry C. EM3 USN WWII 3 May 1925-3 Jun 1991 — JWTa
WISE, Clarence William 1933-1994 — Dwng
Elizabeth S. 2 Apr 1864-3 Aug 1922 — Mdst
Elizabeth S. w/o John E. 11 Jul 1820-16 Nov 1887 — Wise
Henry A. s/o John E. & Elizabeth S. 9 Oct 1859-5 Feb 1882 — Wise
Herbert (h/o Mildred M) 26 Feb 1906-9 Jun 1972 — Grtn
John E. s/o Isaiah E. & Ann 5 Jun 1816-17 Jan 1911 — Wise
Mildred M. (w/o Herbert) 29 Mar 1915-____ — Grtn
WISTUBA, John F. (see J.F. Wilcox) Cook Inf WW d. 3 Nov 1933 — ChMc
WITHAM, Carlton C. h/o Juanita D. 1901-1985 — Dwng
James 1824-22 Jul 1884 aged 60yrs 4mos 6dys — ConqH
Juanita D. w/o Carlton C. 1912-____ — Dwng
WOLF, Agnes C. 3 Oct 1922 — Frnk
Frank T. 24 Dec 1921 — Frnk
Sarah M. 2 Apr 1955 — Frnk
WOLFE, Leo B. (h/o Ora D) 1892-1961 — JWTa
Ora D. (w/o Leo B) 1902-1966 — JWTa
WOOD, Carrie S. w/o John W. 1911-1967 — Grtn
Charles R. (h/o Lula M) 1878-1914 — Watv
Charlie R. (h/o Mabel R) 1913-1956 — Grtn
John W. (h/o Carrie S) 1911-1967 — Grtn
Lula Mae (w/o Charles R) 1891-1927 — Watv
Mabel R. (w/o Charlie R) 1914-____ — Grtn
WORREL, Della G. (1w/o W Leonard) 18 Dec 1891-13 Dec 1959 — Frnk

WORREL (Con't), Elsie S. (2w/o W. Leonard) 1894-1976 — Frnk
W. Leonard (h/o Della G. Brown & Elsie S. Brown) 1884-1969 — Frnk
WRIGHT, C. Melvin 28 Apr 1929-29 Apr 1929 — WrigM
Charles Capt (h/o Margaret A) d. 30 Nov 1890 aged 64yrs 10mos 16dys — WrigH
Charlie H. VA PFC US Amry WWI 7 Oct 1889-19 Oct 1961 — Dwng
Dellena F. (w/o Edward T) 1910-1942 — Dwng
Douglas B. (h/o Libbie L) 31 May 1861-16 Sep 1926 — Wssl
Edward T. (h/o Dellena F) 1906-1956 — Dwng
Elisha w/o Saml E & d/o Jno B & Sallie Chandler 30 May 1853-29 Feb 1929 — Chan
Ester 1863-1936 — Dwng
G. Harry (h/o Viola E) 1882-1958 — Dwng
George H. 24 Dec 1848-17 Nov 1921 — WrigM
Gordy 1900-1958 — Dwng
H. Thomas 14 Mar 1878-23 Aug 1853 — Chan
Herman R. 1910-1979 (temp) — Dwng
Hetty w/o Thomas d. 22 Jul 1905 aged 84yrs — Bake
Howard W. 1908-1930 — Dwng
Isaac J. 13 May 1853-10 Mar 1907 — WrigM
J.R. 14 Jun 1901-17 Jun 1901 — WrigM
James B. (h/o Margaret A) 12 Sep 1824-23 Mar 1891 — WrigM
James F. 1951-1994 — Dwng
Lenard L. USA 1905-1981 — Dwng
Libbie L. (w/o Douglas B) 1869-1948 — Wssl
Margaret A. w/o Capt. Charles 18 Dec 1830-19 Dec 1894(?) — WrigH
Margaret A. w/o James B. 26 Aug 1828-7 Feb 1904 — WrigM
Margaret J. 1891-1962 — Wssl
Mary Carey d/o Wm T. & Mary S. 15 Aug 1875-22 Aug 1875 — WrigR
Mary S. w/o Wm T. 9 Jan 1833-4 Feb 1898 — WrigR
Minnie L. d/o S.E. & Elisha 12 Aug 1886-3 May 1908 — Chan
Minnie Lee 1889-1977 — Wssl
Nancy Mears (w/o Edward J?) 26 May 1836-2 Mar 1931 — MasoM
Randolph T. 16 Apr 1938-7 Dec 1971 — Dwng
Samuel E. (h/o Elisha) 9 Oct 1846-3 Jul 1905 — Chan
Samuel s/o Thomas & Rebecca 7 Sep 1803-21 Aug 1877 — WrigR
Susie S. (w/o William?) 1876-1956 — WrigM
Twins of Samuel E. & Elisha (Sammie & Elisha A) Oct 1888-Sep 1889 — Chan
Viola E. (w/o G. Harry) 1891-1977 — Dwng
William (h/o Susie S?) 24 May 1874-28 May 1913 — WrigM
William M. 8 Sep 1885-13 Feb 1969 — Dwng
William T. (h/o Mary S) s/o Thos & Rebecca d. 18 Dec 1876 aged (unreadable) — WrigR
William Thomas s/o Wm T. & Mary 1859-1859 — WrigR
YAGER, John W. (h/o Marie H) Capt USCG 1921-1980 — Gnbk
Marie Houde (w/o John W) 1922-___ — Gnbk
YEOMANS, Viviane Farlow 1921-1987 — Dwng
YOUNG, Adela M. w/o Fred J. 12 Feb 1902-21 Feb 1990 — Dwng
Aggie (no dates) — ChCl

YOUNG (Con't), Alfred D. (h/o Susan J) 1851-1930 — Grtn
Andrew F. 15 Apr 1892-12 Oct 1940 — Dwng
Annie F. (w/o William K) 1883-1970 — Blxm
Barbara J. (w/o John D) 20 Jun 1928-___ — JWTa
Benjamin F. (h/o Betsey) 1836-1927 — Blxm
Bessie J. (w/o Oscar D) 1900-1957 — Dwng
Betsey w/o Benjamin F. 1835-1914 — Blxm
Caddie M. (Catherine Campbell) w/o George H. 29 May 1879-24 Nov 1918 — Blxm
Charles S. (1h/o Elsie Young Twigg?) 1897-1932 — Grtn
Clarence L. USN WWII 11 Jan 1922-31 May 1981 — ChRm
David W. (h/o Mollie B) 1875-1931 — Wssl
Elizabeth J. (w/o Elwood D) 19 Jun 1916-___ — JWTa
Elwood D. (h/o Elizabeth J) 11 Sep 1912-30 Nov 1987 — JWTa
Estelle 1907-1913 — Blxm
Eva May 1900-1918 — ChRm
Everette James MM2 USCG Korea Vietnam 4 Nov 1931-28 Nov 1982 — JWTa
Fentress G. (h/o Flora L) 1901-1934 — Wssl
Flora L. (w/o Fentress G) 1902-1977 — Wssl
Frank P. (h/o Vicie J) 2 Jan 1883-11 May 1934 — Grtn
Fred J. h/o Adela M. 6 Aug 1904-___ — Dwng
George H. (h/o Caddie M) 20 Feb 1870-29 Jul 1917 — Blxm
Gerald M. 1906-1920 & Infant 1912 — Blxm
Geraldine M. (w/o Russell J) 1928-___ — Wssl
Gralyn G. USA WWII 12 Aug 1923-14 Aug 1984 — Wssl
Henrietta S. (w/o Warren H) 23 Oct 1872-7 Oct 1935 — Gnbk
Henry d. Nov 1841 aged 61yrs — YounB
Infant 1923 — ChRm
John D. (h/o Barbara J) 29 Dec 1920-10 Feb 1986 — JWTa
John W. (h/o Susan R) 27 Jul 1832-23 Aug 1861 — Clay
John Walter Jr 1 Dec 1920 — ChRm
Kinzer S. 30 Nov 1899-13 Nov 1953 — Gnbk
Lena (w/o Lewis) 1882-1940 — Blxm
Lewis (h/o Lena) 1879-1954 — Blxm
Lola Lewis (w/o William H) 1897-1981 — Glfd
Louisa J. 1w/o Isaac W. 24 Dec 1853-___ — SxEv
Mabel G. (w/o William R) 1913-___ — Mdst
Margaret Etta 21 Dec 1920-23 Dec 1922 — Dwng
Margaret M. w/o Saml T d/o Major & Nancy Mason 6 Oct 1832-3 Apr 1901 — MasoM
Martha J. (w/o Robert J) 1869-1929 — Dwng
Mary F. 1850-1939 — Blxm
Mary G. (w/o O. Richard) 1930-1984 — JWTa
Mary W. (w/o William J) 1844-1938 — Blxm
Mattie M. 23 Jul 1895-6 Sep 1899 — YounM
Melvin 1905-1906 — Blxm
Menzetta (d/o Wesley & Minnie L) 1916-1917 — SxEv
Milton F. (h/o Virgie B) 1891-1978 — Dwng

Caucasian Tombstone Inscriptions

YOUNG (Con't), Mollie B. (w/o David W) 1878-1962	Wssl
Muncy P. 4 Jul 1897-29 May 1974	Gnbk
Norris John VA BM1 USN WWII 10 Jul 1919-12 Feb 1971	ChRm
O. Richard (h/o Mary G) 1927-___	JWTa
Oscar D. (h/o Bessie J) 1899-1973	Dwng
Robert J. (h/o Martha J) 1864-1947	Dwng
Russell J. (h/o Geraldine) 1928-___	Wssl
Samuel T. (h/o Margaret M) 12 Jan 1841-30 Nov 1904	MasoM
Susan J. (w/o Alfred D) 1851-1936	Grtn
Susan R. Clayton w/o John W. 3 Oct 1836-24 Oct 1855	Clay
Upshur Lee 1900-1951	Glfd
Vicie J. (w/o Frank P) 22 Apr 1878-13 May 1943	Grtn
Virgie B. (w/o Milton F) 1893-1963	Dwng
Warner F. 10 Jul 1904-13 Dec 1938	MearJ
Warren H. (h/o Henrietta S) 1 Feb 1861-1 Mar 1911	Gnbk
Wesley 1888-1926	SxEv
William C. Sr 1879-1953	ChRm
William C. Jr 1906-___	ChRm
William H. (h/o Lola L) 1881-1940	Glfd
William J. (h/o Mary W) 1840-1888	Blxm
William K. (h/o Annie F) 1871-1939	Blxm
William R. (h/o Mabel G) 1907-1961	Mdst
Winnie (w/o Wesley C) 13 Dec 1894-26 Oct 1909	SxMn
YOUNGERT, George S. (h/o Loretta J) 1912-1976	JWTa
Loretta J. w/o George S. (no dates)	JWTa
ZEBERT, William L. 4 Mar 1989-10 Oct 1989	Dwng
ZIMMER, Lillie M. (w/o Roy A. Sr) 1900-1980	Dwng
M. Oneita (w/o Roy A. Jr) 1927-___	Dwng
Roy A. Jr (h/o M. Oneita) 1924-1979	Dwng
Roy A. Sr (h/o Lillie M) 1895-1958	Dwng
ZOUBECK, Ann C. (w/o Franzl C) 1908-1981	JWTa
Franzl C. (h/o Ann C) 1896-1979	JWTa

Index of Caucasian Surnames (embedded in text)

ALLEN
  Madeline . . . 178
ANDERSON
  Naomi 177
  William 177
ANDREWS
  Hester 102
  Rebecca J. . . 227
ANNIS
  Bernice 72
ANTHONY
  Almarine . . . 222
ARDIS
  Della 208
AYDELOTTE
  Aaron H. . . . 230
  Josephine . . 230
  Laura E. . . . 166
  Mary 137
AYRES
  Elsie 46
BAILEY
  Jeannette . . . 60
  Marie 168
  Marjorie . . . 253
  Rufus 253
BAKER
  Alicia B. . . . 251
  Americus . . 251
  Beatrice . . . 297
  Liddie 179
  Minnie B. . . 251
BALL
  Luther T. . . . 247
  Ruth 98
BALLANCE
  Fannie W. . . 120

BANCROFT
  Annie 60
BANKS
  Alma H. . . . 139
BARNES
  Mary S. . . . 225
  Olive 289
  Rose Ann . . 225
  William P. . . 225
BARRETT
  Anna L. . . . 291
BARRICK
  Ethel J. 155
BARYERLY
  Hannah 119
BAYLY
  Catherine . . 242
  Catherine E. 169
  Eliz M. 204
BAYNE
  G.C.D. 87
  Mary V. 87
  Sallie A. 87
BEADLES
  Virginia . . . 190
BEEBE
  Amand 237
  Jean 97, 98, 160
BELL
  Bessie 189
  Florence . . . 255
  Narcissa . . . 133
  Susan 184
BENSON
  Annie 61
  Bertha 285
  Nora 227

BIRCH
  Amy 223
  Betty 233
  Iona 86
  Margaret S. . 223
  Mary 223
  Thomas . . . 223
BLADES
  Hattie 199
BLANTON
  Geneva 108
BLOXOM
  Clairville W. . 278
  Doris 64
  Eliz. R. 71
  Ella 53
  Mae 171
  Mamie 278
  Mary Frances . 71
  Naomi 299
  Nellie 83
  Samuel 71
  W. Arinthia . . 40
BODLEY
  Belle 77
BOLDEN
  Edna 149
BONAWELL
  Eppie 288
  Minnie 233
BONNAWELL
  Oscar 193
BONNIWELL
  Betty 85
BOOTH
  Mary 51
BOUNDS
  Mary 299

BOWDEN
  Blanche Mae . 73
  Ida 248
  Indianna . . . 286
  Rae 294
  Tennis 295
BRADEN
  Chlora 69
BRADFORD
  Martinia . . . 295
  Sarah 48
BRADSHAW
  Nina 90
BRATTEN
  Eliza C.P. . . 206
BRITTINGHAM
  Geraldine . . 233
  Ida 38
  Jeannette . . 219
  Lloyd 38
  Mala Elizabeth 38
BROADWATER
  Belinda 107
  Julia 117
  Mary A. 87
BROWN
  Annie 198
  Della G. . . . 301
  Elsie S. 301
BULL
  Louise A. . . 120
  Norbert 120
  Winnie 120
  Zephyr 206
BUNDICK
  Andrew J. . . 288
  Evelyn 288
  Fannie 88
  Lillie M. 288
  Louise 127
  Mary 221
  Nancy 221
  Nina 108
  Osha 49
  Polly A. 251
  Rebecca 247, 249

BUNDICK (Con't)
  William 221
  William J. . . 203
BUNTING
  Avalon 208
  Bessie 169
  Georgia 170
  Lina 264
BURROUGH
  Carrie 89
  Emma J. 89
  Ralph 89
BURTON
  Fannie 153
  Hazel 246
  Joellen 214
  John B. 279
  Mae 264
  Margaret A.W. 279
  Mildred 289
  Rida 132
  Sally 110
  Sarah 48
  Sarah P. . . . 279
  Violet 175
BURWELL
  Nellie 154
BYRD
  Amanda 40
  Amanda E. . . 41
  Anna 111
  Annie 212
  Annie S. . . . 161
  C.P. 212
  Cecie . 165, 235
  Daisey 195
  Elizabeth . . . 76
  Elizabeth A. . 212
  Elizabeth H. . 202
  Esther 219
  George P. . . . 76
  Helen 88
  John O. 40
  L. Grace . . . 212
  Lula 76
  Lydia P. . . . 238

BYRD (Con't)
  Madeline J. . 238
  Maisie C. . . 299
  Mary . 187, 283
  Mary E. 224
  May 219
  Nora 76
  Otho L. 299
  Polly 183
  Sarah . 187, 283
CAMPBELL
  Catherine . . 302
CARD
  Ottie 266
CAREY
  Mary . . 66, 106
  Minnie P. . . 223
CARNELES
  Mary 238
CARTER
  Elizabeth . . . 170
  Mary E. 57
CATHELL
  Eleanor 258
CAULK
  Juliet 249
CHANDLER
  Emily 284
  John B. 301
  Sallie 301
CHASE
  Dorothy 80
  Finney 70
  Pansy M. . . 175
CHERRICKS
  Belle 52
  Elizabeth . . . 96
  Major 52
CHERRIX
  Catherine . . 199
  Evelyn 150
  Margaret 62
  Sudie 144
CHESSER
  Bettie 259
  Laura M. . . . 256

Index of Caucasian Surnames (embedded in text)

CHESSER (Con't)
  Nina 266
  Willey 255
  William P. . . 259
CHURN
  Edward 44
  Jewel 167
  Lula 294
  Susan 44
CLARK
  Roland 152
  Ruth 152
CLAYTON
  Susan R. . . . 303
CLAYVILLE
  Janie 74
COARD
  Kessie E. . . . 109
COLLINS
  Betty 118
  Ellen 147
  Patricia Ann . . 87
COLLONA
  Charlotte . . . 108
  Emma F. . . . 108
  W.J 108
COLONA
  Emily 261
  Sarah 215
COLONNA
  Andrew W. . . 53
  Betty 53
CONNER
  Barbara 145
  Elizabeth . . . 293
CONQUEST
  Alice 258
  E.H. 60
  Edward H. . . 190
  Ella J. 60
  Eva 161
  Joseph 264
  Mary 264
  Mary A. 190, 264
CONSOR
  Ellen A. 284

COOK
  Caroline E. . . 68
COOKE
  Mabel 300
COPES
  Elizabeth . . . 131
  Lovey C. . . . 131
  Thomas W. . 131
CORBIN
  Ann 238
  Arinthia 127
  Betsey A. . . 259
  Charlotte . . . 260
  Cornelius . . 127
  Daniel D. . . . 118
  Ella 75, 193
  Hortense . . . 190
  L.D. 259
  Lottie Seth . 118
  M.H. 259
  Marcie L. . . . 118
CORYELL
  Eunice 113
COVINGTON
  Martha J. . . 134
  Mary V. . . . 278
  Royston . . . 278
CROCKETT
  Lovie A. . . . 254
CROPPER
  Catharine . . 238
  Harriet 147
  John . 238, 242
CULLEN
  Blanch 186
CURTIS
  Dorothy 87
CUSTIS
  Catherine . . 291
  John 291
  Sarah Ann . . 144
CUTLER
  Bessie 233
  Elizabeth . . . 180
  Lettie 191
  Mary 253

CUTLER (Con't)
  Thomas W. . 191
DAISEY
  Ella 255
  Frances 251
  Jean 160
  Lillian 193
  Lillie May . . . 56
  Mary 106
  Roena 85
DARBY
  Mabel 165
DAVIS
  Alma 76
  Annie F. 79
  Blanched 64
  Carlton S. . . 279
  Carrie 279
  Elnora 186
  Elvira 269
  Gertrude 79
  Henry H. . . . 237
  Lawrence B. . 79
  Mary 80, 159, 205
  Minnie 279
  Winifred . . . 268
  Winnie 185
DAY
  Elizabeth . . . 240
DENNIS
  Annie 133
  Beulah 52
  Gwenda . . . 177
  Heward G. . 177
  Manie 167
  Shirley 94
DEPUTY
  Virginia F. . . 120
DERICKSON
  Lottie 46
DERRICKSON
  Clarence 46
  Elizabeth 46
  Nancy 132
DICKERSON
  Louise 297

DISBROW
  C. Kaloal ... 233
DIX
  Jeannette W. 257
  Kate 71
  Maude 154
  Pansy 232
  Sarah 129
DOUGHTY
  Ella F. 277
DOWNING
  Ann 247
  William 247
DREWER
  Cleveland .. 233
  Jewell 114
  May 182
  Minnie 233
  Pauline 65
DRUMMOND
  Avalon 52
  Elizabeth ... 125
  Lena 125
DUNCAN
  Marie 71
DUNTON
  Nell 101
EAST
  Mary T. 276
  Mildred 290
EDMUNDS
  May 162
ELDER
  Nannie 196
ELLIOTT
  Ida L. 195
ELLIS
  Blanche 155
  Eliza 193
  Eva 271
  Grace 133
  Harvey 289
  Marion E. .. 204
  Nena 276
ENNIS
  Alice 202

EVANS
  Beulah 169
  Ethel 174
  W.J. 175
EWELL
  Elizabeth 65
  Juanita 107
  Ronie M. ... 174
  Tremenda .. 140
FANNING
  Lilla 144
FARLOW
  Viviane 301
FENTRESS
  Georgia W. . 262
  Ida 262
  Walter G. .. 262
FENWICK
  Anna 148
FISHER
  Gladys M. .. 193
  Julia 142
  Lillian S. ... 247
  Lousie 270
  Mary A. ... 209
  William A. .. 270
FITZGERALD
  Bernice 61
FLETCHER
  Henry 234
  L. 234
  Martha B.F. . 108
  Susannah .. 234
  Vanora 137
FLUHART
  Sadie 206
FOSTER
  Lavon 256
FOX
  James G. .. 137
  Jeannette S. 137
  Louella 215
FULCHER
  Luzette 294
  Mildred W .. 108

FURNISS
  Annie 107
  Charles E. .. 103
  Virginia 103
GANO
  Beatrice ... 297
GARDNER
  Ethel 282
GAUGHAN
  Bessie 283
GERMAN
  Annie 208
GIBB
  Mary H. ... 242
GIBBONS
  Eli 239
  Mary A. ... 239
GILLESPIE
  Albert J. 71
  Alice 221
  Mary V. 71
GILLETT
  Louisa K. .. 204
GLADDEN
  Mary J. 119
GLADDING
  George T. ... 67
  Georgianna .. 67
  Harriet J. ... 278
  Hetty A. ... 275
  John 184
  Nellie E. 67
  Sallie 184
  Virginia 108
GODWIN
  Betty 247
  Charlie S. .. 117
  Hazel 106
  Naomi 117
GORDY
  Mary . 261, 265
GREEN
  Arinthia 87
GRIFFITH
  Ruth 115

Index of Caucasian Surnames (embedded in text)

GROTON
- Annie 179
- Annie R. ... 247
- Bessie 49
- Cynthia 298
- Harriett 247
- Thomas ... 247
- Winnie 168

GUILLETTE
- Lillie 249

GUNTER
- May 162

GUY
- Leah A. 252

HALEY
- James E. ... 289
- Miriam 154

HALL
- Agnes 258
- Amanda S. ... 90
- Arinthia 117, 125
- Bernice 136
- Charlie W. ... 235
- Elizabeth 87
- Eslie 251
- Florence ... 252
- Geneva C. ... 144
- Gertrude ... 104
- Gloria L. ... 251
- Henry 87
- Hilda 90
- Hortnese 88
- Jane 147
- Lillie 278
- Lovey 165
- Mamie A. ... 286
- Melissa 69
- Milcha A. ... 154
- Nealie 104
- Nora C. 181
- Pollie R. ... 231
- Queenie ... 295
- Sallie E. 69
- Susie M. ... 174
- Thomas 69
- W. Finney ... 90

HALLOCK
- Harriet 165

HANDY
- Leah A. 252

HARDY
- Hallie 195

HARGIS
- Josie 249
- Martha J. ... 90
- Nancy 244

HARMANSON
- Catherine .. 212
- John H. ... 212
- Maria A. ... 212

HARMON
- Lucretia S. ... 264

HARMONSON
- Maria 61

HARRIS
- Elizabeth ... 275

HARRISON
- Mattie 196

HART
- Fronia 174
- Louella 215

HASTINGS
- Mattie 159

HATTON
- Kathryn 86

HAY
- Anna 258

HAYMAN
- Louise 114

HEARTHWAY
- Annie 199

HENDERSON
- Charles 151
- James 168, 288
- Llewellyn C. 137
- Mary 288
- Paulilne E. ... 151
- Rhoda . 168, 288
- Selma 151

HICKMAN
- Annie 64
- Bertie 152

HICKMAN (Con't)
- Isaiah 239
- Jeanette S. .. 120
- Jennie A. ... 153
- Joseph A. ... 102
- Josie 203
- Mary J. 234, 239
- Maude 41
- Sally 239
- Stella V. ... 102
- Thomas 64
- Virginia Alice 102
- Zephorah ... 64

HILL
- Alma .. 40, 139

HINMAN
- Frank A. ... 114

HODGE
- Frances 252

HOLESTON
- Annie 77
- Bertie 222

HOLLAND
- Alice B. 119
- Alice W. ... 179
- Ethel 63
- Evelyn 300
- M. 236
- Mildred 167
- Sally W. ... 119
- Virginia 197
- William S. .. 119

HOLSTON
- Elodie 240

HOPE
- Elizabeth ... 299
- Elizabeth A. . 118
- Elizabeth S. . 290
- Hazel 245
- Jane 290
- Kendal 118
- Louisana ... 122
- Mary 118
- Mary A. ... 299
- Samuel 299
- William K. .. 122

HOPE (Con't)
William S. ... 290
HOPKINS
Ida 47
HORSEY
Sallie 184
HOUDE
Marie 301
HOUSTON
Josephine .. 158
HOWARD
Etta 99
HOWELL
Girtie 115
HUDGINS
Archibald .. 118
Emma C. ... 118
Emma E. ... 118
Sarah 118
HUDSON
Clara 107
Frieda 271
Virginia W. . 109
HUGHES
Kathryn 223
HURLEY
Harriet Cropper 94
ILIFFE
Margaret ... 159
JARMAN
Margaret ... 127
JESTER
Addie M. ... 110
Beulah 225
Olive 169
JOHNSON
Bertha 166
Bobbie Faye . 72
George Y. ... 72
Norah 213
Reva A. 72
Waren 213
JONES
Allena 219
Beatrice 44
Dora 244

JONES (Con't)
Elodie K. ... 118
Erma 192
Harriet A. .. 278
Hattie 97
Julia Q. 228
Lottie 146
Mary 274
Rowena ... 221
JUSTICE
Ann 219
Anna J. ... 275
Catherine 70, 71
Dorothy 158, 228
Ernest 210
Fannie M. .. 158
Frank 228
Joseph 209
Mary I. 209
Mary R. ... 209
Rosa 44
JUSTIS
Elizabeth 61
James 61
Minnie 247
Susan 61
KANODE
Lucy 72
KAY
George James 97
Jean 160
KELLEY
Carrie 246
Dixie 254
Horace 85
Jesse M. ... 253
Laura D. 85
Lizzie 253
Mary 141
Maude G. .. 253
Tabitha 117
Vernice E. .. 119
Winnie 39
KELLY
Cecie C. ... 159

KILLMON
Alice C. ... 258
Asbury 258
Bernice 58
Carolyn 258
Janie C. 40
KILMON
Evva 107
KING
Isabella F. .. 278
KNIGHT
Cecie 235
Charlotte ... 126
Mary J. 126
Monia 95
William S. .. 126
KRAK
Lillian 74
LANG
Bessie . 189, 190
Judith L. ... 126
Maidie 243
Mildred 142, 167
Milton E. ... 142
Sallie E. 195, 285
Stella 267
Winnie 241
LANKFORD
Ellen 180
Louise 243
Mary . 195, 196
Rosalie 270
Sadie 129
LASSITER
Marquerite .. 121
LAW
Marian 291
LAWS
Adah 275
Annie 189
John . 168, 275
Sally 275
LEE
Richard 119
Roberta C. .. 119

Index of Caucasian Surnames (embedded in text)

LEWIS
- Alberta 123
- Amelia 202
- Annie 230
- Arnold W. ... 183
- Beulah 116, 184
- Carrie . 107, 179
- Edna 149
- Edna B. 225
- Florence ... 122
- James E. 80
- Kathleen ... 127
- Lola 302
- Lorena 193
- Mary W. ... 269
- Mayme 233
- Revel 269
- Salathiel ... 230
- Sarah 58
- Susan R. ... 296
- Tressie 238
- Wallace N. . 225
- Willye 125

LILLISTON
- Elizabeth 86
- George 86
- Harriet D. ... 86

LINDER
- Sadie 78

LINTON
- Alice 185
- Anna M. ... 184
- John R. 185
- Mary A. ... 203
- Mary J. 132
- Mildred 132
- Sewell 132
- Sewell J. ... 185
- Virgin M. ... 213

LOGAN
- Mary 122
- Oliver 122
- Susan L. ... 122

LONG
- Bertha 161
- Bessie . 141, 186

LONG (Con't)
- M. Grace ... 211

LUCAS
- Clara 83
- Henrietta ... 262
- Virginia A. ... 168

LUSBY
- Carolyn 259

MAGEE
- Gwenda D. . 103

MAKEMIE
- Ann 141
- Francis 141
- Naomi .. 34, 141

MARR
- Virginia 175

MARSHALL
- Adwilda ... 224
- Annette ... 293
- Beatrice ... 233
- Billie J. 39
- Byrdie E. ... 241
- Carroll L. ... 107
- Catherine .. 245
- Cornelia ... 253
- Drucilla 93
- Earl 252
- Esther A. 60, 278
- Evelyn 294
- George 185
- Hester A. .. 154
- John D. 62, 154
- Lucille 294
- Mary S. 60
- Matilda A. ... 62
- May 62
- Merritt 294
- Mildred 289
- Phyllis J. ... 117
- Reva 204
- Ruth 126
- Samuel J. ... 52
- Sissie . 224, 225
- Solomon 60
- Susan A. ... 154
- Teresa 299

MARTIN
- Lorraine ... 107
- Margaret 93
- Mildred 177
- Winnie 174

MASON
- Fannie J. ... 134
- Katherine C. 186
- Lillias 141
- Mae 221
- Major 302
- Margaret ... 302
- May 221
- Minnie 217
- Nancy 302
- Nora V. 289
- R. Short ... 141
- Roxie 51

MASSEY
- Carrie 87

MATHIAS
- Helen 202

MATTHEWS
- Anna N. ... 189
- Carolyn B. .. 146
- Charlotte 69
- Lettie 96
- Margaret A. . 290
- Mary 89
- Mary G. ... 290
- Minnie 186
- R.W. 80
- Sallie 273
- Samuel 290
- Virginia 190

MCALLISTER
- Annie 259

MCCREADY
- Emma P. ... 130
- Lewis H. 75
- Madeline M. . 75

MCGAHEY
- Jane 197

MCGEE
- Ida 56

MCMASTER
Annie 179
MEARS
Amh 112
Charlotte . . . 142
Elizabeth . . . 285
Eulah 210
Helen Jean . 112
Hetty C. 70
J.W.B. 285
John N. . . . 134
Katherine . . 252
Lillian 232
Mattie 134
Meshack 41
Mollie 41
Nancy 301
Naney 195
Page 112
Sadie 119
Thomas . 70, 71
MELVIN
Mary 209
MERRILL
Annie 135
George M. . . 200
Gladys 255
Ida V. 60
James E. . . . 135
Laura Handy 118
Sallie 118
Woodward . 118
MERRITT
Lillie E. 199
MIDDLETON
Revil 217
MIDGETT
Ida 160
MILES
Alice 111
Amelia 194
Andrew . . . 194
Bessie 87
Beulah J. . . 285
Cornealous . 111
Flora . . 239, 282

MILES (Con't)
Helen L. . . . 194
James E. . . . 174
Jaunita 223
John W. . . . 141
Lacy M. . . . 285
Nolan 237
Sara 218
Vallie 61
W.B. 285
William J. . . 110
MILLER
Dorothy . . . 185
Dorothy M. . 136
Mary Lou . . 159
Melvin S. Jr. 234
MINOR
Roddie 284
MISTER
Carlotta 289
Fairy 174
Olevia 193
Tilton 174
MITCHELL
Olevia M. . . 254
MOORE
Ethel 60
Martha 214
MORGAN
Annie 193
MUMFORD
Ellen 46
Hattie 67
Louise 65
Mattie 221
William B. . . 221
MUNGER
Geneva 97
MURPHY
Lillie Mae . . . 92
MURRAY
Addie 148
MYERS
Aggie 90
NEILSON
William E. . . 252

NISCHWITZ
Daisy 42
NOCK
Anna 189
Bettie . . 80, 259
Emily 180
Etta 190
Georgie 83
Gladys 167
Jane 225
Lena 88
Marcie Lena . . 88
Mary . 113, 114
Mary E.W. . . . 79
Samuel 88
NORTHAM
Amriet 129
Catherine . . 129
James 129
Lola 101
Mabel 251
Rose 270
NOTTINGHAM
Margaret . . . 217
OLDHAM
Mary E. 61
Montcalm . . . 61
ONLEY
Clark 252
Norah 154
Theda 147
Virgin 252
OTWELL
Annie 111
Mary 209
PARKER
Florence 49
Peggy E. 88
Thelma 193
PARKES
Elizabeth B. . . 64
John A. 64
Sally H. 64
PARKS
Agatha 194
Bernice 210

Index of Caucasian Surnames (embedded in text)

PARKS (Con't)
- Edna 285
- Edward T. . . . 90
- Elizabeth . 50, 70
- Laura S. . . . 164
- Louella 215
- Louella H. . . . 120
- Myrtle V. . . . 251
- Pauline G. . . . 90

PARRAMORE
- Mary 255
- Sally S. 119

PATTISON
- Daisie 244

PAYNE
- Araminta P. . . . 89

PEACOCK
- Gertrude . . . 181

PECAR
- Mary Ann . . . 38

PETERSON
- Aleda 152

PETTIT
- Mary 103
- Mary A. . . . 264
- Mary Ann . . 103
- William 103, 115

PEYTON
- Sarah E. . . . 242

PHILIPS
- Polly 88

PHILLIPS
- Hattie 182
- Mattie 206

PHIPPS
- Harry A. . . . 267
- Teressa 263, 267

PILCHARD
- Almarine 36
- Wm. D. 36

PITTS
- Elodie 206

PLANT
- Dorothy . . . 223

PORTER
- Minnie 72

POTTS
- Airy 199
- Ruth 229

POULSON
- Annie 169
- Gertrude F. . . 100

POWELL
- Anne 123
- Nannie M. . . 146

PROCTOR
- Carrie 61

PRUITT
- Della F. 75
- Rebecca Jane 35
- Thomas H. . . . 35

QUILLEN
- Dorothy . . . 158

RALEIGH
- Dona 252

RALPH
- Ruth 224

RANTZ
- Sara May . . 219

REED
- Agnes 103
- Oneita 266

REW
- Charles 214
- Comfort . . . 214
- Lillian Mears 232
- Pollie 104, 131, 132
- Sally H. 214

REYNOLDS
- Lousia 299

RHODES
- Annabelle . . 201
- Louise 203
- Minnie 107

RICHARDS
- Blanche 69

RIDA
- Anna 258

RIGGIN
- Maude 183

RIGGS
- Melinda 265

RILEY
- John 279
- John R. 275
- Mary J. 234
- Sally 275
- Susan . 275, 279

RITTER
- Cora 260

ROBINS
- Amanda . . . 298
- Virginia 190

RODGERS
- Mary Hall . . 130

ROE
- Helen 164

ROSS
- Annie . 132, 231
- Cecie . 165, 235
- Daisy 129
- Lula 212
- Minnie 127
- Pearle 289

ROWLEY
- Virginia 190

RUSSELL
- Carrie 127
- Charles 203
- Nancy 129

RYAN
- Madeline J. . . 71

SAVAGE
- Annie 78
- Catherine . . 277
- Griffin V. . . . 277
- Jane 47
- John 238
- Major 94
- Mary J. 234
- Virginia 282

SCOTT
- Eliz . 96, 102, 240
- Eva 147
- John 187
- Katherine. 186, 187
- Sollie 154
- Tabitha 187

SEWARD
  Georgie 107
  Pearl 287
SHARPLEY
  Catherine E. 169
  Lizzie T. ... 266
  Vera S. 33
SHAY
  Doris 118
SHIELDS
  Bertha 64
  Josephine S. . 86
  Margaret 89
SHOCKLEY
  Lola 131
SHOWARD
  Anne 146
  Daisie P. ... 146
  Frank E. ... 146
SHREVES
  Edward 233
  Myrtle 233
SILVERTHORN
  Bessie 222
  J.W. 222
  Margie B. .. 222
SINGLETON
  Emma 175
SMALL
  Mattie L. ... 238
SMITH
  Agnes 74
  Amelia B. ... 40
  Annie 143
  Carrie 60
  Clement ... 257
  Dorothy E. . 195
  Edna V. ... 260
  Emma E. ... 118
  Eutha 99
  Harold N. .. 195
  James H. .. 247
  Mary 282
  Nona V. 51
  Sally 118
  Susan 234

SMITH (Con't)
  Thomas ... 118
  William B. .. 282
SOMERS
  Myree 172
SPARROW
  Raghel Ann . 183
  Ruth E. 114
SPEIGHT
  Alula 85
SPENCE
  John W. ... 182
  Lewis 84
  Matilda A. .. 202
  Nan L. 84
  Zanie 84
SPURCH
  Beverly 102
STANLEY
  James 244
STANT
  Clara J. 235
  Dolly 64
  Edward T. ... 34
  Eliza Jane .. 144
  Lillie 34
  Mabel 53
  Marjorie B. .. 38
  Nettie 34
  Nolan 237
  Severn R. ... 92
  Virginia 280
STEELMAN
  Essie M. ... 291
STERLING
  Lois S. 144
  Samuel E. .. 206
STILES
  Georgie 284
STOCKWELL
  Mabel 300
STOKES
  Belle 86
STRAN
  Eliza 95
  William 95

STROUD
  Mae 232
TAPMAN
  Hilda 224
  Ruby 89
TARR
  Ellen 95
  Elsie 61
  Hattie S. ... 247
  Lina 137
  Mollie 157
TATEM
  Ocellie 207
TAYLOR
  Alice .. 147, 270
  Alma 52
  Alma L. 258
  Amanda ... 127
  Annie 102
  Annie T. ... 144
  Asa 44
  Axie 66
  Bertie .. 43, 215
  Bettie 80
  Carrie 80
  Cecelia 107
  Delilah 145
  Deliliah P. .. 116
  Edna 96, 102, 283
  Edward W. .. 60
  Ellen 104
  Emma 44
  Fanny 271
  Hallie 258
  Helen 50
  Helen M. ... 297
  Ilva 219
  Inez 300
  Janie 97
  John W. .. 85, 87
  Kathryn L. .. 102
  Lecritia 116
  Lelia 286
  Lizzie 242
  Louise 225
  Marlene ... 239

Index of Caucasian Surnames (embedded in text) 315

TAYLOR (Con't)
Mary 60
Mary P. ... 85, 87
Matilda 281
Nita Estelle .. 85
O. Logan ... 242
Regina 146
Rosa 87
Samuel T. .. 116
Teressa C. .. 222
Will C. 102
TEACKLE
Elizabeth ... 261
Thomas ... 261
TEMPLE
Lottie 128
THOMAS
Annie .. 58, 230
Bernice 114
Olive 65
Ollie 182
THOMPSON
Kathryn 282
Louise Fisher 117
THORNTON
Bertie 99
Elizabeth A. . 296
Grace 235
Helen 235
Inez 67
Meta 87
Mildred T. .. 127
TIMMONS
Florida A. .. 280
TODD
Martha 121
TOWNSEND
Bessie 255
Lizzie 49
Nellie 34
TRADER
Bernice 115
Clara 180
Elijah T. ... 246
Emma 248
Hazel 246

TRADER (Con't)
Inez 124
Littleton ... 109
Margie 157
Mildred 265
Nettie 246
Ruth 175
Sarah J. ... 225
Sunie 159
Thomas C. . 225
TROYANO
Anita 284
TULL
Bertie 226
Carrie 83
Catherine .. 137
Edith 215
Elizabeth ... 113
Ida G. 137
Josephine ... 61
Mamie 50
Marie 83
Mollie 236
Myrtle 72
Nettie 75
Oeta 143
Sallie 60
W.T. 137
TUNNELL
Elizabeth ... 165
TURLINGTON
Elizabeth ... 252
TWIGG
Elsie 302
TYNDALL
Elizabeth ... 141
Mornie 274
UPSHUR
Lloyd 67
WALDEN
Mary B. 131
WALKER
Hattie L. ... 297
Laura 49
WALLACE
Dolly 105

WALLACE (Con't),
Mildred 108
WALLOP
Mary B. 187
Wm J.H. ... 187
WAPLES
Mildred 51
WARD
Mollie 225
WARNER
Delilah 247
Ida 167
WARWICK
Mary 196
WASHINGTON
Mary 265
WATERFIELD
Dora 122
WATSON
Agnes 99
Annie T. ... 249
David R. ... 249
Ella 125
Florence ... 275
Lula .. 195, 249
Mamie A. Hall 130
Retta 73
Rida 137
WEAVER
Jean 126
WEBB
Lillian 174
Mildred 283
WEBER
Mary 61
WELBORNE
Drummond . 168
WELBOURN
Margaret A. . 182
William 182
WESSELLS ·
Bessie 185
Dora 130
Elizabeth ... 130
Esta 204
Eva 219

WESSELLS (Con't)
  Lucile 174
  Mae E. 174
  Margaret . . . 251
  Mary E. 252
  Susan E. . . . 202
WEST
  Addie 128
  Elizabeth 41
  Emily 291
WHARTON
  Eliz . . 43, 60, 61
  N. 245
WHEALTON
  Ida 43
  Lloyd 44
  Mary E. 151
  Maud 231
  William H. . . 229
WHITE
  Daisey 195
  Dorothy 72
  Elizabeth D. . 115
  Ella P. 175
  Fannie 160
  James F. 33
  Maggie 174
  Mary 283
  Melba 219
  Sallie E. 33
  Virginia 33
WILCOX
  J.F. 300
WILGUS
  Ara Belle . . . 49
WILLET
  Charles E. . . 173
WILLIAMS
  Amanda 75
  Amanda S. . 179
  Annie 230
  Elizabeth . . . 291
  Elizabeth A. . 144
  Hattie L. 282, 297
  Henrietta 67
  Lillian Irene . . 73

WILLIAMS (Con't)
  Margaret . . . 291
  Mary A. 67
  Nina 217
  Rosa A. . . . 132
  William . 67, 291
  Wm. H. 132
WILSON
  Rose 246
  Varina L. . . . 157
WIMBROW
  Mildred W. . 212
  O.L. 212
  Rebecca . . . 212
WINDER
  Clara 78
  Ethel 279
WINGATE
  Elsie 190
WISE
  Anna 189
WISTUBA
  J.F. 295
WOOD
  Hattie 293
WOOTTEN
  Carrie 244
WRIGHT
  Mary 183
  Naney 195
  Sallie . 122, 143
  William T. . . . 66
  Willie C.W. . . 66
YOUNG
  Anna 72
  Bessie L. . . . 193
  Charles S. . . 280
  David 251
  Elsie 280
  Lula C. 233
  Mary E. 251
  Nicie 294

African-American Tombstone Inscriptions

(-----), Elizabeth E. d. 19 Aug ___ aged 47yrs (temp)   Jslm
Florence 1903-1986 (temp)   Whtn
Florence 1909-1981 (temp)   Adam
Geroge F. 1905-1968 (temp)   Mari
Kenneth (no dates) (temp)   McBp
Margaret 21 Feb 1833-4 Oct 1901   Fshp
Maria L. 1901-1985 (temp)   ShBp
Marie R. (unreadable)   Fshp
Robert d. 8 Oct 1960 aged 78yrs   McBp
Samuel H. d. 29 Feb aged 14 yrs (temp)   Jslm
Tabie w/o Henry 1848-13 Mar 1923   MtBp
Virginia I. (child)   MtBp
Willie 1902-1969 (temp)   FsBp
ABBOTT, Ceylon 1909-1975 (temp)   FsBp
Doshia 1888-1993 (temp)   McBp
Eliza 1884-1951 (temp)   FsBp
Elnora W. 1910-1931   FsBp
George 1875-1949   FsBp
J.E. 1888-1969 (temp)   McBp
Janie 1881-1951   FsBp
John G. 1922-1975 (temp)   FsBp
Nellie 1906-1984 (temp)   FsBp
Noah W. 1901-1960 (temp)   FsBp
Peter 1880-1949 (temp)   FsBp
Rose 1917-1980 (temp)   FsBp
Sewell 1906-1972   FsBp
Sherwood (no dates) (temp)   FsBp
Tishie W. 1904-1982   FsBp
William 1911-1994 (temp)   Mari
William J. 1921-1962   FsBp
ADAMS, Ella 1880-1968   GrMs
Keva R. 1990-1990 (temp)   Wth2
Ruby P. 19 Feb 1923-16 Apr 1975   Jslm
ALEXANDER, Margaret K. 1887-1969   Fshp
ALLEN, Geraldine B. 1933-1991 (temp)   Mari
John Henry Sgt USA WWII 1924-1981   Mari
Marie B. 1917-1971   FsBp
AMES, Baby Girl 1978 (temp)   Whtn

AMES (Con't), Bula 1895-1984 (temp) — Fshp
George Edward PFC Co B 511 Engr Svg Bn WWI 12 Sep 1896-8 May 1962 — Mari
Jane 13 Sep 1962 (temp) — Fshp
Mary 1915-1993 (temp) — GrMs
Susie J. 1902-1974 — Adam
ANDERSON, Booker 1915-1990 (temp) — Adam
David 1936-1987 (temp) — StJn
ANNIS, George H. 1931-1979 — Whtn
ARMSTRONG, Hannah 1861-1953 — Deas
Hillary (no dates) (temp) — HnTb
Willie 1902-1984 (temp) — Deas
ASTLE, John H.C. 1915-1979 (temp) — GrMs
AUSTIN, Charles 1893-1958 (temp) — FsBp
Valine 1958-1985 (temp) — Deas
William (no dates) (temp) — Deas
AYERS, Ora 1925-1956 (temp) — FsBp
AYRES, Claude L. 1929-1991 (temp) — McBp
Gertrude McNeil 1919-1980 (temp) — Whtn
BAGWELL, Della 1895-1982 (temp) — FsBp
John 1910-1979 (temp) — Adam
Lewis 1967-1990 (temp) — Whtn
Roxie D. 5 Jun 1895-7 Dec 1973 — Whtn
BAILEY, Brantley 1911-1969 — Whtn
Carrie P. (w/o Isaac T.) 1885-1972 — Wth3
Dorothy (w/o Ernest) 8 Apr 1916-9 Apr 1991 — FsBp
Elisha 1898-1945 — MtBp
Ernest (h/o Dorothy) 12 Dec 1912-15 Feb 1993 — FsBp
George H. 5 Mar 1920-21 Mar 1983 — Whtn
Harrison 1900-1970 (temp) — MtBp
Henry 1873-1963 (temp) — Whtn
Irving R. 1939-1962 — FsBp
Isaac T. (h/o Carrie P.) 1876-1971 — Wth3
Ishmal 1920-1981 (temp) — Whtn
John 1906-1970 — Whtn
Kate Baker 1921-1977 — McBp
Leonard T. h/o Verpil W. 1912-____ — FsBp
Marquita R. 1983-1991 (temp) — Whtn
Mary 1881-1964 (temp) — Whtn
Moses W. 1887-1969 (temp) — FsBp
Robert 3 Jul 1947-1 Jul 1980 — FsBp
Robert A. SM2 USN WWII 19 May 1915-22 Feb 1978 — Wth3
Solomon 1894-1961 (temp) — FsBp
Verpil W. w/o Leonard T. 1914-1962 — FsBp
Virginia L. 1962 (temp) — MtBp
BAKER, Daniel J. Jr. PFC USA WWII 1919-1985 — GrMs
Baker George 1882-1952 (temp) — FsBp

BAKER (Con't), Georgia 1903-1990 (temp)	McBp
John H. 1886-1964	McBp
Johnson 1919-1975	Whtn
Mary E. 1883-1989	FsBp
BANKS, Earl T. 1908-1960	GrMs
Edward J. 6 Jan 1906-26 Feb 1951	FsBp
Linda A. 1966-1987	Jslm
Ruth B. 1926-1967 (temp)	ShBp
BARKER, Beder 1917-1991 (temp)	GrMs
Berkley L. 1919-1986	FsBp
Inez w/o William A. 7 Aug 1913-19 Sep 1987	GrMs
William H. h/o Inez 11 Sep 1915-____	GrMs
BASNIGHT, Pauline 1907-1975 (temp)	Whtn
BATION, John B. STM1 USN 7 Aug 1930-19 Oct 1974	Mari
BAWELL, Leroy 1919-1994 (temp)	FsBp
BAZEMORE, Leroy 1905-1981 (temp)	Whtn
BECKETT, Eula M. (w/o Robert L.) 19 May 1933-____	Whtn
Robert L. (h/o Eula M.) 5 Jul 1931-29 Oct 1992	Whtn
BELL, Elizabeth S. 1890-1983 (temp)	McBp
George T. (h/o Ventrice B.) 1909-1982	McBp
Rebecca 1946-1973 (temp)	FsBp
Ventrice B. (w/o George T.) 1909-1987	McBp
Virgil Jr. Cpl USA WWII 1908-1978	GrMs
BENION, Lillian 1908-1984 (temp)	Fshp
BERKLEY, Sallie A. 8 Sep 1858-4 Dec 1925	FsBp
BEVINS, Haywood 1899-1968 (temp)	ShBp
BIBBINS, Janice M. 18 Aug 1972-21 Nov 1972	Adam
Shirly B. 1945-1987	FsBp
BIVINS, John H. 1955-1993 (temp)	ShBp
Lucy W. 1903-1989 (temp)	ShBp
BLAKE, Basil 1890-1968	GrMs
Clifton PFC USA Air Corps 8 Jul 1919-10 Mar 1992	GrMs
Elizabeth w/o Frank 1841-9 May 1924	ChOd
Flossie 1924-1959	GrMs
Isaiah 1899-1968 (temp)	Wth2
Janie M. 1892-1961	GrMs
Lula (w/o Samuel H.) 17 Jan 1908-25 Sep 1991	ChOd
Nancy 1891-1988 (temp)	Wth2
Okey 20 Mar 1862-20 Apr 1915	ChOd
Samuel H. (h/o Lula) PFC 131 Labor Bn QMC 27 Oct 1890-11 Aug 1960	ChOd
BLANE, Vernon 1928-1985 (temp)	Whtn
BLOXOM, Alfred 17 Jul 1831-18 Aug 1904	MtBp
Alfred h/o Florence d. 7 Mar 1916 aged 45yrs	MtBp
Annie L. 1933-1975 (temp)	FsBp
Annie M. (w/o Sherwood L.) 1931-____	McBp
Bessie B. 190_-1982 (temp)	Whtn

BLOXOM (Con't), Calvin 1963 (temp) — McBp
David L. s/o George & Henretta 17 Nov 1903-9 Jan 1911 — MtBp
Dorothy (w/o Richard) 1926-1978 — Whtn
Ernest s/o George & Henretta d. 1 May 1924 aged 38yrs — MtBp
Estelle (w/o Winfred) 1912-____ — Whtn
George 1892-1948 — MtBp
George 1923-1980 (temp) — Whtn
George Tom 3 Feb 1860-14 Feb 1929 — MtBp
Henrietta w/o George 1857-1945 — MtBp
John B. VA Pvt 540 Engr WWI 13 Jun 1897-23 Dec 1949 — McBp
no names or dates — MtBp
Ollie 1918-1992 (temp) — FsBp
Richard (h/o Dorothy) 1919-1979 — Whtn
Russel s/o George & Henretta 4 Feb 1896-31 Dec 1907 — MtBp
Sabre w/o Alfred d. 9 Dec 1915 aged 34yrs — MtBp
Sally w/o George 1892-1941 — MtBp
Sherwood L. (h/o Annie M.) 1928-1985 — McBp
Willis 1917-1968 — Whtn
Winfred (h/o Estelle) 1912-1964 — Whtn
BOGGS, Grace 1915-1962 (temp) — Whtn
James 1902-1983 (temp) — Whtn
Willie D. 1902-1972 — Whtn
BOND, Nepton Jr. d Sep 1961 aged 26 yrs — Jslm
BOONE, Gladys V. 1901-1969 — FsBp
M.T. Rev. 1885-1969 — FsBp
BORDEN, George E. 1902-1986 (temp) — GrMs
Susie J. 1919-1982 (temp) — Jslm
Doris 1948-1991 (temp) — HnTb
BOWDOIN, Tiney 6 Mar 1909-8 Apr 1904 — Adam
BOWEN, Beatrice 1916-1989 — GrMs
Herbert L. 1931-1975 — GrMs
James Pvt USA WWII 1906-1981 — GrMs
Mary 1902-1984 (temp) — GrMs
Wilbur T. PFC USA 1907-1974 — GrMs
BOWSER, Arthur 1912-1994 (temp) — GrMs
James 1903-1992 (temp) — GrMs
BRENNEY, Alfred 1908-1978 — ChCu
Annie 1897-1984 — ChCu
BRENT, Willie 1940-1983 (temp) — Whtn
BRINNEY, Mary 1863-1956 — ChCu
Mary E. 6 Aug 1819-9 Jan 1892 — ChCu
BRISCO, Robert (no dates) (temp) — ShBp
BRITTINGHAM, Ashby 20 Dec 1891-8 Jan 1978 — Fshp
Clifton Lee Pvt USA WWII 31 Mar 1920-10 Nov 1986 — Fshp
Ella N. (w/o Wilson N.) 1885-1955 — Fshp
G. 1899-1968 (temp) — Fshp

BRITTINGHAM (Con't), Marie 1905-1984	Fshp
Wilson (h/o Ella N.) 1880-1920	Fshp
BROADWATER, Baby Girl d. 7 Jul 1962 (temp)	FsBp
Bronzie 1923-1975	FsBp
Eunice B. 9 Jun 1920-6 Apr 1992	FsBp
H.W. (Deacon) h/o Hattie 16 Aug 1867-8 Dec 1909	FsBp
BROOKS, Custis 10 Aug 1927-22 May 1993	McBp
Monica 1963-1991 (temp)	Mari
BROUGHTON, ____ Jr. 1921-1977 (temp)	GrMs
Albert Lee 13 Dec 1919-20 Aug 1971	Jslm
Clarise C. 1894-1985 (temp)	GrMs
Earwin 1968-1968 (temp)	Whtn
Elouise 1948-1964 (temp)	Jslm
George 1887-1961	Jslm
Hattie 1921-1948 (temp)	Jslm
James 1914-1990 (temp)	Jslm
James E. Cpl USA Vietnam 1944-1992	Jslm
John Lee 1901-1985	Fshp
Laura A. 1906-1965	GrMs
Lester A. 1964-1980(?)	Jslm
Mary E. 1894-1966	Jslm
Rene (no dates)	Fshp
Veta D. 1909-1984	Jslm
BROWN, Anthony W. 5 Nov 1970-11 May 1987	ShBp
Ardonia 1908-1975 (temp)	Jslm
Avery 1912-1975	StJn
Beatrice F. 1928-1956 (temp)	FsBp
Ella Mae 1924-1972 (temp)	Jslm
Elmer C. d. 7 Sep 1959 (temp)	Jslm
Elsie 25 Mar 1915-11 Feb 1988	Fshp
Ethel V. 1916-1985 (temp)	Deas
Frances 1880-1970 (temp)	ShBp
George P. 1887-1981 (temp)	HnTb
George s/o Irene & Vernon 11 Mar 1922-13 Feb 1926	Whtn
George T. TEC 4 1929 Engr Avn Co WWII 2 Oct 1926-14 Apr 1970	Whtn
Harvey 1901-1962 (temp)	McBp
Hary B. 1972-1972 (temp)	Whtn
Hattie 1905-1981 (temp)	McBp
Herbert Sr. (h/o Mollie L.) 1913-1975	GrMs
Irene 1902-1930	Whtn
Jeanette W. (w/o Woodrow) 1915-1978	ShBp
Jennie N. 1934-1955 (temp)	ShBp
Laura 1895-1987 (temp)	HnTb
Lela 1925-1974 (temp)	StJo
Levi 1906-1985 (temp)	Jslm
Louise 1924-1979 (temp)	Deas

BROWN (Con't), Louise E. w/o Geroge H. 1892-1969　　HnTb
Luther 1895-1969　　StJn
Mollie L. (w/o Herbert Sr.) 1913-1977　　GrMs
Nancy 1948-1994 (temp)　　Jslm
Naomi 1938-1976 (temp)　　ShBp
Neal Jr. 11 Sep 1924-17 Jul 1990　　Jslm
Onie 1900-1975 (temp)　　Fshp
Sarah B. w/o John B. 1885-1969　　Jslm
Stanford 1943-1993 (temp)　　GrMs
Tommy 1937-1991 (temp)　　ShBp
Walter Jr. 1940-1969　　ShBp
Woodrow (h/o Jeanette W.) 1920-1967　　ShBp
BRYANT, Willie B. 1904-1987 (temp)　　Whtn
BUCKHAWHAM, W. 21 Jul 1908-25 Jul 1953 (temp)　　FsBp
BULLOCK, Cassie M. w/o Cleon M. 1904-1974　　GrMs
Cleon M. h/o Cassie M. 1898-____　　GrMs
BUNDICK, Addie 1900-1956 (temp)　　Mari
Beulah 1950-1981 (temp)　　McBp
Charlie PFC Co C 351 MG Bn WWI 7 Mar 1897-14 Dec 1954　　Mari
David I. 1908-1969 (temp)　　Whtn
Flora 1915-1990 (temp)　　McBp
George H. 1913-1962 (temp)　　Whtn
John H. 1902-1962 (temp)　　MtBp
Musco Pvt WWI 10 Mar 1895-18 Mar 1976　　Whtn
Samuel D. 1899-1980　　Whtn
Shirley J. 6 May 1941-30 Dec 1989　　Whtn
William Jr. 1946-1978　　McBp
BURTON, Bennie F. Sr. Rev. (h/o Fleela M.) 1911-____　　Jslm
Catherine 2 Dec 1936-28 Nov 1982　　Jslm
Fleela M. (w/o Bennie F.) 1909-1993　　Jslm
BYRD, Alcoria W. (w/o Harold D.) 1902-1982　　Whtn
Alice M. 27 May 1908-7 Dec 1988　　Fshp
Arvil 1914-1971　　Whtn
Ashton (h/o Vergie) 1906-____　　Whtn
Carlton d. Nov 194_ (temp)　　FsBp
Christine M. 26 Jan 1929-22 Jul 1975　　FsBp
Classie 1893-1962 (temp)　　Whtn
Delfena 1890-1968　　Whtn
Dorsey J. 1914-1982　　FsBp
Edith 1908-1974 (temp)　　StJo
Edward PFC 3098 QM Laundry Co WWII 14 Nov 1914-9 May 1956　　MtBp
Elijah 1891-1961 (temp)　　FsBp
Ellis W. (h/o Helen G.) 1903-1967　　Whtn
Evelyn 1901-1959 (temp)　　MtBp
Evelyn w/o Sherwood 1914-1987　　FsBp
Flossie F. d. 31 May 1967(?) (temp)　　HnTb

African-American Tombstone Inscriptions

BYRD (Con't), Georgianna 1896-1985 (temp)	Whtn
Harold D. (h/o Alcoria W.) 1898-1977	Whtn
Helen G. (w/o Ellis W.) 1908-1968	Whtn
Herbert 1914-1989 (temp)	Mari
Horace 1936-1936 aged 6Mos 4Dys	FsBp
Jame (no dates) (temp)	FsBp
James E. Sr. USA WWI 31 Aug 1895-31 May 1979	HnTb
John 1898-1951 (temp)	FsBp
Josephine L. (w/o Lynwood T.) 1941-___	Whtn
Leah Ellen d. 11 Feb 1953 aged 10mos 23dys (temp)	Wth2
Lynwood L. (h/o Josephine L.) 1937-1992	Whtn
Maggie Y. 12 Mar 1912-15 Jul 1984	Whtn
Marie T. d. 3 Jun 1965 aged 60yrs (temp)	StJn
Melvin M. PFC USA WWII 1921-1984	Whtn
Oakley d. 23 Dec 1967 aged 66yrs(?) (temp)	Whtn
Otho not dates (temp)	FsBp
Preston 1901-1983 (temp)	Whtn
Robert 1931-1966	FsBp
Sherwood h/o Evelyn 1914-1981	FsBp
Vergie (w/o Ashton) 1904-1978	Whtn
Violet (no dates) (temp)	GrMs
Willard Randolph 1935-1988	Fshp
William H. 1920-1967	FsBp
William H. VA Pvt USA WWI 1 Jul 1895-2 Dec 1967	Whtn
CANE, Elenor E. 1894-1980	Whtn
John H. 1893-1980	Whtn
Mary J. 1870-1970	Whtn
CANNON, Annie 1903-1991 (temp)	Deas
Anthony T. 1963-1993 (temp)	HnTb
Asbury 1879-1968	Deas
Berton Dover VA Pvt USA 26 Jul 1925-24 Sep 1956	Deas
Caroline Collins 1891-1984	Deas
Clyde R. Sr. PFC USA Korea 8 Nov 1928-25 Jan 1987	Deas
Clyde Roosevelt Pvt USA Vietnam ___-___ (below ground)	Deas
Elizabeth 1935-1987 (temp)	Deas
Harry S. TEC 5 3428 QM Truck Co WWII 3 Apr 1921-16 Jun 1957	Deas
CARET, Janie 1912-1990 (temp)	Whtn
CARTER, Annie 1900-1980 (temp)	Jslm
CASTER, Henry d. 10 Nov 1918	GrMs
CEPHAS, Gerlena 1910-1989	GrMs
CHANDLER, Alfred T. 1911-1972 (temp)	Whtn
Ethel N. 1928-1989 m. 6 Oct 1945	Whtn
George Ed d. 25 Jan 1925 aged 24yrs	MtBp
Stewart (no dates) (temp)	Whtn
William 1902-1974 (temp)	StJn
William G. 15 Feb 1913-12 Dec 1985	Whtn

CHAPPELLE, E. Lucille 1916-1989   GrMs
CHRISTOPHER, Charles 1914-1974 (temp)   HnTb
  Edward 28 May 1944-14 Nov 1986   Fshp
  Jerry R. SFC USA Vietnam 1942-1993   Fshp
CLARK, Almarine 1923-1991 (temp)   GrMs
  Dorothea 1930-1959   Jslm
  Dorothy D. (w/o Lybrant H.) 1914-1991   Whtn
  Greto (no dates) (child) (temp)   Whtn
  Lybrant H. (h/o Dorothy D.) 1908-1966   Whtn
  Vera Copes 29 Dec 1912-7 Oct 1992   Jslm
CLAYTON, Earl 1898-1961 (temp)   McBp
  Fannie 1894-1958 (temp)   FsBp
  Garner L. 1886-1961 (temp)   McBp
  Herbert L. VA PFC USA WWII 24 Mar 1922-6 Nov 1971   McBp
  Martha 1903-1984 (temp)   Whtn
  Orville PFC 471 Amph Truck Co WWII 23 Mar 1923-20 Apr 1956   FsBp
CLEVELAND, Watson Jr. 1945-1984   Whtn
CLUFF, John S. 1877-1960 (temp)   Jslm
  Lola 1891-1959   Jslm
  Robert d. 24 Mar 1964 aged 76yrs (temp)   Jslm
COARD, Ida H. 1906-1990 (temp)   FsBp
COBBS, Elizabeth 1886-1963   FsBp
COHENS, Paul 1940-1987 (temp)   Jslm
COLEMAN, Curtis 1928-1985 (temp)   Whtn
  Julia 1927-1992 (temp)   StJo
COLLINS, Annie 19_7-1983 (temp)   HnTb
  Arthur C. (h/o Faye A.) 30 Jul 1928-____   Jslm
  Ernest 1940-1974 (temp)   Whtn
  Faye A. (w/o Arthur C.) 4 Aug 1928-24 Sep 1975   Jslm
  James (no dates) (temp)   GrMs
  John 1910-1969 (temp)   Jslm
  Lola T. 1921-1978 (temp)   Wth2
  Marguerite (w/o Thomas Sr.) 28 Apr 1919-4 Jun 1991   HnTb
  Noah E. 3 May 1903-18 Aug 1990   Whtn
  Rose d. 26 Oct 1966 (temp)   Jslm
  Rotha 1916-1984 (temp)   Whtn
  Thersa 1909-1970 (temp)   GrMs
  Thomas Sr. (h/o Marguerite) 29 Aug 1916-22 Dec 1989   HnTb
  Viola 1928-1974 (temp)   StJn
  William H. d. 13 Apr 1967 aged 74yrs 5mos 10dys (temp)   Jslm
  Willie STM2 USN WWII 22 Aug 1923-16 Sep 1980   Jslm
COLMON, Johnnie D. 1921-1983 (temp)   StJo
CONGO, Aleen 1920-1970 (temp)   FsBp
CONNER, Beulah 1896-1968   Fshp
  George A. 1891-1966   Fshp
  Herbert 1920-1988 (temp)   Fshp

CONNER (Con't), Jesse Douglas (no dates)	Deas
Willie 1894-1946	Deas
CONNOR, Edward 1897-1981 (temp)	Fshp
Madeline 1926-1969 (temp)	StJn
Mattie 1893-1982	Fshp
Wilmore 1895-1978	Fshp
CONQUEST, (-----) (Can't Read) Jun 1952-Nov 1952 (temp)	McBp
Beulah 1906-1981 (temp)	Fshp
Chester 1901-1975	Whtn
Clarence 1895-1977 (temp)	Fshp
Ethel E. w/o James R. 1928-___ m. 26 Nov 1944	Fshp
James R. h/o Ethel E. TEC 5 USA WWII 1926-1900	Fshp
K.(Kenneth) Tyrone 1951-1973	McBp
COOK, Helen F. 1909-1983	Adam
COPES, Archie Lee Cpl Engr Corps WWI 26 Apr 1888-14 Jun 1956	Jslm
Charlie d. 2 May 1958 aged 71 yrs (temp)	Jslm
Clayton Pvt Co C 13 Bn Repl Tng Center WWI 20 Oct 1890-13 Sep 1964	Jslm
Clydle T. PFC USA 1936-1992	Jslm
Deirmon J. 1948-1988 (temp)	ShBp
Ernest C. 1889-1964	Jslm
Fannie W. 1905-1976 (temp)	ShBp
Florence H. 18 Nov 1900-6 May 1988	Jslm
Geneva d. 3 Jul 1954 aged 65yrs (temp)	Jslm
Indianah 1886-1984 (temp)	GrMs
James d. 11 Apr 1941 aged 56yrs (temp)	Jslm
Lola V. 1908-1952 (temp)	Jslm
Louisetta 1894-1985	Jslm
Mary S. 1873-1954	Jslm
Mary W. (w/o Theodore?) 1904-1971	Wth2
Norman 1920-1985 (temp)	Wth2
Paige Pvt USA Korea 1935-1983	Whtn
Randolph 1921-1969 (temp)	Fshp
Robert F. 6 Mar 1890-27 Jul 1972	Jslm
Robert J. 1860-1931	Jslm
Samuel d. 7 May 1954 aged 46yrs (temp)	Jslm
Sherwood 1912-1988 (temp)	Whtn
Theodore (h/o Mary W.?) 1904-1972 (temp)	Wth2
Walter L. USA WWII 9 Aug 1921-29 Sep 1978	Jslm
William E. 1904-1961	GrMs
Woodie E. 23 Sep 1895-17 Apr 1974	Jslm
COPPER, Elisha 1901-1978	Jslm
CORBIN, Alfonzo 1919-1973	GrMs
Christine 1945-1993 (temp)	GrMs
Columbus (h/o Lucille) 1909-1987	Wth3
Eddie Caroll 1935-1936	GrMs
Elisha (w/o Thomas?) 1912-1993 (temp)	Wth2

CORBIN (Con't), Eunice B. (no dates) — GrMs
Henry J. Sp 5 USA 1957-1986 — Wth2
Henry J. 1875-1978 (temp) — Deas
Henry James VA Pvt USA 9 Mar 1935-23 Feb 1966 — Wth2
James A. 1899-1975 (temp) — GrMs
James A. Cpl USMC WWII 10 Jul 1928-27 Mar 1992 — GrMs
John N. 1907-1976 — GrMs
Kimberly Kochelle 1982-1982 (temp) — Wth2
Larry 1946-1973 — GrMs
Lawrence E. (h/o Nadine E.) 1938-____ — Jslm
Leon Lee VA Cpl USA WWII 20 Jan 1917-25 Dec 1973 — Jslm
Levi C. 1921-1989 — GrMs
Levi Sr. 1890-1959 — GrMs
Lillie M. 1917-1993 — GrMs
Lola 1911-1978 (temp) — Fshp
Lucille (w/o Columbus) 1913-1980 — Wth3
Martha 1914-1974 — GrMs
Milton J. 1910-1969 — GrMs
Nadine E. (w/o Lawrence E.) 1936-1990 — Jslm
Nellie (w/o Randolph) 30 Nov 1891-__ Jul 1975 (temp) — GrMs
Paggie 1892-1946 — GrMs
Randolph (h/o Nellie) 9 Oct 1894-29 Jan 1961 (temp) — GrMs
Richard R. ____-1981 (temp) — GrMs
Theola L. 1924-1971 — GrMs
Thomas (h/o Elisha?) 1910-1984 (temp) — Wth2
V. Aline 26 Apr 1925-9 Feb 1988 (temp) — GrMs
Valerie 1961-1990 (temp) — GrMs
CORE, Annie L. 1915-1989 (temp) — Whtn
Charles (h/o Mary E.C.) 1888-1964 (temp) — Whtn
Clarence 1943-1983 (temp) — Fshp
Herbert Thomas PFC USA Korea 5 Jan 1932-8 Apr 1993 — Whtn
Hester 30 Mar 194_ aged 90yrs (temp) — Jslm
Mary E.C. (w/o Charles) 1890-1984 (temp) — Whtn
Mary R. 1924-1972 (temp) — Fshp
Ollie Pvt 5th Engr Serv Bn 9 Jul 1938 — Jslm
Wallace E. 28 Apr 1906-30 Nov 1974 — Jslm
Willie 1919-1968 (temp) — Fshp
CORNISH, Bearlie W. 1903-1961 — MtBp
Lavra 1917-1989 — Fshp
COSTON, Rosena w/o E.W. d. 17 Oct 1912 aged 34yrs — Fshp
COTTMAN, Lizzie Copes 1895-1939 — Jslm
COULBOURNE, James PFC USA WWII 18 Sep 1909-7 Nov 1968 — Fshp
Elizabeth 1888-1975 (temp) — Fshp
COURSEY, Mary 1905-1972 (temp) — Fshp
CRAPPER, Madge 30 May 1908-6 Jun 1956 — FsBp
CRIPPEN, ____ 1957-1981 (temp) — GrMs

African-American Tombstone Inscriptions 327

CRIPPEN (Con't), Amos 1966-1992 (temp) — GrMs
Charles W. Sr. 5 Oct 1905-18 Mar 1974 — Fshp
Eddie L. 1919-1958 (temp) — Jslm
Forest 1937-1989 (temp) — GrMs
George 1876-1967 (temp) — Jslm
Gordy 1891-1985 (temp — GrMs
Leon 1921-1983 (temp) — GrMs
Lucy w/o Thomas d. 3 Jun 1914 aged 58yrs — MtBp
Mabel K. 22 Jan 1915-18 Mar 1990 — Fshp
Margaret A. 28 Feb 1950-10 Mar 1978 — Jslm
Mattie F. w/o Eli d. 23 Jan 1916 aged 29yrs — Fshp
Maud w/o George 27 Mar 1886-29 Oct 1945 — ChOd
Ola 1898-1984 (temp) — GrMs
R. 1913-1968 (temp) — GrMs
Richard 1945-1975 (temp) — GrMs
Robert 1906-1985 (temp) — Whtn
Samuel 1935-1987 (temp) — GrMs
Willie J. 15 Jan 1903-1 Dec 1978 — Fshp
CROPPER, Alice 1887-1962 — FsBp
Alice 1908-1970 (temp) — ShBp
Banton 1906-1977 — Jslm
Beatrice C. 24 Jun 1915-5 Jan 1992 — GrMs
Benjamin Frank VA Pvt QMC WWI 12 Oct 1895-24 Sep 1961 — Fshp
Bernice 1914-1993 (temp) — FsBp
Catherine 1915-1970 (temp) — Fshp
Catherine S. 1930-1988 — FsBp
Clarcy 10 Nov 1877-6 Aug 1960 — Fshp
Clinton 1929-1976 (temp) — Fshp
Cornichel d. 1 Dec 1965 aged 46yrs (temp) — Fshp
Crystal 1970-1971 (temp) — McBp
David H. Pvt USA WWII 3 Jan 1922-3 Aug 1991 — FsBp
David H. Jr. SP5 USA Vietnam 1946-1986 — McBp
Dorothy 1906-1968 (temp) — GrMs
Edward L. Pvt USA WWII 1915-1976 — Fshp
Elton C. TEC 4 USA 24 Apr 1924-11 Feb 1983 — Fshp
Elton ASS2 USNR WWII 9 Jan 1919-1 Sep 1967 — Fshp
Emma 1913-1972 — Whtn
Emma L. 17 Sep 1888-3 Aug 1980 — Fshp
Eugenia 22 Feb 1911-7 May 1974 — Fshp
Eva C. 1905-1974 — HnTb
George J. 1912-1971 — Fshp
Harold T. 1907-1987 — FsBp
Harry Sr. 1877-1969 — FsBp
Isaiah S. h/o M. Elizabeth 1894-1971 — Fshp
James H. 1883-1930 — Fshp
Jeneatt 1945-1976 (temp) — HnTb

CROPPER (Con't), Jesse d. 19 Jul 1962 aged 63yrs (temp) — Fshp
John E. h/o Virgie L. 1900-1984 — Fshp
John McKinley 17 May 1896-23 Jan 1986 — Fshp
Joseph 1888-1942 — FsBp
Joseph 21 Jun 1916-19 May 1990 — Fshp
Julius P. Pvt USA 14 Jun 1948-13 May 1991 — HnTb
Laurene 1900-1978 (temp) — Fshp
Levi J. 25 Feb 1907-29 Oct 1992 — Fshp
Lorenzo S. (h/o Lula L.) 1901-1981 (temp) — Wth2
Lottie 1901-1991 (temp) — Fshp
Lula F. 1879-1967 — FsBp
Lula L. w/o Lorenzo S. 20 Nov 1909-21 Jul 1966 — Wth2
Lula M. (w/o William E.) 1902-1991 — Whtn
M. Elizabeth w/o Isaiah S. 1892-1978 — Fshp
Malachi 5 Jan 1900-20 Apr 1982 — Fshp
Maria C. 1934-1987 (temp) — Adam
Martha 1874-1965 — Fshp
Martha 1913-1967 — Jslm
Mary H. 1883-1983 — Jslm
Mary Jane w/o Solomone 1863-1926 — Fshp
Mazel D. 1921-1962 (temp) — McBp
Nathan 1874-1954 — Fshp
Norman W. PFC USA Korea 16 Aug 1930-14 Sep 1987 — Fshp
Otho 2 Jul 1916-17 Feb 1986 — Fshp
P. Roosevelt 1905-1926 — Fshp
Paul T. 1902-1968 — Fshp
R. Luther TEC 5 370 Inf WWII 3 Jun 1909-18 Jun 1961 — Fshp
Solomone h/o Mary J. 1854-1944 — Fshp
V. 1 Jan 1897-20 Jul 1954 — GrMs
Venzie 1914-1970 (temp) — Fshp
Virgie L. w/o John E. 1901-____ — Fshp
Waler T. 1902-1971 — HnTb
Warren 1921-1968 (temp) — Fshp
William E. (h/o Lula M.) 1901-1976 — Whtn
William H. USA WWII 1911-1980 — StJn
Zola 1932-1986 — Fshp
CROSBY, Flossie Mae 1923-1983 (temp) — GrMs
Frank Jr. 1906-1977 (temp) — GrMs
CROSS, Iona 1899-1969 (temp) — StJn
CROWSON, William 1907-1970 (temp) — Whtn
Wm. R. Jr. 1946-1985 — Whtn
CUSTIS, Dola D. (w/o G. Garland) 1910-1983 — Adam
Elmore 1900-1974 (temp) — McBp
Ernest 1938-1986 (temp) — Adam
Florence M. 15 Sep 1907-22 May 1951 — Whtn
Frank 1912-1986 (temp) — McBp

CUSTIS (Con't), G. Garland (h/o Dola D.) 1907-___	Adam
George 1904-1986 (temp)	Wth2
Grafton 1909-1973 (temp)	Whtn
Harrie T. (no dates) (temp)	Whtn
Ida M. 1913-1993 (temp)	Whtn
James 1963-1990 (temp)	Adam
John D. USA WWII 1924-1977	Adam
Margaret C. (w/o Marshall E.) 1946-___	Adam
Marshall E. (h/o Margaret C.) 1945-1986	Adam
Sophronia M. 1910-1983 (temp)	Adam
Walter T. (no dates) (temp)	McBp
Wilson 1905-1993 (temp)	Whtn
CUTLER, Barbara A. 12 Jul 1940-9 Feb 1994	Wth2
Edgar T. VA TEC USA WWII 23 Jun 1925-4 Jun 1955	Whtn
Emily B. (w/o Vincint) 1928-1979 (temp)	Adam
Etta S. 1911-1988 (temp)	Mari
Gilbert W. 1895-1962	Adam
Nannie D. 1893-1933	Adam
Pearl G. 1889-1974	Adam
Vincint 1925-___ (temp)	Adam
Warren H. TEC 4 USA WWII 1920-1979	Whtn
DANIALS, Mary A. 1901-1955 (temp)	Jslm
DANIEL, Lloyd 1910-1986 (temp)	Whtn
DARDEN, Betty 1904-1994 (temp)	Whtn
DAVIS, Annie A. w/o Grant 25 Aug 1872-5 Dec 1896 m 14 Nov 1895	FsBp
Bernie 1916-1953 (temp)	FsBp
Bertha M. (w/o Brooks) 5 Sep 1923-___	FsBp
Bessie L. 1902-1965	FsBp
Brooks (h/o Bertha M.) 24 Jul 1915-1 May 1993	FsBp
Charles 1891-1955	FsBp
Clarence Jr. (no dates) broken stone	GrMs
Cornelia H. 1930-1978	Wth1
Darrow 1968-1985 (temp)	FsBp
Della 1896-1936	McBp
Dennis B. MD Tec 5 USA WWII 10 Mar 1920-10 Jun 1967	FsBp
Edna 1907-1977 (temp)	FsBp
Ernest 1900-1967	McBp
Fred J. d. 24 Aug 1965 aged 70 yrs (temp)	FsBp
George 1881-1970	FsBp
George C. 1945-1967 (temp)	FsBp
George C. PFC USA 1965-1989	HnTb
Gertrude Alvin 15 Apr 1917-26 May 1923	Jslm
Grant 1873-1955 (temp)	FsBp
Harriet A. w/o John B. 25 Jul 1832-7 Sep 1899	FsBp
Ida Lee 8 May 1889-26 Jan 1991	FsBp
Ida (no dates) (temp)	McBp

DAVIS (Con't), Idaree J. 1918-1985 (temp)	Jslm
Isaac 1909-1977	FsBp
Isabella 1919-1994 (temp)	FsBp
James W. Jr. 1955-1989	Whtn
John 1880-1960 (temp)	FsBp
John W. PFC 41 Co 155 Dep Brig WWI 22 Sep 1889-21 Dec 1955	FsBp
Laura H. d. 4 May 1903	Adam
Lawrence S. (h/o Margaret D.) 1919-____	Whtn
Lena B. 1899-1975	FsBp
Lewis 1913-1992 (temp)	FsBp
Lewis L. d. 25 Dec 1923 aged 61yrs	FsBp
Linette 1969-1969	Jslm
Lula 1897-1993 (temp)	Adam
Maggie 1905-1971 (temp)	Whtn
Malissa 1971 (child) (temp)	Whtn
Margaret D. (w/o Lawrence S.) 1925-1986	Whtn
Marie G. 1939-1986 (temp)	FsBp
Mary Alice 1875-1955 (temp)	FsBp
Mary C. w/o John T. 4 Mar 1871-19 Oct 1907	FsBp
Mary L. 1889-1966	Jslm
Milissa 1880-1957 (temp)	FsBp
Milton 1914-1981 (temp)	FsBp
Minnie 1885-1955 (temp)	FsBp
Nealy 1920-1976 (temp)	Fshp
Nora F. 1937-1986	FsBp
Ola 1890-1963	FsBp
Percy 1910-1972 (temp)	Whtn
Peter 1900-1970	Mari
Preston 1918-1957 (temp)	FsBp
Samuel 1900-1960 (temp)	Adam
Solmon 1867-1946 (temp)	FsBp
Vanessa E. 1961-1986	HnTb
Wilbur T. Pvt USA WWII 11 May 1912-21 Apr 1975	Mari
William 9 Sep 1904-14 Oct 1987	Whtn
William Jr. 1944-1969 (temp)	McBp
William PFC USA WWII 8 May 1918-4 Nov 1982	McBp
Wilson 1903-1968 (temp)	Whtn
DEAL, Georgia A. "Cropper" 24 Oct 1894-30 Jul 1978	Fshp
DEFIGUEREDO, Esperanza Peidra b. Havana Cuba d. 1971	McBp
DELAIN, Bessie (w/o Ernest R.?) 1907-1991 (temp)	Whtn
DELAIN, Ernest R. (h/o Bessie?) TEC 5 USA WWII 12 Feb 1909-5 Apr 1982	Whtn
DELK, Charlie 1937-1991 (temp)	Whtn
Georgia 1939-1990 (temp)	Whtn
DELOACH, Johnnie Mae 1909-1986	ShBp
DENNIS, Baby Girl 1988 (temp)	Whtn
Carrie 1926-1993 (temp)	Whtn

African-American Tombstone Inscriptions 333

DOUGLAS (Con't), James Jr. 12 May 1920-3 Dec 1989 — Fshp
James H. Sr. (h/o Blanche M.) 21 Mar 1897-17 Feb 1952 — Fshp
Kattie (no dates) — Deas
Murray 1916-1993 (temp) — Deas
Ogress 1915-1988 (temp) — HnTb
Richard 1925-1992 (temp) — Jslm
Sophia M. w/o James H. 1924-1988 — Fshp
Thomas 1913-1987 (temp) — Jslm
Willie 1912-1973 (temp) — Fshp
Zra 1914-198_ (temp) — HnTb
DOUNCAW, William d. 3 Feb 1953 aged 65yrs (temp) — Fshp
DOWNING, (---le) (no dates) (temp) — Whtn
Ada d/o Wesley & Elizar 22 Jan 1892-4 Jul 1903 — Adam
Bennie 1892-1986 — FsBp
Bertha L. 26 Aug 1929-1 Mar 1992 — StJo
Constance d. 26 Jan 1961 aged 46yrs (temp) — Wth2
Dorsey L. 1919-1968 — FsBp
Edith (w/o Thomas?) 1886-1953 (temp) — Wth2
Elaine 1937-1988 (temp) — Wth2
Elizabeth 1875-1966 — FsBp
Elizar A. w/o Wesley Sep 1867-27 Aug 1904 — Adam
Elmer (h/o Jeanette) 22 Oct 1919-___ — Jslm
Ernest TEC 5 USA WWII 28 Feb 1925-22 Nov 1988 — FsBp
Garnet 1905-1973 (temp) — Wth2
Hattie d. 31 Jul 1961 aged 67yrs (temp) — Fshp
Horsell 1933-1980 (temp) — Wth2
James 1868-1945 — FsBp
James H. 9 Dec 1962 aged 61 yrs (temp) — Jslm
Janie T. 1898-1970 — FsBp
Jeanette (w/o Elmer) 6 Jun 1923-6 Feb 1986 — Jslm
Joseph Lee Jan(?) 1961 (temp) — Wth1
Josephine 1879-1969 (temp) — Fshp
Lena d. 11 Jun 1952 aged 52 yrs (temp) — Jslm
Lillie 1902-1991 (temp) — Jslm
Lloyd 1902-1984 (temp) — Wth2
Lloyd Jr. 1931-1987 (temp) — GrMs
Lottie 1919-1978 — Whtn
Louis T. (h/o Nancy C.) 1929-1982 — GrMs
Martha A. (no dates) aged 6 yrs — ChOd
Nancy C. (w/o Louis T.) 1937-1983 — GrMs
Norman STM2 USN WWII 1918-1985 — Whtn
Norwood 1896-1982 (temp) — Whtn
Preston L. 1937-1968 — FsBp
Sally 1900-1991 (temp) — Whtn
Sherwood 1933-1979 (temp) — Wth2
Shirley 1939-1981 (temp) — Jslm

DOWNING (Con't), Thomas (h/o Edith?) 1883-1952 (temp)　　Wth2
Virgie M. 12 Dec 1900-15 Jan 1970　　Deas
Willie T. 1898-198_ (temp)　　Fshp
DRUMMON, Elsie A. d. 3 Oct 1960 aged 68yrs (temp)　　StJn
DRUMMOND, Amos J. 1929-1992 (temp)　　Mari
Donnie 1905-1990　　Jslm
Elmira S. w/o LaFonde C. d. 10 Jun 1982　　Fshp
Emma Bloxom 1920-1956 (temp)　　MtBp
Eva 1908-1969 (temp)　　Whtn
Fletcher 1965-1992 (temp)　　Whtn
Florence I. 1924-1994 (temp)　　Wth2
George (h/o Louise?) d. 23 Jun 1965 aged 52yrs (temp)　　Wth2
George E. (h/o Grace) 1905-1968　　Mari
George L. (h/o Mary E.) 19 Jun 1875-8 Mar 1948　　Mari
Grace (w/o George E.) 1906-1964　　Mari
Henry 1900-1969 (temp)　　Whtn
Henry 1915-1977 (temp)　　Wth2
Henry 1939-1972 (temp)　　Wth2
Ida d/o Mollie Trent 1 Mar 1890-7 Nov 1909　　Adam
Josephine 1942-1988 (temp)　　Jslm
LaFonde C. (no dates)　　Fshp
Leonard 1932-1990 (temp)　　Wth2
Lida 1910-1961　　MtBp
Lonzo PFC USA WWII 8 Jun 1922-27 Sep 1980　　ShBp
Louise (w/o George?) 1918-1982 (temp)　　Wth2
Loullen W. 1925-1979　　Mari
Maggie J. 1899-1976　　Adam
Mary E. (w/o George L.) 18 Nov 1873-11 Nov 1941　　Mari
Mary E. (w/o Thomas C.) 1890-1962　　Mari
Pearl 1896-1960　　Whtn
Robert 1924-1974 (temp)　　Whtn
Sheila 1967-1979 (temp)　　Jslm
Tassie 1886-1973　　Fshp
Thomas C. (h/o Mary E.) 1882-1977　　Mari
DRYDEN, Josephine E. 1947-1994 (temp)　　GrMs
Priscilla 1929-1985 (temp)　　GrMs
DUCK, Mardean 1912-1988 (temp)　　Whtn
DUDLEY, Leah 1853-1923　　Fshp
DUFFEY, Charles Edward 1900-1957　　FsBp
DUFFY, Alexander d. 6 Apr 1963 aged 62yrs (temp)　　MtBp
Allie 1918-1978 (temp)　　Whtn
Annie (w/o Elton) 1929-1990　　Whtn
Baby Girl 1951 (temp)　　MtBp
Charlie 1925-1993 (temp)　　Whtn
Clarence Pvt 41 Co 155 Depot Brigade ____-____ (unreadable)　　MtBp
Elton (h/o Annie) 1922-1974　　Whtn

DENNIS (Con't), Delma 28 Nov 1922-9 Jun 1989	Whtn
Elenor C. 1919-1993 (temp)	Wth2
George Leon 1944-1976	Whtn
Henry 1924-1979 (temp)	Whtn
Henry T. (h/o Nellie A.) 1883-1967	Wth1
John 1910-1967	GrMs
John d. 14 Apr 1955 aged 25yrs (temp)	Jslm
Leon 1932-1988 (temp)	Whtn
Lurlen 1904-1969	Whtn
Mabel E. 1933-1963	ShBp
Nellie A. (w/o Henry T.) 1890-1966	Wth1
Perliss 1931-1981 (temp)	GrMs
Roger 1950-1992 (temp)	GrMs
Rosetta 1970-1989 (temp)	Whtn
Rudolph USA Korea 29 Aug 1936-5 Nov 1978	GrMs
Sarah J. 1894-1976 (temp)	Whtn
Thomas 1884-1977	Mari
DESHIELDS, Beatrice 1937-1987 (temp)	GrMs
DIAMOND, Marcellous Jr. 1913-1960	Whtn
DICKERSON, (-----) 1914-1986 (temp)	McBp
Amanda 1903-1988 (temp)	McBp
Annie Mae 1928-1976	Jslm
Cardner Lee Sr. 1905-1986	Fshp
Chauncey 1912-1980 (temp)	Fshp
Clareise d. 7 Nov 1958 aged 29yrs (temp)	StJn
Clarence 1910-1973	FsBp
Diane Jean (m/o Donald W. Jr.) 1956-1977	Deas
Ditto F. b. & d. 1858 (temp)	FsBp
Donald W. Jr. (s/o Diane J.) 1975-1977	Deas
Dorsey C. VA Tec 5 USA WWII 18 Jan 1916-6 Oct 1971	FsBp
Douglas 10 Jul 1955 (temp)	MtBp
Douglas W. (h/o Essie M.) 16 Mar 1935-15 Sep 1993	Fshp
Ernest 1912-1991 (temp)	Whtn
Essie M. (w/o Douglas W.) 13 Aug 1937-___	Fshp
Evelyn 1898-1980 (temp)	FsBp
Flora Custis 1933-1980 (temp)	McBp
Floyd 1902-1962 (temp)	McBp
Garland Spencer 1925-1939	FsBp
George 1904-1989 (temp)	McBp
George D. 1887-1968	FsBp
Georgia 1900-1989	StJn
Harold 1920-1985 (temp)	Whtn
Herbert 1922-1980 (temp)	Fshp
Isaac 15 Mar 1914-29 Dec 1973	FsBp
Jettie L. PFC USA Korea 1933-1981	McBp
John 1908-1981 (temp)	McBp

DICKERSON (Con't), John E. 1888-1961 (temp) — McBp
Mable W. 1897-1968 — FsBp
Martha Northam 1885-1938 — FsBp
Neomia 1924-1985 (temp) — Fshp
Roxie C. 1900-1985 — FsBp
Victor 1910-1976 — FsBp
William 1901-1964 (temp) — McBp
Willie 1885-1940 (temp) — FsBp
Willie J. 1918-1936 — GrMs
DICKSRON, John A. 15 Oct 1883-6 Dec 1945 aged 62ys 2ms 9ds — FsBp
DIX, Annie 1915-1991 (temp) — Whtn
Blanch 1924-1984 (temp) — Adam
Christine 1932-1992 (temp) — Adam
Evelyn 1918-1990 (temp) — Whtn
George F. 1905-1983 (temp) — Whtn
Lelia 1918-1981 — Mari
Louis T. 1899-1961 (temp) — MtBp
Lucille I. (w/o Walter L.) 1918-1990 — Adam
Lula 1894-1969 (temp) — Mari
Lula F. 1884-1960 — Whtn
Marie 1900-1964 (temp) — Mari
Milton H. 20 Dec 1901-20 Aug 1956 — Whtn
Walter L. (h/o Lucille I.) 1912-1987 — Adam
DLEY, Steve M.D. 1912-1968 (temp) — Fshp
DOGGETT, Arthur (no dates) (temp) — Fshp
DORSEY, Annie M. 1959-1976 (temp) — Whtn
Benjamin G. 1914-1981 (temp) — GrMs
Edward L. 1942-1960 (temp) — GrMs
Elsie Warner (no dates) — Whtn
James 1966-1985 (temp) — Whtn
Learaan 1918-1977 (temp) — Whtn
Raymond 1916-1977 (temp) — Whtn
Regina C. 1962-1991 (temp) — GrMs
Susie M. 1924-1976 (temp) — GrMs
DOUGHTY, Vivian Mae 23 Jun 1933-20 Mar 1982 — Fshp
DOUGLAS, Alfonzo 1912-1970 (temp) — Fshp
Anthony 1966-1994 (temp) — Wth2
Bannon E. h/o Fannie 1876-1939 — Fshp
Blanche M. (w/o James H. Sr.) 11 Mar 1902-5 May 1960 — Fshp
Clarence 1919-1992 (temp) — Jslm
Deolia M. 1958-1979 (temp) — Wth2
Emma Fletcher 1876-1956 — Jslm
Fannie w/o Bannon E. 1886-19__ — Fshp
Fred 25 Aug 1908-30 Apr 1990 — Jslm
James 1906-1978 (temp) — Wth2
James H. h/o Sophia M. 1919-1988 m. 17 Oct 1944 — Fshp

African-American Tombstone Inscriptions

DUFFY (Con't), Gloria 24 Jul 1934-4 Mar 1986	Whtn
Hartha 1890-1969 (temp)	FsBp
Lilliam 1892-1972 (temp)	Whtn
Mary S. 1898-1962 (temp)	MtBp
Minnie L. 1915-1990 (temp)	Whtn
Prentis 1905-1968 (temp)	Whtn
Sarah w/o Siman d. 5 Apr 1905 aged 60yrs	MtBp
Sylvaine R. (no dates) (temp)	Whtn
DUNCAN, Dorothy L. (w/o George L.) 1956-1976	StJn
George L. (h/o Dorothy L.) 1955-____	StJn
Luther 1910-1979	GrMs
DUNKEY, Bertha 1916-1989 (temp)	FsBp
DUTTON, Winfield 1925-1953 (temp)	ShBp
DYER, Inez 1899-1978 (temp)	StJn
EDWARD, Norris R. 1923-1950	Mari
Paul 1900-1993 (temp)	Adam
EDWARDS, Bertie T. 1894-1983	Mari
Clara 1909-1962 (temp)	MtBp
Frank PFC USA WWI 1896-1984	Whtn
Geneva Carver 1927-1992	Mari
Gertrude 5 Nov 1899-30 May 1990	Adam
Helen L. 1916-1975	Adam
Preston Sr. 1917-1987	Mari
Robert Lee 1942-1967	Mari
Robert Sr. 1891-1956	Mari
ELLIOTT, Baby Boy 1994 (temp)	Adam
ENGLISH, Aileen A. 1927-1985	Fshp
EVANS, Clyde d. 2 May 1964 aged 14yrs (temp)	Jslm
Cylde 1915-1968 (temp)	ShBp
Elijah R. 7 Jul 1900-11 Oct 1965	Fshp
Geraldine G. 1936-1969	Jslm
Hammond 1909-1986 (temp)	Jslm
James 1930-1976 (temp)	Whtn
John D. 1912-1976 (temp)	ShBp
John L. 1898-1968 (temp)	Jslm
Ray d. 17 Jun 1963 aged 50yrs (temp)	Jslm
Walter H. 29 Nov 1918-1 Sep 1987	Jslm
Warner 1930-1992 (temp)	ShBp
Willford 1914-1986 (temp)	Jslm
EWELL, Alice (w/o George) 1891-1982	ChOd
Annie R. 1915-1984 (temp)	Adam
Emily B. 1909-1978 (temp)	Adam
Frank W. 1885-1968 (temp)	Fshp
James "old soldire" 1844-1918	Fshp
John H. (h/o Virginia B.) 1911-1973	Jslm
Kimberly 1988 (child) (temp)	Whtn

EWELL (Con't), Mary 1846-1915 — Fshp
Marthony "Marh" (s/o George & Alice) 1910-1992 — ChOd
Robert (s/o Geroge & Alice) 1912-1983 — ChOd
Virginia B. (w/o John H.) 1917-___ — Jslm
Willie 1902-1982 (temp) — Whtn
Woodland Pvt Co A 1887 Engr Anv Bn WWII 24 Aug 1921-11 Oct 1972 — Adam
FARROW, Dorothy (w/o Matthew?) 1900-1980 (temp) — Wth2
Jesse 1929-1985 (temp) — Adam
Matthew (h/o Dorothy?) 1901-1975 (temp) — Wth2
FEDDEMAN, Caroline 1899-1977 — Fshp
FEDDEMON, Annie 1905-1971 — StJn
FEDDERMAN, Evlyn 1913-1972 (temp) — StJn
George L. 1917-1983 — Fshp
Irene (w/o Raymond) 1924-___ — StJn
Joseph L. PFC Co C734 MP Bn WWII 8 Feb 1913-23 Apr 1966 — StJn
Martin Luther 1915-1978 (temp) — Fshp
Raymond (h/o Irene) 1915-1984 — StJn
Raymond Jr. 1969-1983 — StJn
Reggie 1918-1977 (temp) — StJn
Vernon 1921-1988 — StJn
FEDDMAN, Lloyd 1914-1975 (temp) — Fshp
FERRELL, Kathryne M. 17 Aug 1928-27 Sep 1989 — GrMs
FIDDERMAN, Ann d. 30 Apr 1965 aged 25yrs (temp) — StJn
FIELDS, Celia 1906-1972 (temp) — Deas
Isabella 1915-1962 (temp) — Fshp
John (no dates) (temp) — Deas
Leona Jun 1905-10 Aug 1934 — Deas
Willie Cpl USA Korea 1928-1993 — Fshp
FINNEY, Ada C. 1930-1990 (temp) — FsBp
Albert 1907-1993 (temp) — Adam
Alfred d. 11 Aug 1952 aged 58yrs (temp) — Whtn
Beulah M. 1907-1971 (temp) — Whtn
Beulah Mae 1907-1971 — Whtn
Blxater 1956-1973 (temp) — Mari
Dorsey (h/o Viola K.) 1924-1983 — Whtn
Edna J. 1923-1986 (temp) — Fshp
Frances 1923-1960 (temp) — McBp
George s/o Lewis & Leah 7 Jan 1890-29 Jun 1913 — MtBp
Goldie 1916-1987 (temp) — Whtn
Gracey N. 1912-1987 — Adam
Harvey B. VA TEC 5 USA WWII 8 Jun 1925-25 Jun 1965 — McBp
Henry d. 24 May 1922 aged 52yrs — MtBp
Hortense D. (w/o Leon) 1918-___ — Whtn
Ida 1914-1984 (temp) — Whtn
Isabelle 1900-1973 — Adam
James H. 1903-1984 (temp) — Adam

African-American Tombstone Inscriptions

FINNEY (Con't), Jerry D. 29 Oct 1959-2 Mar 1993	Whtn
Jesse H. 17 Mar 1900-3 Jun 1988	Adam
John Edward Pvt 34 Const Co AR Serv WWI 15 Jan 1897-15 Jun 1967	Whtn
Lara 1865-1925	MtBp
Leon (h/o Hortense D.) 1918-1986	Whtn
Leonard 1903-1975 (temp)	Whtn
Lillie d. 15 Jun 1960 aged 55 yrs	FsBp
Louis E. 25 Dec 1911-16 Aug 1958	MtBp
Louise H. 1927-1994	Whtn
Louise V. 1955 (child) (temp)	MtBp
Lucy 1913-1972 (temp)	Mari
Mable F. 1914-1961 (temp)	MtBp
Mary w/o Montesco d. 7 Oct 1922 aged 51yrs	MtBp
Neal E. 1926-1985 (temp)	McBp
Norris L. 1954-1955 (temp)	FsBp
Otha L. (no dates) (temp)	MtBp
Pearline 1896-1985 (temp)	Whtn
Primrose 1895-1985 (temp)	Deas
Robert 1940-1986 (temp)	Whtn
Roland 1913-1989 (temp)	Whtn
S.M. 1891-1956	McBp
Viola 1909-1993 (temp)	Adam
Viola K. (w/o Dorsey) 1931-1985	Whtn
William 1890-1968 (temp)	Whtn
William 1932-1986 (temp)	Whtn
William H. Sr. 1903-1978 (temp)	Whtn
Willie PFC USA WWII 27 Jun 1919-26 Mar 1993	Whtn
FISHER, Bettie N. 1920-1989 (temp)	Adam
Carolyn 1961-1979	Whtn
Charlie PFC USA 1888-1974	FsBp
Daisey 1906-1984 (temp)	FsBp
Elizabeth P. 1891-1961	FsBp
Elton 1925-1988 (temp)	Whtn
Elwood 1941-1973 (temp)	Whtn
Howard 1881-1956 (temp)	MtBp
Ida (no dates) (temp)	ShBp
James (no dates) (temp)	ShBp
John 1956-1991 (temp)	Whtn
Lawrence 1911-1962 (temp)	McBp
Mary E. 1914-1975 (temp)	GrMs
Melinda 1906-1968	FsBp
Nanie 1890-1965	Adam
Naomi B. 25 Feb 1926-14 Jan 1992	Adam
Ollie A. 1892-1967 (temp)	McBp
Roy M. 1927-1978 (temp)	Whtn
Sarah 1913-1994 (temp)	Adam

FISHER (Con't), William Jr. Cpl USA Korea 1928-1988 — Adam
William L. 1906-1984 — FsBp
William Lee 1906-1984 (temp) — FsBp
William Sr. 1911-1991 (temp) — Adam
Wm T. 1923-1991 (temp) — FsBp
FLEMING, Alfred 1925-1989 (temp) — Whtn
Mazie F. 1911-1988 — Whtn
FLEMMING, Avery 1922-1982 (temp) — Whtn
Brooks 1921-1984 (temp) — Whtn
Lee PFC Co D 549 Engr Bn WWI 1897-1963 — MtBp
Lucille 1919-1984 (temp) — Whtn
FLEMMINGS, Johnnie 1940-1985 (temp) — Whtn
FLETCHER, Alena 1915-1985 (temp) — Deas
Alice R. w/o J.A. 3 Jul 1878-27 Jun 1921 — Fshp
Beulah E. 1890-1966 (temp) — Wth2
Dennis h/o Margaret 15 Apr 1844-24 Aug 1907 — GrMs
Diana d. 14 Jun 1964 aged 14yrs (temp) — Deas
Donald F. Sr. 5 Aug 1907-26 Mar 1977 — HnTb
Edward 1925-1973 (temp) — Wth2
Ella V. (w/o Luther E.) 28 Oct 1901-5 Nov 1993 — Wth2
Elton Lee NY Pvt 1208 Svc Comd Unit WWII 25 Dec 1915-30 Jun 1961 — StJo
Emma L. 11 May 1936-14 Aug 1990 — GrMs
Gardner 1931-1983 (temp) — Wth2
Gart 1919-1968 (temp) — Wth2
George A. 1898-1975 (temp) — Wth2
Hattie 1903-1994 (temp) — Wth2
Hester d. 4 Mar 1966 aged 64yrs (temp) — Fshp
Hezekiah J. 1895-1965 — FsBp
John A. 10 Mar 1875-8 Mar 1926 — Fshp
Judson T. 1927-1986 — FsBp
Leroy 1910-1994 (temp) — Wth2
Lola A. 1912-1975 (temp) — Fshp
Luther E. (h/o Ella V.) 28 May 1911-28 Sep 1970 — Wth2
Margaret w/o Dennis 4 May 1885-9 Aug 1917 — GrMs
Marie D. d. Nov 195_ aged 71yrs (temp) — FsBp
Mary V. w/o George H. 16 Aug 1882-23 Jun 1918 — Fshp
Mattie A. 1899-1960 — FsBp
Myrtle 1932-1975 (temp) — Wth2
Pearl 1914-1975 (temp) — Wth2
Percy James Pvt 130 Port Co TC WWII 27 Aug 1920-22 Jul 1958 — Wth2
Sarah 1897-1992 (temp) — FsBp
Viola 1907-1978 (temp) — Deas
Wesley 1901-1974 (temp) — Fshp
FLOYD, Harold G. 1900-1978 (temp) — Adam
John H. s/o T.F. & Fannie d. 5 Aug 1925 aged 32yrs — Adam
Missouri 1897-1989 (temp) — Adam

African-American Tombstone Inscriptions

FOREMAN, Rudolph 1915-1962	Wth1
FORMAN, Archie 1914-1984 (temp)	StJn
FOSKEY, John E. 1886-1961 (temp)	McBp
Medoria 1856-1943	FsBp
FOSQUE, Clifton T. SP4 USA Vietnam 25 Aug 1938-10 Sep 1972	Whtn
Dennis 1925-1990 (temp)	Whtn
George A. 23 Nov 1898-1 Oct 1913	FsBp
Harriet 1878-1962	FsBp
Jennie 1894-1976	FsBp
Preston 1921-1984 (temp)	Whtn
Sadie 15 Apr 1890-11 Mar 1938	FsBp
William L. SP4 USA Vietnam 1948-1986	Whtn
FOSTER, Harriett 1900-1964	FsBp
FRANKLIN, Mary 1890-1982	ChCu
GALE, Kay F. 1940-1991 (temp)	Adam
GARCIA, Magdalena 1978-1978	Whtn
GARRISON, Eddie D. 1906-1986 (temp)	Mari
GASKIN, George 1912-1989 (temp)	Whtn
GASKINS, Catherine 1924-1980 (temp)	Whtn
GATHER, Madeline d. 14 Nov 1952(?) aged 14 yrs (temp)	GrMs
GEE, John 1913-1972 (temp)	Whtn
GIBBINS, John W. h/o Nola R. 1879-1943	GibbZ
Nola R. w/o John W. 1889-1967	GibbZ
GIDDENS, Leroy 1933-1976 (temp)	Whtn
GIDDING, Clifton 1961-1977 (temp)	Whtn
GIDDINGS, Edward 1907-1988 (temp)	Whtn
Florence 1910-1985 (temp)	Whtn
GIDDINS, Myrtle Lee D. 1912-1978 (temp)	Whtn
GILLESPIE, Brenda A. 1950-1993	Adam
GILLISPIE, Ivoina 27 Sep 1869-13 Oct 1891	FsBp
Virginia 25 Oct 1857-22 Jan 1899	FsBp
GLENN, David d. 15 Aug 1963 aged 87yrs	ChOd
Lyda N. 1905-1968	ChOd
GODFRED, Sarah 1891-1984 (temp)	Whtn
GODFREY, Leah w/o Ferdinand 16 Apr 1869-____ (below ground)	MtBp
Maggie w/o J.H.B. 1872-1945	MtBp
GODWIN, Abraham 1911-1977	Jslm
Alice 1884-1945 (temp)	GrMs
Alice 1923-1989 (temp)	Fshp
Arris J. 1933-1981 (temp)	GrMs
Asbury 1913-1989 (temp)	Jslm
Charles L. h/o Ida J. 18 Apr 1911-1 Jul 1986	GrMs
Donald 1940-1992 (temp)	Whtn
Earnest d. 17 Mar 1955 aged 70yrs (temp)	Fshp
Edith (no dates) (temp)	Fshp
Elizabeth d. 17 Oct 1964 aged 79yrs (temp)	Fshp

GODWIN (Con't), Enoh d. 9 Apr 1959 aged 73 yrs (temp)   Jslm
Febbie d. 6 Aug 1971 age 84yrs (temp)   Jslm
George B. Sr. 1900-1968   Fshp
Hazie 1912-1979 (temp)   GrMs
Ida J. w/o Charles L. 20 Feb 1909-____   GrMs
James Henry 15 Apr 1933-28 Sep 1988   Jslm
John Norwood PFC Btry B 351 Fld Arty WWI 11 Mar 1888-26 Sep 1969   Fshp
Johnny E. (h/o Violet M.) 4 Jul 1900-8 Aug 1988   Jslm
Julia 1895-1977   ChCu
Louise M. 1913-1983   Jslm
Louveller A. 15 Jan 1935-10 Sep 1986   Jslm
Margie E. 1908-1975 (temp)   ShBp
Mary T. 1920-1987 (temp)   StJo
Violet M. (w/o Johnny E.) 2 Feb 1915-____   Jslm
GOMEZ, Margaret Olivia 1912-1994   McBp
GOODMAN, Beverly Jo 1970-1988 (temp)   Deas
Louise 1906-1980 (temp)   StJo
GOODWIN, Willie 1907-1979 (temp)   StJo
GOODWINE, Chrissty Ann 1967-1980 (temp)   StJn
Flouire S. 1969-1982   StJn
Frank 10 Jan 1915-13 Sep 1982   StJn
Geneva 15 Sep 1920-12 Mar 1986   StJn
Tony Pvt USA 1960-1988   StJn
GORDY, Anna 1889-1964   GrMs
Delia A. w/o Thomas Jr. 1921-____   GrMs
Emmons E. 1898-1960 (temp)   Jslm
Lillie 1922-1986 (temp)   GrMs
Sarah J. 28 Sep 1911-11 Sep 1979   Jslm
Thomas Jr. h/o Delia A. 1928-1967   GrMs
GRAHAM, Catherine 1915-1976 (temp)   Whtn
GRANT, Francis J. TEC 5 USA WWII 1923-1991   Fshp
GRAY, Richard 1912-1971 (temp)   Whtn
GRIFFIN, Alto 1895-1970 (temp)   MtBp
Bertha 1910-1975 (temp)   Mari
Emma 1915-1985 (temp)   Whtn
Eva G. (w/o John H.) 1889-1941   Adam
Henry 16 Oct 1849-10 Feb 1910   Adam
John 1920-1992 (temp)   StJn
John H. (h/o Eva G.) 1880-1946   Adam
John H. (h/o Janie G. Johnson) 1879-1936   McBp
Margaret 1914-1989 (temp)   Adam
Wm. J. 1910-1962   McBp
GUMBS, Anna Warner Weeks d. 4 Dec 1982   Whtn
GUNTER, Addie M. 1910-1987 (temp)   GrMs
Alfred T. 1911-1990 (temp)   Whtn
Ester 1896-1952 (temp)   Whtn

African-American Tombstone Inscriptions

GUNTER (Con't), Henry 1920-1960 (temp)	Whtn
Raymond PFC USA WWII 2 Jun 1909-26 Nov 1977	GrMs
Rose 1917-1974 (temp)	McBp
H----, Edward 1883-1972 (temp)	Fshp
HACK, Laura 1901-1993 (temp)	Whtn
HADRE, Jeremiah (h/o Madre) 1904-1983 (temp)	Adam
Madre (w/o Jeremiah) 1923-___ (temp)	Adam
HAGGINS, Colita C. 26 Sep 1957-24 Jun 1992	Whtn
HALL, Annie S. w/o William E. 1896-1989	Wth2
Arlene B. (w/o Edward L.) 1918-1982	Adam
Calvin 1912-1992 (temp)	Whtn
Carroll L. 1929-1987 (temp)	Wth2
Edward L. (h/o Arlene B.) 1910-1981	Adam
John R. 16 Apr 1900-27 Nov 1967	FsBp
John T. Cpl USA Korea 1930-1982	Wth2
Middie 1897-1984	FsBp
Robert H. 1872-1935	Mari
Tanzswa I. 1979-1979 (temp)	Whtn
William E. h/o Annie S. 1890-1972	Wth2
William Lee RMSN USN 1953-1991	Whtn
Willie B. PFC USA WWII 1921-1987	FsBp
HANDY, Beatrice T. 1925-1970 (temp)	Deas
Chester USA WWII 13 Feb 1919-24 Jul 1977	McBp
Delores 1911-1972 (temp)	McBp
Edward J. PFC USA WWII 1929-___ (Can't Read)	Adam
Edward Jr. 1946-1987 (temp)	Mari
Georgia d. 21 Jan 1972	McBp
Iluminada Fiqveredo b. Havana Cuba d. 21 Aug 1979	McBp
Jeannette 30 Aug 1940-9 Jan 1994	McBp
Mary (w/o Stanford) 1910-___ (temp)	Adam
Mary Ethel 1935-1963	McBp
Pearl 1905-1958 (temp)	Wth2
Peggy 1933-1989 (temp)	McBp
Roland Lee Jr. 30 Mar 1942-4 May 1993	McBp
Sherman Pvt USA 21 May 1949-24 Nov 1974	McBp
Simon 1934-1983 (temp)	McBp
Stanford (h/o Mary) 1916-1987 (temp)	Adam
William W. Pvt USA Korea 1930-1987	McBp
HARGIS, Amanda Warrington 19 Apr 1905-11 Dec 1944	GrMs
Drucilla W. w/o Oliver 1883-1969	GrMs
Janie 1956-1994 (temp)	Adam
Levin 1934-1988 (temp)	Adam
Linwood 1922-1934	GrMs
Loise M. 1923-1975 (temp)	Fshp
Louis E. 1881-1943	GrMs
Oliver h/o Durcilla W. 1899-1935	GrMs

HARGIS (Con't), Robert 1930-1987 (temp)   Adam
Rose 1914-1992 (temp)   Adam
HARMON, Al Red 1914-1983 (temp)   Fshp
Allene 1913-1975 (temp)   Fshp
Amelia D. 1962-1992 (temp)   GrMs
Annie 1900-1969 (temp)   Fshp
Beatrice 1897-1989   Fshp
Bessie 1917-1986 (temp)   ShBp
Catherine 1905-1983 (temp)   Jslm
Charles 14 Nov 1893-25 Jun 1961 VA Pvt USA WWI   FsBp
Ernest C. 1891-1961 (temp)   Wth2
Faye M. 1944-1972   Fshp
Floyd (h/o Harriet) 1916-1978   FsBp
Fred Lee 1930-1974 (temp)   StJn
George E. 1939-1982   Jslm
Georgie A. w/o John S. 1894-1933   ShBp
Harriet (w/o Floyd) 1922-___   FsBp
Helen E. 22 Nov 1901-16 Oct 1990   Whtn
Jesse 1919-1987 (temp)   Fshp
John S. h/o Georgia A. 1880-1963   ShBp
John W. 1866-1958   Wth1
Kathleen M. 1935-1993   GrMs
Lawrence R. 1919-1958   Fshp
Mary A. 1886-1966   ChOd
Mary D. d. 22 Jun 1962 aged 95yrs (temp)   StJn
Mary E. 1928-1968   FsBp
Maurice D. 1982-1984 (temp)   GrMs
Mildred 1928-1980 (temp)   Jslm
Mitchell M. 27 Aug 1950-17 Nov 1984   Fshp
Ogden M. USA WWII 1927-1983   Fshp
Roadie A. 1909-1980 (temp)   Wth2
Ruby J. 1902-1980   Jslm
Susie 1901-1983 (temp)   FsBp
Thomas 1926-1988 (temp)   HnTb
Thomas (no dates) (temp)   Fshp
Upshur 1909-1968 (temp)   StJn
Upshur Jr. 1926-1976 (temp)   StJn
Vernon 1911-1993 (temp)   Whtn
Vivian D. 21 Nov 1937-14 Feb 1978   Fshp
William H. 4 Jul 1884-23 Jan 1932   Fshp
Wm. W. 1896-1972 (temp)   Fshp
HARMONS, Leah E. 12 Sep 1878-30 May 1917   Wth1
HARNON, Ralph E. 1959-1987 (temp)   Jslm
HARRELL, Louise 1907-1954 (temp)   FsBp
HARRIS, Barney 1919-1989 (temp)   McBp
Elizabeth G. 1921-1988   GrMs

African-American Tombstone Inscriptions 343

HARRIS (Con't), Emma F. 1917-1985	GrMs
Eveyln d. 11 Mar 1975 aged 57yrs (temp)	Wth2
Susan (no dates) (temp)	GrMs
HAYES, David 1911-1970 (temp)	Whtn
HEATH, Nehemiah PFC USA WWII 1925-1987	Whtn
HENDERSON, Charles 1905-1958	Deas
Florence 1915-1977 (temp)	Deas
John 1884-1950 (temp)	FsBp
HERMAN, George E. d. 31 Aug 1958 aged 68yrs (temp)	StJn
HESTER, Lul Mae 1968-1970 (temp)	Jslm
HICKERSON, Bessie H. 1904-1975 (temp)	FsBp
HICKMAN, Addie Cutler 5 Oct 1898-15 May 1944	Adam
Douglas d. 2_ Jan 194_ (temp)	FsBp
Emily G. (w/o John H.) 21 May 1917-___	Jslm
Ernest 1904-1961 (temp)	Whtn
Irene F. (w/o Milford) 1924-1991	McBp
John 1901-1958 (temp)	McBp
John H. "Buster" (h/o Emily G.) 20 Jun 1918-19 Nov 1989	Jslm
John W. 1895-1965	Jslm
Lula M. 10 Oct 1894-27 Aug 1977	Jslm
Maggie (no dates) (temp)	Whtn
Martha P. 3 Jul 1904-11 Jan 1971	FsBp
Marvin H. 25 May 1920-3 Mar 1944	Jslm
Milford (h/o Irene F.) 1922-1991	McBp
Nanie 1902-1989 (temp)	McBp
Naomi Copes 1922-1958 (temp)	Jslm
Naomie 1916-1975	Jslm
Preston 1919-1992 (temp)	McBp
HICKMOND, Rosalie 1922-1984 (temp)	Jslm
HICKS, Mary B. 1922-1980 (temp)	StJo
HIGH, Emanuel 1903-1979 (temp)	Whtn
HIGHTOWER, James Sgt USA WWII 1920-1988	Mari
HILL, Ester 1905-1970 (temp)	Jslm
John W. 1894-1952 (temp)	Wth2
Lelia J. (no dates) (temp)	FsBp
Mamie 1909-1960 (temp)	FsBp
Rose 1883-1958 (temp)	FsBp
Willie 1904-1972 (temp)	FsBp
HIMMON, Arvonia 1935-1951 (temp)	Fshp
Rae W. 1914-1961 (temp)	Fshp
HINMAN, Edward d. 24 Oct 1966 aged 50 yrs (temp)	GrMs
Frank VA Pvt USA WWII 26 Jun 1899-___ (can't read)	McBp
Geroge Cpl USA WWI 1896-1976	McBp
Lorrine d. 19 Sep 1957 aged 17yrs (temp)	Wth2
Samuel J. 1893-1959 (temp)	MtBp
HINMOM, Garland Jr. 1974-1992 (temp)	GrMs

HIRRELL, William 1899-1979 (temp) — Whtn
HODEN, Viola (no dates) (temp) — GrMs
HODGE, Retha 1923-1993 (temp) — McBp
HOLDEN, Aaron d. 4 Aug 1966 aged 78yrs (temp) — Wth2
Annie w/o H.J. 16 Jan 1860-30 Aug 1944 aged 84yrs — Fshp
Asbury 1899-1971 — GrMs
Baby 1986 (temp) — GrMs
Baby Girl 1989 (temp) — GrMs
Bertie F. (w/o Joe L.) 1899-1979 — Wth2
Beshore 1890-1961 (temp) — Fshp
Blanch L. 1897-1952 — GrMs
Calvin E. STM1 USN WWII 1926-1983 — GrMs
Carroll 1927-1987 (temp) — HnTb
Charles 1928-1967 (temp) — GrMs
Charles Lee Pvt 447 Res Labor Bn QMC WWI 5 May 1894-8 Nov 1959 — GrMs
Charlie 1889-1925 (temp) — GrMs
Christopher 1965-1992 (temp) — GrMs
Clifton A. 1959-1991 — GrMs
Cornelus (no dates) (tmep) — GrMs
Darryl 1952-1968 (temp) — HnTb
David D. 1913-1986 (temp) — GrMs
David Jr. PFC USA WWII 17 May 1925-11 Apr 1982 — GrMs
David L. 1930-1992 (temp) — Fshp
David (no dates) (temp) — GrMs
David (no dates) (temp) — GrMs
Delia B. w/o John W. 1899-1957 — GrMs
Edith 1921-1973 (temp) — Jslm
Edna Mae 1913-1983 (temp) — Fshp
Edward L. Sgt USA WWII 1920-1980 — GrMs
Everet L. 1893-1959 (temp) — GrMs
Flora B. 1900-1978 — Wth2
George 1947-1967 (temp) — GrMs
Henrietta 1922-1956 (temp) — Wth2
Ivan V. 1963-1987 (temp) — GrMs
James E. 1915-1990 (temp) — GrMs
Jennie M. (no dates) (temp) — GrMs
Joe Lee (h/o Bertie F.) 1901-___ — Wth2
John W. h/o Delia B. 1888-1976 — GrMs
John W. Jr. 1923-___ — GrMs
Johnnie O. 1951-1970 — GrMs
Juanita F. 1930-1983 — GrMs
Julia F. (no dates) (temp) — GrMs
Kerman 1925-1984 (temp) — GrMs
Kinsey 1892-1970 (temp) — Wth2
Lenora 1892-1973 — Fshp
Lillis P. (w/o Winford) 11 Jan 1920-2 Oct 1980 — Jslm

HOLDEN (Con't), Lois 1922-1993 (temp)	Jslm
Lyle G. 1924-1984 (temp)	Wth2
Natosha 1982 (temp)	Whtn
Ruth d. 19 Feb 1966 aged 74yrs (temp)	Wth2
Sallie F. 1910-1988 (temp)	Jslm
Samuel 1903-1961	GrMs
Sarah E. 24 Aug 1923-14 May 1987	StJn
Sethe L. 1920-1990 (temp)	Wth2
Thomas K. PFC USA WWII 1911-1976	GrMs
William B. 1911-1988 (temp)	Fshp
William S. SSgt USAF WWII Korea Vietnam 12 Oct 1926-21 Feb 1972	GrMs
Winford (h/o Lillis P.) 12 Oct 1915-____	Jslm
HOLEN, Booker 1911-1990 (temp)	Jslm
HOLLAND, Evertt d. 13 Mar 1967 aged 2mos 24dys (temp)	StJn
Mildred 1911-1992 (temp)	Fshp
HOPE, Hallie J. w/o Julius W. 1898-1956	Deas
Henry d. 20 Feb 1925 aged 73yrs	MtBp
Isaiah 26 Jan 1843-25 Jun 1919	FsBp
James H. (h/o Loubellva B.) Pvt USA 1889/90-1975	Whtn
James Lee PFC USA WWII 25 Apr 1927-29 Aug 1976	Whtn
Julius W. h/o Hallie J. 1898-1963	Deas
Kendall E. PFC USA WWII 2 Jun 1924-18 Jul 1988	Deas
Loubellva B. (w/o James H.) 1897-1970	Whtn
Muriel 1937-1992 (temp)	Jslm
Willis Dewey Sr. USA WWII 17 Aug 1926-6 Oct 1991	Deas
Wilson 1917-1992	Deas
HORSEY, Susie 1895-1968 (temp)	Jslm
HOSEY, Mary 1883-1974 (temp)	Fshp
HOVINGTON, Bessie M. 10 Jan 1888-13 Feb 1913	Deas
HUFFMAN, Robert 1938-1971 (temp)	Deas
HUSSEY, Lucy R. w/o John 1860-____ (underground)	ChOd
HYMAN, Lovie Lee 1901-1962	Jslm
Willie VA PFC USA WWII 6 Jan 1913-14 Sep 1971	Jslm
IVERY, Luther SC Pvt 534 QM Bn WWII 21 Jul 1921-8 Oct 1966	FsBp
IVORY, Ethel 1913-1969	Wth2
JACKSON, Addie (no dates) (temp)	Jslm
Earl d. 6 Jan 1953 aged 4mos 13dys (temp)	Wth2
James E. 191_-1983 (temp)	Wth2
Leven 8 Jul 1860-4 Apr 1917	ChOd
Mary 1909-1991	Fshp
JACOBS, Alverta 1931-1992 (temp)	GrMs
Benjamin F. Pvt USA WWI 1899-1981	GrMs
Dorthy 1924-1989 (temp)	Adam
Emm G. 1903-1987	GrMs
JAMES, Baby Boy 1990 (temp)	Whtn
JENNINGS, Eunice 1961-1991 (temp)	Deas

JENWRIGHT, Lula 1923-1971 (temp) — McBp
JINKINS, Wanda H. 1970-1971 (temp) — ShBp
JOHNSON, (-----) 1956-1981 (temp) — HnTb
Arthur W. VA Pvt 540 Engrs 9 Oct 1894-23 Nov 1944 — Fshp
Benjamin F. Pvt USA WWII 1917-1993 — HnTb
Clarence 1984-1968 (temp) — HnTb
Curtis (h/o Eloise) 1922-1977 — Jslm
Daisy 1898-1991 (temp) — Fshp
Eddie N. h/o Webbie A. 1907-___ — GrMs
Eleanor Justice 1914-1976 — Jslm
Eloise (w/o Curtis) 1923-___ — Jslm
Elverya 1905-1945 — Fshp
Floyd 1934-1988 — Whtn
Helen 1927-1987 (temp) — ShBp
Henry J. PFC USA WWII 13 Mar 1925-30 Apr 1975 — GrMs
Jane 1922-1992 (temp) — HnTb
Janie Griffin (w/o John H. Griffin) 1883-1973 — McBp
John d. 18 Jul 1962 aged 28 yrs (temp) — Jslm
John H. (no dates) (temp) — Deas
Lorenzo D. 1877-1943 — GrMs
Mary D. 1886-1963 — GrMs
Mildred 1928-1982 (temp) — StJo
Mildred C. 1921-1961 — Adam
Milton Tec 5 USA WWII 1911- 1979 — GrMs
Russell 1921-1970 (temp) — Fshp
Sallie P. 1904-1967 — HnTb
Sarah E. 1919-1975 — HnTb
Sarah F. 9 Feb 1840-5 Jul 1916 — Fshp
Webbie A. w/o Eddie N. 1903-1974 — GrMs
JOINER, Geraldine W. 24 Jul 1927-25 Jun 1989 (temp) — Whtn
JONES, Georgianna 1923-1992 (temp) — GrMs
Lillie 1886-1962 (temp) — MtBp
Louesa 1870-1937 — Wth1
William 1906-1981 (temp) — ShBp
JORDAN, Ella (w/o Flemming) 1891-___ — Fshp
Flemming (h/o Ella) 1890-1968 — Fshp
JOYNES, Chancey J. 1903-1977 — Jslm
Dexter L. 1 Jan 1967 — Jslm
George E. 1897-1962 (temp) — MtBp
Louis 1920-1987 (temp) — HnTb
Neville 1968-1978 — Jslm
Olether (no dates) (temp) — GrMs
Rachel 1903-1969 (temp) — Whtn
Thelma R. 1927-1993 (temp) — HnTb
JUSTICE, Acie 1902-1981 (temp) — McBp
Addie A. 1894-1982 — FsBp

African-American Tombstone Inscriptions 347

JUSTICE (Con't), Alfred Aug 1844-19 Jan 1916	Jslm
Almarine Evans 2 Jun 1917-17 Aug 1980	Jslm
Annie (w/o John Lewis) 1897-1955	Fshp
C.T. 1838 aged 79yrs	Jslm
Carrie F. 9 May 1891-16 Oct 1989	FsBp
Celyon 1910-1956 (temp)	FsBp
Ceylon L. USA WWII 3 Aug 1921-24 Jan 1981	FsBp
Clarence 1888-1966 (temp)	Jslm
Clarence T. Penn Pvt 1CL SOS Pioneer Inf. 15 mar 1938-___	McBp
Cloteal B. 20 Mar 1919-22 Jan 1968	FsBp
Dea Carlton P. w/o Merion H. 1916-1981	Jslm
Della (w/o Milton) 1925-___	Jslm
Edward C. 1881-1956 (temp)	Jslm
Edward H. 1929-1973	Jslm
Elihu 1895-1977	Jslm
Ella F. 1897-1959 (temp)	Jslm
Ernie D. 1905-1947	FsBp
Estella 1908-1975	FsBp
Etta d. 7 Mar (unreadable) aged 15yrs? (temp)	MtBp
Flora 1907-1990 (temp)	FsBp
Flossie 1919-1981 (temp)	ShBp
Francis d. 29 Jul 1966 aged 26 yrs (temp)	Jslm
Fred 1893-1970 (temp)	Jslm
George 1931-1990 (temp)	FsBp
George Alfred 1936-1974	FsBp
Henrietta 31 Jul 1925-15 Oct 1989	FsBp
Henry Co E 10th Regiment US Colored Infantry 1838-23 Apr 1914	Jslm
Henry T. 1930-1981	Jslm
Isiah 1896-1973	FsBp
Joe L. 1881-1959 (temp)	Jslm
John F. Pvt USA 1919-1981	Jslm
Larry Wayne 1951-1966	Jslm
Lawrence A. 1956-1984 (temp)	StJo
Lealie ___-___ (temp)	FsBp
Lelia A. (w/o Ornie?) 1895-1984	Wth2
Lizzie d. 16 Jul 1901 aged 56 yrs	FsBp
Lucy 1904-1974 (temp)	Jslm
Lulia d. 30 Jun 1964 aged 67 yrs (temp)	FsBp
Madaline 1902-1956 (temp)	Mari
Martin (h/o Sallie F.) 1880-1929	FsBp
Mary 1929-1992 (temp)	ShBp
McLinda d/o A.J. & Emmer 2 Apr 1905-15 Jan 1915	Jslm
Melvin B. Cpl USA WWII 1920-1985	McBp
Merion H. h/o Dea C.F. 1922-___	Jslm
Michael 1966-1992 (temp)	Jslm
Milton (h/o Della) 1918-1975	Jslm

JUSTICE (Con't), Noah (no dates) (temp)	Whtn
Ola D. 1904-1981	Deas
Ornie (h/o Lelia A.?) 1889-1964	Wth2
Regina d. 17 Mar 1963 aged 3yrs	Jslm
Richard W. 1939-1978	Jslm
Rose d. 21 May 1957 (temp)	FsBp
Sallie F. (w/o Martin) 1881-1952	FsBp
Samuel Co A 19 US Col Inf 1841-1941	MtBp
Sergeant Isaac 1 May 1840-18 Feb 1920	Jslm
Sudie 1879-1961 (temp)	Jslm
Susan 1954-1955 (temp)	Jslm
Terry 1932-1987 (temp)	McBp
Viloa F. 1898-1961 (temp)	Jslm
Viola 1889-1984 (temp)	Jslm
Walter L. 1900-1963 (temp)	FsBp
Walter P. Pvt USA WWII 1916-1984	McBp
Will of Jack 1882-1958	FsBp
William H. 1893-1970 (temp)	Jslm
Willie H. 1910-1994 (temp)	Whtn
Winnie Grace 1930-1984	Jslm
JUSTIS, (no names or dates)	MtBp
Alverta 1887-1956 (temp)	MtBp
Clifton 1919-1991 (temp)	FsBp
George 1903-1964 (temp)	Whtn
George Douglas & family (no dates)	Jslm
James 1928-1947 (temp)	MtBp
Justine 1958-1958 (temp)	McBp
Lorenzo (h/o Annie Justice Savage) 1882-1963	Whtn
Rosa w/o Samuel R. d. 10 May 1903 aged 51yrs	MtBp
Rube Pvt HO Co 369 Inf WWI 10 Aug 1896-3 Apr 1973	McBp
Walter 1904-1968 (temp)	Whtn
Willie 1915-1984 (temp)	Whtn
Willie s/o Samuel & Rosa 5 Apr 1896-17 Jan 1920	MtBp
JUTICE, Jeanette 1897-____	GrMs
KAMORE, Ernest 1915-1982 (temp)	GrMs
KANE, Louis A. (h/o Mildred W.) 18 Aug 1904-28 Jun 1988	Deas
Mildred W. (w/o Louis A.) 11 May 1907-____	Deas
KEENE, Carrie 1892-1981 (temp)	Mari
KELLAM, Baby Boy 1991-1991 (temp)	Whtn
Johnny 1904-1989 (temp)	Whtn
KELLEY, Pauline A. 1934-1988	HnTb
Thomas H. Pvt USA WWII 19 Apr 1923-5 Aug 1985	Adam
KELLY, Ann 19 Oct 1919-16 Mar 1993	GrMs
KENDRICK, Inez T. 22 Sep 1916-____	Fshp
KERR, Lula 1910-1983	Deas
KING, Novella 1918-1994 (temp)	Mari

KINSEY, James H. Pvt USA Korea 1929-1981 — Whtn
Julian 1991-1993 (temp) — Jslm
William Preston VA USA WWII 14 Aug 1914-4 Jan 1974 — Whtn
KNOX, Eslie T. 1911-1992 (temp) — Adam
Fannie 24 Aug 1964 aged 72yrs — HnTb
Hattie 1923-1976 (temp) — Whtn
Keith W. Pvt USA 1968-1990 — ShBp
Margarette 1931-1990 (temp) — Whtn
Martin L. Sr. 1919-1992 (temp) — HnTb
Russell H. 31 Jul 1938-30 Aug 1987 — HnTb
William d. 4 jan 1967 aged 74yrs — HnTb
Wynesta 1943-1972 — HnTb
L_E, Amos 1890-1956 (temp) — MtBp
LANDKFORD, Joseph H. 1896-1973 — Deas
LANKFORD, Ernest 1885-1965 — Deas
Frank V. 1915-1977 (temp) — HnTb
Jame E. A1C USAF Vietnam 1936-1992 — Fshp
John H. 1870-1949 — Deas
Tabitha M. 1908-1981 (temp) — HnTb
LAWS, Alvin T. 1941-1991 — ShBp
Charles E. 1935-1986 — FsBp
Dorothy E. 6 Jun 1925-3 Nov 1946 — StJn
Edwards 1902-1970 — FsBp
Ella 1903-1980 (temp) — FsBp
Ellen A. 1913-1962 — FsBp
Eveline 17 Mar 1894-27 Apr 1979 — McBp
Grafton John SP5 USA Korea 5 Sep 1920-4 Sep 1984 — McBp
Hugh F. 1907-1967 (temp) — Mari
James E. 1883-1961 (temp) — FsBp
James H. 1921-1980 (temp) — Mari
Morris d. 29 Apr 1964 aged 6 yrs — FsBp
Sarah Ann 1874-1957 (temp) — Mari
Sarah L. 1931-1991 — Adam
Sarah L. 1931-1991 (temp) — Adam
LAWSON, Annie 1922-1986 (temp) — Whtn
Annie d. 6 Apr 1962 aged 48 yrs (temp) — Jslm
George d. 4 Nov 1965 aged 62yrs (temp) — StJn
LECATO, Laura 1939-1992 (temp) — GrMs
LEE, Alice Warton 1890-1961 — Deas
LEWIS, Addie 1919-1990 (temp) — GrMs
Andrew 1923-1988 (temp) — GrMs
Hattie T. 1921-1967 (temp) — HnTb
Herman R. 1928-1960 (temp) — ShBp
John (h/o Annie Justice) 1897-1955 — Fshp
John L. 1919-1985 (h/o Virginia J.) — GrMs
John O. 1924-1980 (temp) — ShBp

LEWIS (Con't), John S. (h/o Minnie A.) 1897-1979 — ShBp
Minnie A. (w/o John S.) 1902-1992 — ShBp
Minnie d. 25 Dec 1955 aged 34 yrs (temp) — GrMs
Oscar h/o Paige 1926-1952 — GrMs
Paige w/o Oscar 1913-1961 — GrMs
Ruby W. 27 May 1915-1 Jun 1975 — Adam
Samuel 1911-1981 (temp) — HnTb
Surong V. 1959-1974 — FsBp
Theodore S. 1957-1984 (temp) — GrMs
Thomas A. 1932-1958 (temp) — ShBp
Vernon 1910-1980 (temp) — Whtn
Virginia J. (w/o John L.) 1917-1984 — GrMs
LILLISTON, Connie F. 1961-1991 (temp) — Adam
LOGAN, Annie d.. 7 Oct 1952 aged 81yrs (temp) — Fshp
Annie M. 1900-1979 — Fshp
Cornelious R. PFC USA WWII 10 Sep 1925-14 Apr 1982 — Fshp
Elsie B. (sis/o Milton) 1905-1978 — ChOd
Fernanda (w/o William T.) 1914-___ — StJn
George 1884-1974 (temp) — Fshp
George May 1884-Sep 1974 — Fshp
Joseph PFC USA WWII 29 Feb 1926-14 Dec 1979 — ChOd
Mary 1902-1989 (temp) — Fshp
Milton (bro/o Elsie B.) 1906-1975 — ChOd
Ochalee d. Jul 1959 aged 43yrs — ChOd
Walter 1902-1982 (temp) — Fshp
William T. (h/o Fernanda) 1904-1980 — StJn
Winford James 1906-1968 — Fshp
LOTTIE, Hickman 1907-1951 (temp) — Whtn
LUCAS, Ernest 1925-1958 (temp) — MtBp
MACK, Hattie 1904-1972 (temp) — Fshp
MARION, Alberta 1910-1969 (temp) — MtBp
MARSHALL, Bessie Mae 1907-1971 — HnTb
Charles E. MD PFC USA WWII 22 Oct 1921-4 Sep 1966 — Deas
Clarence H. (h/o Elizabeth A.) 1905-1981 — Jslm
Elizabeth A. (w/o Clarence H.) 1906-1988 — Jslm
Elizabeth A. (w/o Johnnie A.) 28 Feb 1919-1 Oct 1960 — StJn
Eloise M.M. 1924-___ — Fshp
Elton D. 1 Apr 1905-29 Nov 1976 — HnTb
Elwood L. Nock 1916-1979 — Fshp
George 1922-1992 (temp) — HnTb
George 1929-1993 (temp) — GrMs
George R. 1885-1956 — Fshp
Georgia 1896-1973 (temp) — Wth2
Geroge PA Mech 368 Inf 92 Div 12 Nov 1887-11 Jun 1951 — Deas
Harriett 1912-1990 (temp) — HnTb
Ida N. 1941-1972 (temp) — Whtn

MARSHALL (Con't), Ina O. 25 Jul 1891-4 Jan 1943   Fshp
Jake 1910-1989 (temp)   HnTb
John Jr. 1925-1957   GrMs
John T. h/o Olive A. 1882-1952   Fshp
Johnnie E. (h/o Elizabeth A.) 28 Sep 1911-8 Aug 1963   StJn
Lillie d. 17 Aug 1964 aged 28yrs (temp)   Fshp
Lowred James 1909-1945   Fshp
Mabel E. (d/o Cliff & Stell) 1925-1980   ChOd
Malinda L. (w/o Norman C.) 1894-1958   Deas
Mary F. 7 Sep 1872-14 Nov 1948 (temp)   Jslm
Milton L. 1911-1992 (temp)   Deas
Minnie 1917-1979 (temp)   Fshp
Norman C. (h/o Malinda L.) 1891-1970   Deas
Olive A. w/o John T. 1886-1956   Fshp
Roland L. TEC 5 USA WWII 22 Jul 1907-27 Nov 1989   Fshp
Rosanna M. d. 14 Jun 1965 aged 68yrs (temp)   Fshp
Theodore 1915-1969 (temp)   Fshp
Throgood 1909-1969   Jslm
Velma Elaine 12 Oct 1927-4 Apr 1985   HnTb
MARSHALLEL, James E. Pvt USA WWI 9 May 1896-1 Jul 1983   Fshp
MASON, Alfred 1913-1980 (temp)   Whtn
Carter L. 1935-1994 (temp)   Whtn
Dixie Bell 1929-1983   McBp
Edward 1913-1982 (temp)   Whtn
Elonza 1912-1918   GrMs
Frank 1901-1967   GrMs
George h/o Isabella 1871-1940   GrMs
George S. (h/o Sarah E.) 1891-1981   Whtn
Grace M. 1945-1972   Whtn
Isabella w/o George 1872-1950   GrMs
John h/o Rose 1866-1935   GrMs
John S. 1901-1960   GrMs
Lloyd T. 1877-1914   GrMs
Lucille V. 1918-1973   Whtn
Mamie H. 1899-1978   GrMs
Neal 1909-1918   GrMs
Rachel 1789-26 Feb 1899 aged 110yrs   MtBp
Rose w/o John 1869-1930   GrMs
Sarah 1939-1986 (temp)   Whtn
Sarah E. (w/o George S.) 1889-1984   Whtn
Sheene 1984-1985 (temp)   McBp
Thomas 1905-1950   GrMs
MASSEY, Elija 17 Apr 1823-11 May 1898   Fshp
MATTHEW, Brandon 1991 (child) (temp)   Whtn
Cecil d. 19 Jul 1955 aged 43 yrs (temp)   Jslm
James 1940-1978 (temp)   Whtn

MATTHEW (Con't), James W. 1905-1985 — Jslm
MATTHEWS, Amy 1906-1992 (temp) — Adam
Anne E. 21 Jan 1928-8 Jan 1988 — Jslm
Baby Boy 1994 (temp) — Whtn
Beverly J. 7 Apr 1956-21 May 1986 — GrMs
Carrie (w/o Lace) 1882-___ — Fshp
Charlie d. 17 May 1961 aged 65 yrs (temp) — Jslm
Clara 1879-1961 — FsBp
Custis 1961-1986 (temp) — Whtn
Diane 1949-1994 (temp) — GrMs
Dorothy 1932-1983 (temp) — Whtn
Eddie 1876-1950 (temp) — FsBp
Edward 1928-1982 (temp) — Jslm
Ezekiel 9 Mar 1860-12 Jun 1888 — FsBp
Flora 1906-___ — FsBp
Fred 1940-1989 — Fshp
Janie P. 1916-1980 (temp) — Jslm
John d. 22 Jun 1955 (temp) — FsBp
Kennie 1906-1979 (temp) — Jslm
Lace (h/o Carrie) 1876-1950 — Fshp
Larry G. s/o C.L. & Juanita H. 5 Apr 1951-20 Sep 1976 — Fshp
Leroy James VA STM1 USNR WWII 23 Mar 1926-19 Dec 1966 — Jslm
Lillie B. (w/o Willie W.) 1900-1980 — StJn
Lottie 1914-1982 (temp) — FsBp
Middie L. 30 May 1910-25 Apr 1985 — GrMs
Milton PFC Co A 1326 Engr GS Regt WWII 7 Jan 1912-30 Apr 1962 — Jslm
Minnie J. d. 26 Oct 1964 aged 75yrs — Jslm
Nathan 1960-1993 (temp) — GrMs
Ruth V. 15 Oct 1924-9 Jul 1987 — Jslm
Ruth V. 1922-1988 — Whtn
Tesco Jr. d. 20 May 1967 aged 36yrs — Jslm
Thomas 1931-1980 (temp) — McBp
Walter 1900-1991 (temp) — Whtn
William W. PFC Co B 679 TD Bn WWII 2 Mar 1919-10 Mar 1953 — StJn
Willie W. (h/o Lillie B.) 1894-1979 — StJn
MCGHEE, Dorothy 1914-1988 (temp) — Whtn
MCINNES, William C. 1911-1981 — Whtn
Idella 1907-1984 (temp) — Whtn
MCLAUGHLIN, Bertha P. 14 Jul 1910-26 Jan 1990 — FsBp
Harrison 1914-1985 (temp) — McBp
Rosie L. 29 Mar 1951-16 Feb 1992 — FsBp
MCNEIL, Leroy Pvt USMC Korea 5 Jul 1933-24 Apr 1991 — Whtn
MEARS, Anna B. 1897-1971 — GrMs
MELBOURNE, Andrew (no dates) (temp) — GrMs
MELVIN, Clara S. w/o Isaac 1866-15 Jun 1907 — Adam
Levi D. 1880-1966 — StJo

African-American Tombstone Inscriptions

MELVIN (Con't), Lillian C. 1905-1963 — StJo
MILBNOUNE, Eldridge CK3 USNR WWII 3 May 1914-14 Apr 1954 — ChCu
MILBOUNE, Alice 1892-1949 — GrMs
MILBOURN, 1867-1951 — GrMs
Ben 10 Sep 1892-4 Nov 1971 — GrMs
Columbus h/o Stella 1891-1949 — GrMs
Eugene 1867-1951 — GrMs
Harriet 1903-1950 — GrMs
Infant d/o F.M. & Mary d. 6 Jul 1901 — GrMs
Jefferson 1858-1943 — GrMs
Josephine 1878-1942 — GrMs
Maggie w/o Peace 1871-1938 — GrMs
Peace h/o Maggie 1864-1928 — GrMs
Randloph 10 Sep 1913-8 Dec 1960 — FsBp
Roley s/o Burris & Violet d. 18 Nov 1992 age 24 yrs — GrMs
Stella w/o Columbus 1904-1958 — GrMs
William W. BM2 USN WWII 12 Mar 1912-27 Oct 1989 — GrMs
Wydell 14 Jan 1914-21 Dec 1942 — GrMs
MILBOURNE, 1895-1981 — GrMs
Awrella 1909-1936 — GrMs
Bernard J. h/o Gertrude E. 1921-1990 m. 7 Dec 1942 — GrMs
Bernard J. 1897-1948 — GrMs
Beulah Jan 1910-21 Jun 1940 — Fshp
Burrie (no dates) (tmep) — GrMs
Doris 1927-1944 — GrMs
Elizabeth d. 15 Mar 1963 aged 36yrs (temp) — StJn
Elize w/o Lang 1872-1942 — GrMs
Ernest L. 1917-1974 (temp) — StJn
Eunice 1928-1984 (temp) — StJn
Frank 21 Jan 1861-12 Jun 1924 — GrMs
Gertrude E. w/o Bernard J. 1925-___ — GrMs
Harry 1928-1971 — GrMs
Howard L. h/o Madlen G. 1904-1978 — GrMs
Jefferson Jr. 1906-1978 — GrMs
Josephine 1904-1990 — GrMs
Lang h/o Elize 1855-1920 — GrMs
Lavania C. 1884-1955 — Jslm
Lawson d. 3 Nov 1959 aged 69 yrs (temp) — FsBp
Mable W. w/o Upshur M. 1904-1969 — GrMs
Madlen G. w/o Howard L. 1915-___ — GrMs
Marie d. 9 Oct 1963 (temp) — FsBp
Nellie 1899-1932 — GrMs
Peace 1898-1974 — GrMs
Upshur M. h/o Mable W. 1890-___ — GrMs
Violet (no dates) (temp) — GrMs
MILBURN, Eugene STM1 USN WWII 3 Apr 1917-8 Nov 1979 — GrMs

Tombstone Inscriptions of Upper Accomack County, VA

MILES, Luevenia F. 1925-1986 (temp)	StJn
Ruth Corbin 1909-1954 (temp)	Fshp
MILLER, Amos E. (h/o Thelma M.) 3 Jan 1938-2 Sep 1988	Deas
Boradus 1918-1971 (temp)	ShBp
Charlie 1905-1976 (temp)	StJn
Eva 1915-1943	Fshp
Geneva D. 1948-1985 (temp)	Fshp
Harry (h/o Linnie) 1900-1970	ShBp
Harry L. Pvt USA WWII (dates below ground)	ShBp
John "Johnnie" 1910-1974	ShBp
John A. 1932-1976	StJn
Linnie (w/o Harry) 1895-1962	ShBp
Mattie W. 1917-1984	ShBp
Mattie W. 1917-1984 (temp)	ShBp
Nathaniel 1954-1985 (temp)	ShBp
Sarah 1875-1943	ShBp
Thelma M. (w/o Amos E.) 16 Feb 1938-___	Deas
MILLS, Carrol E. 1952-1979 (temp)	Jslm
Catherine 1919-1979 (temp)	Jslm
Clarice Justice 1891-1977	Jslm
Lillie 1925-1990 (temp)	Deas
Lillie P. (w/o Henry T. Parks) 1896-1961	Whtn
Noah d. 28 Aug 1966 aged 46yrs (temp)	Jslm
Wallace O. 1960-1984 (temp)	Jslm
MITCHELL, Elaine 1931-1944 (temp)	GrMs
MOLAUGHLIN, Baby Boy 1976-1976 (temp)	FsBp
MOLINA, Angel M. 1923-1980 (temp)	Adam
MONG, Sophronia C. 10 Feb 1913-3 Apr 1988	Adam
MOORE, Burleigh 1909-1983 (temp)	Whtn
Denart 1912-1976 (temp)	Whtn
Florence M. 1910-1933	MtBp
Halan (no dates) (temp)	FsBp
Kenneth 1961-1962 (temp)	FsBp
MORRIS, David USA WWI 1912-1975	Whtn
Dora 1900-1972 (temp)	Whtn
Emma 1918-1987 (temp)	Whtn
MUSTON, Mary 1875-1960 (temp)	MtBp
NEEDAM, Archie (h/o Lillian) 1906-1990 m. 3 Sep 1936	Adam
Beulah (w/o James Sr.) 1915-___	Adam
James Sr. (h/o Beulah) 1904-1980	Adam
Lillian (w/o Archie) 1918-___	Adam
NELSON, Marston 1946-1990 (temp)	McBp
Willie 1907-1964 (temp)	McBp
NEWKIRT, Lawrence T. 13 mar 1969-27 Apr 1991 (temp)	Adam
NOCK, Barry Lee 1952-1992 (temp)	Fshp
Benard T. VA Pvt USA WWI 5 Sep 1891-2 Jan 1970	FsBp

African-American Tombstone Inscriptions 355

NOCK (Con't), Bert VA Cpl USA WWII 23 Nov 1918-20 Nov 1971   FsBp
Caroline F. 1860-1945   Deas
Edward 1885-1946 (temp)   ShBp
Fannie 1924-1976 (temp)   Jslm
Georgia L. 2 Apr 1937-6 Mar 1990   ShBp
Harrison d. 14 Apr 1956 aged 53yrs (temp)   Fshp
Howard 1904-1961   FsBp
James (no dates) (temp)   Whtn
Joyce 1914-1989   FsBp
Larry 1962-1990 (temp)   Whtn
Linda R. 1969-1969 (temp)   Whtn
Marguerite 15 May 1945-15 Feb 1991   FsBp
Mary Emma (no dates) (temp)   ShBp
Paige (h/o Virgie V.) 1906-1988   StJn
Ralph Jr. 16 Dec 1961-26 May 1992   FsBp
Ray MD PFC 350 QM Ldry Plat WWII 15 Feb 1919-24 Mar 1960   Fshp
Sabrina 1968-1990 (temp)   Whtn
Sarah E. 1916-1946 (temp)   ShBp
Sarah E. 1916-1946 (temp)   ShBp
Tabitha 1886-1970   Fshp
Vernon W. 1949-1987 (temp)   Fshp
Virgie V. (w/o Paige) 1906-1977   StJn
Will E. 1900-1981 (temp)   FsBp
NORMAN, Charlotte M. 1915-1972   GrMs
Ernest 1935-1989 (temp)   GrMs
Ernest 28 Jul 1912-20 Jun 1986   GrMs
NORTHAM, Annie F. w/o E. 1878-1942   FsBp
Charles 1869-1952 (temp)   Whtn
Chester 1910-1973 (temp)   Whtn
Clifton H. PFC USA Korea 1930-1987   FsBp
Edward 1915-1968 (temp)   Wth2
Edward h/o Harriet A. 12 Sep 1834-20 Dec 1897   FsBp
Emma L. 1911-1987   FsBp
Eva Mae 1919-1991 (temp)   Whtn
Gladys 1938-1966 (temp)   Whtn
Harriet w/o Edward 10 Jul 1826-4 Aug 1915   FsBp
Hattie 1908-1984 (temp)   Adam
Helen 1925-1994 (temp)   Whtn
Herman T. STM 3 USN WWII 5 May 1922-15 Nov 1986   Whtn
Levi 1881-1982 (temp)   Whtn
Levin Co E. 9th USCT (no dates)   FsBp
Lewis 1927-1987 (temp)   Adam
Mamie 1885-1974   Whtn
Mildred 1912-1987 (temp)   Whtn
Minnie 1891-1971 (temp)   Whtn
Norman 1904-1975 (temp)   Adam

NORTHAM (Con't), Phyllis 1948-1990 (temp) — Whtn
Roland 1907-1950 (temp) — MtBp
Rosemary L. (no dates) (temp) — Wth2
Spencer 1844-6 Aug 1920 aged 76 yrs — FsBp
Stewart 1925-1988 (temp) — Adam
William 1912-1989 (temp) — Whtn
William d. 12 Aug 1967 aged 30yrs (temp) — Whtn
William D. SPK USA 23 Jun 1934-18 Jan 1990 — FsBp
OATES, Mabel 1927-1983 (temp) — Whtn
OBEY, Len 1888-1958 (temp) — FsBp
ODOM, Amanda Justis 12 Mar 1911-5 Jul 1975 — GrMs
ONLEY, William d. 18 Feb 1963 aged 77yrs (temp) — Jslm
OSTON, Evelin B. 1928-1983 (temp) — Fshp
OUTLAW, Ida W. (w/o Samuel D.) 1893-1976 — Whtn
Samuel D. (h/o Ida W.) 1901-___ — Whtn
OWENS, Ottaway C. Del Army Air Forces WWII 11 Apr 1929-18 Mar 1973 — GrMs
PAGE, Dorothy L. 1914-1968 (temp) — Whtn
PALMER, Alfred LeRoy Penn USA WWII 22 Dec 1927-29 May 1962 — Fshp
Carl S. 1935-1987 (temp) — Fshp
John 1905-1993 (temp) — FsBp
Lafayette 1930-1977 (temp) — GrMs
Lawrence Franklin 1905-1956 (temp) — FsBp
Madelyn 1935-1983 (temp) — Fshp
Rowena 1907-1985 (temp) — Fshp
PARKER, Carlton 1970-1983 (temp) — Whtn
Carroll W. VA PFC CAC 27 Aug 1931-26 Dec 1954 — FsBp
Charlie 26 Aug 1889-22 Nov 1976 — FsBp
Custis d. 30 Mar 1965 aged 7dys (temp) — StJn
Edward h/o Eula A. 1901-1982 (temp) — GrMs
Elsie L. d/o Edward & Eula A. 13 Jul 1925-20 Feb 1937 — GrMs
Essie H. w/o William H. 1913-1989 — GrMs
Eula Alma w/o Edward L. 1902-1945 — GrMs
Gertrude 1924-1994 (temp) — Whtn
Isabella M. w/o Neal 1899-1965 — GrMs
Janie d. 30 Mar 1965 aged 4yrs (temp) — StJn
Jeanette 1897-1975 — Jslm
John W. 1892-1984 — Jslm
Leonar Dennis (w/o Sam Sr.) 1932-1990 — Whtn
Lessie B. w/o Lewis P. 1892-1976 — GrMs
Lewis P. h/o Lessie B. 1889-1950 — GrMs
Lola 1902-1964 — FsBp
Lula 1901-1986 (temp) — FsBp
Mattie 1896-1957 (temp) — FsBp
Neal h/o Isabella M. 1899-1976 — GrMs
Orville 1906-1994 (temp) — GrMs
Sam Sr. (h/o Leonar Dennis) 1927-1991 — Whtn

African-American Tombstone Inscriptions

PARKER (Con't), Sarah J. 1906-1983 — Fshp
Tyrone M. 2 Oct 1939-3 Oct 1986 (temp) — Whtn
William H. h/o Essie H. 1911-1989 m. 18 Sep 1932 — GrMs
Winfred A. ST3 USN WWII 1924-1990 — StJo
PARKS, Andre 1965-1980 — ChOd
Carrie w/o Walden 1906-1990 — Jslm
Etta 1920-1990 (temp) — Whtn
Henry T. (h/o Lillie P. Mills) 1889-1951 — Whtn
Lonell 1964-1980 — ChOd
Walden h/o Carrie 1909-1990 — Jslm
PAYTON, Geneva 1925-1960 — GrMs
Golden A. 1914-1983 — FsBp
Henry 1904-1960 — FsBp
Janet Rewel 1952-1958 (temp) — FsBp
PETTIT, Charles 1905-1969 (temp) — Whtn
Duane 1981-1982 (temp) — Whtn
Earl D. Jr. 9 Sep 1954-2 Aug 1991 — FsBp
Madeline 1924-1987 (temp) — Whtn
Roger 1918-1981 (temp) — Whtn
Samuel T. 1950-1994 (temp) — Whtn
PEYTON, Mayble D. 1906-1959 (temp) — FsBp
PHILPOT, Marcus A. Pvt USA 1954-1981 — ShBp
Paul L. 1962-1977 (temp) — ShBp
PICKETT, Danny A. 1956-1975 (temp) — FsBp
PINKARD, Harry L. 1900-1974 (temp) — Wth2
Harry L. 1941-1983 (temp) — Wth2
Helen D. 1911-1992 (temp) — Wth2
PITTS, Baby Girl 1990 (temp) — HnTb
Bennie 1899-1944 — Deas
Chester Ross 1922-1991 (temp) — Deas
Cynthia 1936-1987 — HnTb
Edwarls 1934-1989 (temp) — Whtn
PLANTER, Arintha 1897-1940 — Jslm
Arthor d. 16 Apr 1942 aged 42yrs (temp) — Jslm
Beulah 1896-1989 — Jslm
Edward A. 8 Sep 1896-13 Jan 1990 — Jslm
Richard M. 2 Jan 1915-22 Feb 1937 — Jslm
POOLE, Elizabeth 1883-1973 — Fshp
Flora N. (w/o George H.) 1910-1962 — Fshp
Flossie M. w/o John H. 1907-1989 — Fshp
George H. (h/o Flora N.) 1901-1981 — Fshp
John H. h/o Flossie M. 1905-____ m. 9 Dec 1925 — Fshp
POULSON, Baby Girl 1990 (temp) — Whtn
Brook C. 15 Jan 1897-1986 — Mari
Burlos T. 1912-1985 PFC USA WWII — FsBp
Chancey E. 1923-1952 — Mari

POULSON (Con't), Harriet d. 17 Mar 1901 aged 68 yrs — FsBp
Herald M. 1900-1961 — Mari
Mary H. 1901-1983 (temp) — HnTb
Thyra P. 14 May 1938-26 Mar 1993 — Fshp
POWELL, John d. 31 Dec 1964 aged 54yrs (temp) — StJn
Leslie Thomas DEL Cpl 89 HV Truck Co Tc 9 Jan 1929-12 Apr 1953 — Fshp
PRENT, Baby Boy 1985-1985 (temp) — Whtn
PRESS, Crystal (d/o Myrtle Fletcher?) (1973-1975?) — Wth2
Howard 1912-1968 (temp) — Fshp
Ida d. 8 Apr 1953 (temp) — StJn
Myrtle N. 1901-1981 (temp) — StJo
PRUNELL, Precy H. 1944-1993 (temp) — GrMs
Helen C. 1915-1972 — Whtn
R, B.F. 1902-1960 (can't read) — Jslm
RANDALL, Sarah 1906-1984 (temp) — Adam
RAYFIELD, Agusta d. Nov 1963 aged 79yrs (temp) — Whtn
Clarence 1893-1948 (temp) — StJn
George Lee 1921-1975 (temp) — Whtn
Jacob TEC 5 USA WWII 8 Mar 1915-1 Aug 1976 — Fshp
Margaret R. 1905-1964 (temp) — MtBp
Mary B. Nov 1873-6 Apr 1923 — MtBp
Pearl 1914-1987 (temp) — Whtn
Peter 1917-1982 (temp) — Whtn
Roslen (w/o Will) 1928-1985 — Whtn
Will (h/o Roslen) 1911-1978 — Whtn
RAYMOND, Isabella L. (w/o William T.) 1876-1950 — Wth1
William T. (h/o Isabella L.) 1876-1952 — Wth1
REED, Caldwell W. Rev. d. 26 Jan 1962 aged 76yrs (temp) — Deas
REID, Alberta Wessell (no dates) (temp) — Jslm
Marcus 1985-1989 (temp) — Whtn
Vandella 1934-1988 — Whtn
Willie 1909-1992 (temp) — Adam
RENNEY, Howard B. 1916-1977 — ChCu
REW, Bernice 1912-1978 — Adam
Debbie 1955-1993 (temp) — Adam
Helen Mae 1933-1972 — Adam
Joseph 1919-1984 (temp) — Whtn
Roscoe 1944-1990 — Adam
RICE, Kathy Ann 1962-1984 — GrMs
RICHARDSON, Alvin L. 17 Jun 1972-21 Jun 1989 — Whtn
RIDDICK, Robert 1925-1986 (temp) — HnTb
RILEY, John H. 1893-1969 (temp) — MtBp
John Sr. 1898-1971 (temp) — Whtn
Lorrine 1917-1984 (temp) — Whtn
ROBERT, Chauncey ____-____ (temp) — FsBp
ROBERTS, Cecil A. SSgt USA WWII 1921-1991 — Whtn

ROBERTS (Con't), John (no dates) (temp) — StJn
Rose (no dates) (temp) — StJn
Walter (no dates) (temp) — StJn
ROBERTSON, Minnie Northam 1915-1942 (temp) — MtBp
ROGER, Leroy H. TEC 5 USA WWII 1920-1977 — ShBp
ROGERS, Ethel d. 18 Jun 1961 aged 53 yrs (temp) — Jslm
ROSS, Dorothy P. 1912-1992 (temp) — Deas
Herman B. 1877-1985 (temp) — Deas
ROWLEY, Blanche F. 1929-1994 (temp) — Whtn
Hattie P. 1903-1970 — Whtn
Sarah d. 9 May 1955 aged 108yrs (temp) — Deas
RUE, Mary W. 1899-1959 (temp) — MtBp
Sam 1901-1979 (temp) — Jslm
Samuel D. VA USA WWII 20 May 1906-14 Jul 1967 — Wth2
RUFF, Norman S. 1907-1973 — Whtn
RUNDIOK, Lillie 1900-1962 (temp) — McBp
SAMPLE, Charles 1954-1993 (temp) — Whtn
Marie 1912-1972 (temp) — Whtn
Mary D. 1947-1992 (temp) — Whtn
Ola Custis 1900-1977 — McBp
SAVAGE, (-----) 1925-1954 (temp) — Whtn
Alberta W. 1914-1973 — Adam
Annie D. 22 Jul 1889-28 Aug 1969 — Mari
Annie F. 1898-1968 (temp) — Whtn
Annie Justice (w/o Lorenzo Justis) 1884-1974 — Whtn
Baby Boy d. 10 Jul 1965 (temp) — Jslm
Beatrice 1894-1989 (temp) — Whtn
Betty (w/o Isaiah) 1887-1969 — Whtn
Carrie 1932-1992 (temp) — ShBp
Carrie E. 1912-1975 (temp) — HnTb
Charles D. 1912-1976 — Whtn
Charlie PFC USA WWII 1914-1990 — Whtn
Clifton 1915-1993 (temp) — Whtn
Elizabeth 1906-1983 (temp) — McBp
Elizabeth 1924-1993 (temp) — Whtn
Eunice Charles 1972-1980 (temp) — ShBp
Eva Mary 1864-1957 (temp) — FsBp
Florence 1904-1957 — Jslm
Frances (w/o McKinley) 1898-1968 — Whtn
Franklin L. 1953-1985 — FsBp
George D. h/o Susand R. 25 Dec 1860-21 Aug 1915 — MtBp
Gleopus 1963-1973 (temp) — Whtn
Harry F. h/o Mary E. 30 Nov 1903-30 Jul 1989 — Fshp
Hary D. 1953-1975 (temp) — ShBp
Hazel E. 1915-1985 (temp) — Mari
Henry W. 1952-1979 — McBp

SAVAGE (Con't), Herbert S. (h/o Sallie F.) 1900-1978 — McBp
Herny Thomas VA Pvt USA WWI 8 Feb 1896-18 Feb 1962 — Whtn
Ida F. 1915-1968 (temp) — Fshp
Isaac ____-____ (dates below ground) — MtBp
Isaiah (h/o Betty) 1882-1960 — Whtn
James 1900-1983 (temp) — StJn
James H. (family of) (no dates) — Jslm
John d. 3 Aug 1955 (temp) — MtBp
Kirk R. 1965 (temp) — McBp
Lena 1901-1988 — Jslm
Lillie T. 1936-1981 — FsBp
Lois 1928-1988 (temp) — Whtn
Lovenia 1919-1978 (temp) — Whtn
Lula 1902-1981 (temp) — Fshp
Maggie (w/o Wren) 1893-1978 — Whtn
Margie B. (no dates) — Jslm
Mary 1920-1956 (temp) — GrMs
Mary E. w/o Harry F. 8 Feb 1905-____ — Fshp
McKinley (h/o Frances) 1896-1975 — Whtn
Naomi W. 1917-1984 (temp) — Jslm
Olivia (w/o Thomas) 1900-1975 — Whtn
Paige Edward PFC USA WWII 17 Oct 1917-29 Aug 1983 — Jslm
Prealo 1925-1987 (temp) — Jslm
Prealo B. Jr. 1944-1990 — Jslm
Ralph 1928-1975 (temp) — McBp
Randolph PFC USA WWII 1924-1984 — Deas
Robert 1899-1972 (temp) — Jslm
Robert A. Pvt USA WWII 12 Jun 1927-14 Mar 1992 — StJn
Rose 1928-1970 (temp) — Jslm
Rotha d. 7 Aug 1962 aged 51yrs (temp) — Jslm
Sadie 1938-1989 (temp) — Whtn
Sallie F. (w/o Herbert S.) 1901-1985 — McBp
Samuetta 1939-1974 (temp) — Fshp
Sarah 1888-1980 (temp) — Whtn
Sewell H. VA Pvt USA WWI 11 Jul 1896-18 Aug 1966 — Fshp
Stanley F. PFC USA 7 Apr 1911-20 Apr 1974 — Fshp
Susand R. w/o George D. 1 Apr 1859-8 Jun 1922 — MtBp
Theodore R. PFC 4 Recon Co 4 Inf Div 30 Mar 1935-16 Apr 1965 — FsBp
Thomas (h/o Olivia) 1892-1976 — Whtn
Virgie M. 1911-1974 — McBp
William J. 1962-1976 (temp) — ShBp
Willie M. 1906-1981 (temp) — Deas
Wren (h/o Maggie) 1888-1966 — Whtn
SCARBOROUGH, Helen 1918-1988 (temp) — McBp
Leah 1904-1991 (temp) — Wth2
Ulysses 1898-1980 (temp) — Wth2

SCHOOLFIELD, Elsie 1941-1975 (temp) — Wth2
Sarah F. 1 Jan 1933-11 Dec 1991 — Whtn
Terence M. s/o Mildred E. 1971-1972 — Deas
SCOTT, Frances 1908-1987 (temp) — Whtn
Henry 1904-1974 (temp) — ShBp
SEARLES, Beulah 1943-1994 (temp) — Whtn
SELBY, A.S. Rev 1881-1959 (temp) — FsBp
Bernice D. 1912-1978 — FsBp
Hilbert C. Sr. 1912-1992 (temp) — Whtn
James d. 23 Mar 1962 aged 54yrs — Jslm
Lillian L. 1913-1976 — Jslm
SERIVES, Estella 1905-1977 (temp) — FsBp
SEWARD, Leslie N. MD Pvt 328 Engr WWII 23 Oct 1917-16 Nov 1972 — FsBp
SHARPE, Donald Vernon b British W Indies d NYC NY 1903-1951 — Whtn
SHIELDS, Ida Mae 3 Nov 1912-14 Aug 1991 — HnTb
SHRIEVES, ____ d. 15 Dec 1963 (temp) — FsBp
Benjamin 3 Feb 1913-18 Oct 1988 — FsBp
Blanch D. 19 Oct 1905-17 May 1991 — Whtn
Ellis 1915-1981 — FsBp
Henry 15 Jul 1902-16 Jun 1985 — FsBp
James M. 16 Sep 1926-29 Jan 1987 — FsBp
Lillian S. 1924-1978 (temp) — Whtn
Mary A. w/o M.T. d. 16 Jul 1909 aged 35 yrs — FsBp
Mildred M. (w/o Walter) 28 Apr 1927-29 Apr 1990 — FsBp
Robert L. 1941-1984 — FsBp
S. Walter 4 Jul 1900-22 Apr 1962 — Whtn
Walter (h/o Mildred M.) 20 Jan 1920-____ — FsBp
SHRIVES, Devon 1981-____ (temp) — FsBp
James 1900-1973 (temp) — FsBp
SIMON, Charles 7 Sep 1900-1 Aug 1920 — MtBp
SMITH, Benjamin 1890-1959 (temp) — FsBp
Betty Ann 1950-1977 — ShBp
Braxton 21 Mar 1938-2 Nov 1966 — FsBp
Brends 1956-1984 (temp) — Whtn
Clarise Lee 1933-1955 (temp) — FsBp
Eddie G. PFC USA WWII 1927-1992 — Whtn
Edgemore Pvt USA Korea 1933-1993 — Adam
Hortense M. 5 Sep 1922-7 Jun 1993 — FsBp
John Thomas Pvt 14 Bn 153 Depot Brig WWI 28 Feb 1890-4 Nov 1968 — McBp
Lawrence T. Sr. USA WWII 1908-1987 — McBp
Leroy 19__-__74 (temp) — ShBp
Leroy J. Jr. 24 Jan 1945-7 Jan 1966 — ShBp
Mack d. Nov 1970 aged 56yrs (temp) — Whtn
Mary Edna C. 1905-1983 — Whtn
Robert L. 24 Nov 1952-12 May 1968 — ShBp
SNEAD, Sylvanius 1920-1983 (temp) — Whtn

SNEAD (Con't), Willie 1910-1988 (temp)	Whtn
SOMMERVILLE, Ezetta 1912-1975 (temp)	ShBp
SPADY, Ella d. 26 Jan 1952 aged 63 yrs	Jslm
Leon O. Sr. 1st Sgt USA WWII 7 Sep 1926-13 Feb 1983	Deas
Pinky Lee 1924-1981	Deas
SPENCE, Alice 1929-1985 (temp)	Adam
Frances 1931-1978 (temp)	Wth2
Jessie d. 22 Jan 1955 aged 24yrs (temp)	Jslm
SPENCER, Margie d. 6 Nov 195_(?) aged 62 yrs 5 mos (temp)	Jslm
SPRATLEY, Roland Lee Cpl USA Korea 1932-1987	Adam
STEWART, Fred M. 1907-1966	Deas
STOCKERSTON, J.T. s/o Sarah Trader 1 Jun 1894-15 ___ 1895	FsBp
STONE, Frazier Finney 1917-1988 (temp)	Whtn
STRAND, Deborah 1955-1991 (temp)	GrMs
James E. (h/o Mary C.) 1945-1978	Whtn
Levi SD2 USN WWII 1918-1982	Mari
Mary C. (w/o James E.) 1945-___	Whtn
STRATTON, George 1912-1985 (temp)	Whtn
STURGIS, Harry A. USN WWII 24 Jun 1924-3 Sep 1983	Fshp
SUMLER, Joseph A. 1918-1984 (temp)	Whtn
SUTTEN, Charlie C. 1890-1969 (temp)	Jslm
SUTTON, Ezra F. d. 24 Feb 1943 aged 18yr 1mo 6dy (temp)	Jslm
Freddie 1914-1975 (temp)	Jslm
Rachael Sept (temp)	Jslm
SWEEDS, Leroy PFC USA WWII 10 Mar 1924-27 Feb 1985	Whtn
Lillian 1928-1993 (temp)	Whtn
Oswald 1927-1976 (temp)	Whtn
TALL, Nellie Moe d. 17 Mar 1966 aged 64yrs (temp)	Wth2
TANN, James R. 1913-1977 (temp)	GrMs
TATE, Willie M. 1915-1981 (temp)	Whtn
TATEM, Carrie H. 1897-1973 (temp)	Adam
Christopher ___-1989 (temp)	Jslm
Coretha 1943-1985 (temp)	StJo
TATUM, James C. 1903-1981 (temp)	Adam
TAYLOR, Alonzo J. 1958-1975	FsBp
Carrie L. (no dates) (temp)	Wth2
Charles E. Pvt USA Vietnam 11 Feb 1948-12 May 1984	Wth2
Clifton (h/o "Stell") 1901-1988	ChOd
Clovis 1956-1990 (temp)	HnTb
Dora May 9 Mar 1921-3 Jul 1958	ShBp
Edward L. (s/o Cliff & Stell) Pvt USA 28 Nov 1924-22 Oct 1974	ChOd
Effie 1905-1981 (temp)	Fshp
Eligha (h/o Nola W.) 1920-1975	ShBp
Elyce K. 1954-1975	StJo
George (h/o Lula) 1915-___	Fshp
Grace 1911-1976 (temp)	Fshp

TAYLOR (Con't), Helen C. 28 Sep 1908-17 Feb 1985	GrMs
Jearlena 1939-1986	FsBp
Lacey V. 1931-1990 (temp)	HnTb
Lavvina 1911-1985	StJn
Lula (w/o George) 1907-1983	Fshp
Marion (h/o Vienna) 1922-1990 m. 31 Oct 1943	StJn
Mary E. 1926-1993 (temp)	Fshp
McKinley 1905-1979 (temp)	Fshp
Morris 1922-1975 (temp)	StJn
Nola W. (w/o Eligha) 1911-1960	ShBp
Ola C. 1890-1976 (temp)	StJo
Robert d. 23 Jan 1963 aged 29yrs (temp)	StJn
Robert d. 31 Oct 1965 aged 60yrs (temp)	StJn
Sarah 1888-1962 (temp)	StJo
Susan A. 1892-1978 (temp)	Wth2
Vienna (w/o Marion) 1925-___	StJn
Walter J. d. 1 Apr 1967 aged 53yrs (temp)	Jslm
William 1940-1984 (temp)	HnTb
William H. 1927-1984 (temp)	HnTb
Willie H. 28 Aug 1921-10 Nov 1992	Jslm
TEAGLE, Elmore Lewis Pvt USA Korea 31 Nov 1931-23 Aug 1969	FsBp
TEAGLE, Hattie 1901-1955 (temp)	FsBp
TERRELL, William G. 12 Mar 1963-15 Mar 1990	Whtn
THOMAS, (-----) 1903-1961 (temp)	McBp
Lee 1920-1983 (temp)	GrMs
William E. 1928-1992 (temp)	Jslm
THOMPSON, Annie 1903-1980	Deas
THREADCRAFT, Gertrude 1911-1942	Adam
TIMMONS, R_ce A. 1933-1969 (temp)	Jslm
TINGLE, George Jr. VA SP3 USA Korea ___-___	FsBp
TINLE, Randolph 1961-1990 (temp)	Fshp
TOPPIN, Levi 1915-1973 (temp)	Whtn
TOPPING, John 1913-1985 (temp)	Adam
TOWNSEND, (-----) 1885-1979 (temp)	Deas
Annie E. (w/o Raymond K. Sr.) 1911-___	Deas
Bettie 1903-1983 (temp)	McBp
Burlus Lee 1914-1954	FsBp
Dover 1908-1975 (temp)	Deas
Ethel 1907-1981 (temp)	Deas
Frances d. 22 Dec ____ (temp)	Deas
Goldie L. (no dates) (temp)	Deas
Hattie 1900-1977	Deas
Hazel 1930-1985 (temp)	HnTb
Herbert 1916-1948	FsBp
Howard 196_-1983 (temp)	Deas
James E. PFC USA Korea 29 Aug 1931-10 Oct 1987	Deas

TOWNSEND (Con't), James Russell 1951-1982 — ShBp
John Lee 1922-1975 — HnTb
Oliver 1968-1987 (temp) — Deas
Osha D. 1917-1976 (temp) — Deas
Ray d. 24 Jun 1937 — FsBp
Raymond K. Cpl USA Korea 9 Jul 1929-8 Jan 1974 — Deas
Raymond K. Sr. (h/o Annie E.) 1905-1989 — Deas
Stephen J. 20 Feb 1880-16 Sep 1958 — Deas
Valice F. 10 Nov 1940-22 Aug 1982 — Deas
Virginia B. (w/o Willie R.) 1935-____ — GrMs
Wavion T. Jr. PFC 586 Ord Ammo Co WWII 30 Jan 1923-28 Sep 1958 — McBp
Wavon U. Pvt USA WWI 1901-1982 — McBp
Willie R. (h/o Virginia B.) 1929-1990 — GrMs
TRADER, Booker (h/o Catherine W.) 1914-1976 — FsBp
Catherine W. (w/o Booker) 1916-____ — FsBp
Celia Ann 1910-1961 — GrMs
Charlotte 1900-1972 (temp) — HnTb
Elijah James 1931-1952 (temp) — FsBp
Elisha (w/o William O.) 22 Apr 1900-30 Dec 1990 — FsBp
Ernest 1895-1945 — FsBp
Grayson M. VA SSgt Co 1 368 Inf WWII 15 Oct 1916-25 Apr 1960 — FsBp
Harrison 1928-1983 (temp) — Whtn
James 7 May 1873-30 Aug 1969 — FsBp
Lillie D. (w/o Orris Sr.) 1897-1993 — FsBp
Lola Mae 1901-1973 — FsBp
Maggie 1913-1992 (temp) — Whtn
Ogress 1904-1982 (temp) — HnTb
Orris Jr. TEC 5 USA ____-____ — FsBp
Orris Sr. (h/o Lillie D.) 1891-1967 — FsBp
Robert 1901-1976 (temp) — Whtn
Samuel L. VA Pvt USA WWI 28 Aug 1897-28 Jun 1967 — Wth2
William Ogress (h/o Elisha) 9 Jun 1910-____ — FsBp
TREKE, Edward (no dates) (temp) — FsBp
TRENT, Edward 1900-1987 (temp) — Adam
Leslie W. 1LT USA Korea 1931-1985 — Adam
TULL, Adair (no dates) (temp) — Fshp
Antonie L. 1962-1967 — Jslm
Baby Boy 1994 (temp) — Whtn
Bernice d. 9 Feb 1967 aged 61yrs (temp) — Fshp
Cornelius H. "Neal" 1956-1986 — ShBp
Edward Lee 1920-1967 — Jslm
Janie E. 1885-1981 (temp) — Jslm
Jean E. d. 9 Oct ____ (temp) — Fshp
Maurine A. 22 Aug 1914-8 May 1987 — ShBp
Sarah E.T. 22 Feb 1905-18 Jan 1988 — StJn
Sarah W. 1938-1984 (temp) — StJn

African-American Tombstone Inscriptions 365

TUNNELL, Bertha L. w/o George T. (unreadable)	Fshp
George T. (h/o Bertha L.) (unreadable)	Fshp
John (h/o Sarah) 1832-Sep 1914	Fshp
Sarah (w/o John) 1842-Feb 1907	Fshp
TURLINGTON, Hennie 1905-1972 (temp)	Whtn
TURNER, Betrice L. w/o William L. 1905-1961	Fshp
Doris F. 1930-1991 (temp)	StJo
Dorothy ____-____ (temp)	Adam
Geneva (w/o Joseph) 1902-1949 (temp)	StJo
Joel M. 1925-1993 (temp)	StJo
Joseph (h/o Geneva) 1885-1971 (temp)	StJo
Joseph D. (no dates) (temp)	StJo
Lee 1930-1986 (temp)	Adam
Lenard H. 1896-1956 (temp)	MtBp
Onetia 1929-1982 (temp)	Whtn
TYLER, Sadie 1898-1973 (temp)	Whtn
Winfred F. Pvt USA 28 Jan 1911-1 Jun 1974	Whtn
UPSHUR, Lottie d. 25 Jun 1963 aged 82 yrs (temp)	Jslm
Victor 1881-1955 (temp)	Wth2
WALKER, Courtell 1991 (child) (temp)	Whtn
Mary E. 5 Aug 1910-16 Aug 1991	Whtn
WALLOP, Cornelia 1893-1979	Wth1
Mamie B. 8 Apr 1924-28 mar 1973	HnTb
Thomas 1926-1988 (temp)	Deas
WALLOPS, Thomas W. 20 Dec 1890-30 Nov 1978	HnTb
WALTERS, Lola d. 25 Jan 1954 aged 46yrs (temp)	Jslm
WARNER, Alfred (h/o Idella M.) 1904-____	Whtn
Annie Bloxom 1867-1940	Whtn
Baby Boy 1978 (temp)	Adam
Beatrice 1922-1976 (temp)	Jslm
Brooks (no dates)	Whtn
Emma O. 187_-1978 (temp)	Whtn
Francis B. 1912-1969 (temp)	FsBp
George 1899-19__ (temp)	McBp
Helen E. 20 Sep 1919-1 Feb 1978	Whtn
Idella M. (w/o Alfred) 1914-1982	Whtn
John 1924-1989 (temp)	Whtn
John d. 8 Feb 1963 aged 47yrs (temp)	Whtn
John E. 1894-1971	Whtn
Maggie P. d/o W.T. & Annie 8 Apr 1897-9 Mar 1914	Whtn
Maggie V. 22 Sep 1920-28 Jul 1921	Whtn
Vernon 1936-1990 (temp)	Whtn
Wharton (no dates)	Whtn
WARREINTON, Levi 1919-1974 (temp)	HnTb
WARRINGTON, Inez M. 1918-1994 (temp)	GrMs
William F. 5 Mar 1908-11 Jan 1958	FsBp

WASHINGTON, Australia 1909-1966 (temp)   FsBp
Barbara A. 1963-1987   Jslm
Burrell 1897-1968   GrMs
Hester A. 1893-1970   GrMs
Howard S. PFC USA WWII 16 Sep 1911-14 Feb 1984   Mari
Lola F. 1933-1983   Jslm
Loress 1943-1975 (temp)   Whtn
Mayfield G. 1913-1986 (temp)   Whtn
Rosetta 1919-1980 (temp)   Fshp
William J. 1943-1959 (temp)   FsBp
WATER, Bertie Mae 1907-1975 (temp)   HnTb
WATERFIELD, Lea d. 194_ aged 39yrs (temp)   Deas
WATERS, John S. Pvt USA WWI 1897-1980   Deas
John S. (h/o Martha T.) 1897-____   Deas
Lola (w/o Roger?) 1913-1983 (temp)   Wth2
Louvenia 1893-1983 (temp)   HnTb
Martha T. (w/o John S.) 1898-____   Deas
Roger (h/o Lola?) 1909-1984 (temp)   Wth2
Thomas J. (no dates) (temp)   HnTb
Winfred T. 1932-1992 (temp)   HnTb
WATON, Frank Jr. b. & d. 1956 (temp)   FsBp
WATSON, Adeline 1857-1958   FsBp
Albert Jesse 12 Oct 1895-25 Nov 1965   Jslm
Alice F. (w/o Cleveland R.) 1910-1992   StJo
Barbara 15 Nov 1936-8 Dec 1971 (temp)   Jslm
Beatrice C. (w/o Richard C.) 1916-1983   Jslm
Bernard 1915-1955 (temp)   Jslm
Catherine 1928-1986   Jslm
Cecil Sr. 1903-1970   FsBp
Cleveland R. (h/o Alice F.) 1910-1972 m. 5 Aug 1927   StJo
Elway 4 Jun 1921-20 Jan 1963   Fshp
Ezra I. 1888-1962   FsBp
Frisby 1879-1985 (temp)   FsBp
George 1915-1991 (temp)   McBp
Hattie J. 1893-1965   FsBp
Hattie Mae 22 Sep 1902-23 Feb 1957   Jslm
Herbert L. 1900-1970   FsBp
Ida T. 1899-1988   FsBp
Jane w/o John W. 4 Aug 1869-15 Nov 1920   Fshp
John E. Cpl USA Korea 26 Feb 1930-1 Apr 1987   Jslm
John F. 1880-1946   FsBp
John Pvt USA WWI 1896-1982   FsBp
Juanita B. 1922-1994 (temp)   FsBp
Lois A. 1915-1982   FsBp
Lottie 15 Feb 1873-14 Feb 1930   FsBp
Lottie J. 1880-1970   FsBp

African-American Tombstone Inscriptions 367

WATSON (Con't), Lula d. 25 Jun 1962 aged 76 yrs (temp) — JsIm
Manie B. (w/o William Jr.) 1919-1980 — McBp
Minnie 1904-1963 — FsBp
no names or dates — JsIm
Percy L. 21 Dec 1941-26 Oct 1985 — JsIm
Richard 1912-1990 (temp) — JsIm
Richard C. (h/o Beatrice C.) 1912-1986 — JsIm
Roselle H. Pvt USA Vietnam 1956-1978 — StJo
Ruth w/o William 1894-1990 — FsBp
Spurgeon 1887-1949 — FsBp
Vaddie Parker 5 Jan 1915-8 Oct 1989 — GrMs
Virgil 1909-1953 — FsBp
Walter Pvt 542 Engrs 13 Mar 1891-7 Jan 1972 — FsBp
William h/o Ruth 1884-1959 — FsBp
William Henry 1907-1990 (temp) — JsIm
William Jr. (h/o Manie B.) USA WWII 28 Feb 1919-24 Jun 1993 — McBp
Zelrey M. d. 31 Dec 1986 aged 88yrs (temp) — JsIm
WATTS, Elsie D. 9 Sep 1966 aged 40yrs (temp) — Whtn
Elvin Pvt USA 1958-1978 — Whtn
George (no dates) (temp) — Whtn
Leland 29 Aug 1906-9 Feb 1990 — Whtn
Marman 1903-1958 (temp) — MtBp
Sadie E. 1903-___ — Whtn
Shelly L. 1902-1969 — Whtn
Steve 1958-1990 (temp) — Whtn
Will Pvt USA WWI 10 Mar 1896-12 Jan 1974 — Whtn
Zella 1901-1983 (temp) — Whtn
WESSELLS, Amy C. 1918-1988 (temp) — Adam
Annie Lee (w/o George) 1882-3 Nov 1924 aged 42yrs — MtBp
Beatrice 1919-1989 — JsIm
Edward STM2 USN WWII 28 Nov 1926-24 May 1975 — Whtn
Estelle d. 17 Feb 1963 aged 47 yrs (temp) — JsIm
Eva E. 6 Jan 1922-26 Sep 1982 — Whtn
Eva T. w/o Andrew 22 Apr 1885-21 Sep 1914 — MtBp
George (h/o Annie L.) 1857-12 Jan 1931 aged 74yrs — MtBp
George 1911-1987 (temp) — JsIm
Lucy F. (w/o Thomas) 1914-___ — Whtn
Madelin 1897-1977 — Whtn
Samuel Jr. PFC Co D 362 Engr WWII 3 Jul 1918-21 Dec 1969 — Whtn
Thomas (h/o Lucy F.) 1907-1973 — Whtn
William D. Sgt Co C12 4 Inf Div Vietnam 15 Oct 1944-16 Feb 1967 — JsIm
WEST, Ernestine C. 1922-1983 — FsBp
George 1916-1984 (temp) — Whtn
Leonard R. 1908-1975 (temp) — Whtn
Mary 1901-1962 (temp) — MtBp
Nelson 20 Apr 1917-22 Nov 1988 — Whtn

WEST (Con't), Randolph 1958-1989 (temp)	Whtn
WHARTON, Anna 1903-1964 (temp)	MtBp
Beatrice (no dates) (temp)	MtBp
Bessie N. (w/o Luther Sr.) 1929-____	Adam
Charlie 2 Sep 1883-28 Oct 1928	Jslm
Clentia E. 1900-1980 (temp)	StJo
Constance 1883-1956 (temp)	MtBp
Dorsey E. (h/o Rosa J.) 1895-1963	Whtn
Ethel B. 1894-1987	Jslm
Henry 1859-1936 (temp)	MtBp
Isaac 1899-1976 (temp)	StJo
John H. 1890-1964	MtBp
John W. 1857-1932 (temp)	MtBp
Kernie L. 1952-1978 (temp)	GrMs
Leroy 1917-1936 (temp)	MtBp
Luther Sr. (h/o Bessie N.) 1924-____	Adam
Maggie 1873-1939 (temp)	MtBp
Marceline 1908-1989 (temp)	Whtn
Milton R. 1915-1974	Jslm
Nellie 1932-1993	Whtn
Phyllis 1919-1989 (temp)	Jslm
Roger M. 1893-1968 (temp)	Jslm
Rosa J. (w/o Dorsey E.) 1896-1981	Whtn
Winnie 1919-1958 (temp)	Mari
WHITE, (-----) (no dates)	Mari
Alfred C. 1912-1967	FsBp
Alonzo T. 1900-1989 (temp)	Mari
Andrew 1892-1957 (temp)	MtBp
Annie 1892-1972 (temp)	Whtn
Annie 1896-1966	FsBp
Arthur 1900-1993	StJn
Brantley MD PFC USA WWII 1 Sep 1907-14 Jul 1970	Whtn
Carrie J. (w/o Elisha H.) 1883-1981	Deas
Carroll H. Pvt USA WWII 1921-1991	Mari
Cecil 1908-1987 (temp)	Whtn
Charles S. 1907-1951	Fshp
Charlie PFC Co F 47 Inf WWII 7 Mar 1922-23 May 1971	Whtn
Clifton 1905-1985 (temp)	Adam
Daraha w/o Tom d. 20 Jul 1905 aged 53yrs	MtBp
Dorothy 1907-1974	FsBp
Earl 1912-1977 (temp)	Whtn
Edward 1926-1987 (temp)	Mari
Edward C. PFC USA Korea 1930-1985	Adam
Edward T. 1894-1954	FsBp
Elisha H. Rev. (h/o Carrie J.) 1881-1956	Deas
Elizabeth 1915-1988 (temp)	Adam

WHITE (Con't), Estella L. 1896-1983	Adam
Eugene PFC USA 16 Nov 1935-15 Sep 1991	Fshp
Evelyn D. (w/o Ralph) 1925-____	Adam
George 1911-1978 (temp)	Whtn
George 1921-1991 (temp)	Mari
George E. 1921-1979 (temp)	Adam
George W. 1901-1969	Mari
Harry C. 1889-1982 (temp)	Wth2
Hattie Lee 1902-1979	Whtn
Henry 1901-1975 (temp)	Wth2
James 1922-1980 (temp)	Whtn
John B. Cpl 343 Service Bn QMC WWI 15 Mar 1896-30 Dec 1953	Mari
John N. TEC 5 USA WWII 18 Nov 1925-13 Feb 1985	Mari
John Sr. 1941-1990 (temp)	Whtn
Julia F. 20 Jun 1904-4 Jun 1991	Mari
Kate 15 Aug 1867-22 May 1901	Adam
Keith 1954-1983 (temp)	Adam
Leah 1909-1974	Whtn
Leroy 3 May 1910-1 Jan 1975	Fshp
Levenia 1907-1964 (temp)	McBp
Lillie M. 1933-1984	Jslm
Lorenzo 1903-1978 (temp)	Whtn
Mable E. (w/o Sam S.) 1918-____	Whtn
Mary Frances 1940-1955 (temp)	MtBp
Mary G. 1904-1966	Mari
Nellie M. 1916-1991 (temp)	Whtn
Nettie S. 1900-1951 (temp)	Mari
Polly 1900-1979 (temp)	Whtn
Preston (h/o Roxia D.) 1907-1986	Adam
Ralph (h/o Evelyn D.) 1919-1968	Adam
Ressie D. 1902-1966	Mari
Roxia D. (w/o Preston) 1916-____	Adam
Sam S. (h/o Mable E.) 1912-1973	Whtn
Virgie 1911-1970 (temp)	Whtn
William 1928-1987 (temp)	Adam
William H. Pvt USA WWII 24 Feb 1916-28 Feb 1976	Adam
William J. Cpl USA WWII 1922-1986	Deas
Wilson A. 23 Jul 1937-5 Nov 1990	Jslm
Woodrow 1916-1968 (temp)	Whtn
WHITTAKER, Kelley Ann 1978-1993 (temp)	Deas
WHITTINGTON, B.B. 1976-1976 (temp)	Jslm
WIDGEON, John E. SSgt USA WWII 14 Nov 1917-17 Feb 1988	Whtn
Rosie B. 3 Sep 1924-16 Oct 1983	Whtn
WILCHOMBE, Charles Russell BWI Sgt QMC WWII 7 Aug 1909-26 May 1967	Wth2
WILLIAM, Thomas 1890-1957 (temp)	FsBp
WILLIAMS, Alice M. 1930-1989	Jslm

WILLIAMS (Con't), Amanda 27 Aug 1890-25 Nov 1990 — Fshp
Baby Girl 1993 (temp) — Whtn
Bertha F. 1904-1955 (temp) — MtBp
Bertha Young (no dates) — Whtn
Blanch Justice 1910-1978 (temp) — McBp
Carrie 1899-1989 — Jslm
Clinton 1904-1978 (temp) — Whtn
Coria w/o Noah 10 Aug 1884-12 Mar 1919 — Fshp
Doris 1914-1990 (temp) — Jslm
Frances Matthews 1890-1967 — Jslm
Francis M. 1936-1990 — StJn
Ida Lee 1901-1990 (temp) — FsBp
James 1872-1945 — Fshp
James SP4 Co A7 Cav 1st Cav Div Vietnam 22 Mar 1936-6 May 1966 — McBp
Joe 1908-1956 (temp) — FsBp
Johnnie d. 26 Sep 1967 aged 15 yrs (temp) — Jslm
Laura 12 Mar 1905-30 May 1970 (temp) — FsBp
Lena ___-1976 (temp) — GrMs
Levi d. 31 Mar 1962 aged 54yrs (temp) — Fshp
Lillie 1915-1989 — Fshp
Linwood 1949-1972 (temp) — Whtn
Lola 1909-1975 — Jslm
Lorraine 1923-1986 (temp) — Whtn
Margaret S. (w/o Raphael N.) 1921-1975 — Whtn
Mary 1932-1987 (temp) — McBp
Mervin A. d. 20 Nov 1961 aged 5mos 5dys (temp) — Wth2
Mildred C. (w/o Willie) 1933-1991 — Adam
Morris d. 5 Mar 1962 aged 52yrs (temp) — StJn
Noah (h/o Coria) 1880-1969 (temp) — Fshp
Randolph D. Pvt USA WWII 6 May 1920-18 Dec 1988 — Fshp
Raphael N. (h/o Margaret S.) 1921-___ — Whtn
Robert 1914-1982 — Wth1
Robertha Lee 1900-1994 (temp) — Wth3
Savannah 1951-1992 (temp) — Adam
Thomas (no dates) (temp) — MtBp
Viana 25 Aug 1903-28 Apr 1980 — McBp
Viola d/o Noah & Coria 19 May 1910-3 Dec 1917 — Fshp
Willie (h/o Mildred C.) 1930-___ m. 28 Oct 1972 — Adam
Willie VA STM1 USNR WWII 4 Dec 1925-6 Apr 1963 — McBp
Winford E. 17 Jul 1960-7 Feb 1987 — Fshp
WILLIS, Winedith 1902-1975 — Fshp
WILSON, Adkins 1915-1992 (temp) — Whtn
Baby Girl 1985 (temp) — Whtn
Clarence W. h/o Prudy W. 1924-___ — FsBp
Edgar W. 1898-1966 — FsBp
Eliza w/o Ben d. 9 Sep 1923 aged 75yrs — MtBp

WILSON (Con't), George Sr. 1872-1964	Whtn
George Jr. (h/o Lillie M.) 4 Jun 1921-25 Feb 1944	Whtn
Gertrude B. (w/o John L.) 1923-1984	Jslm
Hattie 1893-1900 (temp)	FsBp
Herbert (h/o Mattie S.) 1897-1960	Whtn
John L. (h/o Gertrude B.) 1917-1985	Jslm
Lillie Mae w/o George Jr. 1877-1942	Whtn
Mary 1936-1991 (temp)	HnTb
Mattie S. (w/o Herbert) 1898-____	Whtn
Preston 1901-1977	HnTb
Preston 1935-1990 (temp)	FsBp
Prudy W. w/o Clarence W. 1927-1964	FsBp
Roger Jr 1929-1989	ShBp
Selena (no dates) (temp)	StJn
William Pvt USA WWI 1889-1978	Whtn
WIMBER, Mary 4 Feb 1896-20 Jun 1990	FsBp
WIMBROW, Berkley 16 Jun 1912-6 Jul 1965	FsBp
WINDER, Mary E. 1900-1966	FsBp
WINFIELD, Joseph 1892-1958 (temp)	FsBp
WINN, Viola 1900-1993	Fshp
WISE, Albert Sr 1908-1985 (temp)	ShBp
Annie H. 1899-1969 (temp)	Whtn
Baby Girl 23 Jul 19_7 (temp)	FsBp
Christine 1927-1977 (temp)	ShBp
Edith 1903-1980 (temp)	Whtn
Fletcher 1919-1991 (temp)	Whtn
Julius 1912-1967 (temp)	HnTb
Marcelius J. 1897-1970 (temp)	Whtn
Nicey 1896-1975 (temp)	Fshp
WOMACK, Wiley 1935-1992 (temp)	Whtn
WOODFORD, Joseph 1932-1993	Whtn
WORRELL, Bogie 1895-1985 (temp)	Whtn
WRIGHT, Charlotte 1947-1992 (temp)	Whtn
David 1951-1993 (temp)	Whtn
Elizabeth (w/o Peter) 1879-1958	Whtn
Harry L. 1943-1969 (temp)	Whtn
Henry Douglas 25 Dec 1906-21 Sep 1970	Whtn
James Garfield Pvt USA WWI 1898-1992	Adam
Mary C. 1873-1946	Adam
Nola F. 1908-1959	MtBp
Peter (h/o Elizabeth) 1877-1948	Whtn
Rose 1914-1984 (temp)	Whtn
Sarah 24 Apr 1912-7 Sep 1978	Fshp
WYATT, Merlina 1918-1968	Wth1
Conley T. s/o Joseph A. & Ethel F. 18 Jul 1912-10 Nov 1912	Wth1
WYDELL, Mary w/o Charles Parker 1893-1969	Jslm

YOUNG, Arinthia C. 1880-1966 — Whtn
Benjamin F. 1946-1976 — FsBp
Emily M. 1914-1982 — Mari
George E. 1905/8-1958 — Whtn
Hampton 1923-1985 (temp) — Whtn
Mary M. 23 Jan 1910-4 Jun 1986 — Mari
Romania 5 Jul 1924-4 Jan 1969 — Whtn
Willie (no dates) (temp) — Whtn

Addendum

The following omissions, corrections, and additions have been discovered by or reported to the author since the first printing of this book. The corrected portion of the inscription is underlined. No attempt has been made to record all newly erected tombstones. All of the following are for Caucasian tombstones.

Omissions:
CROCKETT, Sarah E 1870-1958	TgMa
CROCKETT, Sarah F 10 Mar 1871-12 Apr 1918	TgMa
CROCKETT, Scotty Lee 1860-1966	TgMa
CROCKETT, Severn 10 Sep 1811-15 Oct 1868	TgMa
CROCKETT, Severn T 28 Sep 1886-4 Oct 1939	TgMa
CROCKETT, Severn W 18 Oct 1823-10 Jul 1893	TgMa
CROCKETT, Seward F 1890-1955	TgMa
CROCKETT, Sidney F 1877-1958	TgMa
CROCKETT, Thomas 8 Nov 1866 age 71yrs	TgCa
CROCKETT, Thomas L 4 Jun 1833-19 Jun 1905	TgMa
CROCKETT, Traves 28 Feb 1806-14 Feb 1851	TgMa
CROCKETT, Travis A 4 Apr 1857-13 Jan 1927	TgMa
CROCKETT, Triffie A w/o Andrew L 24 Feb 1857-22 Aug 1918	TgCa
CROCKETT, Venie E d/o A P & Minnie 22 Oct 1903-21 Jan 1925	TgMa
CROCKETT, Walter L 1890-1953	TgMa
CROCKETT, Weldon T 1893-1966	TgMa
CROCKETT, William A 19 Mar 1861-11 Feb 1914	TgMa
CROCKETT, William A 16 Aug 1854-5 Sep 1854	TgMa
CROCKETT, William E s/o H L & Sarah E killed in France WWI Co E 320 Infantry 5 Feb 1891-30 Sep 1918	TgMa
CROCKETT, William H H 2 Mar 1846-20 Feb 1896	TgMa
CROCKETT, William Ranford 28 Oct 1856-19 Nov 1914	TgMa
CROCKETT, Willie A h/o Sarah E 1910-1965	TgMa
CROCKETT, Willie E s/o Rhoda E 30 Apr 1888-23 Aug 1909	TgMa
CROCKETT, Willie R s/o J W & Sarah A 8 Sep 1909-18 Jun 1918	TgCa
CROCKETT, Willie T h/o Estella Pruitt & s/o George W & Matilda J 8 Sep 1888-15 Mar 1905	TgWe
CROCKETT, Willie T 1867-1942	TgMa

Corrections:
BUNDICK, Eliza w/o William of R 23 May 1811-28 Jun 1893   BundQ
BUNDICK, Frank P (b/o Hattie S) 1877-1946   Mdst
BUNDICK, Hattie S (sis/o Frank P) 1883-1967   Mdst
BUNDICK, William (h/o Nancy) 28 Nov 1768-1 Feb 1845   BundG
MEARS, Nancy B w/o William 12 May 1800-after 1845   BundG
PETTIT, William M Capt (h/o Mary) 11 Oct 1806-20 Feb 1881   Ebzr
TAYLOR, Thomas T h/o Nancy d. 29 Sep 1851 aged 75y 11m 10d   Parr

Additions:
BLOXOM, Leonard L 1901-1985   BloxM
BUTTS, Ogden Butts h/o Vashti A 1894-1987   JWTa
FLEMING, Ames 1933-1945   AtBp
FLEMING, Anna May 1895-1983   AtBp
FLEMING, Harry J 1891-1939   AtBp
FLEMING, Virginia Mae 1920-1920   AtBp
FLETCHER, Donald F III (h/o Linda H) 3 Apr 1945-15 Aug 1993   AtBp
FLETCHER, Linda H (w/o Donald F III) 25 May 1947-____   AtBp
GEORGE, Gwendolyn 1904-1994   AtBp
ISDELL, Mary Kathryn (d/o Otho Powers) 1919-1994   AtBp
MEARS, Mamie K 1926-1995   BloxM
TAYLOR, Annie L w/o Clifton W 1900-1996   BloxM
TAYLOR, Clifton W h/o Annie L 1901-1929   BloxM

www.ingramcontent.com/pod-product-compliance
Lightning Source LLC
Chambersburg PA
CBHW071949220426
43662CB00009B/1067